U0137865

上海市「十二五」重点图书

本书由上海文化发展基金会图书出版专项基金资助出版

【晚清以来人物年谱长编系列】

增订版

闻一多年谱长编 下卷

闻黎明　侯菊坤 ◎ 编著

闻立雕 ◎ 审定

上海交通大学 出版社

SHANGHAI JIAO TONG UNIVERSITY PRESS

内容提要

　　本书按年谱长编体例编写,客观、完整和系统地记录闻一多先生各个时期的生平历史。全书由谱前、正谱、谱后三部分组成。谱前主要记录家世渊源,正谱包括家庭生活、求学经历、社会政治活动、文艺创作理论、学术研究、教学工作、思想发展、个人情操、友朋交谊等,谱后记录闻一多殉难后,国内外的反响和查处过程以及各界人士的追悼、纪念活动等。本书以原始或直接资料为基本史料,广泛收集宣言、函电、演讲记录、听课笔记、时事答问、报刊报道、档案文献、友朋学生的回忆和日记等相关信息,并参考走访记录和信访复函等资料。

图书在版编目(CIP)数据

闻一多年谱长编:全2卷/闻黎明,侯菊坤编著.
一增订本.一上海:上海交通大学出版社,2012
(晚清以来人物年谱长编系列)
ISBN 978-7-313-08647-1

Ⅰ.①闻…　Ⅱ.①闻…②侯…　Ⅲ.①闻一多
(1899～1946)-年谱　Ⅳ.①K825.6

中国版本图书馆 CIP 数据核字(2012)第 125996 号

闻一多年谱长编(下卷)
　　——增订本

编　　著:闻黎明　侯菊坤
出版发行:上海交通大学出版社　　　　地　　址:上海市番禺路 951 号
邮政编码:200030　　　　　　　　　　电　　话:021-64071208
出 版 人:韩建民
印　　制:上海盛通时代印刷有限公司　经　　销:全国新华书店
开　　本:787 mm×960 mm　1/16　　总 印 张:65.75　插页:12
总 字 数:1190 千字
版　　次:2014 年 12 月第 1 版　　　　印　　次:2014 年 12 月第 1 次印刷
书　　号:ISBN 978-7-313-08647-1/K
总定价(全 2 卷):350.00 元

版权所有　侵权必究
告读者:如发现本书有印装质量问题请与印刷厂质量科联系
联系电话:021-61453770

一九三九年　四十一岁

一月一日，国民党宣布开除汪精卫党籍，并撤销其一切职务。

同日，政论性刊物《今日评论》在昆明创刊，主编是西南联大教授钱端升。

一月二十一日至三十日，国民党五届五中全会在重庆召开，通过《限制异党活动办法》。

三月十二日，国民党公布《精神总动员纲领》，要求五月实施"精神总动员运动"。

五月十五日，《中央日报》昆明版创刊。

八月二十三日，苏联与德国签订互不侵犯条约。

九月一日，德国入侵波兰。三日，英、法对德宣战。第二次世界大战正式爆发。

九月九日，国民参政会第四次大会在重庆开幕，会上决议成立宪政期成会，抗日战争时期的第一次宪政运动由此开始。

十月十日，我军湘北大捷，是为第一次长沙会战。

十一月二十三日，中国民主同盟前身"统一建国同志会"在重庆成立。

一月四日　茅盾应邀出席西南联合大学中国文学系举办的座谈会。会上朱自清致词，茅盾作了"文艺问题的两面看法"（即光明与黑暗两面）的讲演。先生当亦到会。

一月十三日　与朱自清商谈大一学生课外读物。朱自清日记："下午在闻家商谈大一学生课外读物事，定书名如下：《鲁迅全集》、《从文选集》、《茅盾选集》、《巴金选集》、《志摩选集》、《日出》、《塞上行》、《欧游杂记》、《蒋百里文》、《汉代学术史略》、《胡适文选》、《人生五大问题》、《诗与真》一集、《人物评述续编》。"（朱乔森编《朱自清全集》第10卷，第6页，江苏教育出版社1997年10月出版）

二月十八日　四幕话剧《祖国》以为前方将士募集鞋袜义演名义，在光华街云瑞中学礼堂首次公演。演出前，先生早早来到剧场，带领同学安置布景、道具。

先生为该剧排练和演出做了许多工作，得到大家的高度赞扬。陈铨在《联大剧团筹演祖国的经过》中说："谈到导演，我们第一个要感谢的，就是中国艺术界的老将闻一多先生。闻先生自从《死水》出版,开创中国诗坛的新方向以后,一直到现在都埋头在作考据的工作。这一次居然肯答应出来帮忙。舞台面的设计,完全是闻先生一人的手笔,解决了导演第一步的困难。以后几次重要的排演,闻先生都现身参加,贡献许多最可贵的意见。假如这一次公演,能够有相当的成功,那么闻先生是我们第一个功臣。"(昆明《益世报》"联大剧团公演祖国专辑",1939.2.18)联大话剧团也说:"闻一多先生自动的答应担任舞台设计,虽然闻先生是那么忙,虽然他已经五十多岁了,但晚上我们排□的时候他总是亲自莅场指示一切的,这次的舞台面是那么完美,合理,全是闻先生的力量,因为闻先生不仅是个诗人,还是一个画家。"(联大话剧团《敬谢赞助本团的人们》,昆明《益世报》"联大剧团公演祖国专辑",1939.2.18)

先生设计的布景和灯光,给观众的印象尤为深刻。一位记者说:"舞台上最使人悦目的是那几幅好布景,这应该谢谢闻一多先生精心设计所陈列的家具和各种装饰,精致大方,配色亦极和谐。依记者说:这在昆明半年来的话剧表演中,是比较最使人感觉满意的。"(南江《联大剧团"祖国"美满出演,全剧精彩百出,观众情绪紧张》,昆明《益世报》,1939.2.19)一位观众也称《祖国》的布景是"诗人的布景",说:"闻诗人设计的布景、电光,使每个观众满意,特别在色彩上,例如第一幕和第四幕,是同一地点,但是为了二幕是不同的场合,一是忠勇的场合用了黄色灯光,一是悲惨的结果,用蓝色,同时两种不同的色彩,也分别了日夜。"(心丁《致联大剧团一封公开信——观〈祖国〉演出后》,《云南日报》,1939.2.20)朱自清在本月二十日日记中,也写到"舞台设计佳"。(朱乔森编《朱自清全集》第10卷,第12页)

《祖国》演出原定二十二日结束,但每晚不到七时,所有的座票就全部售尽,以至有些观众要求站着看。为了满足观众愿望,联大剧团发出启事,决定续演三天。启事云:"敬启者,敝团为前线将士募集鞋袜公演《祖国》以来,多蒙各界赞助,今又蒙来函纷请续演。敝团盛情难却,决再加演三日,至本月二十五日止,票价照旧,深望爱国士女届时参加,共襄义举,俾福利前方将士,至为公感。"(《西南联大剧团续演祖国启事》,昆明《益世报》,1939.2.22)

《祖国》演出获得很大成功。重庆、上海等地也都登载了《祖国》演出的消息和剧照。

二月二十五日 《祖国》连续演出八天,胜利结束。结束后剧组人员曾举行聚餐庆贺成功,先生很是兴奋,"举杯邀大家共祝抗战早日胜利,并说抗战胜利的那一天,他就要剃去自己的飘然长髯"。(张定华《昆明抗日救亡运动中的"联大剧团"》,云南省历史研究所编《云南现代史料丛刊》第5辑,1985年出版)

二月二十六日 《宣传与艺术》发表于昆明《益世报》"星期评论"专栏。文中认为目前的抗战宣传不得法,主张宣传工作要讲技巧,不能只是标语口号。这是先生到昆明后发表的第一篇文章,亦是先生在抗战初期发表的唯一一篇文艺评论,特录如下:

在抗战第二期开始时,蒋委员长曾以"政治重于军事"的方针昭示国人。政治所包甚广,但唤起并组织民众以期达到真正的全面抗战当然是其中最主要部分。最近开第三次国民参政会议,委员长又提出精神动员的方案。举凡领袖所侧重各点,在理论上其重要性无庸申述,问题只在如何实施。实施的步骤当然首重宣传,这就不是一件简单的事。

宣传不得法,起码是枉费精力,甚至徒然引起一些不需要的副作用。或者更严重的反作用。宣传之不可无技巧,犹之乎作战之不可无器械,器械出于科学,技巧基于艺术。

回顾抗战以来我们宣传的工作实在难令人满意。我们所有的宣传似乎大部分还不离口号标语,文字的宣传固然是放大的口号标语,即音乐图书戏剧各部门亦何莫非变相的口号标语?大致说来,从事这种工作的人似乎只顾宣泄自己的感情,而不知道如何将它传达给别人,所以结果只有宣(或竟是喧)而无传,于是多数的宣传品便成为大家压惊壮胆的咒语符箓,数量尽管多,内容却不必追究了。总之,我们的宣传品徒有形式而缺乏内容,其原因则在做宣传工作的人热情有余,技巧不足。

首先在宣传工具的选择上,太重视文字,就是错误,须知文字根本是一种叙事与说理的工具,在感动的功能上,它须经过一段较迂缓的过程,因此它的效用便远不如音乐图书戏剧来得迅速而直捷。对于识字阶级,文字宣传的力量已经有限,何况我们绝大多数的民众是文盲,文字对他们,根本无效呢?既然我们宣传主要的对象是一般,尤其是农村的民众,而大部分宣传品的影响恰恰是达不到他们,这是何等严重的矛盾!便就现今已有的文字宣传而论,我们似乎将宣传的意义看得太窄点。符箓式的标语,对于知识稍高的人们,不久已是一种侮辱吗?关于抗战理论的文字,不已经成为"抗战八股"吗?报纸上的新闻,不是常常被认为"宣传",意思说是假的吗?这些工作我们做得不少了,虽则其效果有多少毕竟是疑问。也许正如间谍工作是收入消息,这种宣传工作是放出消息,也许这是战时不可少,甚至极重要的工作,但这不是我所谓宣传。我所谓宣传,在文字方面,是态度光明而诚恳的文艺作品,在形式上它甚至可以与抗战无大关系,但实际能激发我们敌忾同仇的情绪,它的手段不是说服而是感动,是燃烧,——它必须是一件艺术作品。这类的文字,就我个人所知道的而论,除了几篇委实可歌可泣的报告文学(战地通讯)之外,似乎没有多少值得注意的东西了。但是我们胜任的作家应当不少,他们都藏到那里去了?

不过真正能读懂一篇文艺作品的人究竟太少,在我们特殊情形之下,文字宣传究不如那"不落言诠"的音乐图书戏剧等来得有效。

在情绪传播的迅速上,音乐是再好没有的了。我们的宣传工作在这方面正大可有为。过去在这方面的成绩总算比较令人满意,但仍欠普及,欠深入。最近我看过一个戏团的公演,在最末一幕终了时,几个游击队正在和敌人苦撑,青天白日旗忽然从山后飘扬起来,随着一阵救亡歌曲的声音,援军到了,幕下了,幕后歌声仍然不断,并且愈加激荡了,想必舞台上全体人员都加入了。这时我满以为台下全体观众也会响应起那"起来,不愿做奴隶的人们!"多么伟大!全堂六七百人一齐怒吼起来,那点经验的教育作用,不要胜过千百篇痛哭流涕或激昂慷慨的论说或演讲吗?

然而幕下了,台下一阵喧哗,散戏了。我急得直跺脚。这是我们音乐宣传不够普及与深入的一个实例。

讲到图书,也许最令人伤心。办了一二十年艺术教育,到如今没有几个人能够画出一个人体,不带上许多解剖学的错误。

大师们追着这派那派西洋潮流效颦,却有始终不会使木炭在张白纸上老老实实研究过一个人体的。结果徒弟们相习成风,在漫画木刻里勉强描个似是而非的人模样,加上一个标题,就算是画了。就抗战以后我曾到过的武汉、长沙、贵阳、昆明四个都市讲,我就从未见过一幅像样的宣传画。特别在长沙,你走过一条街,往两旁墙壁上一望,不啻是做着一场噩梦。在武昌街上我倒发现过一幅在人体上还站得住的宣传画,但那作意真别扭得可以。我亲耳听见一群乡下人聚在画前发议论,原来把画中的意义整个弄反了。

同类的情形若发生在戏剧里,结果可就严重了。听说某处开伤兵慰劳会,演了一出话剧,伤兵认为是对他们的侮辱,把演员打了。平情而论,抗战以来,戏剧真够努力的了。可惜的是愈努力愈感觉"剧本荒"。把仅有的剧本,一堆堆的口号,勉强搬上台,导演者十九又不能尽其责。在这剧作家与导演家两头不得力的苦境之中,真辜负了不少的好演员。

要晓得上述各种工作,除了那与间谍工作异曲同工的文字宣传是由政府主持的,其他则差不多全是人民自动的工作。在此情形之下,人力不能集中与夫财力不济,往往使工作不能得到预期的效果,是应该原谅的。说政府知道了宣传的重要,但何以对宣传工作进行的方法这样大意,而把最有效的部分丢着不管呢?诚然像这次抗战在我们历史上是第一次,所谓发动整个民族力量的全面抗战更是闻所未闻,因此对这种抗战的技术我们完全不娴习,但是现成的西方国家,在这方面都有很好的成绩,我们为什么不知道借镜呢?难道我们真依然是八股脑筋,只知道舞文弄墨的宣传才是宣传,而别的全不认识吗?我要问后方工作究竟是否至少与前方工作同样重要?若然,这样松懈,这样低劣的宣传就可了事吗?时机迫切了,不赶紧想办法,还谈什么最后胜利?其实这点工作,只要政府真正推行起来,并不甚难。把一切胜任的人才动员起来(现在有的是在西洋受过很好训练的艺术专门人才闲着没有事做),组织起来,发一笔在整个国家预算中微乎其微的款子,就中一部分可以用来购置一点新式设备(如制版、印刷设备、舞台的灯光设备等等),再斟酌各部门的需要,无妨向国外聘请些专家来作顾问导师。在军事上可以"楚材晋用",在文化上何尝不可如此?这般大规模的干起来,才配得上称宣传,不,以前狭义的"宣传"二字还不能包括上述的计划。这是在"精神动员"工作中增加"精神食粮"的大量生产计划。

这不只是抗战工作,同时也是建国工作。在筑铁路、设工厂的物质建国时,我们别忘了也要精神建国。让我们在抗战的宣传工作里,奠定建国大业中艺术生活、精神生活的基础。

二月二十八日　寒假结束。新学期里先生讲授"离骚"。季镇淮《闻一多先生事略》:"寒假后,开始讲'离骚'。他仍着重于文字训诂名物考证,对于诗人屈原其人类似当代名伶的看法也提出来了,但未详细论述。这时闻一多在屈原问题上似同意一种'疑古'的观点,即初读《离骚》的人,如果不看王逸的旧注,就很难懂得屈原是怎样一种人,前无古人,后无来者。"(《闻一多纪念文集》,第464页)

三月五日　作《西南采风录·序》。收《闻一多全集》。

《西南采风录》是西南联大学生刘兆吉,在长沙至昆明长途旅行中,在大量采集民间歌谣基础上,编成的一部诗歌集,收入情歌、童谣、抗战歌谣、采茶歌、民怨、杂类六类民歌共七百七十一首。先生是湘黔滇旅行团的导师之一,所以刘兆吉请先生写序。先生在序中既介绍了该书的材料收集和编撰经过,也表现出他自己的抗战决心:

正在去年这时候,学校由长沙迁昆明,我们一部分人组织了一个湘黔滇旅行团,徒步西来,沿途分门别类收集了不少材料。其中歌谣一部分,共计二千多首,是刘君兆吉一个人独力采集的。他这种毅力实在令人惊佩。现在这些歌谣要出版行世了,刘君因我当时曾挂名为这部分工作的指导人,要我在书前说几句话。我惭愧对这部分材料在采集工作上,毫未尽力,但事后却对它发生了极大兴趣。一年以来,总想下番功夫把它好好整理一下,但因种种关系,终未实行。这回书将出版,答应刘君作序,本拟将个人对这材料的意见先详尽的写出来,作为整理工作的开端,结果又一再因事耽延,不能实现。这实在不但对不起刘君,也辜负了这宝贵材料。然而我读过这些歌谣,曾发生一个极大感想,在当前这时期,却不能不尽先提出请国人注意。

……

你说这是原始,是野蛮。对了,如今我们需要的正是它。我们文明得太久了,如今人家逼得我们没有路走,我们该拿出人性中最后、最神圣的一张牌来,让我们那在人性的幽暗角落里伏蛰了数千年的兽性跳出来反噬他一口。打仗本不是一种文明姿态,当不起什么"正义感""自尊心""为国家争人格"一类的奉承,干脆的是人家要我们的命,我们是豁出去了,是困兽犹斗。如今是千载一时的机会,给我们试验自己血中是否还有着那只狰狞的动物,如果没有,只好自认是个精神上"天阉"的民族,休想在这个地面上混下去了。感谢上苍,在前方姚子青、八百壮士,每个在大地上或天空中粉身碎骨了的男儿,在后方几万万以"睡到半夜钢刀响"为乐的"庄稼老粗汉",已经保证了我们不是"天阉"!如果我们是一个乐观主义者,我的根据就只这一点。我们能战,我们渴望一战而以得到一战为至上的愉快。至于胜利,那是多么泄气的事,胜利到了手,不是搏斗的愉快也得终止,"快刀"又得"生黄锈"了吗?还好,还好,四千年的文化,没有把我们都变成"白脸斯文人"!

《西南采风录》迟至一九四六年十二月,方由商务印书馆出版。书前还有朱自清、黄钰生所作的序。刘兆吉在"弁言"中写到:"我要谢谢几位师长和好友:黄子坚、闻一多、朱自清、杨振声、许骏斋(维遹)五位师长,除了多方指导外,或赐序文,或题书面。"

三月十二日　重庆《国民公报·星期增刊》刊载署名"昔心"的《昆明的几位作家》,文中介绍到先生时说:"去年三月,西南联大步行团来滇,闻亦多先生,便是旅行团的指导人,他同一群青年人,越山过岭,走了三千多里。他每天总是要走几十公里,从没有过倦容。这种精神,实在是令人敬佩的。闻亦多先生是诗人,又是艺术家,他现在西南联大担任中国文学系的教授,并且领导学生演话剧。最近轰动了昆明市的《祖国》公演,演戏的是联大的学生,而内部的指导,便是闻亦多先生,所以处处都博得观众的好评。记者于《祖国》公演时,便中会见了闻先生,他说:来昆明,很少做诗,上课之余,间或为《益世报》写点星期论文,大多是艺术方面的文章。闻先生真是一位忠实于艺术的人,这次联大剧团,公演了一个星期,他每天在会场指导至夜静三更时,始离开会场。我第一次看到这样一位长须老人,他和一群青年人,始终在一块活跃,在一块热烈的工作。这些工作,是为提高民众抗战的意识,为前方将士募捐,在抗战的后方确实是最切要。不久闻亦多先生,将同西南联大剧团还要下乡演剧,他还要利用戏剧的力量,使民众明了敌人的残暴,敌人的野心,这是乡村中最需要的。”

三月十四日　《璞堂杂记》发表于迁至昆明的《益世报》副刊“读书”第一一三期。收《闻一多全集》时名为《璞堂杂识》。这是对《周易》和金文中若干文字的考释与训诂。

三月二十七日　先生倡议之庞熏琴西洋画展览会开幕,地点在原为日本领事馆的罗念生家。(朱乔森编《朱自清全集》第10卷,第17页)

三月三十日　黄钰生、梁宗岱、吴宓、皮名举来访。《吴宓日记》云诸人于午饭后“同入城,访闻一多、闻家驷兄弟于小西门内福寿巷三号寓宅,久谈”。梁宗岱“述其经行各省之所闻见,及其仗义行侠之事”,“谓当局用人不公,误国甚大,拟撰《反求诸己》文若干篇,以畅言之”。(吴宓著、吴学昭整理注释《吴宓日记》第7册,第14页,三联书店1998年6月出版)

四月二十九日　清华大学借云南大学礼堂,举行建校二十八周年纪念大会,到者七百余人。校长梅贻琦因公在河内,所以由潘光旦代表校长致辞。云南大学校长、前清华大学算学系主任熊庆来也讲了话。大家一致希望明年校庆能在清华园内举行。

五月四日　朱自清日记云:“参加国民宣誓仪式后作中国文学史报告,并谈了中文系助教人选问题。樊谓一多认为我们最好不要让杨遇夫回来。杨颇保守,而我们保留几个空额也是明智之举。我不想固执己见,但对一多的做法颇感不快。他应事先与我商议。下午访一多,在杨的问题上同意他的意见。然后,我坦率地要求他若有什么主张,首先应与我商量,他对我表示抱歉并赞赏我的意见。”(朱乔森编《朱自清全集》第10卷,第22至23页)先生有时自做主张,容易引起朱自清的不快,十九日,朱与罗常培、杨振声商谈大一国文事时,也说到这件事,甚至说自己的学术地位“低得可怜”。(同前,第25页)

五月二十八日　朱自清来访。朱自清日记:“访闻一多。他谈了古代诗与史的两种传统理论。”(朱乔森编《朱自清全集》第10卷,第26页)

六月一日　作《歌与诗》。发表于十五日昆明《中央日报》副刊“平明”第十六期。收《闻一多全集》。题下注云:"这是计划中的一部《中国上古文学史讲稿》的一章。"这时,先生正在试图解决中国上古时代是否像西方那样,也有一部史诗的问题。本文即探讨之一。文章分三节。第一节述歌的起源,云:

> 想象原始人最初因情感的激荡而发出有如"啊""哦""唉"或"呜呼""噫嘻"一类的声音,那便是音乐的萌芽,也是孕而未化的语言。声音可以拉得很长,在声调上也有相当的变化,所以是音乐的萌芽。那不是一个词句,甚至不是一个字,然而代表一种颇复杂的涵义,所以是孕而未化的语言。这样界乎音乐与语言之间的一声"啊~~~"便是歌的起源。不错,"歌"就是"啊",二者皆从可陪声,古音大概是没有分别的。……严格的讲,只有带这类感叹虚字的句子,及由同样句子组成的篇章,才合乎最原始的歌的性质,因为,按句法发展的程序说,带感叹字的句子,应当是由那感叹字滋长出来的。……实字之增加是歌者对于情绪的自觉之表现。感叹字是情绪的发泄,实字是情绪的形容、分析与解释。前者是冲动的,后者是理智的。由冲动的发泄情绪,到理智的形容、分析、解释情绪,歌者是由主观转入了客观的地位。……感叹字确乎是歌的核心与原动力,而感叹字本身则是情绪的发泄,那么歌的本质是抒情的,也就是必然的结论了。

第二节述诗的功能和诗与歌的区别:

> 志与诗原来是一个字。志有三个意义:一记忆,二记录,三怀抱,这三个意义正代表诗的发展途径上三个主要阶段。……诗之产生本在有文字以前,当时专凭记忆口耳相传。诗之有韵及整齐的句法,不都是为着便于记诵吗?……文字产生以后,则用文字记载以代记忆,故记忆之记又孳乳为记载之记。……一切记载既皆谓之志,而韵文产生又必早于散文,那么最初的志(记载)就没有不是诗(韵语)的了。……"歌"的本质是抒情的,现在我们说"诗"的本质是记事的,诗与歌根本不同之点,这来就完全明白了。再进一步的揭露二者之间的对垒性,我们还可以这样说:古代歌所据有的是后世所谓诗的范围,而古代诗所管领的乃是后世史的疆域。……诗本是记事的,也是一种史。在散文产生之后,它与那三种仅在体裁上有有韵与无韵之分,在散文未产生之前,连这点分别也没有。……诗即史。当然史官也就是"诗人"。

第三节述诗与歌的合流:

> 社会日趋复杂,为配合新的环境,人们在许多使用文字的途径上,不得不舍弃以往那"繁于文采"的诗的形式而力求经济,于是散文应运而生。史的记载不见得是首先放弃那旧日的奢侈锢习的,但它终于放弃了。大概就在这时,

志诗二字的用途才分家。一方面有旧式的韵文史,一方面又有新兴的散文史,名称随形式的蕃衍而分化,习惯便派定韵文史为"诗",散文史为"志"了。此后,二字混用通用的现象不是没有,但那只算得暂时的权变,和意外的出轨。……韵文并非式微,它是迁移到另一地带去了。他与歌有一段宿诺。在记事的课题上,他打头就不感真实兴趣。所以时时盼着散文的来到,以便卸下这分责任,去与歌合作,现在正好如愿以偿了。……诗与歌合流真是一件大事。它的结果乃是"三百篇"的诞生。一部最脍炙人口的《国风》与《小雅》,也是"三百篇"的最精彩部分,便是诗歌合作中最美满的成绩。

《歌与诗》"大体上是凭着一两字的训诂,试测了一次'三百篇'以前诗歌发展的大势",先生说:"'三百篇'有两个源头,一是歌,一是诗,而当时所谓诗在本质上乃是史。最后这一点特别值得注意。知道诗当初即是史,那恼人的问题'我们原来是否也有史诗'也许就有解决的希望。"

在剪贴发表后的《歌与诗》时,先生又附上了"排比句法"、"韵"、"连环句法"、"系数"等类的史料多条,可能打算进一步补充。

六月十四日　上午,决定先生与朱自清、罗庸、魏建功四人担任云南省中等学校教师暑期讲习讨论会讲师。(参见朱乔森编《朱自清全集》第10卷,第31页)

是年,云南省教育厅继续开办中等学校教师暑期讲习讨论会,并根据全省实际需要,将教育部规定的三组训练科目增加为国文公民、史地、数理化、英文四组,规定全省各公私立中等学校每校至少选送三人受训。西南联大对这次暑讲会给予大力支持,先生再次担任暑讲会讲师。七月三日,在教育厅召集的联席会议上,决定暑讲会的时间从上年的四个星期延长至六个星期,每个星期组织一次精神讲话,三次学术演讲,两次时事讲话。此外,分组讨论每周三次,分组演讲每周三次,分组分科演讲每周六次,体育每周四次,个别讨论每周二次。同时,推定的各组召集人,其中朱自清为国文组召集人,江泽涵、黄子卿为数理化组召集人,叶公超为英语组召集人。(《教厅举办二十八年度中学教师暑讲讨论会,科目分国文史地理化英文四组,聘专家讲学内设教务事务二部》,《云南日报》,1939.6.21;《教厅举办中等教师暑讲会昨开联席会,各组讲师已聘定,报到学校三十八校九十九人》,《云南日报》,1939.7.4)这次暑讲会于七月十七日开学,至二十九日,报到学员共一百五十四人,约占全省中等学校教师总数的七分之二。(《暑讲会昨开讲,龚厅长出席精神训话》,《云南日报》,1939.7.18;《暑期教师讲习会昨举行开会礼》,昆明《益世报》,1939.7.30)

下午,出席校歌校训编制委员会会议,听张清常、马约翰、沈有鼎三人各自所谱之校歌曲谱演唱。三十日再开会,确定用张清常之谱,并向常委会呈报。七月十一日,常委会通过,并备文向教育部呈报。

六月十五日　致清华大学校长梅贻琦信。请求休假研究:

> 月涵先生校长钧鉴:迳启者:二十六年在平时,一多适届休假期间,曾依国内研究条例呈请休假一年,并由系中专聘助理员一人襄助研究。比蒙评议会全案通过,准予施行。适值故都沦陷,学校迁湘上课,时系中教师颇感缺乏,遂承主任朱佩弦先生命暂缓休假回校授课,计又两年于兹矣。顷者奉到校中通知国内休假研究办法下学年度行将恢复,用特呈请依照上述二十六年所拟研究计划重予核准,俾便施行。惟是前次所定研究题目系编纂《诗经字典》,兹因书籍缺乏关系,该项工作不易进行,爰将研究题目改为"中国上古文学史",缘本系新定课程中本有"中国上古文学史"一门,虽早经指定由一多担任,而迄今未能开班,诚以此类新创课目,内容较为复杂,即收集材料已非咄嗟可办,遑论整理。此次倘得休假一年,以全副精力从事准备,则不特久缺之课程得以早日开班,即一多个人年来在此方面研究所得,亦可藉以告一段落,俾早日勒成专书,以供献于社会,公私两便,幸何如之。至助理员之薪金,在前次计划中原定为四十元,以目前生活程度衡之,自不免过薄,此次倘能依照大学毕业生待遇标准,酌予提高,尤所企祷。以上所请各节,统希裁夺,不胜待命之至。肃此。敬候钧安。闻一多,二十八年六月十五日。(《教师申请休假出国或在国内研究的来往函件》,清华大学档案室藏)

七月十七日,清华大学迁昆明后第三次评议会会议议决:"闻一多教授拟具计划请求在国内休假研究案。通过。并由校供给研究助理一人,月薪五十元至八十元。"(《评议会会议记录与部分提案》,清华大学档案室藏)

六月十七日　清华大学召开迁昆明后第二次聘任委员会会议,议决续聘先生与朱自清、陈寅恪、刘文典、王力、浦江清为文学院中国文学系教授。(据《聘任委员会会议记录与部分材料》,清华大学档案室藏)

七月初　有信致曹禺,今佚。信中有句话说:"现在应该是演《原野》的时候了。"还说演出《原野》就是要斗争要反抗,表示自己要为该剧做舞台美术设计。(据田本相《曹禺传》,第253页,北京十月文艺出版社1988年8月出版)

《原野》是曹禺继《雷雨》、《日出》后的又一力作,它描写民国初年北洋军阀统治时期,农民所处的万分痛苦、想反抗而又找不到出路的状况,全剧围绕有杀父夺地之恨的仇虎,要复仇的强烈冲突心理,深刻地反映了伦理道德、封建迷信观念对人性的摧残和吞噬。《原野》首次演出于一九三七年八月,当时未曾引起轰动,一九三八年春,已迁至重庆的国立戏剧学校准备公演该剧时,当局还下令禁演。但是,先生很看重《原野》，与凤子、吴铁翼(国立艺专校长)联名电请曹禺来昆亲导《原野》，承办单位为昆明国防剧社。

此事经过，时任滇黔绥靖公署政训处第二科科长，主管宣传的李济五回忆："有一天，凤子和孙毓棠到《民国日报》社来找我说：'你主持的国防剧社底子厚，有经费、有人力，为了很好地开展话剧活动，为抗日多做一些宣传工作，我们可以请万家宝(曹禺)来昆导演几场话剧。'我很惊讶地问凤子：'当真吗？你们确有把握把万先生请来吗？'凤子说：'怎么没有把握？我们和他是很好的朋友，如果你同意，只要以我和闻一多、吴铁翼(国立艺专校长)三人的名义写信给他，他就会来的。'我听后大为高兴，回答她说：'那就太好了，但这件事我个人不能决定，必须请示上面再告诉你们。'于是我立刻向龙秉灵(龙云的表弟，时任滇黔绥靖公署政训处长，国防剧社属其所辖)作了汇报。龙秉灵本来对话剧没有多大兴趣，但曹禺是闻名已久的剧作家，他听了我的汇报便马上答应，至于经费问题，以后再说。我把这个意见告诉了凤子，先由她和闻一多、吴铁翼联名打电报给曹禺，同时由国防剧社正式发出邀请电报，并汇去了从重庆到昆明的飞机票款。这是一九三九年七月初的事。"(《忆国防剧社》，《春城戏剧》1986年第1期；访问李济五记录，1987.11.8)

十日，曹禺复电接受邀请。十三日，曹乘欧亚航空公司飞机自重庆抵昆明，宿西南大旅社。

七月十四日　龙秉灵设宴为曹禺洗尘，先生与凤子、孙毓棠、李济五等人作陪。随后商定演出剧目两种，一为《原野》，一为老舍、宋之的等集体创作的多幕抗日话剧《黑字二十八》(又名《全民总动员》)。

七月十六日　曹禺搬至华山南路的南京旅社，距凤子、孙毓棠住的青云街洋槐巷四号很近。大家常在凤子家中商量有关演出的问题，决定《原野》由曹禺亲导，孙毓棠任舞台监督，先生和工艺美术学院教授雷圭元分任舞台设计和服装设计。演员方面，凤子饰金子，李文伟饰焦大星，汪雨饰仇虎，樊筠饰焦大妈，孙毓棠饰常五爷，黄实饰白傻子。

先生为了《原野》演出，花费了极大的精力，他全神贯注昼夜不停地思考琢磨。在家里，他找了几个装美孚石油桶的木箱，放倒当作舞台，又用硬纸壳制作了各种样式各种颜色的布景、人物的模型，在"舞台"上摆来摆去，调上调下，时而以某几种颜色或样式相配，时而又另选几种颜色或样式相配，时而伏在近处仔细端详，时而又退到几尺以外评头品足，不时还回头求夫人孩子的意见，如此这般斟酌比较，经过多次反复之后，才选定一个最佳方案。

李济五也回忆说："闻一多先生是分工负责舞台美术设计的，雷圭元先生是负责服装设计的,但他们两位并不分彼此,随时密切合作,雷先生住在左哨街,闻一多经常去雷的住所研究服装设计的问题。他们在研究《原野》剧中人物的服装时,反复琢磨仇虎的性格特征,决定仇虎穿的衣服应该是黑缎红里的短袍。金子的服装,应该是大袖口镶黑边的粉红色姊妹装。决定以后,还带着几个联大剧社的同学到商店选购衣料,陪着演员到服装店量尺寸,按规定缝制。在舞台美术设计上,闻一多先生有一天到孙毓棠家里同曹禺、凤子在一起研究《原野》的布景和道具,给我印象最深的是在设计焦大妈家里的桌椅,曹禺说明了他的创作意图和剧中人物的性格后,闻一多思索了许久……,用手比划着说,焦大妈堂屋里的桌子必须给人以massi eness(即沉甸甸的意思)的感觉,曹禺表示完全同意。《原野》每一幕的舞台设置他都与曹禺共同研究,绘出平面图后,先制成模型征求大家的意见,最后经过多次修改,才正式投入制作。舞台布景是他根据剧情先绘成小样,然后才正式绘制。我原来只知道闻一多先生是著名的文学家、诗人。在曹禺来昆后在孙毓棠家中同他商量演出事宜时,他拿出一大叠写生画给我们看,画的都是联大从长沙迁昆途经湘西沅陵、辰溪等地时的风景,这时我才了解到他还是一位出色的写生画家。在筹备演出《原野》时,他在绘制布景上不但充分显示了他的美术才能,而且显示出他认真负责,一丝不苟的作风。制作布景的地点是在三转弯的岑公祠内空地上。有一天下午我前往看望,闻先生正在撩起长袍,蹲在地上生炉子熬胶水,面前铺着一大张布,旁边摆着绘油画用的各色颜料。我看了很不过意,劝他休息,我替他熬胶。一切准备就绪后,就动手绘布景。就这样,每绘一张布景,就要花一两天的功夫。《黑字二十八》的布景有的是他自己设计并亲手绘制的,有的是他指导艺专的同学制作。"(《春城剧戏》,1986 年第 1 期;访问李济五记录,1987.11.8)

剧中担任主角"金子"的凤子,在《哭闻一多先生》一文中回忆到:"为了《原野》的演出,闻先生自告奋勇担任服装设计。'金子'着的一件紧身红棉袄,还是他自己去跑估衣铺买了来的。仇虎的那件大褂,他坚持要黑缎面子,红缎里。我们只知道他是位学者,是位诗人,却不知道他也是位画家。对于着色,对于情调的把握,他有高人一等的鉴别力。《原野》舞台上的一部分的成就,我们忘不了在那些日子里闻先生赐予的协助。"(《人民英烈》,第 169 页)

小华(何孝达)在《闻一多先生的画像》中亦说:"仇虎在森林中的那一幕,他用了许多黑色的长条的木板在台的后半,一排排大小错综地排列起来,叫人提了小红灯笼,穿来穿去,在台下看起来就显得这片森林多么幽黑深远。"(《自由文丛》之二,第 16 页)

排练中,先生对剧情曾提出过一些建议。余冠英在《谈〈原野〉》中认为"金子同意杀大星是不近情的",说先生也赞成他的看法。"闻一多先生主张将剧情略为修改,为花、焦两家造出一段仇隙来,使焦阎王爱上金子的母亲(互恋单恋均可),使金子的父亲因此而死于焦手,焦阎王必欲得金子为儿妇因此得一解释,焦大妈之痛恶金子也增加了理由。不过这件事金子丝毫不知,焦大妈知之而不详,但仇虎却尽知底细。仇虎告诉了金子(或再由常五证实一下),使金子对焦家生了得分之念,于是同意仇虎杀大星而不复顾惜。这样一改可解决许多问题,委实是可取的办法。"

余冠英还认为"第三幕(即最后一幕)亦颇成问题。作者使仇虎的精神发生剧变,以至在林中屡见幻象,事前的准备不够。换句话说,仇虎这种变态没有充分理由解释"。关于此点,余亦说:"闻先生对此解决的办法是改小黑子为金子所生,而事实上是仇虎的种子,但只有金子心里明白。小黑子的死为仇虎一手安排,金子不与闻。在孩子死后金子才伤心地说出真象,于是仇虎悔恨发狂。"余认为,"这样较为可通,不过仍欠深刻,且时间上亦难安排(倘剧情如此,仇虎与金子别离后的时间便该很短了),尚未为圆满的办法。"(《今日评论》第2卷第13期,1939.9.17)　先生对《原野》剧情的修改意见,朱自清在《〈原野〉与〈黑字二十八〉的演出》一文中曾有记述,余冠英之文,则对先生的意见做了进一步介绍。

同日　下午六时,赴云南服务社,参加滇黔绥靖公署政训处国防剧社举行的欢迎曹禺茶会,出席者为昆明市剧界名流以及新闻界等十余人。茶会由龙秉灵任主席,先生与楚图南、陈豫源在会上发言。(《昨国防剧社欢迎曹禺》,昆明《益世报》,1939.7.17)

七月二十一日　致在成都的金陵大学中国文化研究所主任李小缘信。未入集。信云:

小缘吾兄左右:奉到七月十七日手札并拙稿副本,顷以校阅一过。第四页两"渔猎",请将原稿代为改正,余悉仍旧此本。五年前旧稿,南来后略加补充,久储箧衍,今承贵校学报代为发表问世,曷胜感忉。长沙古物之发现,为近来考古界一大事,又经锡永先生整理,其价值之大更不待言。《闻见记》想不日即可颁到,弟治楚辞多年,凡楚国文物尤宿所留意,将来得读此书,定能获益不浅也。谨预拜赐并讫代向锡永先生致其钦仰之忱。敝校(清华)中国文学系主任朱佩弦本年休假,系务由弟暂代,将其全力于研究所。贵所章程及工作计划倘蒙惠赐一份,用资借镜,无任铭感,弟不日即当迁回昆明,赐示仍寄昆明敝校可也。端此敬覆藉颂著祺。弟一多拜上。七月廿一日。(徐雁平《闻一多先生的四封佚简》,《新文学史料》2000年第1期)

七月二十五日　文协昆明分会主办的暑期讲习班开课,为期两个月。楚图南、冯素陶、彭惠、施蛰存、朱自清、徐炳昶、顾颉刚、张天虚、徐嘉瑞、杨东明、穆木天、马子华、曹禺先后讲演。先生也曾主讲过一次。

七月二十八日　张清常完成有五个乐章的《敬献西南联合大学》，将歌词和曲谱主旋律用简谱油印出来，寄给先生，首页上写："谨呈佩弦、一多师恳乞赐正。"（据影印原件，清华大学校史组藏）

八月十六日　曹禺第一次亲导的《原野》在昆明新滇大戏院正式公演。先生特为演出撰写了《说明书》。（据访问吴征镒记录，1986.7.25）《说明书》中有这样一段话：这剧"蕴蓄着莽苍浑厚的诗情，原始人爱欲仇恨与生命中有一种单纯真挚的如泰山如洪流所撼不动的力量，这种力量对于当今萎靡的中国人恐怕是最需要的吧！"（转引自李乔《看了〈原野〉以后》，《云南日报》，1939.8.23）

《原野》起初演出了九天，虽时正逢连日大雨，但仍天天满座。《黑字二十八》演了五天时，应各界要求，又再演《原野》五天，直到九月十七日方结束。两剧共演三十一场，全城轰动。朱自清在《〈原野〉与〈黑字二十八〉的演出》中说："这两个戏先后在新滇大戏院演出，每晚满座，看这两个戏差不多成了昆明社会的时尚，不去看好像短了些什么似的。……这两个戏的演出确是昆明一件大事，怕也是中国话剧界的一件大事。"（昆明《今日评论》第2卷第12期，1939.9.10）

演出期间，先生陪曹禺游西山，逛华亭寺，在温泉洗澡，回来拍了一大堆照片。

演出结束后，除去各种开销，尚有剩余，每人分了一些。先生也分得四百元。（据访问李济五记录，1987.11.8）

九月一日　德国法西斯军队大规模侵入波兰。第二次世界大战全面爆发。先生对国际局势的变化极为关注，天天急着看报。

九月四日　朱自清给清华大学校长梅贻琦和文学院院长冯友兰信中，说到先生休假研究，推荐刘云樵为其助理。信中云："闻一多先生本年度休假研究，评议会许其聘用助理一人。闻先生兹推荐刘云樵君为助理。刘君系岭南大学中国文学系毕业生，曾在南洋群岛任教。查其资历，尚属相合，月薪拟定为六十元整，从九月份起薪。此事曾向芝生先生面商，应承同意，谨再缮函奉达。"（《文学院各学系教师异动的来往文书》，清华大学档案室藏）

七日，梅贻琦批示："照办"。但不知出于何原因，先生休假研究期间，刘云樵并未担任助理工作。

是年度，先生聘书注明月薪仍为四百元。

九月上旬　开始休假，为期一年。一九三九年度，清华大学恢复教授休假在国内研究之办法，首批安排先生、赵凤喈、王力、张印堂、冯景兰五教授休假研究。

（据《清华校友通讯》第6卷第10、11、12期合刊，1940.12）

是月上旬　时，昆明城中常有日机骚扰，为避轰炸，先生将家搬到滇池南端的晋宁县。搬家路上，所乘汽车司机大烟瘾发作，将车翻到了路边沟里，所幸没有伤人，全家惊吓一场。

在晋宁，住北门街苏子阳家。苏宅有前后两重院子，先生家住在前院的二楼，推窗便是街道。晋宁远离尘嚣，干扰较少，先生终日埋头古籍丛中，致力于上古文学史研究，所获甚丰。有时，先生的兴致上来了，还把子女们召到一起听他讲唐诗。几个大一点的孩子个个背得出《春江花月夜》、《长恨歌》、《琵琶行》、《兵车行》、《卖炭翁》、《茅屋为秋风所破歌》等多首唐诗，这都是当时先生悉心哺育的结果。

先生一家在晋宁约住了一年，随着物价的上涨，经济上日觉困窘，生活水平不得不一降再降。为了节约，家中食用的面粉都靠买来小麦自磨自筛，先生亦挽起袖子、长衫，参加推磨筛面。同样，为了节约，先生把吸纸烟也改为吸用旱烟叶子自制的卷烟。

十月九日　致李嘉言信。未入集。信云：

嘉言吾弟：两函并悉。来晋后穷一月之力，将《离骚》旧稿录成清本，尊著《贾谱》未及披读，故前函未即奉复，尚乞谅之。今悉足下亦已撰成《杂论离骚》一文，与世所至，不约而同，亦云巧矣。尊稿缮清后，望即邮下，俾得先睹为快。多曩据《九叹》"伊伯庸之末裔"一语，疑伯庸为房子远祖，今检《楚世家》熊渠长子康世本作庸，为楚先祖之始王者，疑伯庸即此人，特苦无他证□，据提孟陬庚寅乃颛顼历法之"历元"（历法纪数之开端），故为生辰之最吉者，屈子自矜其生辰之异，至与其尊荣之世系相提并论，以为美谈，此殆即我国星命说之滥觞（星命说之理论似始见于《论衡·命义篇》及抱朴子《辩问篇·引至钤》）。关于此点，拙稿中论之颇详。《楚世家》楚先祖吴回以庚寅□受命为祝融一事，极可注意，不知尊稿所论与此有关否。见佩弦先生时，乞代问暑讲会是否有报酬，如有，是否已发下，并如何领取，至感之。骏斋兄近作何事，有何发明。近读《吕览》时有疑精密，稍迟专柬奉质。顺候撰安。多，十月九日。

信中所说之《贾谱》，即《贾岛年谱》。李嘉言研究贾岛多年，该谱已是第三稿，完成后请先生审阅。

同日　李小缘有信致先生，欲聘先生至金陵大学中国文化研究所任专任研究员兼国文教授。信云："一多我兄惠鉴：九月初旬，在滇偕〔潘〕光旦兄诣府晋褐，乃幸运不佳，实逢我兄前一日疏散下乡。既而再访光旦兄，亦已下乡，何运气之不佳乃尔，岂吾人能见与否亦有前定之缘耶？一笑。此次专诚拜谒，意欲约吾兄来蓉，共同在一处作研究工作,不识我兄愿闻否也。名义为敝所专任研究员兼国文教授,授课每周五钟至六钟,余为研究。研究无限制,而重在指导学生研究。薪金每月三百元整,实付无折,此为敝校最高之额数,所中现在仅有弟与商锡永(即商承祚)二人,既无政治活动,又无互相倾轧之病,纯粹研究性质,不识尊意以为如何? 请开示研究计划,并请开列研究需要书籍,以便购置或添配可也(愿意屈就,请惠我数行,无任感祷)。近在蓉见梁思成兄,得知我兄自长沙拜别后今已为美髯公,据光旦兄所谈益佩。我兄近日之煦煦(?),不衷笃实敦厚以珍学也。蓉中生活较为廉,而蓉又为川中文化中心,沿汉江嘉陵江流域,不乏汉唐遗物,关心中国文化者足迹已寄西南,岂可独舍蜀而不游乎? 佛西兄亦在蓉中家。接信后锡示覆为感,专此敬恳,顺颂撰祺。廿八年十月九日。"后附:"研究员:国文教授,翻译文学,新文艺",当是请先生担任之课程。(徐雁平《闻一多先生的四封佚简》,《新文学史料》2000 年第 1 期)

十月十日 《诗与散文》创刊。该刊是杨绍廷、吴敏、刘光武、张桢柄、杨其庄、廖靖华、龙显球几个青年人办起的一个小型文艺月刊。先生对该刊给予热情的支持,后又为它题写了刊头。杨绍廷在《忆闻一多先生二三事》说:"《诗与散文》创刊后,我们开了一次座谈会,与会的先生们给了我们热情的鼓励。闻先生还即席挥毫,亲笔为我们题写了刊头。"(《春城晚报》,1986.7.26) 该刊第二期至第五期,即使用先生题写的刊头。杨绍廷后来还进一步说:"我认识闻一多先生是在一九四〇年八月。那时我与几位艺术师范的学友在昆明创办《诗与散文》文艺刊物。第一期出版后,我们邀请了十几位文艺界的知名人士,开了一次茶会,请他们给予指导和帮助。出席茶会的闻一多先生在我们请求下,为《诗与散文》题书了署名刊头。从第二期起我们改用了刊物封面设计,启用了闻先生书写的刊头。"(杨绍廷《永久的怀念》,《群言》1996 年第 7 期)

十月十六日 复李小缘信。未入集。谈金陵大学中国文化研究所聘请事。信云:

> 小缘吾兄左右:奉大礼知台旌勇,一度莅滇,适弟已于前一日疏散下乡,多年阔别,竟悭一面之缘,怅甚之。狠蒙过爱,相约加入责所工作,本当承命前来,奈弟家口过多,弱妻稚子,事事皆须弟亲身将护,若举家迁蜀,无论山川修阻、途中困难甚多,即川资一项,在此时期亦非咄嗟可办。实则来蓉之举,于弟个人有百利无一弊,弟年来研究兴趣颇浓,所涉方面亦复广,联大图书馆之贫乏,吾兄谅已深知。蓉城为西南唯一之文化都会,加之风闻贵校迁出时图书全携出,复有固定经费添置新书,为工作方便计,弟未有不愿前来之理。至蜀中胜境,渴慕已久,藉此一偿夙愿又其余事也。叨在末知区区之衷心必蒙鉴宥,

端此敬颂著祺不一。弟闻一多拜。九[十月]月十六日。（徐雁平《闻一多先生的四封佚简》，《新文学史料》2000年第1期）

十一月二十九日，李小缘致先生信，说先生的待遇为特种研究讲座，薪金可提高到三百三十元。信云："一多吾兄史席：十月十六日惠覆于十八日收到，已有考虑屈就之意，无任翘盼之至。至于川资一项，敝校向无先例，惟以兄台个人特别研究关系，故一再与校中当局权商，故一方将薪金提高为三百卅元，此为特种研究讲座；一方并以台端到校之日早一月，付薪或可藉以解决川资之一部分问题。敝校图书馆藏书仍多存南京，仅到蓉十分之一耳，而敝所藏书曾运存至婺源，惟敝所到蓉后仍继续收集，以谋实用，兄台如有何介绍，自当遵办不误也。敝所内容以及兄台研究工作，前函已言及之，无庸赘述。惟愿兄台首肯，自当早日寄上聘约，倘能于下学期开学始到，校方尤方所感盼。明在知己，故特直率陈之，如有冒昧之处，容后再谢。草草不恭，专此敬覆顺颂著祺不宣。弟李制小缘谨上。廿八年十一月廿九日。"（徐雁平《闻一多先生的四封佚简》，《新文学史料》2000年第1期）

十月三十一日　西南联合大学全体教职员，按月薪的百分之五，作为本年度前方将士的寒衣捐。先生积极响应。

十一月　作《夏商世系考》。今存手稿封面有篆书题写的"夏商世系考一卷"七字。该文内容仅为《夏后名号传疑录》一章，分为五节：一、初五世当为三世辩；二、冥即季，一曰王矢考；三、王亥一作王冰，非形误辩；四、夏初六世当为三世辩；五、夏商二系之对照。从手稿材料范围看，先生对夏朝的世系发生过怀疑，如小标题中有：太康即启、启即契、相(土)即相、冥(季)即芒(和)、亥(冰)即槐(芬)、亘即降、孔甲即上甲、泄即乙、扃廑即丙、皋即报丁、敬即示壬、癸发惠即示癸、履癸即大乙、杼即少康、相即中康，等等。所记均为史料，未及论述。

十二月二日　李小缘再致先生信，力劝先生赴金陵大学中国文化研究所任教。信云："一多我兄道鉴：十一月卅日曾上航函一通，寄晋宁县北门街苏宅，料早入览，久未奉覆为念。转瞬本学期完结，下学期即将开始，我兄是否能来，祈早示覆。如能来，拟开何课，祈开示，以便学生选择，如不能来，祈示知，以便早日另筹办法也。临颖神驰，不胜依依，敬希惠示为祷。民国廿八年十二月贰日。"信后，又写到："大意谓薪可增至三百卅元，如此可多出三百六十元，再加早一月取薪，则可有七百元上下以为旅费。此信如你困难在旅费，则有此办法。如有其它困难祈告知，弟能尽力解决之处，无不尽力代为解决。"（徐雁平《闻一多先生的四封佚简》，《新文学史料》2000年第1期）

十二月二十二日　与朱自清谈组织神话研究事。朱自清日记："一多邀晚餐。

彼甚强调《易林》诗的价值,作有《易林选》,邀余作序。彼并倡议组织神话研究,拟与史学系共同完成。"(朱乔森编《朱自清全集》第 10 卷,第 70 页)

十二月二十八日　致李小缘信。未入集。说到不能离开西南联大的原因。信云:

> 小缘吾兄左右:月初接奉手教,藉悉一切。弟不能离开此间之困难,实不祇一端,前函偶尔述及旅费事,特举其最现实最具体之一例耳,乃承吾兄过爱,再度相邀,并商得贵校当局同意提高待遇种种办法,尤令弟惭恧莫遑。比奉手教,本拟即赴昆明向敝校当局商酌并探询旅行种种手续,适舍间女仆(自北平携来者)病重,乡间医药复不便,以故不敢离,诚恐内子事忙,万一看护不周或致不救也。迨至上周女仆病退,弟始克赴昆明一行,结果种种方面皆与愿违。第一,弟在校本年适在休假期中,敝校章程规定休假期后必需在校中服务一年,此次曾托故与当局商量请求变通办理,未蒙应允。弟以在此八九年之久,于感情上实不便过分坚执也。至旅行方面,则公路因军运关系,客车久已停止通行。近来川滇交通除飞机外,公务人员则间有乘专车者。此二者在事实上财力上几皆为不可能,如系弟个人只身来蓉城无困难,然弟不能只身前来,家庭方面牵挂极多,则前函已言之甚详。总之在学术方面弟实极愿前来,徒以人事上困难太多,虽屡承兄及贵校当局设法解决,亦枉费心力,高情厚谊,私衷感谢,匪言可喻。贵校方面仍祈吾兄转达此意,不胜大愿之至。此敬复藉颂教祺。弟一多再拜。十二月廿八日。(徐雁平《闻一多先生的四封佚简》,《新文学史料》2000 年第 1 期)

次年一月二十二日,李小缘致先生信。云:"一多我兄道鉴:十二月廿八日惠书敬悉,我兄虽一时不克来敝校研究,休假后一年或可来敝校屈就,当为志以记之,姑先预约于此可乎?民国卅年四五月间当再函邀可也。兄台于国文一门交游甚广,知交必多,倘蒙鼎力推毂,请先以学历经验薪金著述数事示知后,仍希先容为感。敝校出版《金陵学报》,为弟拙编,已出七卷。自抗战以来停刊两载,今谋恢复,又苦无稿,欲广为征求,又赧颜无报,难于启齿。久仰我兄论著丰富,考证精详,倘蒙见惠鸿文,增光篇幅,学报幸甚,弟亦幸甚,当尽先付样,以单行本二十册奉贻,不识高明其许我乎?尽闻滇省警报甚多,晋宁一处尚平安否?念念。专此敬恳,草之不恭,顺颂著祺。廿九年一月廿二日。"(徐雁平《闻一多先生的四封佚简》,《新文学史料》2000 年第 1 期)

这件事在中文系引起一些影响,朱自清日记云:"余冠英告一多将接受四川某研究之职务。此事甚麻烦,但据我所知一多已打消此念头。"(朱乔森编《朱自清全集》

第 10 卷,第 72 页)

是月　作《易林琼枝》。收《闻一多全集》。季镇淮《闻一多先生年谱》称:"这是文学史讲稿的一部分,从《易林》这部书里,发现'诗'似的东西,是一个新的发现。"(《闻朱年谱》,第 39 页)　该文所摘材料,均是诗一样的句子。如:《蒙之兑》中的"冬生不华,老女无家,霜冷蓬室,更为枯株"。《家人之颐》中"东山辞家,处妇思夫。伊威盈室,长股赢户。叹我君子,役日未已"。全篇内容,分作季节、鸟虫、耕作、行旅、情恋、鳏寡等十三类,表明了先生用崭新的眼光和方法处理旧有史料的能力。

在晋宁,与县卫生院院长王子翰时有往来。先生一家,住在县卫生院斜对门,家中常有病人烦王子翰治疗,一来二去,两人渐渐熟起来。此时,晋宁还住有前任昆明市市长陆亚夫、前河口督办郭玉峦等,他们与县长赵书翰都爱附庸风雅,曾请王子翰出面代约先生吃饭、写字。先生说:"我是研究文学的,我研究的东西他们不懂,我也不愿意同这些官吏绅士来往。"在晋宁一年,先生始终没与这些人打过交道。(据王子翰给编者的信,1987.12.18)

一九四〇年 四十二岁

二月十五日，毛泽东在《中国文化》创刊号上发表《新民主主义的政治与新民主主义的文化》，二月二十日在《解放》杂志上刊载时改为《新民主主义论》。

三月三十日，日本扶持汪精卫于南京组建国民政府。北京临时政府、南京维新政府并入南京国民政府。

四月一日，由西南联大、云南大学教授编辑的《战国策》杂志创刊。

六月十四日，德军占领巴黎，二十二日，法国向德国投降。

七月十八日，英国与日本签订封闭滇缅公路协定，规定三个月内禁止武器等通过缅甸输送。

七月二十六日，美国务院宣布废止美日友好商务通航条约，日本黩武政策遭到打击。

八月二十日，彭德怀指挥第十八集团军在华北发动"百团大战"。

九月六日，国民政府定重庆为陪都。

九月七日，《德意日三国同盟条约》在柏林签字。

十一月一日，军事委员会政治部第三厅改组为政治部文化工作委员会成立。

十二月，国民党军队取得昆仑关大捷，日军退出南宁。

一月九日　作《姜嫄履大人迹考》。发表于是年三月五日昆明《中央日报》"文学"副刊第七十二期。收《闻一多全集》。

一月十三日　朱自清日记云："今天上午许先生给我看一多的信。一多推荐刘先生为陶先生的候补者，并提及蔡因先生的情况，说刘先生可能是他的竞争者。但我怀疑是否如此。不过，我提把他的推荐信交给罗（常培），免得李文英不接受这个职位的空缺。我请许先生转告一多，我们已把李先生定为第一候选人。如果罗等无其他人选，刘先生将定为第二候选人。"（朱乔森编《朱自清全集》第 10 卷，第 76 页）文中许先生、刘先生为何人，均待考。

一月十七日　为纪念清华大学建校四十周年，建议编辑一本文集。朱自清日记云："陈先生来访，谓闻建议，准备出一文集来纪念清华大学四十周年校庆。"

（朱乔森编《朱自清全集》第10卷,第77页）

二月十八日　《璞堂杂说》发表于昆明《中央日报》"读书"副刊第十七期。

是月底　复李嘉言信。是月十四日,李嘉言致先生信,并附有其新作论文《〈诗经〉"彤管"为红兰说》。文中认为"管可读如兰"中的"彤管"即"红兰",理由是"管古读管兰","泽兰、管兰同义而异字",并引郭璞"兰蕙连文"、"与管蕙并举"之说,证明"管"即"兰",复以陈子昂等人诗为旁证,说明"兰草"亦有"红色"。先生复信,即对李信之答复,肯定"云兰草泽兰可通称,此点甚重要"。信中认为兰茅亦可通称,并抄录自己《离骚正义》手稿之大段,引证"管菅同声,管茅同名,彤琼同色",说《说文》"琼,赤玉",而"郭正读虋为琼",证虋茅为美草,亦证"彤管"为"红茅"。（转引自李之禹《李嘉言与闻一多先生》,未刊稿）

三月十日　《诗与散文》第六期出版,换掉了先生题写的刊头。关于这件事的原因,杨绍廷说:我们采用了闻一多题写的刊头后,"竟引起了一些关心刊物的作者的异议。他们认为'闻先生是新月派诗人,用他的题字为刊头,与目前的形势和刊物的宗旨不相适应,可能会带来其它影响'。为此我们从第五期起就把题字撤换了。"（杨绍廷《永久的怀念》,《群言》1996年第7期）杨绍廷所说的"一些关心刊物的作者",指的是楚图南。他曾回忆说:"当时有人以为闻先生是不问政治的,是新月派,觉得让闻先生为我们的刊物题写刊头不合适,楚图南先生就是这样的看法,好像换掉闻先生写的刊头也是他提出来的。闻先生知道了很有意见,说:我对年轻人这样支持,而你们却这样待我。直到一九四五年诗人节聚会,我谈起这件事,并说明当时的情况,闻先生说:你们做得对,现在我就要写稿子给你们。"（访问杨绍廷记录,1986.7.31）对于此事,杨绍廷还做有进一步补充:"1944年后我与闻先生的交往多了,但我总没有勇气请闻先生写稿。1945年6月《诗与散文》准备出版一期"诗人节特刊",很想请闻先生写稿。可是由于过去我们请闻先生题的刊头,只用了几期就被换下来了,后来又没有向闻先生说明情况,心里总是有些内疚,再去请闻先生写稿,又怕遭到拒绝,感到很为难。我把想法向楚图南先生说了,得到他的鼓励,我才鼓起勇气登门向闻先生约稿。当我说明出特刊的打算后,闻先生爽快地答应如期给我稿件。"（《永久的怀念》,《群言》1996年第7期）

三月三十一日　复李小缘信。未入集。答应寄上学术论文一篇。信云:

小缘吾兄左右:一月底奉到手书,承嘱为贵校学报撰稿,比因事繁,未暇起草,牵延两月,至本月初曾制成一文,稿已录清,即待付邮,忽发生新意,文须改作,又苦于参考书籍不足,竟尔中辍,遂改用今题。中间又因找昆明友人代查材料,函件往返颇费时日,现已勉强脱稿,奉呈斧正。久稽报命,疏懒之愆,仍希曲宥，无任大愿之至。端此敬颂撰祺。弟多再拜。三月卅一日。(徐雁平《闻一多先生的四封佚简》，《新文学史料》2000年第1期)

是月 作《释鬺》。发表于是年《金陵学报》第十卷第一、二期合刊。收《闻一多全集》。此文即三月三十一日复李小缘信中所说之论文。七月十六日，李小缘收到该文后，即复函表示感谢。信云："一多我兄文几：前承惠赐大著《说鬺》一文，十分心感。此文早经誊录，拟送呈校，校阅后仍祈赐还尊稿原底存所。以备末校时作'孤本对正'，誊稿拟寄沪渎，不再寄回。学报本期集稿多日，而所缺甚多，故迟迟数月未能寄出付印，十分抱歉。《长沙古物闻见记》[商承祚著]付梓一年有余，未及出版，今幸刻印已告竣事，特另用快包奉呈一部，敬希指正为感。'图录'一部分现正接洽沪上印刷所，如接洽当即可付印。近况若何。港越路断，敝所书籍印刷皆感不便，所受影响甚大，滇中生活近已至若何程度？暑假期间将出外旅行否？专此敬颂著祺。弟小缘拜上。廿九年七月十六日。"(徐雁平《闻一多先生的四封佚简》，《新文学史料》2000年第1期)

这是一篇从文字训诂议论上古文化的文章。文中认为"鬺"为先民用于捕象之专字，云：

> 鬺从口从鬹，……□象栏形，鬹则手牵象而以言语教谕之，制字之意，与殊方土俗捕象之法悉合，然则鬺之本义为象鬺明矣。盖依字形所示，鬺之中心意义，本指既捕后教习驯扰之事，扩大言之，凡诱致生象之事，及其所用之媒并栏穽之属诸边缘意，亦俱谓之鬺也。考吾国上古北方本尝产象，以卜辞金文为字，及文献中殷人服象，象为舜耕诸传说证之，象盖尝一度为吾先民之重要牲畜，故捕象之事，有其专字。

先生还从文字与舜服象等传说，描述了"狩猎时代之文化"：

> 陈为舜后，其国境于《禹贡》称豫州，《说文》："豫，象之大者。"由上观之，舜曰虞舜者，虞即虞人之虞，掌鸟兽之官也。……关于舜益之各种传说，其所反映狩猎时代之文化，固甚彰者。更观乎舜象关系之密(惟象耕之说不足信)，则其时北方产象之多可知。夫森林为象类蓄息之必要条件，原始森林之普遍存在，亦正狩猎时代之生活环境也。观卜辞中贞捕象之辞，才寥寥数见。……知殷商时象已渐次南徙，盖其时去舜益已远，山林既启，农事日兴，社会景象已迥不侔也。

文末，又从鬺字之音，考其引申之义，结论云："要而言之，神女之以淫行诱人者谓之瑶姬，草有服之媚于人，传为瑶姬所化者谓之䔍草，男女相诱之歌辞谓之谣，并今人呼妓女曰婹子，皆鬺义之引申也。"

五月二十二日　　清华大学召开迁昆明后第七次聘任委员会会议,议决续聘先生与朱自清、陈寅恪、刘文典、王力、浦江清为文学院中国文学系教授。(据《聘任委员会会议记录》,清华大学档案室藏)

五月二十六日　　致赵俪生信。收《闻一多书信选集》。时,赵俪生在山西夏县的山西新军第二战区政治保卫队任指导员,直接投身抗战,在晋西北和晋南各地转战了两年半。他到西安出差时,听说先生在昆明空袭中负伤,赶紧来信慰问,信中还报告了些游击区的生活花絮。先生复信叙及旧人情况后,也讲了自己的工作与生活:

> 多自离平后,初居武汉数月,及学校迁湘复课,即往长沙。学校迁昆明时,有同学二百余人,组织旅行团徒步西来,多亦随行,在途中两月,虽备极辛苦,然亦有想象不到之趣味。现行年四十,已鬖鬖有须,即途中成绩也。空袭受伤,乃至昆明后事,来函云云,谅系传闻失实。平时对于舞台设计,极感兴趣,前者陈铨先生导演《祖国》,曹禺自导《原野》,均系由多设计。早年本习绘画,十余年来此调久不弹,专攻考据,于故纸堆中寻生活,自料性灵已濒枯绝矣。抗战后,尤其在涉行途中二月,日夕与同学少年相处,遂致童心复萌,沿途曾作风景写生百余帧,到昆后又两度参与戏剧工作,不知者以为与曩日之教书匠判若两人,实则仍系回复故我耳。校中休假办法,去岁又经恢复,多年限已届,遂即请求休假,迁居距昆明四十公里之晋宁县城。到此闲居将近一年,除略事整理诗经、楚辞、乐府、神话诸旧稿外,又从《易经》中寻出不少的古代社会材料。下年将加开"上古文学史"一课,故对于诗歌舞蹈戏剧诸部门之起源及发展,亦正在整理研究中。

先生在信中还特别问到从长沙临时大学赴陕晋一带工作的施忠说同学。在蒙自时,先生曾收到施忠说的来信,以后便音信杳然,先生"颇深系念",请赵俪生"若知施君消息,务望见告,否则亦请设法向熟人打听"。此可见先生对投身前线抗战的学生,十分关心。赵俪生也打听到了施忠说的消息,说是他在延安整风中怎么样了,因此不敢把这件事给先生说。(据赵俪生给编者的信,1986.11.13)

六月八日　　清华大学召开一九三九年度第一次教授会议。会上选举下届教授会议评议员及教授会议书记,提名中两项均有先生,但未当选。(据《教授会会议记录》,清华大学档案室藏)

同日,清华大学召开第三十次校务会议,议决"二十九年度起恢复文科研究所中国文学部"(《校务会议记录与部分提案材料》,清华大学档案室藏)。八月十六日,梅贻琦致函朱自清,聘请其为中国文学部主任,但正式开办时,则因先生出任清华中文系主任,故由先生担任此职。

六月十三日 由于物价高涨,先生休假研究费用不足,曾申请补助。是日,清华大学第三十一次校务会议议决"中国文学系休假教授闻一多续请增加研究补助费二百五十元。议决照准"。(《校务会议记录与部分提案材料》,清华大学档案室藏)

六月二十九日 致许维遹信。时,先生休假研究即将结束,清华大学中文系主任朱自清获准休假一年,同人拟推先生代理朱自清职务,许维遹来信征求意见,先生力辞。信云:

> 手教敬悉,弟素性疏略,近数年来较前尤甚,已不堪任事,系主任一职决不敢接受,恐将来贻误,悔之无及也。生性率直,决非故为谦让,对兄尤不必如此。平日对系事好随意发言,亦不无千虑一得之处,但贡献意见是一事,办事能力另是一事,能说话者不必能做事,此固古今通例也。了一兄何日返昆?不知有消息否?弟意了一为人圆通、练达,于此事最宜。凡事弟能为力者定当以旁竭诚襄助,望转达佩弦兄为荷。日来此间亦谣言甚炽,苦无正确消息。有言联大方针计议迁徙者,不知确否,望探询见示为荷。(《文学院各学系教师异动的来往文书》,清华大学档案室藏)

七月一日 因朱自清休假,清华大学校长梅贻琦函请先生代理文学院中国文学系主任职务。(据《聘请文法理工四学院院长暨各学系主任和各种特种研究所所长的来往函件》,清华大学档案室藏)

七月六日 致朱自清信。再申不愿接受代理清华大学中国文学系主任之理由,并荐王力任此职务。信云:

> 前者骏斋兄来函云,兄休假期中,校方有意属弟代理系务,并述兄与江清兄意,均盼弟担任。比即函复骏斋,备述所以不敢应允之理由,并请转达兄与江清,函中又曾提及了一兄为人圆通练达,代理系务,最为适宜。乃日昨校方聘函,仍正式颁到,知前函所陈,未蒙兄等垂察,此次自系承兄推荐,今仍拟请兄解铃,聘函一通,兹并附上,亦烦代为缴还,并向梅、冯二公谨致谢意。所以如此坚决者,理由实甚简单,平生顽直之性,见事往往失之偏宕,不能体谅对方立场。见事偏宕,虽千虑一得,不无独到之处,然不能体谅对方,结果必归失败。若此者,充其量不过清议之材,只堪备当事者之咨询,不堪自试也。曩者屡试屡败,此兄之所熟知者,此其一。又素性脱略,生活习惯漫无纪律,读书时心力所注,辄一切皆忘,以此任事,疏失尤多,此亦曩日之经验,然积习已深,恐此生无法移易也,此其二。学校平日待我不薄,今以此见托,以责任心言,本无可推诿,无奈力不从心,勉强应允,亦他日偾事,悔之无及者。弟素不好虚伪,

今兹所陈,实系最后决定,千祈代达前途,并乞鉴其苦衷,宥其顽固,幸甚幸甚。……留美考试命题事想与代理系务有连带关系,题纸今一并缴还,兄离滇日尚早,此事恐仍须偏劳也。

由于先生坚辞不就,朱自清又专函梅贻琦,仍属意于先生。信云:"昨接闻一多先生来信,辞代理系务,并辞留美考试命题阅卷事,业经面陈。兹将闻先生原函二件,又退回聘函二件奉上。系务事经与芝生院长筹商,拟由芝生院长再去一函劝驾。留美考试命题、阅卷事,清已去函说明此与代理系务并无关系,请其不必固辞。"梅贻琦十日批云:"再函闻先生请担任命题阅卷事。今夏因佩弦兄休假,不得不请尊处主持,并将来阅卷(约共百余本)傥须另约一二位襄助,亦请钧示。"(以上均据《文学院各学系教师异动的来往文书》,清华大学档案室藏)

在晋宁,曾有信给艺专学生郭良夫,谈到古代器物上的纹样。郭良夫《因闻一多先生而想起的二三事》云:"一九四〇年,先生在云南晋宁,利用休假之便研究诗歌、舞蹈、戏剧等艺术的起源和发展。这时我给先生写信请益,他在给我的回信中谈到古代器物上的纹样问题。他说一般所谓几何花纹,实为绳纹。汲水的器物本用绳络以便提携,后来制为陶器,已不需结缀绳络,人们仍要求绳络的纹样以为装饰,这是由于实用的意义虽不复存在,而审美的心理尚不可免。可知艺术的产生始于社会生活有了余裕。先生论证绳纹,不仅有出土文物为证,而且有古代载籍为据。他举出《论语·阳货》'予岂匏瓜也哉?焉能系而不食'为例证,说:'系匏瓜,盖谓络缀之以为樽。'又举出《庄子·逍遥游》为例:'今子有五石之匏,何不虑(络)以为樽?'司马彪注:'虑犹结缀也。'成玄英疏:'虑者,绳络之也。'先生说,考察艺术的起源及发展历史,读书与考古二者不可偏废,比较起来,读懂古书尤为重要。可是在信中他又错误地谈到用唯物史观来解释艺术的起源不免失之偏颇。"(郭良夫《因一多先生而想起的二三事》,中华书局古典文学编辑室编《学林漫录》第11集,第4至5页)

七月二十日　梅贻琦致函先生,请先生于八月内将休假研究报告呈送学校。(据《教师申请休假出国或在国内研究的来往函件》,清华大学档案室藏)

是月　先生曾送立鹤、立雕两子至昆明投考西南联大附属中学。考毕,先生回晋宁,二子则暂住闻家骝处,等候发榜。后立鹤录取,立雕未录取。立鹤为与弟弟在一起,亦未入学。

八月十二日　国立戏剧学校在昆明举行招生考试,先生与陈豫源、方于被该校聘为考试委员会委员。(《戏剧学校在昆招生》,昆明《朝报》,1940.7.29)

八月二十三日　致清华大学校长梅贻琦信。未发表。为聘何善周为清华大学文科研究所研究助理事,信中云:"日前趋谒,不遇为怅!关于中国文学系新聘研究助理何君善周事,芝生先生想已面呈一切。何君已于前数日开始工作,务希将其聘书及早发下为荷。月薪数额已与芝生兄拟定百元,如能从八月起薪最好,否则即请从八月半起算如何? 统希卓裁为祷。"梅贻琦当日批示:"冯先生阅。何君资历如何?"二十六日又批云:"照聘何君为中文系研究助理,一百元,自八月起。"(以上均摘自《文学院各学系教师异动的来往文书》,清华大学档案室藏)

八月二十四日 陈寅恪在香港九龙写信给清华大学校长梅贻琦,云其滞留香港的原因,并请其向先生及潘光旦、冯友兰、雷海宗四人"乞代致意"。(据《文学院各学系教师异动的来往文书》,清华大学档案室藏)

是月 搬回昆明,因一时找不到合适住房,便住在胞弟闻家驷的家里,即小东门城脚下华山东路节孝巷十三号。这条小街的巷口有家从德国留学回来的耳科医生私人诊所,先生带常犯中耳炎的立雕前去医治,这位大夫说除了装一个人工假耳膜外没有别的办法,说出的开刀价格竟是天价。先生很失望,立雕的中耳炎虽未治愈,但这件事则体现了父亲对儿女的爱心。

九月九日 西南联合大学开学。这学年,给文学院中国文学系文学组四年级讲授"中国文学史分期研究(一)"(即上古文学史),四学分。上学期,还给文学组三年级、语言组四年级、师范学院国文系三年级讲授"中国文学专书选读"(诗经),均为二学分。(据《西南联合大学历年度各院系必修选修学程表》,清华大学档案室藏)

这年度,朱自清获准休假研究一年,其西南联大中文系主任之职由北京大学中文系主任罗常培代理;而清华大学中文系主任一职,则经同人力劝,先生方允代理。(据梅贻琦《复员后之清华》,《清华校友通讯》复员后第2期,1947.4.25)

九月二十五日 昆明学生救济委员会与西南联合大学戏剧研究社,为募集清寒学生救济金,联合演出田汉根据鲁迅小说改编的五幕话剧《阿Q正传》,由中文系助教郑婴任导演,龚自知、蒋梦麟、张伯苓、梅贻琦、查良钊、陈铨、孙毓棠、吴晓铃等人为顾问。先生刚自晋宁归来,也被聘为顾问。时任后台装置组成员的萧荻在《我们应当写闻一多颂》中说:"闻先生对我们的舞台设计模型,热心地提出修改意见。在看了我们第一次化妆连排之后,还向我们指出:'《阿Q正传》写的是农村生活,吴妈等都是农村妇女,你们为什么在脸上擦那么多胭脂?'"(《闻一多纪念文集》,第321页)

九月三十日 日机二十七架自越南起飞,再次狂炸昆明。先生住宅后院防空洞口,也落了一枚炸弹,幸好未炸。冯至《昆明往事》记述这次惊险经过:"那时我住在东城节孝巷内怡园巷,巷口对面是闻一多、闻家驷的寓所,寓所后五华山坡下挖有一座防空洞。我们便跑到闻家,与闻氏兄弟一家躲入防空洞。闻一多,我还是初次见面。大人和小孩屏息无声,只听着飞机的声音在上边盘旋,最后抛下几枚炸弹,都好像落在防空洞附近。飞机的声音去远了,又经过较长时间,才解除警报。大家走出洞口,只见一颗炸弹正落在洞门前,没有爆炸。"(《新文学史料》1986 年第 1 期)

先生三子闻立鹏对这次遇险有着深刻记忆。他回忆说:"后来,又搬到五华山下节孝巷一家有后花园、有防空洞的院子居住。大家以为这样安全会更加有保障,没有想到,竟然就在这里发生了又一幕愈加后怕的事件。一天,警报又响了,一家人照例躲到防空洞里,住在对面的联大教授冯至一家人也来这里,大家情绪已经不那么紧张惊慌。却没有想到真有一颗炸弹丢在花园里的芭蕉树丛中,一声巨响,防空洞的泥土散落下来,火光一闪,炸弹却没有爆炸,大家目瞪口呆,跑出来看,只见一个弹坑,泥土被掀翻到四周,芭蕉叶子都焦了。有人惊叫'定时炸弹',人群又轰然散开.议论纷纷。找来警察,说可能是定时炸弹,不知道何时炸开,也可能是二十四小时之内。这一夜提心吊胆,比听到紧急警报还要紧张难熬。事后知道这次敌机来了二十七架,对昆明进行了疯狂的轰炸。"(闻立鹏、张同霞《闻一多》,第 139 至 140页,人民美术出版社 1999 年 11 月出版)

十月七日　梅贻琦致函先生,催促先生将休假研究报告尽快呈送。信中云:"关于台端上年在国内休假研究应请编具报告一节,业于七月二十日函请于八月内开具送校在案。兹查此项研究报告台端尚未送校,相应函答,即祈开送。如著作尚未结束,亦请开示大略,以便汇报为荷。"(《教师申请休假出国或在国内研究的来往函件》,清华大学档案室藏)

十月十六日　《乐府诗笺》开始发表于昆明《国文月刊》第三期。收《闻一多全集》。所笺有:《日出入》、《朱鹭》、《思悲翁》、《艾如张》、《上之回》、《翁离》。未刊手稿中有未完成的《乐府叙论》。中云:

如果文学中有所谓正统的话,无疑诗是中国文学的正统,即在两汉也非例外。以产量论,赋在当时诚然居第一位,若论到质,则远不如诗,因之两汉文学的真实价值在诗而不在赋。继承楚辞传统的汉赋,除汉初少数作品外,只是无意义的挥霍文字而已。换言之汉赋只是堕落了的楚辞。反之,汉诗却仅进了一步的三百篇,只要排除了儒生们势利眼的尊经心理,我们当承认三百篇的文艺价值早已被超过了。建安以后不必论,因为那属于另一个文学的纪元,拿它与三百篇并论,根本是不公平的。建安以后,诗中有主名的作家,渐多起来,那表示作诗渐渐成了一部分人的专业。从建安直到现在,我们可以用一种广义的说法,称之为近代。建安以前,概括的说,是一个无主名的诗人时期,诗在当时也可说是社会的而非个人的产品。这样一个时期,与建安以后相对照,我们称之为古代。

就作品说,"古代"的诗大体是歌曲,"近代"的诗才是诗。就产生的方式说,诗是创造的,歌曲可说是长成的。就应用说,诗是供人朗读的,歌曲则是供人唱的和演的(要记得古代的歌和舞不分,有舞便近乎戏剧——即所谓歌舞剧)。

十月二十六日 《乐府诗笺》(续)发表于《国文月刊》第四期。收《闻一多全集》。所笺有:《战城南》、《巫山高》、《上陵》、《将进酒》、《君马黄》、《芳树》、《有所思》、《上邪》、《雉子班》、《圣人出》、《临高台》、《远如期》、《石留》。

是月 为避免再遭日机轰炸,先生一家迁往市区西北郊大普吉镇,与胞弟闻家驷同住在一个大车店的楼上,十几个人住两大间。大车店楼下前面是栈店,后面是豢养牲口的地方,风吹或日晒都会卷来冲天的臭气,碰上雨天,雨点就从瓦缝里滴到室内。另外,这里白天黑夜总是吵吵嚷嚷,赌博吃酒的吃喝,打架咒骂的声音,让人不能好好休息。房子太小,全家都睡在楼板上,每天先生都先起来,等孩子们起来了,他再把被单拉直叠起,然后轻轻扫地。

由于实在拥挤,没多久就搬到离大普吉镇约三里地的陈家营。当时,有人说陈家营有两间房子出租,先生一听就决定搬家,别人说:"也没去看看就搬家啦!"先生心里明白,是房子也绝不会比大普吉的再差。为了省钱,全家衣物等是先生率领子女手提肩扛,多次往返搬走的。

陈家营离城二十里左右。昆明郊区房子,大体都是土木结构的二层小楼,中间是天井,四面是正房与东西耳房(也叫厢房)。楼上楼下的正房住人,楼下两侧厢房是厨房、牲口圈,楼梯下三角空间是鸡鸭窝。先生家在陈家营住的也是这样的房子。开始,全家住在二楼两间正房(中间没有隔断)及两间东耳房,虽然比较宽畅,但环境不是很好,空气里总是充满了做饭的油烟味,牛马猪的牲畜味,圈里窝里的粪肥味,以及房东抽大烟的味道。另外,锅碗盆瓢,拉风箱,鸡鸭狗、牛马猪叫的声音,也总是在耳边响着。而牛马在柱子上蹭痒痒引起的震动,也能很明显的感觉到。(据闻立雕《红烛:我的父亲闻一多》,第153至154页)

房东叫杨李,用拉炭赶脚积下的钱盖起一栋楼房,此后便不大劳动,且有抽鸦片恶习,先生很反感。但此人为人尚好,略识文字,先生与他有时也叙谈一阵。房东长子十五岁时便被拉去作壮丁,随国民党第六十军到蒙自驻防后再无消息,先生听了深表同情。在这里,先生租了二楼两间正房及东厢房、北房,面积不大,八口之家居住仍很拥挤。

住陈家营者还有黄子卿、高崇熙、余冠英三家,先生与他们常有往来,不时议议时局,谈谈见闻。

为减少往返跑路,先生请准将一周课程集中在两天之内,前一日上午步行入城,下午讲两节课,夜宿师范学院孙毓棠室内,次日上午再讲两节,午后返回。归家时,夫人常带子女在村头迎候。先生远远听到"爸爸! 爸爸!"的呼声,脸上立即现出喜悦的微笑,一路行走的风尘劳累,似乎顿时减少了许多。

是时,物价暴涨不已,先生每月薪金不足全家十天半月开支,月月靠向学校透支或向友人借债解燃眉之急,生活进入了最艰难的阶段。为了糊口,家中除必不可少的衣被外,几乎分批寄卖一尽,连先生从北平带出来的几部线装书也忍痛卖给了清华大学图书馆,送书的时候还非常怜惜地说,将来回北平还要赎回来。冬天,出于无奈,先生又把身穿的狐皮大衣拿去寄卖,归家后就患了重感冒,在妻子苦苦哀求下才追索回来。为了节省开支,十冬腊月先生率子女到村南小河用冰冷的河水洗脸。马君阶《记诗人闻一多》中曾写到此事:"你走在冬天的空旷里,带着你高高低低的儿女,你同他们到清浅的河边,掬着冷冽的流水洗脸,让水珠结上你的长胡须。"(《文艺复兴》第3卷第5期,1947.7.1) 这时,先生生活虽然拮据,但没有一点埋怨,仍充满乐观精神。他觉得不管怎样,总比前方浴血抗战的士兵好得多,在这民族生死搏斗中,吃点苦也是应该。何况,还能住在这样风光秀丽的春城,还能照旧读书教书,也就够不错的了。他还常说:"这算得了什么? 何况战争一结束,一切都会好起来的。"平日里,他也常对孩子们说:"日子苦点,也有好处,知道艰苦,知道抗日战争是怎么走过来的。以后日子好了,回忆起来会是一种幸福!"(王康《闻一多传》,第208、230页)

住在陈家营的时候,立雕因贪玩惹出几次麻烦。闻立雕说:"陈家营是个中等大小的村庄,当时联大教职员在该村和附近一带住的很多,其中有一户江苏扬州人刚好与我们家是邻居,他家小儿子与我年龄、兴趣相当,我把他叫'小扬州',我俩常在一起玩耍。陈家营周围有一些大大小小的水塘和叫不上名字的树木。一次,我们俩来到池塘边,只见那些树上有的结了小果子,有的没有结果子,就爬上去看个究竟,爬了这棵爬那棵。不料回家后没多久,我的脸就肿得像足球一样,两只眼睛只剩下一条缝,父母亲不知是怎么回事,又着急又生气。后来向老乡一打听,原来是我爬到漆树上去引起了漆过敏反应。老乡告诉母亲一个治疗偏方,即将韭菜捣成稀糊涂抹在脸上,涂几次就好了。我的脸本来就肿得像足球一样,再涂上一脸绿韭菜糊,简直就跟阴曹地府里的魔鬼一样,好不吓人! 那时恰好华罗庚先生一家搬来和我们同住,而且出进要从我睡觉的房间通过,他们看到我的魔鬼脑袋时的表情,真叫我无限尴尬,恨不得大地马上裂开一条大缝让我钻进去。为了这件事父母亲把我狠狠数落了一通。"

又一次是接连两次丢了毛衣。闻立雕说:"离陈家营大约半里远的地方,有一片平房,那是清华的几个自然科学研究所,当时我正在念小学六年级,学校就在那个地区。一天课后,我和'小扬州'等几个小伙伴在那里打篮球,打得身上发热了就把毛衣脱下来扔在篮球架下。打完球我们边走边打打闹闹回家了,竟然把毛衣忘得一干二净。到家后母亲问我毛衣呢?我才恍然想起毛衣还在篮球架下,赶快飞奔到球场去找,然而,球架下空空的什么也没有。毛衣丢了!那时正是我们家饥寒交迫、生活最困难的时候,我不能帮家里解决困难,反而把毛衣丢了,这等于在伤口上撒盐巴,父母亲非常生气,我没有话说,只得不吭不响地低着头挨批、挨训。"立雕从小有胃病,母亲怕他着凉,又给他织了一件毛衣,不料又被他弄丢。闻立雕说:"一九四一年暑假后我和哥哥考入西南联大附中,他初二,我初一。那时我们家还在陈家营,我们俩在学校住宿,一周回一次家,周六下午放学后回家,周日下午返校。当时母亲怕我受冻感冒,特别把别的毛衣拆了,再加上些毛线头,七拼八凑又给我织了一件毛衣。记得一个秋高气爽的周日下午,我和哥哥及几个同学从陈家营返回学校。那时绝大多数联大教职员工经济条件都不宽裕,不论是大人还是小孩往返城里都是步行,我们回学校当然也是靠两条腿。那天途中走热了,我顺手把毛衣脱下来扎在腰间,一路上我们又说又唱,走得很高兴,不知不觉就快进城了,我突然发现毛衣没了。原来走着走着毛衣松脱了,我还不知道。这一下我真是又急又怕,大家赶快往回走,帮助寻找,结果当然是什么也没找到。这件毛衣是我上次把毛衣丢了后,母亲为了我上中学又昼夜辛苦专门赶织的,现在又丢了,且不说我肯定要受到严厉的批评训斥,也不说是否可能因此受冷、受冻,至少也对不起我亲爱的妈妈啊!"这件事弄了立雕一直不安,不知该如何向父母交代,实在受不了了,把它写进日记。几周过去了,先生夫妇一直没问,后来不知怎么谈到此事,"母亲微微一笑说:'我们早就知道了。'""父母亲怎么会早就知道了?知道了为什么不问我,不批评我?"闻立雕猜想可能和他的班主任老师有关,因为日记要交班主任阅看,而那位女班主任是先生的学生,可能是她看了立雕的日记后作了疏通工作。不过,这件事一直没有核实,至今还是个谜。

有一次,陈梦家骑着自行车从城里到陈家营看望先生,车子放在门外没有上锁。"小扬州"见了就和立雕推了出来,在村子里骑不过瘾,又到马路上骑,后来竟带着立雕进昆明城绕了一大圈,弄得陈梦家几次下楼都找不到车。结果,立雕又被先生批评了一通。还有一次是在秋收季节,立雕和"小扬州"爬到谷堆顶上,一个老乡看见吼了一声,吓得立雕赶忙滑下来,不料一只脚撞在木橛子上,疼得他大喊大叫。先生见了又气又疼,只好把他背上楼。立雕说:"自从有记忆以来,我还从没有感受过父亲抱、父亲背的滋味,这次算是享受到了。"(闻立雕《红烛:我的父亲闻一多》,第 163 至 165 页)

十一月十一日　　致清华大学校长梅贻琦信。信云：

月涵先生校长钧鉴：奉上去年度休假研究报告一通,敬希鉴核是奉。所有业经撰成诸文,除已交由各刊物发表者外(名目见报告书中),清稿俱在缮写中,倘承调阅,容当陆续呈缴不误,专此敬颂道祺。

信中附有《中国上古文学史研究报告》,未发表。报告述休假研究情形,云：

研究旨趣

一、了解文学作品　　文艺作品为文学史之最基本、最直接的材料。学者对于文学作品,苟无较深了解,而遽侈谈其渊源流变,何异无的放矢?唯是上古文学,最为难读。乾嘉以来学者凭其校勘训诂诸工具,补苴旧说,发扬幽隐,厥功伟矣,然而古书之不可索解者,犹十有四五。今拟遵清人旧法,佐以轶近新出材料(如敦煌残卷,及殷虚卜辞,商周铜器等),对于先秦两汉诸古籍之奇文滞义,作更进一步的探索,冀于昔贤传注、清儒考订之外,有所补充焉。

二、考察时代背景　　文学史为整个文化史中之一环,故研究某时期之文学史,同时必需顾及此期中其他诸文化部门之种种现象。今拟以若干问题为中,就其社会背景,或思想潮流等方面,详加分析,求其相互的关系,庶使文学得成为一种有机体的历史,而非复一串账簿式的记载而已。

研究工作：基于上述二项旨趣,本研究工作可分为下列二项：

(一)专书研究。

(二)专题研究。

研究结果：

(一)专书研究要目

尚书补释(已成虞夏书部分)

周易闲诂(行在本校学报发表)

庄子章句(已成内七篇)

楚辞校补(已交北平图书馆《图书季刊》发表)

离骚叙论

天问疏证

乐府诗笺(已交联大师范学院国文系主办之《国文月刊》发表)

易林琼枝

上古文选校释

(二)专题研究要目

古代教育

商周铜器艺术

史职与史书

史诗的残骸

采诗制度蠡测

古代著述体裁之长成

神仙与先秦思想

舞蹈与戏剧

宴饮与诗

附相关问题论文目录

夏商世系考

姜嫄履大人迹考(载《中央日报》史学周刊)

象舞考原

雷纹解

说鱼(已交《金陵学报》发表)

释燚

释屋

释臣

十一月二十日　作《怎样读九歌》。发表于次年一月十六日《国文月刊》第五期。收《闻一多全集》。文末"附记"述撰写原因:

前年我在楚辞班上讲《九歌》,曾谈到"兮"字代释的意思,后来陈君士林便本了那意思作了一篇《九歌兮字代释证例》作为成绩报告。陈君于此用力颇勤,但所用以代释的虚字,与我的意见不全相合。最近余冠英先生看到陈君的文稿,甚感兴趣,请付《月刊》发表。我初意只想在陈文中附注些自己的意见,结果话说得太多,觉得不如自己重写一篇,并改题今名。但陈君究竟替我作了初步的工作,给我省力不少,这是当向他致谢的。

多数陈君意见与我出入的地方,是因为上下文实字意义难以认清,以致影响到兮字的作用不能确定。遇到这种地方,实字的解说,实是先决条件,但为顾到读者的"消化力",我曾竭力避免冗长的引证。如果那实字是个"假借字",在可能范围内,我便仅在那字下用小字注出它的"正字",这里引证便全略了。

《国文月刊》"编辑后记"介绍说:"闻一多先生休假期满,已返联大。本期《怎样读九歌》一文是闻先生特意为本刊写的,所谈问题虽高深,写时却力求通俗,谅必能引起读者的兴趣。"

先生在此文前序中强调"兮"字在《九歌》中的作用,说:"《九歌》需要解释的地方太多了,现在只谈一个'兮'字。为初步的欣赏《九歌》,这样谈谈不但尽可够用,说不定还是最有效的办法。……这里的'兮'竟可说是一切虚字的总替身。这是一个很有意思的现象。……《九歌》的文艺价值所以超越《离骚》,意象之美,固是主要原因,但那'兮'字也在暗中出过大力,也是不能否认的。"

本文的主体为《九歌兮字代释略说》,将《九歌》中二百五十余"兮"字作了详细的分析,分别释作"之"、"夫"、"而"、"与"、"以"、"然"、"于"、"也"、"其"、"其犹"、"诸"、"皆"、"焉"、"然而"、"乎"、"故"、"矣"、"时"、"哉"等。

关于《九歌》研究,手稿中还有篇未能全部完成的《九歌杂记》,其中有许多新颖的考据与论证。如《河伯》中云:

> 相传河伯名冯夷。冯夷见《纪年》、《庄子·大宗师篇》、《淮南子·原道篇》、《远游》、《水经·河水注》引《括地图》及《广雅·释天》等。一作冰夷,见《海外北经》。一作无夷,见《穆天子传》。又作冯迟,见《文选·七发注》引许本《淮南子》。河神和湘神一样,似乎也是一个历史人物。……又为雨师,与冯夷(屏翳)为水神又为雨师合,不知是一人否。……为人黑,手操蛇或龟,似此雨师即玄冥。而郭注曰:"雨师谓屏翳也。"是郭意屏翳即玄冥。《左传·昭元年》:子产曰:"昔金天氏有裔子曰昧,为玄冥师,生允格、台骀。台骀能业其官,宣汾、洮,障大泽,以处太原。帝用嘉之,封之汾川。今晋主汾而灭之矣。"案昧即冥,冥子台骀为汾水之神,疑晋地之河神即汾神之分化,故《易林·大过之渐》曰:"台骀昧子,明知地理,障泽宣流,封君河水。"(冰夷即冥子冰,于夏为帝芬汾水之神也。)即以台骀为河神也。然则玄冥与屏翳(冯夷)乃父子,故二人皆兼河神与雨师之职。
>
> 以上证河伯冯夷即屏翳,一号玄冥,以《九歌·河伯》验之,与上举各人传说颇合。……

又如在《东君·云中君》中说:

> 旧本《九歌》的次第,《东君》、《云中君》,二篇当排在一起,理由详见附录一。"东君"、"云中君"的关系,不仅是二者同属天神,天神如日月星辰风雨等甚多,这里简单取日与云相配,是偶然的,还是别有意义的,颇值得注意一下。
>
> 在原始社会里,一切都是实用,宗教亦然。云是雨所从出的,日与云,是草木生长的两个必要条件,在农业社会里应是最被重视的。它们又代表两个相反的自然现象,很便于配成一对,因此这里以东君、云中君二神排列在一起,乃是极合逻辑的一种观念。至于以日月相配,虽有其 Cosmic 意义,但那是属于

纯形式的,思想系统抽象而且近于观念的游戏,无疑的是一种较晚起的说法。月亮感人的力量虽较大,但用到实用,却完全不是太阳的对手,前者是诗的,后者是散文的,原始社会对于诗的欣赏是相当迟钝的。但这里发生一个很困难的问题。《九歌》的文字本身代表着很高的诗境,而在其歌咏的对象之配合中却还埋藏着一个原始的非□的观念,这不是绝大的矛盾吗?这里我们不能不追问东君、云中君二神并祀的来源。

　　前面已经提过汉高祖时所置祠祝官女巫,"晋巫祀……东君、云中君",而《九歌》的云中君我们又已经证明确乎是晋地北边秦时云中郡地方的神。东君的来历虽不见记载,但不是东方神话中的羲和则甚明显。因为羲和是女性。……而东君称君,明是男神。很可能,东君是一位客籍的神。云中地近胡,东君、云中君恐怕都是从胡地传入晋国的。《史记·赵世家》索隐引谯周说曰:"余尝闻之,代俗以东西阴阳所出入,宗其神,谓之王父母。"《大戴礼记·曾子天圆篇》"阳之精气日神,阴之精气月灵",是其证。东君、云中君二神并祀,恐怕也是胡俗。印度支那北部的土人,如富贵的白歹,称日神为日爷爷 Pu Něn,月神为月奶奶 Năn Bwòn。同样传说亦流传于安南州与东京州边境。

关于《湘君》、《湘夫人》,历来都认为是二位女神,而先生则论证,认为湘君为男神,湘夫人才是女神,并且两人为夫妻:

　　古书神名称君者皆是男神,《九歌》诸神东君、云中君,与《史记·秦始皇本纪》的滈池君,《封禅书》的泽(《武帝记》作"峄")山君、武夷君,并《列仙传·木羽传》称司命为司命君,都是男神。《九歌》诸篇中言君的如

　　　　君欣欣兮乐康(东皇太一)

　　　　君迴翔兮来下(大司命)

　　　　吾与君兮斋速(同上)

　　　　君谁须兮云之际(少司命)

也都是对男神而言的。湘君亦称君,亦当为男神。湘君湘夫人一男一女对举与叶君宝夫人(《汉书·郊祀志》臣瓒注)对举正是同例。

　　王逸说湘君是湘水的神,湘夫人是二女。

　　《秦博士》、《列女传》皆谓湘君即二女。郑玄谓湘夫人即二女

　　洪兴祖谓湘君,长女娥皇;湘夫人,次女女英。

　　今谓湘君男神,湘夫人女神,湘君之妻也。《九歌·湘君》、《湘夫人》二篇当合看,二篇皆对话体,各篇之中皆有湘君与湘夫人之词。特前者女望男之词居多,被望者为湘君,故题曰《湘君》。后者男答女之词居多,被答者为湘夫人,

故题曰《湘夫人》。实则二篇合题《湘君湘夫人》,而以前篇为上篇,后篇为下篇,乃觉妥当。

《九歌杂记》还对《山鬼》、《东皇太一》、《大司命》、《少司命》等篇也都阐发了个人的意见。

十二月 西南联合大学中国文学系讲师李嘉言完成《贾岛年谱》,后刊登于一九四一年十月出版的《清华学报》第十三卷第二期。发表时有附识,云:"此文承闻一多先生谠正多处,谨此致谢。"

李嘉言的《贾岛年谱》手稿现保存完好,上有先生修改笔迹多处,文末还有:"此《贾岛年谱》定稿本,其中硃笔与墨笔乃闻一多先生所改。一九六五年五月李嘉言记。"(据李嘉言之子李之禹李之汤提供之李嘉言《贾岛年谱》手稿照片)

是年冬 西南联合大学一些进步同学,组织起一个文艺团体"冬青社",聘先生、冯至、卞之琳(后来又聘了李广田)为导师。

"冬青社"的成员有杜运燮、林抡元、萧荻、王凝、马西林、刘北氾、刘搏禹、萧珊、汪曾祺、张定华、巫宁坤、穆旦、卢静、马尔俄、鲁马等,他们出壁报、出手抄本杂志、出诗刊,团结了一批进步同学,成为西南联大学生中一个很活跃也很有影响的社团。"冬青社"经常组织教授演讲,先生是被邀请的第一位教授。杜运燮回忆:"当时林抡元和我作为公开的冬青社负责人,专程前往邀请他,他很爽快地答应了。他担任冬青社的导师,就是那一次谈妥的,还是更早时候征求他同意的,现在已记不起来。闻先生那天是专程来联大为冬青社作演讲的,我和林抡元到联大新校舍后门去接他。会场设在联大大校门内靠右边的一间教室。听讲的除冬青社社员外,还有不少其他慕名而来的听众。很可惜,现在已记不起闻先生那次演讲的题目和内容了。"(杜运燮给编者的信,1987.6.10)

陈凝《闻一多传》说先生这次讲的是关于文字的问题:"第一次晚会上演讲,说:'我们中国底方块字,是统治阶级愚民的工具,阻碍进步的绊脚石!方块字存在一天,中国底人民文学就一天不能实现。'"(第15页,民享出版社1947年8月出版)

是年 西南联合大学外国文学系讲师卞之琳送给先生一本他刚刚出版的《慰劳信集》。这是卞之琳一九三八年至一九三九年访问延安与太行山区抗日民主根据地时(同行者还有何其芳、沙汀)创作的诗集,是年由香港明日社出版。诗集中《〈论持久战〉的著者》、《一位"集团军"总司令》,歌颂了毛泽东、朱德,其余也都描写的是解放区战士、工人、农民、妇女、儿童等。先生读后,给以称赞。卞之琳在《完成与开端》中说:"闻先生在一九四〇年读到我刚出版的《慰劳信集》,看来有点出乎他意外,却给了慷慨的嘉许。"(《闻一多纪念文集》,第213页)

一九四一年 四十三岁

一月，"皖南事变"发生。

三月十九日，以统一建国同志会为基础的中国民主政团同盟成立。

四月十三日，《苏日中立条约》在莫斯科日本签字。

五月六日，中共中央机关报《解放日报》在延安创刊。

五月十五日，《大公报》被美国密苏里大学新闻学院评为最佳外国报纸。

六月二十二日，德国入侵苏联，苏德战争爆发。

七月四日，中国空军美国志愿航空队（飞虎队）改组为美国第十航空队第二十三战斗大队，陈纳德任指挥官。次年，改为美国第十四航空队。

七月七日，昆明《当代评论》创刊，是为西南联大教授主编的又一政论刊物。

九月至十月，第二次长沙会战，日军占领长沙后又被迫退出。

十一月五日，新中国剧社在桂林成立，田汉任名誉社长。

十二月八日，日本发动"太平洋战争"，国民政府对日、德、意宣战。

十二月十五日，国民党召开五届九中全会通过《加强国家总动员实施纲领案》，建立全面战时统制经济体制。

十二月九日，《中英共同防御滇缅路协定》签订，根据此协定，中国远征军组建。

十二月二十五日，日军占领香港。

一月十三日　《道教的精神》发表于昆明《中央日报》"人文科学"副刊第二期。二十日第三期续完。收《闻一多全集》。

文章认为已经退化了的道家思想必有一个前身，"而这个前身很可能是某种富有神秘思想的原始宗教，或更具体点讲，一种巫教"。先生称这种巫教为古道教，而东汉以后的道教可称为新道教。《道教的精神》旨在分析"古道教究竟是什么样的东西"，结论说"百家（对儒而言）本是从一个共同的道分裂出来的，这个未分裂以前的'道'是什么？莫非就是所谓古道教吧！这古道教如果真正存在的话，我疑心它原是中国古代西方某民族的宗教，与那儒家所从导源的东方宗教比起来，这宗教实在超卓多了，伟大多了，美丽多了，姑无论它的流裔是如何没出息！"

在手稿中,保存有《道家的精神》写作提纲,内容较已发表者丰富许多,兹录如下:

叙论:

一、材料根据——《庄子》内七篇在道家经典中时代最早,代表道家思想发明发轫的阶段——其余各书,其思想演化的次第如下:《庄子》外杂篇、《管子》(《内业》、《心术》、《白心》)、《吕氏春秋》一部分、《老子》、《韩非子》、《喻老》、《解老》、《淮南子》。

二、研究方法——庄子时代的心理观念等,可于七篇思想所寄托的外壳(神话、传说、成语、术语等)求之——外壳直接记载时代,思想间接反映时代——语言学的方法 philological approach。

三、讨论范围——只论七篇所表现的"前于庄子思想"的几种思想成素(心理概念等),和庄子思想本身的几个相关的要点——其余庄子思想的全部,及庄子以外的、以后的各种发展,皆不论。

泛论原始思想及其发展——部落社会:

一、原始思想的本质:

(一)灵魂观念的产生——生的意志是基本的决定条件——生的意识重于生的事实——以"死的否认"为"生的保证"。

1. 肉体不死观——无生死观念——因一心欲生,故不知有死。

2. 灵魂不死观(肉体不死观的修正)——有死观念。

(二)灵魂的投射作用——灵气遍在主义 Animatism Man aism。

3. 以己身有灵魂拟想大自然会有灵魂——以为超自然的力充满了宇宙。

4. "摩那"……。

5. 原始思想的体系化"(落后人民的),思想虽属原始,但是颇有逻辑形式,即是有系统"(库上一二九),"思想的原始形式,即我们所说的原始逻辑,它对于现象不能给与何种说明,仅能清理成一定的秩序"(同上二七○),系统的宇宙观。

二、原始思想的发展——氏族部会:

(一)灵魂观念的行为化。

6. 肉体不死的企图。

7. 企图的修正——肉体的拟灵魂化。

(二)灵魂与灵魂投射作用的结合——产生宗教——祈求上帝救自己的灵魂。

8. 灵气的拟人化(至上权力的人格神)与被利用。

9. 向神祈求永生(不死生命的完整与绝对)以祭祀为手段——(1)消极的

防范神的恶意行为——消除畏惧心理(抵抗畏惧心理的药剂)。(2)积极的与神和解,求得其善意保护——吸引超自然力以造福于人类——以前是控制,现在是祈求——控制表示对方力量小,祈求表示力量大——实则神力量变大还是人力量变大了的反映。

庄子思想的原始背景——内七篇的研究:

一、一般的原始色彩:

10.(一)初民社会应帝王"泰氏其卧徐徐有虞氏不及泰氏,其觉于于,一以己为马,一以己为牛。"凿浑沌。

11.(二)神话(《汉志》《庄子》五十二篇今只三十三篇,陆云司马彪孟氏注本即五十二篇本)"言诡诞或似《山海经》或类占梦书,故注者以意去取"。

12.(三)巫觋式的超人。"在氏族社会中,巫师术士是一般人所需要的,这一切都是原始医学家、催眠术家、气象学家、战医,而不是简单的骗子"。(库三—八)

二、原始思想的遗痕:

13.(一)灵魂——梦、御风、胡蝶、"登霞"、"真宰"。

14.(二)灵气遍在——"道"。

15.(三)肉体的灵魂化——(全能式的真人)

16.(四)肉体与灵魂投射作用的结合——清洁(胎息)与虚静(斋心)以招致灵气。《人间世》"唯道集虚,虚者心斋也","虚室生白吉祥止焉"。

三、原始思想的来源:

17.(一)"凡人之生也,天出其精,地出其形,合此以为人,和乃生,不和不生"。

18.(二)借贷 异族文化——反尧舜姜姓集团 姜戎 戎狄

19.(三)反响
庄子思想本身的原始性——从先文明一跃而至超文明:
极端唯心主义——"思想全能"——超死生与无死生——
过度重视心的力量,无视物质世界——感情的,非理智的——然而无上帝——修己以致灵气(道),非求上帝来救自己——灵气(道)与上帝皆人的创造,皆无——前者为 magic,后者为 sorcery,前者较后者尤原始——创造上帝是主观的客观,招致灵气则主观的主观——前者思想过程较复杂,因分别了有知觉与无知觉——有知觉,有感情,才可为交涉的对手——后者简单——同为自欺 make-belreve——不必拐弯太多的复杂过程——积极自欺与消极自欺——庄较彻底——日不积极,不足以有效——没有仪式,因仪式是天然带社会性的,故又有组织(教会),并包办政治——日有效无效,全在主观——如相信有效,即省却过程,亦可——日生的意志相本是积极的,不积极,即反人性——日生的意志是绝对的,不消极,即不能绝对——官司永打不完……一向外发展,一向内发展——向外者大,向内者高——向外者易,愈进愈速,向内而高者难,因吸力掣肘方向的决定条件——环境的许可。

　　1. 地理环境(经济)得天独厚。

　　2. 社会环境(贵族)养尊处优——心理的游戏(幻想),道教与平民——乱世的下层阶级。

这份提纲还有"一般中国文化的原始性——农业社会"、"文化与进化"、"德与道"等部分,但均未整理出条目。

　　一月十八日　　重庆《新华日报》刊登周恩来为一月四日皖南事变题辞。不久,西南联大一些地下党员和进步青年,纷纷离校疏散隐蔽,昆明的学生运动与民主运动处于低潮。先生在《八年的回忆与感想》谈话中说:"等到新校舍筑成,我们搬回昆明。这中间联大有一段很重要的历史,就是在皖南事变时期,同学们在思想上分成了两个堡垒。……听说有一部分同学离开了学校,但是后来又陆续回来了。"

（《联大八年》,第6页）

　　一月二十六日　　是日为旧历年三十。近半月来家家户户都在为准备过年而忙碌,先生一家平日日子过得极艰苦,菜碗里十天半月不见半点肉丝肉末,饭桌上不是自制的豆腐乳、咸菜,就是豆腐渣熬白菜再加一个萝卜干。先生喜欢吃点辣椒,但是舍不得油,只得在火炉上烧焦后沾盐。有时能买几块豆腐,一家人皆大欢喜,先生美其名曰"白肉",连声称赞此物营养价值高,要大家多吃点。肉食吃不起,子女们捕捞来的田螺、田鸡,甚至蚂蚱也都是盘中美餐。一次,余冠英夫人前来介绍,说地里蚂蚱很多,捉来烹炸一下相当好吃。夫人立即让孩子们去捉了一堆回来,没有油就放在锅里干炕,撒上点盐,味道果然不错,先生亦吃得津津有味。平日如此清贫寒伧,过年怎么办,夫人找先生商量,无论如何过年也得做几个好一点的菜吧!先生完全同意,并同夫人精打细算地定了菜谱。先生爱吃家乡饭菜,夫人提出炒个溜黄菜,做些鱼丸子、萝卜丸子,特别是做一顿豆膏(黄豆磨成浆后和上面粉制成的一种面食)吃吃,先生非常高兴,亲自动手推磨磨豆子。在先生与夫人的共同筹划下,这个年过得也还差强人意。

　　二月十一日　　《贾岛》发表于昆明《中央日报》"文艺"副刊第十八期。收《闻一多全集》。

这是《唐诗杂论》中的一篇。文章认为唐元和、长庆年间,诗坛有三个较有力的新趋势:一边是已经成名的孟郊、卢仝、韩愈批判世道人心、批判佛老思想;一边是元稹、张籍、王建等在白居易的改良社会的旗帜下,用乐府调子泣诉各阶层的小悲剧;同时还有一批未成名青年人为着各自的出路,也为着癖好,做一种阴暗情调的五言律诗,贾岛即是其中之一。先生对贾岛持着一种批评却又同情的态度,说:

> 老年人中年人忙着挽救人心,改良社会,青年人反不闻不问,只顾躲在幽静的角落里做诗,这现象现在看来不免新奇,其实正是旧中国传统社会制度下的正常状态。不像前两种人,或已"成名",或已通籍,在权位上有说话做事的机会和责任,这般没功名,没宦籍的青年人,在地位上职业上可说尚在"未成年"时期,种种对国家社会的崇高责任是落不到他们肩上的。越俎代庖的行为是情势所不许的,所以恐怕谁也没想到那头上来。有抱负也好,没有也好,一个读书人生在那时代,总得做诗。做诗才有希望爬过第一层进身的阶梯。诗做到合乎某种程式,如其时运也凑巧,果然涸得一"第",到那时,至少在理论上你才算在社会中"成年"了,才有说话做事的资格。否则万一你的诗做得不及或超过了程式的严限,或诗无问题而时运不济,那你只好做一辈子的诗,为责任做诗以自课,为情绪做诗以自遣。贾岛便是在这古怪制度之下被牺牲,也被玉成了的一个。在这种情形下,你若还怪他没有服膺孟郊到底,或加入白居易的集团,那你也可算不识时务了。

贾岛以五律著名,那么为什么贾岛会采用这种体裁呢?先生分析到:

> 孟郊等为便于发议论而做五古,白居易等为讲故事而做乐府,都是为了各自特殊的目的,在当时习惯以外,匠心的采取了各自特殊的工具。贾岛一派则没有那必要。为他们起见,当时最通行的体裁——五律就够了。一则五律与五言八韵的试帖最近,做五律即等于做功课,二则为拈拾点景物来烘托出一种情调,五律也正是一种标准形式。

先生在分析贾岛的诗"为什么老是那一套阴霾、凛冽、峭硬的情调"时,认为这与贾岛的身世经历有关,也与当时社会有关。"初唐的华贵,盛唐的壮丽,以及最近十才子的秀媚,都已腻味了,而且容易引起一种幻灭感。他们需要一点清凉,甚至一点酸涩来换换口味"。于是禅宗与老庄思想开导了他们,他们用休息的方法来驱除疲惫,恢复气力,以便应付下一场的紧张。"休息,这政治思想中的老方案,在文艺态度上可说是第一次被贾岛发现的。这发现的重要性可由它在当时及以后的势力中窥见。由晚唐到五代,学贾岛的诗人不是数字可以计算的,除极少数鲜明的例外,是向着词的意境与词藻移动的,其余一般的诗人大众,也就是大众的诗人,则全属于贾岛。从这观点看,我们不妨称晚唐五代为贾岛时代。"先生认为,贾岛几乎被人偶像化了,"几乎每个朝代的末叶都有回向贾岛的趋势","宋末的四灵,明末的钟谭,以至清末的同光派,都是如此"。最后,先生论证到:"每个在动乱中灭毁的前夕都需要休息也都要全部的接受贾岛,而在平时,也未尝不可以部分的接受他,作为一种调剂,贾岛毕竟不单是晚唐五代的贾岛,而是唐以后各时代共同的贾岛。"

二月二十二日　二十日西南联大放寒假。是日联大常委、清华大学校长梅贻琦来看望先生等联大教授。梅贻琦在日记中写到"午饭后偕郁文、彬、彤往大普吉、陈家营访问各家,共到汤、殷、娄、汪、戴、俞、陈、高、黄、余、闻十一家。"（据梅贻琦日记手稿,清华大学校史组藏）联大师生及家属在大普吉有一张合影,约即这时摄下的。

不久,数学系华罗庚家住房被日机炸坏,华氏几乎送命,正走投无路,先生热情让出一房与华家隔帘而居,开始了两家老小的患难之交。时先生潜心研究神话,撰写《伏羲考》,华罗庚则钻研《堆垒素数论》。华罗庚在《知识分子的光辉榜样——纪念闻一多烈士八十诞辰》中回忆到:"为躲避日寇的飞机轰炸,一多先生举家移居在昆明北郊的陈家营。我们一家走投无路,也来到这里。一多先生热情地让给我们一间房子,他们一家则住在连通在一起的另外两间房子里,两家当中用一块布帘隔开,开始了对于两家人都是毕生难忘的隔帘而居的生活。在这里,我才算真正认识了一多先生。在这里,我亲眼看见这位生长在半封建半殖民地的旧中国、饱经苦难忧患、走过了自己漫长而曲折的道路的老知识分子,怎样逐步成长为一位英勇不屈的民主战士。在陈家营闻先生一家八口和我们一家六口隔帘而居期间,我伏首搞数学,他埋头搞'槃瓠',①先生清贫自甘的作风和一丝不苟的学风都给我留下了难忘的印象。在他埋头'槃瓠'期间,无论春寒料峭,还是夏日炎炎,他总是专心工作,晚上在小油灯下一直干到更深,陶醉在古书的纸香中。当时,一多先生还在走他自称的'向内发展的路';'槃瓠'的结果,是写了一大篇'伏羲考',他的欣喜常常溢于言表。实际上,他这样钻进故纸堆中的工作意义何在,当时很少有人理解,然而,我后来看到郭老对一多这段时间研究和从事古代神话传说的再建工作评价甚高,说一多先生是'钻进"中文"——中国文学或中国文化——里

---

　　①　这里"槃瓠"泛指闻一多当时从事的古代神话传说的再建工作。"槃瓠"本身属于古代神话中关于人类产生的传说这个内容里。——华罗庚原文注

面去革中文的命'、'他搞中文是为了"里应外合"来完成"思想革命",这就是他的治学的根本态度。'一多先生从研究神话故事入手,探求祖先的生活情况,探求'这民族,这文化'的源头,确实取得了举世公认的成就。但是,毋庸讳言,当时他对'槃瓠'的兴趣,显然在对政治的爱好之上。通过这一段患难之交的共同生活,一多先生严谨的治学态度,对我影响很大,成为我毕生学习的榜样。"(《闻一多纪念文集》,第138至139页)

后来,华罗庚赋诗记述了这段生活:"挂布分屋共容膝,岂止两家共坎坷。布东考古布西算,专业不同心同仇。"(同前,第136页)

先生研究伏羲,与重庆的常任侠常有联系。常任侠在《永念李公朴闻一多两好友》中说:"一九三九年初我到重庆时,曾任中英庚款协助的考古艺术研究员,作过一些四川民俗艺术考古的工作。在重庆沙坪坝松林坡中大所在地,发现了两具汉代石棺,以及随葬的陶俑铜镜等物。我写了一篇考古论文《重庆沙坪坝出土之石棺画像研究》,刊登在《时事新报》的《学灯》上,我把这寄给了西南联大的旧友考古学者陈梦家教授,陈复转赠闻一多教授,引起他很大的兴趣,驰书研讨,并收集了丰富的资料,写成专论《伏羲考》,驰誉国内外,因此神交已久。"(《北京盟讯》,1986年第7期)

二月二十八日 朱自清接先生信,内容为对健全中国文学系的意见。朱自清日记:"接一多信,对中国文学系的计划有新的意见……信中附来关于贾岛的文章,对诗与时代的关系作了尖锐的透视。"(朱乔森编《朱自清全集》第10卷,第100页)

是月 寒假后开学,给文学院中国文学系文学组四年级讲授"古代神话",二学分。(据《西南联合大学历年度各院系必修选修学程表》,清华大学档案室藏)

先生讲课很生动,汪曾祺回忆说:"闻先生教古代神话,非常'叫座'。不单是中文系的、文学院的学生来听讲,连理学院、工学院的同学也来听。工学院在拓东路,文学院在大西门,听一堂课得穿过整整一座昆明城。闻先生讲课'图文并茂',他用整张的毛边纸墨画出伏羲、女娲的各种画像,用按钉钉在黑板上,口讲指画,有声有色,条理严密,文采斐然,高低抑扬,引人入胜。闻先生是一个好演员。伏羲女娲,本来是相当枯燥的课题,但听闻先生讲课让人感到一种美,思想的美,逻辑的美,才华的美。听这样的课,穿一座城,也值得。能够像闻先生那样讲唐诗的,并世无第二人。他也讲初唐四杰、大历十才子、《河岳英灵集》,但是讲得最多,也讲得最好的,是晚唐。他把晚唐诗和后期印象派的画联系起来。讲李贺,同时讲到印象派里的pointlism(点画派),说点画看起来只是不同颜色的点,这些点似乎不相连属,但凝视之,则可感觉到点与点之间的内在联系。这样讲唐诗,必须本人既是诗人,也

是画家,有谁能办到?"(邓九平编《汪曾祺全集》第 6 卷,第 300 页,北京师范大学出版社 1998
年 8 月出版)

先生讲课,要求学生"先求不懂"。赵仲邑说:"在西南联大的课室见听闻先生
讲课,闻先生对学生不只告诫了一次:'书要读懂,先求不懂'。不懂有什么好呢?
为什么还要'先求'呢? 闻先生的意思显然是:'书要细心阅读,首先要求发现问题,
才能去分析和解决问题。'这话是闻先生自己读书的经验总结,也是他身体力行的
原则。别看他从西南联大图书馆借到了书,一路走一路看,他读书可够细心。因此
他读书发现了不少问题,促使他对问题作深入分析,寻找大量的证据把问题解决。
看过闻先生的论文或者听过他讲课的人,无不佩服他富于创见和材料的渊博翔实。
难怪北大中文系一位同学说:'像闻先生这样才是真正的教授!'"(赵仲邑《闻一多先
生轶闻》,《随笔》第 8 集,第 54 页)

当然,先生也有不懂的问题。课上,先生欢迎同学们提出各种各样的问题,能
当场回答的就及时回答,不能当场回答的,常常笑着说:"你可把我考住了,这问题
等我想一想,查一查资料再说,行吗?"下一次上课,他就一定带来答案或有关的资
料。(王康《闻一多传》,第 231 页)

四月五日　　下午四时,清华大学文科研究所外国语文学部在西仓坡五号本校
办事处,为研究生李赋宁举行毕业初试。考试范围为法国文学史、法国文学古典理
论、十七世纪法国戏剧。先生与陈福田、吴宓、陈铨、吴达元、杨业治、李宝棠、温德、
莫泮芹、闻家骃、邵循正被聘为李赋宁毕业初试委员会委员。(据《研究生毕业初试、论
文考试聘请考试委员暨报部备案的来往文书》,清华大学档案室藏)

四月二十七日　　下午四时半,清华大学在联大工学院举行三十周年校庆纪念
会,到者千余人。龙云、龚益知、白勤士致词,黄钰生代表南开大学、冯友兰代表北
京大学和清华大学教授、吴泽霖代表清华校友致词。七时半,全体清华校友在海棠
春聚餐,共三十二桌。

为庆祝校庆,清华大学原在北平出版的《清华学报》、《理科报告》、《社会科学季
刊》、《工程季刊》四种刊物复刊。先生仍担任《清华学报》编辑。这时编辑共六人,
其余为邵循正(主任)、冯友兰、陈寅恪、雷海宗、潘光旦。

校庆中,先生听了王力的演讲,遂派助教何善周做其助手。何替王力抄了四十
万字的两部书稿,右手中指都肿了。许维通看到对先生讲起,先生即将何撤回。王
力在《我所知道闻一多先生的几件事》中,也提到这件事:"我和闻先生共事多年,友
谊很深。一九四一年,清华大学三十周年纪念,我做了一次演讲,闻先生亲自去听
讲。为了帮助我做科学研究工作,他派了一位助教做我的研究助手。后来当他知

道那位助教只是给我抄抄稿子,就不高兴了,觉得浪费人材,马上写了一封信给我,把那位助教撤回,叫我'另觅抄胥'。我当时也不高兴。后来我觉得他这样处理是对的,我毫无怨言。"(《闻一多纪念文集》,第172页)

何善周调回后,先生让他去大普吉清华理科研究所住,那距陈家营只有半里远,可以在先生指导下研究《诗经》。(据何善周给编者的信,1989.5.2)

是月 作《周易义证类纂》。发表于是年十月《清华学报》第十三卷第二期(清华大学三十周年纪念号下册)。收《闻一多全集》。文前有"引言",说明撰述为:"以钩稽古代社会史料之目的解《周易》,不主象数,不涉义理,计可补苴旧注者百数十事。删汰芜杂,仅得九十。即依社会史料性质,分类录出,幸并世通人匡其不逮云。"该文目录为:

一、有关经济事类:甲,器用;乙,服饰;丙,车驾;丁,田猎;戊,牧畜;己,农业(雨量附);庚,行旅。

二、有关社会事类:甲,婚姻;乙,家庭;丙,宗族;丁,封建;戊,聘问;己,争讼;庚,刑法;辛,征伐(方国附);壬,迁邑。

三、有关心灵事类:甲,妖祥;乙,占候;丙,祭祀;丁,乐舞;戊,道德观念。

四、余录。

文中对将《周易》中"介于石"列入刑法类,其考证颇有趣。"'豫。六二:介于石,不终日。贞吉。'这是个困惑过成千上百读书人的难解之爻,就连从《易经》中取名的蒋介石,也把'介于石',按《象》辞解释为坚守中正,像石头般的坚定不移。所以他又名'中正'。闻一多则旁征博引,证明这介于石的'石'原来是古代处罚人的'嘉石'。人犯了罪过,被罚站在一块石头上示众,这石头就叫'嘉石'。这爻应解释为:被困辱于向众人示罚的嘉石上,但时间不到一天。所以对占问的人还算是吉利。"(戚文《闻一多和〈易经〉》,蔡尚思主编《十家论易》,第159页,上海人民出版社2006年6月出版)

今存手稿"引言"中还有被勾去数语,为:"母校成立,适届三十周年。'自强不息,厚德载物',校训所旌,亦《易传》之精义。谨献此文,兼申传语,以为吾母校寿!"

《周易义证类纂》是在《周易纂诂》基础上筛选写成的。今存手稿中《周易纂诂》共一百二十页,约五万余字。

五月十日 西南联合大学中文系助教傅懋勣在西南联大中文系讲论会上作过一次《从绝句的起源说到杜工部的联句》的发言,发言稿事前请先生看过。傅懋勣的文章刊于《国文月刊》第十七期。是日作者"附记"云:"本文系懋勣在国立西南联合大学中国文学系同仁第五次讲论会讲稿,原稿承罗膺中、罗莘田(常培)、闻一多、朱自清诸师费神看过一遍,会后本系同仁李嘉言先生又特搜集关于联句之材料数则,另为短文,以助成其说,今特向罗、闻、朱诸师及李先生敬致谢意,并志不忘云尔。"

五月十二日　罗常培因公赴西南联大四川叙永分校,离校期间,其联大中文系主任及师范学院国文系主任的职务,由先生暂时代理。(据《国立西南联合大学大事记》,《国立西南联合大学校史资料》,第 36 页)

五月十五日　国民政府教育部要求各大学系主任以上者加入国民党。是日,梅贻琦与周炳琳、钱端升、查良钊、姚从吾、陈雪屏宴请联大系主任以上职务者,饭后谈及在座者加入国民党事。先生是否出席这个会未见记载,但他这时的态度是不赞成加入任何政治党派的。

五月二十八日　致清华大学聘任委员会公函二封。一封是为许维遹申请晋升为副教授函,中云:"本校章程规定,教师'于所任学程有重要学术贡献者',得聘为副教授。本系讲师许维遹先生,历年研究校勘学并训释先秦、两汉古简,成绩昭著;所著《吕氏春秋集释》一书,已风行于时;其他关于《国语》、《管子》、《韩诗外传》诸古籍亦各有成稿待梓,其间疏通疑滞,创获之多,视前所校《吕览》,殆又过之。许先生任教本校多年,久当迁升,徒因他故,因循未果。兹拟请晋级为副教授,尚希贵会公决为荷。"一封是为陈梦家晋升为副教授函,中云:"本系讲师陈梦家先生,研究甲骨、铜器文字及相关问题成绩卓著,历年所撰论文十余篇,释疑解惑,发明甚多,拟请升任为副教授,以示尊异,而符校章,敬希贵会审议裁夺,是为至荷。"(以上均摘自《文学院各学系教师异动的来往文书》,清华大学档案室藏)

五月二十九日　清华大学召开迁昆明后第十二次聘任委员会会议,议决续聘先生与朱自清、陈寅恪、刘文典、王力、浦江清为文学院中国文学系教授,改聘许维遹、陈梦家为副教授。(据《聘任委员会会议记录》,清华大学档案室藏)

六月五日　致清华大学校长梅贻琦信。为李嘉言由助教改聘教员事。信中云:"查中国文学系助教李嘉言先生,来校服务六载于今,黾勉在公,辛劳弥著,允宜优礼,用酬贤劳。拟请自民国三十年度起改聘李君任中国文学系教员,是否可行,尚乞鉴裁。"(《文学院各学系教师异动的来往文书》,清华大学档案室藏)

六月十六日　《乐府诗笺》(续)发表于《国文月刊》第八期。收《闻一多全集》。所笺有:《薤露》、《蒿里》、《梁甫吟》、《平陵东》、《猛虎行》五篇。

六月二十二日　德军突然对苏联发动大规模进攻,苏联军民奋起抵抗,展开了伟大的卫国战争。先生住在农村,消息闭塞,进城上课时才得知此事。

六月二十八日　下午四时,清华大学文科研究所外国语文学部在西仓坡五号本校办事处举行研究生李赋宁毕业论文考试,先生与莫泮芹、闻家驷、邵循正、吴宓、陈铨、杨业治、李宝棠、温德、冯友兰、潘光旦为考试委员。(据《研究生毕业初试,论文考试聘请考试委员暨报部备案的来往文书》,清华大学档案室藏)

七月 作《九章》。未完成。手稿后经何善周、季镇淮、范宁、闻翻等组成的遗著整理小组整理,定名为《九章解诂》,后与《九歌解诂》合为一书于一九八五年十二月由上海古籍出版社出版。出版时有整理组于一九八〇年八月二十一日所作"附记",云:"本篇手稿只此一稿。扉页自题篆书《九章》,下注'三十年七月陈家营'。后无篇目,今据王逸注、洪兴祖补注本录之加上。原文以同书校之,字句多有增补、改正,其说见于《楚辞校补》者,俱分别注出,以便读者参看。《解诂》所引典籍出处,有两处篇名未能查出,姑缺之以待考。"

《九章》各篇解题,历来各家分歧,先生亦有自己见解。如《惜诵》的"诵",先生认为当释作"讼","惜诵"即"自讼之辞"。又如《怀沙》,通常释为"寓怀长沙",先生则以为是"怀沙犹囊沙,囊沙赴水以自沉"。对《惜往日》,先生认为"全系法家思想"。

是月 清华大学文科研究所成立,文学院长冯友兰任所长,先生任中国文学部主任。① 中国文学部在清华文科研究所中最先开始工作,其主持、计划等全由先生负责。

是月 季镇淮、施子愉考取先生的研究生。

约是月 插秧前不久,先生一家迁至二三里外的谷堆村,住在一新建不久的楼房内。门前有一小溪,赵妈常用筲箕捞些小鱼小虾,和在面里做成饼,改善一下家里的生活。

在谷堆村,某夜锣声突起,只见百米远处一栋小楼陷入熊熊大火。先生一家大小披衣下楼,先生还参加了救火。

八月二十二日 作《宫体诗的自赎》。发表于次月八日昆明《当代评论》第一卷第十期。收《闻一多全集》。该文是《唐诗杂论》中的一篇。文中说:"宫体诗就是宫庭的,或以宫庭为中心的艳情诗,它是个有历史性的名词,所以严格的讲,宫体诗又当指以梁简文帝为太子时的东宫及陈后主、隋炀帝、唐太宗等几个宫庭为中心的艳情诗。"先生认为这时期没有出过第一流的诗人,甚至没有诗人,但可悲的却出现了代表宫庭内外气氛的消极的宫体诗,并且中途还失掉了一个自新的机会。不过,"在窒息的阴霾中,四面是细弱的虫吟,虚空而疲倦,忽然一声霹雳,接着的是狂风

---

① 清华大学各研究所于1939年相继恢复与建立,当年8月16日校长梅贻琦函聘冯友兰为文科研究所所长兼哲学部主任,朱自清为该所中国文学部主任(据清华大学档案)。但文科研究所一直没有活动,到这时方开始筹备,先生因已代理中文系主任,所以按例被聘为该所中国文学部主任。

暴雨！虫吟听不见了，这样便是卢照邻《长安古意》的出现。这首诗在当时的成功不是偶然的，……这是什么气魄！对于时人那虚弱的感情，这真有起死回生的力量"，先生"几乎要问《长安古意》究竟能否算宫体诗"。文中还认为骆宾王的《代女道士王灵妃赠道士李荣》是仅次于卢照邻《长安古意》的成功之诗。不过"骆宾王的成功，有不少成分是仗着他那篇幅的"。

八月二十六日　老舍应罗常培约请，自重庆飞抵昆明，住在青云街靛花巷北京大学教师宿舍。老舍在回忆录《八方风雨》中说："更使我高兴的，是遇见那么多的老朋友。杨今甫大哥的背有点驼了，却还是那样风流儒雅。他请不起我吃饭，可是也还烤几罐土茶，围着炭盆，一谈就和我谈几点钟。罗膺中兄也显着老，而且极穷，但是也还给我包饺子，煮俄国菜汤吃。郑毅生（天挺）、陈雪屏、冯友兰、冯至、陈梦家、沈从文、章川岛、段喆人、闻一多、萧涤非、彭啸咸、查良钊、徐旭生（炳昶）、钱端升诸先生都见到，或请我吃饭，或陪我游山逛景，这真是快乐的日子。在城中，我讲演了六次，虽然没有什么好听，听众倒还不少。"（《新文学史料》1978 年第 1 期）

八月三十日　上午，与杨振声同去看望二十三日自重庆返昆的梅贻琦（据梅贻琦日记，清华大学校史组藏）。所谈内容不详，似与清华设立文科研究所及中文系人事有关。

是月　长子立鹤、次子立雕拟报考西南联合大学师范学院附属中学，先生特请季镇淮为他们补习数学。为此，两人入城寄住于联大新校舍茅草房的学生宿舍内。后两人分别考入附中初二与初一，先生甚高兴，送他们入学时，家中特增加了一两个荤菜，并狠心花钱给他们买了两套新的学生装。

九月初　与助教何善周一起到昆明东北郊司家营选择清华大学文科研究所的所址。何善周《千古英烈万世师表》："九月初的一天，我们二人从陈家营进城，又从城里到龙泉镇来，看好了司家营的房子，和住在镇上的王了一、陈梦家两位先生商定了研究所就设在这里之后，下午三点又赶回城去。"（《闻一多纪念文集》，第 255 页）

司家营的房子，是陈梦家找到的，当时陈住在龙泉镇北二里桃园村，冯友兰住在龙头山上寺前院西房。这天中午，先生和何善周在王力家吃的午饭，王力的夫人还特意加了几个菜。（据何善周给编者的信，1989.5.2）

这个地方是司家营十七号，主人叫司荣，做木材生意，买卖虽然不大，但在村子里也是殷实之家。房子刚刚建好，还未全部完工，楼板和墙板也没装栅，是以清华文科研究所出钱购买木板装栅为条件，以月租三百元的价格租给学校。清华文科研究所成立时，因为没有地方，暂在北京大学文科研究所内设置了一个研究室，这时才算有了自己的"家"。

九月八日　下午三时,老舍在西南联大做首次讲演,题为《抗战以来文艺发展的情形》。先生主持会议,并首先致词。吴晓铃《老舍先生在西南联大》(未刊):"第一次是在潘家湾的昆华师范学校,由闻一多先生主持。听讲的人很多,除了系内外的学生们,还有更多的瞻仰丰采或看'稀罕儿'的'外宾'爆满,把讲堂的门窗都挤了个稀巴烂。在一多先生之外,系里的教授们都出席了,站在讲台后面,很像戏曲舞台上元帅升帐的四靠将、四大铠、四龙套和四上手,好不威风,……一多先生在介绍的时候,谈到中国语言文学系培养的对象只是限于'乾嘉遗老'式的和'西风东渐'式的学者,很难出作家,认为大有改进的必要,得走一条崭新的道路。"

当时,老舍与总角之交罗常培,常有唱和,先生则认为当今形势下不该再写旧诗。郑临川《闻一多反对写旧诗》:"第一天由一多师主持,当介绍客人的文学成就时,一多先生以热情的语调赞扬说:'老舍先生是以活的语言创造了活的文学',接着就拿旧诗作反衬,针对当时重庆写旧诗成风的现象提出了严厉而尖锐的批评,说:'在今天抗战时期,谁还热心提倡写旧诗,他就是准备作汉奸!汪精卫、黄秋岳、郑孝胥,哪个不是写旧诗的赫赫名家!'"(《新文学史料》1979 年第 1 期)　先生这几句话说得很严肃,全场震动,连老舍亦感到有些愕然。会后有人说先生只会写豆腐干式的新诗,根本不懂旧体诗。其实先生是针对时弊的借题发挥。

老舍在昆明期间,先生与同事曾请他聚餐。某次散席甚晚,先生来不及回家,便与冯至同住在靛花巷宿舍。两人谈到深夜,先生对冯至的一篇《对于时代的批判》(刊于《战国策》)很是称赞,那是篇介绍基尔克敦尔的文章。(据访问冯至记录,1986.7.9)

九月十日　致清华大学校长梅贻琦信。信中请求清华大学文科研究所聘任黄匡一、朱兆祥为研究助理;又建议为李嘉言晋级后增加薪额:"李嘉言君在校任教六年,备极辛劳,年来于课余从事研究亦颇著成绩,本年已改聘为教员,惟其薪额仅依定章递增至一百七十元。查李君家累颇重,际兹物价高涨,势难维持,拟请将其薪额酌予提高,以励贤劳。"(《文学院各学系教师异动的来往文书》,清华大学档案室藏)

同日　罗常培辞西南联大中文系主任及师范学院国文系主任职务,联大常委会决议其职务由先生代理(据《国立西南联合大学大事记》、《国立西南联合大学校史资料》第 39 页),但先生坚辞不就。十八日,联大常委会决定聘杨振声担任此职。至十二月十八日,杨振声亦辞职,两系主任仍由罗常培担任,先生依旧只任清华大学中文系主任。

九月二十三日　西南联合大学开学,次月六日正式上课。这年度,先生给文学院中国文学系文学组三、四年级,及师范学院国文系三、四年级讲授"中国文学专书选读"(楚辞)、"历代诗选"(唐诗)。又给中国文学系语文组三、四年级讲授"历代诗选"(唐诗)。均为四学分。同时还与马芳若(庸)一起开设大一国文。[①] (据《西南联合大学历年度各院系必修选修学程表》,清华大学档案室藏)

此时,朱自清休假结束,但返校后仍请辞清华大学中国文学系主任职务,先生正式接任斯职。(据梅贻琦《复员后之清华》,《清华校友通讯》复员后第2期,1947.4.25)

十月初　举家搬到离城八公里的龙泉镇司家营十七号,住在清华大学文科研究所里。

这个院子为昆明地区传统的"一颗印"式民宅,"三间四耳倒八尺"的形式,两层土木结构的小楼,楼下为厨房、食堂,楼上西厢一侧住着先生全家,另一侧留给其他人。二楼正面为研究所的办公室,从大普吉的清华大学图书馆搬来了许多书籍就排放在这里。每位教授和工作人员都有一张书桌,先生则用着一块宽大的缝纫用的案板。

季镇淮《闻一多先生事略》:"四一年暑假后,清华大学文科研究所在昆明东北郊二十里龙泉镇司家营成立,闻一多主持中国文学部工作,并移家到所内。朱自清先生等都在这里居住并进行研究工作,清华研究院的研究生也常来这里读书研究,一时学术空气甚浓。闻一多在研究所楼上放着一张长方形案板,各种大小手稿分门别类地排满一案板。他精力充沛,研究兴趣最大,范围最广,努力著作,常至深夜不睡。《楚辞校补》、《乐府诗笺》、《庄子内篇校释》、《从人首蛇身到龙与图腾》、《唐诗杂论》等专著和论文,都是在这里写定并发表的。他的书桌手边常摆着高邮王氏(念孙、引之)父子的书如《读书杂志》、《经义述闻》等,认为这是'经典著作',指的是他们的文字训诂之学。"(《闻一多纪念文集》,第465页)

住在司家营的还有李嘉言、何善周。后来,朱自清、浦江清、许维遹也先后搬来。在这里,先生相继指导的研究生有季镇淮、施子愉、范宁、傅懋勉,还指导过朱自清的研究生王瑶。

司家营距龙泉镇仅四里余,镇上有南迁来的北平研究院史学研究所和北平图书馆,冯友兰、王力、陈梦家等也住在附近。这一带远离市区,敌机不来骚扰,环境宁静,一时成为昆明学术研究的中心之一。

研究所最初用的是煤油灯,以后安了电灯,先生用厚纸板和绿绸子精心制作了一个电灯罩。先生虽是学者,却也常从事些力所能及的手工劳作或轻微劳动,而且

---

① 　据何善周1989年5月2日给编者的信,说这年大一国文是先生与他合开的,先生仅讲了一周。

态度认真,要求严格。点煤油灯时,他常常不满意别人擦的灯罩,总要自己动手擦得里外通明透亮,无丝毫污渍手印方才罢手。扫地也是如此,要求很高,他既不准洒水,又不准扬起尘土。别人做不到,他就自己动手,蹲在地上,用扫帚尖轻轻的一下下扫,其效果果然与众不同。先生还是一个装订好手,他写东西用的都是连史纸,字写得工工整整,纸一张张叠得整整齐齐,一本书或一篇论文脱稿后先生就自己装订成册。装订时非常认真,先用皮纸细心做好纸捻,然后把纸摆齐,加上封面(有一次是用夫人养的蚕吐的黄丝作封面),在拟装订的地方用铅笔轻轻划一道线,仔细量好打眼位置,再以锥子钻眼,穿上纸捻,在背后一道一道绾紧,再用锥子用力砸平整。最后仿线装书的格式,在封面的右边,自上而下划出长方格(有时是贴上去),以楷书或篆体题写书名。至此,装订程序方大功告成。先生干这一类事,既是需要,也视若某种工艺品的制作,左右端详,精益求精,乐在其中。此前,在陈家营,某次他偶见孩子们用砖瓦窑上拿回来的粘胶土做手枪玩,突然兴致上来,亦要了一大块粘膠土,做起了一个烧饭用的木炭炉。制作得非常认真,几至精雕细刻之程度,最后还用竹片细心打光,不料因未掌握重要技术诀窍,一烧竟裂开了几道大缝,多日辛劳毁于一炬,先生甚感惋惜。

十月十七日 军事委员会战地服务团译员训练班在昆明正式成立。时,中国空军美国航空志愿大队(即誉之为"飞虎队")组建,需要翻译人员。为此,重庆方面决定成立军事委员会战地服务团干部训练班,交励志社负责此事,故由励志社总干事黄仁霖任班主任。旋,军事委员会战地服务团干部训练班更名为军事委员会战地服务团译员训练班,仍由黄仁霖为班主任,黄仁霖在美国即与先生相熟,此刻因常在重庆,所以向蒋梦麟、梅贻琦提出在先生、潘光旦、吴泽霖三人中择一人任副班主任,主持具体班务。西南联大当局考虑到潘光旦是教务长、先生任系主任,便派刚自贵阳大夏大学调来的吴泽霖任斯职。(据吴泽霖给编者的信,1987.2.6)

十月二十四日 致清华大学校长梅贻琦信。为聘请清华大学文科研究所研究生季镇淮兼任半时助教事。中云:"关于文科研究所本年应行延聘之助理人员,依原定计划有助教二人、半时助教一人。除助教二人业经聘定外,其半时助教一额拟以本校中国文学系研究院学生季镇淮充之。季君本年毕业于西南联大国文系,成绩卓异;近复投考本校研究院,亦以最优成绩录取。本所研究半时助教一职以季君当之必胜所荷,爰为推荐。倘蒙裁可,仍希将聘书早日发下,以便转致,并分配工作,至为厚幸。"(《文学院各学系教师异动的来往文书》,清华大学档案室藏)季镇淮,江苏淮安人,战前考取山东大学,因七七事变至长沙临时大学借读,越年为西南联大中文系正式学生。

季镇淮家乡在沦陷区,生活无着,先生设身处地为其生计作了安排,推荐他担任半时助教。梅贻琦接到信的当天即批示:"送冯院长阅。"三十日又批示:"照聘,月薪五十元,校贴二十元,政府米贴生活费照全发。"季镇淮得此条件,十分感激先生。

十一月三日　朱自清自黎院村搬到司家营清华大学文科研究所,后和浦江清、许维遹、何善周四人同住侧楼的一间小屋。这是先生与朱自清朝夕同住的开始。

十一月七日　下午五时,应梅贻琦之约,与梅、冯友兰、黄钰生、杨振声、朱自清、罗常培共商联大国文系诸事。七时,与诸同仁及老舍共食炮牛肉,席后老舍、罗常培有清唱。(据梅贻琦日记,未刊,清华大学校史组藏)

是月　为了加强清华大学各研究所的学术研究,校长梅贻琦指示各研究所拟定工作计划。为此,先生上报了亲手拟定的《文科研究所中国文学部研究计划》。此计划未曾发表过,兹录如下:

本部研究工作拟暂从整理古籍入手,本年度拟整理之书如下:

子部二种:

韩诗外传

管子

一、正文部分,加标点分段校印。

二、注释部分,搜集历来关于校勘文字及训释文义之旧说,加以甄择或驳正,并补充新资料。

三、附录部分,包括引得,参考书目,板本源流考或其他有用之参考材料。

集部二种:

岑参集

贾岛集

一、关于本文部分:

　　a. 校定篇什之真伪。

　　b. 依年月重行偏次。

　　c. 校勘文字。

二、关于附加部分:

　　a. 带批评性质的叙录。

　　b. 年谱。

　　c. 交游考略。

　　d. 书目。

　　e. ······

计以上子部工作需加聘助理二人，集部加聘半时助教一人。除以上工作外，上年度所已着手之文学史选读校释工作，本年仍继续进行。(《各学系教师研究工作计划暨经费预算、研究出版刊物补助办法和来往文书》，清华大学档案室藏)

该计划中所说的"管子"，即后来整理出来的《管子校释》。当时，司家营地方较小，先生便在紧邻的麦地村桂家祠堂租了房子，进行古籍整理。《管子校释》主要工作由许维遹着手，何善周、刘功高等人后来也参加了进来。大家分工：许维遹整理，先生参校，刘功高抄写誊清。(据范宁给编者的笔述，1988.12)

这部稿子日后带回北京，郭沫若又补充了许多材料，改名《管子集校》。郭沫若《管子集校·叙录》中，介绍到它的成书过程，说："《管子集校》为已故许维遹教授所着手纂集，原名《管子校释》。许氏以戴望《管子校正》为基础，而加以扩充。凡在戴望以后诸家校释为许氏所见及者均为抄录，戴望以前者亦间有补遗。原稿共十九册，约四十万字。稿本均经誊录，有三四人手笔。许氏所用方法与戴氏无多殊，胪列诸家校释后，时或以己见评骘增损，亦有诸家未及而己见独到者，均以案语出之。唯于摘取原文标目时，则每依校释而迳加改窜，其不同处以注文明之，其增补处以方格限之，此为特异。稿本三分之一业经闻一多教授参校，即自《牧民》至《幼官图》最初九篇及自《匡乘马》至《轻重己》最后十六篇。闻校于许所遗漏者均亲笔录入，字迹异常工整。闻亦时加案语，对于许说亦每提出不同意见。自《匡乘马》以下十六篇又曾经孙毓棠氏参校，亦时有案语附列。凡经闻氏参校部分，别有正文录本，其文字业经校订，其意殆拟将正文与校释一并印行也。……许氏余所不识，闻氏生前则曾两次见面，并曾有文字往还。二氏同系清华大学教授，二氏之合作，其时在抗日战争期间，其地在昆明。为物质条件所限，二氏所参考之书籍不多，以《管子》板本而言，除光绪五年影刻宋杨忱本外，陆贻典校刘绩补注本、十行无注本、明刻朱东光'中都四字'本、明刻赵用贤'管韩合刻'本，均所未见。许所见赵本乃清刻浙江书局本耳。此一物质限制，即清代学者亦未能免。……诸家原书或未刊稿本及民国以来各种述作，许闻二氏亦多未及见，故其征录未能核遍，而其案语亦往往已为前人所道。纂述体例不甚严密，征引旧说漫无时代先后，因之说解之发展无从追寻，而孰为因袭，孰为雷同，亦无从辨别。"

郭沫若于一九五三年十一月得《管子校释》书稿，即发生极大兴趣。他有感于"《管子》书号称难读，经历代年久远，古写本已不可复见，简篇错乱，文字夺误，不易董理。""然欲研究中国古史，非先事资料之整理，即无从入手。《管子》书乃战国秦汉时代文字之总汇，其中多有关于哲学史、经济学说史之资料。道家者言、儒家者言、法家者言、名家者言、阴阳家者言、农家者言、轻重家者言，杂盛于一篮，而文字复舛误歧出,如不加以整理,则此大批资料听其作为化石而埋没,殊为可惜。前人已费去不少功力,多所校释,但复散见群书,如不为摘要汇集,读者亦难周览。有见及此,故不惜时力而为此冗赘之举。"(《管子集校·叙录》,科学出版社 1956 年 3 月出版) 遂以两年功夫集中补苴罅漏,详加校释,并请先生旧友冯友兰、余冠英、孙毓棠、范宁、马汉麟分别校阅其中一小部分,杨树达(遇夫)亦校阅部分,张德钧、任林圃、戚志芬、王廷芳诸人协助检阅群书,最后由郭沫若总校,定名《管子集校》,于一九五六年三月由科学出版社分上下册出版。其书达一百三十万字以上,比许维遹与先生原稿增加三倍,撰者署名为郭沫若、闻一多、许维遹,可见,《管子集校》是一次集体校释。该书书稿完成后,郭沫若仍嫌美中不足,他在《校毕书后》中说:"整理之方,初未详加考虑,颇自悔其孟浪。盖策之上者,应将许、闻原稿照样印行,再别为增补以匡其违失。如此,则责任分明,而体例亦不致淆乱。"

是月 约这个月,先生在北京大学文科研究所举办的学术讲演会上讲《什么是九歌》。讲稿经他人整理,刊登于一九四七年八月十五日《文艺春秋》第五卷第二期。收《闻一多全集》。文章分十节:一、神话的九歌;二、经典的九歌;三、"东皇太一"、"礼魂"何以是迎送神曲;四、被迎送的神只有东皇太一;五、九神的任务及其地位;六、二章与九章;七、九章的再分类;八、"赵代秦楚之讴";九、楚九歌与汉郊祀歌的比较;十、巫术与巫音。

先生讲《什么是九歌》,带着诗一般的生动描写,十分引人入胜。徐知免《回忆闻一多先生》:"我第一次看到闻先生就是……他在联大新校舍讲《什么是九歌》。他讲'山鬼'是一个美丽的山林女鬼,身上披着碧绿的树叶,骑着豹子,走出林间。我不懂得《九歌》,但听了闻先生用生动奇妙的想象把这篇古文辞讲活了,这些神话人物就像出现在眼前一样。"(《解放日报》,1979.11.22)

先生手稿中,存有《什么是九歌》的提纲草稿,虽未成文,仍有参考价值,兹录如下:

序:

剔除封建思想的旧注,恢复人民艺术的本来面目

求生存的艺术　个人生存(饮食)　种族延续(男女)　为自己生存

忠君思想汉人所加(强奸)　忠君则为主人生存　骗局　旧注不仅是愚而且是坏

作伪　求得真(科学精神)　自与善合

戏剧的起源　从生活中求　宗教生活

说明艺术的功能　艺术便活了　有血有肉
旧日只读文字闪避生活以便欺骗

什么是九歌：
《东皇太一》、《礼魂》是迎送神曲
二篇的独立性
迎送神曲是祭歌的传统形式　被祭的对象只东皇太一
九篇不得为迎神之词
因为他们并非受祭者
而是被请来助祭的
九篇是侑神（太一）的乐章
十一篇当称为楚郊祀歌
二篇当称"吉日"、"成礼"
《国殇》是续加的
礼魂的问题

历史的九歌：
夏九歌——箫韶九成（九韶）赓歌（九歌）
楚九歌——赵代秦楚之讴

宗教的九歌（太一与诸神）：
东皇太一

东君

云中君

湘君湘夫人

大司命少司命

河伯

山鬼

国殇

戏剧的九歌：
巫术与巫音

演出的时地与演出以前

乐与舞

剧本的结构

舞台艺术——布景导具(面具)效果

文学的九歌：

章目

校补

注释

拟定《九歌》剧本

十二月七日　日机偷袭美国在太平洋的海军基地珍珠港,并向关岛、香港、马来亚、菲律宾等美、英、荷在东南亚的领地发动突然袭击,太平洋战争由此爆发。次日,美、英对日宣战,九日至十日中国对日、德、意宣战。十一日德、意对美宣战,美亦对德、意宣战。连日来,时局成了先生与同仁议论的中心。先生还对孩子们说：现在有美国、英国,还有苏联这么多国家联合作战,小小日本神气不了多久啦,只要反攻一开始,胜利就快啦! 学校也可以回到北平去,那时日子会比现在过得好!"

十二月八日　《楚辞校补》"引言"在昆明司家营写定。"引言"反映了先生治学的方法和步骤,受到不少学者的重视。文中说：

较古的文学作品所以难读,大概不出三种原因。一、先作品而存在的时代背景与作者个人的意识形态因年代久远,史料不足,难于了解；二、作品所用的语言文字,尤其那些"约定俗成"的白字(训诂家所谓"假借字"),最易陷读者于多歧亡羊的苦境；三、后作品而产生的传本的伪误,往往也误人不浅。《楚辞》恰巧是这三种困难都具备的一部古书,所以在研究它时,我曾针对着上述诸点,给自己定下了三项课题：一、说明背景；二、诠释词义；三、校正文字。

三项课题本是互相关连的,尤其一与二,二与三之间,常常没有明确的界限,所以要交卷最好是三项同时交出。但情势迫我提早交卷,而全部完成,事实上又不可能。我只好将这最下层,也最基本的第三项——校正文字的工作,先行结束,而尽量将第二项——诠释词义的部分容纳在这里,一并提出。这实在是权变的办法,我本心极不愿这样做。可是如果这样来,能保证全部工作及早赶完,藉此可以腾出时间来多做点别的事,那对于自己还是合算的。在一部书上已经花了上十年左右的光阴,再要拖延下去,总会教人腻味的。

文中还说:

我的目的本是想替爱好文艺而关心于我们自己的文艺遗产的朋友们,在读这部书时,解决些困难。为读者便利计,本应根据这里校勘的结果,将全部《楚辞》的白文重印一次,附在书后。但因种种关系我没有能这样做。这是应向读者道歉的。

我梦想哪天我能用写这篇"引言"的文体来重写全书,而不致犯着"词费"的毛病。但当语体文在考证文字中还没有找到适当的形式以前,我只好"未能免俗"了。

最后,我应当感谢两位朋友:游泽承(国恩)和许骏斋(维遹)两先生。泽承最先启发我读《楚辞》,骏斋最热心鼓励我校勘它。没有他们,这部书是不会产生的。陶重华君校阅全稿,给我很多宝贵的意见。朱兆祥、黄匡一、何善周、季镇淮四君替我分担抄写的工作。对以上诸位,我都深深致谢。

十二月十六日 《乐府诗笺》(续)发表于《国文月刊》第十一期。收《闻一多全集》。所笺有:《鸡鸣》、《相逢行》、《长安有狭斜行》、《陌上桑》四篇。

是年 何善周开始选编和注释先秦两汉文学史参考资料,这是一本供同学们学习用的基本史料,选编中受到了先生的指导。

何善周《千古英烈万世师表》:"一九四一年我在闻一多先生的指导下,开始选注先秦两汉文学史参考资料的时候,他对我说:'选注作品的同时要注意收集文学史的材料。写文学史必须以自己对作品的切实研究入手,不可抄袭他人陈说。基础要广、要厚,但最重要的必须先懂作品。'他叫我拟了一个《诗经》和《楚辞》的参考书目,亲自给我作了补充,在最重要的参考书名上画上三个圈,次要的两个圈或一个圈,并陆续对我讲说了一些参考书的特点。当时,他还给我开列了另一个书目,那是:摩尔根的《古代社会》,恩格斯的《家庭、私有制和国家的起源》,陈望道译的《社会意识学大纲》,郭沫若的《中国古代社会研究》和《甲骨文研究》,还有一些社会学、人类学和《舆地丛钞》一类的书。上面开列的五种书我虽然都已阅读过,但作为科学研究的参考书,这是开始。过了几天,闻先生自城里上课回来,拿给我一本英文版的《古代社会》。"(《闻一多纪念文集》,第260至261页)

一九四二年　四十四岁

一月一日,中、美、英、苏四国领衔,二十六个国家签名之《联合国家共同宣言》发表,世界反法西斯同盟正式形成。

一月三日,蒋介石出任中国战区盟军最高统帅,中国战区包括中国、英属缅甸和法属印度支那。史迪威任中国战区参谋长,兼美国驻华军事代表。

一月十五日,第三次长沙会战结束,日军再遭打击。

三月,中国远征军第一次赴缅协助英军对日作战。

四月三日,中华剧艺社公演郭沫若五幕历史剧《屈原》。

四月十八日,美国飞机首次轰炸日本。

四月,莫斯科会战以苏军获胜告终。

五月八日,缅北重镇密支那失守,日军占领缅甸。十日,日军占领滇西重镇腾冲。

六月三日,日本进攻中途岛,六日失败。此役为太平洋战争之转捩点。

七月下旬,斯大林格勒会战打响。

十一月十九日,苏军在斯大林格勒附近开始反攻,至一九四三年二月二日,全歼进攻斯大林格勒的德军,苏德战场形势扭转。

一月六日　西南联大同学举行"倒孔"游行,参加的人很多,除进步同学外,还有三青团成员。起因是太平洋战争爆发后,香港局势垂危,陈寅恪教授及大批滞留在香港的要员和文化界人士,因飞机不够无法脱离险境,而社会传言孔祥熙夫人宋蔼龄却用飞机抢运洋狗。此事先在《新民报》上披露,后重庆《大公报》在社评《拥护修明政治案》中加以批评。一九四一年十二月二十四日,昆明《朝报》转载《大公报》社评,标题改为突出这一事件的《从修明政治说到飞机运狗》。消息传到联大,全校舆论大哗。吴晗在一年级《中国通史》把孔祥熙比做南宋亡国时的蟋蟀宰相,《论坛》壁报公开抨击腐败行为,《呐喊》壁报也刊登了《铲除孔祥熙》、《重燃五四烈火》、《告国民党员书》、《告三民主义青年团团员书》等文章,遂由学校三青团员自动发起"倒孔"运动。这是抗战以来全国学生运动的第一声,引起蒋介石的极大震动。不久,蒋介石派三民主义青年团中央团部组织处处长康泽到昆明,将这次刚刚掀起的波澜压制了下去。

在这次"倒孔"运动中,先生虽然站在旁观的人群中,却对青年们充满了理解和同情。

一月二十二日　下午四时,出席清华大学一九四一年度第一次教授会议,听取本校经费情况的报告。(据《教授会会议记录》,清华大学档案室藏)

二月十四日　何善周患病,先生亲自护送到医院。何善周《千古英烈万世师表》回忆到:"这学年,我在西南联大还兼了一班'大一国文',每周上课须进城两次,上课当天早去晚归。选修我的课的学生近五十人,除备课外,还须批改学生的作文,我都尽可能地挤出时间来做,不致影响正常的研究时间,工作感到有些繁重。到了年底,我病倒了,闻先生亲自为我请来了设在镇上的一家大公司的特约医生,天天吃药打针,一周过去了,热度一直不退。闻先生很担心我的病有什么危险,和医生商谈之后,决定送我去医院。这时敌机仍然时常来城区轰炸,送到城里医院不放心,于是,决定把我送到西山脚下离司家营十里远的一所红十字会医院去。闻先生托房东雇了两个人,绑了一副担架抬着我,闻先生跟在担架后边,亲自送我去医院。这一天天气很冷,西北风呼啸着。我全身连头带脚蒙在被子里,被子衣服都被冷风吹透了。去红十字会医院,由大道需走十四五里,直道较近,却都是田间小路。抬担架的人急于到达医院,有些地方竟连小路也不走,从田里一直穿过去。我听见他们的脚踏碎稻茬的声音;每当跨过田埂的时候,担架便要掀动一下。闻先生没有帽子戴(一个多月以前,有一次进城去,走在北门外的小桥上,一阵风把他戴的一顶旧毡帽吹到河里去了,从此以后便没有帽子戴了),只围着一条旧围巾,紧跟在担架的后边。……到了医院,一切都安顿好之后,他才回去。第二天,他又嘱托人到医院去看我,带话安慰我说:'联大的课已经交给慎予(李嘉言)代上了,好好安心治病吧!'"(《闻一多纪念文集》,第255至256页)①

二月二十四日　与朱自清、陶重华、李嘉言至蒜村访余冠英夫妇,余太太以萝卜饼招待之。(参见朱乔森编《朱自清全集》第10卷,第154页)

是月　寒假中,先生请西南联大中文系学生郑临川来司家营清华大学文科研究所准备毕业论文。

郑临川在《永恒的纪念》中回忆说:"四一年快放寒假,我毕业论文搜集的资料

---

①　何善周文中云此事为1941年年底,然朱自清在1942年2月14日日记中云:"上午何先生因肠炎住院,所有的人都为之震动,何的病使人不安和恐惧。"15日日记又云:"朱肇祥君去医院看望善周,他只是患流行性感冒,并不是伤寒。"(见朱乔森编《朱自清全集》第10卷,第152页)

还很不足,特向先生告急。先生说:'寒假上我家里住一段时间,怎样?'先生的家当时住在昆明郊区几十里外的龙头村,我知道清华、北大的书库都在那里,查资料当然方便,同时还想到先生叫我上他家住,定有鸿宝秘籍相授,既可节省到处翻捡之劳,又能提高工作效率和论文质量,因此欣然应命前往。来到乡下以后,才知道先生的家原来就是书库兼研究所楼房中的一部分,先生的床和书桌,全安放在二楼的书库中。我们几个外来写论文的同学,就在楼下饭厅靠右边的屋角头搭上临时铺位住定。白天,大家都在书库看书,翻捡或抄写资料,有时困倦就下楼去外面四周田坝散散步,等精神复原了再干。可是先生却在他的书桌端坐,很难见他上下走动。每天夜晚,我们几个把楼下白天的饭桌当成书桌,在暗淡的油灯下抄抄写写。深夜我们已灭灯就寝,只见先生的窗户还亮着灯光,大清早我们还未起身,先生窗里的灯光早已亮了。这样,先生晚睡早起的勤奋用功生活,又纠正了我们平时对他的误解,以为先生讲课精彩动人,只是由于头脑特别聪明,现在才知道他在教学和学术上的成功,完全是从踏实用功、孜孜不倦得来的。在乡下住了好几天,先生像平常一样不作具体指导,还是让我自己在书库中乱翻,看看快半个月,收获仍然有限,心头不免焦虑,打算回校另想办法。在一天午饭桌上,我终于向先生提出返校的请示,先生似乎已察觉出我的失望情绪,但还是很平静地对我说:'开学还早,为什么不多住些时再走?'我临时编了个理由,表示非回去不可,先生再没说什么,只在吃午饭时告诉我,叫午休后到他楼上去一趟。我到楼上的时候,先生已坐在书桌旁边等我,桌上满堆着大小厚薄的手抄本,先生叫我坐下,一面指着这些抄本对我说:'这是我多年抄集下来关于唐代诗人的资料,好些是经过整理的,里面有不少是你需要的东西,你就拿去抄些吧! 将来你如果研究唐诗,我可以全部拿给你。'对这意外的厚赐,我非常激动,先生却继续说下去:'为什么不早拿给你,要等到半月后的今天呢? 我是有意让你经过一番困苦探索的过程,使你懂得做学问的艰难。你嫌自己半年来搜集的太少,就该知道老师这些丰富资料是付出了多少年的心血吧。要知道,做学问当像你们三湘的女儿红(指湘绣),是成年累月用一针一线辛苦织成的,不是像跑江湖的耍戏法突然变出来的。你能懂得做学问的艰难,才会自己踏实用功,也不至信口批评,随意否定别人的成绩。'"(《闻一多论古典文学·代序》,重庆出版社 1984 年 11 月出版,据郑临川赠编者的手订修本) 先生最初给郑临川出的论文题目是《唐初四杰合谱》,郑感到不好做,先生便改为《孟襄阳诗系年》。

郑临川尚读大学三年级时,听人说先生考核学生成绩爱听奇谈怪论,于是打算写篇否定屈原存在的读书报告。先生听了他的论点和论据后,说:"书倒念了不少,可惜态度和方法还有问题。是的,我一直鼓励同学要独立思考,敢发异论,要经得住不怕荒谬绝伦的考验,去争取妙绝千古的成就。但是,首先必须端正态度,态度端正才会找到正确的方法。屈原存在的历史事实,你能否定得了么？你想,屈原的诗篇为我们树立了多么崇高的爱国文学传统,鼓舞了几千年来民族的自豪感情和献身精神,使我们今天还能生活在祖国的大地上,作自己文化的主人,成为世界文明古国的奇迹,我们今天的浴血抗战,也正是屈原精神继续存在的活见证。否认屈原的存在,对于抗战会有什么好处呢？要记住,做学问绝不是为了自我表现,是要为国家民族的生存和进步作出有益的贡献呵！"(同前)

先生指导学生做研究时,很注意循循善诱。赵仲邑说:"一位清华文科研究生研究唐诗,整天都夹着一个算盘,一坐下来就'三下五落二'地统计《全唐诗》的格律诗有多少、古体诗有多少。他的统计是希望统计出唐代格律诗占优势,以证明唐代诗赋取士,限作格律诗对唐代诗歌创作的影响。但费尽九牛二虎之力,他大失所望。统计的结果,《全唐诗》中诗歌的数量,还是古体诗占优势。闻先生对他说,研究还是要从实际材料出发,为什么不可以把论点调过来？唐代虽然政府提倡做格律诗,但结果还是古体诗占优势,其中的道理,不是可以发人深省么？"(《闻一多先生轶闻》,《随笔》第 8 集,第 55 页)

三月八日　与朱自清同访谢文通,商谈诗选事。(参见朱乔森编《朱自清全集》第 10 卷,第 157 页)是月四日,经杨振声介绍,朱自清接到英国新闻专员来信,内容为商谈编辑《近代中国诗选》,二人访谢文通,似与此事有关。

三月二十五日　晚,听朱自清《诗的语言》讲演。

是月　《楚辞校补》由国民图书出版社出版。收《闻一多全集》。

一九四三年二月出版的《国文杂志》第二卷第一期,曾刊登朱逊的书评《介绍闻一多先生的〈楚辞校补〉》,内云:"校勘楚辞的著作,整部的和零星的,古今已有了不少,这是最新的一种。做这类工作,跟文学创作不一样,但凡作者材料丰富,方法精善,思致周密,总是后来居上。这本书正是如此。""这本书的好处在所据的材料丰富,所用的方法精善,推阐的思致又极周密。"

《楚辞校补》底本采用《四部丛刊》洪兴祖《楚辞补注》,引用古今诸家旧校者有王逸《楚辞章句》、洪兴祖《楚辞辑校》所引诸本、刘师培《楚辞考异》、许维遹《楚辞考异补稿》、刘永济《楚辞通笺》等。书中采用校勘材料颇广,仅《校引书目版本表》就列有六十五家。又采用古今诸家成说之涉及校正文字者有二十八家,即:洪兴祖、朱熹、王夫之、屈复、陈本礼、王念孙、王引之、丁晏、马瑞辰、俞正燮、江有诰、朱骏声、牟廷相、梁章钜、邓廷桢、俞樾、孙诒让、吴汝纶、王闿运、马其昶、刘师培、王国维、武延绪、刘盼遂、刘永济、游国恩、陆侃如、郭沫若。并另有驳正者三数家。

《楚辞校补》所论列内容的范围,为:"一、今本误,可据别本以谊正之者;二、今本似误而不误,当举证说明者;三、今本用借字,别本用正字,可据别本以发明今本之义者;四、各本皆误,而以文义、语法、韵律诸端推之,可暂改正以待实证者;五、今本之误,已经诸家揭出,而论证未详,尚可补充证例者。"而"诸家说已精确,而论证亦略备,本书作者无可附益者,本书概弗征引。"

郭沫若很看重《楚辞校补》,他在《闻一多全集·序》中说:"闻先生治理古代文献的态度,他是继承了清代朴学大师们的考据方法,而益之以近代人的科学的致密。为了证成一种假说,他不惜耐烦地小心翻遍群书。为了读破一种古籍,他不惜在多方面作苦心的彻底的准备。这正是朴学所强调的实事求是的精神,一多是把这种精神彻底地实践了。唯其这样,所以才能有他所留下的这样丰富的成绩。但他的彻底处并不是仅仅适用于考据,他把考据这种工夫仅是认为手段,而不是认为究极的目的。请看他在《楚辞校补》的《引言》上所说的这样的话吧:(略)凡是古书,这三种困难都是具备着的,事实上并不限于《楚辞》,因而他所规定的三项课题,其实也就是研究古代文献上的共通课题;尤其是第一项,那是属于文化史的范围,应该是最高的阶段。但中国自秦汉以来两千多年,实在还没有产生出过一部好的文化史。专家的研究也是同样。汉儒的研究是在第二第三阶段上盘旋,宋儒越蹿了第三阶段,只是在第二阶段的影子上跳跃。清儒又回到了第二第三阶段上来,然而也只在这里盘旋,陶醉于训诂名物的糟粕而不能有所超越。这是当然的,要想知道'时代背景'和'意识形态',须要超越了那个时代和那个意识才行。'不识庐山真面目,只缘身在此山中',不能超越那个时代和意识,那便无从客观地认识那个时代和那个意识,不用说是更不能够批判那个时代和那个意识。就像孩儿期中孩儿自身不明白自己的处境和意识一样,两千多年的封建社会的停滞也就必然地汇成了封建意识的污潴。要澄清这污潴,今天正是时候了。我们再看一多先生在《楚辞校补》的《引言》中叙述着他的苦衷吧。他认为他所拟定的三项课题,最好是同时交卷,然而为情势所迫,他一时不能够全部完成,'只好将最下层,也是最基本的第三项——校正文字的工作,先行结束,而尽量将第二项——诠释词义的部分容纳在这里。'他认为这是'权变的办法',是他所极不愿做的。然而为了'可以腾出时间来多作点别的事',他终于这样做了。这《引言》是写于民国三十年的十二月八日,也正是民主运动开始发动的时候,我们看他这急急于想'腾出时间来多作点别的事'的苦心,不可以看出一多先生以后的活动是早有部署在心的吗?但我在这儿注意地引用到这段文字的用意倒侧重在他对于自己所从事的工作具有全般的计划,而且在完成计划的各个步骤上的评价他是丝毫也没有陷于自我陶醉的。'校正文字'和

'诠释词义'的工作,这些正是考据家们所兢兢焉乐道的事业,而在他只是基本的准备工作,而且'校正文字'还只是'最下层'。这不明显地表示着,他丝毫也没有把自己的工作作过分的夸大吗?他的《楚辞校补》在他自己看来既只是第二第三阶段上的作品,我们准据着这同一的自白,也可以知道,他对于他的《周易义证类纂》、《诗经新义》、《诗经通义》、《庄子内篇校释》、《离骚解诂》等,这样一连串的在文字训诂上极有价值的文字,在他自己也不过是视为第二第三阶段的工作吧了。其实这些著作,当代的考据家们,假使能有得一篇,也就尽足以自豪的。事实上他们是一篇也没有,已经就在自豪了,一些旧式的或新式的卫道者,不是根本连字都不认识,便在那儿以仲尼复活、墨翟再生自命吗?闻先生不是这样的糊涂虫,他虽然在古代文献里游泳,但他不是作为鱼而游泳,而是作为鱼雷而游泳的。他是为了要批判历史而研究历史,为了要扬弃古代而钻进古代里去剖它的肠肚的。他有目的地钻了进去,没有忘失目的地又钻了出来,这是那些古籍中的鱼们所根本不能想望的事。"

这年十一月,《楚辞校补》再版,定价四元。

四月八日　与七十一军驻军士兵发生口角,朱自清日记云:"人们谓最近驻扎此地之士兵暴戾,彼等随心所欲,一士兵昨从此屋偷一块肥皂,一多与数名士兵口角,因彼等坚持要我我们室内做饭,一多拒绝之,然彼等仍不退去。"(朱乔森编《朱自清全集》第10卷,第164页)

四月二十三日　清华大学文科研究所外国语文学部举行魏锃荪硕士学位考试,考试科目有莎士比亚、文学批评、现代戏剧。先生与陈福田、吴宓、陈铨、陈嘉、吴达元、杨业治、陈定民、温德、朱自清、莫泮芹、赵诏熊、潘家洵为考试委员。(据《研究生毕业初试、论文考试聘请考试委员暨报部备案的来往文书》,清华大学档案室藏)

四月二十九日　担任云南省选送留美学生委员会考试委员会阅卷襄助人。时,云南省成立选送留美学生委员会,是日与西南联大商定英语会话考试委员及阅卷襄助人名单,其中先生为国文阅卷襄助人。(据梅贻琦致缪云台信,1942.5.1,云南师范大学西南联大博物馆存)

五月六日　在云南省地方行政干部训练团讲"神话及中国文化"。五日,云南地方干部训练团已为此致函云南大学,并云地点在华山小学,各校学生可自由参加。(云南地方干部训练团《为在华山小学举行演讲由汤蕙荪先生讲垦殖问题、闻一多先生讲神话与古代文化届时贵校学生可自由参加函云南大学》,云南省档案馆存,1016-1-100/20)

抗战期间,云南省政府系统经常举办各种培训活动,也多次邀请西南联大教授讲课、演讲。先生这次即是应邀前往的。在手稿中,有一份题为《神话与古代文化》的提纲,从内容上看,很可能与这次讲课有关。兹录以参考:

导言：

历史教育与民族意识：

感情产生于知识

不知与猜忌　知与同情

知浅与冷淡

民族意识——知有共同来源

知来源愈悉则民族意识愈坚固

民族主义的心理建设——历史教育

过去历史教育的缺点：

过去无历史教育（严格的说法）

以读经法读史——鉴戒　理智的"微言大义"

民族主义的历史教育——启发民族感情——此在过去为副产

效用

非事实的认识——从有亦政治的或帝王及其从属的事实

非整个民族的认识

非文化全面的认识

非文艺式的讲述

今后的危机：

过去只读国学书——多少灌输些历史知识

今后国学书只占学问中一少部分

又无文艺性的历史读物——及博物馆等

民族意识有降低危险

希特勒式的侵略主义——拆散内部

根本消灭"汉奸"——历史家的任务

近代史学的新发展：

历史观念的革新

事实的认识

整个民族

全面文化　　对象

文艺式的讲述——手段

民族情绪的激发——目的

两种新方法——以发现事实

考古学

民俗学

　　新旧材料融合研究

神话与古代民俗：

神话研究举例：

　　三个治水人物及其方法

禹　疏导

鲧　壅防

　　埋塞

共工

　　埋塞

　　　　"倾地"　女娲　埋塞

传说的演变及其背景

　　"倾地"——纯神话

　　埋塞——逃避自然

　　壅防——抵抗自然

　　疏导——利用自然

倾地传说——一个被遗忘的洪水故事

传说的分析：

　　开辟后洪水

　　　　世界各民族的故事都从洪水说起

　　　　皆不如我国倾地传说的巧妙与伟大

　　宇宙的结构

　　　　一间大房屋

　　　　"上栋下宇"——上圆下方——天坛

　　　　八山为柱

　　　　八极

　　　　旋转的盖天

　　　　"运之以斗"

　　　　斗杓后钩星系天四维

　　　　斗转天亦转

　　　　斗或为车

永不移动的天极——天枢——北辰

极不在中而不在北的困难

天中与地中不对值

难题的解答——洪水故事

共工撞倒西北的柱子——不周山

天维绝地柱折

天倾西北地倾东南

极星在北偏西

地东南低水归于海——水干

争帝说似后起

传说的评价

天文地理历史三个问题

由共工一撞而全盘解决毫不迁就巧妙的神思　非荒唐的幻
想与事情脱节

幻术　机关

文学与科学的萌芽

以主观的想象（文学）

解决客观的现象（科学）

以之谓神话

意象的宏伟

空间的大

时间的远

开阔心胸

（下略——编者）

　　旁听先生讲"楚辞"与"唐诗"课的马逢华回忆说："在联大教室里面的闻一多，是一个善于表达，才华外露的学者。闻一多讲'楚辞'和'唐诗'的方法，是以社会文化背景，甚至神话传说来入手，把作者和作品底时代、地方和环境烘托出来。在讲解的过程中，他往往还把诗里面涉及的古代服饰、傢俱等等在黑板上画出来，然后才分析词句，品味诗底本身。这些步骤，今日看来，似乎卑之无甚高论，但是莫说四十年前，即在今日，如果没有详细的考证资料，丰富的想像能力，以及绘画艺术的训练，也并不是容易作到的。对我而言，这就像是有一扇久闭的大门，忽然有人为我打开了。我儿时学读唐诗，对于父亲底讲解，不甚了了，要我背诵，我很快就能背的滚瓜烂熟,得到大人们的称赞,但是自己并不真懂。中学的几位国文教师,陈陈相因,讲解也都了无新意。直到听了闻一多底课,我才见识大开,方始知道原来诗是可以这样来诠释,应该如此去了解的。闻先生讲课,很像是'说书人'讲故事,常常讲得有声有色,有时甚至比手画脚,眉飞色舞,讲到得意处,声音愈来愈高,语句愈来愈快。有一次他谈到自己学生时代在清华听梁启超讲授古乐府箜篌引'公无渡河'。他说,梁任公先把那首古诗写在黑板上,然后摇头摆脑地朗诵一句:'公、无、渡、河','好!'然后再重复地念:'公、无、渡、河','好!''公、竟——渡、河','好!''渡河——而死——,当奈——公何!''好,真好,实在是好!'梁任公这样自我陶醉地一唱三叹,一声高似一声,并无半句解释。朗诵赞叹过后,就高呼道:'思成,抹黑板,快抹黑板!'思成是任公底儿子,也在班上听讲。黑板擦过,这首古诗就算讲完了。闻一多给我们讲述这个掌故时,自己也是脑袋转来转去,声音激越高昂,讲得满脸发红。那位笔锋常带感情的梁任公,当年在清华朗诵箜篌引时,恐怕也未必会比闻一多向我们复述时的情形,更为兴会淋漓。这一阵热烈激昂的表演过后,闻先生把声音压底,两手一摊,说:'大师讲学,就是这样!'有人批评闻一多讲课太过戏剧化,如演文明戏。但是如果与看朱自清先生讲课之沉闷相比较,就会觉得这种批评未免过于苛求了。"(《记西南联大的几位教授》,台湾《传记文学》1988年6月号)

选修唐诗课的马识途,对当年先生讲课的情形有着深刻印象。他回忆说:"本来选唐诗这门课的学生并不多,大约只有十来个人,但因为是闻先生的课,教室里早已座无虚席,还有不少人有的坐在窗台上,有的站在后边,连窗外也站了一些人,旁听的比选课的学生多了几倍。我是选唐诗课的,但来迟了一步,也只好站在后边了。闻一多走进教室,在小课桌后坐下来,把老怀表摸出来放在桌上。时间还不到,他摸出他黑亮的烟斗来点上,吸起烟来。当他又看了一看他那老怀表,也许是怀疑他这个老伙计的可靠性时,上课的钟声响了。他立刻从大书袋里摸出讲稿来,开始讲课。其实他并不照本宣科,往往是不看稿子,越讲越远,越讲越自在,用那充满激情的调子,诗意般的言语,给我们讲杜甫的'三吏'、'三别'。他用生动的形象展示在你的眼前,把你带到古代的社会里去,让你去看看石壕吏怎样夜晚捉人,让你看看新婚的丈夫来不及和妻子告别就被拉上战场。"(《马识途文集》第9卷《风雨人生》下册,第384页,四川文艺出版社2005年5月出版)

五月十三日 与朱自清谈"洪水"研究心得。朱自清日记:"听一多讲《洪水故事》,明白,风趣,且系重要问题。余以为盖天说为一大发明。"(朱乔森编《朱自清全集》第10卷,第171页)

五月十六日 《乐府诗笺》(续)发表于《国文月刊》第十三期,收《闻一多全集》。

所笺有《陇西行》、《艳歌行》、《羽林郎》、《饮马长城窟行》四篇。

六月十日　云南省教育厅与西南联大师范学院联合举办中学教员暑期讲习班,先生被聘为讲师。(据《中学教员暑讲班聘定名教授多人》,《云南日报》,1942.6.11)次月二十七日上午七时,云南省暑期中等学校各科教员讲习班讨论会举行开幕式。该班分教育、数理化、文史地三个组,联大许多教授都应邀,其中"文史组讲师闻一多、张清常、罗庸、唐兰、彭仲铎、朱自清、杨振声、沈从文、余冠英、萧涤非、王力、罗常培、雷海宗、孙毓棠、郑天挺、吴晗、邵循正、张印堂"。(《中学教员暑讲会下月一日开课》,《云南日报》,1942.7.26)这阵容集中了西南联大的文、史、地三系之精华。类似这种暑假讲习班,几乎每年都有。

六月十八日　清华大学召开迁昆明后第十五次聘任委员会会议,议决续聘先生与朱自清、陈寅恪、刘文典、王力、浦江清为文学院中国文学系教授,许维遹、陈梦家为副教授。(据《聘任委员会会议记录与部分材料》,清华大学档案室藏)

六月二十五日　清华大学文科研究所外国语文学部举行魏铦荪硕士学位毕业论文考试,先生与陈福田、吴宓等为考试委员。(据《研究生毕业初试、论文考试聘请考试委员暨报部备案的来往文书》,清华大学档案室藏)

六月二十八日　朱自清日记:"看一多《国文选》目录,甚觉无复古倾向。其主张大学生诗赋等习作之必要性,却可商谈。知其甘苦,至关重要。"(朱乔森编《朱自清全集》第10卷,第181页)

六月二十九日　朱自清日记:"必须读一多《楚辞注释》,相信我会从中受到很大启发。"(朱乔森编《朱自清全集》第10卷,第181页)

六月三十日　西南联合大学奉教育部令,呈报服务年限满十年教授名单,作为部聘教授候选人。其中清华大学呈报十一人,有先生和王力、雷海宗、噶邦福、赵忠尧、冯景兰、赵凤喈、陶葆楷、张泽熙、刘仙洲、章名涛。(据《国民党教育部举办部聘教授及修假教授出国进修暨推荐合格人选的来往文书》,清华大学档案室藏)八月十二日,教育部核示批复,准联大呈荐先生等七十三人为部聘教授。(《教育部关于部聘请教授候选人的复函》,北京大学、清华大学、南开大学、云南师范大学编《国立西南联合大学史料》第4册,第334页,云南教育出版社1998年10月出版)

审核"部聘教授"的措施当时引起很多人的反感,先生在《八年的回忆与感想》谈话中说:"有一次教育部要重新'审定'教授们的'资格',教授会中讨论到这问题,许多先生,发言非常愤激。但,这并不意味着反对国民党的情绪。"(《联大八年》,第6页)

是月　为西南联大地质系学生胡伦积毕业题词:"岁寒然后知松柏之后凋也。"

七月三日　为教育部评选部聘教授,学校组织推选,朱自清、王力均推选了先生。朱自清日记:"推选国家教授,我选一多与了一(即王力),而了一选一多与我。"(朱乔森编《朱自清全集》第10卷,第183页)

七月七日　余冠英至司家营拜访先生、朱自清、许维遹,遂同往余家午餐,饭后同游名胜黑龙潭。朱自清形容当时的景色:"荫影朦胧,幽美如画。坐茶室内,面对高大树对面的清碧潭水,山寸阵阵,更添韵致"。(朱乔森编《朱自清全集》第10卷,第184页)

七月十二日　晚,先生在文科所为李嘉言赴西北师范学院饯行。是月四日,黎锦熙给罗常培发来电报,称西北师范学院聘定李嘉言为国立西北师范学院文学院副教授,旅费同时寄出。罗常培遂将电报交给朱自清,转给在司家营的李嘉言。西北师范学院为战后北京师范大学与北平师范学院内迁后合并成立的高校,副教授的待遇为月薪三百元,对李嘉言养老哺幼生计问题,略有所补,故李经过反复考虑,决定提出辞职。(据李之禹《李嘉言与闻一多先生》,未刊稿)

李嘉言辞职,事前他怕先生不允,所以没有对先生讲。李嘉言于抗战爆发随校南迁,同先生一道参加湘黔滇旅行团。他供职清华七年,但在讲究资历的这所高等学府升迁颇难,加之他家累较重,只得忍痛离校。欢送会上,先生不无痛心地说:李嘉言在《当代评论》第一卷第十二、十三期上发表的《唐诗分期与李贺》的论文,是司家营的光荣;我是不同意他走的,可生活太苦,非走不可。(据访问范宁记录,1988.6.16)

李嘉言走后,先生感到青年教师太少,准备聘孙作云、刘绶松回母校任教,却由于种种原因未能实现。何善周《千古英烈万世师表》:"一九四二年的秋天,李嘉言离开了清华,到兰州西北师范学院去了。对于他的离开,闻先生是很痛惜的。慎予走了之后,清华中文系里,青年教师只剩我一人了。这时,闻先生经常念道孙作云。孙是七七事变前清华中文系的毕业生,在《楚辞》的研究上有些创见。闻先生很欣赏他在这方面的研究才能,当时曾叫我向国统区不少和我相识的同学发信,查询作云的消息,但始终没有探询出他的下落。我们推断他是没有走出沦陷区。在通信中,我和在西北联合大学任教的刘绶松有了联系。我向闻先生说:'绶松在西北联大,请他回来不好么?'闻先生当即应允说:'好哇! 我竟然没有想起他来。好! 你马上就写信,就说我希望他回来。'绶松最初是愿意回到母校来的,后来却又辞绝了。我写信问他什么原因,当时他并没有明确答复。解放以后,他在武汉大学中文系任教,一九五四年我们在北京见了面,谈起这件事,原来他只是因为当时全家五口的路费没有着落。我说:'唉! 闻先生多么希望你去。你写信明说,闻先生马上会叫学校给你寄路费去的。'闻先生鉴于过去多年精心培养的学生都走散了,所以他对于在校的研究生和本科中他所中意的学生注意的更多了。当时在校的中国文学研究生有季镇淮、王瑶(昭琛)、范宁和傅懋勉(兹勤)。他们的投考研究院,都是经过严格地考查和挑选的。比如我的同班傅兹勤,在校时就是一个勤奋学习而又善于独立思考的学生,毕业后又在西南联大出版的《国文月刊》上发表了关于唐诗研究的论文。闻先生很赞许他的文章并欣赏他的独创才能,对我夸说他好几次。我说:'让他考研究院好么?可以跟闻先生再多学几年。'他说:'好哇!我愿意收他这个学生。'"(《闻一多纪念文集》,第257至258页)

七月十五日　致清华大学校长梅贻琦信。为聘西南联大中文系应届毕业生刘功高为清华大学文科研究所助教事,信云:"中国文学系助教黄君拟辞职投考研究院,所遗助教一职顷已与冯芝生先生商定,拟聘本年度联大毕业生刘功高女士补充,用特专柬奉达,敬希钧裁是幸。"梅贻琦次日即批示:"照办。"八月六日又批:"刘薪一百元,出国文研究部补助费,无庸开报联大。"(《文学院各学系教师异动的来往文书》,清华大学档案室藏)

刘功高回忆:"流光易逝,转眼我已四年级,行将毕业了。有一次,恩师讲唐诗,大家都听得出神,陶醉于诗情画意中,不觉下课铃响了。听见有人说:'好快呀!'忽然,我听见像我父亲的声音在叫我:'功高,你留一下!'我父亲在千里外的恩施,他怎会到这里喊我呢?啊,原来是恩师的声音。于是,我随恩师走出课堂,从南院信步漫谈到北院。最初,恩师问我毕业后作何打算?我说:'想回到家乡湖北去工作。我父亲避难在恩施,暇时好请父亲教我一些古文。'恩师说:'你爱家乡很好!一个爱家乡的人,才会爱他的国家。'又问我:'你父亲是谁?干什么工作?'我说:'我父亲是刘南如,又名凤翔,年轻时留学日本,追随孙中山先生革命,是兴中会、同盟会会员、曾为革命奔走于国内外,历经风险。晚年隐居乡里,注解《四书》《史记》,人称理学家。我想把父亲满腹经纶学到手。'恩师听后认为我好学上进,值得培养,于是说:'我那里有个缺,很多人在争,我内定给你,暂时不告诉别人。'我听了心喜若狂,大家都知道恩师是知识的宝库、智慧的海洋,在恩师身边一定可以学到很多的东西,我是多么幸福啊!"(刘功高给编者的信,1988.3.24)

七月二十六日　朱自清日记:"读一多《论九歌》,真创作也。"(朱乔森编《朱自清全集》第10卷,第188页)

七月二十九日　患了一种叫昆明热的病,欲向学校借车进城看病,被拒绝。朱自清在三十日日记中写到:"一多昨患病,写信托我向梅校长借车进城,但梅校长没有司机。今早他请(陈)雪屏向蒋校长借车,蒋以汽油不足为由加以拒绝。一多下午乘人力车归。"(朱乔森编《朱自清全集》第10卷,第189页)

是月 范宁、傅懋勉考取先生的研究生。

是月 西南联大举行中文系招收三年级转学生考试,"国学常识"题是先生所出,王瑶至今保存有当年油印的试题,从中可窥探出先生的某些教学思想和重点,故录以备考:

一、下列十个名词是否都是《易经》的卦名? 请将误列的指出来:

蒙　　　萃　　　既畜　　　大过　　　谦

济　　　盈　　　丰　　　　归妹　　　苞

二、下列五篇《尚书》哪几篇是今文? 哪几篇是古文?

尧典　　　益稷　　　张燮　　　金縢　　　君牙

三、下列十篇《诗经》中哪几篇是"有其义而亡其辞"的"笙诗"?

鹿鸣　　　白华　　　华黍　　　南山有台　　　由庚

崇丘　　　鹤鸣　　　鱼丽　　　南亥　　　　由仪

四、下列五篇《礼记》,哪几篇属于《大戴》? 哪几篇属于《小戴》?

深衣　　　曾子立事　　　内则　　　帝系姓　　　仲尼燕居

五、下列《春秋》十二公的次序是乱的,试依时代先后用数目字标出来:

隐公　　　昭公　　　僖公　　　宣公

文公　　　成公　　　哀公　　　桓公

襄公　　　定公　　　庄公　　　闵公

六、《史记》一百三十篇是如何分配的,试分别填注出来:

本纪(　　)篇　　　书(　　)篇

表(　　)篇　　　世家(　　)篇

列传(　　)篇

七、《水经注》是郦道元作的呢? 还是他注的? 如果是他注的,那末,原作者是谁?

八、杜佑《通典》和马端临《文献通考》体例是否一样的? 郑樵《通志》和他们有甚么不同?

九、二十五史中,表和志不具备的是那几史?

十、《史记·太史公自序》所说的诸子六家是那六家?《汉书·艺文志》诸子十家是那十家?《荀子·非十二子篇》所"非"的是那十二子?

十一、下列各条那几条是惠施之学? 那几条是公孙龙之学?

白马非马　　　　　　　指不至

一尺之棰日取其半万世不竭

难三足　　　　　　　　丁子有尾

今日适越而昔来

十二、下列各条著者和书名有错误吗？请指出来：

陆法言《广韵》　　　　许慎《说文解字》

张揖《广雅疏证》　　　贾谊《新语》

陆贾《新语》　　　　　扬雄《法言》

仲长统《昌论》　　　　荀悦《申鉴》

王符《潜夫之言》

十三、下列各条学派传承有错误吗？请指出来：

周敦颐是陈抟的弟子　　程颐是欧阳修的弟子

朱熹是李侗的弟子　　　徐爱是王守仁的弟子

颜元是李塨的弟子　　　曾国藩是倭仁的弟子

十四、下列各篇《楚辞》，那几篇是属于《九歌》的？那几篇是属于《九章》的？

湘君　　　　悲回风　　　国殇　　　　　少司命　　　橘颂

怀沙　　　　礼魂　　　　惜诵　　　　　哀郢　　　　东君

十五、下列各篇乐府，那些篇是汉乐府？那些篇是晋南北朝乐府？

团扇郎　　　华山畿　　　蒿里　　　　　梁甫吟　　　欢闻变

上之回　　　前溪　　　　乌生八九子　　乌夜啼　　　阿子

十六、下列各家，那几个是初唐诗人，那几个是盛唐诗人，那几个是中唐和晚唐诗人？

王昌龄　　　贾岛　　　　宋之问　　　　李白　　　　杜牧

王绩　　　　王维　　　　元稹　　　　　元结　　　　罗隐

十七、下列各家的文学渊源有错误吗？请指出来：

李翱学古文于韩愈　　　黄庭坚学诗于黄庶

曾几学诗于韩驹　　　　李后主学词于冯延巳

曾国藩学古文于姚鼐　　梁启超学诗于黄遵宪

十八、试注明下列各杂剧传奇的作者及其时代：

唐明皇秋夜梧桐雨　　　东堂老劝破家子弟

绣襦记　　　还魂记　　　燕子笺

长生殿　　　桃花扇　　　南西厢

十九、注出下列各韵书的部数：

切韵（　　）韵　　　　　广韵（　　）韵

集韵（　　）韵　　　　　五音集韵（　　）韵

平水韵（　　）韵　　　　韵府群玉（　　）韵

洪武正韵（　　）韵　　　中原音韵（　　）韵

中华新韵（　　）韵

二十、注出下列各家所分的古韵部数：

顾炎武（　　）部　　　　江永（　　）部

戴震（　　）部　　　　　段玉裁（　　）部

江有诰（　　）部　　　　孔广森（　　）部

王念孙（　　）部　　　　夏炘（　　）部

黄侃（　　）部

二十一、指出下列各书的著者：

仓颉篇　　急就篇　　训纂篇　　方言　　　　释名

玉篇　　　类篇　　　字汇　　　经籍纂诂

二十二、注明下列各字在六书中属于那一类？

马　　　　鼠　　　　鸡　　　　犬　　　　牛

上　　　　下　　　　一　　　　二　　　　三

江　　　　河　　　　日　　　　月　　　　星

令　　　　长　　　　武　　　　信　　　　义

以上题目任答十题，选择性较大。它反映了先生重视广博的知识素养，尤其重视从文学训诂入手研究古代文化，也体现了先生本人的治学准备与治学途径。

先生治学非常重视训诂，也要求学生掌握这一工具。旁听研究生课程的王士菁回忆说：因白天有敌机轰炸，先生给研究生讲授的"楚辞"课，曾改在晚间进行，"教室"即孙毓棠的宿舍。（联大租用昆华师范学校的教师宿舍）"有时电线被敌机炸断，镇淮兄、王瑶兄、范宁兄和我四人即点起蜡烛听讲，闻先生照常授课。'课余'也经常漫谈。闻先生对高邮王氏父子（王念孙、王引之）极为赞赏，不断提醒我们在文字训诂方面要多下功夫。"（《怀念》，夏晓虹编《季镇淮先生纪念集》，第11至12页，北京大学出版社1999年11月出版）

八月二十八日　与朱自清谈中国诗与散文。朱自清日记："上午与一多谈中国诗和散文的发展，一多据江清（即浦江清）意见谓现在必须注意阐明我国伟大的思想均表现于散文这一观点。"（朱乔森编《朱自清全集》第10卷，第194页）

八月二十九日　致清华大学校长梅贻琦信。是月十一日，清华大学办事处曾转来梅贻琦手示,云:"下年在联大担任功课者聘为助教,并由联大支薪,其在国文部担任研究工作者聘为研究助理,应由清华支薪,出该部研究补助费项。"二十日,清华大学文学院院长、文科研究所所长冯友兰,特为此致函梅贻琦,谓助教"若予改为助理,似有轩轾,闻大普吉研究所中亦有助教名义,可否仍与助教聘书"。先生的信,是为了做补充说明。信云:

> 关于文科研究所中国文学部诸助教情形,有当续呈明,用供参考者。查上年度所中原有助教三人,内中朱兆祥、黄匡一二人系完全担任研究工作者;何善周就职本自研究所成立之前一年始,在该年度内,何君曾在王了一先生及生手下工作各半年,迨研究所成立后,何君除负责照料所中杂务外,并在联大担任大一国文一班,同时在所中即未另分派研究工作。除上述朱、黄、何三君外,上年度另有半时助教季镇淮一人,亦在所中担任少许研究工作;本年度黄匡一君辞职,拟以刘功高君补其遗缺,前已专函呈请,听候钧裁。总计本年度在所中工作者有三人半,其工作性质及分量条列如下:
>
> 朱兆祥、刘功高,以上二人全部时间作研究工作;
>
> 何善周部分时间管理所中杂务,部分时间研究。何君上年因担任联大国文未予分派研究工作,本年拟不担任国文,故仍须作研究;
>
> 季镇淮,本系研究生兼半时助教,本年仍以部分时间担任所中研究工作。
>
> 以上朱、何、季三人上年度均系助教或半时助教名义;刘系新聘,且所任工作性质较简单。前与芝生兄商量,前三人仍给以助教聘书,后一人则不妨予以研究助理名义,惟是否有当,仍希卓裁是幸。(《文学院各学系教师异动的来往文书》,清华大学档案室藏)

梅贻琦九月一日批示:"照聘。四人皆系研究工作,应由清华支薪。"这样便把问题调和了,既同意了先生与冯友兰给以何善周等三人助教的名义,而开支则由清华大学负担,解决了由联大支出的问题。

九月十日　向朱自清痛斥刘文典。朱自清日记:"一多痛骂刘叔雅(即刘文典)先生,口气傲慢。刘是自作自受,尽管闻的责骂对于一个同事来说太过分了。他还说他不愿意再为他人服务,意思是在暗讥我的妥协脾气。"(朱乔森编《朱自清全集》第10卷,第197页)

九月十四日　西南联合大学开学,二十一日正式上课。这学年,先生给文学院中国文学系文学组四年级讲授"中国文学史问题研究",四学分。上学期还给文学组三、四年级讲授"中国文学专书选读(一)"(周易),二学分。本年度,与马芳若继续合开大一国文。(据《西南联合大学历年度各院系必修选修学程表》,清华大学档案室藏)

先生讲授"周易",是第一次,其方法与讲授"诗经"、"楚辞"一样,也是从文字训诂入手。（据季镇淮《闻一多先生年谱》,《闻朱年谱》,第 42 页）

九月十六日　经先生推荐,西南联大聘彭丽天为文学院中文系教员。

是年秋冬之际　在中法大学法文系"诗的九讲"学术演讲会上,作"诗是什么"演讲,认为一首好诗要价值论与效率论统一,即思想性与艺术性的统一。（据徐知免《回忆闻一多先生》,《解放日报》,1979.11.22）

十月十六日　《乐府诗笺》（续）发表于《国文月刊》第十六期。收《闻一多全集》。所笺有《始生》、《枯鱼过河泣》、《豫章行》、《艳歌行》、《咄唶歌》、《董逃行》、《焦仲卿妻》七篇。

同日　邀请朱自清午餐,令朱"非常快慰"。（参见朱乔森编《朱自清全集》第 10 卷,第 204 页）

十月二十日　与朱自清、罗常培、汤用彤、邵循正等商文学史讲座事。朱自清日记:"参加莘田（即罗常培）、锡予（即汤用彤）、心恒（即邵循正）与柳贻征晚餐会。安排十四讲,内容为中国历代诗与文学作品。我讲宋诗之思想。晚饭膳食甚好。餐后我们谈及中国书信的敬语,一多一概称之为'虚伪'。如往常一样,我受不了他的一概抹杀,用很谦虚的语调与之争论,谓此种虚伪或有必要。他立即带着傲慢的微笑回答说:他并没有说绝对无此必要。对其极端的说法保持沉默,但认为那不正确。"（朱乔森编《朱自清全集》第 10 卷,第 204 至 205 页）

十月二十五日　冯友兰与海威斯来访。（参见朱乔森编《朱自清全集》第 10 卷,第 205 页）

十一月六日　西南联大举办文史讲演,是日起每周举行一次,报载"听众极为踊跃,因该校教室至多能容五六百人,迟到者几无立足之地"。该演讲第一讲为先生,讲题为"伏羲的传说"。朱自清云:"晚间听一多讲演,妙极,非常羡慕他,听众冒雨而来,挤满教室。"（朱乔森编《朱自清全集》第 10 卷,第 207 页）该讲演其余为汤用彤讲"隋唐佛教的特点",朱自清讲"宋诗里的思想",邵循正讲"元代文学与社会",郑天挺讲"清初文化之调融",吴宓讲"清末的小说",冯文潜讲"天才与创造",罗庸讲"诗的欣赏",金岳霖讲"小说与哲学",杨振声讲"书画同源论",冯至讲"浮士德里的魔",袁家骅讲"语言与文学",陶云逵讲"文化变迁中之人格问题",罗常培讲"语言与文化"。（《国立西南联合大学举行文史学讲演》,《图书季刊》新 4 卷第 1、2 期合刊,1943 年 6 月）

十一月十五日　作《伏羲考》"引论"和《从人首蛇身像谈到龙与图腾》（《伏羲考》第二部分）。发表于次月昆明《人文科学学报》第一卷第二期。收《闻一多全集》。

《人文科学学报》创刊于一九四二年六月,出版者为一九四○年八月一日西南联大、云南大学及一些研究所研究员联合组织的中国人文科学社。该社是一个纯粹学术团体,成员有丁骕、王赣愚、伍启元、费鉴照、巫宝三、贺麟、雷海宗等人。该学报每年出版两期,为纯粹学术刊物。

《伏羲考》是先生神话研究的重要内容之一。本篇《引论》考证伏羲与女娲的关系,引用了芮逸夫的《苗族的洪水故事与伏羲女娲的传说》(中央研究院历史语言研究所编《人类学集刊》第一卷第一期)和常任侠的《沙坪坝出土之石棺画像研究》(《时事新报·学灯》第四十一、四十二期)两文中所搜集中外神话资料二十五则,证明伏羲、女娲本来就是夫妻。先生研究中特别注意运用人类学的方法,在文中说:

> 人类学可供给我们的材料,似乎是无限度的。……但人类学对这问题的贡献,不仅是因那些故事的发现,而使文献中有关二人的传说得了印证,最要紧的还是以前七零八落的传说或传说的痕迹,现在可以连贯成一个完整的有机体了。从前是兄妹,是夫妇,是人类的创造,是洪水等等隔离的,有时还是矛盾的个别事件,现在则是一个整个兄妹配偶兼洪水遗民型的人类推源故事。从传统观念看来,这件事太新奇,太有趣了。

《伏羲考》中还有《战争与洪水》、《汉苗的种族关系》、《伏羲与葫芦》三章,生前未发表,后来编《全集》时方从手稿中检出来编入。

《从人首蛇身像谈到龙与图腾》共分四节:人首蛇身神、二龙传说、图腾的演变、龙图腾的优势地位。该文亦旨在探寻中国文化的源头,其评述至今为学术界所重视:

> 假如我们承认中国古代有过图腾主义的社会形式,当时图腾团族必然很多,多到不计其数。我们已说过,现在所谓龙便是因原始的龙(一种蛇)图腾兼并了许多旁的图腾,而形成一种综合式的虚构的生物。这综合式的龙图腾团族所包括的单位,大概就是古代所谓“诸夏”,和至少与他们同姓的若干夷狄。他们起初都住在黄河流域的上游,即古代中原的西部,后来也许因受东方一个以鸟为图腾的商民族的压迫,一部分向北迁徙的,即后来的匈奴,一部分向南方迁移的,即周初南方荆楚吴越各蛮族,现在的苗族即其一部分的后裔。留在原地的一部分,虽一度被商人征服,政治势力暂时衰落,但其文化势力不但始终屹然未动,并且做了我国四千年文化的核心。东方商民族对我国古代文化的贡献虽大,但我们的文化究以龙图腾团族(下简称龙族)的诸夏为基础。龙族的诸夏文化才是我们真正的本位文化,所以数千年来我们自称为“华夏”,历

代帝王都说是龙的化身,而以龙为其符应,他们的旗章、宫室、舆服、器用,一切都刻画着龙。总之,龙是我们立国的象征。直到民国成立,随着帝制的消亡,这观念才被放弃。然而说放弃,实地里并未放弃。正如政体是民主代替了君主,从前作为帝王象征的龙,现在变为每个中国人的象征了。也许这现象我们并不自觉。但一出国门,假如你有意要强调你的生活的"中国风",你必多用龙文的图案来点缀你的服饰和室内陈设。那时你简直以一个旧日的帝王自居了。

先生研究神话,有不少认识未来得及撰成专文,现存手稿中有份无标题的提纲草稿,虽然文字较零碎,但反映了他神话研究的某些方法:

科学与神话

我国二者皆不发达

由历史的立场国人已知注意古代科学的萌芽

理智

中庸(平庸)近代学术思想向两头扩张

想象

神话亦渐被注意

抗战中西南原始民族神话之发现

□□□□□□事中所□的西南神话

古史的新资料

关于中国史第一页的一个久悬的公案

顾颉刚累层式的古史说及古史作伪说

夏   尧舜   黄帝   伏羲   盘古

西南神话中的伏羲女娲与太一(元始天尊、太上老君、玉皇大帝)

从邻族借来的古史

盘古(东南)   伏羲(西南)

伏羲(对音)
太一(译意) ⟩ 单一(统一)第一

1. 封建时代的上帝多元的

战国至汉武之统一运动

政治 思想 宗教——一元的,单一的

2. 人的发现——历史观念发达——探原——第一必然为单一元始的

(单一的 元始的)皆未曾有必需借用

供□的来源

　　秦楚开辟西南

中间人

　　老庄思想

虚构古史有其历史的必然性

　　人与物——人的发现

　　人与人——集团生活的方法

　　　二者皆文化进步的表征

古史累层则有之作伪则非也

关于图腾研究,未刊手稿中有《图腾杂考拟目》,内有"图腾宴"、"阶级沓布(taboo)"、"性(乱伦)沓布"、"鲑蚤与玦"、"蚍蜉与璜"、"鱼龙曼衍"、"忌食鲡鱼"、"鲸鲵"、"同体化"、"支团"等小目,可知先生准备进行的研究项目。

先生研究古代文化的态度是严肃认真的。朱自清曾说:"闻先生研究伏羲的故事或神话,是将这神话跟人们的生活打成一片,神话不是空想,不是娱乐,而是人民的生命欲和生活力的表现。这是死活存亡的消息,是人与自然斗争的记录,非同小可。他研究《楚辞》的神话,也是一样的态度。"又说:"他的研究神话,实在给我们学术界开辟了一条新的大路。关于伏羲的故事,他曾将许多神话综合起来,头头是道,创见最多,关系极大。曾听他谈过大概,可惜写出来的还只是一小部分。"(《中国学术的大损失——悼闻一多先生》,《朱自清全集》第3卷,第120至122页)

十一月二十三日　西南联大教授浦江清由沪返滇,是日至司家营清华文科研究所,与先生相见甚欢。

浦江清在《西行日记》中记述了文科研究所的情形:"所址仅一乡间屋,土墙,有楼。中间一间极宽敞,作为研究室,有书十余架,皆清华南运之旧物,先提至滇,未遭川中被毁之劫。书桌八,闻、朱、许、何善周(助教)、朱兆祥(助教)、范宁(研究生)、刘功高(助教,女)、另一哲学系研究生。余来,刘功高搬至楼下。卧室则在两厢房。闻及其眷属占其一,朱、许、何占其一,余来乃在室中加一铺。研究所由一本地人服役并做饭。七八人但吃两样菜,一炒萝卜,一豆豉,外一汤而已,极清苦。据云每月包饭费四百元,且由校中贴些茶水钱,否则要五百元云。"(《清华日记·西行日记》,第199页,三联书店1987年6月出版)

十一月二十九日　先生生日。朱自清日记云:"今日一多生日,食炸酱面,不甚佳,然酒与菜颇好。"(朱乔森编《朱自清全集》第10卷,第211页)

十二月三日　做"神话与诗"演讲。朱自清日记:"听一多演讲《神话与诗》。他将诗与先民、儿童及狂人相比,其副题是从诗的生物功能看诗。他认为想象来自魔法。《古诗十九首》感情高尚,而仕子仍以神话对待生活,并对之感到满意。江清在演讲后向一多指出,在神话时期有诗,荷马便是明显的例子。"（朱齐森编《朱自清全集》第 10 卷,第 211 至 212 页）

十二月五日　至北京大学文科研究所借书,因未借到,与罗常培争执。次日朱自清日记:"昨日一多为北大研究所未借到书而与罗争吵,学生以为是骂他们而发怒,为此冯（友兰）特地向学生做了说明。"（朱乔森编《朱自清全集》第 10 卷,第 212 页）

十二月十七日　在中法大学讲"神话与诗"。浦江清《西行日记》:"是晚至中法大学听闻一多讲《神话与诗》。大意为神话告终而诗出。神话与魔术时代,人觉无所不能,理想之境界皆可达到。至诗人时代则感觉人生之能力有限,而多悲观之思想矣。"（《清华日记・西行日记》,第 204 页）

手稿中有《神话与诗》提纲,题下的副标题为《诗的生物功能观》。提纲为:

生存的意志——传种营养避害

控制自然

未能控制更想控制

憧憬集中的思念产生幻觉

游戏与模仿巫术

巫术的分类与举例

生气主义——巫术的上层建筑

神话——巫术的保状与证书

文学与艺术

诗是巫术时代的残余

宗教的诗

科学的追求即诗的生命

死的惶恐

十二月二十一日　应邀参加陈梦家夫妇晚餐。朱自清日记:"参加陈君夫妇晚餐会,餐后长谈,一多谓他劝游集中精力著作较写诗为好。"（朱乔森编《朱自清全集》第 10 卷,第 214 页）

十二月二十五日　赴浦江清邀宴。浦江清《西行日记》云:"中午在金碧路南丰西餐馆请唐立厂（兰）、罗莘田（常培）、闻一多、佩弦（朱自清）、骏斋（维遹）吃饭。酬谢立代余教此半年词选课。每客七十元,有汤一、小吃一、鸡一、猪排一、咖啡、水果,面包,果酱另加价,牛油售缺。连筵席捐、小费、纸烟,此餐共费五百元。当我初来昆明时南丰西餐不过三四元一客,菜多,使人饱得吃不下。今但微饱耳。是日下午三时许来警报,出北门至郊外。"(《清华日记·西行日记》,第205页)

是年　　重新开始研究《庄子》。朱自清《闻一多全集·编后记》:"在文科研究所着住的第二年,他重新开始研究《庄子》,说打算用五年工夫在这部书上。"

先生研究《庄子》,工夫所费甚多,他曾手抄《庄子》一书,并汇集各家注释,又批注上自己的见解。现存手稿中,有一份未最后定稿的研究道家思想的提纲,从中可以看出先生特别指出这一学派在政治上的不合作态度:

道——远离人事,不合实用

主人不需要,准被遗弃

不得不独立。比较富于独立性

不合作——为我(拔一毛为天下不为也)

无为——无所为

倒转话题——以无为本

无为——一切不活动——静

无(无有)——一切不存在——虚

否定一切——(政治、礼教皆在内)

无所为——自由,发展个性——逍遥游

无所有——平等,人的严严[尊严?]——齐物论

忠顺亦被弃(丧家之犬,挥之不去)

反叛亦投降(终南捷径)招之即来　　皆奴性

艺术为宗教　礼教

艺术宣布独立——为自己——资产阶级向封建革命——民主革命

中国文艺出道家——杨朱为我,不合作

个人主义

过时

进一步为人民,否则停留在个人主义即是反动,革命对象

是年　　云南省教育厅举办戏剧教育训练班,范启新担任班主任。训练班邀请李公朴讲战时教育、孙起孟讲文艺概论、李何林讲文艺思想、林志音讲音乐概论、张

清常讲国语、范启新讲戏剧概论。训练班还邀请了先生讲舞台装置,先生因工作不能分身,推荐了孙毓棠来讲这个题目。(据访问范启新记录,1987.11.8)

是年　西南联大一些同学和毕业同学创办五华中学,校长为李希泌。学校开办后,请了不少西南联大学生担任教员,其中有王瑶介绍的季镇淮。季镇淮曾推荐先生和朱自清任教,但李希泌觉得先生有些怪脾气,就只请了朱自清。(李希泌口述、王枫记录整理《我和季镇淮先生的交往》,夏晓虹编《季镇淮先生纪念集》,第33页,北京大学出版社1999年11月出版)

一九四三年　四十五岁

一月十一日，中美、中英新约在华盛顿、重庆签字，不平等条件废除。

一月二十六日，日军进犯滇西边境。

二月九日，美军占领瓜达尔卡纳尔岛，此为大规模两栖越岛攻势之起点。

二月十五日，昆明《自由论坛》创刊，社长郭相卿，编辑潘光旦、费孝通等。该刊为昆明民主舆论的一个重要园地。

三月，蒋介石发表《中国之命运》。

六月二十九日，中国驻印军总指挥部在印度成立。

七月五日，苏德库尔斯克会战打响。八月二十三日，苏军获胜，从此夺得战略主动权，德军被迫转入全面防御。

九月十八日至二十七日，三届二次国民参政会召开。会上通过促进实施宪政、组织宪政实施协进会等决议，抗日战争时期的第二次宪政运动由此开始。

九月二十九日至十月一日，苏、美、英三国外长举行莫斯科会议，讨论开辟第二战场、战争目标和战后维和等问题，会后发表《美、英、苏、中四国关于普遍安全的宣言》（即"莫斯科宣言"）。

十月十日，中国驻印军开始向缅北反攻。

同日，昆明《正义报》创刊。

十一月一日，昆明《扫荡报》创刊。此为国民党军队系统报纸。

十一月二十二日至二十六日，罗斯福、丘吉尔、蒋介石三国首脑召举行开罗会议，讨论对日作战及战后大计。十二月一日，中、美、英发表经斯大林同意的《开罗宣言》。

十一月二十八日至十二月一日，斯大林、罗斯福、丘吉尔在德黑兰举行第一次三国首脑会议。

一月十三日　清华文科研究所、北大文科研究所联合设宴，招待英国牛津大学教授 Dodds，饭后讨论甚久。时，牛津大学中国文学讲师 Hugheos 亦在司家营，应邀请参加。（浦江清《清华日记·西行日记》，第 209 页）

一月十五日　在新诗形式讨论会上谈对诗词格律的意见。朱自清日记:"参加新诗形式讨论会。李广田与邢庆兰作他们研究新诗之报告,甚好。后者提出许多重要观点,卞(即卞之琳)、冯(似指冯至)与闻君提出他们的意见,闻认为中国的诗词格律对于我们是损失,而非一般人理所当然地认为的那样有益。他引用施子愉统计资料的数字说明盛唐时期旧风格的诗数量超过现代的,以此证明他的假设,因为盛唐时期的诗被认为是唐朝四个时期中最好的。我认为此结论草率。"(朱乔森编《朱自清全集》第10卷,第219页)

一月十七日　与同仁设宴请冯友兰、陈梦家等朋友。浦江清《西行日记》:"是日,余等宴请冯芝生夫妇、陈梦家夫妇、余冠英夫妇、郭先生。主人为闻一多、朱佩弦、许骏斋、何善周及余五人。借郭家厨子,骏斋为提调。郭厨老李,北平人,烹调甚佳。是晚宾主甚欢。冯先生夫妇将有重庆之行,为设饯也。一席费约千元。"(《清华日记·西行日记》,第209页)

席中的郭先生,是许维遹的朋友,实业家,对先生的学问人品极为敬仰。他知道先生生活艰难情况后,主动提出愿吸收先生入股,不用出资,只挂个名即可,到时适当分红。先生不愿做生意,婉言谢绝。郭氏又提出愿担负立鹤大学毕业前的全部生活费,先生虽很感激,但觉得自己的孩子由他人供养,殊为不妥,亦予谢绝。

一月十九日　朱自清日记:"浦示余傅懋勉信,傅严厉抨击浦对傅文之批评,而浦系应冠英(即余冠英)之请而评傅文。……一多阅此信后颇激动……倾向于责备傅。但何(似指何善周,先生的助教)自告奋勇要先去与彼交谈,若傅后悔,则一多将让他向浦道歉;如何失败就不必麻烦一多去教训这个顽固的学生。"(朱乔森编《朱自清全集》第10卷,第220页)

一月二十四日　与朱自清、浦江清、余冠英、许维遹等同游黑龙潭、金殿。这是两处极有盛名的古迹园林,离司家营不远。此时正是茶花盛开的季节,内一株色浅红者尤大,高二丈许,花大可比芍药。先生等留连茗饮。

二月四日　除夕。下午,清华大学文科研究所同仁合做年饭,共除旧岁。浦江清《西行日记》:"下午同人集合包饺子(即角子)。晚饭即吃蒸饺,另菜二碟,佐以酒。又闻家送来鸡肉一碟,萝卜球一碗。此即年夜饭矣。同人兴致尚好。……晚饭后在闻家打牌。同人皆加入,或打四圈,或八圈、十二圈不等。"(《清华日记·西行日记》,第211至212页)

二月六日　上午,北平研究院史学研究所所长徐旭生(炳昶)与先生谈神话研究。浦江清《西行日记》:"陶重华自城中来此,言城中龙灯戏热闹情形,此因废除不平等条约,与盟国成立新约,故政府特下令庆祝三日。同时世界战局形势好转,胜利在望,民间庆贺旧历年之高兴,远比往年为胜。上午徐旭生来与闻公谈宓牺、颛顼、高阳等史话。时当新正而抗论羲皇上古,亦殊别致。"(《清华日记·西行日记》,第212页)

　　二月七日　在家中,与同仁围炉谈诗及其他。浦江清《西行日记》:"天阴,寒甚。在闻家围炉谈诗。游泽承(国恩)谈散原诗尤有劲。传观诸人近作,佩公晚霞诗、重华黄果树瀑布诗、泽承律诗数章均佳。……夜间仍寒,围炉谈,自宗教、科学至新旧诗、电影、话剧皆谈,互为辩论。最后想到联合各大学教授成立一中国文学会,仿物理学会之类。佩公言人多派别多,不易为云。"(《清华日记·西行日记》,第213至214页)

　　二月八日　先生夫妇与朱自清、浦江清到余冠英家拜年。浦江清《西行日记》:"上午阴,下午放晴。与一多夫妇及佩弦散步至散村余冠英家。"(《清华日记·西行日记》,第214页)

　　二月十六日　《国文月刊》第十九期刊登西南联大毕业生刘兆吉的《关于孤儿行》。这篇文章本是刘兆吉写信向先生请教一个问题,先生觉得内容颇有价值,便推荐给《国文月刊》。

　　刘兆吉回忆说:"我曾一度在重庆南开中学教语文,也因为受一多师的影响对文学有兴趣,也爱考证一些古人未解决的问题,有疑难就写信请教一多师。当时他负担重,经济困难,多处兼工作,非常忙碌,但他对已毕业的学生,而且我不是中文系的学生,又不是清华学生,而是南开合并联大的教育系学生,但闻师没有一般人的门户之见,有问必答。如我对《乐府·孤儿行》的考证,我本来是请教他的,他竟然加以修改,加了题目,推荐《国文月刊》。"(《刘兆吉给编者的信》,1988.6.28)刘兆吉是在备课中发现《孤儿行》中"面目多尘"句与全诗语气、押韵、结构不甚协调,推敲出大约漏掉了一个"土"字。自文章登载后,各家多从刘兆吉说。

　　二月二十二日　西南联合大学寒假后开学。这学期,先生给文学院中国文学系文学组三、四年级讲授"乐府诗",二学分。(据《西南联合大学历年度各院系必修选修课程表》,清华大学档案室藏)

　　二月二十五日　西南联合大学聘请姚殿芳为中国文学系助教。姚殿芳一九四二年于该校毕业,在校读习期间,写过一篇关于李贺研究的读书报告,先生看到很是赏识,留下未还给她。她毕业时,学校没有留校名额,一时找不到合适的工作。先生知道姚的父母住在贵阳,主动表示愿意介绍她去贵阳花溪的清华中学教书,并说那是一所很好的学校,是由清华大学同仁创办的。但姚殿芳未去,留在昆明,这时由罗常培推荐聘为助教。(据访问姚殿芳记录,1986.11.17)

三月二日 作《七十二》"附识"。《七十二》最初是季镇淮写的一篇论文,经先生与何善周加工整理充实,以三人名义发表于是年七月《国文月刊》第二十二期。收《闻一多全集》。

这可说是一次师生合作的集体创作。该文写作过程,何善周《千古英烈万世师表》介绍到:"一九四三年的初春,一天,闻先生自城里上课回来,刚走上楼,还没坐下来,就打开他的布书包拿出一篇稿子递给我,说:'镇淮写了一篇文章,谈'七十二'的,很好! 很有见解!'我翻着镇淮的稿子,虽只看了一个头儿,觉得问题提的不错。我看完之后,提出我的几条补充意见,闻先生说:'我还有一点意见,好! 我来给他补充补充。'他当即中止了他正在写的《庄子内篇校释》,忙了起来。他随时把要补充的意见讲给我听,比平日写他自己的文章时精神更振奋、更紧张,晚上睡得更晚,足足忙了五个昼夜才改写完毕,最后自己又亲手把稿子誊清,我要抄写他也不让。文章誊清之后,却写上了我们三人的名字。当时我再三推辞,说:'文章的架子和主要意见是镇淮的,补充和修改都是先生亲手作的,应该由先生和镇淮共同署名。我只是顺便说了几条意见,算不得什么,不应该把我的名字也写上去。'闻先生坚决要由三人署名。我虽然内心惭愧,但也不好过分背拂老师的心意。"(《闻一多纪念文集》,第 256 至 257 页)

先生在"附识"中交待的更为详尽:

这可算作一次"集体考据"的实例罢——事情的由来如此。不久以前,镇淮曾谈过一次这文中的大意。最近本刊编者(余)冠英先生交来徐德庵先生的一封信,内中说到,在本刊十六期读到彭啸咸(仲铎)先生的《释三五九》,想起古书中常见的另一数字"七十二",却不知道它的来历如何,无暇考查。我看了信,告诉冠英先生,镇淮谈过这问题,详情不大记得,等碰见他,就请他答复徐先生罢。就在当天晚上,见了镇淮,我正要拿徐先生的信给他看,他已将文章(即本文的初稿)递过来了。事情居然如此凑巧! 我回家和善周谈起(他本是对汉代思想极感兴趣的),愈谈愈兴奋,于是我们分途再搜材料。我们的收获更足以坐实这问题意义之重大,和镇淮的解释之正确。我索兴将文章重写了一遍,一方面容纳了新得的材料,一方面在几点上作了些进一步的分析。现在文章完了(牺牲了五日来食眠的乐趣),主要的材料和主要的意见,还是镇淮的,续加的材料中,重要的都是善周的贡献,许多补充的意见也都和他磋商过,我只多说了些闲话,并当了一次抄胥。事前本已告诉过冠英先生镇淮有文章,并约定即在本刊和徐先生的信一同发表。现在文章里加入了我的一分儿,我更乐意这么办。因为徐先生是我久慕的,曾蒙垂询一些问题,至今尚未奉复,这回的问题既也是徐先生感兴趣的,就正好借《月刊》的篇幅,来专诚请教于徐先生,希望徐先生,和最先在本刊发动形式数字研究的彭先生,以及本刊读者们多多指正。

关于"七十二"这一数字的提出,徐德庵在二月九日致余冠英信中说:"弟常以为'七十'一辞,今古亦往往用为表众多之虚数,或言七十,或言七十二,或言七十余,其义则一,此固夫人知之,然所以然之故,则猝难解矣。如能加以考证,明其原委,未始非一快事也。案七十用为虚数,先秦已开其端,至汉而应用益广。今俗语中犹有沿袭先秦言七十者,若七十子,七十二代,七十二钻之类。前者虽在《史记》一书中,《孔子世家》与《仲尼弟子列传》所举已有不同,然尚可信为实数,至《庄子》刳龟《管子》封于太山之言,则均为虚数无疑。下逮汉人言岁每称七十,亦无不为虚数。如以辞害志,执为真有,则为所误矣。兹就《史记》一书为例,如《项羽本纪》及《李广传》均称七十余战,《刘敬传》称大战七十,《曹参传》称身受七十余创,《儒林传》称仲尼干七十余君,诸如此类,皆非实数也。故窃恒谓此犹今言十二分,十二万分之类,意在表数之多,非其实然也。其语之遗于后世者,如七十二候,似有说矣;然七十二行,七十二沽等语,亦尽虚数。余如世俗常言三十六或百零八,当亦由此语增减得之。"

《七十二》共分五节。第一节引征古籍中的"七十二"十五处,说明这数字的神秘和一度风行。第二节说明"七十二"出自五行思想。第三节论说"七十二"与"七十"的关系。第四节叙述"七十二"与孔子的关系。第五节论述这一数字开始流行的时代,"大致说来,发轫于六国时,至西汉而大盛,'七十二'这数字流行的年历,便是五行思想发展的年历。这个数字之值得注意,正因为它是一种思想——一种文化运动态的表征。"

《七十二》的草成到定稿过程,体现了先生对青年人的关怀和培养。朱自清在《闻一多全集·编后记》中说到先生常将自己的手稿借给学生看的事:"别人总将自己的稿子当作宝贝,轻易不肯给人看,更不用说借给人。闻先生却满不在乎,谁认识他就可以看他的稿子。有一回西南联大他的班上有一个学生借他的《诗经长编》手稿四大本。他并不知道这学生的姓名,但是借给了他。接着放了寒假,稿子一直没有消息。后来开学了,那学生才还给他,说是带回外县去抄了。他后来谈起这件事,只说稿子没有消息的时候,他很担心,却没有一句话怪那学生。"

张怀瑾同学也借抄过先生的《庄子》校释,他回忆这件事时说:"我在西南联合大学四年求学期间,在人生道路上是一个重要的转折点,从二年级起便选修了闻一多先生的课,先后选习了《诗经》、《楚辞》、《唐诗》等三门课。四年级的毕业论文,也是在当时中国语言文学系主任罗膺中教授和闻一多教授两位《楚辞》专家的精心指导下完成的。除了课堂听讲,我利用节假日不定期的造访闻一多师,海阔天空,当面请教。主要谈学问,也谈社会现实。选修《唐诗》时,一次在闻先生家里,从谈话中得知闻先生正完成了《庄子》内七篇校释。我便当场借了回来,稿本分篇成册,毛笔小楷一大摞,字体工丽,我差不多整整花了三个月业余时间,照样抄录了一份。常叹闻一多师学识渊博、治学谨严,眼光敏锐,思想缜密,从而学会了运用版本、校勘、音韵、训诂等手段校注古籍的方法。"(张怀瑾《一颗图章照丹心》,《穹庐文萃》,第411页,山西古籍出版社2000年11月出版)

何善周《千古英烈万世师表》还记述了先生与青年学生的几件往事:"当时我的研究计划是选注一部先秦两汉文学史参考资料,供大学中文系的学生们学习上古文学史时阅读,同时还准备写一部'左传纂注'。闻先生为了我选注好参考资料,把他的几大本《诗经》和《楚辞》的原稿都搬给我,为了节省我抄录《左传》旧注材料的时间,他把一部《皇清经解》和《续经解》也给了我,让我就使用的材料随意剪裁。在教学方面,每篇教材中他有什么新的解释,都事先指给我,给我讲说明白,并交给我一些参考资料,使我通过教学很快地得到提高。闻先生对其他学生也是同样关心的。李慎予当时在清华已经工作八九年了,闻先生还是经常关心着他的研究工作,给他介绍参考资料,对某一个研究项目提出自己的看法。当时慎予正在研究唐诗,闻先生把自己多年研究的心得都提供给他。他曾说:'这些东西当前我没有工夫写出来了,你们用得着就使用吧!'闻先生对学生们的劳动却一向是特别尊重的,他很少叫我们替他抄写东西。我们在研究中偶有一点创获,即令是有关某一问题的几条重要的资料,闻先生知道之后,也喜形于色,两眼闪着慈祥的亮光,说:'很好,很好!我来再给你补充补充。'经过他的增益和加工,面目已经大变了,但是,却仍把创见之功归于我们。"(《闻一多纪念文集》,第256页)

三月三日 昆明广播电台邀请先生到电台做第一次文哲讲座。(云南省档案馆藏,53-3-54,戴美政提供)十二日,朱自清访王力,王力对他说"一多的广播讲话很成功"。(朱乔森编《朱自清全集》第10卷,第229页)

三月十五日 致清华大学文书组函,云文科研究所研究助理刘功高已辞职离校。二十三日又有致文书组函,报告刘功高已于三月初辞职,本月薪金应即停发。以上两函均未发表。(据《文学院各学系教师异动的来往文书》,清华大学档案室藏)

三月二十二日 昆明各报报道蒋介石《中国之命运》在昆开始发售。国民政府规定每人都必须阅读,先生读后很是反感,后来说:"《中国之命运》一书的出版,在我一个人是一个很重要的关键。我简直被那里面的义和团精神吓一跳,我们的英明的领袖原来是这样想法的吗？五四给我的影响太深，《中国之命运》公开的向五四宣战，我是无论如何受不了的。"（《八年的回忆与感想》，《联大八年》，第6页）

三月二十五日　在"乐府诗选"课上，讲到艺术不该摹仿，最好的诗是无韵诗。（据张源潜日记，未刊）

三月二十九日　朱自清日记："读一多之《关雎篇》，甚有趣。"（朱乔森编《朱自清全集》第10卷，第232页）

是月　为叶兢耕同学书写条幅，为临摹西周恭王《史颂簋》铭文片段。条幅宽约三十厘米，长约七十厘米。清华大学九十周年校庆前夕，叶兢耕夫人朱鉴荣将此条幅捐献清华大学图书馆。（韦庆缘《珍贵手迹入藏图书馆》，清华文库网）

闻一多为不少人题写过条幅或对联，少数收藏于各地展览馆，大多流传民间。二〇〇二年中贸圣佳国际拍卖有限公司展示的一幅为"莲荪先生有道雅命　余对酒当歌青虹正绕　共评花索句素鲤频传　集宋词　闻一多"。同年北京翰海艺术品拍卖公司展示的一幅为"世道日交丧浇风散淳源不采芳树枝翻栖恶木根所以桃李桂开花竟不言大运有兴没群动争飞奋归来广成子去入无穷门　太白古风源出咏怀子昂感遇不及也言　闻一多"。二〇〇四年六月，北京金仕德国际拍卖有限公司展示的一幅对联，其文为"自指头衔堪辟署，一涤冰上是前生"，题款抬头书"澄洋老哥雅正　即希正可"，末署"弟　闻一多"，上盖两印，一为阳文"一多"，一为阴文"匡斋"。这幅对联，当是题于北京清华园。

是年春　鼓励西南联合大学师范学院国文系副教授张清常把《九歌》写成组曲。张清常回忆："一九四三年春，闻先生住在昆明乡下，进城上课就住在联大师范学院教师集体宿舍，与我为邻居。我认为历史上的张骞出使西域是今天民族音乐舞蹈创作的好题材。闻先生说：要写，首先你就要自己踩着张骞的足迹，从长安出发往西北走一趟。这在目前有许多困难你克服不了。比较现实一些，可以考虑以《九歌》为中心内容，吸取《楚辞》全部精华，利用自己的音乐修养和文学修养，以'组曲'的形式来创作音乐，而且突破'组曲'不唱的限制，把《九歌》唱起来。然后寻求精于舞蹈的艺术家合作，反复修改，写成一篇雄浑瑰丽能够传世的作品。"（张清常给编者的信，1988.8.10）

四月十六日　欲与王力、唐兰发起成立中国语言文字学会。朱自清日记："上午访莘田，闻将成立中国语言文字学会，一多、了一及唐君为发起人。"（朱乔森编《朱自清全集》第10卷，第235页）

五月九日　与朱自清商量加入国民党事。朱自清日记："一多要我与他同去登记参加国民党，我以未受到邀请为理由拒绝之。莘田给他一份入党申请书。"（朱乔森编《朱自清全集》第 10 卷,第 240 页) 王瑶《念朱自清先生》说:"他平日并不过问政治,一九四二年昆明学生发生倒孔运动后,国民党大批拉拢大学教授入党,在一九四三年五月九日的日记中,曾记载闻一多先生和他商量一同加入国民党,因了他的拒绝,才都没有加入。"(《完美的人格——朱自清的治学和为人》,第 55 页,三联书店 1987 年 7 月出版)

对于这件事,当时住在司家营清华大学文科研究所的几位同仁和研究生回忆各有不同。何善周回忆当时西南联大师范学院教育系主任、三青团中央直属西南联大分团部干事长陈雪屏对先生说:你这二年喜欢公开讲话,加入了国民党,讲话就更自由了,成了自己人,更可以随便讲话了。再说入了党,生活上也会有所帮助。同时,陈还让孙毓棠劝先生加入国民党,但先生都拒绝了,说:"他们想封我的口是封不住的。"(《千古英烈万世师表》,《闻一多纪念文集》,第 272 页)

范宁回忆:"那时闻先生住在司家营,每星期进城上课,住在联大师院教员宿舍,和孙毓棠合住一个房间。我那时也住在司家营文研所,每次上课都和闻先生一起进城,我住在昆华北院研究生宿舍,每星期住一夜,第二天上完课就一起回司家营。有一天,闻先生说他将换个房间,因为他发现同房间的孙毓棠加入了国民党,今后在房间里骂国民党不方便。孙毓棠并告诉先生说,他加入国民党是为了骂国民党不会被怀疑。我说这个理由,不能使人相信。后来先生就换了一个房间。"(范宁给编者的信,1988.12) 其实,先生因一时找不到房间,也就没有换成。(据访问何善周记录,1986.10.5)

五月十九日 朱自清日记:"王瑶告我,一多让他报考我们的文学研究所,并答允他可能被聘为兼职助教,此事一多从未让我知道。"(朱乔森编《朱自清全集》第 10 卷,第 242 页) 先生动员王瑶报考研究生,是为了加强清华大学文科研究所的学术力量。对于此事,王瑶回忆说:"我从西南联大毕业后,到昆明五华中学教书。一天饭后,闻先生特意约我到文林街一家茶馆喝茶,问我为什么不读研究生。当时,当教员是有政府米贴的,我的米贴是八斗,每月按米价发给钱,工资在那物价飞涨的年代根本不起作用。我对闻先生说了实话:读研究生是当学生,只有贷金,没有米贴,而且贷金数量很少,难以维持生活。先生听了我的话,认为有道理,想了想,说可以让我当半时助教,就是一边当助教,一边读研究生,这样也有米贴。于是,在闻先生的动员下,我下决心重回清华大学。"(访问王瑶记录,1986.10.7)

五月二十五日 西南联大中文系演出《风雪夜归人》,先生担任舞台设计,《吴祖光名剧〈风雪夜归人〉联大精彩演出》:"西南联大中国文学系为欢送本届毕业同学,昨晚在中法大学礼堂,演名剧《风雪夜归人》。是剧为名剧作家吴祖光氏成功杰作,描写军阀时代某名伶与一富室姨太太为追求自由生活事泄事败的一段悲壮故事,缠绵悱恻,感人极深。该校此次演出,由中国文学系主任罗常培主持,该校教授孙毓棠导演,杨振声舞台监督,闻一多舞台设计,沈从文、罗膺中顾问,全系同学参加演出,成绩甚佳,观众无不赞誉云。"(《云南日报》,1943.5.26)

五月三十日　《屈原》发表于昆明《春秋导报》(五日刊)第二期。此文是对一九四一年梁宗岱出版的《屈原》(华胥社丛书)一书的书评。全文如下:

> 将《离骚》以下所有认为是屈原的作品,再加上一篇九辩,排成一个年历的次序,"所有考证家提出过的问题,一概置之不理",便依这次序来解释作者——屈原的心灵遭变的过程,和艺术的发展——,这事只有梁先生的识见,魄力和自信心,才想象得到,并完成得了的一本书。考证本是□□的勾当,一发动,似乎就没有完似的,等考证家的问题都论定了,再开始欣赏文艺,那真是"俟河之清,人□几何"?快刀斩乱麻,本来也不失为一种办法,文学史上的问题固然应当细心研究,旧文学中那种评等式和诗话式的批评不也应该廓□吗?也许旧式的冬烘的批评不廓□,文学史的问题也就更难解决。这样说来,梁先生是间接的在帮助文学史家解决问题,直接的已瘠旧文学的批评事业开了一个新纪元。如今关于文学史的好考证文章似乎不在少数,但一位够得上称批评家的人来尝试历史上一部如此伟大的名著,就笔者所知道的,梁先生这本《屈原》要算破开荒了。诚然,我们想象梁先生尝试的是□,谢,李杜等任何一家,而不是这位碰巧在文学史上纠葛最多的屈原,我们对于他的成绩一定更要感觉满意。但是老实说,得了这本《屈原》,我们已经应该感激之不暇了,至少在气味上,这位屈原,比起那位在二十世纪的灯光照明下粉墨登场的屈原,要强得多。

六月九日　主持杨振声演讲会。朱自清日记:"今甫(即杨振声)讲山水画,未抓住要点。一多作主席,发表了独断的意见:陶渊明脱离现实,在有些事情上他是错的,陶渊明的爱好者也有错误。这些话皆令我不快,然皆以沉默对之。"(朱乔森编《朱自清全集》第10卷,第245页)

六月十六日　西南联大当局举行茶会,欢迎教育部代表刘健群。刘来昆明带了一份"部颁中国文学系课程安排",打算把大学中文系的教材统一在国民党的控制之下,这事引起先生与联大许多教授的反对。先生在《八年的回忆与感想》谈话中说:"大学里的课程,甚至教材都要规定,这是陈立夫做了教育部长后才有的现象。这些花样引起了教授中普遍的反感。"(《联大八年》,第6页)

六月二十三日　西南联大暑假开始。假期中先生和朱自清曾有信给重庆中央大学的李长之,祝贺他指导的一名毕业生考取了联大研究院。信中说:"这是你的成绩,也是我们的安慰。"(李长之《杂忆佩弦先生》,《文讯》第9卷第3期)

六月二十五日　主持唐兰的甲骨文讲座,这是暑期中举办的文史讲座第一讲,罗常培、陈梦家也来听讲。会前，一位助教把几十张写着甲骨文的纸片，分八组叠钉在黑板上。《张源潜日记》（未刊）："一时半，回校听演讲，教室关着，直到两时才有人来，唐兰、闻一多、陈梦家都到了。开门进去，我坐在前排。C组的国文先生帮着唐兰把数十张写着甲骨文字的纸片钉黑板上，分成八叠。钉毕坐下，等罗常培来，直到两点十分，闻一多才上坛介绍，他从甲骨文的发现说到中国考古事业之不发达，以致文化之落后等等，说了约半小时。他还说，甲骨文是王宪钧（西南联大哲学、心理学系副教授）的祖父王懿荣发现的，在庚子年（八国联军），而唐兰适于是年出生，诚应运而生。"

六月二十六日　清华大学召开迁昆明后第十九次聘任委员会会议，议决续聘先生与朱自清、陈寅恪、王力、浦江清为文学院中国文学系教授，许维遹、陈梦家为副教授。（据《聘任委员会会议记录及部分材料》，清华大学档案室藏）

六月三十日　晚，赴云南大学，参加中国文化讲谈会，听沈有鼎讲《大学》。讲毕座谈，先生发言，言辞颇激烈。吴宓在日记中写到："7：30—10：20 云大客厅赴中国文化讲谈会。备茗点。姜寅清主席。沈有鼎讲《大学》。宓最后被邀略发言。而如闻一多自诩用 anthropology（人类学）治中国古籍，觉中国古圣贤之文化实甚 primitive。（原始的）而如《大学》中之格、致、心、物等字，皆原出初民之风俗及习惯，均是日常卑俗之实物近事，故《四书》《五经》实极浅俚，不过初民之风俗与迷信，周秦诸子如老庄亦同。此中本无些须哲学，后儒神而化之，强解释出一番深奥高尚之义理，乃有所谓中国圣贤之文化。又曰，予治中国古学，然深信其毫无价值。中国今日实际措施，只有纯采西洋之物质科学与机械工程耳。"（吴宓著、吴学昭整理注释《吴宓日记》第9册，第63至64页，三联书店1999年3月出版）

是月　《荼荠篇》修改后发表于杨振声主编的《世界学生》第二卷第五期。收《闻一多全集》。这是《匡斋尺牍》的一部分。

是年夏　西南联大师范学院学生彭允中想转入文学院中文系，特到麦地村桂家祠堂清华文研所租下的一间屋子找先生申请。先生对他的愿望表示同情，但说明自己未接受联大中文系主任，不能做主，可以代他向文学院长冯友兰转达。（据彭允中《回忆闻一多老师》，昆明师范学院编《教育革命》1978年第2期）

是年上半年　与西南联大同仁组织了一个"十一学会"。这个学会主要为大家提供各抒己见的场合，"十一"两字即是"士"的拆字。最初参加者多为教授、副教授，如潘光旦、杨振声、雷海宗、朱自清、曾昭抡、闻家驷、吴晗、冯至、卞之琳、李广田、孙毓棠、沈从文、陈铨等。由于冯至的家敬节堂巷位置比较适中，聚会常在他家举行，每一二周一次。后来王瑶、季镇淮、何炳棣、翁同文、丁则良、王乃梁、王佐良、吴征镒、李埏等亦参加进来，各人主张不一，经常出现争论（据访问冯至记录，1986.7.9；吴征镒《西南联大侧忆》，《云南文史资料选辑》第34辑，第63至64页）。有次去西山游览，在滇池船上开讨论会。先生曾在一次聚会时报告过关于"士大夫"的问题。（据访问吴征镒记录，1986.7.25）

七月二日　致清华大学校长梅贻琦信。时，清华大学文科研究所中国文学部助理刘功高因事辞职，该信即为及聘请西南联大师范学院国文系本届毕业生叶金根为清华文科研究所助教事。信中又云："惟叶君名义原为助理，在薪额上助理与助教本无不同，但依所中习惯，遇有必要时，助教得兼任功课，助理则否，故助教地位略高于助理。此次叶君毕业成绩为历年所仅见，本所倘予聘请，似宜畀以助教名义，以示优异。"（《文学院各学系教师异动的来往文书》，清华大学档案室藏）

七月三日　《端节的历史教育》发表于昆明《生活导报》第三十二期。收《闻一多全集》。这篇文章，是西南联大学生陈家煜代《生活导报》约的稿。

这篇文章的起因，是端午节那天孩子们问起粽子的来历，先生便按照传统说法讲了屈原的故事。"可是，孩子们好奇心的终点，便是自己好奇心的起点"，于是，先生留心注意"端午真正的起源"，发现端午节最主要的两个节目，即竞渡和吃粽子，都与龙有关，"竞渡用的龙舟，粽子投到水里常为蛟龙所窃"。竞渡本是吴越一带的土俗，而吴越人都曾经自认为是龙的儿子，断发文身亦龙的形态。先生得到了这样的结论："端午本是吴越民族举行图腾祭的节日，而赛龙舟便是这祭仪中半宗教、半社会性的娱乐节目。至于将粽子投到水中，本意是给蛟龙享受的，那就不用讲了。总之，端午是个龙的节日，它的起源远在屈原以前——不知道多远呢！"

不过，先生认为把端午与屈原联系在一起，虽然是个"谎"，却很有意义，要不是屈原的死，那仅仅为了求生的时代所产生的端午节，怕是早就失去了意义。所以先生称："为这意义着想，那有比屈原的死更适当的象征？是谁首先撒的谎，说端午节起于纪念屈原，我佩服他那无上的智慧！端午，以求生始，以争取生得光荣的死终，这谎中有无限的真！"这，实际上是借屈原的遭遇，提出生死的意义问题。

先生还有一篇学术研究论文《端午考》，生前未发表，遇难后经人整理刊登于一九四七年八月《文学杂志》复刊后第二卷第三期，收《闻一多全集》。这篇《端午考》分五节：一、龙的节日；二、端午与五行；三、彩丝系臂；四、守宫；五、龙舟。从内容上看，好像是《端节的历史教育》的展开，学术论证上更为严谨。其中认为"端午"最初作"端五"，它来源于以龙为图腾的五方之龙，而五月初五的节日也是这一观念的见证。这也是先生神话研究的一个发现。

是月　闻立鹏、闻名考取西南联大师范学院附属中学。先生很高兴，和妻子一起为他俩做进城住校的准备。为了防止他们在入校前的暑假中把心玩野，叮嘱他们不要中断写日记。先生对孩子常表现出舐犊之情。在立鹤、立雕、立鹏、闻名上联大附中时,先生常在进城讲课时顺便去看看他们。出了校门不远即文林街,把口有家牛肉面小馆,先生总带孩子们在那儿吃一碗牛肉面,自己却舍不得吃。

八月十一日　致清华大学校长梅贻琦信。为续聘季镇淮为半时助教等事,信云:"查旧章凡研究院学生兼任半时助教者,其肄业年限得较普通研究生延长一年,共计三年。肄业年限既为三年,则其受聘为半时助教之资格倘无特别原因,仍亦当以三年为限。查中国文学系研究生季镇淮君上学年研究成绩卓越(所成论文之一部分经系中多数同人审复,认为宜付学报发表),所任助教职务亦颇称职,本届未蒙给予半时助教聘书,理应具函呈明,仍希准予补发,无任企涛。又,研究生范宁、傅懋勉二人成绩优良,下学年度仍请继续发给津贴为荷。"梅贻琦十五日批示:"① 照续聘半时助教。待遇如何,会计科查明。② 关于上年研究生成绩及应给奖金者,教务处查明,以凭核发。"十八日,梅又批示:"本年薪金定六十元,米贴四斗,余均照章。"(《文学院各学系教师异动的来往文书》,清华大学档案室藏)

同日　冯友兰对朱自清说解聘刘文典事。朱自清日记:"晚冯(友兰)来,对叔雅被解聘表示不满,谓终不得不依从闻(一多)之主张。"(朱乔森编《朱自清全集》第10卷,第255页)

这件事的起因是这次续聘刘文典,实际上并未给他聘书,并因此引起了一场风波。其因是这年四月一日,刘文典应磨黑大盐商张孟希之请,赴磨黑为张母撰写墓志铭,行前虽与蒋梦麟、罗常培打过招呼,但其所担任之课程仍受影响。又,刘文典平素常吸鸦片(其有二云居士之号,即云土、云腿),昆明物价上涨,刘无力购买,张孟希则允供给充足鸦片及酬资。这些事情在西南联大引起不小的反响。所以,尽管通过续聘,但先生仍持有异议,认为他不足为人师表。刘文典自恃抗战以来南迁边疆,备尝艰苦,于七月二十五日在磨黑写信给西南联大中文系主任罗常培转清华大学校长梅贻琦,申诉其理由。全信云:

月涵先生校长道鉴:敬启者,典往岁浮海南奔,实抱有牺牲性命之决心,辛苦危险皆非所计。六七年来亦可谓备尝艰苦矣,自前年寓所被炸,避居乡村,每次入城,徒行数里,苦况非楮墨之所能详。两兄既先后病没湘西,先母又弃养于故里,典近年在贫病交迫之中,无力以营丧葬。适滇南盐商有慕典文名者,愿以巨资倩典为撰先人墓志,又因普洱区素号瘴乡,无人肯往任事,请典躬往考察,作一游记,说明所谓瘴气者,绝非水土空气中有何毒质,不过虐蚊为祟,现代医学,尽可预防,"瘴乡"之名,倘能打破,则专门学者敢来,地方富源可以开发矣。典平日持论,亦谓唐宋文人对瘴缺夸张过甚,(王阳明大贤,其瘗旅文一篇,对贵阳修文瘴扣帽子形容太过），实开发西南之在阻力，深愿辞而避之，故亦遂允其请。初拟在暑假中南游，继因雨季道途难行，加之深山中伏莽甚多，必结伴请兵护送，故遂以四月一日首途，动身之先，适在宋将军席上遇校长与蒋梦麟先生，罗莘田先生当即请赐假，承嘱以功课上事与罗先生商量，并承借薪一月治装，典以诸事既禀命而行，绝不虞有他故，到磨黑后，尚在预备玄奘法师传，妄想回校开班，与东西洋学者一较高下，为祖国学术争光吐气。不料五月遽受停薪之处分，以后得昆明友朋信，知校中对典竟有更进一步之事。典尚不信，因自问并无大过，徒因道途险远，登涉艰难，未能早日返校耳。不意近得某君来"半官式"信，云学校已经解聘，又云纵有聘书亦必须退还，又云昆明物价涨数十倍（真有此事耶，米果实贵至万元耶），切不可再回学校，度为磨黑盐井人可也。其它离奇之语，令人百思不解。典此行纵罪在不可赦，学校尽可正式解聘，既发聘书，何以又讽令退还。典常有信致校中同人，均言雨季一过，必然赶回授课，且有下学年愿多教两小时，以为报塞之言。良以财力稍舒，可以专心全力教课也（此意似尚未向罗先生提及也）。此半官式信又言，典前致沈刚如先生信中措辞失当，学校执此为典罪状。伏思典与沈君笃交，私人函札中纵有文词失检之处，又何以致据此与兴文字之狱乎。（当时因为债家所逼，急迫之中诚不免有失当之处，然自问尚未至大逆不道也）。学校纵然解聘，似当先期正式通知，何以及此半官式信。此事芝生、莘田二公亦无片纸致典，仅传闻昆明谣言。典一去不返，故正觅替人。典虽不学无术，平日自视甚高，觉负有文化上重大责任，无论如何吃苦，如何贴钱，均视为应尽之责，以此艰难困苦时，绝不退缩，绝不逃避，绝不灰心，除非学校不要典尽责，则另是一回事耳。今卖文所得，幸有微资，足敷数年之用，正拟以全副精神教课，并拟久住城中，以便随时指导学生，不知他人又将何说。典自身则仍是为学术尽力，不畏牺牲之旧宗旨也，自五月以来，典所闻传言甚多，均未深信。今接此怪信，始敢迳以奉询究竟。典致沈君私人函札中有何罪过，何竟据以免教授之职。既发聘书，何以又令退还，纵本校辞退，典何以必长住磨黑。种种均不可解。典现正整理著作，预备在桂林付印，每日忙极，（此间诸盐商筹款巨万，为典刊印著作，拙作前蒙校中特许列为清华大学整理国学丛书，不知现尚可用此名称否，乞并示知。）今得此书，特抽暇写此信，托莘田先生转呈。先生有何训示亦可告之莘田先生也。雨季一过，典即返昆明，良晤匪遥，不复多赘。总之典个人去留绝对不成问题，然典之心迹不可不自剖白，再者得地质系助教马君杏垣函，知地质系诸先生有意来此研究，此间地主托典致意，愿以全力相助，道中警卫，沿途各处食宿，到普洱后工作，均可效力，并愿捐资补助费用，特以奉闻。忙极不另写信矣。专此寸简，敬请道安不一。弟刘文典再拜。七月二十五日。（刘文典致梅贻琦，1942.7.25，清华大学档案室存）

尽管刘文典解释再三,却迟迟不归,所以先生没有给他安排课程。当时,有人为刘文典说项,先生坚决不允。王力在《我所知道闻一多先生的几件事》中写到:"系里一位老教授应滇南某土司①的邀请为他做寿文,一去半年不返校。闻先生就把他解聘了。我们几个同事去见闻先生,替那位老教授讲情。我们说这位老教授于北京沦陷后随校南迁,还是爱国的。闻先生发怒说:'难道不当汉奸就可以擅离职守,不负教学责任吗?'他终于把那位教授解聘了。"(《闻一多纪念文集》,第172页)

在这件事上,梅贻琦一改一向平和态度。他接到刘文典托罗常培转来的信,于九月十一日手书复刘文典,中云:"关于下年聘约一节,盖琦三月下旬赴渝,六月中方得返昆,始知尊驾亦于春间离校,致上学期联大课业不无困难。且闻磨黑往来亦殊匪易,故为调整下年计划,以便系中处理计,尊处暂未致聘。事非得已,想承鉴原。"(《文学院各学系教师异动的来往文书》,清华大学档案室藏)

其实,刘文典此行,还有一个连他本人亦未想到的背景。皖南事变后,西南联大的进步同学接到指示,疏散隐蔽,其中一些人到了磨黑中学教书。该校董事长张孟希是当地大盐商、大土豪,与蒋介石有一定矛盾,是中共的统战对象。张孟希为了巩固自己的势力,允许联大同学在那里活动。另外,张孟希也想附庸风雅,提出请联大同学介绍一位有名望的教授来此。联大同学便返昆明邀请了刘文典。刘文典到磨黑,有优厚的报酬,每天除教张孟希一两个字外,没有更多的事,但在客观上起到了掩护疏散同学的作用。这内情,外人是一概不知的。(据访问萧荻记录,1986.7.10)

后来,刘文典回到昆明,对解聘他的事很不服气,曾到司家营找先生论理。两人都很冲动,在饭桌上吵了起来。在场的朱自清极力劝解(据访问王瑶记录,1986.10.7)。但是,刘文典终归未能重返清华,后被云南大学聘为教授。

由于这件事,先生对刘文典产生了很深的成见。王康说:有一次,中文系部分同学组织了一个讨论会,请先生的几位老师参加。先生赴会的路上还和同学们高高兴兴地打招呼,可一到会场门口,听说刘文典也来参加,脸色一变,立刻就往回转,还说"你们知道我讨厌这样的人,话怎么说的到一块儿!"会议主席没有办法,只好说:"闻先生,这样不好!要是彼此都逗起气来把会弄垮了该多糟!再说,今天的会还有'外面的人'参加,影响也不好!"那时,先生已投身民主运动,听说有"外面的人"参加,才嘘了嘘气,进去了。后来,在一次学习会上谈起此事,有人对他说:"给土财主捧场,教书不负责任,甚至还吃鸦片烟,这当然都是坏事,我和你一样坚决反

---

① 其实张孟希不是土司,而是盐商。

对。不过,这只是这个人的一个方面,还有另一面,他过去骂过落介石,现在他也不去跑重庆,巴结国民党,还同情民主运动,对这样的人,虽然有问题,能够争取还是尽力的争取。争取了他,也就好争取同他有关的更多的人,他不来是他的事,既然来了就应该欢迎;把他骂一顿很容易,要争取可得花很大力气!"听了为话,先生才承认自己错了。(《闻一多传》,第309至310页)

八月二十四日　意大利推翻法西斯政府,接着逮捕了墨索里尼。这个消息是闻立鹤最先知道,他经孙毓棠介绍利用暑假在三青团云南省团部电台做临时译电工作,以补家庭生活不足。他从来电中获知此事,即告诉先生,先生大为兴奋。这时,先生对国民党领导抗日仍抱有相当信心。立鹤进城打工那天,先生亲自送他,路上两人边走边谈,既谈到当时的国际国内时事,也谈到国民党领袖蒋介石。先生说:此人一生经历了多次艰难曲折,"西安事变"时冷静沉着,化险为夷,人格伟大感人,抗战得此人领导,前途光明,胜利有望。

八月二十五日　《孟浩然》发表于《大国民》周刊第三期。收《闻一多全集》。

文章从孙润夫家藏王维画的孟浩然像开头,通俗地介绍了孟浩然生平的几个特点,赞扬他热爱自己的故乡襄阳,叙述他隐居因素中的家乡历史地理背景。说到他的诗,先生认为,"孟浩然不是将诗紧紧的筑在一联或一句里,而是将它冲淡了,平均的分散在全篇中","甚至淡到令你疑心到底有诗没有","除了孟浩然,古今并没有第二个诗人到过这境界"。

是月　《四杰》发表于《世界学生》第二卷第七期。收《闻一多全集》。

这是《唐诗杂论》中的一篇。该文不是通常那样介绍唐初文坛四杰王(勃)、杨(炯)、卢(照邻)、骆(宾王)的成就和生平,而是采用比较方法,认为"四杰无论在人的方面,或诗的方面,都天然形成两组或两派"。王杨卢骆的顺序寓有品第文章的意义,而按序齿则应该是卢骆王杨,先生注意到前二人与后二人平均有十岁左右的差别。先生强调四杰在性格上的差异、诗的差异,认为"卢骆与王杨选择形式不同,是由于他们两派的使命不同"。末了说:"在文学史上,卢骆的功绩并不亚于王杨。后者是建设,前者是破坏,他们各有各的使命。负破坏使命的,本身就得牺牲,所以失败就是他们的成功。人们都以成败论事,我却愿向失败的英雄们多寄予点同情。"

是年暑假　子女们回来常常唱起刚在学校中学来的英文歌,其中有些歌曲如《黑奴曲》等,先生早在美国留学时就相当熟悉这些歌,听着听着就跟着哼唱起来。子女们从来没听过先生唱歌,此时忽然听到先生的歌声,大为高兴,纷纷恳求:"爸爸再给我们唱一个。"先生兴致也很高,唱了一曲《黑奴曲》之后,又"嗨嗬唷——,嗨嗬唷——",唱起了《伏尔加船夫曲》,他那深沉的男低音不但大获孩子们的喝彩,而且把夫人和女仆赵妈也吸引过来,听得入了神。

九月一日 《庄子内篇校释》发表于重庆《学术季刊》第一卷第三期。收《闻一多全集》。

这是一部分量重难度大的学术著作,集校补、训诂、注释为一身。先生对《庄子》下了很大气力,仅今存未刊手稿中就有七种《庄子》研究,即:《庄子章句》、《庄子校补》、《庄子义疏》、《庄子疏证》、《庄子校拾》、《庄子札记》、《庄子人名考》。其中前三种都近于成稿,第四种仅疏证了《逍遥游》一篇,后三种则多为零散资料。今存先生使用过的线装本《庄子》上,也有不少眉批旁注。

同日 下午三时,清华大学召开一九四二年度第二次教授会议。先生未出席。会中选举下学年各学院院长,文学院院长被提名者有先生与冯友兰、朱自清、雷海宗、吴宓五人,冯友兰当选。(据《教授会会议记录》,清华大学档案室藏)

九月六日 西南联合大学开学,十三日正式上课。这学年,先生给文学院中国文学系文学组三、四年级,及师范学院国文系三年级、初级部三年级讲授"中国文学专书选读"(诗经);给中文系文学组、语言组三、四年级讲授"历代诗选"(唐诗);给国文系、初级部三年级讲授"中国文学专书选读"(唐诗)。同时,与赵仲邑共同担任大一国文。以上各课均四学分。(据《西南联合大学历年度各院系必修选修学程表》,清华大学档案室藏)

赵仲邑是位青年教师,按规定要教两个班的"大一国文"。他回忆先生对担任这门课时的指导,说:"一次要讲《史记·司马穰苴列传》,由闻先生先对我们辅导。闻先生知道我们都能对照文串讲,便只是要言不烦地讲了'入行军'的'行'字是视察之意这样的问题,都是似浅非浅很容易讲错的问题。辅导的时间用得很少,但给我们留下的印象很深。"赵仲邑还谈到先生的因材施教,说:"西南联大中文系培养育年教师的方法之一,是每隔二周系领导组织青年教师开一次小型的科学讨论会,由青年教师轮流提出一篇论文。论文报告过后,由大家讨论,系主任和论文指导的老教师都参加。我预早几个月就准备了。开始时拟定一个题目叫《杜诗中的雄浑》,先去征求闻先生的意见。闻先生是研究唐诗的专家,满以为他一定同意。没想到他一听到我提出了这题目,他便皱了皱眉头,说'这题目我不感兴趣'。于是我把题目改为《黄山谷五言诗句法研究》,又去征求闻先生的意见。闻先生说:'嗯,这题目倒有点意思。'的确,象《杜诗中的雄浑》,题目那么大,内容那么抽象,按照我的能力,写这样的论文我的确不能胜任,远比不上《黄山谷五言诗句法研究》题材范围那么确定,内容那么具体,那么容易写。"(赵仲邑《闻一多先生轶闻》,《随笔》第8集,第54至55页)

十月二十七日　在唐诗课讲解放区诗人田间的诗。西南联大一九四四级经济系学生程耀德在当天的日记中记述到：

在唐诗课上，闻一多先生讲了一个题目，名叫"鼓手时代"。他讲：我国古代的诗篇都是依着鼓的节奏所写成的。鼓的声音是原始的、单调的、粗犷的、沉重的、男性的、雄壮的、振奋的，以及战斗的。因此，古时的诗篇读起来觉得有劲，使人精神振奋。后来管乐和弦乐发明了，诗的节奏都依照管弦的韵律，于是诗意转成柔和、轻松、高雅了。作为一个二十世纪健全的人，我们不但要能欣赏"余音绕梁"及"响彻云霄"的、出世的、高雅的、清沁的诗篇，我们并且需要同时欣赏入世的、激动的、争斗的、鼓韵的诗篇。

我们应该读清沁、出世的诗，因为这不仅是一种扩大意境的修养，而且又是一种无形的、可贵的安慰。现实的世界对我们是太狭窄了，我们在这里处处遇着障碍，生活对人说来是非常残酷的。当我们遇到了不可去除的阻碍、不可避免的厄运时，我们最好去到空旷无边的、自由自在的理想地意境中去修养，以恢复我们身心的健全。

但是，我们又是大地的儿子，我们无论如何离不开大地的怀抱，尤其是我们中国人，正遇着生死存亡的紧急关头。因此，我们更应该多多欣赏鼓声的诗。用这种诗的神韵来激励我们这些迟钝了的、脆弱了的心血，使我们有勇气向这世界的路上迈步向前，破除一切障碍，创造一切自下而上的滋料，在人的世界中光荣地活着。

（程耀德《闻一多老师在"唐诗"课上讲"鼓手时代"》，《国立西南联合大学一九四四级通讯》第4期，1999年12月）

这件事的起因是，在西南联大做研究工作的英国人罗伯特·白英（Robert Payne）[①]准备选编一部《中国新诗选译》，他不懂中文，特邀请先生合作。由于选诗的关系，先生在朱自清处看到了解放区诗人田间的诗，大为赞扬，遂在"唐诗"的第一堂课上称田间为"时代的鼓手"。小华（何孝达）《闻一多先生的画像》：闻一多"站在讲台的旁边，穿着深蓝色的旧了的长袍，很宽大。左手拿着毛边纸的本子，上面是他亲自用墨笔抄的一行行的诗，右手轻轻地拍着那本子说：'有一天，佩弦先生递给我一本诗，说，好几年没有看新诗，你看，新诗已经写得这样进步了。我一看，想，这是诗么？再看，咦，我说，这不是鼓的声音么？'"（《自由文丛》之二，第16页）

陈凝《闻一多传》中亦记述到："有次他讲唐诗。他用深湛的独特的见解，配合

---

①　罗伯特·白英于本年8月1日到西南联大，后经英国驻华大使馆介绍，于11月3日，被联大以教授待遇聘任，教"西洋小说"、"现代英诗"。

上清脆爽朗的国语,激动了一百多个青年底心灵。'仔细研究中国诗歌底历史,我发觉中国古代只有屈原、嵇康、杜甫、白居易这几位诗人才值得佩服,因为他们底诗多少喊出了时代人民底声音;其他知名的诗人,都是统治者底工具和装饰。除了这几人底作品,我同时还发现《诗经》、《楚辞》、《乐府》才是人民底歌曲,里面含有很多人民底血液。南朝的宫体诗和中唐以后的贵族诗都是堕落的,衰退的。要诗歌健康,进步,只有把她从统治者手里解放出来,还给劳动人民。诗歌是鼓,今天的中国是战斗的年代,需要鼓。诗人就是鼓手,艾青与田间已成为中国现阶段底鼓手。'"(第7页)

这月里,西南联大因蔯同学听了先生在唐诗课上讲田间的诗后,满怀激情地写了《鼓的感动》。文中写到:

啊,这是多么亲热的声音啊,我停住了,倾听着——

"啊,

歌唱!

啊,

舞踊!

啊,

棒子!

啊,

刀子!

啊,

锄头!

啊,

枪!

啊,

人民!"

平静了几个月的血又突然地激动起来,我从人墙中挤进去,把头伸进了教室。一位教授正在继续地朗诵,长须像通了强电流的铁丝一样弹动,眼睛里像在做着"放电现象"的实验……

"我念不好。"教授停下来说。"……我有一个想像,假若这教室里的光从黑色的,暗淡的,慢慢变到灰色,白色,光辉,一直到红色;我底头从银幕上远远地,小的,慢慢地移近,大起来,大得充满了银幕……,教室里的温度渐渐升高,使你们都流出汗来,筋暴起来……"

我想告诉他,我们已经流着汗,已经落到那种境界里去了啊。

　　黑板上写着两个大字：田间。我马上想到，这不是《呈在大风沙里的岗卫们》①里的句子吗？刚才的声音又回到我底耳中。

　　"当我第一次看见这种诗的时候，这种新奇使我不能习惯——'这能是诗吗？'后来，我发觉，'这不是鼓的声音吗？'鼓的声音是庄严的，奋发的，激动的，男性的，勇敢的，……这种诗的韵律，就是鼓的韵律。咚，咚咚；咚，咚咚咚。简捷地停下去，又弹动地响起来；我们沉醉在软弱的弦调太久了，我们需要鼓的音乐！

　　"鼓的敲击使我们想到战斗。什么是鼓的时代？战争的时代！当两兵相接的时候，敲鼓；当会师的时候，敲鼓；当船和滩相争的时候，也敲鼓！

　　"咚，咚咚，啊，棒子，啊，人民……

　　"这堂课，我介绍这时代的诗。他有着不同于旧时代的韵律，你可以看见他活动的，健全的姿态。文学和时代要跑得一般快……

　　"在古代，中国的诗里，是有鼓的韵律的。自从七言、五言将纤细的管弦之声输入诗歌的血液以后，鼓的声音便慢慢的消失了。……这时代，又让我们听见鼓的声音了。

　　"而且，以后，到战后建国的时候，我们还须要配合得上马达、飞轮、铁丝、齿轮、电器、机械的巨响，我们底诗便要从这方面努力。我们要使我们的耳朵习惯于他，了解于他。……咚，咚咚，咚，这情调比起纤细的管弦之乐，后者在声韵上当然是进一步的，但前者是原始的，根本的。我们在我们底生活中，总有原始的，根本的部分。"

　　教授夹着他底手抄本下堂去了。我突然做成了一句诗：

　　　　　　"鼓声呵，

　　　　　　你使一个老人变的这样年青！"

　　他的确是年青。他将年轻人底诗，细心地抄在一册白宣纸上，研究。这真是一个奇迹。想不到前进的队伍里，又见到这样一个老兵士。

　　一个戴着近视眼镜的同学从教室里走出来，仿佛是教授底力量传送到了他底精神里，他对着教授的背影朗诵："这听鼓的诗人将要变成擂鼓的诗人！"（《新华日报》"新华副刊"，1943.11.16）

　　十一月一日，西南联大五周年校庆中，"文艺"壁报第三期有篇《听鼓的诗人和擂鼓的诗人》，也记述了这件事。其文云：《听鼓的诗人和擂鼓的诗人》是记闻一多先生在中文系唐诗班上所讲关于田间的诗的。这位沉默了许久的《死水》作者，突然欣赏起田间来，大家都觉得惊奇。他说：'抗战六年来，我生活在历史里，古书堆

―――――――――――――

　　①　实际上前边所引者为《人民底舞》中的句子。

里,实在非常惭愧,但今天是鼓的时代,我现在才发现了田间,听到了鼓的声音,使我非常感动。我想诸位不要有成见,成见是最要不得的东西,诸位想想我以前写的是什么诗,要有成见就应该是我。田间实在是这鼓的时代的鼓手! 他的诗是这时代的鼓的声音! ……'闻先生最近还和新来的英国诗人洛伯·白英教授合作选一本中国的抗战新诗集并翻译成英诗,上面所说到的田间的诗便是选本中的作品之一。"(焯《联大杂写》上,《新华日报》,1943.11.16)

是月 《诗经通义》(召南)发表于《中山文化季刊》第一卷第三期。收《闻一多全集》。这篇文章一九三七年一月曾部分发表于《清华学报》第十二卷第一期,这次发表的是改定稿。

是月 开始在中法大学①兼课,讲授中国文学史。今存先生手稿中,有在该校讲课时的讲授提纲,题签上写着"中国文学史稿"六个字。提纲中有《四千年文学大势鸟瞰》,将中国文学的发展分作四段八大期,这种分期方法反映了先生对中国文学发展史的基本认识,特录如下:

第一段 本土文化中心的抟成 一千年左右

第一大期 黎明 夏商至周成王中叶(公元前二五〇——一〇〇)约九百五十年

第二段 从三百篇到十九首 一千二百九十一年

第二大期 五百年的歌唱 周成王中叶至东周定王八年(陈灵公卒,《国风》约终于此时)(前一〇九九—五九九) 约五百年

第三大期 思想的奇葩 周定王九年至汉武帝后元二年(前五九八—八七) 五百一十年

第四大期 一个过渡时期 汉昭帝始元元年至东汉献帝兴平二年(前八六—后一九五) 二百八十一年

第三段 从曹植到曹雪芹 一千九百一十九年

第五大期 诗的黄金时代 东汉献帝建安元年至唐玄宗天宝十四载(一九六—七五五) 五百五十九年

第六大期 不同型的余势发展 唐肃宗至德元载至南宋恭帝德祐二年(七五六—一二七六) 五百二十年

第七大期 故事兴趣的醒觉 元世祖至元十四年至民国六年(一二七七—一九一七) 六百四十年

---

① 中法大学于抗战爆发后从北平迁至昆明,是当时昆明城中四所大学之一。

第四段　　未来的展望——大循环

第八大期　　伟大的期待　　民国七年至……（一九一八——……）

关于先生对中国文学发展史的分期思想，朱自清在《闻一多全集·序》中曾作了解题性的说明："第一段'本土文化中心的抟成'，最显著的标识是仰韶文化（新石器时代）的陶器花纹变为殷周的铜器花纹，以及农业的兴起等。第三大期'思想的奇葩'，指的散文时代。第六大期'不同型的余势发展'，指的诗中的'更多样性与更参差的情调与观念'，以及'散文复兴与诗的散文化'等。第四段的'大循环'，指回到大众。第一第二大期是本土文化的东西交流时代，以后是南北交流时代。这中间发展的'二大原则'，是上文提到的'外来影响'和'民间影响'；而最终的发展是'世界性的趋势'。——这就是闻先生计划着创造着的中国文学史的轮廓。假如有机会让他将这个大纲重写一次，他大概还要修正一些，补充一些。但是他将那种机会和生命一起献出了，我们只有从这个简单的轮廓和那些片段，完整的，不完整的，还有他的人，去看出他那部'诗的史'或那首'史的诗'。"

在中法大学兼课只有一年，但与该校学生建立了良好的关系。杨明曾试着用民俗学方法写了几千字的《屈原为巫考》，先生给予鼓励。其后，杨明在这个基础上写出《屈赋新考》书稿，先生特向吴晗谈过它的内容。（据访问杨明记录，1986.7.17）李光溪同学向先生求教，先生让他多在语言、文字、训诂、校勘、声韵方面下功夫，多听听唐兰、王力、罗常培诸先生开的课。（据李光溪《回忆闻一多先生》，《春城晚报》1986.7.29）

十一月十三日　《时代的鼓手——读田间的诗》发表于昆明《生活导报周年纪念文集》。收《闻一多全集》。

该文是先生在西南联大课堂上讲过田间的诗后，受到许多同学的建议，赶写出来的。动笔时，《生活导报》正在为庆祝周年筹备纪念文章，编辑傅欣特向先生约稿，先生说：我将写一篇你们意想不到的稿子给你们，傅欣和陈尚凡、熊锡元三位编辑猜了半天也没猜出会是什么内容。收到稿子才知道是《时代的鼓手》，毛笔直写，字迹非常清楚，编辑们立刻感到这是一件大事，在国民党统治的昆明，一位著名教授赞扬解放区的诗人，的确没有想到，文章发表后的确影响很大。（据傅欣给编者的信，1988.1.18）该文刊出后，果然许多人投来惊异的目光。朱自清在《闻一多全集·序》中说："那篇《时代的鼓手》，赞颂田间先生的诗，这一篇短小的批评激起了不小的波动，也发生了不小的影响。"不少人也认为它是先生思想转变时期的一声呐喊。全文如下：

鼓——这种韵律的乐品，是一切乐器的祖宗，也是一切乐器中之王。音乐不能离韵律而存在，它便也不能离鼓的作用而存在。鼓象征了音乐的生命。

　　提起鼓,我们便想到了一串形容词:整肃,庄严,雄壮,刚毅和粗暴,急躁,阴郁,深沉……鼓是男性的,原始男性的,它蕴藏着整个原始男性的神秘。它是最原始的乐器,也是最原始的生命情调的喘息。

　　如其鼓的声律是音乐的生命,鼓的情绪便是生命的音乐。音乐不能离鼓的声律而存在,生命也不能离鼓的情绪而存在。

　　诗与乐一向是平行发展着的。正如从敲击乐器到管弦乐器是韵律的音乐发展到旋律的音乐,从三四言到五七言也是韵律的诗发展到旋律的诗。音乐也好,诗也好,就声律说,这是进步。可痛惜的是,声律进步的代价是情绪的萎顿。在诗里,一如在音乐里,从此以后以管弦的情绪代替了鼓的情绪,结果都是"靡靡之音"。这感觉的愈趋细致,乃是感情愈趋脆弱的表征,而脆弱感情不也就是生命疲困,甚或衰竭的朕兆吗? 二千年来古旧的历史,说来太冗长。单说新诗的历史,打头不是没有一阵朴质而健康的鼓的声律与情绪,接着依然是"靡靡之音"的传统,在舶来品的商标的伪装之下,支配了不少的年月。疲困与衰竭的半音,似乎比历史上任何时期都变本加厉了的风行着。那是宿命,是历史发展的必然阶段吗? 也许。但谁又叫新生与震奋的时代来得那样突然! 萧声,琴声(甚至是无弦琴),自然配合不上流血与流汗的工作。于是忙乱中,新派,旧派,人人都设法拖出一面鼓来,你可以想象一片潮湿而发霉的声响,在那壮烈的场面中,显得如何的滑稽! 它给你的印象仍然是疲困与衰竭。它不是激励,而是挪揄、侮蔑这战争。

　　于是,忽然碰到这样的声响,你便不免吃一惊:

　　　　"多一颗粮食,
　　　　就多一颗消灭敌人的枪弹!"

　　　　听到吗?
　　　　这是好话哩!

　　　　听到吗?
　　　　我们
　　　　要赶快鼓励自己底心
　　　　到地里去!

　　　　要地里

长出麦子；

要地里
长出小米；

拿这东西
　　当作
　　持久战的武器。

　　（多一些！
　　多一些！）

多点粮食
就多点胜利。
（田间：《多一些》）

　　这里没有"弦外之音"，没有"绕梁三日"的余韵，没有半音，没有玩任何"花头"，只是一句句朴质、干脆、真诚的话，（多么有斤两的话！）简短而坚实的句子，就是一声声的"鼓点"，单调，但是响亮而沉重，打入你耳中，打在你心上。你说这不是诗，因为你的耳朵太熟悉于"弦外之音"……那一套，你的耳朵太细了。

你看，——
他们底
仇恨的
力，
他们底
仇恨的
血，
他们底
仇恨的
歌，
握在
手里。

握在

手里,

要洒出来……

几十个,

很响地

——在一块;

几十个

哒哒地

——在一块;

回旋……

狂蹈……

耸起的

筋骨,

凸出的

皮肉,

挑负着

——种族的

疯狂,

种族的

咆哮!……

(田间:《人民底舞》)

这里便不只鼓的声律,还有鼓的情绪。这是鞌之战中晋解张用他那流着鲜血的手,抢过主帅手中的槌来擂出的鼓声,是弥衡那喷着怒火的"渔阳掺挝",甚至是,如诗人 Robert Lindsey 在《刚果》中,剧作家 Eugene O'Neil 在《琼斯皇帝》中所描写的,那非洲土人的原始鼓,疯狂、野蛮、爆炸着生命的热与力。

这些都不算成功的诗。(据一位懂诗的朋友说,作者还有较成功的诗,可惜我没有见到。)但它所成就的那点,却是诗的先决条件——那便是生活欲,积极的,绝对的生活欲。它摆脱了一切诗艺的传统手法,不排解,也不粉饰,不抚慰,也不麻醉,它不是那捧着你在幻想中上升的迷魂音乐。它只是一片沉着的鼓声,鼓舞你爱,鼓动你恨,鼓励你活着,用最高限度的热与力活着,在这大地上。

当这民族历史行程的大拐弯中,我们得一鼓作气来渡过危机,完成大业。这是一个需要鼓手的时代,让我们期待着更多的"时代的鼓手"出现。至手琴师,乃是第二步的需要,而且目前我们有的是绝妙的琴师。

十一月十五日　修改后的《狼跋篇》发表于重庆《时与潮文艺》第二卷第三期。

十一月二十二日　致西南联大总务处函。云:"本所助教叶金根自十一月一日起因病辞职,相应函达,即希查照是荷。"(《文学院各学系教师异动的来往文书》,清华大学档案室藏)

十一月二十五日　致臧克家信。收《闻一多书信选集》。这是一封极为重要的信,信中说明自己思想转变的决心,又说到对新诗的态度,和正在着手的选诗和译诗工作:

如果再不给你回信,那简直是铁石心肠了。但没有回信,一半固然是懒,一半也还有些别的理由。你们做诗的人老是这样窄狭,一口咬定世上除了诗什么也不存在。有比历史更伟大的诗篇吗?我不能想象一个人不能在历史(现代也在内,因为它是历史的延长)里看出诗来,而还能懂诗。在你所常诅咒的那故纸堆内讨生活的人原不只一种,正如故纸堆中可讨的生活也不限于一种。你不知道我在故纸堆中所做的工作是什么,它的目的何在,因为你跟我的时候,我的工作才刚开始。(这可说是你的不幸吧!)你知道我是不肯马虎的人。从青年时代起,经过了十几年,到现在,我的"文章"才渐渐上题了,于是你听见说我谈田间,于是不久你在重庆还可以看见我的《文学的历史方向》,在《当代评论》四卷一期里,和其他将要陆续发表的文章在同类的刊物里。近年来我在联大的圈子里声音喊得很大,慢慢我要向圈子外喊去,因为经过十余年故纸堆中的生活,我有了把握,看清了我们这民族、这文化的病症,我敢于开方了。单方的形式是什么——一部文学史(诗的史),或一首诗(史的诗),我不知道,也许什么也不是。最终的单方能否形成,还要靠环境允许否。(想象四千元一担的米价和八口之家!)但我相信我的步骤没有错。你想不到我比任何人还恨那故纸堆,但正因恨它,更不能不弄个明白。你诬枉了我,当我是一个蠹鱼,不晓得我是杀蠹的芸香。虽然二者都藏在书里,他们的作用并不一样。这是我要抗辩的第一点。你还口口声声随着别人人云亦云的说《死水》的作者只长于技巧。天呀,这冤从何处诉起!我真看不出我的技巧在那里。假如我真有,我一定和你们一样,今天还在写诗。我只觉得自己是座没有爆发的火山,火烧得我痛,却始终没有能力(就是技巧)炸开那禁锢我的地壳,放射出光和热来。只有少数跟我很久的朋友(如梦家)才知道我有火,并且就在《死水》里感觉出我的火来。说郭沫若有火,而不说我有火,不说戴望舒、卞之琳是技巧专家而说我是,这样的颠倒黑白,人们说,你也说,那就让你们说去,我插什么嘴呢?我是不急急求知于人的,你也知道。你原来也只是那些"人"中之一,所以我也不要求知于你,所以我就不回信了。今天总算你那支《流泪的白蜡》感动了我,让我唠叨了这一顿,你究竟明白了没有,我还不敢担保。克家,不要浮嚣,细细的想去吧!

新闻的报道似乎不大准确。不是《抗战诗选》而是作为二千五百年全部文学名著选中一部分的整个《新诗选》。也不仅是"选"而是选与译——一部将在八个月后在英、美同时出版的《中国新诗选译》(译的部分同一位英国朋友合作)。我始终没有忘记除了我们的今天外,还有那二三千年的昨天,除了我们这角落外还有整个世界。我的历史课题甚至伸到历史以前,所以我研究了神话,我的文化课题超出了文化圈外,所以我又在研究以原始社会为对象的文化人类学(《人文科学学报》第二期有第一篇谈图腾的文章,若找得到,可以看看)。关于《新诗选》部分,希望你能帮我搜集点材料,首先你自己自《烙印》以来的集子能否寄一份给我?若有必要,我用完后,还可以寄还给你。其他求助于你的地方,将来再详细写信来。本星期及下星期内共有三个讲演,都是谈诗的。……

现在想想,如果新闻界有朋友,译诗的消息可以告诉他们,因为将来少不了要向当代作家们请求合作,例如寄赠诗集和供给传略的材料等等,而这些作家们我差不多一个也不认识。日来正在译艾青,已成九首,此刻正在译《他死在第二次》。也许在出书以前,先零星的寄到国外发表一部分,重庆的作家们也烦你替我先容一下,将来我打算发出些表格请他们填填关于我写传略时需要的材料。不用讲今天的我是以文学史家自居的,我并不是代表某一派的诗人。唯其曾经一度写过诗,所以现在有揽取这项工作的热心,唯其现在不再写诗了,所以有应付这工作的冷静的头脑而不至于对某种诗有所偏爱和偏恶。我是在新诗之中,又在新诗之外,我想我是颇合乎选家的资格的。这里的朋友们正是这样的鼓励着我,重庆的朋友们想也有同感。

先生编选的《现代诗钞》并未完成,其中有些准备收入的诗还未及收入,已收入者后来亦有看法上的改变。由于环境限制,先生虽然尽力寻找国统区以外的新作品,但大多还是局限在五四以来的旧作品。兹录已选部分之目录如下:郭沫若:

《天狗》、《笔立山头展望》、《立在地球边上放号》、《夜步十里松原》、《灯台》、《新芽》。冰心女士：《繁星》(六首)、《春水》(三首)。袁水拍：《小诗四首》。汪铭竹：《纪德与蝶》、《法兰西与红睡衣》。夏蕾：《山》、《二月》。杜谷：《江，车队，巷》、《泥土的梦》。艾漠：《生活》。赵令仪：《马上吟——去国草之二》。伍棠棣：《芋田上》。陈迩冬：《猫》、《空街》。丽砂：《昆虫篇》。鲁藜：《野花》。力扬：《短歌》。侯唯动：《血债》、《遗嘱》。王浊清：《我从 CAFÉ 中出来》、《月光》。沈从文：《我喜欢你》。废名：《灯》、《理发店》。戴望舒：《款步》、《夜行者》。玲君：《铃之记忆》、《山居》、《喷水池》。侯汝华：《水手》、《灯与影》。林庚：《秋之色》。史卫斯：《独游》。钱君匋：《路上》。李白凤：《梦》、《小楼》。沈洛：《夜行》。陈雨门：《秋晚》。陈时：《标本》。苏金伞：《雪夜》。罗英辰：《永夜》、《无法投递》。徐迟：《蝶恋花》、《橹》。上官橘：《窗》。陈江帆：《欲曙》。俞铭传：《拍卖行》、《夜不寐》、《以呢帽当雨伞》、《梦去了》、《隐居者》、《郊》、《压路机》。王佐良：《诗》(二首)。穆旦：《诗》(八首)、《出发》、《还原作用》、《幻想的乘客》。罗寄一：《诗》、《五月风》、《月，火车》。杜运燮：《无题》、《滇缅公路》、《民众夜校》。何其芳：《河》、《醉吧》。艾青：《青色的池沼》、《秋》、《太阳》、《生命》、《煤的对话》、《浪》、《老人》、《他死在第二次》(十二首)、《透明的夜》、《聆听》、《马赛》。柳木下：《在最前列》、《贫困》。婴子：《松林》、《营外》。S·M：《哨》、《老兵》、《纤夫》。田间：《自由，向我们来了》、《五个在商议》、《给饲养员》、《多一些》、《冀察晋在向你笑着》、《人民底舞》。韩北屏：《牧——写给舞鹰》、《铁的语言》。鸥外鸥：《和平的础石》。穆芷：《城》。杨周翰：《女面狮(四)》、《山景》。胡明树：《二百立方尺间》、《检讨的镜子》。周为：《冬天》。陈善文：《苦撑着拼》。任钧：《警报》。孙钿：《雨》。失名：《都会的悒郁》、《男人向上的虱子》、《父的感想——给女儿李朗的诗》。何达：《我们开会》、《老鞋匠》、《过昭平》、《风》。沈季平：《山，滚动了》。徐志摩：《月下雷峰影片》、《五老峰》、《残诗》、《常州天宁寺闻礼忏声》、《毒药》、《多谢天！我的心又一次跳荡》、《再别康桥》、《哈代》、《云游》、《火车擒住轨》、《在病中》、《领罪》、《爱的灵感——奉适之》。闻一多：《"你指着太阳起誓"》、《也许——葬歌》、《末日》、《死水》、《春光》、《诗二首》①、《飞毛腿》、《奇迹》。饶孟侃：《呼唤》、《招魂——吊亡友杨子惠》、《走》、《无题》、《三月十八——纪念铁狮子胡同大流血》。朱湘：《美丽》、《当铺》、《雨景》、《有忆》。孙大雨：《诀绝》、《回答》、《老话》。邵洵美：《女人》。林徽音：《笑》。陈梦家：《一朵野花》、《雁子》、《潘彼得的梦》、《鸡鸣寺的野路》、《白俄老人》、《西山》、《影》、《雨中过

---

① 即《一个观念》、《发现》。

二十里铺》、《小庙春景》、《当初》。方玮德:《海上的声音》、《幽子》、《风暴》、《微弱》。朱大枬:《笑》。梁镇:《默示》。

是月 作《诗经通义》(周南)。后发表于一九四五年《图书季刊》新第六卷第三、四期合刊。收《闻一多全集》。

这也是篇训诂著作,训有《周南》中的《关雎》、《葛覃》、《卷耳》、《桃夭》、《兔罝》、《芣苢》、《汉广》、《汝坟》、《麟之趾》九篇。其中有些文字在一九三七年一月《清华学报》第十二卷第一期以《诗经新义》(二南)发表过,这次又重新整理编排发表。该文与十月发表的《诗经通义》(召南)一样,都反映了先生对《诗经》的认识发展。

是月 由励志社主持的军委会战地服务团译员训练班,改隶军事委员会直接领导,培训工作亦由励志社转交军委会外事局负责,名称亦改为"军事委员会外事局译员训练班",简称"军委会译训班"。军委会译训班的培训分别在重庆、昆明两地进行,在昆明者简称"军委会昆明译训班"。西南联大为支援译员培训,派遣许多教授担任讲师,先生亦应邀担任了该班英汉互译讲师,每次讲课有二十五美元的报酬。

太平洋战争爆发后,美国援华人员增多,仅空军人员就达一万四千余名。作为抗战大后方基地的昆明,在第二次世界大战结束以前,共设立了三十二处为美军服务的招待所,共三万六千六百七十三张床位。大量美国援华人员来华,需要更多的翻译。为此,联大常委会决定一九四四年应届毕业男生,全部征调为译员,经译训班培训后分配各处服务。对于此种应急措施,先生认为义不容辞,有些同学想不通,他还做了说服工作。

译训班讲课没有统一规定的讲义,教材均由教师自选。先生某次以《共产党宣言》为英汉互译教材,有人报告到重庆。重庆传话调查,让吴泽霖压了下来,事后先生知道,说:"美国人要问起《共产党宣言》,翻译却不知道,那才让人笑话呢!"

十二月一日 《文学的历史方向》发表于昆明《当代评论》第四卷第一期。收《闻一多全集》时改作《文学的历史动向》。《当代评论》在介绍作者时云:"闻一多先生的文学论文,必然是读者所欢迎的。闻先生并将继续就相似问题,陆续为文在本刊发表。"(《本期撰者》)

这是一篇先生自谓"文章"渐渐上了题后的杂文,它说世界四大文明古国随着各自文化的发展,慢慢互相吸收、融合,总有那么一天它们的个别性消失了,只有一个世界的文化,这是人类历史发展的必然路线,而四个文化猛进的开端都表现在文学上——歌声,尽管歌的性质并非一致。在中国,从《诗经》开始,抒情诗始终是文学的正统的类型,赋、词、曲是它的支流,赠序、碑志则是它的副产品,小说、戏剧亦以不同方式夹杂些诗。先生说:"诗,不但支配了整个文学领域,还影响了造型艺术,它同化了绘画,又装饰了建筑(如楹联、春帖等)和许多工艺美术品。"但是自南宋开始,由于印度、欧洲文化的二度输入,中国文学的舞台成了小说和戏剧的时代。这就是文学的历史发展过程。而"在这新时代的文学动向中,最值得揣摩的,是新诗的前途",新诗除非"真能放弃传统意识,完全洗心革面,重新做起",否则也将与旧诗一样失去了生命。要做到这一点,"那差不多等于说,要把诗做得不像诗了","说得更确切点,不像诗,而像小说戏剧,至少让它多像点小说戏剧,少像点诗"。"在一个小说戏剧的时代,诗得尽量采取小说戏剧的态度,利用小说戏剧的技巧,才能获得广大的读众"。

先生在这篇文章中强调的是要吸取历史的经验,勇于改变陈规,勇于正视时代给文学带来的变化,以此引申到社会的发展,要敢于否定自己,接受外来的进步影响。先生说:

> 四个文化同时出发,三个文化都转了手,有的转给近亲,有的转给外人,主人自己却都没落了,那许是因为他们都只勇于"予"而怯于"受"。中国是勇于"予"而不太怯于"受"的,所以还是自己的文化的主人,然而也只仅免于没落的劫运而已。为文化的主人自己打算,"取"不比"予"还重要吗? 所以仅仅不怯于"受"是不够的,要真正勇于"受"。让我们的文学更彻底的向小说戏剧发展,等于说要我们死心塌地走人家的路。这是一个"受"的勇气的测验,也是我们能否续继自己文化的主人的测验。
>
> 过去记录里有未来的风色。历史已给我们指示了方向——"受"的方向,如今要的只是勇气,更多的勇气啊!

十二月三日　在中法大学讲《易林》及《封禅仪记》,这是文学史中的一讲,学生们评价说讲得很新颖。(据郇联彩日记,龙美光提供)

是月　在中法大学讲演"诗与批评"。郭良夫回忆说:"秋季开学后的一个晚上,先生在中法大学讲演《诗与批评》,我去听讲了。听讲的人真多,偌大一个大教室,挤得满满的。这次讲演中有一句话说是'拉老诗人的鼻子走的方式并不是好的方式',很可以代表他当时的思想。他认为'诗是应该自由发展的'。这正是典型的自由主义者的思想。"(《因一多先生而想起的二三事》,中华书局古典文学编辑室编《学林漫录》第11集,第5页) 这次讲演,后写成同名文章,发表于次年九月一日重庆《火之源丛刊》第二、三集合刊。收《闻一多全集》。

今存手稿中,有《诗与批评》提纲,原题作《怎样读中国诗》。题下,盖有自刻闲章"金汁灌叟",可见先生很重视它。提纲内容较发表的文章更为广泛,兹录如下:

对诗的两种看法

   不负责的宣传　价值论

   美的语言　效率论

就诗人说二者都是

就读者说是在欣赏语言中接受宣传，宣传是通过语言的，二者亦是

   第二种非宣传的真空的美语言——太高甚至不可能

既不免宣传作用最好是负责的

如果诗人自动负起责来自然很好

但愿负责与配负责是二事

二者兼之古今无几人

于是外力强迫他负责

一般情形是消极检查违碍

积极指导创作则恐与诗的基本性质相抵触

有宣传而无诗　失却宣传的效果等于无宣传

无诗又无宣传两败俱伤

并且检查与指导只能及于当时作品古代遗产则无能为力

除非"焚书"　□□敢作这念头？

其实所谓负责者是个合作事业

各种作品同时存在自会抵消其流弊——价值因混合而见个别只有相对价
值，混合而成绝对价值

鼓励自由发展结果必是多样性的发展

多样自会去中和的理想绝对价值不远

但亦只是不远　因混合中成素的比例必不正确　合作事业必要人去组织

文化时时在生病　（盲目）混合的丸散说是百病皆治实只能治小病

大病则须医师案脉处方　斟酌轻重君臣相配　使菉与药合作

为何读诗，要专家指导

理想的读本——选本

理想的批评家——懂诗又懂社会（时代的需要）　何者是有价值的效率或
有效率的价值

负责的宣传　期望于诗人是意外不如期望于批评家

以上还是老话

原则是诗教　办法是删诗编诗

历史的大循环　老话重提是历史的方向

从封建时代说起

封建时代是社会专制时代　其中无个人

诗以社会功能而产生而存在　诗教　古代诗（三百篇）　低等效率即能发挥价值　因人的心理组织简单

个人渐从社会的桎梏挣扎出来

遂产生近代诗　从楚辞起　名同曰诗而实质大变　试比诗经与唐诗

只有个人无社会　少数个人复杂　在效率的游戏中完成以个人享乐为目的的价值——完全自私

杜甫始有社会意识白居易始有社会主张　失败因——

积重难返

或个人发展到极度是个人的毁灭，小我与大我，但个人主义流弊太深迟早必否极泰来，加西洋影响　社会借外力大翻身　外力促其急转直下　日到封建时代　不过是社会的个人或个人的社会　非无个人的社会

文化从个人主义发展到社会主义　诗不能例外

诗需要对社会负责才产生批评

因批评是作家与读众的中间人　有（读众）第二者才有（批评家）第三者一生二二生三

作家与读众缺一即无批评的必要

中国无批评　有之惟孔子论诗与季札观乐的谈话近之

因春秋时代个人萌芽未忘社会——二者均势时期与未来的二者调和时期最近似故亦有近似的批评　西洋亦在均势中且在努力于调和工作故有更近似的批评

但许多批评仍只是较细，效率论与中国诗话大同小异　非真批评非完整批评与价值效率

中国则并效率论都讲不到，那是因他更无视读众（社会）

因只有效率论，尚有读众在心目中——讨读众的好，虽非为读众的好

　　　　讨好是效率论　　为好是价值论

　　　　批评家一方对诗人负责谈效率中的价值　　一方对大众负责谈价值中的

　　效率

　　　　效率偏重诗人　　价值偏重大众　　批评家在中间作桥梁

　　　　诗是社会的工具的原料　　批评是工具的成品　　大众是消费者

　　　　成品的制造应以消费者的福利为前提

　　　　原料是天生的跟它讲不到什么前提不前提

　　　　只要够得上称原料的多多益善

　　　　虽则其间重要性有头二三等之别

　　　　无论如何变成成品还得发明家与技师

　　　　发明家与技师谈何容易

　　　　批评家谁是批评家

　　　　是衮衮诸公吗　　是诸公的走狗吗

　　是年　作《字与画》。这篇文章原是应《综合》周刊所约而撰写的,它论述字与画源流等问题,试图用历史唯物主义观点,说明两者同来源于古代人类的生产与生活之路。因《综合》仅出版两期便停刊,故此文未来得及刊载。原稿曾保存于凌德铭处,后捐献给南京博物院。全文如下:

　　　　原始的象形文字,有时称为绘画文字,有时又称为文字画,这样含混的名词,对于字与画的关系,很容易引起误会,是应当辩明一下的。

　　　　一切文字,在最初都是象形的,换言之,都是绘画式的。反之,任何绘画都代表着一件事物,因此也便具有文字的作用。但是,绘画与文字仍然是两件东西,它们的外表虽相似,它们的基本性质却完全两样。一幅图画在作者的本意上,决不会变成一篇文字,除非它已失去原来的目标,而仅在说明某种概念。绘画的本来目的是传达印象,而文字的本来目的则是说明概念。要知道二者的区别,最好是看它们每方面所省略的地方。实际上便是最写实的绘画,对于所模拟的实物,也不能无所省略,文字更不用说了。往往为了经济和有效的双重目的起见,绘画所省略处正是文字所要保留的,反之,文字所省略处也正是绘画所要保留的。以现代澳洲为例,什么是纯粹的绘画,什么是文字性质的绘画,不但土人看来,一望而知,就在我们看来,也不容易混淆。在他们的绘画中,我们可以看到每一笔都证明作者的用意是在求对原物的真实和生动,但在他的文字性质的东西里,情形便完全不同。那些线与点只是代表事物概念的符号,而非事物本身的摹绘。

　　大体说来,绘画式的文字总比纯粹绘画简单些。但照上面所说的看来,绘画式的文字,却不是简化了的绘画。由此,我们又可以推想,我们现在所见到刻在甲骨上的殷代象形文字,其繁简的程度,大概和更古时期的象形文字差不多。我们不能期望将来还有一批更富绘画意味的甲骨文字被发现。文字打头就只是文字——只是近似绘画的文字,而不是真正的绘画。

　　但是就中国的情形论,文字最初虽非十足的绘画,后来的发展却和绘画愈走愈近。这种发展的过程包括两个阶段,和绘画本身的发展过程完全相合。两个阶段(一)是装饰的,(二)是表现的。

　　离甲骨文略后而几乎同时的铜器上的文字,往往比甲骨文字来得繁缛而更富于绘画意味,这些我从前以为在性质上代表着我国文字较早的阶段,现在才知道那意见是错的。镂在铜器上的铭辞和刻在甲骨上的卜辞,根本是两种性质的东西。卜辞的文字是纯乎实用性质的记录,铭辞的文字则兼有装饰意味的审美功能。装饰自然会趋于繁缛的结构与更浓厚的绘画意味。沿着这个路线发展下来的一个极端的例,便是流行于战国时的一种鸟虫书,那几乎完全是图案,而不是文字了。字体由篆隶变到行楷,字体本身的图案意味逐渐减少,可是它在艺术方面发展的途径不但并未断绝,而且和绘画拉拢得更紧,共同走到了一个更高超的境界了。

　　以前在装饰的阶段中,字只算得半装饰的艺术,如今在表现的阶段中,它却成为一种纯表现的艺术了。以前作为装饰艺术的字,是以字来模仿画,那时画是字的理想。现在作为表现艺术的字,字却成了画的理想,画反要来模仿字。从艺术方面的发展看,字起初可说是够不上画,结果它却超过了画,而使画够不上它了。

　　字在艺术方面,究竟是仗了什么,而能有这样一段惊人的发展呢?理由很简单。字自始就不是如同绘画那样一种拘形的东西,所以能不受拘牵的发展到那种超然的境界。从装饰的立场看,字尽可以不如画,但从表现的立场看,字的地位一上手就比画高,所以字在前半段装饰的竞赛中吃亏的地方,正是它在后半段表现的竞赛中占便宜的地方。这一点也可以证明文字的本质与绘画不同,所同的只是表现的形式而已。

　　评论书画者常说起“书画同源”,实际上二者恐怕是异源同流。字与画只是近亲而已。因为相近,所以两方面都喜欢互相拉拢,起初是字拉拢画,后来是画拉拢字。字拉拢画,使字走上艺术的路,而发展成我们这独特的艺术——书法。画拉拢字,使画脱离了画的常轨,而产生了我们这有独特作风的文人画。

一九四四年　四十六岁

二月五日,昆明学术界宪政研究会成立。

四月十八日,是日起日军分三路进攻河南,继占领郑州、驻马店、洛阳之后,又向湖南进攻,于六月中旬占领长沙、八月上旬占领衡阳。

九月五日,国民参政会三届三次会议在重庆开幕。十五日,林伯渠代表中共中央提出建立联合统帅部和成立联合政府的建议。

九月八日,中国远征军攻克滇西松山。十四日,攻克腾冲,怒江战役取得胜利。

九月十九日,中国民主政团同盟改组为以个人为基础的中国民主同盟。

一月十五日　教育部审查并核定通过先生的大学教授资格。其学字第02745号训令公布通过教授资格者共五十九人,除先生外还有张奚若、杨武之、吴泽霖、贺麟、姚从吾、江泽涵、马约翰、赵九章、华罗庚、闻家驷、刘崇鋐、邵循正、陶葆楷、浦江清等。(据《教员资格核定名单》,清华大学档案室藏)

一月十八日　重庆《新华日报》刊登吴青所写的短讯《昆明二三事》,中云:"昆明物价,为全国第一,教授们生活困难,大都另谋开源之道,闻一多教授订润例作金石。"先生准备挂牌治印,即在这前。今云南师范大学一二·一纪念馆存有先生与沈从文、彭仲铎、唐兰、陈雪屏、浦江清、游国恩、冯友兰、杨振声、郑天挺、罗常培、罗庸共十二教授共同发起的《诗文书镌联合润例》,知诸教授早有"另谋开源之道"的打算,特录以参考:

> 文直　颂赞题序　五千元　传状祭文　八千元　寿文　一万元　碑铭墓
> 　　志　一万元(文均限古文,骈体加倍)

> 诗直　喜寿颂祝　一千元　哀挽　八百元　题咏　三千元(诗以五律及
> 　　八韵以内古诗为限,七律及词加倍)

> 联直　喜寿颂祝　六百元　哀挽　四百元　题咏　一千元(联以十二言
> 　　以内为限,长联另议)

> 书直　楹联　四尺六百元　五尺八百元(加长另议)　条幅　四尺四百元
> 　　五尺五百元(加长另议)　堂幅　四尺八百元　五尺一千元(加长

另议)　榜书　每字五百元(以一方尺为限,加大直亦加倍)　　斗方扇面　每件五百元　寿屏　真隶每条一千五百元　篆每条二千元(每条以八十字为限)　碑铭墓志　一万元

篆刻直　石章每字一百元　牙章每字二百元(过大过小加倍,边款每五字作一字计)

收件处　国立西南联合大学中国文学系王年芳女士代转

时,昆明物价暴涨不已,先生一家生活几乎完全陷入绝境。有些熟悉先生的老朋友想起他当年曾搞过篆刻,建议他从这方面找点出路,先生细心思考后,觉得从事篆刻既可依靠自己的劳动增加收入,又不失风雅,欣然接受了朋友们的建议,开始挂牌治印。从此,先生在薪金之外又增加了新的经济来源,一家人的生活开始逐渐有所改善。

先生治印始于一九二七年,此后十几年中很少重握铁笔。抵昆之初,一次偶然在地摊上购得几颗旧石,回来给子女们刻了四枚名章,这是至今家中尚保存的先生所刻印章中最早的遗物,以后再也没有刻治过印章了。此时要挂牌治印,借以谋生,先生不免要再练练手,于是给所里同仁试着刻了几枚,结果尚称满意。但云南时兴象牙章,牙章质地硬度远远超过石章,刻起来费时费力,相当辛苦,先生过去没有刻过牙章,现在为了谋生不得不操练这一苦差。先生曾以为象牙遇酸硬度会减弱一些,便把牙章置于醋中浸泡,但泡了一昼夜丝毫没有变软,只好硬碰硬地苦干了。

先生治印,吴晗在文章中曾有所记述,他在《哭闻一多》一文中说:"他研究古文字学,从龟骨文到金石文,都下过功夫。有一天朋友谈起为什么不学这一行手艺,他立刻买了一把刻字刀下乡,先拿石头试刻,居然行,再刻象牙。云南是流行象牙章,刻第一个牙章的时候,费了一整天,右手食指被磨烂,几次灰心,绝望,还是咬着牙干下去,居然刻成了。他说这话时,隔了两年了,还含着泪。"(重庆《新华日报》,1946.7.28)

刻印的过程,吴晗在《闻一多的"手工业"》中记述说:"他告诉我,最重要的是构思,人的姓名,每一个字的笔划,有繁简,如何安排繁简不同的字,在一个小方块里,得要好好想。其次是写,用铅笔画底子,刻一个惬意的图章,往往要画多少次才挑一个用墨上石。再后便是动刀了。这段最费力,老象牙尤其费事。刻好粗坯子以后剩下便是润饰的工夫。最后,用印泥试样,不惬意再加雕琢。一切都合式了,在印谱上留下几个底子,剪下一个和原章用纸包好,标上名姓和收件处,这件工作才算结束。"(清华周刊社编《闻一多先生死难周年纪念特刊》,第20页,1947年7月出版)

先生正式挂牌治印时,浦江清特撰了骈文启事。一九八八年春,浦江清之子浦汉昕从旧物中检出一份《闻一多教授金石润例》手稿,即浦江清当年为先生治印所写的启事。其文云:

秦钵汉印,攻金切玉之流长;殷契周铭,古文奇字之源远。是非博雅君子,难率尔以操觚;倘有稽古宏才,偶点画而成趣。

浠水闻一多教授,文坛先进,经学名家,辨文字于毫芒,几人知己;谈风雅之原始,海内推崇。斲轮老手,积习未除,占毕余闲,游心佳冻。惟是温麤古泽,仅激赏于知交;何当琬琰名章,共榷扬于艺苑。黄济叔之长髯飘洒,今见其人;程瑶田之铁笔恬愉,世尊其学。爰缀短言为引,公定薄润于后。

梅贻琦	冯友兰	朱自清	潘光旦
蒋梦麟	杨振声	罗常培	陈雪屏
熊庆来	姜寅清	唐兰	沈从文　　　同启。[①]

先生对浦江清此骈文尤为欣赏。浦江清给季镇淮信中说:"闻先生对于'文坛先进,经学名家,辨文字于毫芒,几人知己;谈风雅之源始,海内推崇'那几句很高兴。黄济叔是明代刻印名家,其为人长髯飘洒,喻闻先生之风度。程瑶田清代经学名家,兼长篆刻,以之拟闻先生最为恰合。至于闻氏之刻印,因为他对古文字学的研究,加以早年在美国专学艺术,所以线条配合,别出匠心。学问、艺术双方造诣均高,迥不同于俗笔。而当时昆明一般人士也看重文学名家及教授地位,所以请教他的特别多。在钟鼎文面也只有他一人擅长,多数指定他刻钟鼎文。"(转引季镇淮《闻一多先生年谱》,《闻朱年谱》,第46页)

先生治印,不直接收件,一般委托几家文具店代收。青云街、华山西路、正义路几家笔店都有先生治印的启事、润例,镶进玻璃框,挂在显眼的铺面。李埏《记闻一多先生在昆华中学》中,说正义路北段马市口下去不远处的一爿王姓笔店,门上就挂有"闻一多治印收件处"的牌子。(《云南日报》,1988.11.30)

治印的润例,据《自由论坛》所刊广告,知最初是石章每字二百元,牙章每字四百元。后来物价涨了,润例也不得不随之涨上去。到九月二十四日,石章每字已四百元,牙章八百元;至十一月十二日,则石章每字六百元,牙章一千元,边款每五字作一字计;到一九四五年三月二十四日,石章每字涨至一千元,牙章两千元。《生活导报》也曾代为刊登广告,代收印件,并不收广告费。先生感谢他们的援助,特为其

---

① 季镇淮《闻一多先生年谱》引浦江清给他的信,信中亦有这时的启事抄件,文字与此文大体相同。但所说具名推荐者为九教授:梅贻琦、蒋梦麟、杨振声、唐兰、陈雪屏、朱自清、沈从文、罗常培、罗庸。

编辑熊锡元刻了一方名章。

　　治印之初，来件不多，先生不免着急。但后来顾客多了，先生又嫌治印占用的时间太长了。收费的标准，随着市场物价波动。为了这，长子立鹤曾怒气冲冲的与先生辩论起来，问：收这么高的费，是不是发国难财？先生听了半响没讲一句话，末了，才沉重地说："立鹤，你这话，我将一辈子记着！"（闻立雕《是闻一多的孩子》，《人物杂志》第 1 年第 8 期，1946.9.5）

　　先生治印，是出于弥补生活的不足。但他对每方印章，都像对待艺术作品一样，认真构思，认真创作。不过，他的匠心并不是所有顾客都能理解的。立雕还记得，有次先生用点刀法刻了一枚印章，字体笔画全用点构成，很特别，自认为在这枚印上花的时间比别的印多，顾客会满意。恰恰相反，那顾客不懂得艺术，要求先生磨掉重刻，不管如何解释都不行。先生只得磨平重刻。

　　为朋友治印，先生是不收报酬的。他身边的同事、学生，多数有先生赠刻的图章。给范宁刻了一枚，不满意，又刻了一枚。给季镇淮刻了一个名章后，又刻了一方"来之"，是他的字，牛角的。何善周、王瑶的名章，也是先生刻赠的。冯友兰准备卖字时，先生先送去一方，后来又送了一方，一阴一阳，一般大。朱自清也保存着了先生刻的两枚印章，一枚为闲章"一向心宽"，一枚为藏书印"佩弦藏书之钤"。给雷海宗的一枚，光是构图就描了好几个，尤其是那个"雷"字，修改过数次。这年年底，先生为华罗庚刻了一方名章，并在边款中寄托了情思，云："甲申岁晏，为罗庚兄制印兼为之铭曰：顽石一方，一多所凿，奉贻教授，领薪立约，不算寒伧，也不阔绰，陋于牙章，雅于木戳，若在战前，不值两角。"

　　一月二十五日　　春节。节日里，房东为村子里的公产被保长私侵，借着酒劲在全村聚会时略表不平，结果被保长家里的人打成重伤。先生知道了，忿忿不已，让何善周去看望房东，房东十分感激。（据何善周《千古英烈万世师表》，《闻一多纪念文集》，第 269 至 270 页）

　　一月二十六日　　西南联大社会学系教授陶云逵逝世，先生闻讯十分悲痛。陶云逵是人类学家，一九三九年底留学回国，被聘为联大讲师，后任南开大学文学院边疆人文研究室主任，该室编辑的《边疆人文》甲、乙两种杂志，在国内社会学领域具有重要影响。先生研究古代文学，运用社会学、人类学诸方法，其中不少观点与陶云逵磋商过，两人情谊真挚。先生的《说鱼》，便是应陶云逵之约刊登在《边疆人文》上的。

　　同日　　为缓解联大教授困难，上海商业储蓄银行向先生等联大六十七位教师每人发放贷款二千元。（《上海商业储蓄银行向西南联大教师放款名单及金额》，《国立西南

联合大学史料》第 4 册,第 551 页)

是月 《学术季刊》第一卷第二期预告下期目录,有先生一篇《道家思想的起源》,但未见发表。

是年初 指导中文系同学撰写毕业论文。其中彭兰的论文《高适系年考证》,是先生亲自确定的题目。先生对彭兰说:要欣赏诗作和了解诗的真意,需首先了解作家的生平、社会背景及其著述情况。(据访问彭兰记录,1986.11.17)

二月十五日 在西南联大讲《舞与诗》。张源潜《日记》(未刊):"七时,听闻一多讲《舞与诗》。大体分三部分:诗在舞中、诗在舞外、诗中有舞。主张健康的诗,精神镶烁,令人兴奋,当然田间是近代的一个代表。罗常培作'跋',说他讲的最健康,最合辩证法。"朱自清也听了这次演讲,说"事后到茶室讨论,颇有趣"。(朱乔森编《朱自清全集》第 10 卷,第 280 页)

二月二十日 《复古的空气》发表于《云南日报》"星期论文"专栏。再刊于三月一日《当代评论》第四卷第十期。收《闻一多全集》。

文章针对《中国之命运》中主张恢复传统的思想,批评"知识和领导分子"的倒退,说"复古"者有四种类型:自卫机能,报复意味的自尊心,自卑感,掩饰缺点。文章说:

> 说复古空气是最近新兴的现象,也不合事实,趋势早已在酝酿,不过最近似乎更表面化了一点。为什么最近才表面化? 当然与抗战有关。历史在转向,转向时的心理是不会有平静。转得愈急,波动愈大,所以在抗战期间,一面近代化的呼声最高,一面复古的空气也最浓。

> 就一般的人说,心理的波动,不足怪,但少数的知识和领导分子,却应该早已认清历史,拿定主意,游移虽不致改变历史,但是会延缓历史的进展,须知我们的时间和精力却不容浪费。

> 我们的民族和文化所以能存在到今天,自然有其生存的道理在,这道理并不像你所想的,在能保存古的,而是正相反,在能吸收新的。历史告诉我们,中国文化并不是一个单纯的,一成不变的文化,如果是那样的,它就早完了。最初东西夷夏两民族,分明代表着两个不同的文化。……

> 我得强调的声明,民族主义我们是要的,而且深信是我们复兴的根本。但民族主义不该是文化的闭关主义。我甚至相信正因我们要民族主义,才不应该复古。老实说,民族主义是西洋的产物,我们的所谓"古"里,并没有这东西。谈谈孔学,做做歪诗,结果只有把今天这点民族主义的萌芽整个毁掉完事。其实一个民族的"古"是在他们的血液里,像中国这样一个有悠久历史的民族,要

取消它的"古"的成分,并不太容易。难的倒是怎样学习新的,因为在上文我们已经提过,文化是有惰性的,而愈老的文化,惰性也愈大。克服惰性是一件难事啊!

三月一日　《家族主义与民族主义》发表于昆明《中央日报》。收《闻一多全集》。

这是一篇以史论今的杂文,认为家族主义妨碍民族主义的发展,应当改变儒家"孝"的家族主义观念,走民族主义的路。文章指出:

> 由明太祖而太平天国,而辛亥革命,以至目前的抗战,我们确乎踏上了民族主义的路。但这条路似乎是扇形的,开端时路面很窄,因此和家族主义的路两不相妨,现在路面愈来愈宽,有侵占家族主义的路面之势,以至将来必有那么一天,逼得家族主义非大大让步不可。家庭是永远不能废的,但家族主义不能存在。家族主义不存在,则孝的观念也要大大改变,因此儒家思想的价值也要大大的减低了。家族主义本身的好坏,我们不谈,它妨碍民族主义的发展是事实,而我们现在除了民族主义没有第二条路可走(因为这是到大同主义必经之路),所以我们非请它退让不可。
>
> 有人或许以为讲民族主义,必须讲民族文化,讲民族文化必须以儒家为皈依,因而便不得不替家族主义辩护。这似乎是没有认清历史的发展。而且中国的好东西至少不仅仅是儒家思想,而儒家思想的好处也不在其维护家族主义的孝的精神。前人提过"移孝作忠"的话,其实真是孝,就无法移作忠,既已移作忠,就不能再是孝了。倒是"忠孝不能两全"真正一语破的了。

三月八日　在中法大学中国文学史课上讲唐朝文化与北朝"文质"之演进。

（据邹联彩日记,龙美光提供）

三月十九日　《说舞》发表于昆明《生活导报》第六十期。收《闻一多全集》。

这是一篇很精彩的论说文,文中形象地描写了澳洲风行的科罗泼利(Corro-Borry)舞的热烈场面,说它"可以代表各地域各时代任何性质的原始舞,因为它们的目的总不外乎下列这四点：(一)以综合性的形态动员生命,(二)以律动性的本质表现生命,(三)以实用性的意义强调生命,和(四)以社会性的功能保障生命"。

同日　《庄子外篇校释——骈拇》发表于昆明《中央日报》"星期增刊"第七期。

这是一篇训诂文章。

三月二十九日　国民政府宣布取消五四纪念,以是日为青年节。先生对此大为不满,在《八年的回忆与感想》谈话中说："联大风气开始改变,应该从三十三年算起,那一年政府改三月二十九日为青年节,引起了教授和同学们一致的愤慨。"（《联

大八年》,第 7 页)

是年春　为胞弟闻家驷书写一条幅,上录陶渊明《读山海经》中一句:"众鸟欣有托,吾亦爱吾庐。"下书"驷弟出纸属书陶句,时同客滇南,弥念湖上老宅也。甲申春日一多。"

是年春　出席陈家煜、于诗蘩结婚仪式,并作证婚人。陈家煜于一九三九年考入西南联大,甄别考试作文《告日本民众书》由先生阅卷,印象不错。陈虽非文学院学生,但因是浦江清的同乡(松江),所以浦江清邀约先生出席此次婚礼,还出纸请先生写了贺幅。贺幅是用钟鼎文录的《诗经·周南·关雎》的前四句,书法极佳,落款处盖"金汁灌叟"自刻印。孙起孟也来参加婚礼,得以与先生相识。

四月九日　西南联大十二位爱好文学的同学何孝达(何达)、沈季平(闻山)、施载宣(萧荻)、康倪、赵宝煦(白鹄)、黄福海(黄海)、周纪荣、赵明洁、段彩楣、施巩秋、王永良、万绳楠到司家营闻一多家中,请先生担任他们准备成立诗社的导师。先生很高兴,和同学们谈了许多,并建议这个诗社应表现出"新"意。于是,联大"新诗社"这天诞生了。

史集①《闻一多先生和新诗社》:"闻先生非常认真直率地评讲了大家带来的习作。他非常支持我们组织诗社的愿望,兴奋地为我们讲述了他对诗的见解。从批判中国传统的所谓'诗教',讲到写诗和做人的道理,谈他在现实生活中的感受,更坦诚地谈他对我们诗社的期望。他说:'我们的诗社,应该是"新"的诗社,全新的诗社。不仅要写新诗,更要做新的诗人。你们当然比我懂得更多,在这年头,你们会明白究竟应该做一个什么样的诗人。'这就是我们所以把酝酿成立的诗社命名为'新诗社'的由来。后来,我们把闻先生这次讲话的精神,归结成新诗社的四条纲领,那就是:一、我们把诗当作生命,不是玩物;当作工作,不是享受;当作献礼,不是商品。二、我们反对一切颓废的、晦涩的、自私的诗;追求健康的、爽朗的、集体的诗。三、我们认为生活的道路,就是创作的道路;民主的前途,就是诗歌的前途。四、我们之间是坦白的、直率的、团结的、友爱的。虽然在一周之后,我们又在联大南区教学区旁的学生服务处小会堂,开了一个有更多同学参加的新诗社成立大会,但是我们仍然把司家营和闻先生一起的集会作为新诗社成立的纪念日。"(《云南师范大学学报》,1987 年第 2 期)

先生对新诗社的同学要求很严格,针对他们诗作中的某些缺点,严肃地说:"年青人有幼稚病,这没有什么可怕,要勇敢地去发现问题,学会正确地解决问题。"后

---

①　史集,即新诗社诸同学写此文时的联合笔名。

来又多次强调："今天的新诗人，必须到群众中去，为人民服务，向人民学习，这是文艺青年的必由之路。"(同前)

以后，先生常常出席新诗社组织的诗歌创作、朗诵与讨论活动。闻山在《教我学步的人——闻一多先生逝世十周年祭》中回忆："夜晚，在一座小楼上，一群喜爱诗的年青人热哄地聚在一起。各人带来自己最近写的诗，交换看着。闻先生也来了。他是大家的诗的读者，也是临时的批评家。房子太小，人多，又没有凳子，于是拿稻草打成的圆垫子叠起来，靠着墙坐了一排，屏风栏上也坐满了人。闻先生原先被尊敬地安置在床上坐着，但半中间他却挤到了坐草垫子那一排里去。他朗诵了一些诗，也读了我的一首。他读时，我觉着害羞，但又感到幸福的发慌。我只顾听他怎样念，以至他如何说我的诗，竟没有听进耳朵里去。谈诗谈得很激烈。闻先生笑着，听着，不大参加争论。突然地，他问了一句：'你们以为我到你们中间是干甚么来的？'大家没提防有此一问，还来不及回答，他顿了顿，说：'你们也许以为我是来教你们，来领着你们走的吧？那样想就错了。我是到你们中间来取暖的！其实，哪里是我领着你们，那是你们推着我走！今天的年青人做了许多不应该由他们来做的事，但是他们做了，而且做得很不坏。他们肩上挑着中年人的担子。这教人看了高兴。也使人想着悲哀。干嘛不让他们好好在学校里念书呢？这正是应该念书的年龄。这说明了，有许多中年人放弃了自己对生活的责任，如果年青人不挑起这担子来，事情就更没有人过问了！'"(《人民日报》,1956.7.14)

新诗社不但组织朗诵会，还出《诗与画》壁报。这个壁报后来分为"新诗"和"阳光美术社"两个部分，后者吸收了虽不写诗但爱绘画的同学参加，这样就团结了更多的人。先生又成了阳光美术社的导师，他鼓励大家多画漫画、宣传画，不要涂抹"闲情逸致"，装点"风雅"、"松荫高士"、"芭蕉仕女"等，在今天国家危急存亡之秋"，再画这些东西，就是"帮凶"。在绘画技法上，先生要大家"尽量摒弃主观虚构的东西，强调写实"。当他看到同学中"有人画倒毙在马路边的尸体时"，"就加以肯定，说，对这个吃人的社会，就是要用画笔来控诉"。(赵宝煦、闻山《闻一多导师和新诗社、阳光美术社》,《闻一多纪念文集》,第335页)

四月二十三日　《从宗教论中西风格》发表于昆明《生活导报》第六十五期。收《闻一多全集》。

该文从宗教入手，分析中西文化风格的互异。说："要说明中西风俗不同，可以从种种不同的方面着眼，从宗教着眼，无疑是一个比较扼要的看法。"先生认为宗教的本质，最初体现了人类求生的原始思想，"生的意志大概是人类一切思想的根苗。人类生活越接近原始时代，求生意志的强烈，与求生能力的薄弱，愈有形成反比之势"。在叙述了中西宗教产生的过程之后,先生说:"往往有人说弱者才需要宗教,其实是强者才能创造宗教来扶助弱者,替他们提高生的情绪,加强生的意志"。"宗教本身尽有数不完的缺憾与流弊,产生宗教的动机无疑是健康的"。

先生研究宗教,是带着批判现实的精神。他说:"有人说西洋人的爱国思想,和恋爱哲学,甚至他们的科学精神,都是他们宗教的产物,他们把国家、爱人和科学的真理都'神化'了,这话并不过分。至少我们可以说,产生他们那种宗教的动力,也就是产生那爱国思想、恋爱哲学和科学精神的动力。"文中批判了中国的儒家哲学,并借以发挥说:"尽管有你那一套美丽名词,还是掩不住那渺小、平庸、怯懦、虚伪,掩不住你的小算盘、你的偷偷摸摸、自私自利,和一切的丑态。你的孝悌忠信、礼义廉耻,和你古圣先贤的什么哲学只令人作呕,我都看透了! 你没有灵魂,没有上帝的国度,你是没有国家观念的一盘散沙,一群不知什么是爱的天阉(因此也不知什么是恨)。你没有同情,也没有真理观念。然而你有一点鬼聪明,你的蕃殖力很大。因为聪明所以会鼠窃狗偷——营私舞弊,囤积居奇。因为蕃殖力大,所以让你的同类成千成万的裹在清一色的破袄里,排成番号,吸完了他们的血,让他们饿死,病死……这是你的风格,你的仁义道德! 你拿什么和人家比!"先生说"没有宗教的形式不要紧。只要有产生宗教的那股永不屈服,永远向上追求的精神,换言之,就是那铁的生命意志,有了这个,任凭你向宗教以外任何方向发展都好。怕的是你这点意志,早被瘪死了,因此除了你那庸俗主义的儒家哲学以外,不但宗教没有,旁的东西也没有。更可怕的是宗教到你手里,也变成了庸俗、虚伪,和鼠窃狗偷的工具。怕的是你的生命的前提是败北主义,和你那典型的口号'没有办法'! 于是你只好嘲笑,说俏皮话。"

五月三日 西南联大历史学会在新校舍南区十号教室,举行"五四"二十五周年纪念座谈会。大会主席是李晓同学,先生和张奚若、周炳琳、吴晗、雷海宗、沈有鼎等教授到会。

这次活动,当地报纸报道云:"西南联大为纪念五四,特发动座谈会、演讲会及体育表演。历史学会订于今晚七时假昆北北食堂,举行座谈会,讨论'五四运动的认识'。除分(一) 五四运动之历史追忆,(二) 五四运动的内包及外延,(三) 我们对五四的认识外,并分详细细目。已请张奚若、潘光旦、周炳琳、吴之椿、王赣愚、曾昭抡、闻一多、雷海宗、刘崇鋐、姚从吾、吴晗、郑天挺、邵循正、蔡维藩、孙毓棠、毛子水等教授出席指导。"(《纪念五四运动,西南联大明日盛会》,昆明《中央日报》,1944.5.3)

会上,周炳琳首先报告了他在"五四"时的经历,接着先生也讲了参加"五四"运动的情况,张奚若把"五四"运动与辛亥革命做了比较,吴晗发言说明今天所受思想与文化上的束缚,雷海宗则认为学生的天职就是读书。这时,先生再次站起来,提出要"里应外合",打倒孔家店。这是一次十分成功的晚会,一九四六年吴晗谈到这年五四纪念的几次大会时,认为它们"建立了近两年来联大民主运动的基础"。

先生的发言,被西南联大经济系学生张友仁记录整理,冠以《五四历史座谈》为题,交吴晗。收《闻一多全集》。文中讲述了自己在"五四"时的活动,并针对蒋介石在《中国之命运》中主张恢复传统的儒家思想甚至否定西方资产阶级国家的自由民主的言论,针锋相对地提出号召,要大家"里应外合"打倒孔家店:

　　　方才张先生说五四是思想革命,是正中下怀(记者按:张奚若先生说道:"辛亥革命是形式上的革命,五四则是思想革命。")但是你们现在好像是在审判我,因为我是在被革的系——中文系里面的。但是我要和你们里应外合!张先生说现在精神解放已走入歧途,我认为还是太客气的说法,实在是整个都走回去了!是开倒车了!……我为什么教中国文学系呢?……我的读中国书是要戳破他的疮疤,揭穿他的黑暗,而不是去捧他。我是幼稚的,但要不是幼稚的话,当时也不会有五四运动了。青年人是幼稚的,重感情的,但是青年人的幼稚病,有时并不是可耻的,尤其是在一个启蒙的时期,幼稚是感情的先导,感情一冲动,才能发出力量。所以有人怕他们矫枉过正,我却觉得更要矫枉过正,因为矫枉过正才显得有力量。当时要打倒孔家店,现在更要打倒,不过当时大家讲不出理由来,今天你们可以来请教我,我念过几十年的经书,愈念愈知道孔子的要不得。因为那是封建社会底下的,封建社会是病态的社会,儒学就是用来维持封建社会的假秩序的。他们要把整个社会弄得死板不动,所以封建社会的东西全是要不得的。我相信,凭我的读书经验和心得,他是实在要不得的。中文系的任务就是要知道他的要不得,才不至于开倒车。

这篇讲演记录,口气比较平和。王康《闻一多传》还有另一种记录,则颇有"火"气:

　　　你们都知道我没有参加过这样的会,更不会在这样的会上讲话,只是想来呼吸一点新鲜的空气。在这样的会上,对于像我这样长期钻在故纸堆里的人,是没有发言权的。如果要说几句,也只能是以被审判的资格,讲讲自己的心情。这些年来我是太落伍了,自己的工作脱离了现实。……"五四"的人物是没有完成"五四"的任务的。"五四"要科学,要民主,靠"五四"起家的人像罗家伦、段锡朋之流,都变成反民主的人物了。另一些像我这样的人,说起来,是搞了这么多年的学术研究,自然多少算是做了一点事情,可是没有民主的国家,怎么能保障和奖励学术的研究呢?而且这些研究又究竟有什么用呢?……只要想一想这几年的生活,看一看政治的腐败所给人民的痛苦,有良心的人应该作何感想?……

学生是国家的主人,有权过问国家的大事,认为一个国家要学生耽误学业去过问政治,就是"不幸"的事情。那么,我要问问:为什么要发生这种"不幸"的事情呢?我不懂历史,我只知道,这还不都是因为没有民主!有人说,青年人幼稚,容易冲动,这有什么不好呢?要不"幼稚",当时也不会有五四运动了。"幼稚"并不是可耻的,尤其在一个启蒙时期,幼稚是感情的先导,感情一冲动,才能发生力量。有人怕他们"矫枉过正",我觉得就是要矫枉过正,因为矫枉过正才显得有力量!何况,今天的青年人的思想,也许要比中年人老年人清楚得多,理智得多哩!如今我才明白我们过去究竟干了些什么!过去,我总以为国家大事专门有人去管,无需自己去问,长期脱离了现实。但是,一二十年来和古董打交道,今天也总算得到结论了。现在又有人在叫嚷复古了,反封建的五四运动要打倒的孔家店,又死灰复燃了。孔家店就是要我们好好儿当奴才,好好服从老爷们的反动统治。现在不是又有人在嚷嚷"读经尊孔"吗?不是又有人在搞"献九鼎""应帝王"吗?

现在是民国呵,难道要我们倒退到封建朝代去吗?我要重喊打倒孔家店,我也相信我现在有资格说这句话。你们知道,我酷爱我们祖国的文化,我们的祖先确实创造了不少优秀的东西,正是为了这,我在那故纸堆里钻了很久很久,古董消蚀了我多少生命!我总算摸清了一点底细,其中有些精华,但也有许多糟粕,我总算认识了那些反动糟粕的毒害,而这些货色正是那些人要提倡的东西!同学们,现在大家又提出"五四"要科学、要民主的口号,我们愿意和你们联合起来,把它一起拆穿,和大家里应外合地来彻底打倒孔家店,摧毁那些毒害我们民族的思想。(第287至288页)

五月四日 "五四"二十五周年纪念日。这天,西南联大放假一天。上午八时,全校召开国民月会,九时起举行由体育组与训导处合办之五四运动会。当地报纸曾预告云:"计有女子排球赛,联大对附中,上午九时于新校舍举行。男子排球赛,金刚对悠悠,上午十时举行。男子足球赛,金刚对悠悠,下午一时半于昆中北院举行。男子垒球赛,金刚对教职员,下午三时于昆中北院举行。教职员垒球队阵容为:投手马约翰,捕手汤佩松,一垒王厚熙,二垒侯洛荀,三垒王维屏,游山徐锡良,外野简辉波、牟作云、王英杰、邵子博、黄中孚等。金刚垒球队阵容为:投手梁敬章,捕手罗宗明,一垒罗宗兴,二垒赵景伦,三垒欧云鹏,游山马启伟,外野王大纯,伯铃,司徒穗卿,王增健,由其文等。金刚体育会举行五四运动体育表演,计有夺旗比赛,金队对刚队,时间上午九时,骑象角力,金队对刚队,时间上午十时。拔河比赛,金刚对校警,时间上午十一时,均于新校舍举行。(《纪念五四运动,西南联大明日盛会》,昆明《中央日报》,1944.5.3) 晚,西南联大"文艺"壁报社在新校舍南区十号教室举行回顾五四以来的文艺晚会,总题目为"五四运动与新文艺运动"。先生和罗常培、冯至、朱自清、沈从文、杨振声、李广田等应邀到会。但这个会却由于一些意外的原因流产了。

九日重庆《新华日报》刊载《联大热烈纪念五四》中说:"是日晚,由文艺壁报主办的文艺晚会,特别请了八个教授主讲,预定的有闻一多教授讲'新文艺与文学遗产'、杨振声讲'新文艺前途'、朱自清讲'新文艺中散文的收获'、冯至讲'新文艺中诗歌的收获'、罗常培讲'五四前后新旧文艺的辩争'、李广田讲'五四运动的意义与影响'……这晚会相当热闹,一间小小的教室,在未开会前便挤得水泄不通。后来改到大阅览室举行。不过,在群情欣然下,是不是也有人觉得不耐烦,那是不得而知。总之,当冯至教授讲'新诗歌的收获'的时候,忽地窗子外面黑暗的角落里,突然人声嘈杂起来,接着大骂大叫,并敲打门窗,结果使讲演会简直不可能开下去,弄得许多参加晚会的校内外同学,都快然散去。究竟这些在黑角落里喊叫的人为了甚么,联大同学大都有'心照'的味道。"

罗常培在《第一个五四文艺晚会的回忆并怀一多佩弦》中也提到这件事:"一九四四年的五四,昆明西南联大的同学发起了一个文艺晚会,约请一多、佩弦、今甫(杨振声)、从文、君培(冯至)、广田和我担任讲演。会场是在联大新校舍南区十号——那是我们常常举行学术讲演的一个较大的教室。那天晚上我和一多、佩弦从福照街(余)冠英家里赶到,会场已经挤得满满的,外面还围绕着好几层。另外还有更多的学生跑到北区的广场上要求改到那里开会。可是已经在第十教室占了两点钟座儿的热心听众坚决反对。我和一多百般劝导无效,加上三青团的分子又乘机捣乱,于是这个大家渴望的晚会,竟至没有开成。"(《光明日报》,1950.5.4)

当时,会议的组织者程法伋、张源潜没有想到会有这么多人来参加(还有许多是外校的),为了应付局面,准备把会场改在图书馆。这个临时决定导致外面的人赶到图书馆去占座位,而十号教室内坐定的人却不肯动。为此,组织者又建议分两个会场开,演讲者辛苦些,两边各讲一次。罗常培同意了,但先生认为纪念五四应"是一个团结的会,应该合在一起开",说着站起来。会场内的人一看,纷纷挤出去向图书馆跑去。当先生到图书馆时,外面也挤满了人,怎么也进不去。这时,冯至已开始讲演,电灯却突然熄灭了,显然有人破坏,会场骚动,主持会的李广田只得宣布改期举行。此刻,先生才发现罗常培没有同来。(张源潜《回忆联大文艺社》,《云南现

代史研究资料》第10辑,第51至55页)

这样的结局来的如此突然,大家毫无思想准备。先生提议大家一起去看看罗常培,于是,和杨振声、朱自清、冯至、李广田几人往文林街罗家走去。一进门,先生首先检讨自己情绪激动,表示歉意。双方隔阂顿时消除,大家商量这个会一定要重开,一定要开好。(程法伋《闻一多与西南联大五四文艺晚会的流产和重开》,未刊)

朱自清在日记中记录了当晚的情况:"参加文学晚会,但学生为调整宿舍而闹口角,会议根本无法进行。今甫发火,莘田之女站在其父立场上也十分恼怒。一多被她弄得很尴尬。他们共同劝说学生和解,但一多的口气与莘田大不一样。当一多与我们一同去看望莘田并向他道歉时,他对此并不在意。"(朱乔森编《朱自清全集》第10卷,第290页)

这次晚会的策划者马识途回忆当时的情况说:"原来我们就计划好的,在联大5月3日晚上历史学会召开座谈会后,接着5月4日就由中文系召开一个纪念五四的文艺座谈会。5月4日的晚上,还是在南区十号这个教室里,中文系按时举行座谈会,讨论五四以来的文艺,请了好几位教授讲话。这个会由中文系主任罗常培教授主持。闻一多教授也参加了。具体组织工作却是由中文系系会主席齐亮和我们一批进步同学在做。我们没有料到,专门讲文艺的座谈会,也来了这么多的同学,比前一天晚上来的人还要多。当然比前一天晚上来的'狗'也多得多。教室里实在容不下,只好请讲话的人站得高一些,以便站在窗外的同学也可以听得到。但是有的教授讲话声音小,外边的人在叫'大声些'。这时,那些也许早已奉命来捣乱的特务分子,便乘机起哄,大喊大叫,乱糟糟的,大家更听不清楚了。忽然,他们把电线割断,电灯灭了。怎么办呢?我们研究,决不能听任他们破坏,这个会一定要进行下去。可是主持会议的罗常培却说:'算了,今晚上的会结束了。'这一下激怒了闻一多,他主张在黑暗中也要把会开到底。我们商量,是不是拉到图书馆大阅览室里去开,那里地方大,灯又很亮。闻一多表示可以,可是罗常培还是不同意。闻一多这时有点激动,和罗常培吵了两句,罗常培更不高兴,以为有损他这个系主任的尊严,他硬宣布:'散会!'散会后,罗常培气冲冲地走了,闻一多也不高兴地回去了。大家也十分懊恼,开了这么个不成功的座谈会。但是我们认为,这个会一定要开,有这么多同学来参加,这是好事,我们一定要准备好,开一个更大的五四文艺座谈会。不过,这个会还是一定要由系主任罗常培来主持,闻一多也一定要请来参加才好。罗常培和闻一多之间有一点意见,怎么办呢?他们两个只要有一个不参加,就不宜开。于是我们第二天分头去做工作。闻一多的工作比较好做。我和齐亮去找他,跟他说明是'他们'(这两个字不用解释,他就明白是指的什么)有意的破坏,决不能叫他们这么快意,一定要冲破牢笼,一扫联大的沉闷空气,把五四的传统发扬起来,把联大民主的旗帜举起来。他马上表示同意,但是他说:'罗先生生气了,他还愿意来参加吗? 他不来参加,我也就不好来参加了。'是这样,罗常培当时思想本来要差一些,何况第二天就有人在散布谣言。罗常培还受到国民党教授的'好意'劝告。再加那天晚上闻一多说了几句扫罗常培面子的话。如果作为中文系主任的罗常培不出来主持,作为只是一个教授的闻一多,当然不好出来主持。后来我大胆地对闻一多说:'要罗先生出来,除非闻先生你亲自上门去请他,同时解释一下昨天晚上的误会。'我没有想到闻一多一下就答应了,而且很天真地说:'马上就去。'我对他说:'最好让我们系会的负责同学先去找罗先生说,且我们还要商量一下怎么个开法。'于是我告辞出来,和齐亮一道去找罗常培,动以师生之情,说中文系开的这个会不过是讨论文学问题,如果开不成,中文系太没面子。我又说闻先生准备登门请教,商量继续开座谈会的办法。罗常培经过我们疏通,特别是听说闻一多要登门请教,更不好不答应。于是我们和闻一多一起去罗常培家里找他。甚至没有经过什么解释,他们二人就说和了。闻一多说,中文系要开一个更大的座谈会,并且多请几位教授来作报告,我们提出我们的想法,罗常培到底同意了。齐亮说:'一切具体的事由同学去办,老师们按时到会主持就行了。'闻一多要罗常培主持,罗常培却推闻一多主持,后来商定由他们二人主持,由他们人发请帖请教授,并由他们二人在民主墙上出通知。"(《马识途文集》第9卷《风雨人生》下册,第397至399页) 于是,马识途等同学决定重开的晚会改在新教舍的大广场举行,除了安电灯,还借来煤气灯。会前两天,他们把以罗常培、闻一多二人名义出的通告,用大幅红纸贴出,不特轰动了联大,而且外校也轰动了。

　　同日　《楚辞校补》获教育部学术审议会颁发的一九四三年度(第三届)学术二等奖。重庆《新华日报》次日作了报道,标题为:《学术审议会昨日续开大会,选拔得奖作品和发明,闻一多朱光潜得二等奖,洪深得三等奖》。这次请奖的著作、发明及音乐作品共二〇三件。其中一等奖六人中,有西南联大两人,为汤用彤《汉魏两晋南北朝佛教史》(哲学类)、陈寅恪《唐代政治史述论稿》(社会科学类)。获二等奖者共六人,西南联大除先生《楚辞校补》(古代经籍研究类)外,还有朱光潜《诗论》(文学类)。西南联大获三等奖者,有高华年《昆明核桃等村土地语研究》(文学类)、郑天挺《发羌之地与对音》等论文三篇(社会科学类)、罗廷光《教育行政》(社会科学)。另,西南联大在自然科学类获一等奖者有杨钟健《许氏禄丰龙》,获二等奖者有王竹溪《热学问题之研究》、张青莲《重水之研究》、赵九章《大气之涡旋运动》,获美术类三等奖者有张清常《中国上古音乐史论丛》、阴法鲁《先汉乐津初探》。(北京大学、清华大学、南开大学、云南师范大学编《西南联合大学史料》第3卷,第759至762页,云南教育出版社1998年10月出版)

《楚辞校补》获二等奖,有些人曾为此不平,但先生并不在乎,只是偶尔在闲谈时开玩笑地说了一句:"他们发的那份'奖分',到我手上的时候,还不够我买抄稿子的纸钱哩!"

二等奖奖金为一万五千元,按昆明《扫荡报》四月二十六日所报道的米价,可购糙米不足三石(上米每石七千元,中米六千八百元,红米糙米五千八百元)。

郭沫若当时为审查者之一,他见到了先生送审的书。他后来回忆说:"这书在民国三十二年是得过教育部学术奖金第二等奖的,当时我也叨列为审查者之一人,因此我得以看见一多先生所亲笔校改的送审本,不仅在重要的地方有些删改添补,就连一个符号,一个字的偏旁结构,他都有仔细的改正(我现在手中的是'据著者手校本再校补'本,就是那时照着抄下来的,将来出全集时或许可供参考)。这种周到的负责任的态度,对于我实在是留下了很深刻而铭感。"(郭沫若《闻一多的治学精神》,北平《骆驼文丛》新1卷第1期,1947.8.15)

五月五日 晚六时半,出席昆明文艺界、西南联大国文学会、外国语文学会、中法文史学会等联合举办之第一届五四文艺节纪念晚会。当地报纸预告晚会地点在西南联大新校舍大草坪,由徐嘉瑞主席,先生与罗庸、尚钺、李何林、李广田、周钢鸣、闻家骊、楚图南、朱自清、常任侠分别演讲,先生的演讲题为《艾青及田间》。(《本市文艺工作者今举行文艺晚会》,《云南日报》,1944.5.5) 昆明《扫荡报》报道,是日下午七时,先生应云南大学文史学会邀请,在该校泽清堂讲"庄子的思想背景"。但先生因参加第一届五四文艺节纪念晚会,故演讲移至下周进行。

五月七日 《九歌校释——东皇太一》发表于昆明《中央日报》"星期增刊"第十四期。此文为对《九歌·东皇太一》若干诗句之校释。

五月八日 四日流产的五四文艺晚会于是晚重开,组织者改为联大国文学会,主持人为齐亮等同学,地点改在图书馆前大草坪。大会主席由先生和罗常培共同担任,除了四日晚已邀请的冯至、朱自清、沈从文、杨振声、李广田教授外,又邀请了卞之琳、孙毓棠、闻家骊教授。到会者三千余人,不仅有联大同学,云大、中法大学和一些中学同学也来参加。这次晚会十分热烈,报载:"有什么能够代表联大精神吗? 记者认为就是今天这个晚会。你不见,在傍晚的时候,昆北街上,公路两头,就像潮涌般的人都向着新校舍奔去。这时可以用一句俗话形容:'山阴道上,络绎不绝。'真的他们有着远道朝山的行僧一般的虔诚与热望,而这会真也可以比喻做一座香火旺盛的圣地。过去有人说联大像一潭止水,而现在则是止水扬波,汹涌壮

阔。"(本报记者《浪漫的道路——记联大的文艺晚会》,《云南日报》,1944.5.9)

不过,也有人对先生批判文学遗产的态度不以为然。十日,吴宓从报上看到先生演讲后,在日记中写:"报载前日闻一多演辞,竟与我辈'拥护文学遗产'者挑战,恨吾力薄,只得隐忍。"十一日,又在日记中写:"下午1—2时联大上课,见学生壁报,承闻一多等之意,出特刊讨论尊孔、复古问题,不胜痛愤,仍强为隐忍。"(吴宓著、吴学昭整理注释《吴宓日记》第9册,第258页,三联书店1999年3月出版)

这天晚会,罗常培首先致开会词,接着便讲"五四前后文体的辩争",冯至讲"新文艺中诗歌的收获",朱自清讲"新文艺中散文的收获",孙毓棠讲"谈现代中国戏剧",沈从文讲"从五四以来小说的发展及其与社会的关系",卞之琳讲"新文艺与西洋文学的关系",闻家骊讲"中国之新诗与法国文学",李广田讲"新文艺中杂文的收获",先生讲"新文艺与文学遗产",杨振声讲"新文艺的前途"。(据《月夜下畅谈新文艺——记西南联大文艺晚会》,昆明《中央日报》,1944.5.10)这年的五四纪念,是联大乃至昆明民主运动重新蓬勃发展起来的标志。五四的大规模集会,在大后方也是头一次。

先生的讲演,经张友仁记录,以《新文艺与文学遗产》为题,于一九四七年交给吴晗。收入《闻一多全集》。文中说:

今天晚上在场发言的,建设新文艺的人物有八位教授(记者按:八教授为冯至、朱自清、孙毓棠、沈从文、卞之琳、闻家骊、李广田、杨振声),而我和罗先生(常培)是干破坏的,破坏旧的东西,……月亮出来了(闻先生指着初从云中钻出的满月说),乌云还等在旁边,随时就会给月亮盖住。我们要特别注意……要记住我们这个五四文艺晚会是这样被人阴谋破坏的;但是我们不用害怕,破坏了,我们还要来!五四的任务没有完成,我们还要干!我们还要科学,要民主,要打倒孔家店和封建势力!……文学遗产在五四以前是叫做国粹,五四时代叫做死文学,现在是借了文学遗产的幌子来复古,来反对新文艺,现在我就是要来审判它:中国在君主政治底下,"君"是治人的,但不是"君"自己去治,而实际治人的是手下的许多人,治人就是吃人!……中国的政治由封建而帝制,再由帝制而民治……中国的封建社会里面有四种家臣:第一种是绝对效忠主子的,是儒家;第二种次之,是法家;第三种更次之,是墨家;而庄子是第四种,是拒小惠而要彻底的拆台的,但是因为有前三种人的支持,所以没有效果,后来,由反抗现实而逃到象牙塔中。辛亥以后,治人吃人的观念并没有打倒。管家人吃人,借了君子的名字。在五四,第四种人出塔了,他们要自己管理自己,管家的无立足余地了,但是他们仍旧可以存在的,不过不再是替君子管而是替人民管了。可惜第四种人在塔外住不惯,又回到塔里面去了!那么前三种人又活跃了!但他们觉得新主子不如旧主子好,所以才有"献九鼎"啊!新主子一出来首先要打击五四运动,要打击提倡民治精神的祸因。后来他们发现民主是从外国来的,于是义和团精神又出现了,跟外国人绝交。现在谈第四种人,他们拼命搬旧塔的砖瓦来造新塔,就如有人在提倡晚明小品,表面上是新文艺,其实是旧的。新文学同时是新文化运动,新思想运动,新政治运动,新文学之所以新就是因为它是与思想、政治不分的,假使脱节了就不是新的。文学的新旧不是甚么文言白话之分,因为古文所代表的君主旧意识要不得,所以要提倡新的。第四种人中的道家则劣处较少。新文学是要和政治打通的。至于文学遗产,就是国粹,就是桐城妖孽,就是骸骨,就是山林文学。中国文学当然是中国生的,但不必嚷嚷遗产遗产的,那就是走回头路,回去了!现在感到破坏的工作不能停止,讲到破坏,第一当然仍旧要打倒孔家店,第二要摧毁山林文学。从五四到现在,因为小说是最合乎民主的,所以小说的成绩最好,而成绩最坏的还是诗。这是因为旧文学中最好的是诗,而现在做诗的人渐渐地有意无意地复古了。现在卞先生(之琳)已经不做诗了,这是他的高见,做新诗的人往往被旧诗蒙蔽了渐渐走向象牙塔。

这次演讲,西南联大中文系刘晶雯同学也做了记录,兹录以参考:

今天的讲演者可以分作两类:一类是建设新文艺和介绍西洋文学的;第二,我和罗(常培)先生是既不创作亦不介绍的。但是,负责建设的先生们不要太乐观。刚才罗先生说月亮要出来,现在果然已经出来了。但是,乌云在等着要把它盖上。建设是要的,但破坏也不能少。也许有一天人家不让你写,写了也不准看,我和罗先生就在尽保护之责,当打手。

今天有人提到文学遗产,他们的意思与卞(之琳)先生所说的"传统"不相同。"遗产"是"产",财能通神,这是利诱;是"遗",由祖宗遗下来的。中国人有祖先崇拜的观念,所以"遗"是有威胁性的。

"遗产"在五四前叫"国粹",提倡文学革命者称它作"死文学"、"古典文学"等等。今日提倡"文学遗产"的,实在是要排外和复古。"文学遗产"实在是一宗赃案,我们今天就要来清查这赃案。

我们中国三四千年以来都在君主之下。"君主"就是以君为主,由君治人。但是实际上负治人责任的,是君主手下的管家们。我们几千年来实在都是官治政治。

这官治政治有过两次改变:第一,管家之罢工,发生于封建制度崩溃之时。从楚狂接舆到庄子，就是。第二，帝政之拆台，辛亥革命和五四就是。

楚狂接舆和庄子们是不合作的，由不合作而不作，不立功而立言，成为文学家。不幸地，他们由反现实而至于逃避现实，走入象牙塔去。几千年来都是如此，只有很少数的几个例外的文人。

管家们可以分做四种：一、绝对的奴才，助主子行小惠的儒家。二、罢工后复工，助主子整顿家务的法家。整顿家务是好的，但为主子而整顿，却是要不得的。三、外庄内儒的隐士、名士。先摆臭架子，奇货可居，后作大官，此等人居心叵测。四、彻底拆台，彻底不合作，如庄子辈。此等人后来躲到象牙塔去了。他们的拆台，因为有前三种人在，所以不能发生作用。

辛亥后，君主虽然被打倒，但是管家们却不倒，他们依然要吃油水。因为要吃油水，感觉得有个君主才方便行事，于是有几次的复辟。

五四后，第四种人出塔了。但是那时虽然根本否认君主，但管家们仍出色，仍然可以替"尼"管。所以前面的三种，依然可以立足。第四种人渐渐呆不惯，看不过，于是又入塔了。

第四种人越往塔里钻，则前三种人越发活动自由。结果，人们觉得现在的"民之主"还不如旧时的"君之主"好，于是献九鼎。而第四种人亦觉新塔不如旧塔好，于是以旧塔的砖瓦作新塔。这样，儒家哲学、文学遗产、晚明小品便出来了。在诗的方面，似新实旧的有林□；在散文方面，则有林语堂。

前三种人活动，第一便要先打击五四运动。追源溯流，便恨起外国人来，于是义和团精神又出来了。

我们要知，新文学运动之所以为"新"，它是与政治、社会思想之革新分不开的，不是仅仅文言、白话的问题。旧文学的要不得，在于它代表君主这一套旧的意识，并不是它的艺术价值低。

我们要把文学和政治打成一片，要出塔。我们要知道，所谓"遗产"，就是什么"国粹"，死文学、贵族文学、山林文学，就是桐城谬种、选学妖孽。我们是中国人，中国的文学当然要从旧文学发展而来，不必故意在嚷什么遗产不遗产。要嚷，就是有意要回到五四以前的旧路。

新文学运动以来，小说成绩最好。这是由于新文学要求民主自由，而小说最自由。成绩最不好的是诗，因为过去旧文学中成绩最好的是诗，我们总是会在不知不觉间摹仿旧诗，有意无意地回到旧诗的路上去。如是，便不知不觉又走进旧的象牙塔去了。

所以我们不能忽略破坏。最重要的，是打倒孔家店；再则摧毁象牙塔。这

两种东西是相因而至的,都是要不得的。(刘晶雯给编者的抄件,1988.3.4)

昆明《中央日报》记者在《月夜中畅谈新文艺——记西南联大文艺晚会》报道中,也记录了先生的演讲:

> 要建设新文学,破坏的工作不能停止。所谓文学遗产,就是五四以前的"国粹",五四时的"死文学"、"古典文学"或"贵族文学",都是几千年来君主制度下产生的东西,有人要利用这个新名词来复古,来排外,这是必得清算的。
>
> 几千年来的君主制度,君主是治人的,底下有管家,管家可分四种:有逃避现实的,如屈原、杜甫、韩愈、白居易等;有帮助主子严格整顿的法家;有摆架子的外庄内儒家;有彻底拒绝的庄子们。惟因前三种在拥护君主,所以庄子的学说不甚得力。五四以后,庄子派出了象牙塔,想抬出孔子出台,搬旧塔之瓦堆砌新塔,换汤不换药。
>
> 今天的文学口与政治合流,遗产是要不得的。我们还得打破象牙之塔,消除一切君主时代的产物,利用遗产而不是保存遗产地建设我们的新文学。(昆明《中央日报》,1944.5.10)

《正义报》记者在《在月光下——记一个三千人的文艺晚会》中亦记叙到:闻一多"带着诗样的音节,从政治背景指出中国社会的特点,又指出老庄一类的文人,并告诉我们中国社会上的四种人物:第一种是为主人管家的奴才——儒家;第二种是隐而后出的黄老法家;第三种是外庄内儒;第四种是抱有一些新思想,可是怀着投机心理的人。这四种人在历史上有不少的表现,可是,'五四'清算了他们的命运,我们今天不详细地说这些——闻先生特别强调地说:'五四'创造了新文学,现在的问题不单是白话文学的争辩,而是新文学要与政治思想打成一片,才能有左右社会的作用。闻先生沉痛地说明'遗产'之要不得,新文学要加紧的建设,但在现实的面前破坏的工作仍不要放松。同学们尽最大的力量向闻先生致敬,掌声盖过了一切的声音。"(昆明《正义报》,1944.5.10)

《云南日报》记者对这天的晚会也做了报道,对先生的讲话是这样记录的:

> 闻先生首先说他与罗常培先生是既不创造也不介绍的人,而是在做着破坏的工作,也就是替在创造及介绍的诸位先生把守大门,清除内奸,之后就说到正题上去。"遗产"一词,在五四前叫"国粹",五四以后叫"死文学",而现在则叫"文学遗产"。现在就有很多人拿它做复古及排外的工具。其实文学遗产是一件赃案,我今天就是来破坏这个赃案的。我国过去是君主专治,其中文中可以分成四种:(一)做奴才的儒家。(二)走终南捷径的法家。(三)外庄内儒的"隐士"。(四)辞而不干趄进象牙塔去的庄子等。前三者维持君主政治,

因此后一种人便无能为力。五四以后,第四种人出了事,但有些出来后又走回去了。有些则搬一些旧砖头去建造新塔(林语堂等即是)。前三者人一得势,于是打击民主精神,打击五四运动。新文学运动是与新文化新思想运动分不开的,因此今日我们更必需将新文学打入社会中去。所以我说"文学遗产"要不得,嚷嚷"文学遗产"的人是别有用心,现在我们必需彻底破坏,打倒孔家店,摧毁象牙塔。(本报记者《浪漫的道路——记联大的文艺晚会》续,《云南日报》1944.5.10)

会将结束,先生再次站起来发言。尚土《痛忆闻师》:"先生第一次走到群众面前是在一九四四年联大国文学会举办的五四文艺晚会上,那天出席讲演的先生很多,所涉及的文艺范围很广,由罗常培先生任主席。将结束时,罗先生说:'今天唱压轴戏的是杨今甫先生,杨先生将到美国讲学。'在杨先生讲后,闻先生第二次上台讲话:'今天唱压轴戏的不是杨先生而是我,我们研究中国文学二十年,目的就在摧毁这座封建的精神堡垒。'最后先生提高嗓子高呼:'我号召大家第二次打倒孔家店! 五四时候做得不彻底。'这是先生开始向民主进军的宣誓词。"(《人物杂志》第2年第9期,1947.9.15)

先生希望今后在联大应有更多的这种座谈会、讨论会,并向大家建议:"利用杨振声先生渡美之便,让我们用今天晚会的名义,向于硕果仅存的新文艺引导者胡适先生转致敬意,并报道今晚的盛况。"(《在月光下——记一个三千人的文艺晚会》,昆明《正义报》,1944.5.10)

对于先生的这种变化,有些人不理解,先生曾对华罗庚作过一次自白。华罗庚《知识分子的光辉榜样》中说:"记得在四四年纪念'五四'的晚会上,一多先生面对反动师生的丑恶表演,十分愤激,他勇敢地站出来支持进步青年。从此,他开始由一位诗人、学者变为为和平民主奔走呼号的战士了。当时我们仍然住在陈家营,一多先生已经搬到昆明西城昆华中学去住了。有一次,我和他谈起他身上的这种变化,他激动起来,对我说:'有人讲我变得偏激了,甚至说我参加民主运动是由于穷疯了。可是,这些年我们不是亲眼看到国家糟到这步田地! 人民生活得这样困苦! 我们难道连这点正义感也不该有? 我们不主持正义,便是无耻、自私!'他又认真地告诉我:'要不是这些年颠沛流离,我们哪能了解这么多民间疾苦?哪能了解到反动派这样腐败不堪?'"(《闻一多纪念文集》,第139至140页)

王康记得,先生在一次会议上也谈到过这件事。当时,先生说:"这话也有几分道理,我确实挨过饿,正是因为我挨过饿,才能懂得那些没有挨过饿的先生们所无法懂的事情。正是因为我现在能够稍微吃得饱一点,有点力气,我就要把这些事情讲出来,是不是这就是'偏激',让那些从来都是吃得很饱很饱的先生们,爱怎么说就怎么说吧。但是,我只知道国家糟到这步田地,人民痛苦到最后一滴血都要被压榨光,自己再不出来说说公正的话,便是可耻的自私!"(王康《闻一多传》,第 296 至 297 页)

署名"钟"者曾在《我所知道的闻先生》中记述到先生在一次晚会上说:"个人的生活困难是可以用别的方法解决的,譬如我,学校里薪水不够养家时,我可以在中学校兼课,也可以替人家刻图章赚钱,个人的生活问题便解决了。可是你要想到大多数人,当大多[数]人民在被压迫,无法生活的时候,就必须,也只能用斗争来争取了。"(《文汇报》,1946.7.31)

五月十六日 《九歌校释》发表于昆明《中央日报》"文林"副刊第一期。这是对《东君》、《云中君》、《湘君》的训诂文章。

同日 在中法大学文史学会第二十次公开讲演做"庄子的思想背景"演讲。
(据《学术讲演汇志》,昆明《中央日报》,1944.5.15)

是月 全家从司家营清华大学文科研究所搬到大西门外昆华中学。初,住在初中部学生宿舍,与何炳棣夫妇相邻。

先生搬到这里,是受聘为该校兼职国文教员,担任高中部三年级第二十七、二十八两班课程。时,日机轰炸已少,先生住在乡下,每周进城上课,往返四十余里,很不方便。恰西南联大历史系教员何炳棣在昆华中学兼课,受教务主任李埏(云南大学文史系讲师,兼昆华中学教务主任)委托,为本校聘请教员。何炳棣找到先生,先生畅快答应,条件是要两间房子。李埏向校长徐天祥一说,徐校长立即应允,派李埏向先生面致聘书。(据李埏《记闻一多先生在昆华中学》,《云南日报》,1988.11.30)

先生名为兼课,但校长徐天祥却慷慨地给予专任教师的待遇。报酬是每月一石(100 斤)平价米,和二十块云南通行的"半开"(两块"半开"合一个银元)。在昆华中学,先生主要讲授诗经、楚辞、史记和作文等。(据访问李埏记录,1987.11.20)

这次到昆华中学任教,何柄棣起了很大作用。他在《读史阅世六十年》中说:"我在联大前后六年,除准备两次留美考试,回沦陷区料理家务之外,在联大真正清闲的岁月无多,平时很少参加学术活动,而闻先生又久居乡下,所以见到闻先生的机会不多。一九四四春间在联大新校舍遇到闻先生,他问我的近况,我告他为解决住的问题,我在大西门外昆华中学兼课已半年多,虽只一间,宿舍楼固窗明,条件还可以。他说住在乡下本来是为躲避日机轰炸,来回二十余里往返很不方便,如果昆华中学能供给两间房子,他可以考虑去兼课。我立即把闻先生的意愿告诉李埏(云大文史系讲师,兼任昆中教务长),他和徐天祥校长喜出望外,立即决定以原作医务室的小楼楼上全部划为闻先生全家住处。我记得楼转弯处的平台还不算小,可以煮饭烧菜屯放松枝。楼外空旷,住定了后,闻师母开辟了小菜园,颇不乏田园风趣。"何柄棣还说,为了表示感谢和为他赴美留学,先生请他吃了一次丰盛的晚餐:"由于这段时日里闻先生全家生活比较愉快,也由于我已考取清华第六届庚款不久即将出国,闻师及师母预先为我饯行,准备了一顿非常丰盛的晚餐。主菜是用全老母鸡和一大块宣威腿炖出的一大锅原汁鸡火汤,其醇美香浓,使我终身难忘。在我由衷地赞赏之下,闻先生告我:'我们湖北人最讲究吃汤。'"先生与何柄棣交谈时,还说到潘光旦和罗隆基的一段趣闻:"我记不清是这晚饭后还是在另一场合,闻先生曾对我讲过当年清华学堂同班潘光旦和罗隆基的趣事。闻先生原来比他们高一班,因坚持原则反抗校章而自动留级一年,所以与潘和罗同于一九二二年出国留学。未出国前有一次潘光旦批评罗隆基某篇文章不通。罗很生气地说:'我的文章怎会不通,我父亲是举人。'潘马上回答:'你父亲是举人算得了甚么,我父亲是翰林!'闻师忙加了一句按语:'你看他们够多么封建!'他讲完,我听完,同时大笑不止。"(何柄棣《读史阅世六十年》,第182至183页,广西师范大学出版社2005年7月出版)

在昆中上课,向同学们提倡关心社会。一次,高中部训育主任王云去听先生讲课,听到先生说:不要看古书,现在形势这样危急,多看看社会吧,我不是不让研究古典,但我有资格说现在不是研究古书的时候。(据访问王云记录,1987.11.23)

是月　约这个月里,先生还担任了北京大学研究生王达津的考试委员。王达津回忆到:"一九四四年我毕业于北大文科研究所的时候,闻先生是答辩考试委员之一,就曾用楷书写详细评语于我的论文卷面,并加朱印。当时我是以金文、甲骨、《尚书》来论证古代人身代词的用法的,而闻先生却严勉以"应进一步研究典章制度。这一指示,就使我终身难忘。"(王达津《吾将上下而求索——学习一多先生治学精神》,《古典文学研究丛稿》,第206页,巴蜀书社1987年12月出版)

六月四日　《伟大的事实不朽的意义——给教导团诸君致敬》发表于昆明《正义报》"星期论文"专栏。收《闻一多全集》。时,国民党学生教导团第一团经昆明飞印度战场,在昆待机期间,曾请先生和潘光旦等讲演,昆明《民国日报》转载中央社讯云:军政部出国部队昆明集训营主任左叔平昨语中央社记者称,"该团二、三两营学生在昆休息期间,将请马主任崇陆、杜司令聿明,及联大教授闻一多、潘光旦等讲演,并参观各处"。(《各界今晨联合欢送教导一团出征远征》,1944.5.30)这篇文章可能就是根据讲演整理而成。文章认为青年知识分子自愿投军报效祖国的壮举,可以激发人们的爱国热忱,同时又批评政府当局没有任何表示,"没有同情,没有热,是麻木不仁?还是忘恩负义?"

六月六日　致清华大学校长梅贻琦两信。一为本系副教授许维遹、陈梦家晋升为教授事:

涵师校长道席：敬启者，本系副教授许维遹、陈梦家二先生升任现职已届三年，并于教课之余肆力著述，初不以物质生活之清苦、图书设备之简陋稍改其志。许先生除完成其巨著《管子集释》廿四卷、《韩诗外传集释》十卷外，又尝致力于《尚书义证》一种，会通古训，发明辞旨，诶正文字，创获之多，盖自晚清瑞安孙氏以来，罕有其匹。至其《释叆》《缋礼考》二文，于古代礼俗之研究亦能辟一新途径。陈先生于研究金文之余，亦尝兼及《尚书》，而于两周年代及史实之考证，贡献尤伙。"年历学"为治理古文之基础，挽近学者渐加注意，实迩来史学界之一新进步。陈先生本其研究金文之心得，致力斯学，不啻异军突起，凡时贤所不能解决之问题，往往一经陈氏之处理，辄能怡然理顺，豁然贯通。要之，二先生数年来，不但于先秦典籍沉潜日深，且能处处利用新材料与新方法，故其成就乃得如此，一多于二先生之工作，深所钦佩，特征得本系教授同人之同意，拟请师座转呈聘任委员会，自下学年度起升任二先生为正教授，用励贤劳，而崇硕学，如何之处，敬俟卓裁。专此布达，祗颂道祺。

又一函为何善周晋为教员事：

涵师校长道席：敬启者，本系助教何善周，任职已届四年，尚属称职。对于研究工作亦有进步，拟请准予升为教员，以资鼓励。如何之处，敬候钧裁。祗颂道祺。

梅贻琦七月二十八日批示通过。

六月八日　清华大学召开迁昆明后第二十一次聘任委员会会议，议决续聘先生与朱自清、王力、浦江清为中文系教授，改聘许维遹、陈梦家为教授。（据《聘任委员会会议记录及部分材料》，清华大学档案室藏）

六月十四日　晚七时，文协昆明分会及各大学共十五文艺团体，在云南大学至公堂联合举行诗人节晚会。先生和罗庸、游国恩、徐梦麟、尚钺等出席，楚图南、李广田报告新诗成果。常任侠、田汉、冯至、光未然等诗歌朗诵，新中国剧社也有歌唱。（《文协昆明分会举行诗人节晚会，讲演屈原生平及作品》，昆明《观察报》，1944.6.14）

六月中旬　约这时，已经毕业的汪曾祺替比他低一届的杨毓珉写过一篇题为《黑罂粟花——李贺歌诗编读后》的读书报告，先生看了大加赞赏，评价说"比汪曾祺写得还要好"。当时，汪曾祺与杨毓珉都参加了一个剧社，为排一出新戏忙得不可开交，眼看就到期末了，杨毓珉因要应付多门课的考试，忙不过来，就请汪曾祺代写了这篇读书报告。先生对这篇读书报告的评语，朱德熙听到的，传到杨毓珉后，杨便找到先生说明实情，先生没有追究，依旧算杨的唐诗学习及格，还给了八十多分。（据汪郎、汪明、汪朝《"比汪曾祺写得还要好"》，《老头儿汪曾祺：我们眼中的父亲》

（第 26、31 页）

六月二十五日　《可怕的冷静》发表于《云南日报》"星期论文"专栏。收《闻一多全集》。

这是一篇言词犀利批判现实的杂文，它表现了先生对国民党统治的强烈不满。说抗战已快七年了，可"真正饿莩恰恰就是真正的兵士"，"灾情愈重，发财的愈多，结果贫穷的更加贫穷，富贵的更加富贵"，"呼吁的声音海外比国内更响，于是救济的主要责任落在外人身上，而国内人士，相形之下，便愈能显出他们那'不动心'的沉着而雍容的风度了"。"一部分人为着旁人的剥削，在饥饿中畜牲似的沉默着，另一部分人却在舒适中兴高采烈的粉饰着太平，这现象是叫人不能不寒心的"。先生指出："非常时期所需要的往往不是审慎，而是勇气"，"民族必需生存，抗战必需胜利，在这最高原则之下，任何平时的轨范都是暂时可以搁置的枝节。火烧上了眉毛，就得抢救。这是一个非常时期！"

文中对青年的热情给予很高评价，认为青年"是撑持这天经地义"的抗战的"最有力的支柱"，"当年激起抗战怒潮的是青年，今天将要完成抗战大业的力量，也正是这蕴藏在青年心灵中的烦躁。这不是浮动，而是活力的脉搏"。当时，昆明的青年纷纷起来抨击危害抗战的黑暗腐败现象，持重者却用"冷静"、"审慎"劝告青年，先生对这种论调很反感，说"这不是冷静的时候，希望老年人中年人的步调能与青年齐一，早点促成胜利的来临！"

这篇文章在昆明发生了较大反响，联大教授的一些文章中常提到此文。直至次年五月十一日，《扫荡报》副刊还发表了汪洋的《冷静与麻木——读闻一多〈可怕的冷静〉》。

同日　美国副总统华莱士及拉铁摩尔、范宣德、哈查尔参观西南联合大学。

华莱士二十日飞抵重庆，作为罗斯福总统的代表访华。《新华日报》社论称"他的言论，他的文章，充满了对法西斯、半法西斯、孤立派和第五纵队的痛恨，洋溢着对战时战后国内国际的广泛的民主主义的热望。"二十四日，华莱士一行在宋子文陪同下飞抵昆明。为了向华莱士表示民主的愿望，王康、王子光、万禄等同学连夜赶制了大幅的英文壁报，这张英文壁报得到了先生的支持和帮助，有些文字还是先生修改和润色的。拉铁摩尔把这张壁报拍摄了下来。王康回忆说：为了让中国人民的声音多少能够向外传播一点，西南联大七个进步壁报临时组成了一个"壁报协会"，决定联合起来出一个英文壁报。"时间很急促，得到消息说华莱士来联大参观，其中只有一天多的时间，同学们自己的力量不够，便去找一些英文较好的老师帮忙，可是有的借口时间太紧，有的干脆拒绝。大家都知道闻先生很忙，最后还是只好去麻烦他了。他不仅帮助大伙写稿组稿,还亲自拉热心的教师参加这个工作,同学们在秘密的条件下,在学校附近文林街的一间小阁楼上,经过连续二十多个小时的紧张突击,把一张约高二丈宽四丈的英文壁报编成了。大家不顾疲劳,费了很大的劲(因为在土墙上钉这大的壁报没有经验也没有工具),才把它'钉'在新校舍的民主墙上。壁报上端用红纸剪贴的大字标题是:'我们决心与世界任何地方的法西斯战斗!'下端是;'我们要民主!'就在刚张贴好的时候,华莱士和拉铁摩尔一行人来到了。(王康《闻一多传》,第301页)

这张英文壁报产生了应有的影响。七月十一日美国驻昆明总领事馆第四十九号快报,云:"国立西南联合大学学生,借欢迎华莱士副总统到昆明的机会,张贴广告,向副总统致敬,批评国民党'法西斯',鼓励外国对中国的批评,并强调中国需要西方民主。"(中共云南师大党委党史资料征集组编,《一二一运动史料汇编》第5辑,第7页,1985年8月印行)

华莱士一行在联大和昆明学术界、宪政研究会等处举行了座谈会,其中先生参加了某次座谈。寄思《忆闻一多教授》:"华莱士来华,正在旧历端午节到昆明。在昆名流集会招待,我仿佛记得闻先生也在座,席间由端节谈到屈原。华莱士最后笑着说:希望各位先生不要投江。"(《文萃》第40期,1946.7.25)八月九日,美国驻华大使高斯致美国务院第一三六六号电报:"据中国方面消息,昆明约有十名中国教授,在华莱士副总统六月二十五日访昆明时,同副总统谈话中表示了对重庆政策的不满,而被教育部开除。据说其中有五人是清华大学的,包括张奚若、闻一多、潘光旦和罗隆基。[①] 还有清华大学校长梅贻琦博士,已奉命前来重庆述职,对他在此次非法谈话中有所牵连作出解释。"(中共云南师大党委党史资料征集组编《一二一运动史料汇编》第5辑,第11页)

同日 先生与高孝贞特请西南联大中文系学生彭兰来家共度端阳节,并提出愿收这位小同乡为自己的干女儿。

六月二十九日 暑假开始。

约这前后,参加设在北门街唐家花园的西南文化研究会。该会为华岗、周新民、楚图南、尚钺等人秘密组织,实际上是学习讨论会,对外也用西南学术研究会或西南文献研究室等名称。华岗是中共党员,受中共南方局派遣到昆明做龙云的联络与统战工作。此前,罗隆基到重庆,向中共提出相互联系问题,中共重庆办事处让罗回昆与华岗联系。这样,华岗开始在高级知识分子中逐步开展工作,

---

① 罗隆基,曾任联大教授,但此时在联大已无教职。

先生便应邀参加了这个秘密组织。

楚图南在《记和华岗同志在一起工作的日子》中，谈到他们对先生认识的转变："当时，我们当中一些同志对争取团结像闻一多先生这样的知识分子是有些偏见的，认为他早年站在新月派一边，信奉过国家主义。到了云南，又钻进小楼，醉心于经史楚辞的研究。像他这样的人，能和我们走到一起来吗？就在这时，华岗同志给我们看过周恩来的亲笔信（用华的名'西园'），信的大意是：像闻一多这样的知识分子，对国民党反动派的腐败是反抗的，他们也在探索，在找出路，而且他们在学术界、在青年学生中，还是有广泛的社会联系和影响的，所以应该争取他们，团结他们。这样，周恩来同志实际上就委婉地批评和规劝了我们之中对闻一多等人不全面的看法，用党的统一战线的策略思想教育和提高了我们。正是这样，我们和闻一多先生的接触多了起来，逐渐地了解他。在一定的时机我去看他，向他表明，有一位中共方面的朋友想来看他。闻一多立即热情地表示欢迎，甚至还急不可待地想会见这位朋友。这以后，华岗同志和闻一多之间有过多次开诚布公地促膝长谈。在闻一多长期的徘徊苦闷之后，他找到了光明，看到了希望。"（《文史哲》，1980年第4期）

尚钺也回忆到他们与先生谈话的情况，并商谈组织"西南文化研究会"等事："一多当时住在昆华中学的一个小楼里。第一次，我和楚图南以云南大学教授身份去拜访他。一多说他是卖苦力的，是手工业者，靠刻图章过日子。我们约定以后再谈，并留下话，说以后再来时给他介绍一个朋友。我们把谈话的情况向华岗做了汇报。华岗说，一多很热情，有爱国精神。第二次，我和华岗一起去看望一多，主要是一多与华岗谈，我没怎么说话。一多说他从长沙走到昆明，路中与农民接触，以前对农民不了解，现在感到亲切了。当时我们研究想在昆明文化界组织一个学术会，地址在唐家花园，一多当时就介绍了吴晗、潘光旦、曾昭抡。楚图南介绍了冯素陶。罗隆基也由华岗介绍了进来，一共有十多人。起初漫谈世界政治形势，搞政治的人发言较多，如曾、罗、华、潘等。后来分题做学术报告，罗隆基讲欧洲民主（美国），一个月后华岗又讲苏联的民主。彼此间似乎针锋相对。第三次由一多做学术报告，题目是'说儒'，他说从字根上讲，'儒'有'而'字，就是软的，就是奴隶。说'儒'就是奴隶，奴隶捧其主子。这个报告比《全集》中那篇尖锐得多。"（访问尚钺记录，1977.10.26）

参加西南文化研究会，是先生政治生活发生巨大转变的重要阶段。吴晗在《拍案而起的闻一多》中，记述到西南文化研究会的活动："我们一些人秘密组织一个座谈会，成员有十几个人，其中有一两个是共产党员。座谈的目的是学习党的政策和分析时事,计划斗争。地点有时在一家花园里,有时雇一条船,到滇池漫游。在这些会上,我们初步知道中国社会两头小中间大、统一战线政策,个人和集体的关系等等道理。以后我们又得到《论联合政府》、《新民主主义论》、《论解放区战场》等党的文献和《新华日报》、《群众》等刊物,如饥似渴地抢着阅读,对政治的认识便日渐提高了。"(《人民日报》,1960.12.1)

即使在这样严肃的聚会上,先生仍表现出一种诗意。李文宜《一多同志成仁周年祭》:"记得在昆明西南文化研究会开会,您有次主张在唐公墓旁的竹林中举行,大家席坐在厚积的笋壳上,竹影中筛下零碎的日光,在每人衣襟上摇泄;其先,大家屏息静听某先生对于美国政策之分析,您在一群同志之中,时而背依修竹,闭目遐思,时而正襟危坐,怒目发光。接着讨论国内局势,您是多么坚决的主张人民应当对于反动者来一个干脆的严惩! 您对于伪装民主的把戏,多么不耐和愤恨! ……还记得又一次,您提议游海口,买一小舟,带了干粮,泛滇池,大家谈笑风生,将平日为工作为生活为政治等一切伤脑筋的枯燥生活和烦杂的万虑为之一洗。"(清华周刊社编《闻一多先生死难周年纪念特刊》,第34页)

暑假中,在西南文化研究会作过一次中心发言,后以《什么是儒家——中国士大夫研究之一》为题,发表于次年一月十三日昆明《民主周刊》第一卷第五期。

西南文化研究会下设主要搜集云南护国运动资料的西南文献研究室,地点也在唐家花园。唐家花园的主人是唐继尧的儿子唐筱蓂,他特为研究室辟了一间宽敞的房子。西南文献研究室由吴晗主持,工作人员是两位西南联大学生,其中一位是清华大学历史研究所的研究生丁名楠。丁名楠回忆说:这间房子"室内桌椅齐全,窗明几净,还陈列了几架古书。室外花木扶疏,群芳争妍,几株山茶树迎风招展,开花时鲜艳夺目,惹人喜爱,环境确是美极了。""研究室没有固定的经费来源,全靠吴先生张罗,闻一多先生从刻字收入中,也资助过一些。闻先生还为我们刻了一颗'西南文献研究室'的精致图章。"丁名楠还回忆说:"我到研究室工作后,发现有人夜间或星期日在研究室开会,起初不知道是什么人,后来才明白吴先生联系的民主人士,常借研究室作为叙会的场所。原因是唐家当时在昆明有一定的社会地位,国民党特务对它有所顾忌,没有敢于轻举妄动,进行捣乱,在那里开会比较安全。因此西南文献研究室对昆明的民盟等民主党派的活动起了某种掩护的作用。"(丁名楠《回忆吴晗先生在昆明的二三事》,北京市历史学会编《吴晗纪念文集》,第117至118页,北京出版社1984年9月出版)

约此时,先生参加过"民社",成员有楚图南、吴晗、周新民、寸树声、吴富恒、唐筱蓂等。邵循正后来亦加入。民社原准备办个刊物,由吴富恒筹备,但未得当局批

准。(据访问吴富恒记录,1986.12.30)

是月 至昆明、呈贡间跑马山桃园新村建国中学,出席该校第一届毕业生毕业典礼,并与师生合影。建国中学成立于一九四一年,由清华学校一九二二级毕业生、滇越铁路管理局副总工程师、云南大学教授李吟秋与甘济苍、王家璋、胡淑贞、吴融清等创办,西南联大教授萧涤非,沈从文夫人张兆和等在该校兼课,先生与吴晗、李公朴曾应邀来校演讲。(据李靖森《回忆父亲李吟秋教授》,《昆明文史资料选辑》第40辑,云南科技出版社2004年1月出版,第137页;李沛阶为闻一多、吴晗与建国中学师生合影照片的说明,1988月10月30日,云南省蒙自县文化馆藏)

是年上半年 应郭沫若之约,答应为《中原》杂志撰稿。张光年《为革命真理而献身》:"一九四四年上半年,我接到冯乃超同志从重庆来信,谈到他和郭老对一多的近况甚为关注,托我向一多致意问好;还说郭老要我向一多同志约稿,请他为《中原》(郭老主编的大型文艺刊物)写稿,嘱我'一定要完成这个任务'。我把信拿给一多同志看了。一多笑着说:'这可得好好写。'事隔不久,他便写出了那篇内容精湛、富于创见的名篇《屈原问题》。"(《人民文学》,1985年第12期)

七月一日 致张奚若信。收《闻一多书信选集》。这是一封思想发展中极为重要的信。

在国统区掀起第二次宪政运动的高潮中,蒋介石曾声称准备实行宪政、结束训政。西南联大政治学系主任张奚若,洞悉到这不过是蒋介石愚弄人民的又一个骗局,于宪政讲演会上斥责国民党政府是历史上最反动的政府,由此受到围攻。先生的信,即对其斗争精神表示敬佩,并希望他再发动更猛烈的进攻,同时还说自己正在写《八教授颂》一诗:

听说你曾在某处受过一次包围,并曾奋勇的从重围中杀出。可惜我没资格参加那会议的余兴,否则你知道我是会属于那条阵线的。有人替你担心,将因包围的影响而实行"改过自新",我说这是笑话。但我却真怕你会因包围而守住原来地点,而不再发动更猛烈的攻势。如果是那样,也就够叫人着急的了!久已想找你谈谈,老没有机会,话闷在心里,再加上周来滤魔的高温的力量,思想发酵了。整十五年没写诗,今天为你张奚若破戒了,就恕我拿你开刀吧。计划是要和教授阶级算帐,除你外,还有潘光旦、冯友兰、钱穆、梁宗岱、沈从文、卞之琳,和闻一多自己等七个冤家,题名曰八教授颂。屈你作陪,并坐首席,有两个用意,(一)春秋责备贤者,(二)这里有贤,也有真不肖,而且是天天要见面的,话过火了,太不好意思,如果有你作伴,人家面子上也好看点。我信得过你的度量与 Scense of humor,所以敢于这样冒失。这于你实在无损于高明,于别人却很有益处(当然最没有益处的是对我自己)。如蒙你同意,我就发表了它,检查不检查,是别人的事。

信中所说的《八教授颂》,只写出了序和《政治学家》。没有写完的原因,张奚若在纪念先生死难二周年所写的《一个报告》中说:"一多,顺便再谈一件事,我很可惜你那篇《八教授颂》长诗没有写完,不然,虽然不敢说一定会'与别人有益',但总可增加青年人对于人性的认识,对于社会革命运动进一步的了解。假如你那篇原来可与《八哀诗》媲美的大作没有写成的原因是和我那天与你谈话有关,那我就真的追悔无及了。为了可能忏悔这一点,我现在想把你那封与这首诗有关的信发表,你大概不至反对吧!"(《北大半月刊》第 8 期,1948.7.20)

《八教授颂》的序诗《教授颂》和第一章《政治学家》的部分内容,一九四八年六月十一日刊登于平津地区学联编辑的《诗联丛刊》第一期,收《闻一多诗集》。范宁一直保留着一份全诗,是先生长女闻名抄录,又经先生亲自修改过的稿子。此稿曾在家里朗诵过。全诗刊登于中国民主同盟北京市委员会编《北京盟讯》一九八六年第七期。全诗如下:

《序》

新中国的

学者,

文人,

思想家,

一切最可敬佩的二十世纪的经师和人师!

为你们的固执,

为你们的愚昧,

为你们的 Snobbery,①

为你们替"死的拉住活的"挽救了五千年

文化遗产的丰功伟烈,

请接受我这只海贝,

听!

这里

通过 辽远的未来的历史长廊,

---

① Snobbery,势利行为。

大海的波涛在赞美你。

（一）政治学家

伊尹

吕尚

管仲

诸葛亮

"这些"，你摇摇头说，

"有经纶而缺乏戏剧性的清风亮节。"

你的目光继续在灰尘中搜索，

你发现了《高士传》：

那边，

在辽远的那边，

汾水北岸，

藐姑射之山中，

偃卧着四个童颜鹤发的老翁，

忽而又飘浮在商山的白云里了，

回头却变作一颗客星，

给洛阳的钦天监吃了一惊，

（赶尽是光武帝的大腿一夜给人压麻了）

于是一阵笑声，

又隐入七里濑的花丛里去了……

于是你也笑了。

这些独往独来的精神，

我知道，

是你最心爱的，

虽然你心里也有点忧虑……

于是你为你自己身上的

西装裤子的垂直线而苦恼，

然而你终于弃"轩冕"如敝屣了。

你惋惜当天没有唐太宗，

你自己可不屑做魏征。
你明知没有明成祖，
可还要耍一套方孝孺；
　你强占了危险的尖端，
　教你的对手掐一把汗。

你是如何爱你的主角（或配角）啊！
在这历史的最后一出"大轴子"里，
你和他——你的对手，
是谁也少不了谁，
　虽则——
　不，
　正因为
在剧情中，
你们是势不两立的——
你们是相得益彰势不两立。

正如他为爱他自己
而深爱着你，
你也爱你的对手，
为了你真爱你自己。

二千五百年个人英雄主义的幽灵啊！
你带满了一身发散霉味儿的荣誉，
甩着文明杖，
来到这廿世纪四十年代的公园里散步；
你走过的地方，
是一阵阴风；
你的口才——
　那悬河一般倾泻着的通货，
是你的零用钱，
你的零用钱愈花愈有，

你的通货永远无需兑现。

幽灵啊！

今天公园门口

挂上了"游人止步"的牌子，

（它是几时改作私园的！）

现在

你的零用钱，

即便能兑现，

也没地方用了。

请回吧，

可敬爱的幽灵！

你自有你的安乐乡，

　　在藐姑射的烟雾中，

　　在商山的白云中，

　　在七里濑的水声中，

回去吧

这也不算败兴而返！

　　范宁在《附记》中又做了说明："这是一多师一九四四年七月一日亲手改订的，也是先生最后写下的一首诗。原诗昆明某小报似乎发表过其中一部分。诗题《八教授颂》本打算写八首，但只写成一首。先生晚年从事民主运动，写了一些战斗性的散文，几乎没有写诗。这首诗中反映的思想感情，和先生前期诗作大不相同。诗中明显表现了他晚年的政治观点的转变，是一首很值得重视的诗。诗作的标题虽是指某位教授，但是这里写的是有代表性的，应当把作品中的教授看作某一类型的人物形象，不能只是局限于某一个特定的人。闻先生写诗时大学教授的政治态度，一般可以分为三种类型。一是追随反动的当权派，做坏事。一是代表进步势力，反对当时黑暗势力。再就是标榜自由民主的个人主义者，就是中国的'高士'和西方的'绅士'的混血儿，也就是这首诗讽刺的对象。诗中提到'二千五百年个人英雄主义的幽灵啊！你带满一身发散霉味儿的荣誉。'这里，'个人英雄主义'和今天的用法，含义略有不同，指的是脱离人民群众，自命清高。先生把这些人和反动派看作'相得益彰的势不两立'，这在当时'学者从政'的具体情况下是可以理解的。这也表现闻先生对个人英雄主义者的深恶痛绝,虽然他是从这个阵营中走出来的人。由于他要前进,而这些人却不前进,甚至后退,他认为这是'死的拉住活的',传统阻止革新,因而他反戈一击更有力。他的责备和讽刺流露出一个革命者的激情。因循守旧是没有出路的,回头路是不能走的,在今天改革声中我们重读这首诗,还是很有意义的。"

七月二日 《龙凤》发表于昆明《中央日报》"星期增刊"第二期。收《闻一多全集》。

此前不久,先生收到一家新创办刊物负责人的征稿信,使先生发生兴味的是这刊物的名称叫《龙凤》。先生看了该刊《缘起》,认为"聪明的主编者自己似乎并未了解这两个字中丰富而深邃的含义,无疑的他是被这两个字的奇异的光艳所吸引,他迷惑于那蛇皮的夺目的色采,却没理会蛇齿中埋伏着毒素,他全然不知道在玩弄色采时,自己是在与毒素同谋"。先生说:"就最早的意义说,龙与凤代表着我们古代民族中最基本的两个单元——夏民族与殷民族"。但是现在"图腾生物已经不是全体族员的共同祖先,而只是最高统治者一姓的祖先",所以"龙凤只是帝王与后妃的符瑞",是"'帝德'与'天威'的标记",以至先生"看见'龙凤'二字,怎能不禁怵目惊心"。文末,先生说:"非给这民族选定一个象征性的生物不可,那就还是狮子罢,我说还是那能够怒吼的狮子罢,如其它不再太贪睡的话。"

七月六日 下午三时,清华大学文科研究所中国文学部在西仓坡五号本校办事处,举行研究生傅懋勉毕业初试,考试范围为"汉赋研究"。先生担任考试委员,其他委员还有游国恩、邵循正、沈有鼎、朱自清、浦江清、王力、许维遹、陈梦家、彭仲铎。
(据《研究生毕业初试、论文考试聘请考试委员暨报部备案的来往文书》,清华大学档案室藏)

七月七日 抗日战争七周年纪念日。晚,先生出席西南联大壁报协会①和云南大学、中法大学、英语专科学校三校学生自治会在云大至公堂联合举行的"时事座谈会"。

对于这天晚上的情况,当地报纸报道:"昨天的'七七'在热烈的情绪中渡过去了,全昆明市最后一次的纪念行动就是云大学生自治会、联大壁报协会、中法大学学生自治会、省立英专学生自治会联合举行的'七七'时事座谈会,地点在云大至公堂。同学们到的很多,里里外外最少也有三千多人,教授参加的有熊庆来、闻一多、潘光旦、杨西孟、邵循□、朱驭欧、潘大逵、蔡维藩、伍启元、沈有鼎、鲁冀参、冯景兰、李树青、曾昭抡,此外还有一位过去做过教授的罗隆基。一共是十五位。座谈会开

---

① 这个协会成立于1944年4月9日,在联大学生自治会未改选之前,该协会实际起着组织学生开展民主活动的作用。

始,首先由四学校联合的主席团某君致开会词,次即由联大王康按照讨论大纲请各教授发言。在未发言之前,又请大家站起来为阵亡将士及死难同胞致哀三分钟,讨论的大纲是这样的:一,七年的回顾。(一) 国际局势的变化,(二) 国内局势的变化。二,当前局势,(一) 军事的,(二) 经济的,(三) 文化的,(四) 伦理的,(五) 政治的。三,前途的展望。(一) 国内问题的发生与解决,(二) 我们的责任。各位教授顺序发表意见,大体都认为放眼一看国际,觉得前途很可乐观,但是反视我们自己的国内,不容讳言的,缺点实在太多。一切缺点都可以归之于政治上去。因为我们还缺乏真正的民主,因此在经济文化社会军事等方面都有漏洞。而影响我们抗建的成功至深且巨,此后我们不应一味乐观,沾沾自喜,但是当然也不要悲观颓唐,我们应该集中在对外求自由,对内求民主的努力上。在各教授发言时,一到精彩的地方,同学无不热烈鼓掌,情绪紧张已极。直到十二时将近,大会才宣告结束。"(《四学府昨联合举行七七时事座谈会,参加教授十余学生三千》,《云南日报》,1944.7.8)

这是自皖南事变以来,昆明各大学学生联合举办的第一次政治性的大规模集会。潘光旦说:"出席的多至三千余人,会场内外,挤得水泄不通,景况的热闹,真是得未曾有。就昆明一地说,竟不妨说是空前的。"(《说学人论政》,《自由之路》,第 361 页,商务印书馆 1946 年 9 月出版)

晚八时,会议开始,全场起立向七年来抗战阵亡的将士默哀三分钟。会上讨论的第一个题目是"七年的回顾",邵循正认为国家对这场战争的政治教育不够。蔡维藩认为美英苏在欧洲的合作的的确确是有诚意的。潘大逵专谈政治,"把话头转到浙江县长的贪污问题"。杨西孟谈经济,说"目下昆明的物价最高,已经一千多倍"。伍启元认为"中国目前最大的经济问题是分配问题"。潘光旦说:"现在中国只有两种人不是开小差的——前方抗战的兵和后方的农人。我们这些人都是开小差的。然而我们还不晓得害羞,还要说什么要为将来建国之类的说词。今后的问题,是怎样才能使我们这些人东山再起。"陈友松认为"今天所谓政治的问题、经济的问题","根本上都是教育的问题"。李树青"提出一个最严重的问题——即现在流行而又普遍的揩油问题"。第二个题是讨论政治,罗隆基发言说:"所谓民主宪政,是民主包括宪政,宪政不一定包括民主,所以我们今天最好不要强调宪政,却可以多谈民主。但如果我们要争民主,首先就要争法治,就要像英国那样,任何人不能在法律以上。"(以上据吴地《回顾艰苦的七年——记四校七七晚会》,昆明《正义报》,1944.7.9)

这次晚会上讨论的问题很多,其中最为重要的问题,是从事学术研究的人同时应否有政治的兴趣。罗隆基发言之后,云大校长熊庆来起来说明了三点:一、这次座谈会是学术性的,是寓纪念于学术的讨论,所以才来参加;二、认为中国的积弱是由于学术不昌明;三、要救中国的积弱,要昌明学术,我辈做师生的人就应当每人守住他的讲求学术的岗位,孜孜矻矻以赴之,而不应当驰心于学术以外的事物,例如政治商业之类。(据潘光旦《说学人论政》,《自由之路》,第361页)

会议进行中,主持人王康一再写条子请先生发言,先生只说是来听听。但听到熊庆来的这番话,忍不住站了起来。吴地在《回顾艰苦的七年——记四校七七晚会》中报道到:"当讨论程序进入了第三个题目的时候,云大熊校长立刻自动起来以数学家的眼光,与罗先生论变与不变的问题。沉闷了一段时间之后,闻一多先生站起来了,热情而激奋的嗓子,在掌声不断的雷动中,送入了每个青年的耳朵里。闻先生说:'刚才李树青先生的话应该修改,为赤子道长,老人道消;老人道长,赤子道消。我完全赞成潘光旦先生的说法。如果要我们研究,我们首先得要研究吃得饱。'"(昆明《正义报》,1944.7.9)

许湘江在《痛悼闻一多先生》中记述到:"七七纪念会上,闻先生以响朗的声音,富节奏的语调,忽徐忽疾地驳斥反动派侮蔑学生运动的谬论道:'有人说,近来昆明的学生又动起来了,是的,但是为什么?'接着又慷慨激昂地说:'我过去只知研究学问,向不与问政治。抗战以后我觉得这看法不对了,要研究,没有书,还有更重要的,我要吃,我要喝,而现在连吃喝都成问题了。因此我了解到所谓研究学问是吃饱喝够的人的玩意儿,而老百姓要争的首先是吃和喝。'"(《文汇报》,1946.7.26)

王康在《闻一多传》中,也记述了先生的发言:

今天晚会的布告,写得非常清楚,这是一个纪念抗战七周年的时事报告晚会,我对政治经济问题懂得很少,所以很有兴趣向诸位有研究的先生请教。但是,大家也看得清楚,有人并不喜欢这个会议,不赞成谈论政治。据说,那不是我们教书人的事情。

我,修养非常不好,说话也就容易得罪人。今晚讲演的先生,我们都是老同事,老朋友,有什么苦衷,大家不难理解,可是既然意见不同,我还是要提出来讨论讨论。

谈到学术研究,深奥的数学理论,我们许多人虽然不懂,这又那里值得炫耀?又那里值得吓唬别人?今天在座的先生,谁不是曾经埋头做过十年、二十年的研究的?谁不希望能够继续安心地做自己的研究?我若是能好好地读几年书,那真是莫大的幸福!但是,可能吗?我这一二十年的生命,都埋葬在古书古字中,究竟有什么用?究竟是为了什么人?现在,不用说什么研究条件了,连起码的人的生活都没有保障。请问,怎么能够再做那自命清高,脱离实际的研究?

国家糟到这步田地，我们再不出来说话，还要等到什么时候？我们不管，还有谁管？有人怕青年"闹事"，我倒以为闹闹何妨！"五四"是我们学生"闹"起来的，"一二·九"也是学生"闹"起来的。请问有什么害处？现在我们还要闹！有人自己不敢闹，还反对别人闹；自己怕说，别人说了，呵，又怕影响了自己的地位和自己的前程。真是可耻的自私——那位先生连声申辩："闻先生，您太误解我了，太误解我了！"他接着说道——没有！云南大学当局是这样的！我们西南联大当局还不是这样的！胆小，怕事，还要逢迎……这就是这些知识分子的态度！……（第304至305页）

熊庆来是先生多年老友了，但先生没有顾忌这层关系，放了一炮。事后华罗庚去向熊庆来解释，熊说："是训导长让我去的，我上了特务的当，我不该去，你见到一多，帮我解释一下。"先生知道后，也说："当时不得不这样啊。自然，我讲话太嫌锋利了一些。"（转引自华罗庚《知识分子的光辉榜样》，《闻一多纪念文集》，第141页）

纪念抗战七周年时，在昆华中学课堂上先生讲了一个"不怕炸"的故事。那是日机轰炸昆明最频繁的年头，城中人心惶惶，但武成路有家牛肉店却挂上显目的"不怕炸"招牌，叫"不怕炸牛肉店"。这饭店很有骨气，代表了中华民族的气节。为了表示对这家店铺的敬意，先生特意去喝了碗美味的牛肉汤。（据王明《回忆闻一多先生》，未刊；访问王明记录，1987.11.16）

七月九日　下午三时，清华大学文科研究所中国文学部在西仓坡五号本校办事处，举行研究生季镇淮毕业初试。考试范围为"魏晋以前的人品观念"。先生与汤用彤、罗常培、冯友兰、雷海宗、朱自清、浦江清、王力、许维遹、陈梦家为考试委员。（据《研究生毕业初试、论文考试聘请考试委员暨报部备案的来往文书》，清华大学档案室藏）

同日　晚，参加新诗社诗歌朗诵晚会。到会者二十余人，大家团坐在矮凳上，轮流诵诗。每诵一首诗后便展开批评，先生也发表了关于爱国的责任和文艺的形式问题的若干意见。

王志华《一个诗歌朗诵晚会》记述到："由一首怀恋母亲和家乡面对都市有点反感的诗展开了辩论。一方面说这样的情调是不谐协，对于母亲的爱和对社会的爱是两回事，科学的分析它，这两样情感不应表现在一首诗里。另一方面都以为由于中国的落后，中国青年对母亲对家庭的怀念常常很重，这种情感也不能厚非，是不必一定和国家民族的爱冲突的。导师①说：人生本来有两段，一段是爱母亲，一段

---

①　即先生。此文前编者按云："文中所说的'美髯导师'，是一位我国闻名的老牌诗人，来信说不愿把名字公开。"

是自己独立,去爱自己的家庭和社会,脱离母亲是一个年青人很痛苦然而是必须的过程。中国社会太多苦难了,这是中年人老年人的责任。成年人应该把这社会弄得很好,不用青年人来关心。然而今天成年人没有尽了这责任,却要青年——虽然是在大学生,照常理还应该是爱母亲的——过早地脱离了母亲的怀抱去操心国家的事,这是很残酷的。但是不能责怪青年,这是成年人不好。由一首写明为朗诵而作的诗,因而提出了一个问题:诗是否可分为朗诵诗和非朗诵诗的两种? 一部分人说根据语言和文字应是一致的这一原则,所有的诗应该都可以朗诵,目前还有一些人写诗很难懂,但是假如写甚么诗的时候都准备被朗诵的,那么渐渐便要把难懂的字都去掉了,因此提倡朗诵诗还可以改进文字。另一部分人则以为诗除了音之美外,还应有图画之美,有些诗却不必一定都能被朗诵的,而且诗如果只有音乐之美那就编乐谱好了,何必要诗,而且文字无疑的是比语言更持久些更典型些,就是因为能使人更深远地欣赏了解,不是一下子就过去了,诗就是这样。由于这争辩还牵涉到诗的内容和形式,诗的对象,诗和歌的起源和它们的关系,最后还是由我们的导师结论。他说:朗诵诗的对象,是大家,是许多人在一起,这样就能互相认识和团结,单是这一点已经应提倡朗诵诗了,而且朗诵诗尤其应该朗诵给人民大众听,应该是他们的,今天,尤其要强调这一点,所以更该强调朗诵诗。但是渡过了这个难关以后,今天需要热情呼喊需要简单有力的诗句的人民,到了那个时候,他们的水准将被提高了,他们的生活将较有好些了优裕些,应该为今日所唾弃的图画美的诗,那时将会兴盛起来。而且为了争取今天那些知识分子(因为他们总是偏执着'诗应该是玄妙的',他们看轻朗诵诗),所以为了改变他们,就应该采用他们的方式去说服。故此一直在今天图画美的也不可完全丢掉!"(昆明《扫荡报》"扫荡副刊"第143 号,1944.7.19)

七月十日 教育部高等教育司司长吴俊升邀请西南联大、云南大学、中法大学文法学院系主任以上教授开会,讨论《部颁课目表》修订事。吴俊升六月二十四日自渝来昆主持云南省公费留美预备班复试,并视察各高校与北平研究院。吴此行最主要目的,实际是征求西南联大、云南大学、中法大学三校对改订高等教育课程标准的意见,为此文法科、理科、工科分别召开了一天会议。是日,文法科会议首先在清华大学办事处召开,讨论文史各系课程标准,出席者十余人。(黄延复、王小宁整理:《梅贻琦日记(1941—1946)》,第 155 页,清华大学出版社 2001 年 4 月出版) 会上,先生批评了一些学校的中文教学内容,并批评云南大学聘请刘文典。吴宓说:"闻一多发言,痛斥各大学之国学教法,为风花雪月、作诗作赋等恶劣不堪之情形,独联大翘然特异,已由革新求合时代云云。又盛夸其功,谓幸得将恶劣之某教授(典)排挤出校,而专收烂货、藏垢纳污之云大则反视为奇珍而聘请之。云云。云大在座者姜寅清无言。徐嘉瑞圆转其词以答,未敢对闻一多辩争。"

这次会议从下午三时开到晚上九时,其间张奚若"发言最多,痛诋政府"。会后吴俊升宴请与会诸教授,共两桌。吴宓"因闻一多等暴厉之言行,心中深为痛恨,故以酒浇愁,痛饮多杯,又因积劳空腹(未进饭),遂至大醉,为三年来所未有"。次日,吴宓内火未消,至一友人家,"述昨会中闻一多等恶论,共嗟息久之"。(吴宓著、吴学昭整理注释《吴宓日记》第 9 册,第 290 至 291 页,三联书店 1999 年 3 月出版)

七月十八日　致清华大学校长梅贻琦信。未发表。为清华大学文科研究所研究生季镇淮原兼半时助教改为助教等事。信中说:"中国文学系助教朱兆祥拟不续聘,遗缺请以半时助教季镇淮递补。季君研究院毕业,初试已及格,其论文考试预计暑期后可以举行,目前只可用助教名义,一俟正式毕业后,则宜升为教员。如何之处,统希钧裁是幸。"(据《文学院各学系教师异动的来往文书》,清华大学档案室藏)

七月十九日　西南联合大学召开第三〇五次常务委员会会议,议决:"罗常培先生因事离昆,函请自本月二十日起给假一个月,并请准予离校期所有本大学文学院中国文学系主任暨师范学院国文系主任职,由闻一多先生暂行代理,应均照准。"(《国立西南联合大学常务委员会会议记录》,清华大学档案室藏) 时,罗常培准备赴美国讲学,先生仅允暂时代理其职,不肯延长,常务会遂于九月十三日第三一〇次会议,议决两系主任由北京大学教授罗庸代理。(同上)

七月二十八日　致清华大学校长梅贻琦信。为本校文科研究所研究生王瑶补为半时助教事。信中云:"前奉一函,关于中国文学系助教进退事,有所陈说。兹因种种关系,略有变动:除助教朱兆祥不再续聘外,半时助教季镇淮因肄业年限已满,即将毕业,其半时助教资格当然停止。兹拟以研究生王瑶递补季镇淮所遗半时助教名额。此与前函所拟办法不同者,系前拟辞一助教,补一助教;今则辞一助教,补一半时助教,而以人数论,实无变动。专此陈请,谅邀道祺。"梅贻琦遂于当日批示:"照办"。(《文学院各学系教师异动的来往文书》,清华大学档案室藏)

是月　《画展》发表于昆明《生活导报》某期。收《闻一多全集》。

这是篇批评知识分子躲避现实的杂文,在当时发生了重要影响。未久,潘光旦即在《隐遁新解》中说:"不久以前,闻一多先生在《生活导报》上,对于当代的艺人与他们的开不完的画展,说过一些很严厉的责备贤者的话,大意也不外责备他们'躲避现实'。躲避现实的又何止艺人呢! 当代的学人,又有几个不躲避的呢? 只晓得埋头在书本实验上的学人和只知道在丹青里讨生活的艺人又有什么分别呢?"

《自由之路》,第 354 页)先生在文中还提出了抗战时期要什么样的艺术这样一个至关重要的问题,说:

> 艺术无论在抗战或建国的立场下,都是我们应该提倡的,这点道理并不只你风雅人士们才懂得。但艺术也要看那一种,正如思想和文学一样,它也有封建的与现代的,或复古的与前进的(其实也就是那人道与非人道)之别。你若有良心,有魄力,并且不缺乏那技术,请站出来,学学人家的画家,也去当个随军记者,收拾点电网边和战壕里的"烟云"回来,或就在任何后方,把那"行尸"的行列速写下来,给我们认识认识点现实也好,起码你也该在随便一个题材里多给我们一点现代的感觉。

文中还说到这前不久的一个深夜,在大西门外路遇一美国军官,先生与他攀谈起来,表示对政府消极抗战的不满,说战争"没开始的只是我们"。

是月　《愈战愈强》发表于昆明《生活导报》某期。收《闻一多全集》。

一天早上,先生看到一张报纸,有篇报道衡阳之役的消息题为《我军愈战愈强》。先生读后"气昏了","气得一顿饭没吃好"。旋,《生活导报》来约稿,先生便写下这篇文章。

是月　费孝通自美国讲学归来。先生见到他,即指出他上年所写的《鸡足朝山记》中流露的思想是消极的。说该书中"留恋在已被社会所遗弃的职业里,忍受着没有法子自解的苛刻的待遇中,虽则有时感觉着一些雪后青松的骄傲,但是当我听到孩子饥饿的哭声,当我看见妻子劳作过度的憔悴时,心里好像有着刺,拔不出来,要哭,没有泪;要飞,两翅胶着肩膀;想跑,两肩上还有着重担。我沉默了,话似乎是多余的。光明在日子的背后"的句子,是"知识分子对现实无可奈何的一种想法"。先生还说:"我自己过去就有过,而且钻进故纸堆,就像你们知道的,听任丑恶去开垦,看它造出个什么世界! 结果呢? 明哲可以保身,却放纵反动派把国家弄成现在这样腐败、落后、反动,所以我们不能不管了,决不能听任国民党反动派为所欲为了。"(费孝通《难得难忘的良师益友》,《闻一多纪念文集》,第 146 页)

八月十八日　下午,参加第五军军长邱清泉举行的座谈会。

暑假中,西南联大与昆华女中部分同学,以云南基督教青年会宣传队名义,慰问滇军系统的暂编第十八师。暂编第十八师驻地与第五军驻地接近,于是顺便慰问了第五军。第五军是国民革命军的第一个机械化部队,军长邱清泉出身黄埔军校,曾留学德国,是喝过洋墨水的知识分子,于是提出邀请西南联大教授开个座谈会,何孝达便回校请了先生等十一位教授。是日下午五时,先生与冯友兰、陈雪屏、杨西孟、华罗庚、刘崇鋐、邵循正、曾昭抡、马大猷、陆钦墀、吴晗等教授,暨假期服务队队员,在第五军军部举行座谈。第五军方面参加座谈会的为军长邱清泉、代师长罗思扬、昆明防守司令部政治部主任宋文彬、第五军特别党部书记长刘雪松,昆明《扫荡报》社长李诚毅,及军部各处、科长等多人。

座谈会上,邱清泉首先致词,强调"文武合一"的重要意义。继由罗代师长报告讨论大纲,在"目前形势与中国反攻问题"题下,介绍了"军事方面"、"其它方面与军事的配合"两个问题,包括东亚战场、国际路线的打通、中国反攻应采之战略、反攻所需要的军事力量,和政治经济对军事的影响、建立新军所需要的文化与教育、如何动员民众帮助作战、其它方面的分析与探讨等。

接着,由各教授发言,冯友兰继之发言,提出现在的问题是须使士兵吃得饱,敌我伤亡为一比五,主要是营养问题。曾昭抡认为目前政治尚未上轨道,是否军人对政治亦可有所主张,现在政府对军人待遇最薄,而又难于对政治发言,实应有改善之必要。杨西孟则认为必须征有钱人的子弟入伍,才能使有钱的出钱。陈雪屏也提出应当让文人和武人合在一起,对各种问题都能说说话。大约七时半,先生站起来说:

> 兄弟什么都不懂,只有用文学精神提起大家的情绪。今天各位提出各种问题,如果在英美有一于此,一定会举国哗然,而我们百美俱全,仍然只是一些有心人坐着谈谈。现在好比是房子失火,大家要来抢救。以前我们看一切都可悲观,还希望也许在战略上有点办法。今天在这里听见各位长官的话,才知道战略上也很有问题。我只差要在街上号淘大哭。我们可怜到如此地步仍然在座谈。在英美不是没有坏人,只是他们不敢作坏事,一作坏事,大家群起而攻之。因此也没有什么讨论的,只有干,非常时期要用非常的手段干。(《目前局势与中国的反攻问题——第×军高级长官、联大十一教授座谈记录》,《云南日报》,1944.8.19—20)

先生讲过,刘崇鋐、华罗庚、马大猷、邵循正和昆明扫荡报社社长李诚毅及同学代表也相继发了言。吴晗在发言中说:"恐怕大多数部队不能得到好的营养,战死的人远不如死于不合理的黑暗情形者之多,如保甲长利用兵役法上下其手,使多少农家子弟破产。师管区为送兵机构,亦不免有少数军官以送兵为生财大道。接兵部队亦有许多长官因生活费用不够,在士兵身上想办法。这许多的政治问题不解决,军队便无从改善。一切重要的焦点在政治,不在军事。"(《目前局势与中国的反攻问题——第×军高级长官、联大十一教授座谈记录》,《云南日报》,1944.8.19—20)

会后吃饭时,邱清泉见先生和冯友兰均蓄有长须,称二位年高德劭,请入上座。吴晗插话说:"错了,德虽劭而年不高。"(吴晗《哭一多》,《新华日报》,1946.7.8)座谈会会末由冯友兰作结论,至深夜十一时方在阵雨中散会。

关于这次座谈会,当地数家报纸均有报导,其中《扫荡报》报道如下:

第×军司令部因学生假期服务队,到达该部服务之便,特于前(十八)日下午五时邀请联大教授冯友兰、陈雪屏、闻一多、杨西孟、华罗庚、刘崇鋐、邵循正、曾昭抡、马大猷、陆钦墀、吴晗暨服务队队员,举行座谈会,军部方面出席者有邱军长清泉,第×师罗代师长思扬,昆明防守司令部政治部主任宋文彬,第×军特别党部刘书记长雪松,本报社长李诚毅暨邱军军部各处科长等多人。座谈会开始首由邱军长以主人地位致词,继由罗代师长报告讨论大纲,题为"目前形势与中国反攻问题",嗣各教授暨各长官相继发言,末由冯友兰教授作结论。座谈时间达五小时余,全体精神□彻,情绪热烈,散会时已近深夜十一时。

邱军长:邱军长致欢迎略谓:此次诸位同学到敝部文化慰劳,复蒙诸位老师光临指教,实感无上荣幸。中国社会文武合一向不能一致,此次全面抗战,乃有文武合一的趋势。我最高领袖复有文武合一的训示,我们应循此方向努力,作到文武合一,国力方能充分发挥,今天是很好的机会,希望大家踊跃发言,各抒高见。

罗思扬:罗代师长思报告讨论大纲:一,军事方面。[(一)]在东亚战场,敌之兵力分散在东三省、中国本部、缅甸、太平洋四个战区,战场辽阔,不相联系,且以其海空军劣势非特兵力转运困难即交通补给亦发生问题,此其所以欲求打通大陆交通线以图最后挣扎。现盟国在太平洋发动攻势,已迫近日寇本土,缅甸方面盟军反攻亦有进展,密支那克复,腾龙指日可下,中印路线即可打通,敌最近在豫湘各地蠢动复遭阻遏,故敌企图,即将幻灭。(二)国际路线的打通,目前我国国际路线正努力打通者为滇缅路与中印路,此两线为与盟国联络最有可能的路线。此外,尼米兹将军主张在中国海岸登陆,如能实现,将较陆上运输力为更大。惟西北方面,有现成之线,惜目前尚未能利用。(三)中国反攻应采之战略。敌有继德国败亡后,立即投降可能,但亦有在其海空军失败后,在大陆挣扎到底的可能。全面反攻,应自各方面予敌打击,使敌无挣扎喘息余地。(四)反攻所需要的军事力量。敌在大陆的失败,才是真正的失败。所以我们须作最后的最大的努力。要有充分装备训练的新军××万人,在反攻时在战斗力火器各方面压倒敌人。二,其他方面与军事的配合。(一)政治经济对军事的影响。(二)建立新军所需要的文化与教育。(三)如何动员民众帮助作战。(四)其他方面的分析与探讨。因包括范围广泛,希望雏尽量发挥。罗氏对问题,认为建国必须建人,建人必须从教育着手,教育为建国建军的根本,可使人力发挥最大的效用。

冯友兰:盟国反攻顺利,敌人马上可以崩溃,但崩溃前必作最后挣扎,我们必须作战至最后的准备。太远的问题不必谈,目前急待补救的是军队的营养问题与医药问题。印缅远征军这两个问题解决之后战斗力增强,反攻胜利是其兵例(案:原文如此)。反攻力量一点一滴均须珍护,士兵显得(案:原文如此)就即多一人,不得求即少一人。

邱军长:以滇西战场为例,我之反攻还需要大量重武器。

罗思扬:由于医药,人才与医院设备的缺乏,前线医疗较多困难,尤其是运输工具缺乏是不能苛责医院人员的,北非作战有汽车三十余万辆,是造成大捷的重要因素,现代战争打的是后方,所以必须多方的配合。目前国军部队长要分心去筹划柴米油盐,照料士兵生活,以求其能吃得饱,过去的缺点,人事没有完全尽到,也是其中之一。

曾昭抡:军人与政治的关系,有两种看法,一是军人绝对不得干政,如德国军人之被纳粹利用,一是军人干政,如我国民初,军阀,美国军人选举权问题,讨论很久,已争得一部分,军人既有国民资格,即应享有投票权。

宋文彬:目前兵役问题是国民道德问题,衡阳作战能持久,是由于中国的国民性与中国军队的服从性。

杨西孟:提出两点具体问题。(一)战费的筹措,是财政问题,后方十数省,有百分之十至二十富有者能负担□费,军队开支即可增加十倍。(二)兵役,应征知识分子,特别是富家子弟。

陈雪屏:抗战以来,文人与武人最苦,出力最多,以后应做到文武合一,多多提供意见。

邱军长:内线作战利在各个包围,外线作战利在破围歼灭,其间关系最大的是战斗力。此次世界大战初期,德国为外线作战,进行攻势达顶点后,盟军转为外线,德国成内战,普鲁士的传统战略精神,原为内线作战,但仍不免于失败。是因为战斗力与武器的关将(案:原文如此)。德日武器不如盟国,必然失败。我系来(案:原文如此)可自制重武器,战斗力将大大增加。我如以□□万新军配以重武器,可在反攻中,求决战求胜利,击溃敌之战斗力。至于养□问题,营养卫生等事,我们第×军平时均可设法解决,如找代用品,开眷属工厂等,但行军时即较困难。

闻一多:对目前问题,希望大家用文学精神,把情绪提高,只是自己不做坏事,不管别人,这种独善其身的态度还是不够的。

刘崇鋐:对当前战局,提出几个问题:(一)豫湘作战形势紧张但能抵住,最后迫敌在湘暂停,原因何在?(二)敌今后动向如何?我有办法阻止否?能否在德失败前阻止日寇?(三)敌最后到大陆作战,对本土断绝能否维持?至于建军问题,如何能充实力量,战后保障国际平等地位?

邱军长:第一个问题,敌军力损失,武器损失,指挥官也需要调整补充,故无力续进。第二,敌今后企图,1,如打通粤汉路,可接广东向海洋补助海上运输。2,如犯湘桂路,到柳州后,或自南面镇南关出犯,并以策应缅甸作战,但这条路困难甚多,如一年后才能打通,盟国胜利之局已定,敌即无能为力。究向何处,敌自己亦不能决定,美国进攻快,敌自保不遑,不敢向大陆蠢动,美国进攻缓,敌或再图一逞,欧战早日解决,英美援军到达,即可击溃敌人。至于大陆战事可以支持多久?中国是世界的一环,盟国以整个力量对付,敌决难支持长久。我陆路打通,战斗力加强,敌即将被迫撤退。

吴晗:营养问题即为民族生命与生存活力着想,亦应注意改善,新兵待遇,基层政治机构,送兵机关,接兵部队均应负责。政府法令如能逐条实行,中国军队对抗战建国都能有大贡献。

华罗庚:要文武合一,人才应充分利用,训练新兵,大学教授也应到军队里参加,效率定能提高,战斗力定能加强。

马大猷:我在《中国之命运》中读到,我们缺乏组织力,一个人好不如十个人好,要多数人好,必需有组织力,大规模事业才能完成,解决国家整个问题,最重要的是组织。

邵循正:我对战局比较乐观,敌占衡阳,是小矶继续东条政策,在太平洋失败中安定国内人心。反攻日本,需要盟国全面配合,美国战略转移意见以先攻菲岛及在中国登陆两派为主,而以后者最有力,美如在我海岸登陆,我即应求配合。至于我国目前问题,是法治问题,要各方上轨道,当不惜严刑峻法。至于建军,我主张应有中心,即完全用知识分子。

李诚毅:衡阳作战能坚持许久的原因,主要是军队的素质与指挥官的决心,这次的□守,是外援部队不能迎头赶上,民众未能充分给予应有的慰劳与崇敬,实远不如沪战初起时民情之高涨,这是值得吾人注意的一桩事。至于将来敌人之动向,在我湖南野战军力存在一天,交通未复以前,敌人实不易谈□其他,倘使延到明年,敌人在我战场即无能为力矣。

同学代表:我们今天做了文武合一的桥梁,很是荣幸,以后希望各位官长与各位先生多多联系。

邱军长：教授学生应组研究团体向政府贡献意见，学生作实验以改善政治，对国家定多多贡献。

冯友兰：战争胜利已无问题，目前的形势，一，盟国胜利之局已定，中国四强之一的地位已定，国际发言地位已经提高。关于刘崇鋐先生所提战事问题，我想起了河南名宿胡石青先生的一句话，他说"日本用兵如老太婆点灯"，这个比喻最妙，灯油一面燃，一面蒸发，如上海之战，延长至三月，就是这个问题。最近湘省之战也是如此。衡阳守四十七天，关系太大，可以说简直救了中国，军队作战的要素，是物质和精神，确切的说是组织与兵器，战争有如围棋，今以棋喻这，我方仿佛一片大围棋，但无活眼，有被提可能，但在未被提前，对外也在影响，提出时间大有关系。敌人提必须走很多步，□时气已短，来不及了。欧洲军事解决后，飞机可以集中攻日，海空联合解决日本海军，胜利之势已成，太平洋上美海军对日已为二对一，将来全部调到，日本即毫无办法。至于日本将来移至大陆作战，我认为不可能。战争二要素中，组织的根本是政治，兵器的根本是工业，工业迁移损失必大，日寇在东北与朝鲜工业基础脆弱，将来作战，盟国兵器上是占绝对优势的。衡阳一战，□遭阻遏，局势已大变。印缅国军进占孟拱密支那，盟国已知中国军队装备营养充足，即可制胜，今后反攻，这方面必有改善。至于中美英苏四大强国的关系，今后定可日益密切。民主国家政策即定，即难变更，盟国团结绝无问题。当前战争的结果，盟国的胜利只是时间问题，决不会拖长，因为战争已无不可知的因素，双方实力对比，已很明显，德日绝难抵住盟国的攻势。其次谈到建军问题，兵役问题所在，不尽是道德，最重要的还有利害与法律，法律应规定有钱有地位有发言能力者的子弟从军，这样有了缺点便有人讲话，征兵的办法最好是平等普遍的抽签，这样，人人对兵役都有直接关系，都有责任感，对社会风气的影响特别重大。新军以知识分子为主体，定将完成反攻与建国的任务。

谈到此，夜已深，这富有意义的座谈会，在阵雨之后宣告结束。（《文武合一的桥梁——记军官与教授座谈会》，昆明《扫荡报》，1944.8.20）

对于此则报道中先生所说的"对目前问题，希望大家用文学精神，把情绪提高，只是自己不做坏事，不管别人，这种独善其身的态度还是不够的"，季镇淮《闻一多先生年谱》则记述为："以前我们看到各方面没办法，还以为军事上有办法。刚才听了各位长官的话，方才知道军事上也毫无办法。……现在只有一条路——革命！"（《闻朱年谱》，第 48 页）

多年后,时任第五军政治部副主任的吴思珩,对这次座谈会召集原因及经过,亦有回忆。其云:早有一九四四年,西南联大闻一多、潘光旦等教授"平素对青年学生的言论颇为偏激,经常诋毁中央,破坏政府威信。"第五军军长邱清泉感到省政府、省党部(负责人褒承潘)、军队特别党部(书记长楼兆元)以及三民主义青年团(书记高云裳)等,虽负责党团工作,但对这些人不敢斗争,只有附和。于是,邱清泉问他:"西南联大被共匪渗透,打着民主同盟的招牌,究竟有哪些教授,其思想言论到底激烈到什么程度,可否设法去了解他们?"研究结果,让吴思珩与和查良钊接头,由邱清泉出面邀请这几位教授参加座谈会,希望从座谈会中他们所发表的言论去了解他们的态度。"座谈会在卅三年十[八]月间于北较场举行,军方除邱军长、我,还有罗友伦、宋长治(当时为军法处长)共四人,教授有闻一多、冯友兰、杨西孟、潘光旦。座谈会以邱清泉为主席,讨论题目为反攻问题,当时日军正在攻打衡阳。座谈会中主席简单报告后,杨西孟以经济学专家立场发表很多对当前的财经问题看法。闻一多却不发一言,主席则无论如何要他发言,因为此会主要的目的就要了解他的思想态度。几经敦促后,他终于说道:'今天谈军事反攻问题,政治、经济各方面当然有关,但应以军事为首要,而在座则以主席为军事权威,在我发表意见之前,容我请教主席几个军事问题。'他随即问了四个很厉害的问题:'第一,衡阳是不是能守得住? 第二,如果守不住,日军是不是继续前进? 第三,如果继续前进则往哪一方向,是广西还是贵州? 第四,如果往这个方向,则可能打到哪里?'对于这种问题,邱军长首先声明:'如果以我本身职务的立场,我是一个军长,为了军事的机密性,即使知道了,我也无法答复你,但好在今天是一个学术性的座谈会,我姑且以研究问题的性质来谈谈。'他随即坦率地答复:'第一,衡阳守不住!'当时衡阳是二〇七师(方先觉)防守,邱军长以日我双方装备实力等着眼,说明我方守不住的理由。'第二,日人当然继续前进;第三,根据军事地理分析,继续前进以贵州之可能多于广西;第四,可能打到独山。'这是军长以军事眼光所作极为确切的结论。闻一多听完站起来,终于说:'今天我们各方面的专家都有,而军事方面只有主席是唯一的权威,现在听了主席的结论之后,我们谈反攻问题还谈什么呢? 老实说,今天政治、经济、社会各方面都已经没有希望,都得重新改革,换句话说,就是要造反! 我们唯一还存有一点点希望的只剩下军事,而今连军事都已没有希望,日本人一打,我们就没办法守,那我们还谈什么呢! 那么,现在我们只有一条路,就是全面的造反,全面的革命!'在一个革命的营地里,他叫着要革命、要造反,其思想言论之偏激已可想而知。在座其它人都以惊奇恐慌的神色看他,既然要'全面造反'了,座谈会也开不下去了。吃中饭的时间,年轻的罗友伦(时为上校团长)拿着一杯酒敬他:

'闻先生,我敬你一杯酒,你刚才说得很对,今天我们青年必须走一条路,你是知名的学者,应该指导我们青年人,究竟我们应该走哪条路,请你告诉我们!'罗逼问他,闻一多一时张口结舌面红耳赤不知如何作答。他的目的当然不是走三民主义的路,最后不欢而散。我补述这一段的目的,乃是要使后人了解西南联大当时师生的思想状况。当时西南联大的民主大同盟受了共党的渗透而成为其外围,从这个座谈会中他所发表的言论里,可以了解其激烈的程度,此后我们对西南联大闻一多这批人特别注意。"(《吴思珩先生访问纪录·昆明学潮》,《口述历史》第 8 期,台湾"中央研究院"1996 年出版)

这时先生的喊声越来越大,声音传到了重庆,臧克家在《文化战士——闻一多先生》中说:"两星期以前,碰到了一位联大刚毕业的学生,他向我报告了闻先生的一些消息。他说:'闻先生胡须尺长,而火气很盛,一般同学都很敬重这位"老当益壮"的文化战士(除了别具心肠的少数);有一次当大众演讲,他高声大叫:"砍我的头,我也要说!"那气概太动人了!'"(《云南晚报》"夜莺"副刊,1944.9.7)

八月二十七日　罗常培来访,谈五六小时,内容为西南联合大学本年度下学期的课程安排,并详细讨论个人研究计划等。

是月下旬　昆华中学教务处教学组组长、中共地下党员汪国桢来看望先生。见先生一家住在二楼楼梯旁的小房内,很是拥挤,便找徐天祥校长商量,把坐落在校西南角的卫生室拨出两间给先生住。新居是座两层小楼,屋外有小湖,环境满不错。为了表示谢意,迁居后先生请汪国桢吃饭。(据汪国桢《回忆闻一多先生》,《重庆日报》,1980.7.29)

是月　由于吴晗的介绍,认识了新考入西南联大的洪德铭(季凯)同学。洪是中共党员,一九四一年一月新四军皖南部队北移编队时,为第二纵队新三团政治处副主任。皖南事变中被俘,后虽逃脱却失去组织关系。是年春洪到昆明,通过中学同学王念平的关系住进联大学生宿舍。在准备投考联大期间,因听历史课而认识了吴晗,经过几次交谈,洪诉说了他被关入集中营的经历,得到吴晗信任。吴遂介绍与先生。洪德铭在"七七时事座谈会"上,曾见先生驳斥熊庆来的即席发言,为有机会相识于先生而高兴。(据洪德铭给编者的信,1989.3.5) 10 月间,吴晗接受洪的推荐,吸收联大同学严振、萧松、王念平等参加西南文献研究室的剪报工作,洪、严等与先生、吴晗的关系逐渐密切起来。

九月一日　致臧克家信。收《闻一多书信选集》。七月三十日,《新华日报》刊载昆明消息说:"联大教授潘光旦、闻一多等人,有部令解聘说。"臧克家闻知此事,关心地来信打听,并写了诗《擂鼓的诗人——呈一多先生》和一篇文章一起寄来。

先生复信说：

> 暑假快完，未曾休息，最近才摆脱一切，到乡下来小住。城里传来谣言说我又被解聘，你的诗文都送到，你的信也转来了。劳你又一度虚惊，现在可以告慰你的是：并无其事。本系主任要出洋，学校还在拉我出任主任呢，你们那边却在传我解聘，岂不滑稽？但是你在诗文里夸奖我的话，我只当是策励我的。从此我定不辜负朋友们的期望。此身别无长处，既然有一颗心，有一张嘴，讲话定要讲个痛快，但也不希望朋友们替我过事渲染。我并不怕撞祸，但出风头的观念我却痛恨！

关于解聘先生的说法颇多，社会上也十分关心。九月四日，重庆《新华日报》特别发表了消息《极力主张民主的闻一多教授因故解聘》，说："联大教授闻一多和其他教授一人，现已因故解聘，联大同学及清华大学校友，现正发起接济闻氏生活费，使他能继续研究写作。"九月十日，《云南晚报》刊登《闻一多教授解聘说不确》，云："目前陪都方面盛传西南联大教授闻一多及另一教授，已因故被解聘，记者特走访该校当局，据云并无其事。同时该校本学期开学在即，课程单内列有闻一多教授所授之课程。"二十日，《新华日报》在《昆明点滴》中云："不久前昆渝都传说解聘联大教授闻一多先生，联大同学闻讯，很为愤慨，特为此事出了壁报。后来听说教部虽有解聘令，联大当局却没有接受，大家才释然。"

九月二十日，《新华日报》刊载了联大中文系主任罗常培于五日写与该报的一封信，说明先生并未被解聘。罗的信上说："顷阅贵报九月四日第二版载有'闻一多教授因故解聘联大学生募款接济'之新闻一则，殊与事实不符。本人于八月二十八日来渝，在临行前之一日，曾在闻教授家畅谈五六小时。关于西南联大中国文学系下半年度课程之编排，以及个人研究之计划，均有详细之讨论。且本人主持联大中国文学系已历五年，从未闻教育部及学校当局有示意解聘教授之举。倘使当局于教授研究及教学成绩外，有类此之命令，本人亦当以去就力争，不能坐视学者尊严之沦丧。闻教授学问品格，海内共仰，西南联大倚畀方殷，贵报所载新闻，显系采访失实。素仰贵报记载正确，主张公道，务请将此函披露，以免淆乱听闻至幸。"

这件事，还引起国民参政员的关心。九月九日，三届三次国民参政会口头询问时，周炳琳说："最近报载西南联合大学教授闻一多被部方解聘，绝无其事，盖'教授思想行动越轨，有法律制裁，教部不致干涉'。"（本报记者立华《参政会席上》，《云南日报》，1944.9.15）

尽管如此，十月十五日延安《解放日报》还是刊登了国民党当局不许重庆《新华日报》登载的"免登稿"，题为《慰问闻一多先生》。文云："据传联大教授闻一多先生被解职了。解职的原因是什么,还不明白,但真正的原因却也可以心照。闻先生近年来忧时之念很深,一股正义的热情,更使人感动。当今的学者以国家民族前途为虑的人虽很多,但能够像闻先生这样正直敢言的却还少见。闻先生主张民主,主张青年打破沉寂,这都是针对现实的正论。虽是一部分顽固者流所不乐闻,但是居然因此不容于时,却也出人意外。可见月黑天低,现在正是夜气浓重的时候。我们不仅为先生的被黜而惋惜,尤其是为社会的正义抱屈。鸡鸣不已,而风雨如晦,青年们真应该起来打破'可怕的冷静'①!"

在解聘先生之风声盛传的时候,西南联大历史系学生许师谦去看望先生,两人的对话很令人感动。王一(许师谦)《哭闻一多先生》:"一九四四年八月,谣言纷纷,传说联大要解聘几位教授,特务已准备刺杀他们。大家很焦虑,几个同学商量了一下,一个静寂的晚上,我到昆华中学的楼上,找到了他的卧室:摆着两张床,他一只手拿着馒头啃,一只手在磨石章,笑着说:'这是我的副业——靠小手工业过活。'沉默了半天,终于我说明了来意:'我以你的学生资格,要求你爱护自己一点,因为今天讲真理的人太少,我们经不起敬爱的长者的损失。'他瞪着眼,半天,泪珠濮濮的掉下来:'这是做人的态度,……我觉得许多青年人太冷了,……人总有心有血,……我不懂政治,可是到今天我们还要考虑到自己安全吗?我很感激,……可是我还要做人,还有良心,……'"(重庆《新华日报》,1946.7.25)

约这个时候或者晚些时候,国民党曾让先生的一个堂兄拉先生去教育部当官。这个堂兄属CC系,当时是国民党中央监察委员,但是遭到先生的痛斥。了解这件事的黎智说:"蒋介石曾经通过我那个叔父去收买闻一多,让他到教育部去当官,他结果写了封信,把我那个叔父痛骂了一顿。"(《在中国电视剧制作中心〈闻一多〉电视连续剧创作座谈会上的谈话》,《黎智纪念集》,第512至513页,武汉出版社2004年9月出版)

同日　《诗与批评》发表于李一痕主编的《火之源丛刊》第二、三集合刊。收《闻一多全集》。

当时人们对"什么是诗"有两种对立的认识,一种认为"诗是不负责的宣传",另一种则认为"诗是美的语言"。先生把前者称为"诗的价值论者",把后者称为"诗的效率论者",说:"这两种态度都是不对的。因为单独的价值论或是效率论都不是真理。我以为,从批评诗的正确的态度上说,是应该两者兼顾的。"文中还说:

　　负责的问题成为最重要的了,我们为了诗的光荣存在而辩护,所以不能不要求诗的宣传是负责的,是有利于社会的。……政府派诗人做负责的诗,一个

---

① 《可怕的冷静》是先生的一篇文章,见是年六月二十五日条。

纪念,叫诗人做诗,一个建筑落成,叫诗人做诗,这样,好些诗是写出来了,但结果,在这种方式下产生出来的作品,只是宣传品而不是诗了,既不是诗,宣传的力量也就小了或甚至没有了,最后,这些东西既不是诗,也不是宣传品,则什么都不是了。

先生认为重要的是对诗进行批评:

我以为诗是应该自由发展的。什么形式什么内容的诗我们都要。我们设想我们的选本是一个治病的药方,那末里面可以有李白、杜甫、陶渊明、苏东坡、歌德、济慈、莎士比亚;我们可以假想李白是一味大黄吧,陶渊明是一味甘草吧,他们都有用,我们只要适当的配合起来,这个药方是可以治病的。所以,我们与其去管诗人,叫他负责,我们不如好好的找到一个批评家,批评家不单给我们以好诗,而且可以给社会以好诗。……

我应提出我是重视诗的社会的价值了。我以为不久的将来,我们的社会一定会发展成为 Society of Individual, Individual for Society(社会属于个人,个人为了社会)的,诗是与时代共同呼吸的,所以,我们时代不单要用效率论来批评诗,而更重要的是以价值论诗了,因为加在我们身上的将是一个新时代。……

从目前的情形看,一般都只讲求效率了,而忽视了价值,所以我要大声疾呼请大家留心价值。有人以为着重价值就会忽略了效率,就会抹煞了效率。我以为不会。这种担心是多余的。我们不要以为效率会被抹煞,只要看看普遍的情形。我们不是还叫读诗叫欣赏诗吗?我们不是还很重视于字句声律这些东西吗?社会价值是重要的,我们要诗成为"负责的宣传",就非得著重价值不可,因为价值实在是被"忽视"了。

诗是社会的产物,若不是于社会有用的工具,社会是不要他的。诗人掘发出了这原料,让批评家把他做成工具,交给社会广大的人群去消化。所以原料是不怕多的,我们什么诗人都要,什么样的诗都要,只要制造工具的人技术高,技术精。……

最后,先生还特别强调:"我们需要懂得人生、懂得诗、懂得什么是效率、什么是价值的批评家为我们制造工具,编制选本。"

这篇文章,是这年夏天在西南联大冬青文艺社所做的一次同名演讲,记录者为赵令仪。魏荒弩回忆说:"一九四四年夏,闻一多应冬青文艺社之邀,作公开演讲,题目是《诗与批评》。赵令仪作为一名听众,一面听讲,一面笔记,记录稿简明扼要,异常整洁。然后把稿子交给我,让我拿去发表。当时我们在《枫林文艺》和《诗文学》已经发稿付排,来不及编入了。适逢重庆李一痕兄向我组稿,便立即把这篇演讲记录稿寄给了他。这就是后来发表在《火之源丛刊》(一九四四年九月一日)二、三合刊上的《诗与批评》。但据我所知,这篇记录并未经闻先生过目。一九四七年朱自清先生主持整理闻一多先生遗著委员会,并登报公开征求闻先生佚稿,我遂将这篇已经刊出的文章寄给了朱先生。闻一多先生的这次演讲之精义得以流传,应该说,赵令仪功不可没。"

魏荒弩还说,先生将赵令仪的《马上吟》收入《现代诗钞》后又做的批评,只是一种"风趣的调侃",因为该诗是赵"留在世上为数不多的诗篇中最有名的一首",但其浪漫笔法"不过是诗人之想为现实服务的一种艺术追求而已,当然还不是什么'鸳鸯蝴蝶派'"。魏文又说:每逢集会,只要有闻一多出席,赵令仪必去参加。(魏荒弩《感旧二题——并以纪念闻一多先生遇难50周年》,《随笔》1996年第3期)

时,魏荒弩在昆明东方语专任教,与常任侠、葛白晚、包白痕、薛诚之等结为"百合诗社",自费出版了64开毛边本的《百合文艺丛书》。先生曾"欣然刻了一方阴文篆书的石章相赠,印文为'百合诗社'"。魏怀疑"这颗稀世之印,今后还是否能重见天日",实际上这颗印章的印模保存在先生的自编印谱中,文为"百合出版社"。

九月五日　　致清华大学校长梅贻琦信。并代转陈梦家请假一年函,时,陈梦家经费正清联系,受美国芝加哥大学东方学院约请,将前往教授古文字学并主持研究工作。先生曾明确表示不赞成陈此时出国,认为国内的事更紧要。但陈觉得机会难得,执意赴美,先生便不再说什么。(据访问范宁记录,1988.12)王康回忆说:当闻一多安贫乐道,依然勤勤恳恳地从事教学的时候,也有些人却忙着活动到美国去'进修',还有人劝他也不妨活动活动,何必如此吃苦。闻一多对这种言词虽然厌恶,但他还是尽力成全了这些人,为之在校内外作好安排,并指出:我们过去享的福太多了,现在吃点苦也是应该的。要是大家都忙着去享福,这学校也就甭开门了,要是大家都跑出去,还抗什么战?"(王康《闻一多传》,第208页)

九月十日　　晚,参加东北同学会组织的"九·一八"纪念座谈会。是日《云南晚报》消息《明日九一八纪念》:"联大、云大、中法三校东北同学会,订是晚七时借联大昆北食堂举行座谈会,讨论东北现状等。已邀闻一多、张奚若、吴晗、潘大逵、傅恩龄等十余位教授参加。"

先生到会时全场鼓掌,署名"钟"者在《我所知道的闻先生》中说:"暑假,渝昆一带曾盛传教育部要解聘闻一多教授,全昆明同学都为这件事感到悲愤担忧,直到'九·一八'纪念晚会上,大家看到闻先生照常穿件旧大褂,带根手杖进来了,才明白这不是事实,大家高兴起来,全场五千余人一齐鼓掌,连续达三分钟之久。"(《文汇

报》,1946.7.31)

这样的座谈会当时举行的很多,先生从来都没有迟到过。和先生相处多年的赵仲邑对这一点很深:"从一九三六年考进清华大学中文系,直至抗战胜利复员,闻一多先生为了争取民主而壮烈牺牲的一九四六年为止,在清华园、湖南南岳、云南蒙自、昆明,听过闻先生许多课,参加过好几次闻先生的学术报告会,或有闻先生参加的学术讨论会、座谈会以至茶话会、聚餐会等,从没有见闻先生迟到过。这在我的老师、同学或同事当中都是少见的。"(赵仲邑《闻一多先生最讲认真》,《精庐小札》,第207页,广东人民出版社1983年10月出版)

九月十三日 西南联合大学开学,十八日正式上课。这年度,先生给文学院中国文学系文学组三年级讲授"专书选读"(庄子),给语言组三年级讲授"中国语文学专书选读"(尔雅)。同时,继续与赵仲邑合开大一国文。(据《西南联大历年度各院系必修选修学程表》,清华大学档案室藏)

同日 下午,西南联合大学召开教授会议。会上梅贻琦报告数事,蒋梦麟报告参加红十字会湘桂视察情形。遂选举本校第七届校务会议教授代表,"结果计张奚若、燕树棠、叶企孙、钱端升、潘光旦、闻一多、陈雪屏、刘崇鋐、刘仙洲、陈岱孙、朱自清诸先生当选,冯文潜、李辑祥、杨武之、张景钺诸先生候补当选"。(《国立西南联合大学常务委员会会议记录》,清华大学档案室藏) 西南联大实行教授治校原则,每年度选举教授代表参加校务会议,共同商定校中大政方针。先生此前曾被提名数次,但这次是首次当选为教授代表。

会上,又选举教授会书记,先生当选。(据梅贻琦日记手稿,清华大学档案室藏) 西南联大实行三权分立制度,教授会相当于民主国家的议会,教授会书记相当于教授会的秘书长。从形式上说,学校重大事情,要由教授会讨论决定,教授会书记的职责是开会时担任记录,平时负责教授会与校常务委员会、评议会的联系。这个职务实际工作并不多,主要似乎是资历、荣誉、威望的反映,过去在北平的清华大学,和西南联大,都是很讲究这一套。

九月十五日 赴梅贻琦便宴。同席者有莫泮芹夫妇、陈梦家夫妇、冯友兰夫妇、王力夫妇、吴宓、吴晗。时,陈梦家将赴美讲学,梅贻琦设宴欢送。(据访问范宁记录,1988.12)

九月十七日 下午一时,中华全国文艺界抗敌协会昆明分会(下简称"文协昆明分会")在民众教育馆大礼堂,召开第四届全体会员大会,讨论响应重庆文协总会关于援助贫病作家募集基金事项,并改选理事、监事。先生虽从未参加过文协昆明分会的活动,但由于受到人们的信任,被推选为理事。本届理事还有楚图南(高寒）、常任侠、李何林、徐梦麟（嘉瑞）、凌鹤、光未然（张光年）、白澄、吕剑、赵沨、马子华、杨东明、范启新、罗铁鹰、杨亚宁；候补理事有尚钺、李广田、魏荒弩、欧根；监事有包白痕、林慧、冯素陶、张宗海、花新人；候补监事为彭桂蕊、虞慕陶。

　　次日，昆明各报报道文协昆明分会改选情形，均把先生名字排在第一位，这是几位朋友坚持让记者这样报道的。彭桂蕊回忆："我曾亲自听到楚图南、徐梦麟、李何林诸位先生不约而同向记者建议道：闻先生我们几个中，不论那个的选票多几票或少几票没关系，但发表时一定要请将闻一多先生的名字写在第一位。"（彭桂蕊给编者的信，1988.5.24）

　　这次文协昆明分会恢复活动，是与重庆全国文协总会号召开展援助贫病作家的活动密切联系的。七月十五日，《新华日报》刊登文协总会"为援助贫病作家筹募基金缘起"，中云："抗战七年，文艺界同人坚守岗位，为抗建之宣传，勗军民之忠勇，曾未少懈。近三年来，生活倍加艰苦，稿酬日益低微，于是因贫而病，因病而更贫。或呻吟于病榻，或惨死于异乡。卧病则全家断炊，死亡则妻小同弃。政府当局虽屡屡垂念，时赐援助，而一时之计，未克转死为生，且粥少僧多，亦难广厦尽庇。苟仍任其自生自灭，则文艺种子渐绝，而民族精神之损失或且大于个人之毁灭。用特发起筹募援助贫病作家基金，由本会组织委员会妥为保管，专作会员福利设施之用。一元不薄，百万非奢，爱好文艺者必乐为输将！"九月八日，《云南日报》在《援助贫病作家，展开募集运动》报道中登载了重庆全国文协总会致文协昆明分会的信函。中云："总会此次遵照六届年会决议案，发起募集援助贫病作家基金运动，各方无不热烈响应，良深感奋。查抗战以来，作家固守岗位，从事民族解放事业，七载于兹，任劳任怨，唯民族解放是从。年来生活益形艰苦，贫病交迫，几达绝境。若仍不设法自救，则制造供应人民精神食粮之作家，行将无法生存，其影响民族精神之巨，何可言喻。贵分会与本会辱齿相关，呼吸与共，尚望酌量当地情形，展开此项运动，勉力捐募，俾收更大效果。"

　　老舍于九月六日在重庆北碚写信给昆明的李何林，请他在昆明发动援救贫病作家活动。十三日，老舍的信在李何林主编的《云南晚报》"夜莺"副刊全文刊登，信中说："昆明本来有文协分会，不知今日还有人负责没有；假若你愿意，可否邀约闻一多、沈从文、罗膺中、游泽丞、章泯、凌鹤、光未然、魏猛克、王了一诸先生谈一谈，有没有把分会重新调整一番的必要。假若你太忙，无暇及此，那么就在便中遇到章泯和凌鹤两先生的时候，告诉他们一声，看他们有工夫出来跑跑没有。假若我不打摆子，我必会给他们写信的。"

　　在后来开展的文协活动中，与李何林建立了友谊。田本相在《李何林亲历闻一多遇害始末》说:"何林先生和闻一多最初的接触是在他受老舍之委托,重新调整文协昆明分会和开展对贫病作家的募捐工作期间。先生以为自己一开始就插手分会的重组工作,作为一个外来人,可能阻力很大。闻一多原来就是分会的负责人。为此,何林先生专门去拜访了闻一多先生,想不到闻先生是那么诚恳热情,那么容易接近。他们谈得格外投机,颇有一见如故之感。闻一多先生反而鼓励何林先生大胆工作,他说:'昆明分会太涣散了,大家都忙于自己的工作,又没有专职的工作人员,工作几乎是处于停滞状态,你不必有何顾虑,就把这个担子挑起来吧。'闻一多先生以自己的行动支持何林先生的工作。当改选时,他和一些朋友力主推选何林先生为理事和监事,并担任总务部的主任。'"(《中华读书报》,2003.7.2)

九月二十日　当选为文协昆明分会常务理事。《昆文协分会推定常务理事》报道云:"二十日晚,召开首次联席会议,讨论大会付予执行之案件,至深夜始散,并推出常务理监事。常务理事为闻一多、徐梦麟、高寒、常任侠、马子华,并公推徐梦麟为理事长;常务监理为包白痕、花新人云。"(《正义报》,1944.9.25)

同日　《关于儒·道·土匪》发表于昆明《中央日报》"周中专论"栏,收《闻一多全集》。

这是一篇结合现实的杂文,文章首先指出"中国是生着病,而且病势的严重,病象的昭著,也许赛过了任何历史记录"。先生引用了英国学者韦尔斯在《人类的命运》中的一句话:"在大部分中国人的灵魂里,斗争着一个儒家,一个道家,一个土匪。"先生说"假如将'儒家,道家,土匪'改为'儒家,道家,墨家'或'偷儿,骗子,土匪',这不但没有损害韦氏的原意,而且也许加强了它"。接着先生分析了儒、墨、道三派思想产生的历史过程,及其"之所以成为中国文化的病"。说:"封建社会的组织本是家庭的扩大,而封建社会的秩序是那家庭中父权式的以上临下的强制性的秩序,它的基本原则至多也只是强权第一,公理第二","儒家思想便是以上层阶级的立场所给予那种秩序的理论的根据"。"然而父权下的强制性的秩序,毕竟有几分不自然,不自然的便不免虚伪,虚伪的秩序终久必会露出破绽来,墨家有见于此,想以慈母精神代替严父精神来维持秩序",但是墨家失败了,"一气愤,自由行动起来,产生所谓游侠了,于是秩序便愈加解体了。秩序解体以后,有的分子根本怀疑家庭存在的必要,甚至咒诅家庭组织的本身,于是独自逃掉了,这种分子便是道家"。先生用一个大家庭的子女都长大成人,互相争论如何维护家庭秩序来作比喻,说其结果儒、墨成了死对头,"道家因根本否认秩序而逃掉","实际是帮助了儒家的成功"。因此,"在上层阶级的士大夫中,道家还能存在,而墨家却绝对不能存在","墨家不能存在于士大夫中,便一变为游侠,再变为土匪,愈沉愈下了"。这时,所剩下的儒与道，"更可以合作了"，合作的方案就是互相转换，"一个儒家做了几任'官'，捞得肥肥的，然后撒开腿就跑，跑到一所别墅或山庄里，变成一个什么居士，便是道家了"。"所谓'身在魏阙，心在江湖'，和'大隐隐朝市'者，是儒道合作中更高一层的境界。在这种合作中，权利来了，他以儒的名分来承受，义务来了，他又以道的资格说，本来我是什么也不管的。儒道交融的妙用，真不是笔墨所能形容的，在这种情形之下，称他们为偷儿和骗子，能算冤曲吗？"先生在文末说："讲起穷凶极恶的程度来，土匪不如偷儿，偷儿不如骗子，那便是说墨不如儒，儒不如道。""在中国人看来，三者之中，其实土匪最老实，所以也最好防备。从历史上看来，土匪的前身墨家，动机也最光明。如今不但在国内，偷儿骗子在儒道的旗帜下，天天剿匪，连国外的人士也随声附和的口诛笔伐，这实在欠公允。"

九月二十一日　开学后第一次讲授"庄子"。听课的人很多。张源潜在日记（未刊）中写到："'庄子'有那么多人听也是'解聘'谣言的功劳。"

"庄子"讲授情形，寄思在《忆一多教授》中回忆到："我旁听闻先生讲授'庄子'，这一课程每星期两小时，连接着排在一个下午，旁听的人很多，有同学，有职员，还有年青的哲学教授沈有鼎先生。沈先生是每次必到，旁听的人也一直不衰，济济一堂者大约二百人。""闻先生讲书，一字一句的考证剖析，都详细谨严，他自己亲手抄写一本《庄子》，把别家的注释和他自己的发现与见解都写在上面。但这种踏实的工夫并不曾使他陷于学究式的烦琐，他屡次提醒思想与时代的关联，要从战国时代底社会、政治情况来理解《庄子》。他认为《庄子》一书，正反映战国时代知识分子——'士'的悲哀。他说：'庄子所处的时代，士底出路是作官，作官实际上是作统治者的走狗，内而榨取民众，外则争夺别国的土地人民，夺取之后来同样地榨取，你想要洁身自好也不行，非要你帮凶不可。你愈有能力，愈要利用你，但即使作帮凶，也不一定能够自保：人君随时可以杀你，不管你帮得好不好。商鞅就是一个例子，士大夫阶层在这个时代最惨最惨！有思想、有个性、有灵魂的士，只好装傻，这就是所谓'佯狂'，用装傻来排遣苦闷，用装傻来躲开政治，并且在心理上以藐视政治的清高来自作调适：'孰弊弊焉以天下为事？'当时这种有思想、有个性、有灵魂的士，心境其实是很苦的，有时恐怕也不免凄凉之感。闻先生讲到'相呴以湿'这一句，说他们的精神上或受着窒息与饥渴，彼此间只有如涸辙之鱼：'相呴以湿'。'相呴以湿'便是相互用口沫来想解除彼此的口渴。今天中国有思想、有个性的知识分子，自然是走着和当时的士不同的道路，但在横遭迫害与摧残之时，除了从民众的觉醒上看出前途，坚持信心以外，相互的同情与应援也成了重要的安慰与鼓舞：这也有类于'相呴以湿'啊！然而，为什么他们不反抗呢？闻先生提出了这一个问题，他自己回答,那是因为时代所限:不要忘记了那还是贵族统治着奴隶的时候。可是他们还得生活在社会中,尽管他们厌恶这社会。这使他们感到'无所逃于天地之间',于是,采取了这样的处身之道:处乎才与不才之间,有用与无用之间;于是,为了求得心理上的调适与精神上的平静,发展了对于自然宇宙的虚无,狂放的幻想,转而暗示人生社会的有限事物之渺小与不值得计较;发展了贱视肉体,响往残废的观念,把'六骸'看作精神所寄寓的空壳,认为身体残缺不全的人反倒可以减少世俗的牵连,以保持精神的完整;发展了对于生的淡漠和对于死的赞美,'劳我以生,佚我以老,息我以死','故善吾生者,乃所以善吾死'也。到这里生只成了手段,死才是目的,当一个人去吊唁死者,说'而已反其真,我犹为人猗'。我记得闻先生带着极大的感慨来解释这两句:'你死了好啊,我还留着受罪!'甚至更'以生为附赘悬疣,以死为决疣溃痈'。闻先生指出这已经不只是同死生,简直是厌生而欲死了。——所有这些构成了庄子思想的要点。对这些思想,闻先生一语破的地说:'这完全是自欺,是逃避','陶醉在幻想中是很美的,但是也很惨,人总是能在生活上、意志上有具体的自由的好。'知识分子的这种悲哀,闻先生以为早在孔子的遭遇中就已开始表现出来,到战国时代又表现在屈原的遭遇中,但在庄子的精神和思想上是取得了另一种表现。闻先生在讲授《人间世》篇之时,指出儒家和道家的分别之一,在于儒家首先要为人君,其次是全身,而道家是首先要全己身,对人君则很淡薄,很少有像是一家人的感觉。道家可能是儒家的积极精神在现实上碰壁之后消极退婴的结果,是一部分儒家或潜在的儒家在特定环境中的演变。今天中国知识分子的态度怎样呢? 闻先生以为,大致是而且应该是:离庄子较远,接近于而且超过了儒家,今天的国事,不是帝王一家的事,而是全体人民自己的事。闻先生讲庄子,常常引用马叙伦先生的注释,也有时提出自己的见解来商榷。有一次引用郭沫若先生的解释时,闻先生顺便提起:'有些拘谨的学者,很不以郭先生的见解为然,而且说他胆大与轻率。好,这些学者先生们一次都没有错,因为一句离开前人见解的话也不曾说过,这种过分的谨慎如果是怕说错了影响自己已成的学者之名,那却未免私心太重,这样谨慎了一辈子,对于古代文化的整理上最后还是没有添加什么。而郭沫若,如果他说了十句,只有三句说对了,那七句错的可以刺激起大家的研究辩正,那说对了的三句,就为同时代和以后的人省了很多冤枉路'。"(《文萃》第 40 期,1946.7.25)

九月二十四日 昆明文化界人士在李公朴家里举行"文艺的民主问题座谈会"。参加者有楚图南、李公朴、李何林、章泯、尚钺、张光年、吕剑、赵沨、白澄等。先生因病未能出席。会后张光年到家中征求意见,并把先生的谈话记录下来,后以

《论文艺的民主问题》刊于一九四七年三月二十四日《文汇报》,收《闻一多全集》。
文中说:

　　座谈会上的报告和各位先生的发言,我大体上是同意的。谈到文艺家和
民主运动的问题,有人说一个文艺家应该同时是一个中国人,这是对的;就现
在的情形看来,恐怕做一个中国人比做一个文艺家更重要。因为现在是抢救
的工作,不能太慢了。我甚至还怀疑,就是现在的作家,在写作以外,实际生活
的政治程度是不是够高,恐怕还是问题。政治工作较文艺写作更难,正像在前
线冲锋肉搏较之在后方的工厂中做苦工更难一样。更进一步地说,如无冲锋
经验而描写前面冲锋故事,因体验的不真切,写出的也一定没有力量。——这
是一个生活与写作的老问题。

　　没有民主运动的实践,一定创造不出民主主义的作品。假使在英美的社
会,作家自己如果不做民主的战士,由于社会周围充满了民主的空气,作家也
许可以用观察来弥补。在中国缺少这种空气,自己不做便体验不着,观察不
到。写作的问题便是一个做人的问题,人的火候到了,写出的东西自然是对
的。——这样的说法,同时也解答了第二个问题——文艺作品如何反映民主
主义内容的问题。

　　诚如大家所指出的,目前还有许多有知识有成就的文艺家,本身还站在民
主运动之外,他们的生活与写作甚至有了反民主的倾向。对于这些人,大家主
张,除了加强劝导之外,还要加强理论上的批评。这点我是赞同的。我还主
张,应该无情地打击。目前在进步的朋友中间,委曲求全的思想还是很盛行。
我以为社会上没有那么容易的事,在大变革的时期,一定需要大牺牲,不能顾
忌太多。政治上的委曲求全,我是了解的。但我还是要坚持,在文艺工作上,
委曲还是应该有限度。我想,我们理想的本身,就是一首诗,今天应该坚持这
种精神,不要要求成功太切。中国人自来是善于委曲求全的,用不着我们再来
宣传这种思想。

　　关于如何创造民主主义新文艺的问题,我想先提出形式问题来谈谈。前
些时何其芳先生有信来,说起张恨水的小说在重庆很盛行,他认为这个形式
(章回小说的形式)很可利用,并问到我的意见。我所想到的,是最接近我们的
这个圈子,智识分子的圈子。——对大众自然应该给予教育,好在他们是一张
白纸,没有成见,新形式也许一样可以接受。至于智识分子和学生,问题最多,
挑剔相当厉害。所以艺术技巧方面,是要极力提高。旧形式恐怕打不到他们
的面前,恐怕还是要用西洋最高的东西,才能打动他们。我看那些容易和民众

接近的地方,问题倒比较简单,比较顺利;我们住在大后方,不可忽略了后方的另一面。这里才是苦海,周围的人难对付;艰巨的工作在这里。

旧形式是一种旧习惯,如果认为非利用旧形式不可,便无异承认习惯是不可改变的。我的性格喜欢走极端,我对一切旧的东西都反对,希望最好一点也不要留。我所以赞成田间的诗,原因也在这里,因为他把旧腔调摆脱得最干净。这种极端的感情,也许是近二十年来钻进旧圈子以后的彻底反感,说不定过分了一点,但暂时我还愿意坚持我的意见。

先生对张光年说的何其芳征求利用章回小说形式意见的来信,原函未存,两人何时相识,亦未见记载。何其芳是四川万县人,一九二九年入上海中国公学预科,一九三〇年三月,以笔名"禾止"在《新月》第三卷第一号发表小说《摸秋》。一九三〇年夏报考清华大学、北京大学,均被录取,遂入清华大学外文系,半年后发现没有高中毕业文凭被除名。但北京大学承认其考试成绩,故一九三一年入北京大学哲学系读书。一九三四年六月一日,先生参与编辑的《学文》月刊第一卷第二期出版,内刊有何其芳新诗《初夏》。在北大学习期间,何其芳结识李广田、卞之琳、三人于一九三六年出版新诗合集《汉园集》,被誉为"汉园三诗人"。一九三八年,何其芳与卞之琳、沙汀结伴访问延安,后留在延安鲁迅艺术学院任文学系教员、系主任,还担任过朱德的私人秘书。一九四四年四月至一九四五年一月,何其芳随中共代表团至重庆,在周恩来直接领导下从事文化工作,任中共代表团文教组宣传部副部长,分管《新华日报》副刊等工作。也是这年,闻一多编选《现代诗钞》,收入何其芳一九四一年十一月发表在延安《草叶》创刊号上的《河》、《醉吧》两首新诗。何其芳给先生的信是在重庆中共代表团时期写的,先生是否复信未见记载,但他曾在西南联大新诗社一次会议上说:"何其芳是快乐的,因为他已经生活在人民中间了。"(郭良夫《因一多先生而想起的二三事》,中华书局古典文学编辑室编《学林漫录》第11集,第9页)

先生参加过多次文艺讨论会,他主张文艺工作者不妨放下笔,直接投身到斗争中去。季风《在一多先生灵前》:"我想起在一次文艺问题讨论会上闻先生所发表的意见:'在今天,文艺工作者尽可以放下笔,直接参加到政治生活、政治斗争里去!也只有在实际的斗争与生活里,才能写得出真实的、为人民所需要的作品'!……'在今天,我们有比写文章更急要的事。我们需要的是行动!'"(《文汇报》,1946.7.31)

附:九月二十八日,《云南日报》刊登《"文艺的民主问题",文学评论社昨邀开座谈会》的报道,记述座谈会上的讨论情况,这对了解先生的该文有所帮助,故录如下:"《文学评论》月刊创刊号在昆明出版后,即告停顿。该刊发行人近邀光未然、叶以群出来主编,新一号在组稿中。日前该月刊社邀集了一个'文艺的民主问题'座谈会,除闻一多先生因病,李广田先生因另有事未克出席外,计到高寒(楚图南)、李何林、李公朴等十余人。首由光未然作一报告,对'民主运动的新时期和文艺运动的新发展'加以详尽的分析和解释。大意说:民主运动已经发展到了一个新时期,有许多因素足以保证民主运动可能并且必然走向胜利。但民主运动在全国各地也有着不平衡的发展。而民主运动的发展必然影响到文艺运动的发展,并给它以新的意义。在这历史的新时期当中,文艺作家们对这一问题自应给以热切的注意,并担当起民主主义文艺运动的任务来,从而创造新的民主主义的文艺。高寒先生首先提出文艺作家对民主运动应担当起三件任务,争取言论出版自由就是最大的任务之一,并强调建立'民主的文艺批评'。尚钺指出反民主的、不健康的(色情的,对抗战不积极的等等)、复古倾向的文艺作品(或政策),与敌人的文化进攻不谋而合,必须打破这危机。章泯说,政治上民主不够或不民主,文艺是得不到顺利发展的,文艺作家必须作为一个民主的传教人、政治斗争中的清道夫。李何林说,民主主义文艺运动,就是反封建反假民主的文艺运动,必须更加紧学习,并把握现实主义的创作方法和现实主义的文艺批评,并须培养大批文艺干部。赵沨指出敌后与大后方政治发展的不平衡和文艺运动的不平衡,显示出应走的道路。白澄于报告文艺的出版情形之后,强调多做批评工作,无论新旧中外名著或不名著与否,均应以新行正确的眼光,给予新的评论与估计。吕剑说,民主主义文艺运动,应看作新现实主义文艺运动的更高的发展,它必须和民主主义、人民群众结合,强调文艺作家对'民主'的生活、创作实践。李公朴解释了'民主'及其运动的意义……并报告了敌后的文艺活动。座谈完毕由文艺评论社招待便饭。饭后漫谈,决定邀请在座的人,组织一文学评论的评论委员会,密切配合工作。至九时散会。"

九月二十五日　致闻亦博信①。收《闻一多书信选集》。信中谈到投身民主运动及家庭生活:

前接来函,适因事冗,继以家人卧病,致久稽裁复,罪甚罪甚。月前渝昆两处所传一节,经各方辩明以后,真相业已大白,想早蒙释念矣。今日之事,百孔千疮,似若头绪纷繁,而夷考其实,则一言可以尽之,无真正民主政治是也。惟纵观各国之享有民主者,莫不由其人民努力争来,今日我辈之无思想言论自由,正以我辈能思想能言论者,甘心放弃其权利耳。且真正民主之基础,即在似若无足轻重之每一公民。由每--公民点点滴滴获得之自由,方为真正自由。故享自由若为我辈之权利,则争自由即为我辈之义务。明乎权利义务之不可

---

① 闻亦博,字普天,先生堂弟,大排行第十七。

须臾离,则居今之世,我辈其知所以自处矣。读来函乃知吾弟亦一有心人,既喜吾道不孤,愿即以上述之义务观念时时共勉之。平生赋性懒散,渝中兄弟亲友处,欠缺音候,然朝夕之暇,步檐伫望,系念实殷,非真淡忘也。此间兄与驷哥两家大小粗托平安,鹤、雕、鹏三儿及名女均在中学,幼女亦已入小学。兄食口较众,前二三年,书籍衣物变卖殆尽,生活殊窘,年来开始兼课,益以治印所得,差可糊口,然著述研究,则几完全停顿矣。

同日 《云南晚报》中《学府风光》云先生的"楚辞"课旁听者甚多:"开学之初,旁听之风极盛,今年旁听者最多的课程,是张奚若教授的政治思想史、闻一多教授的楚辞、傅恩霖[龄]教授的日文,以及雷海宗、蔡维藩、吴晗诸教授的历史课程。"

九月二十八日 《云南日报》报道《援助贫病作家,南菁展开募捐》,中说:"南菁中学本期已上课五周,每周均有学者名人莅校讲演,已在该校讲演者有罗庸、闻一多、雷海宗诸教授。"

九月二十九日 《云南日报》刊登先生为援助贫病作家治印消息:"闻一多为响应此项运动,特愿为人刻章十只,每只二千,全部收入捐助贫病作家。石自备,并送刻边款,以志纪念,收件处在青云街自由论坛社。"(《援助贫病作家,联大同学踊跃募捐,一周内已募获四十五万》,《云南日报》,1944.9.29)

刘克光同学看到先生的启事,主动为先生找顾客,其中一位顾客是昆华中学的同乡,叫张治国。(据刘克光给编者的信,1987.11.13)这枚印章的印模保存在先生的自制印谱中。

是月下旬 一位美国友人来访问先生。同天,一位澳大利亚的著名记者庄士敦(George Johnston)通过西南联大外文系教员王佐良介绍,也访问了先生。几天以后,先生对张光年谈到了这两次谈话的内容,说:

前天有两个外国朋友先后来看我,谈到中国民主问题。一位是美国朋友,他站在美国人的立场,希望中国有第三个力量起来,担负建立新中国的责任。我说第三个力量是有的,目前还在生长发展中。另一位是澳洲朋友,站在澳洲人的地位,比较倾向于英国方面,一方面骂美国人,一方面却更多地同情中国。他问中国究竟需要怎样的民主,他的意见,应该是社会主义的民主,他说英国目前正一天天地接近苏联,打算向着那个方向走去。他曾和丘吉尔谈话,邱氏也承认了这一点。邱氏的矛盾是印度问题;不过一般的英国人,认为邱氏适合于做战时的领袖,战后建设大概不大合适,他们希望以后对印度问题能有更开明的办法。这位澳洲记者问起我:中国的民主运动是否太温和了?战斗性是否还不够强烈?我说我是站在青年人一边的,和老辈人的看法不同;我个人看来,目前的民主运动的确战斗性不够,也许有些老辈人认为操之过切,反而不好。

　　这位澳洲记者也写小说的,和我一样,过去也曾学过画,因此他很关心中国文艺界的情形。他听说最近世界上最好的短篇小说是中国的;我问他从那里听来的,我说我们倒有些受宠若惊了。(闻一多谈张光年记《论文艺的民主问题》,《闻一多全集》第 3 册,第 567 页)

　　庄士敦访问先生后,写了一篇《东方的萧伯纳连系中国的过去、现在和未来》,先生对此文很感兴趣,曾给西南联大外文系专任讲师薛诚之看过。(据薛诚之《闻一多和外国诗歌》,《外国文学研究》1979 年第 3 期)

　　与庄士敦谈话的第二天,又有一位美国朋友来看望先生。先生对张光年说:

　　外国朋友的确很想了解中国。譬如今天来看我的另一位美国朋友对我说,我来到中国,为的要看看活着的中国人民,他说现在在美国替中国说话的有三个人,一个是落了伍的胡适之;一个是国际文艺投机家林语堂;一个是感伤的女人赛珍珠。他们的文章,都不能表现中国的真实。他说他每回读到林语堂的文章,描写中国农民在田里耕作时如何地愉快,以及中国的刺绣、磁器如何地高贵……他就很生气地把这位林博士的著作撕毁了掷到墙角里去。我听到这里,感激地向他伸出手来,我说:你是我所遇到的少有的美国人!(张光年记、闻一多谈《文艺的民主问题》,《闻一多全集》第 3 册,第 568 页)

约是月　　结识与张光年一同到缅甸开展工作,又一同返回昆明的中共地下党员、音乐家赵沨。赵沨,河南项城人,一九一六年生于开封。他自幼喜爱音乐,一九三五年冬考入南京中央电影摄影场训练班,毕业后留在中央电影摄影场音乐组工作。抗战爆发后,随中央电影摄影场迁往重庆,后兼任中央电影摄影场新闻组代理组长,负责拍摄《战地简报》、《保卫大武汉》等,还把苏联电影记者卡尔曼的纪录片编成《抗战到底》。在重庆,赵沨先后在内迁重庆的上海两江体育专科学校和精益中学兼任音乐教师,积极参与社会音乐活动,在业余合唱团教唱苏联歌曲和抗日歌曲,投身于群众性的抗日歌咏运动。一九三九年十月十五日,在中共重庆八路军办事处支持下,赵沨协助原延安鲁迅艺术院教务处教育科科长李凌,在重庆成立了中国近现代音乐史上十分重要的进步音乐社团“新音乐社”,并于一九四〇年一月创办了综合性的《新音乐》月刊。《新音乐》前期主编是李凌,后由赵沨接任。《新音乐》受到文化知识界尤其是广大青年学生的欢迎,有人评论说它“实际上成为指导和推动国统区群众歌咏运动的中心”,“在抗战期间,没有一种音乐能象上述的群众歌曲那样,对中国革命起到那样巨大的作用,也没有一种音乐刊物能象《新音乐》月刊那样,向人民群众提供了如此及时而又丰富的精神食粮。"一九四〇年年底,新音乐社组织重庆业余合唱团首次公演冼星海的《黄河大合唱》,词作者张光年亲任朗诵,赵沨任《黄河颂》独唱。周恩来观看了这次演出,并当面给赵沨赞许。皖南事变后,赵沨与张光年、李凌离开重庆,经昆明到缅甸开展工作。在仰光,赵沨由经张光年介绍,加入中国共产党。太平洋战争爆发后,赵沨与张光年、李凌等率领战地服务团,历经千险于一九四二年五月抵达昆明。在昆明,赵沨经李公朴介绍,到疏散至路南县的云南大学附属中学担任为国文、音乐教员,并兼任路南县立中学教师。一九四三年,赵沨随云大附中迁回昆明,继续利用音乐从事进步活动,在昆明无线电厂、中央机械厂合唱团教授歌曲,担任昆明各校合唱团联合组成的昆明合唱团的指挥。(据刘新芝《赵沨与新音乐社》,《中央音乐学院学报》1996 年第 3 期) 一九四四年九月十七日,中华全国文艺界抗敌协会昆明分会召开第四次全体会员大会,赵沨与闻一多同时当选为新一届的理事。先生主持民盟云南省支部宣传工作时,曾请赵沨担任《民主周刊》主编。

是年秋 云南《民国日报》记者、中共地下党员刘浩在张光年陪同下看望先生。

刘浩是中共西南局派到云南参加省工委工作的,张光年每两周和刘浩联系一次。刘浩提出想代表云南省工委向先生表示敬意,请张光年出面联系一下。张光年将情况对先生提出后,先生十分兴奋,对高真说:今天要来个共产党,你加几个菜。一天下午,刘浩、张光年到先生家来,谈了一个下午。刘浩关心地询问先生家的生活,需要哪些帮助,而对先生最关心的问题,如党的方针政策、如何开展抗日宣传、怎样为抗战救国贡献力量等,均未涉及,先生不免有些失望。(据访问张光年记录,1988.2.4)

刘浩回忆那天交谈的情形:"我和闻先生很亲切地畅谈了大约两小时,向他介绍了敌后抗日根据地的情况,我党的主张,同时讲了国民党反动派阴谋对日妥协、准备反共等情况。闻先生很激动地说国民党专制腐败,没有希望,中国的事情完全寄托在共产党身上。并说,现在有些人还看不清国民党是没有希望的,我们要大声疾呼,像孙中山讲的唤起民众,反对国民党的一切反动政策。闻先生说他在黑暗中探索了半辈子,现在才看到中国的光明之路就是共产党指明的道路,他愿为此奋斗不息。闻先生还说有人邀他参加民盟,他正在考虑他参加民盟好不好,他想参加民盟不如参加共产党。我对闻先生说,参加民盟更方便活动,有利于推进民主运动。此后不久,我奉调回重庆南方局,曾把闻先生这些情况,向董老作过汇报。"(刘浩给编者的信,1988.8.5)

是年秋 先生以个人身份加入中国民主同盟。

　　中国民主同盟原称"中国民主政团同盟"，由国家社会党、中国青年党、第三党、救国会、中华职业教育社、乡村建设派发起组成。是年九月十九日，在重庆举行的全国代表会议上，决议取消"政团"二字，以便吸收无党无派的个人入盟。潘光旦、罗隆基、曾昭抡等先生的朋友都是民盟中央执行委员，吴晗亦于上年加入民盟。

　　民盟昆明支部于一九四三年酝酿成立，当时，参与筹备的罗隆基、潘大逵曾邀请先生参加，受到婉拒，并说如果要加入组织，就加入共产党。(访问潘大逵记录，1986.12.29) 但是，此时先生改变了态度。一天的黄昏，吴晗受组织委托，到昆华中学先生家里，与先生作了亲切的长谈，并邀请先生正式加入民盟。先生起初有些犹豫，经过认真考虑后，表示可以加入，并说了一段感人的话："国事危急，好比一幢房子失了火，只要是来救火，不管什么人都是一样，都可以共事。"(引自王康《闻一多传》，第 300 页) 用"救火"形容形势危急和拍案而起，不止在一个地方讲过。赵沨回忆说："在一个文艺界聚会上，大家谈到了文艺和政治的关系。他认为：搞艺术的人现在搞政治毛等于救火。并且，不是邻家火起了，一听见锣响，丢下□笔推开琴谱提着脸盆干起来了。而应该是：是自家房子起火了，并且烧到自己的眉毛。这时还不赶快救火，还等什么。有人认为，并不一定提着水桶泼水才算救火，意思是说搞文艺艺术的有自己专门的工作，专门的行业。他反驳这种说法：火势如果太大，情形十分危急的时候，还是要参加直接战斗的。在最危急的时候，你不能说你写个音乐号召别人来救火，你写幅油画来记下火灾的损害，最危急的时候，就应该挑起水桶来。"(赵沨《闻一多先生底回忆》，香港《光明报》新 4 号，1946.10.18) 民盟当时还处于秘密状态，成员身份不公开。先生入盟宣誓后，组织上当着他的面把誓词及表格烧掉。先生入盟时的介绍人有两位，一是罗隆基，另一有人说是潘大逵，有人则说是吴晗。

　　这之前，先生曾读过《联共(布)党史》和《列宁生平事业简史》。吴晗来谈时，先生明确的表示将来要加入中国共产党。《循着闻一多的道路前进——记清华闻一多先生殉难三周年纪念晚会》中记述了吴晗在会上讲到的两件鲜为人知的事："有二件是过去没有提到也是不可能提到的，今天在会上向大家说一说。一件是闻先生生前曾经极用功的读过两本书：一本是《联共(布)党史》①，另一本是《列宁生平事业简史》。闻先生晚年的进步，是和这两本书分不开的。这一本红皮面莫斯科版的《联共党史》，已经捐赠给'一二·一'图书馆了，希望好好的保存。另一件事是闻先生在应允加入民盟的晚上，曾对吴先生表示说自己是一个马列主义者，将来一定

_____

　　① 　这本书是吴晗借给先生的。

要请求加入共产党。"(《光明日报》,1949.7.18)

后来,先生还对人谈到加入民盟的认识。凌风《回忆闻一多同志》:"有一次,闻同志在昆明民主周刊社和几位青年朋友谈话,话题是关于共产党和民主同盟。他说:'以前我们知识分子都多少带着洁癖,不过问政治;现在却是政治逼着我们不得不过问它了。这也[就]是说,我们是应该参加政治活动的。在中国当前的政治情势中,要参加有组织有纪律的政治活动,只有参加共产党或民盟。有些人没有勇气参加共产党,因为那种战斗生活是异常艰苦的。又有些人还不了解共产党,因为反动派在各方面封锁得太严苛了。在这种情势下,我们参加民盟,在争取民主的斗争实践中锻炼,逐步改造自己,提高自己,也是很好的。'闻同志凭他真挚诚恳、诲人不倦的态度向大家说,在座的几位青年朋友听了都很感动,其中有些后来加入了民盟。"(《光明日报》,1950.7.15)

柳映光(杨明)《闻一多就是我们的旗子》中记述了先生入盟后的一次谈话:"当闻先生告诉我他参加同盟的时候,我曾经劝阻他,我说:'您没有加入的必要。''什么? 没有必要? 告诉你,中国人都有必要!'他先是很生气,后来又和缓的说道:'孙毓棠先生也这样劝我。唉,以前我们讲清高,故意表现□介,其实这才是上当。历代的统治者们有意的提倡这一套,目的就在使大家都不去过问政治,好让他为所欲为。今天我们不能再自己上当了。''我的意思是,你站在外面说话更有力量,更有影响!''力量? 团结才有力量,有组织才有影响! 我不仅不接受你的劝告,而且,我倒要劝你也参加同盟!'他语气坚决,毫无犹豫。'我……''你? 你要不要过问国事? 今天,这样。''当然要过问!''那么你觉得一个人的力量大,还是团体的力量大? 只要你承认团体就是力量,你就得参加一个政治团体。'他停了一停又说:'产生这个民盟的历史原因你想没有?''当然想过,但是我不一定参加它。''可见你没有想通,你再想想,像你我这样的人,你参加共产党?''不。''你参加国民党?''当然更不!''这就对了。像我们这类人,就一定要参加民盟这是一定的,不能说不一定。'于是,我和我的老师变做同志了。"(昆明《民主周刊》第 3 卷第 19 期,1946.8.2)

先生加入民盟,是他一生中的重大转折。流金(程应镠)《人之子——怀念闻一多先生》:"有一天晚上,大概是他加入民盟以后不久吧,我去看他,他兴奋地告诉我说:'我从"人间"走入"地狱"了。'沉默了好一会儿,他的语气变得更严重。他和我讲他过去的日子:'以前,我在龙头村,每回走进城,上完了课,又走着回去;我的太太总是带了小孩到半路上来接我,回到家,窗子上照着的已是夕阳,孩子围在身边,我愉快地洗完脚,便开始那简单而可口的晚餐,我的饭量总是很好的,那一天也总过得很快乐。'我听着入神了,忽然他点燃起一支烟,站了起来,有力的眼睛里,发

着光。'现在,这种生活也要结束了。'"(《文汇报》,1947.3.24)

先生加入民主同盟后,与罗隆基有一段有趣的对话。吴晗《闻一多的道路·序》:"大概是一九四四年的冬天吧,在朋友家谈天,罗隆基先生笑着指一多先生说:'一多是善变的,变的快,也变的猛,现在是第三变了,将来第四变不知道会变成什么样子?'一多先生也大笑说:'变定了,我已经上了路,摸索了几十年才成形,定了心,再也不会变了!'"(史靖《闻一多的道路》,生活书店 1947 年 3 月出版)

先生入盟后,与联大教授姚从吾激辩了一番。尚土《痛忆闻师》:"先生入同盟之后,便马上去找在联大负责党团的姚从吾,劈头便说:'从吾,我已加入了民盟,我们谈谈。'姚问民盟的经费是不是延安那边供给的,于是二人激辩三小时,弄得不欢而散。"(《人物杂志》第 2 年第 9 期,1947.9.15)

先生对民盟的工作极为热心。吴晗《哭一多》:"热心的情形到这个地步,民盟是没有钱的,请不起人,有文件要印刷时,往往是他自告奋勇写钢板,不管多少张,从头到尾,一笔不苟。昆明那时还没有公共汽车,私家也无电话,任何文件要找人签名,跑腿的人一多一定是一个。要开会,分头个别口头通知,他担任了一份,挨家挨户跑,跑得一身大汗,从未抱怨过半句。"(《新华日报》,1946.7.28) 在《哭一多父子》中吴晗又说:"宣言、通电的润色人一定是你,在深宵,在清晨,你在执笔沉吟,推敲一个字,每一句,每一段。朋友们安慰你的过度辛劳,你还在微笑着说:'谁叫我是国文教员呢!'"(《人民英烈》,第 249 页)

先生还热情地动员他所了解的师友、学生入盟。先生对多年的老友饶孟侃入山念佛很不以为然,想写信劝他关心国事。流金《追念闻一多先生》:"佳士说:'……你还记得么? 他和我们谈饶孟侃,说到他念佛。他告诉我们,说要写一封公开信给他那位念佛的老朋友,说明他自己这几年来关心政治的原因。他还说,念佛与革命,都是现实的政治环境造成的。念佛看似通脱,实在通脱不了。革命呢,倒真是通脱得了的。'"(《人世间》第 1 卷第 5 期,1947.7.20)

先生曾介绍李何林加入民盟,并推荐他担任民盟云南省支部文艺委员会会主任委员。田本相在《李何林亲历闻一多遇害始末》中说:"其时,在云南地方当局同国民党中央勾心斗角、明争暗夺的情况下,何林先生的工作也得以开展,得以参加报纸副刊和文艺刊物的编辑工作,闻一多先生也给予很多支持。当闻一多先生看到何林先生对于工作高度负责和不怕牺牲的精神,觉得何林先生不但是一个勇敢的民主战士,而且具有组织能力。他就对何林先生说:'你在民盟外面干,虽然也可以发挥作用,但进来一起干,可以配合得更好些。'不久,周新民和李文宜,这些民盟中的地下共产党员,也诚恳地找何林先生谈加入民盟的问题,在闻一多和张光年的介绍下,正式加入了中国民主同盟。不久,振华先生就被选为民盟云南省执行委员会的执行委员兼妇女运动委员会主任委员,闻一多被选为执委。闻一多原是文艺委员会的主任委员,但他推荐何林先生接替他,担任主任委员。可以看出他对何林先生的信赖。"(《中华读书报》,2003.7.2)

先生还与周新民介绍西南联大历史系学生李曦沐加入民盟。李曦沐当时是历史学会主席,他回忆说:那时"我在昆明时是党的外围组织民主青年同盟的负责人之一,为搞好与民主同盟的关系,地下党决定我和另外一位民青负责同志许师谦参加民主同盟,闻一多和周新民先生是我们的介绍人。"(李曦沐《伟大的人格,永恒的纪念——闻一多先生殉难 50 周年祭》,《中国测绘报》,1996.7.12)

对于有些很喜爱的学生,先生则批评他们不该疏远现实政治。汪曾祺的儿子在一篇文章中写到"闻一多先生也很喜欢爸爸,尽管两人'政见'不同。在西南联大期间,闻一多先生政治态度出现明显转变,逐步成为革命的民主主义者,而爸爸当时则对政治基本不闻不问,甚至对闻先生的参与政治的做法还有些不以为然,觉得文人就应该专心从文。一次,爸爸受一家小报之托,到闻一多先生家中约稿。闲聊之中,闻先生对爸爸颓废的精神状态十分不满,痛斥了他一顿。爸爸也不示弱,对闻先生参与政治的做法直截了当地提出了不同意见。两人谁也没有说服对方。分手之后,爸爸意犹未尽,提笔给闻先生写了一封短信,信里说闻先生对他'俯冲'了一通。闻先生很快写了回信,说爸爸也对他'高射'了一通。当时日军飞机常常轰炸昆明,俯冲、高射一类的军事用语一般人也很熟悉。闻先生还他晚上不要出去,要来看他。当晚闻一多先生找到了爸爸的住处,又对他进行了一番劝导,之后才去看望弟弟闻家驷先生。"(汪郎、汪明、汪朝《"高射"过闻一多先生》,《老头儿汪曾祺:我们眼中的父亲》第 23 至 24 页,中国人民大学出版社 2000 年 1 月出版)

参加民主同盟前后,先生曾与张光年谈到想去解放区看看。张光年在《为革命真理而献身》中说:"我清楚地记得,当一多同志在昆明中学兼课,从东郊迁到昆华中学教职员宿舍一个二楼上暂住时候,我几次去看望他。一天晚上,我到那里,他正倚身枕在被卷上假寐。月光透过宽大的窗户洒遍房间,洒在他的床上,他的美髯笑脸上。他让我坐下,自己仍然半躺着,说:今夜月光这么好,我们不开灯了,就在月光下漫谈如何?我说当然太好了。他让我谈谈时局,谈谈延安窑洞。他突然抬身坐起,满怀热忱地对我说:我想到延安去看看,你能帮助我吗?我说:现在不行,路不通。他十分严肃认真地说:我要去!想学学怎么做好组织工作。青年们信任我们,可是情况很复杂,咱们办法少,得去延安取点经。我笑着说:从昆明去延安,好家伙!不等你走到,半路上就给抓去了;或者没抓去,等你回来,帽子更红了,闻一多就不成其为民盟领导人的闻一多,也就不能起闻一多的作用了。还是留以有待吧。一多同志低声解释说:我的意思是化名去,咱们不告诉任何人,悄悄去,悄悄地回来。我为他孩子般的至诚所感动,但是笑出声了,似乎说了这样的话:正因为你是闻一多,保不了密,去不了延安。他怫然不悦地躺下说:你们这些人,都是这样的,顾虑多端! 就想想办法,让我去看一眼嘛! 我听出来,他已通过其它渠道,提出了同样话题,而回话也是类似的。"(《人民文学》1985年第12期)

是年秋　国民党学生教导团又有数团经过昆明。先生有个堂弟,叫闻思,也参加了教导团,抵昆后立即找到先生,哭诉在教导团内备遭虐待的惨状及部队内之种种黑暗腐败现象。他告诉先生,部队里的长官们根本不把士兵当人看,动辄拳打脚踢,扇耳光,鞭子抽。一次,一个连长顺手拿起五节长的电筒猛击一士兵的头部,手电筒的玻璃都打碎了,那位士兵被打得血流如注。士兵稍有不满不是惨遭毒打,就是关禁闭,队伍开拔了就丢在地方监狱中一走了之。一路上上级长官层层克扣军饷,吃空名,士兵的伙食连猪狗都不如,一个个营养不良,面无人色。可恶的长官们还要利用士兵为他们搞投机生意,路过宣威时,竟购买了大量火腿,让士兵一人扛一支,代他们扛到昆明卖高价发国难财。先生听了这些前所未闻的黑暗腐败的事情后,无比气愤,连声痛骂,心情久久不能平静。这件事对先生的思想变化,起了很大促进作用。

几天后,先生到联大上课,声泪俱下地讲起这件事。陈凝在《闻一多传》中记述到先生的话:"大家都知道的,许多抗战期间不应有的现象,今天都发生了,日渐增加了。我早就悲愤得忍不住了,但是,我想还有比我更适宜于说这种话的人,他们总不会不做声的,所以一向我只把悲愤闷在肚里。可是等到现在,还是没有人说。好,我要说! 我为什么不说? 是中国人就该说! 我底心是一座火山,在找着一个喷口! ……我们不能白流血,要保证艰苦抗战的成果,只有大家都拿出力量来!"(第31至32页,民享出版社1947年8月出版)

约这前后,先生在一次课上讲到现实中的《石壕吏》:

事情就发生在我们这个城市的近郊。前几天的一个傍晚。

天色慢慢地暗下来了。几个流里流气的兵痞敲着锣四处吆喝:"快来看电影! 不要钱! 国军请客! ……"

善良的老百姓简直不敢相信自己的耳朵,看电影,会不要钱?"国军"老爷会请客?

那几个兵痞又叫起来了:"快来看,马上就要开映了,说不要钱就是不要钱么,骗人是狗娘养的!"

三三两两的群众，带着将信将疑的心情，慢慢向营房走去。聚在远处的人看见他们进去了，真的没要钱，陆续跟上来了，人逐渐增多。天，已经完全黑了。一部破电影机开始轧轧地响起来。

突然，匪军把大门关上，场子里漆黑，大家不知道发生了什么事情。

"不准乱动！男的站到东边去（一个反动军官用手电筒向东边照了一下），女的和小孩原地不动！"驻军营长站在小土台上凶恶地吼着，旁边几个军官得意的狞笑。

这时候，大伙才恍然大情悟，上当了。原来当地驻军就要开拔，临走前想出了这样一个恶毒的"抓壮丁"补充兵员的办法。

大伙嚷起来了，人们向大门挤去，营长拍、拍地放了两枪，大声吼叫："不准动！谁想跑打死谁！"一些携儿带女的妇女都被吓得哭起来，场子里一片哭声！

军官们用电筒从人群里挑出了二十多个年轻小伙子，用武装押走了，这才打开营门，把群众赶走。

枪声、哭声，惊动了四近的村庄，但谁也不能设想发生的会是这样的事情。

第二天，人们奔走相告，群众激愤，都涌向军营索人，驻军根本就不承认有这么回事，还说，再不走开就要开枪啦！

这年头，有枪就有理，老百姓怎敢同拿枪的人硬碰！

有人提议到昆明去告状，又有什么用！只有三、四个花了钱的被放回，花不起钱的就这样当了"壮丁"！

从此，妇啼儿号，村子里再也断不了哀号的声音！（王康《闻一多传》，第265至266页）

是年秋 担任西南联大学生文艺团体"剧艺社"导师。这年五四纪念活动后，施载宣（萧荻）、王松声、何孝达、张源潜、程法伋、游继善、罗长友、温功智等进步同学编辑了《剧艺》壁报。秋季开学后，学校根据五月颁布的《本大学学生壁报管理办法》，要求各社团到训导处补办登记手续。王松声等办理手续时，因为准备从事戏剧创作与演出活动，使用"剧艺社"的名称，作为壁报团体进行了登记。在登记表中，填写的负责人为王松声、施载宣，导师为先生。（据李光荣、宣淑君《西南联大剧艺社史事——兼及与新中国剧社的关系》，李建平、张中良主编《抗战文化研究》第1辑，第163页，广西师范大学出版社2007年9月出版）剧艺社是在《剧艺》壁报基础上发展起来的，《剧艺》壁报不定期出版，大概只出了两三期，因为大家兴趣不在戏剧理论研究，而在戏剧演出实践，因此很快就到戏剧编演上来了。先生既是《剧艺》壁报的导师，也是剧艺社的导师。次年秋季闻立鹤考入西南联大后，也成为剧艺社一员。

是年秋　在昆华中学课堂上,先后出了三个发人深省的作文题:《写给蒋委员长的一封公开信》《病兵》《号角》。

"病兵"是当时昆明街头时可见到的严重问题,八月十四日《云南晚报》曾发表时评《病兵问题》,中云:"近数月来,过境部队中,常有若干病兵,流落昆市,其中体力尚可支撑者,沿门乞讨为生,而病势沉重者,往往倒毙路旁,无人过问。"这个现象对先生刺激很大,某次他从联大返家,途中被一病兵拉住衣襟讨钱糊口。又一次见到一军官殴打病兵,先生上去阻拦,却遭军官辱骂。先生气愤填膺,在课堂上痛斥军队腐败,让学生围绕病兵问题发表看法。《病兵》作文,先生还请西南联大中文系学生郭良夫帮助批改过。

赵仲邑也看到过先生批改的昆华中学同学作文,他说:"一个学生的作文卷子,通篇都只说旧社会怎样怎样可恨。闻先生在总批时写道:'社会诚然可恨,可是自己呢?'"(赵仲邑《闻一多先生轶闻》,《随笔》第8集,第55页)赵仲邑认为,先生的意思很清楚,旧社会要改革,但个人的思想也得改造。

先生次子闻立雕在《不朽精神育后人》的回忆中也说到:"一次一个残暴的军官用皮带猛抽、用穿着美军皮靴的脚狠踢一名孱弱的病兵,父亲正好走到跟前,眼看着那名士兵翻了几下白眼就倒下去了。又愤怒又痛心,血液一下子沸腾了起来,冲上去企图扼止那只罪恶的黑手……回到家中怒气仍久久不消。母亲劝他何必生这样大的气,父亲情绪激动地说:'不是你的儿子你就不管!'"(《不朽精神育后人》,《人民政协报》,1996.7.25)

对于昆华中学学生的进步壁报,先生也给予大力支持。马运达、马汝维等几人办了《闪电报》,先生为它题写了报头。王明、张思信、管有声等办起《战戈》壁报,开展"文艺为什么服务"讨论,先生赞扬壁报办的纯朴、真挚、有生活气息,还鼓励他们"要跨越学校围墙到广大群众中去学习",文艺要"反映现实的斗争"。先生还为《战戈》题辞:"诗,别再在梦里撰写了,要在现实里发现它,如果它不在呢,放它进去!"(王明《难忘的教诲,深切的怀念》,《云南蒙自政协通讯》第2期,1986.7.16)

是年秋　为昆华中学杨澈同学题写"好古敏求,行己有耻"。杨澈在《纪念闻一多老师》中回忆了1944年先生给他们讲授《离骚》的情景后,说:先生强调人分为统治的人和被统治的人,屈原为被统治的人,喊出了人民的愤怒。这使他第一次懂得了"人"原来是分为两类的,也使他明白为什么有的人荒淫无耻,横行霸道,有的人却受尽欺压,生活艰辛。文中还说:有一次,先生讲一篇关于帝王祭泰山的文章,他对皇帝祭天和如此神秘感到不解,并对课文中引用的两句话不明白,就请教于先生,并顺便请先生题字。先生立即用毛笔在他用薄打字纸装订的纪念册上用钟鼎文篆写了他所提问的那两句话:"好古敏求,行己有耻"。这两句均出自《论语》,意为:喜爱历代文化,勤奋敏捷地去追求,并用羞恶之心来约束自己的行为。

十月一日 中秋节。与冯至一起参加联大新诗社举办的赏月诗歌朗诵会,地点在新校舍北面莲花池附近的英国花园。到会者四五十人,先生就"新诗创作问题"作了发言。(史集《闻一多先生和新诗社》,《云南师范大学学报》1987年第2期)

十月九日 参加西南联大新诗社成立半周年纪念晚会。到会的有联大、云大、中法等大学十四位教授和昆明文化界人士、大中学生共二百余人。

会上先生宣读了亲笔抄写的,有冯至、楚图南、李广田、尚钺等一百二十三人签名的《给贫病作家的慰问信》。二十二日,昆明《自由论坛》第五期在《诗人们的歌吼》中报道了纪念会盛况,并全文刊载慰问信:

至亲至爱的朋友们:

在这几十天的奔忙中,我们为你们捐到了一些钱,我们敢说:这些钱的用处是非常正当的。我们相信这些钱不特能买回你们的健康,也买回了我们的觉悟,我们知道你们为什么贫,为什么病,你们的生病,正是人们痛苦的结晶啊!

无论你们怎样的受欺侮受迫害,你们的血泪却滋养着我们对强暴的愤恨和对自由的渴望。今天,你们不再是孤立的,你们的语言,将被我们举起,当作进军的旗帜。

人民的呼声是最响亮的,让那些枉死者也站在我们的行列中一齐叫喊吧!当千万声音合成一个声音,那就会把黑暗震塌的,这——就展开了你们的前途和我们的前途!

向你们致最高的敬礼!

宣读后,开始诗朗诵:"第一首是该社社员叶传华君输血后所作的《心脏的粮食》,其次是高寒先生翻译的惠特曼的《大路之歌》和尼古拉索夫的《在俄罗斯谁能欢乐而自由》长诗中的一段。当中加上两段外国诗的朗诵,一是闻家驷教授朗诵法文诗,一是冯至教授朗诵德文诗。最后是社友孙晓桐小姐朗诵《阿拉伯人和他的战马》,光未然先生朗诵了一个战地女演剧队员(即张光年的妹妹张帆)写的长诗《我们是老百姓的女儿》,和闻一多教授朗诵鸥外鸥的《第二次世界大战的讣闻》和《被开垦的处女地》。"

接着,开始发言。发言者有楚图南、吕剑、沈有鼎、李何林。电灯熄了很久,一排排洋烛点起来了,也渐渐矮下去。时间过得很快,不可能让每位都发言,于是请先生来做结论。先生用很简练的语言,把各位发言的意见连贯起来,说:

　　楚先生告诉我们新诗是有前途的,不过还在成功的过程中。吕剑先生告诉我们诗的成功的主要条件是要和生活接近,尤其与大众生活接近。沈先生的意思不但要和大众生活接近,而且把这种生活当作一种宗教。至于他说的找形式找不出,也许日常语言里就具有了,这意见很新颖,而且可以推引出来,我们何必特殊地去找写诗的材料,材料就在眼前的生活里。李先生的意见正好补充沈先生提到的把生活当作宗教,这是一种特别的主张和信仰。我们要把思想作根据,用宗教般的虔诚去信奉这思想,然后有好诗出来,单靠感情是不够的。谈到生活,我们人人都在生活,但那一种生活才是真正的、健全的?只有多数的、集体的生活才是最健全的、真正的生活。我们少数的读书人生活都是有毛病的,是不够的。生活应该要有思想作根据,对一切问题有深切的了解和认识,然后再确信它,以宗教般的热情去信仰。这样思想和生活打成一片,就有好诗出来了。(昆明《自由论坛》第 5 期,1944.10.22)

　　这个纪念会之前,先生还特意为新诗社刻了一枚图章,并有边款。史集《闻一多先生和新诗社》:"由于新诗社成立半年来就生气勃勃,团结了大批的青年,闻先生十分高兴。他特地为新诗社刻了一枚社章,并且刻下了如下的边款:'本社才成立半周年,参加的分子,已由联大发展到昆明全市。古人论诗的功能说:可以兴,可以观,可以群,可以怨,我们正做到了这里最重要的一个群字,这是值得庆幸的。三十三年十月半周年之前夕闻一多印并识。'这方社章倾注着闻先生对新诗社(应该说是对中国的新诗)炽热的期望和他的心血啊!"(《云南师范大学学报》,1987年第 2 期)

　　新诗社的活动的确做到了"群"字。先生也介绍了一些校外青年如昆华中学王明、张家兴、董康等同学参加新诗社活动,还曾在一次诵朗会上朗读过董康的习作《生命之歌》。暑假开学前后,临沧县的彭桂蕊到联大师范学院进修,寄了一首短诗向先生请教。先生立即回信,说:"来信收到,你既然在进修班,以后见面的机会一定很多。联大同学办了一个新诗社,我也常出席,你如愿参加,我可以告诉他们开会时通知你。大作已拜读,似宜多读名家的作品。"(转引彭桂蕊《回忆闻一多先生在昆明二三事》,《边疆文艺》1980 年第 8 期)

　　彭桂蕊果然接到何孝达的通知,兴致很高的参加了这天的会。彭桂蕊回忆:"参加开会的人多数已到,尚未宣布开会,有人提议为了互相认识起见,希望来一个自我介绍,说一下自己的尊姓大名。大家都同意,也就'照名单请客',顺座位次序毛遂自荐,但说了五六个后,因声音小,速度快,并未发生效果,谁也听不清。闻先生立即站起来说:'失了效用,重来吧!'他立即做出了示范,握紧了右拳,伸开大拇指,一字一顿,声音宏亮的介绍了他自己的名字:'闻、一、多!'他说:'要这样才行的!'李何林先生也放大了声音自报,像他们两位这样的声音和方式,当然人人都听清楚了,但多数人的效果,仍不如闻先生那样好。"闻一多朗诵"鸥外鸥的《桂林的山》。在未朗诵前,他也简单致词道:'过去我喜欢田间的诗,近来则对鸥外鸥的诗也颇感兴趣,有机会准备写篇文章介绍他。'他接着又说:向来诵诗大都是用女性的声调,我认为不大有力量;我现在要改变一下方式,用男性的声调来诵诗。这只是一个尝试,可能有的人不会同意。(大意如此)这首诗是用大小不同字体来排印的,闻先生致词后就用男性的声调来朗诵这首诗。这种创新的精神极为难得。"

(彭桂蕊给编者的信,1988.5.24)

十月十日 辛亥革命三十三周年纪念日。民盟昆明支部与西南联大、云南大学、中法大学等校学生及云南省文化界,联合发起举行保卫大西南群众大会。先生是大会主席团成员。

这次大会,《云南日报》前一天便有预告,文云:"昆明学术界宪政研究会理事会,根据二次大会决议,日前举行扩大会议,讨论宪政民主问题,并决议发起举行双十节纪念大会,欢迎各界参加,时间为下午一时半,假绥靖路昆华女中大礼堂举行,讲演有闻一多之《保卫大西南与动员民众》,楚图南之《论言论自由与身体自由》,吴晗之《中苏邦交与国共问题》,伍启元之《改善士兵待遇与加强经济力量》,罗隆基之《改革政治方案》。"(《本市学术界人士,双十节举行纪念会,请名教授讲宪政民主问题,欢迎各方面人士自由参加》,1944.10.9)

四月以来,日军为挽救其太平洋战场不利局面,沿平汉、粤汉两线发动了大规模的战略攻势,以便打通大陆交通线。在日军的进攻面前,国民党数月内失地千里,郑州、洛阳、长沙、衡阳等大小数十座城市先后沦陷,桂林、柳州、南宁等城市亦危在旦夕。战局之恶化充分证明了国民党独裁统治的腐败。九月十五日中共代表林伯渠在第三届第三次国民参政会上提出了废除国民党一党专政、成立民主联合政府的主张。这个主张在广大人民群众和各民主党派中引起了强烈的反响。

日军的进攻,严重地威胁着西南大后方人民的生命财产安全,民盟云南支部在云南省政府主席龙云的默许下,决定在"双十节"这天召开群众大会,号召动员起来保卫大西南。这次大会规模甚大,到会学生及各界群众约有五千人之多。会前,先生做了深入的发动工作。王康《闻一多传》中记述说,在翠湖湖滨一幢联大教职员宿舍里,先生动员大家尽力多争取些人来参加大会。"他带着商量的口吻,先说明因为现在昆明的情况已经发生了变化。所以我们一定要把筹备工作尽力做得缜密细致,才有把握把会开好。然后很有感触地谈到争取团结人的事情,他说,爱国是靠自愿,但做任何事情都有个先后么。先走了一步的人,也有责任拉拉走得慢一点的人,你们说是不是这样? 拿我自己来说,过去就很落后,不问政治,不参加群众活动,还不是靠走得快走得早的朋友们,有的拉,有的推,现在才能跟上你们大伙一道来搞民主运动么! 如果说咱们算是先走了一步的话,那末咱们就要像别的朋友帮助自己一样去帮助别人。搞民主运动,人越多越好么! 走得慢的朋友,对有些事不清楚,有些问题不明白,难免有点怀疑,有点犹像,在眼前这种局势下,是好理解的啊! 你们想想,参加一个会,签上一个名,给特务盯上了,都会招来麻烦,甚至生命危险,怎么能不有所顾虑! 这决不是那些奴才们胡说的什么‘出风头’的事情,那都是别有用心诬蔑民主运动的话。你们大家看,是不是该这么办? 同意的话,就再接着干,有的人找了一次不行,就再找一次,多争取一个人,就多增加一份力量,扩大一分影响。”(第 314 至 315 页)

大会是在昆华女中操场上举行的,先生与罗隆基、李公朴、楚图南、吴晗五人发表了演讲。大会进行中突然“砰! 砰!”两声巨响,随即会场出现了混乱。先生与李公朴沉着镇定,挺身而出,积极维护秩序,在龙云派来的宪兵的协助下,查清了原来是特务放鞭炮进行破坏,会场秩序迅速得到恢复。会后,先生回到家中高兴地对夫人讲,今天的会议开得非常成功,并连声不绝地赞扬李公朴临危不惧,指挥有方,真是个人才! 最后,还悄悄告诉夫人:“今天的会议得到了龙云的保护啊!”

该日的情况,柳映光(杨明)在《闻一多就是我们的旗子》有所记述:“双十节中华民国的国庆,可是庆祝国庆却遭受特务分子的捣乱。那一天,闻先生和他的民主战友们第一次为人民群众认识,反动分子的卑鄙无耻,也第一次为人民大众认清了。那时正是独山失守,桂林吃紧的时候,人心骚动,许多人都准备逃难,闻先生喊了:‘不要逃,逃到那里去? 没有人抵抗的敌人是逃不过的,站住,我们要站住! 组织起来,组织就是力量!’他分析战况时,尤其愤慨的骂道:‘这不是撤退,这是溃退啊,溃退啊!’当他的呼喊让听众都感动得要流泪的时候,‘炸弹炸弹’,特务开始捣乱了;人打做一堆,挤做一团,叫喊哭嚷,还有枪声。闻先生庄严的屹立在升旗台上,动也不动,像一尊铁像。胡子飘拂着,一脸悲愤的表情。”(昆明《民主周刊》第 3 卷第 19 期,1946.8.2)

先生的演讲突出强调了人民自己的力量才是最可靠的,敌人袭来,要靠人民自己的力量来保卫自己。要准备迎击敌人,甚至要准备打游击。这次演讲,后以《组织民众与保卫大西南》为题,发表于二十二日《真报》评论周刊第十期。收《闻一多全集》。先生说:

诸位! 我们抗战了七年多,到今天所得的是什么? 眼看见盟国都在反攻,我们还在溃退,人家在收复失地,我们还在继续失地。虽然如此,我们还不警惕,还不悔过,反而涎着脸皮跟盟友说:"谁叫你们早不帮我们,弄到今天这地步!"那意思仿佛是说:"现在是轮着你要胜利了,我偏败给你瞧瞧!"这种无赖的流氓意识的表现,究竟是给谁开玩笑!溃退和失地是真不能避免的吗?不是有几十万吃得顶饱,斗志顶旺的大军,被另外几十万喂得也顶好,装备得顶精的大军监视着吗?这监视和被监视的力量,为什么让他们冻结在那里?不拿来保卫国土,抵抗敌人?原来打了七年仗,牺牲了几千万人民的生命,数万万人民的财产,只是陪着你们少数人闹意气的?又是给谁开的玩笑!几个月的工夫,郑州失了,洛阳失了,长沙失了,衡阳失了,现在桂林又危在旦夕,柳州也将不保,整个抗战最后的根据地——大西南受着威胁,如今谁又能保证敌人早晚不进攻贵阳,昆明,甚至重庆?到那时,我们的军队怎样?还是监视的监视,被监视的被监视吗?到那时我们的人民又将怎样?准备乖乖的当顺民吗?还是撒开腿逃?逃又逃到那里去?逃出去了又怎么办?诸位啊!想想,这都是你们自己的事啊!国家是人人自己的国家,身家性命是人人自己的身家性命,自己的事为什么要让旁人摆布,自己还装聋作哑!谁敢掐住你们的脖子!谁有资格不许你们讲话!用人民的血汗养的军队,为什么不拿出来为人民抵抗敌人?以人民的子弟组成的队伍,为什么不放他们来保卫人民自己的家乡?我们要抗议!我们要叫喊!我们要愤怒!我们的第一个呼声是:拿出国家的实力来保卫大西南,这抗战的最后根据地的大西南!

但是,今天站在人民的立场,我们一方面固然应当向政府及全国呼吁,另一方面我们也得认清我们人民自身的责任与力量。对于保卫大西南,老实说,政府的决心是一回事,他的能力又是一回事。郑州、洛阳、长沙、衡阳的往事太叫我们痛心了,保卫国土最后的力量恐怕还在我们人民自己的身上。一切都有靠不住的时候,最可靠的还是我们人民自己。而我们自己的力量,你晓得吗?如果善于发挥,善于利用,是不可想像的强大呀!今天每一个中国人,以他人民的身份,对于他自己所在的一块国土,都应尽其保卫的责任,也尽有保卫的方法。我们这些在昆明的人无论本省的或外来的,对于我们此刻所在的这块国土——昆明市,在万一他遭受进攻时,自然也应善用我们自己的方法来尽我们自己的责任。诸位,昆明在抗战中的重要性,不用我讲,保卫昆明即所以保卫云南,保卫云南即所以保卫大西南,保卫大西南即所以保卫中国,不是吗?

在今天的局势下,关于昆明的前途,大概有三种看法,每种看法代表一种可能性。第一种是敌人不来,第二种是来了被我们打退,第三种是不幸我们败了,退出昆明。第一种,客观上即会有多少可能性,我们也不应该作那打算,果然那样,老实说,那你就太没有出息了! 我们应该用奋发的心情准备迎接敌人的进攻,并且立志把他打退,万一不能,也要逼他付出相当代价,再作有计划的,有秩序的荣誉的退却。然后走到敌后,展开游击战争,给敌人以经常的扰乱与破坏,一方面发动并组织民众,使他成为坚强的自卫力量,以便配合着游击军。等盟国发动反攻时,我们便以地下军的姿态,卷土重来,协同他们作战以至赶走敌人,完成我们的最后胜利。我们得准备前面所说的第二种,甚至干脆的就是第三种可能的局面,我们得准备迎接一个最黑暗的时期,然后从黑暗中,用我们自发的力量创造出光明来! 这是一个梦,一个美梦。可是你如果不愿意实现这个梦,另外一个梦便在等着你,那是一个恶梦。恶梦中有两条路,一条是留在这里当顺民,准备受无穷的耻辱。一条是逃,但在还没有逃出昆明城郊时,就被水泄不通的混乱的人群车马群挤死,踏死,辗死,即使逃出了城郊,恐怕走不到十里二十里就被盗匪戳死,打死,要不然十天半月内也要在途中病死饿死。……衡阳和桂林撤退的惨痛故事,我们听够了,但昆明如有撤退的一天,那惨痛的程度,不知道还要几十倍几百倍于衡阳桂林! 诸位,你能担保那惨痛的命运不落到你自己头上来吗? 恶梦中的两条路,一条是苟全性命来当顺民,那样可以说是一种"不自由的生",另一条是因不当顺民就当难民,那样又可说是一种"自由的死"。但是,诸位试想为什么必得是:要不死便得不自由,要自由就得死? 自由和生难道是宿命的仇敌吗? 为什么我们不能有"自由的生!"是呀! 到"自由的生"的路就是我方才讲的那个美梦啊! 敌人可能给我们选择的是不自由和死,假如我们偏要自由和生,我们便得到了自由和生,这便叫作"置之死地而后生"。

诸位,记住我们人民始终是要抗战到底的,万一敌人进攻,万一少数人为争夺权利闹意气而不肯把实力拿出来抵抗敌人,我们也有我们的办法。不要害怕,不管人家怎样,我们人民自始至终是有决心的,而有决心自然会有办法的。还要记住昆明在国际间"民主堡垒"的美誉,我们从今更要努力发扬民主自由的精神。那一天我们的美梦完成了,我们从黑暗中造出光明来了,到那时中国才真不愧四强之一。强在那里? 强在我们人民,强在我们人民呀! 今天政府不给人民自由,是他不要人民,等到那一天,我们人民能以自力更生的方式强起来了,他自然会要我们的。那时我们可以骄傲的对他说:"我们可以不靠你,你是要靠我们的呀!"那便是真正的民主! 我们今天要争民主,我们便当赶紧组织起来,按照实现那个美梦的目标组织起来,因为这组织工作的本身便是民主,有了这个基础,我们便更有资格,更有力量来争取更普遍的、完整的和永久的民主政治。

大会结束之前,先生宣读了由罗隆基起草,先生润色誊录(最末一段为李公朴抄录)的《昆明各界双十节纪念大会宣言》。宣言几经修改,特别突出要求国民党结束一党专政。宣言全文如下:

今年这一个双十节,不但是民国历史上空前的危机,而且是中华民族生命上空前的危机。外则强寇深入,二十余省土地沦于敌手,三亿以上人民变为奴隶;内则政专于一党,权操于一人,人心涣散,举国沸腾。三十三年前祖先苦心缔造的民主国家,到今天,国既不成国家,民更不是主人。瞻顾前途,不寒而栗!

国家所以造成今日局面,绝非偶然。全国人民固应深自愧悔,而专权在位十余年的国民党尤当引咎自责。就拿八年抗战的历史事实来说,抗战初起的时候,全国国民一再呼吁,认为必抗战民族始有生命,必民主抗战始有胜利;认为为民主,对外必实行抗战,为抗战,对内必实行民主。不幸人民八年来的呼吁,竟不曾丝毫影响政局。到了今天,以言军事,敌人无攻不克,我则每战必溃;以言财政,通货是无限制的膨胀,物价则几何数的跃进;以言经济,竭泽而渔,户鲜盖藏,杀鹅取卵,饿莩载道;以言内政,贿赂公行,贪污成风,道德沦亡,法纪废弛;以言外交,对近邻猜疑轻视,对远友评诋谴责。以这样的环境,当这样的难关,若再因循困守,必至国亡种灭。我们外观大势,内察人心,一致认为今日只有内部的彻底改革,方足以应抗战之急,救灭亡之祸。

我们以为今日彻底改革的要图,首先应由专权在位的国民党立即宣布结束党治,还政于民。国民党北伐成功以后,训政本限定四年。今时间早已超过,诺言仍未履行。民国二十四年及二十五年的时候,政府曾一再宣布召集国民大会结束党治,今则推诿迁延将近十年。民国三十二年,国民党十一中全会又决议抗战结束一年后召集国民大会,结束训政。最近蒋主席又公开昭示国人,正在考虑提前实施宪政。训政果未完成,十年前何以即可实施宪政,训政既可随时宣布结束,宪政又何必推诸明年,更何必待诸战后?八年抗战,牺牲了数千万人民的生命,数万万人民的财产,本应是保全民族生命建立民主政治的代价、而不是为一党一人把持权利的机会。今日的形势既有结束党治,还政于民的需要,而我们国民亦有要求立即实行宪政,实现民主的权利。

其次,今日政府应立即召集国是会议,组成全民政府。国民党既还政于民,国家必有代表人民行使主权的机关,使政府得以向其负责。此外如制定宪法,改编军队,整理财政,革新外交等等,必须集全国人民的心思才力,以资应付。至于将来的全民政府既向国是会议负责,即应由国是会议产生。新政府的人选应包括全国各党派之代表及全国无党无派才高望重之人。这样的政府,才能得到国内的团结,才能得到军令政令的统一,才能得到全民的拥护,才能得到盟友的信任,才能支持长期的抗战,挽救国家民族的危亡。

对新成立的政府,我们认定应立即实现这些政策:甲,绝对保障人民身体言论集会结社等等自由。乙,立即释放汉奸以外的一切政治犯。丙,立即彻底改善财政及经济政策,停止通货膨胀,且必须用毅然决然的手段,使富有阶级依能力担负战费的责任,以便减轻平民的痛苦。丁,必须彻底提高士兵待遇,调整军事编制,并且普遍平均分配全国军队的装备与供应①。

再其次,我们认定西南的川、桂、滇、黔几省,是今日全国家仅存的托命寄身的根据地,我们必拼全力保持,虽战到一兵一卒,亦必死守不失。第一次欧战的时候,德军已逼近巴黎,福煦将军"他们永远不许过去"的命令,居然转危为安。这次世界大战,苏联以史大林格勒为不可再退的防地,居然转败为胜。我们应该用这样的精神决心和勇气以保卫大西南。我们今日应发动西南全民力量,组织群众,武装人民,与敌寇决生死,与国土共存亡。在国家民族生命危在旦夕的今日,凡有与奸伪相勾结,与敌寇谋妥协,为卖国投降的勾当者,我们誓与国人共弃之。总上所言,我们本良心之主张,作救国之呼吁。邦人君子,幸垂教焉。谨此宣言!(该宣言原件,中国革命博物馆藏)

这次大会由于动员广泛,旗帜鲜明,主持得力,又发表了宣言,在大后方产生不小的影响。会后,又印发了《人民的呼声》(昆明各界双十节纪念大会专册),首刊先生的《组织民众与保卫大西南》,又有楚图南《言论自由与身体自由》、吴晗《中苏邦交与国共问题》、李公朴《改善士兵生活与当前政治问题》、罗隆基《改革政治的方案》。

《人民的呼声》书前有序,题作《为什么刊印这本小册子》。内云:"谁亦没有梦想到,中华民国的国民,纪念中华民国的国庆是违法犯禁的事。谁亦没有梦想到,对这样的集会,竟有人用有组织有计划的方法来捣乱破坏,而这种捣乱破坏大会的人,不是外寇,却是中国人。"文中还说:"民国愈到危难关头,人民抚今追昔,对双十节这个创造中华民国的节期更感亲切。并且湘桂战事、着着失利,敌寇有进袭昆明

---

① 这一条是针对国民党政府对八路军、新四军的歧视而提的。

的企图。'明年双十节,谁知道我们又在那里?'大家内心都有这样的忧虑,川滇黔桂,这个大西南是中华民国最后托命之所。人民应该起来保卫大西南。人民应该起来商讨挽救国家危亡的大计。这是昆明各界举行双十节纪念大会的主旨。大会正在进行的时候,会场中突然发生了几次捣乱的风波。事实证明当日来捣乱的人事先有准备,有组织,有计划,并且有武装。捣乱的伎俩,是放鞭炮,放手枪,成群结队,横冲直撞,以求造成恐怖,闹出惨案。人海中的确起了几次大的波动。听众因奔跑拥挤,受轻伤者颇不乏人。然而捣乱者的卑鄙行为,倒反激起了广大群众的义愤。捣乱者竟不能战胜听众坚持到底的决心。会场秩序后来更镇静,更整齐,更严肃。大会竟得到了圆满的结束。"

先生在双十节的言行,引起国民党地方当局的注意,《国民党组织部部长陈果夫为一九四四年十月十日群众集会事致军事委员会办公厅函》中引云南省党部组正二字第八六四号呈文云:"所谓昆明学术界宪政研究会……于昆华女中附小体育场举行讲演。……该会讲演人员为闻一多、楚图南、吴晗、李公朴、罗隆基等。演讲内容,均系反对本党及攻击现政府之荒谬论调。……该等最后并通过宣言,内容多系攻击现政府,极尽狂妄之言词。"(南京中国第二历史档案馆藏,转引自云南师范学院一二·一运动史编写组编,《一二·一运动史料汇编》第3辑,第216页,1980年3月印行)

先生的转变,在西南联大师生中产生了一定的影响,常常成为朋友间通信的一部分内容。赵俪生《混着血丝的记忆》中说:"一九四四年双十节以后,我收到挚友昭深君(王瑶)从昆明寄来的一封信,其中以大部的篇幅描述着闻一多先生:'闻一多先生近来甚为热情,对国事颇多进步主张,因之甚为当局及联大同仁所忌,但闻先生老当益壮,视教授如敝屣,故亦行之若素也。昆明宪政促进会闻先生推动甚力,双十节召开纪念会时,闻先生朗读宣言,……态度激昂,群众甚为感动,末决议召集国是会议,组织联合政府等,……当场……略有骚动,复归镇静。现闻先生为援助贫病作家,纪念鲁迅,文协,及青年人主办之刊物等,皆帮忙不少,态度之诚挚,为弟十年来所仅见。……在联大上课时,旁听者常满坑满谷,青年人对之甚为钦敬。……'同年同月,复接束衣人君自复旦来信,也同样地道及闻先生说:……在双十节,昆明举行数万人的大集会,……你底那位说'痛饮酒,熟读《离骚》,方得为真名士'的《死水》的作者闻一多老师,不久前高喊田间为时代的擂鼓的诗人,现在,索性抛开书本,高喊民主,做起这数万人呼喊着与愤怒的群众大会的主席啦!当三位主席之一——云大校长说及学问研究的重要性的时候,这位从旧堡垒里走出来的老诗人立即吼起来:'什么学术,什么研究!抛开它们吧,我们要干,干,干!'"

(《文艺复兴》第2卷第4期,1946.11.1)

十月十二日　致臧克家信。收《闻一多书信选集》。臧克家曾来信,请先生为他在联大谋一教职,先生回信说:"本年联大未添一人,因米贴名额,教部有限制。此间人人吃不饱,你一死要来,何苦来。乐土是有的,但不在此间,你可曾想过? 大学教授车载斗量,何足重你? 你看远大点,勿再叨叨。"又说:"另函寄上油印物二张,代表我最近工作之一,请传观。"所说的"油印物",臧克家在《闻一多先生的几封信》中尾注:"所称油印物,系昆明各界争取民主的宣言,对政府颇多指责,并提出意见数项。其中错字,经闻先生亲笔改正,此项宣言,想系闻先生起草。寄此宣言的信皮上写着联大'高'寄,因恐被扣发不出。"(《文萃》第 2 卷第 19 期,1947.2.13)

信中还寄了一幅条幅,是用金文书写的《诗经·小雅·天保》中的两章:"天保定尔,以莫不兴,如山如阜,如冈如陵,如川之方至,以莫不增。如月之恒,如日之升,如南山之寿,不骞不崩,如松柏之茂,无不尔或承。"落款书"克家四十初度　民国三十三年十月闻一多书贺"。此幅可称书法之杰作,尤其是九个"如"字,无一重复,颇具功力。

同日　先生对朱自清说有一商人欲给他月薪一万元之事,朱表示同意。(朱乔森编《朱自清全集》第 10 卷,第 316 页)此事内情未详。

十月十三日　重庆中华全国文艺界抗敌协会总会致函文协昆明分会转先生并转西南联大中文系、国文学会、新诗社等,对他们在援助贫病作家募捐中所做出的努力,表示致谢。

原信全文云:"文协昆明分会转闻一多诸先生并转西南联大中文系、国文学会、新诗社……诸同学:这次我们发起募集援助贫病作家基金运动,得到诸先生和诸同学的热烈响应与实际的援助,我们有大的安慰和深刻的感想。这里我们仅代表坚守岗位服务于民族解放事业的作家群,向诸先生和诸同学致谢! 作家的普遍贫病甚至过早的死亡是我们中国的特产——一个严重的社会问题,一个文化悲剧。因此援助贫病作家不等于'慈善事业',它是带有一种崇高的文化运动意义的。因为这就是对于促使作家贫病的恶劣环境的一种抗议;因为这就是用社会的大众的力量去保护人类的精华——人类的灵魂技师,推进抗建文化的一种运动;而且这又正是文化工作者'文人相助'的一种团结运动,和以另一种形式争取学术言论出版自由的民主运动。作家的贫病和过早的死亡,政治的原因多于经济的原因。关于捐款用途,我们除开援助贫病的作家外,其余当用在文艺事业和作家福利设施方面,如提高会刊《抗战文艺》稿费,文艺奖金,以及举办作家宿舍等等。谢谢诸先生和诸同学的热情和实际的援助,我们将在工作上来答谢你们。握手。中华全国文艺界抗敌协会总会敬启。三十三年十月十三日,渝。"(《联大募款救济作家,文协总会来

信致谢》,昆明《扫荡报》"扫荡副刊"第195号,1944.10.19)

十月十六日　昆明开展的为援助贫病作家的募捐活动十分踊跃。是日《新华日报》在《昆明点滴》中报道:"联大中文学会发起为贫病作家捐款后,并出两壁报以引起同学的注意,其他各壁报也纷纷响应。结果情形十分热烈,捐册多次加印都不够用,募款现已达几十万元,闻有打破百万元的可能。又该校教授闻一多愿意代刻图章十个,每个一千元①,以为援助贫病作家之用。"

这时,曾昭抡、伍启元、楚图南、李公朴、张光年、赵沨、白澄、常任侠、叶以群等,均由版税或稿费项下捐出一千元。联大国文学会、外文学会、新诗社、神曲社、熔炉社和现实文学、学习、生活、潮汐等壁报及同学,在捐款第一周就募集了四十五万元。

此前,先生向昆华中学学生介绍援助贫病作家意义,动员昆中同学开展募捐活动。时任昆华中学班联会(即学生自治会)主席的王明在《闻一多先生在昆华中学》中回忆说:"一九四四年秋天的一个傍晚,闻先生叫他的大孩子立鹤通知我到他的家里去",闻先生"向我介绍了重庆张天翼等著名作家贫病交加的情况,并指出作家对抗战建国的重要作用和贡献,希望同学们发起一个募捐贫病作家的运动,表示对作家的崇敬、关心和爱护。我一面表示拥护,一面关心地说:'闻先生不是也很困难吗?'他开朗而诙谐地说:'我贫而不病,有一技之长,还可以用刻刀治印讨生活,并还要用这把刀子赚钱援助贫病作家。'……当时,我是昆中学生自治会(班联会)的主席。第二天,找各班学委研究,统一思想,并得到王云(昆华中学初中部教导主任)老师的积极支持,征得校长徐天祥的同意,决定由学生自治会发起,召开全校性的大会动员,以班为单位在校内校外开展募捐工作。一个秋高气爽的下午,全校一千多同学和部分教职工,坐在草坪上高唱《牺牲已到最后关头》和《大刀进行曲》等抗战歌曲。在热烈的气氛中,我代表学生自治会宣布开会后,就请闻一多、楚图南、尚钺三位教授作动员报告。闻先生出现在广场上,在金色阳光的照耀下,他的飘拂的长髯,闪光的眼镜,炯炯的眸子,破旧的长袍,更加显得神采奕奕,同学们以雷鸣般的掌声表示尊敬和欢迎。闻先生讲话的内容,一是坚持抗战争取最后胜利,要靠扛枪的武装战士和拿笔杆的文化战士。二是讲除少数反动文人外,极大多数的作家是爱国的,手脚是干净的,是为团结抗战和争取民主做出贡献的,但他们的遭遇是悲惨的,并详细介绍张天翼等著名作家贫病交加挣扎在死亡线上的悲惨生活。三是动员发扬爱国主义精神,热爱进步作家,救济贫病作家,把募捐援助贫病作家

---

① 　关于先生捐刻图章的收费,各种记载有所出入,此处谨据原文。

作为一个爱国运动开展起来。最后表示：他也不甘落后，要用刻图章的刀赚钱援助贫病作家。接着，楚图南和尚钺教授也作了精彩的动员。几位先生充满爱国主义精神的演说，对战友的诚挚感情，以及扣人心弦的语言，格外具有感染力，赢得了一阵阵热烈的掌声。最后，由我代表全校同学，表达了我们感受和决心。在爱国热情的鼓舞下，全校师生都动员起来，有钱捐钱，有物献物，开展募捐工作。由于昆中多系云南同学，亲属和社会关系比较广泛，通过爱国人士、社会贤达也募捐了许多钱。据最后总结，开展募捐的学校，昆中名列第一。特别使人感动的是闻先生夜以继日地雕刻了二十多个图章，以艺术品收费，每个平均约合十元半开，共二百多元。按照当时的生活条件，约可解决两位贫困作家一年的生活。"（《云南丛刊》1986年第3期）为了勉励积极参加这项工作的学生，先生特地为王明等人赠刻了图章。其中沈其名珍藏的一枚，边款刻有"援助贫病作家纪念闻一多赠刻"。这是由于沈所领导的小组，在募捐中名列昆中第一名。由于先生和昆中学生的共同努力，该校共募得三十八万元。后经王云之手上缴。（据访问王云记录，1987.11.23）

十月十九日　鲁迅逝世八周年纪念日。下午七时，先生出席西南联合大学"冬青"等五文艺壁报与云南大学学生自治会在云大至公堂联合举办的鲁迅逝世八周年纪念晚会。到会者有徐梦麟、尚钺、楚图南、姜亮夫、李何林、朱自清及各大中学生、职业青年、文化界人士，共四千余人。

开会前几日，大会组织者对是否请先生出席有些犹豫，觉得先生过去属于反对鲁迅的"新月派"，担心先生不愿到会讲话。但他们找先生商量时，先生表示不但要参加，而且要发言。

对于这次会议的情况，当地报纸报道云："昨天是鲁迅先生逝世八周年纪念日，云大学生自治会和联大五文艺壁报，联合主办纪念晚会。下午五点钟左右，云大至公堂里就有很多参加的人，到六点半钟，连外面走廊上也站满了人，有人甚至爬到至公堂的树枝上，整个至公堂都被赶来参加晚会的人挤得满满的了。这中间最多的是联大、云大、中法三大学和各中学的男女学生及文化界、公务员、银行职业等，一共有四五千人。七点钟，晚会开始，首由徐梦麟代表昆明文协分会致辞，继由尚钺、楚图南、姜亮夫、李何林、朱自清、闻一多诸氏演讲，对鲁迅生平、作品及精神等，均有极精到的阐述，尤其对认识鲁迅的战斗精神，特别着重。大家一致指出纪念鲁迅必须学习鲁迅，讲演在热烈的情绪和掌声进行了足足三个半钟头。由联大五文艺壁报朗诵纪念鲁迅的诗，华盖集中《忽然想到》的几节，及田汉改编的《阿Q正传》剧本第五幕，非常生动。直到十一点二十五分时，这个晚会才在异常圆满的气氛中高唱《义勇军进行曲》后散会。"（《鲁迅纪念晚会，四千多人热烈参加，讲演朗诵近五小

时》，《云南日报》，1944.10.20)

会中的情绪十分热烈。至公堂里，除了中间一张演讲人围坐的长桌外，都挤满了人，连走廊上和屋外大树上，也都有人屏息凝听演讲。李何林首先发言，认为鲁迅是中国最伟大的作家。姜亮夫谈到鲁迅与周作人的关系。楚图南举了两个例子说明鲁迅的"老中国人"品质。尚钺用"儿多母苦"概括鲁迅对青年的爱护和关怀。徐梦麟指出鲁迅的战斗思想。朱自清将鲁迅对中国文言的见解作了一番解析。

会上先生的发言在《鲁迅活在青年心里——八周年忌日晚会杂掇》记载到："有人说'鲁迅是中国的孔圣人！'闻一多先生说这是不对的，'鲁迅大于孔圣人，是中国的圣人是对的，但他却不是中国的孔圣人'。闻先生作了比较：'孔子是□[拉]着时代后退的，鲁迅则是推着时代向前进！'接着他又举出鲁迅先生转移过来的观念：'天灾人祸有人说是为了"天命"，鲁先生转移了他，说这是人谋之不臧，这就是鲁迅之所以不同于旧圣人，而是新圣人之点！'"(《云南晚报》，1944.10.20)

先生演讲中说到在北平的"京派"当年如何瞧不起鲁迅，称他为"海派"时，忽然转过身来，向着台正中的鲁迅木炭画像恭恭敬敬地鞠了一躬，表示道歉，使满场的人大为感动。尚土《痛忆闻师》："给我印象最深的还是先生的讲词，他说：'时间愈久，越觉得鲁迅先生伟大，今天我代表自英美回国的大学教授，至少我个人，向鲁迅先生深深忏悔！'语意沉重，每个字吐得匀慢而清楚，声音里充满了恳挚的热情，略微停顿一下又继续说下去，'日本在政治上是封建的，经济上是资本主义，然而在文学思潮上始终是进步的，因为在明治维新前后，日本也受欧美帝国主义的欺负，他们也是多介绍被压迫的弱小民族的文学。鲁迅先生除介绍这些到中国来之外，还特别注意东欧和北欧作品的翻译，于是奠定了今天中国的文艺道路。然后再看看从英美回来的贡献些什么成绩呢？我真惭愧！……'先生竟能在几千大学生面前这样公开忏悔，二人真是同其伟大，先后辉映！"(《人物杂志》第2年第9期，1947.9.15)

王一(许师谦)《哭闻一多先生》也记述了先生的发言片断：

从前我们在北平骂鲁迅，看不起他，说他海派，现在，我要向他忏悔，我们骂错了。鲁迅对，我们错了，海派为什么就要不得？我们要清高，清高弄到国家这步田地，别人说我和政治活动的人来往，是的，我就要和他们来往。(重庆《新华日报》，1946.7.25)

王康《闻一多传》中也有先生这次演讲的记录：

有些人死去，尽管闹得十分排场，过了没有几天，就悄悄地随着时间一道消逝了，很快被人遗忘了。有的人死去，尽管生前受到很不公平的待遇，但时间越过的久，形象却越加光辉，他的名声却越来越伟大。我想，我们大家都会同意，鲁迅是经受得住时间考验的一位光辉伟大的人物。因为他对中华民族的文化事业留下了宝贵的遗产。他是中国历史上最伟大的文学家。

鲁迅生前所处的环境异常危险，他是一个被"通缉"的"罪犯"！但是他无所畏惧，本着有一分热，发一分光的精神，他勇敢、坚决地做他自己认为应做的事，在文化战线上打着大旗冲锋陷阵，难怪有的人为什么那么恨他！

鲁迅在日本留学，住在十里洋场的上海，他和洋人，和大官打过不少交道。但他对帝国主义，对买办大亨，对当权人物，没有丝毫的奴颜媚骨，宁可流亡受苦，也不妥协。鲁迅之所以伟大，之所以能写出那么多伟大的作品，和他这种高尚的人格是分不开的，学习鲁迅，我想先得学习他这种高尚的人格。

有人不喜欢鲁迅，也不让别人喜欢，因为嫌他说话讨厌，所以不准提到鲁迅的名字。也有人不喜欢鲁迅，倒愿意常常提到鲁迅的名字，是为了骂骂鲁迅。因为，据说当时一旦鲁迅回骂就可以出名，现在，也可以对某些人表明自己的"忠诚"。前者可谓之反动，后者只好叫做无耻了。其实，反动和无耻本来也是分不开的。

除了这样两种人，也还有一种自命清高的人，就像我自己这样的一批人。从前我们住在北平，我们有一些自称"京派"的学者先生，看不起鲁迅，说他是"海派"。就是没有跟着骂，反正也是不把"海派"放在眼上的。现在我向鲁迅忏悔：鲁迅对，我们错了！当鲁迅受苦受害的时候，我们都正在享福，当时我们如果都有鲁迅那样的骨头，那怕只有一点，中国也不至于这样了。

骂过鲁迅或者看不起鲁迅的人，应该好好想想，我们自命清高，实际上是做了帮闲帮凶！如今，把国家弄到这步田地，实在感到痛心！现在，不是又有人在说什么闻××在搞政治了，在和搞政治的人来往啦，以为这样就能把人吓住，不敢搞了，不敢来往来了。可是时代不同了，我们有了鲁迅这样的好榜样，还怕什么？纪念鲁迅，我想应该正是这样。（第326至327页）

研究鲁迅多年，早在一九二九年就出版了与鲁迅有关的《中国文艺论战》史料集的李何林回忆到：纪念会本来开得很好，轮到姜亮夫教授发言了，就流露出对鲁迅先生的不恭，甚至认为"鲁迅也不是什么了不得的"。闻一多先生听后，当即对姜亮夫的发言作出反驳，说"过去我们认为鲁迅是海派，我们错了。毛泽东说鲁迅是中国的圣人"。然后他转过身去，向大会挂的鲁迅像鞠躬敬礼，接着说："现在，我向鲁迅忏悔……当鲁迅受难的时候，我们正在享福。当时如果我们都有鲁迅那样的硬骨头精神,那怕只有一点,中国也不至于现在这样了。"李何林被先生的发言震撼了,他知道当年像先生这些京派文人学者,把鲁迅称为海派,对鲁迅怀有成见。即使在抗战时期的西南联大,有些教授依然对鲁迅抱着颇不以为然的态度。姜亮夫的发言不过是一个代表,也是不奇怪的。但先生如此激昂慷慨地给予驳斥,如此沉痛地批评自己,使他感到先生的人格精神。后来,李何林不只一次在课堂上对他的学生说:闻先生的这篇讲演,你们一定好好读。当时可谓石破天惊,在文艺界影响很大。郭老后来就说过,闻一多这篇讲演"是把生命拿来做了抵押品的严烈的自我批判"。(田本相《李何林亲历闻一多遇害始末》,《中华读书报》,2003.7.2)

同日 重阳节。赴欧小牧赏菊,家宴,同坐还有楚图南、曹默庵。

欧小牧是与先生、楚图南一起参加昆华中学援助贫病作家募捐动员会时认识的。时,欧小牧住在大西门府甬道周氏通风楼之漏雨轩,因手植菊花盛开,故欲邀请先生与楚图南共度九重佳节。他先到楚图南处说明此意,楚说先生不喜应酬,但仍与他一起赴先生家。欧小牧回忆:"旧历重九日我去约先生来家便饭。先生时因待遇菲薄,不敷家用,兼了昆华中学的课程,就住在校园里。记得先生住在楼上,向东开窗,我们去时,旭日照人,遥望田原无际,觉得很宜于先生居住!'近日听说先生已乘机飞延安,不料还能见面。'我向先生问起。'是的,我很想去,可是我一个人走不了,一家八口,由他们饿死么?'先生也笑了。提到请吃饭,先生慨然应允:'六点钟一定到,五点还有约会。'事前,楚图南先生还怕先生拒绝,其实先生只要来意诚恳,他却豪爽得很。六时,先生准约来了,并换上一件新蓝袍子。"(赵淑兰《我和闻一多先生》,《新华日报》,1946.9.8)[①]欧小牧还回忆到:"重九这天,宾主共四人,其中三人,都是写新诗的;有一人则是专写旧体诗的,便是故友宾川曹默庵,可谓一时雅集了。把酒之际,我曾对闻先生说:'好久不见先生写诗了?'言下不胜怅怅。楚先生代答云:'诗人不一定要写诗嘛。'四人为之一笑。闻先生看见我编的《陆放翁年谱》初稿七大本,便说:'好好,先把长编搞起来。'我由于独学无师,不知治学门径,当时,竟不知'长编'为何事物?"(《生死情——闻一多先生被刺四十周年祭》,《欧小牧文集》第1卷,第439页,百花文艺出版社1993年4月出版)

十月三十一日 冯友兰请先生与罗常培、朱自清、罗庸午餐,商中文系务事。时罗常培即将赴美讲学,其所担任之西南联大中文系主任一职,需另行择人。后,罗庸允任斯职。

同日 出席西南联大经济系举办的时事晚会。《联大定今日举行时事晚会》:

---

① 赵淑兰是欧小牧为写《我和闻一多先生》这篇文章而专起的笔名。

"下月一日为西南联大成立周年校庆,该校经济系一九四五级级会,特定于今日下午六时半,在该校内北食堂,举行盛大时事晚会,邀请周炳琳、陈雪屏、陈岱孙、闻一多、潘光旦、杨西孟、伍启元、金岳霖、燕树棠、王赣愚、费孝通、蔡维藩、雷海宗、吴晗、孙毓棠、崔书琴等十六位名教授,出席指导并演讲。"(《正义报》,1944.10.31)

是月 先生参加联大新诗社为救济贫病作家而发起的募捐活动。

史集《闻一多先生和新诗社》:"中华文艺界抗敌后援协会(老舍先生是艰苦支撑这个民间组织的主将)倡议发起为救济贫病作家的募捐运动,立即得到昆明文艺界的响应,在全国后方各大城市募集到的总数三百多万元捐款中,新诗社募到的捐款就达三十六万元。新诗社之所以能取得这样的成绩,除了大家的热情奔走外,主要还得到导师闻一多先生和文艺界同志的大力支持。闻先生是八口之家,微薄的教授薪水已难维持最低限度的温饱,闻师母又长期体弱多病,这时他已不得不靠公开治印的'手工业劳动'来弥补生活,他本人也应该被列为应受救济的贫病作家之一。但是,他不顾师生的善意劝阻,坚决要捐出几天刻图章的钱来支援贫病作家。在他的建议和支持下,新诗社的同学选出了部分习作,通过当时在《扫荡报》编副刊的吕剑同志,在《七月诗页》上还为新诗社出了诗专页(究竟出了几期已记不清了,现在只找到一九四四年十月八日的一期),并代我们印成一批单张,上面加盖了闻先生'为响应文协援助贫病作家基金运动义卖'的字样,由我们在市内义卖。再通过在朗诵会上的募捐,才募到这三十六万元的捐款。"(《云南师范大学学报》1987 年第 2 期)

十一月月初 小病。病愈后为薛诚之的诗集《仙人掌》赶写序言。诗集出版时改名为《三盘鼓》①。先生的《〈三盘鼓〉序》收《闻一多全集》。《序》的开头部分,实际是借题发挥:

诚之最近生过一次相当严重的病,在危险关头,他几乎失掉挣扎的勇气,事后据他说,是医生的药,也是我在他榻前一番鞭策性的谈话,帮他挽回了生机。经过这番折磨,这番锻炼,他的身体是照例的比病前更加健康了。就在这当儿,他准备已久的诗集快出版了,要我说几句话,我想起他生病的经过,便觉得这诗集的问世特别有意义。

从来中华民族生命的危殆,没有甚于今天的,多少人失掉挣扎的勇气也是事实,这正是需要药石和鞭策的时候。今天诚之这象征搏斗姿态的《仙人掌》,这声言"For the worried many"的诗集的问世,是负起了一种使命的,而且我

---

① 1987 年,薛诚之在《三盘鼓》序)复印件上,注云:"'三盘鼓'及'仙人掌'两个题名都是一多先生拟的,后来以'仙人掌'的名字及内容刺眼,为了避免检查没收临时改名'三盘鼓',但先生的序文早已印好了,所以序文没有改印。"

相信也必能完成它的使命，因为这里有药石，也有鞭策。

文章写毕，曾与薛诚之有过交谈。薛诚之《闻一多烈士永生》："记得在一九四四年十一月初旬的某一天上午，一多先生于小病之后从楼上下来，到我的房里，把为我的诗集赶写的三张序稿交给我。还和我谈了约莫两个钟头的话。涉及的范围很多很广，使我受到很大的启发，衷心感动。他说：'我至今只为三个人的诗集或关于诗论的集子作过序。首先为费鉴照的《现代英国诗人》(新月版)作序；其次为臧克家的《烙印》(开明版)作序；现在为你的《仙人掌》作序，序文中说："这正是需要药石和鞭策的时候。今天诚之这象征搏斗姿态的《仙人掌》，这声言 For the worried many 的诗集(参看本书后记)的问世，是负起了一种使命的……因为这里有药石，也有鞭策。"实际上也代表我思想的变化，从注意形式及内容到注意思想性及适当的形式。试想想我在"温柔敦厚，诗之教也"这句古训里嗅到了数千年的血腥。这种沉重的话我在以前是不会这么下判断的。二十年前，我曾替"温柔敦厚"担心，还怕它会绝迹呢！而现在变了。'他说：'这时代一个特点是诗的题材注意农民、工人、兵士及贫苦的人民，远非徐志摩等人轻飘飘的描写所能及的。试将徐的《乞丐》和臧克家的《洋车夫》对照一下，区别是很大的。你的诗倾向是好的，《小花生米》，《算命瞎子》，《仙人掌》写得动人，《南京路的夏夜》也写得奔放。但《颐和园》，恕我直说，却要不得，不像样，我把它删掉了。为什么发思古之幽情？为什么不把笔锋去讽刺咒骂西太后呢？她的罪恶该多大！还有几首诗含蓄不够，我删了好几段。'"(《闻一多纪念文集》，第 223 至 224 页)

十一月六日　下午三时，清华大学文科研究所中国文学部在西仓坡五号本校办事处，举行研究生范宁毕业初试。范宁的研究题目为"魏晋小说研究"，考试范围为中国文学史(上古至隋)、中国通史(汉至隋)、中国学术思想史(汉至隋)。先生与汤用彤、游国恩、冯友兰、孙毓棠、朱自清、王力、许维遹、浦江清为考试委员。(据《研究生毕业初试、论文考试聘请考试委员暨报部备案的来往文书》，清华大学档案室藏)

同日　西南联合大学举行国民月会，教育部代表刘健群报告时事，联大常委、北大校长蒋梦麟讲演，号召青年从军。

时，蒋介石以争取抗战最后胜利为名，发表告青年书，动员开展十万知识青年从军运动。十一日，云南省党政机关召开联席会议，决议组织知识青年从军征集委员会，龙云任主席，梅贻琦、熊庆来等为委员。联大常委会还专电蒋介石，表示拥护从军运动。接着，联大组织劝征委员会，先生认为青年从军既是抗日需要，又可借以改造国民党军队，所以持支持态度。

十一月十六日　上"尔雅"课，学生却去为罗常培出国送行。先生很生气，问

"要上课不上?"又指着布告上的"罗系主任"几个字,说:写"莘田师不是更亲切吗?为什么把官僚的一套习气搬过来?"①(张源潜《日记》,未刊)

罗常培行前,联大中文系曾开欢送会。罗在会上说:许多先生都到过外国,自己未曾去过,这次有机会就去一次,偿了心愿,只是不能同大家一起从事爱国活动,很觉遗憾。这话反映了罗常培的矛盾心情,但先生则说:"问题在于爱不爱国,只要爱国,不论在什么地方都有可做的事。"在场者都认为先生讲得很对。(据彭允中《回忆闻一多老师》,昆明师范学院编《教育革命》1978年第2期)

十一月二十五日　先生等二十七人,获联大发给之研究补助费一万元。(《西南联大获得研究费教授名单》,《国立西南联合大学史料》第4册,第534页)

十一月二十九日　下午三时,西南联大全校停课,假新校舍北区东饭厅集会,由教授多人向学生做从军讲演。梅贻琦致辞中说:"假使现在不从军,则二十年后将会感觉空虚。"钱端升说:"现代战争是为现代化武器与现代化头脑与现代化生产的战争。凡此均需现代化头脑现代化技术,此则非知识青年不为功也,故必须知识青年参加。"冯友兰说:"过去以血肉之躯与敌人对拼的时期、艰苦的时期,已经由我们老百姓去担当了,际今最后关头而又有新式武器、新式装备可供应之时,知识青年应避免其应尽责任么?"周炳琳说:"同学们在壁报上谈话常有意见,常有呼吁,事实上便也应有热切的表现。"燕树棠亦以美国第一次欧战时青年从军情形勉励同学。

先生亦作了激昂慷慨的讲演。《联大昨举行盛大演讲会,教授勉学生从军》报道:"闻一多教授乃开始其热情演说。闻先生首谓彼之要响应知识从军,要鼓动知识青年参加乃由有'时代的感召'与'□恳的号召',并谓:现在抗战已至最艰苦的阶段,知识青年此时实深应自动放弃不当兵的'特权',而在抗战最后阶段更应肩负起责任。许多人谈民主,若自己本身去焉责任,尽义务,那才真正有资格谈民主,而知识青年军也就是真民主的队伍。"(昆明《扫荡报》,1944.11.30)

冯友兰《三松堂自序》亦有记述:"闻一多发言最突出,大意说,现在我们在政治上受压迫,说话也没有人听,这是因为我们手里没有枪。现在有人给我们送枪,这是一个最好的机会。不管怎么样,我们要先把枪接过来,拿在手里,谁要反对我们,我们就先向他下手。"(第349至350页,三联书店1984年12月出版)

这些讲演很有鼓动性,有的同学听后即去报了名。《联大师生从军,昨竟日热烈发动》称:"自前日下午梅校委贻琦及冯友兰、闻一多等教授讲演后,顿激起同学

---

①　罗常培,字莘田。

之情绪,故报名登记即行展开。昨日上午九时起,该项报名参加之运动,已在校中造成热切之气氛,同学多纷纷至征集委员会登记,热切从军,至下午五时许止,报名登记之教职员计共有一百八十九人。"(昆明《扫荡报》,1944.12.1)

马千禾(马识途)得知先生这次即兴讲演,立即去找先生。他在《时代的鼓手——闻一多》中有记述:"闻一多一时冲动,在会上作了煽动性的讲话。号召:'有血性的青年,从军去!'当场就有一些同学报了名。会后我们才知道了,我赶到他家里去问他:'你怎么到他们这样的会上去讲话呢? 你知道有的同学是听了你的话才去报名的吗?'他一下愣了,说:'鼓励青年为改造国民党军队,为取得抗日最后胜利而参军,有什么不好呢?''你以为他们真要把这支青年军用来抗日吗? 你以为用这一批知识分子就可以改造好腐败不堪的国民党军队吗?'我反问他。他问:'不用来抗日,用来干什么?''打内战,反共。''他们才开始组织青年军,你怎么就断定他们用来打内战呢? 他们那天当众宣布,这支青年军就是为了抗日战争最后反攻而组织的嘛。'他不理解地问。'国民党处心积虑要消灭共产党,这是尽人皆知的。蒋介石说过,不消灭共产党,死不瞑目。他宁可失地千里,生灵涂炭,也不肯把他的老本钱胡宗南的精锐大军拿出来抗日,却紧紧围住陕甘宁边区。你想他愿意把全新美式装备的青年军用来抗日吗? 国民党的漂亮言辞我们是听得够多的了,他们是万变不离其宗的。'我冷静地说服他。'但是这是美国给装备的,不抗日美国肯答应吗?'……'美国人何爱于共产党呢? 而且装备到了国民党手里,美国也管不着了。'他沉默了,正在思索。我补了一句:'你想国民党、三青团那么积极干的事情会是好事吗? 值得你去支持吗?''哦,我没有想到。书生,书生气。'他自己责备自己:'那么怎么办? 我在民主墙上发个声明吗?'我又为闻先生的直率而好笑了。我说:'用不着了,我们已经做了补救,进步分子不会去上当的,壁报马上就会出来。'"(《景行集》,第96至97页,四川人民出版社1980年8月出版)

是月 中国民主同盟昆明支部召开全体盟员大会,决定改组为中国民主同盟云南省支部。会议推选先生与罗隆基、潘光旦、周新民、潘大逵、李公朴、楚图南、吴晗、杨怡士为执行委员。罗隆基任主任委员、周新民任组织委员、李公朴任宣传委员、吴晗为青年委员①、潘光旦为财务委员、杨怡士为秘书处主任。(据中国民主同盟中央文史资料委员会编,《中国民主同盟四十年》,第10页,1981年11月印行) 时,民盟云南省支部有盟员四十四人。

十二月二日 日军占领贵州独山,贵州全境面临沦陷危险。消息传来,昆明城

---

① 亦有人回忆潘大逵也任青年委员。

中人心惶惶,达官贵人纷纷收拾细软,准备再次逃亡。西南联合大学教职员见面时,交谈的中心议题也是战局与疏散问题。然而,先生这次明确地对妻子儿女们说:这次我们不跑了,我把你们送到安全地带后,要到农村,上山打游击。

十二月五日　下午三时,出席西南联大教授会议,决议对知识青年从军向国民党中央提出四项建议。时,不少联大学生认为知识青年从军是抗战需要,但又担心为国民党军队补充兵员,加剧国共两党矛盾。为此,联大教授会议决议建议:"一、此次知识青年军纯粹为国防军,不参加党派活动。二、请由美国军事技术人员训练,至训练地点,最好靠近盟军所在地。三、关于提高知识青年军待遇一节,应对所有作战士兵,普遍提高,过去对于军需经理方面弊端百出,请予彻底改善。四、请统帅部延用优秀后进军官。"(《联大全体教授会议决定实行军训,在校教授学生一律参加》,昆明《正义报》,1944.12.6)

十二月八日　应云南男女青年会同工读书会所请,演讲"士大夫与中国社会"。未刊手稿中有这次讲演的提纲,标题为篆书,题下有双行小字,云:"三十三年十二月八日云南男女青年会同工读书会讲,十日座谈会讲,十二日西南联大文史讲演会讲。"提纲下列有十三个小题,为:"一、中国式的社会。二、近代人民身份与意识中的奴隶形态。三、傈罗的初期奴隶社会。四、殷周奴隶社会初期形态的推测。五、殷周革命的社会背景。六、缓冲阶级之兴起。七、释儒。八、孔子与儒家思想。九、墨家。十、道家。十一、汉代儒家的复兴。十二、从殷末到今天——一部奴隶解放史。十三、新时代与士大夫。"提纲全文较长,仅节录若干如下。第一小题《中国式的社会》中,先生有这样的话:"士大夫的中心思想是儒家。百家思想,只是被儒接受,与儒调和的——各种新儒家。儒家的中心人物是孔子。孔子自称继承周公——周的创业者。周公的事业,反映当时社会、经济基础。奴隶社会,以奴隶为生产工具。士大夫思想,必是代表奴隶生产关系的思想。自□明初发出曙光以来(殷周间),至今历史未大变。今士大夫思想,也还是代表奴隶生产关系的思想。""中国从春秋中叶起,即已开始转向封建社会","但奴隶社会的本质,直到今天未变,变的只是外壳。""中国式的封建社会(春秋中叶以下),应称为奴隶社会的尾巴,而且是一条狐狸尾巴,比任何民族奴隶社会的尾巴都大。或准奴隶社会,这名称,至少可以说明某种现象,不以辞害意。"

第二小题《近代人民身份与意识中的奴隶形态》中,有一小节题作《生活科学与生活艺术》,云:"中国思想家的智力,并没有用在那可以形成机械学体系的各种工业生产问题上面,并没有把处理这些问题作为根本的紧急任务。这个远东大国的智能,集中到了其他的课题,即农业秩序所产生的,及直接和农业秩序有关的,或在观念上反映着农业秩序的各种课题。"

第六小题《缓冲阶级之兴起》，先生认为是"以奴隶管奴隶"出现了缓冲阶级。"管奴隶的奴隶，初犹未忘种族意识，而又感于主人的恩德。故对双方态度，能不偏不倚。当两方利益发生矛盾时，他便起了缓冲作用。只因为立于中间做调人，故他的观点必然是折中主义的。让一方面少吃亏，一方面少占便宜。而不能问真是非，依是非的准则来判断(就事论事、既往不咎)。反正就主子方面说，爱惜奴隶即爱生产工具，让步正是自己的利益。'百姓足，君孰与不足；百姓不足，君孰与足。'(颜渊)就人民说，让步即可减少自己的痛苦。他的态度像是忠于两面。而也忠于自己，因为这样自己的地位便稳固了(只不忠于真理)。所以他最忌上下意见相同，同则矛盾统一。君子和而不同，'上下和同虽有贤者无所立功。'(东方朔)亦忌一面太强，压倒对方，则矛盾亦消灭。故暴君乱民，皆所反对，最好在均势中维持平衡。但□权力是上头大点，而且自己的特权是上头给的，绝对持平不可能。久之，种族意识变了，不免出卖奴隶。但有时亦出卖主人。然而两面都需要他。"

第十二小题《从殷末到今天——一部奴隶解放史》，有四小节，是对中国社会的概述。为保存原稿面貌，故以原格式抄录如下：

一、真性奴隶社会前期

奴隶社会的特质是阶级

阶级出于种族差别

农业生产工具进步，利用俘虏，奴隶社会出现

生产奴隶的榨取，使社会繁荣、文化进步

生产奴隶转化为革命的力量

新领主起来

二、真性奴隶社会后期

文化业奴隶乘机起来，充当缓冲阶级

使士与农发生更密切的关系

温和的榨取政策，保障了人民的剩余劳动力，以从事私有生产

私田与工商业的发达，冲破了封建阶级秩序

生产奴隶获得解放，变为庶民

贵族与缓冲阶级同趋没落

孔子(缓冲阶级的发言人)呼吁复古，无效

三、准奴隶社会发育期

新贵族利用地主与工商业资本家，起来代替了旧贵族

被解放的工商业奴隶,上升为官僚阶级,代替了文化业奴隶的缓冲阶级

新贵族利用官僚的进步技术,对农民的榨取更残暴

但工商业带来的铁的使用,也为农民改良了生产工具

同时无异以走私方式武装了农民

六国灭亡,种族因素使人民身份中的奴隶性,加速并加倍的暴露

农民暴动,因文化业阶层的协助而成功

新贵族的政权倒了

四、准奴隶社会定型期

文化业阶层协助农民,阶层稳定了一个以重农轻商为国策的政权

马上又利用这政权,为自己建立了一个国教

这样,他便以把握太上政权的方式篡取了政权

一面又和工商业阶层的官僚结合,对农民施行一种大体上温和的剥削政策,直到如今

五、准奴隶社会解放期

因帝国主义而奴隶身份又显(民族主义),西洋思想的怂恿

海禁开后,从工商阶层中产生了买办阶级

代表地主阶层的士大夫的统治实权转让给帝国主义

奴隶社会的历史使命,必需经过

有缓冲阶级的奴隶社会,是好的奴隶社会

孔子欲恢复,未成

因历史在急剧的变革中,好的过时的政策,也挡不住时代的巨轮

到汉代,变革过程完成了,要休息

休息必需平衡

缓冲阶级应运而兴,充当平衡的支点

但缓冲阶级是奴隶社会的产物

缓冲阶级的复兴,便天然保障了奴隶社会残余势力的存在

历史便在以缓冲阶级为支点的平衡上,睡着了(从工商业回到农业,毁坏了前期的科学萌芽)

千余年中,偶尔翻一二次身,但始终未醒

周公孔子董仲舒配合着老庄、韩非、邹衍的安眠药 sandman 对于疲劳者是好的

但正因它好,才阻止了历史的发展

为什么要发展？

那好只是"叫受委曲的少受点委曲"的好

我们要委曲完全绝迹于人间

要阶级完全消除，人类一律平等、一律自由

不是做舒服的奴隶，是不做奴隶。（当初非做不可，只好求其舒服点。今天知道舒服只是暂时的，要永久的舒服，便永久不做奴隶；甚至暂时不舒服亦不辞）

第十三小题为《新时代与士大夫》，作为本文的总结：

"自由""平等"是舶来品

海禁未开前，二千年来，从未认真想起这些观念

有恕厚的奴隶，有狡狯的奴隶、有逃亡的奴隶。（达观、发脾气、撒娇）

只没有反叛的奴隶

有反叛这个主子，投奔那个主子，打倒旧主来拥护新主的

从无不要任何主人，自己做自己的主人的

只在不断发展的历史过程中的西洋人，才有一个彻头彻尾的自由人的观念

孙中山先生首先接受这观念，便要实现一个没有奴隶的中国（他似乎以为没有奴隶主，便没有奴隶　并以为那大清皇帝便是奴隶主　辛亥革命赶走了皇帝，换来了一个中华民国）

中山先生是第一个想到一个"没有奴隶的中国"的中国人

他是古代首先想起不杀俘虏，而用他做工，因此创造了中国的奴隶社会的那位圣人以后的唯一圣人。因为中国历史在开始役使奴隶时，转变了一次，直到中山先生不要奴隶，才开始转变第二次。历史通共只变了两次（大时代），前有远古的那位无名圣人，后有孙中山。孔子算得了什么，他只是拉着历史不许变的人，是中山先生的罪人

但是没有皇帝的中国，还没等到中山先生死，便急着三番两次要皇帝

原来，奴隶不因奴隶主的不存在而不存在

做了二三千年奴隶的人，失了主子，是不舒服的

那对假冒缓冲阶级的士大夫，尤其不方便

复辟没有成功（幸亏有云南起义，是谁讨厌它，要取消它的纪念日！）

大概认了帝国主义做主子（次殖民地）。（买办）

但有人喊要打倒它

抗战后,人家放弃了治外法权,并请咱们做四强之一

国外找不到主子,还是在国内找吧

于是便有人献鼎了,也有人愿做"王者师"了

中庸必需两端,缓冲必需制造矛盾

士大夫必需复古,尊孔,讲中国式的民主,是命运注定的

　世界潮流

　理论与榜样

　说破不得

　问题只在怎样实现

　法西斯

　士亦受压

　分化、下沉

　殷秦——士农合作

别的且不说,自己压着人,同时自己又被另一种人压着

要推翻自己身上的重量,最好是让自己身下的人,和自己同时用力来抈

一人的力量,不如两人,不很明白吗

并且受一层的压,如果苦,受两层的压,岂不更苦

你的同情心呢?

起来,还是大家一齐用力吧

十二月九日　昆明《民主周刊》创刊,这是中国民主同盟云南省支部的机关刊物,社址在府甬道十四号。该刊首任总编辑为罗隆基,先生以支部宣传委员和文化工作委员会主任兼任编辑委员。该刊是以潘光旦的名字登记的,因为主持新闻审查的金某是潘的学生。(据访问杨明记录,1986.7.17)

同日　流金(程应镠)的《一二·九回忆》刊登于昆明《民主周刊》第一卷第一期。这篇稿件是月初送到先生手中的,时先生正在编辑稿件,程应镠《闻一多先生二三事》:"十二月初,我给《民主周刊》送去一篇纪念一二·九的文章。他指着一堆文稿对我说:'有些人写文章马马虎虎不严肃。编这个刊物,我只是改错别字,改不通句子。我相信那些写文章的人,只要写完了再看一遍,所有的错误自己都能改正过来。我还不写政治的文章,我知道写不好,现在正在学习,一旦有了把握,就要写了。'"(《上海盟讯》第 295 期,1986.10.31)

十二月十日　《一个白日梦》发表于昆明《自由论坛》第十一期。收《闻一多全集》。

先生每次到市中心去时,几乎都要从位于翠湖中心十字路口某军事单位门前经过,该单位大门两侧挂有两丈来高的字如斗大的木质标语牌,上书"顶天立地,继往开来"八个字。先生的《一个白日梦》就是由此感发的。文中批判个人主义,批判本位主义,还批判了排他性的民族主义。说它"简直是因毒菌败坏了一部分细胞而引起的一种恶性发炎的痼疾"。

该文原题《恶性发炎的个人主义》,斥责国民党统治已到了"恶性发炎"的地步。这种文章难以发表,不得已由一位老友代笔改动,其文与先生原意自然有所差别了。刊登时,编辑又用涂换原稿的办法,在已送审盖了图章的另篇稿子夹缝处抄入此文,排版时再临时换了个标题,才得以与读者见面。(据王康《闻一多传》,第319至320页)在先生手稿中,有页自撰杂文目录,上面写的仍是《恶性发炎的个人主义》。此文刊登后,编辑与刊物都受到警告,发行人一再强调不能再登此类文章,否则就得关门。

同日 昆明《扫荡报》"省市鳞爪"报道,昆明第一中华职业补习学校应爱好文艺者要求,自第十九届起增设文艺讲座一科,敦聘先生与楚图南、李何林、李广田、尚钺、章泯分别主讲文艺诸问题。次年一月十八日,《云南日报》在《昆市点滴》中云:"中华职教社所主办之文艺讲座,前三讲已由尚钺、闻一多、楚图南分别担任讲授完毕。"

十二月十二日 应西南联大文史学会邀请,在联大昆北教室讲演"士大夫与中国社会",这是近几天第三次讲这个题目。

寄思《回忆闻一多教授》中说:"一九四四至一九四五年间的冬季,昆明的报纸上出现了关于'士大夫与中国社会'的论争。有一个晚上,文史学会请闻先生演讲,题目是与儒家有关的。闻先生从考证及社会史上分析儒家的起源和作用,归结到今天知识分子的道路问题。听讲的人在一千以上,一个最大的教室内外都挤得很密。讲完以后,作主席的中文系主任罗庸先生作了结束,并且征求同学二十人,送闻先生回到城外的住所,因为闻先生在演讲中曾提到张良所加于秦始皇的博浪之椎,所以罗先生开玩笑,说所以要送闻先生,也是怕碰见博浪椎,这引得大家都笑了……当闻先生回家去的时候,跟着他走的同学,有五十多人,一路上还在回答同学的问题。我也默默地跟在后面。"(《文萃》第40期,1946.7.25)

西南联大经济系学生张友仁在日记(未刊)中亦有记述:"晚上,听闻一多先生在联大昆北教室讲《士大夫与中国社会》,是分析儒家对中国社会的功过。听众甚为拥挤,不仅大教室内没有隙地,就连门窗上都爬满了同学。讲演毕,已是深夜,会议主席提议:近来昆明郊外秩序不好,闻先生独自一人返回西郊昆华中学宿舍是十分危险的,希望与会同学护送闻先生返回寓所。当时就有三十多位同学举手报名参加护送。其中既有联大学生,也有云大和中法大学的学生。我和联大同学赵元亮、王植棠等都参加了护送。一路上同学们围绕着闻先生频频提出问题,先生则谈笑风生地一一作答。当我们走出昆明大西门经过龙翔街口时,有两名荷枪实弹的云南士兵看到我们这一小群队伍行进,就跑步过来阻拦和盘问。当经云南籍同学出面与之交涉,用云南话说:'我们是送老师回家'等等,才得通过。"

十二月十三日　晚七时,出席西南联合大学学生自治会在联大新校舍北区东食堂举办的第二次时事座谈会。座谈会总题为"一年来国内局势的检讨"。分政治、军事、经济、社会、教育五讲,由张奚若、曾昭抡、伍启元、李树青、吴晗及先生主讲。(《省市鳞爪》,昆明《扫荡报》,1944.12.14) 到会者有两千余人。

时,新任美国驻华大使赫尔利飞延安,与中国共产党达成五点协议,核心为改组国民党政府为联合政府。周恩来遂与赫尔利至重庆,与国民党商谈联合政府问题。联大座谈会即在这种形势下举行。会上张奚若讲政治,曾昭抡讲军事,伍启元讲经济,李树青讲社会,吴晗讲教育。最后,先生讲"一年来的中国文化",并对此次座谈会作结论。至十时许散会。(据《联大昨举行时事座谈会》,《云南日报》,1944.12.14;张友仁日记,未刊)

是月中旬　与吴晗一起,邀洪德铭、陈定侯、王念平等座谈,并商谈筹组"民主青年同盟"事。

时,洪德铭等人组织了一个"社会主义青年同志会",在串连中认识到只有以实现新民主主义为宗旨,以团结群众参加抗日爱国民主运动为基本任务,以进步青年为吸收对象,组织才能有生命力。他们受十一月上旬成都建立的"民主青年协会"之启发,决定把组织名称冠以"民主青年"四字,并推洪德铭、严振、萧松、朱谷怀等为发起人,洪为召集人。洪德铭回忆:"我在与闻一多、吴晗多次接触中,估计他二人和党有联系,觉得不能错过机会,于是把我们建立秘密组织的计划向闻一多、吴晗作了详细介绍,他二人深表赞同。与此同时,经王念平介绍,联大法学院陈定侯、工学院何东昌也被邀请参加筹建工作。组织的名称按闻、吴先生建议,定名为'民主青年同盟'(简称'民青')。十二月中旬一个晚上,闻、吴先生邀请我与陈定侯、王念平等座谈,交换意见。他二人除谈了举行护国起义二十九周年纪念大会和游行计划,要我们做发动工作和希望我们加入民盟外,还着重谈了筹建民青的问题。我们研究后决定不参加民盟,但决定以师生关系接受闻、吴两先生对民青的指导,在民主运动中拥护、支持民主同盟的政治纲领,同民盟和各民主党派密切合作,并由我向他二人作了说明,他二人都欣然同意了。他二人还告诉我,已将筹建民青的情况告诉了中共朋友(指华岗),得到了同意。在闻一多、吴晗的指导帮助下,民青的筹建工作进行得很顺利,到十二月下旬,第一批参加串连的同志增至三十人左右。其中西南联大学生二十多人,云南大学学生五人,东方语专学生二人,职业青年二人。"(洪德铭给编者的信,1989.3.5)

十二月二十五日 云南护国首义二十九周年纪念日。一九一五年十二月十二日,袁世凯申令承认帝制,激起拥护共和的全国民众反对。二十五日,云南都军唐继尧率部通电反袁,宣布独立,成立护国军,出兵征讨,首揭全国反袁义帜。袁世凯忧忿死去后,北京政府依据国会议决,公布以十二月二十五日为国家纪念日。一九四二年,国民政府将云南起义纪念日并入十二月五日肇和兵舰起义纪念日举行庆祝,引起护国将士和云南人民异议。一九四四年十二月十九日,云南省第二届临时参议会建议省政府说明是役与肇和之役各有不朽价值,恳转请中央依据原案,照旧分别举行。二十二日,国民党中央党部及国民政府行政院复电照准。所以,是日作为恢复护国纪念的第一个节日,格外隆重。除云南省政府上午九时举行扩大纪念会外,下午一时,昆明各界亦在云南大学会泽院右侧广场召开了盛大纪念会。

这次大会,当地报导曾有预告,云:"本月二十五日为云南护国起义第廿九周年纪念日。护国一役,推翻专制,再造共和,奠定民主政治之基础,意义重大。此间文化界有鉴于此,特订于是日下午一时假云南大学扩大纪念大会,除请白小松、李子猷、马伯菴、唐小蒙、张奚若、闻一多、吴晗、潘光旦、潘大逵、曾昭抡、徐梦麟诸先生莅□指导外,并有多人发表演讲。题目已定者有吴晗先生之《护国纪念之历史意义》,闻一多先生之《护国起义与民生政治》。欢迎各界人士自由参加,内容精彩,届时定有一盛况云。"(《护国纪念游行办法决定,文化界在云大举行扩大庆祝》,云南《民国日报》,1944.12.24)

这次大会对外以学术界宪政研究会名义,实际是云南民盟发起并负责筹备。在云南民盟提议恢复护国纪念的会上,先生便与其他负责人共同商量了开会地点、发起团体、会议程序等。当时,大家还同意将西南联大新诗社作为发起团体之一,由先生联系。其余发起团体还拟有云南大学、西南联大、中法大学、男女青年会、昆明学术界宪政研究会、民主周刊社、自由论坛社、评论报社、真报社、文协昆明分会、中苏友协昆明分会等,分别由潘大逵、吴晗、曾昭抡、罗隆基、潘光旦、周新民、楚图南等人联系。为了使这次大会成功,筹备会曾于十二月五日、十九日、二十二日,相继在西南文献研究室召开了三次会议。其中二十二日下午七时召开的第三次筹备会,出席者有西南联大的程法伋、王念平、齐亮,云南大学的杨维俊、莫翰文、蒋阜南、张纪域、邹宏楷,中法大学的杨明、赵谦、王光间、金兆瑞、邹联彩,英语专科学校的刘希武、万若愚,民主周刊社的吴晗、罗隆基,学术界宪政研究会的杨怡士、曾昭抡、潘大逵,中苏文协的苏均持,真报社的陆逸君,评论报社的楼兆揭,昆华工校的郭纯、李春寿、王荪,中法大学附中的杨虎、杨嘉禄、王嘉培,龙渊中学的李永寿、刘景善,及求实中学代表和唐筱蓂等。会议由潘大逵主持,决定演讲者为:白小松、马伯菴、李子猷、唐筱蓂、吴晗、闻一多。会议还在中法大学学生自治会起草的九条口号基础上,通过了十三条口号:纪念护国,发扬再造共和精神;立即实行宪政;保障人了身体自由;取消审查制度,开放言论自由;武装民众,保卫大西南;拥护龙主席,保卫大西南;打倒日本帝国主义,彻底消灭法西斯;惩办贪官污吏;发扬护国精神,彻底实行民主政治;民主政治万岁;中华民国万岁;拥护共和,消灭独裁政治;加强抗战力量,争取最后胜利。(据《云南各界护国起义纪念大会筹备会第三次会议记录》,中国革命博物馆藏)

参加筹备会议的王光闰同学回忆筹备情况时说:"会上推选吴晗先生起草宣言,闻一多先生加润色。中心内容就是要发扬云南首先反对袁世凯称帝的反帝反封建的精神,提出国是宣言,大会示威游行时标语口号:实现民主政治、取消专制独裁;结束一党专政、成立联合政府;取消新闻检查,保障言论自由;取消特务组织,保障人身自由。最后还提出了'拥护龙主席,保卫大西南',争取龙云对民主运动的同情与支持。当讨论大会宣言及标语口号时,会上有两种不同意见,曾昭抡先生的意见是,这次是首次在昆明集会示威游行,口号标语无妨提得缓和策略一些,以免引起当局的反对,以利今后的继续宣传;另一种意见是:这些标语口号都是针对时弊而发的,要求实现民主政治,就不怕反动派压制"。最后,一致通过了后一种意见。(王光闰《参加抗日民主救亡运动的回忆》,中国人民政治协商会议云南省委员会文史资料研究委员会编《云南文史资料选辑》第30辑,第188至189页,云南人民出版社1987年12月出版)

文化界纪念大会的情形,次日《正义报》以《护国精神复活了——记文化界纪念会及大游行》为题作了报道。文中说:一点多钟,潘光旦走上主席台,宣布开会,致词中说:"今天我们纪念护国,第一因为中央已准恢复纪念,第二因为时局的严重,所以意义特别重大。"护国将领黄斐章在演讲中特别指出了三点重要意义:"一、中国历以仁义为基础,护国精神便是仁义的表现。二、共和与专制的分界。三、守法的精神,此值得遗赠后人,后人应学习而发扬光大者也。"唐继尧的儿子唐筱蓂谈了感想:"一、希望对护国有正确性的历史。二、了解护国精神,护国是维护民主政治的运动。三、发扬这一宝贵光荣的传统。"白小松演讲中说:"护国首义是求国家民主自由真正之实现,护国精神便是民主精神","希望我们正确了解护国的史实和意义,能这样,国家民族才有前途。"护国起义参加者由云龙在会上"述说了当年五日的情形:跟今天的天气一样的暖和,跟今天的大会情绪一样的兴奋,然而首义虽已发动,元勋们仍战战兢兢,到各界的游行队伍上街时,满街欢声雷动,得到了人民的热烈拥护后,元勋们的心才安定下来,而能壮胆的去干了。人民不仅安慰了他们,支撑着他们去做,并保证了这一运动的成功。人民的力量是这样伟大不可侮呵!"预定有两位教授发言。吴晗"以历史的眼光来看护国运动的意义,分析极为详尽"。闻一多在发言结束时说:"由于护国的精神、护国的成功,增加了我们的信心。正确认识了护国的意义,纪念是不会失败的。"

先生在会上演讲题为"护国起义与民主政治"①,内容及会场情绪在王康《闻一多传》中有记录:

我们是应该惭愧的,应该对护国的先烈们惭愧,应该对在座的护国英雄们惭愧!

三十年了,居然国家还像三十年前一样,难道袁世凯没有死吗?——群众回答说:"是的,没有死!"一些参加过护国起义的老先生也笑了:"我们真是老糊涂了!"他回头对老先生们说——你们比我们清醒,你们知道应该怎样对付袁世凯!护国起义的经验告诉我们:要民主就必须打倒独裁。因为全国人民都要求民主,就可以得到全国的响应;因为有广大人民的支持,就能够打倒袁世凯!

三十年后,我们所要的依然是民主,要打倒独裁!

现在毕竟和三十年前不同了。我们相信人民的力量是更强大了,让我们就从昆明开始,继承护国精神,扩大民主运动,争取更大的胜利!(第330页)

会后,举行群众游行,先生和几位教授走在队伍中。当队伍走过闹市准备散去时,先生又被人们拥到一个高处,即席讲了一段话。这段话也见于王康《闻一多传》:

我们胜利地纪念了"护国纪念"二十九周年。

你们看,我们的队伍这么长!

这是人民的力量。

因为是人民的力量,所以他是伟大的,谁也不敢抵挡!

这是时代的洪流,它要冲垮一切拦在路上的障碍。

一九四四年就要过去了,我们要更好地迎接一九四五年!

---

① 这是《正义报》云先生准备演讲的题目。《新华日报》1945年1月6日《昆明纪念护国起义那天举行群众大游行》云:"吴晗,闻一多两教授也在大会上讲了话,话题是'以历史的眼光来看现实'。"

让那些嫉妒我们，害怕我们的人发抖吧！（第 331 页）

这是一次非常成功的大会，对社会动员的广度是抗战以来昆明地区鲜有的。尤其是大会通过了《云南各界护国起义纪念大会宣言》，提出立即结束国民党一党专政、召开人民代表会议、组织联合政府等主张，表现了与中国共产党和各民主党派完全一致的立场。这个宣言为吴晗起草，先生润色后誊录，全文云：

今天是护国起义的第二十九周年。护国起义这个伟大的历史事实之所以值得我们纪念，是因为它曾在全民族反对独夫政治，反对封建余毒的胜利中，为我们奠定了民主政治的基础。谁能否认这是一个全中国人民所珍惜、所心爱的日子呢！对于政府这次经过一番慎重考虑之后，居然把它规定为全国人民的纪念日，无疑的我们是竭诚拥戴的。因此，为仰答政府的盛意，特别是今年这个护国纪念日，我们更应该热烈的庆祝一番了。

然而，我们纪念二十九年前的护国起义，不能不更关怀于当前的救国抗战，庆祝昔日护国起义的成功，不能不更焦心于今天救国抗战的胜利。

讲到八年抗战的成效，我们实在不忍心，然而又不能不承认以下的这些事实：纲纪废弛，贪污成风，这是我们的政治；富人的黄金让它冻结在国外，国内不值钱的通货却以几何级数的速度让它膨胀，这是我们的财政；朋友得罪完了一个，再得罪一个，这是我们的外交；借党化之名，行奴化之实，这是我们的教育；兴建既没有计划，管理也没有方法，这是我们的交通运输；至于军政，讲起来更令人痛心，平时则征兵全是弊端，训练同于虐待，战时又统率毫无方针，赏罚只凭好恶，怎么能怪他士气消沉，还没有见着敌人就溃退呢！这成什么抗战啊？政治和军事脱了节，财政和军事分了家，外交跟军事为难，教育给军事抽腿，交通运输更没有替军事卖力。这成什么抗战啊！军队不能与人民合作，军队与军队又不能合作，后方不能与前方合作，政府尤其不能与人民合作。

看啊！短短数月的期间内，由洛阳而郑州，而长沙而衡阳，而柳州而桂林——这一连串的军事溃败，和陪伴着军事溃败的物资损失，和人民流离失所与死亡，乃至同样严重的，国际声誉一落千丈，盟邦友人不但失望，而且痛心。看啊！这便是八年来内部腐烂的后果，中华民族有史以来空前的危机！

闯了这样大的乱子，造成这样严重的局面，又岂是调动几个行政官吏，分出或裁并几个行政机关所能补救的？要晓得抗战是要动员全体人民的，整个中华民族的命运还得要整个中华民族来拯救。保证抗战胜利唯一的方法还是民主政治，而所谓民主政治当然不仅是一些空洞的诺言和漂亮的宣传，或审查条例、特务组织和集中营等等花样的加紧运用所能了事的。要实施民主政治，就得有具体的方案和明确的步骤。根据上面的原则，我们今天郑重的提出下列三项要求：

一、结束一党训政。化一党的国家为全民的国家，以期实现真正的全民动员。

二、召集人民代表会议。集全国各党各派及无党无派的优秀人才于一堂，群策群力，共赴国难。

三、组织联合政府。由人民代表会议选举各党派代表人物及全国众望所归的领导人才，负国家民族安危的重任。

我们认为，只有这样，才能使人民与政府一体，军队与人民一体，后方与前方一体，而政治、财政、外交、教育、交通运输自然也与军队一体了——只有这样，人民才是为民族的解放而战，为国家的光荣而战，那就是，人民为人民自己的生存与自由而战——只有这样的全民战争，才能驱除敌寇，收复失地，才能保证最后胜利必属于我。

民族解放的工作是艰难的，它必需全体人民的群策群力才能完成。一个人大权独揽的君主专制政体，或少数人大权独揽的一党专制政体，都不足以担当这样艰巨的责任，何况权力的独占，其势必流于权力的滥用的恶果呢？二十九年前护国起义的先烈们知道国体改变了，国家民族的生存便受了威胁，所以他们不辞艰险，就在这个城市里振臂一呼，举起了打倒独夫政治，根绝封建余毒的大纛。二十九年后的今天，国家民族的生存实际已经危在旦夕了，我们纪念护国起义，更憬然于当前危机的症结就在少数人大权独揽的一党政治。护国起义的意义，加强了我们对当前局势的认识；护国起义的精神，警醒了我们对当前局势的责任；护国起义的成功，也鼓励了我们对改正当前局势的工作的信心。只要中国人民有了护国先烈的大知与大勇，中华民族的前途便永远是光明的。让我高呼吧：

民主政治万岁！中华民族解放万岁！（据家藏此宣言手稿照片）

附：一九四五年元月三十日，康泽给教育部长朱家骅信中，云："据报去年十二月二十五日云南拥护共和起义纪念，昆明文化界假云南大学至公堂开会庆祝，内有反动分子藉名参加，实行反动宣传，参加听讲者约二千人，其中大中学生居多。大会主席为联大教授潘光旦，发言者以联大教授吴晗、闻一多等，措词偏激，攻击本党，煽动学生，要求政府立即实行宪政，取消审查制度，开放言论自由，保障身体自由云云。会后游行市街，参加者约千余人。"（南京中国第二历史档案馆藏，转引自《一

二·一运动史料汇编》第3辑，第216至217页）

十二月二十七日　晚，出席自由论坛社主办的"中国的出路"座谈会。出席者还有张奚若、罗隆基、王赣愚、孙毓棠、冯文潜、潘光旦、王逊、杨西孟、丁则良、李树青、费孝通、沈有鼎、郭相卿、曾昭抡、吴晗等。会上，讨论的问题非常广泛，相继提出的问题有新中国与旧传统、士大夫与中国社会、中国问题的症结、工业现代化、教育的功用、中共政策与革命、文化革命、经济政策、怎样改良中国的政治、中华民族的缺点等。(《中国的出路》，《自由论坛》第3卷第5期，1945.3.20)

是月　作《屈原问题——敬质孙次舟先生》。后发表于次年十月郭沫若主编的重庆《中原》第二卷第二期。收《闻一多全集》。关于本文的写作原因，先生说：

本年九月间，朱佩弦先生从成都给我一封信，内附孙次舟先生的一篇文章，题作《屈原是"文学弄臣"的发疑——兼答屈原崇拜者》，是从成都《中央日报》的《中央副刊》剪下的。信上说，在本年成都的"诗人节"纪念会上，孙先生提出了这问题，立时当地文艺界为之大哗，接着就向他发动围攻，直到最近，孙先生才开始公开抵抗，那便是这篇文章的来由。佩弦先生还说到他自己同情孙先生的意思。后来他回到昆明，我们见着便谈起这事，我问他还记不记得十几年前，我和他谈到和孙先生类似的意见，他只摇摇头。(十几年是一个太长的时间，我想。)这里让我打一个岔。就在本年暑假中，我接到某官方出版机关的一封信，约我写一本《屈原传》一类的小书，我婉词谢绝了，读者此刻可以明白我当时的苦衷吧！好了，前几天佩弦先生又给我送来孙先生的第二篇文章，在这篇《屈原讨论的最后申辩》的附白中，孙先生转录了李长之兄给他通信里这样一段话："昔闻一多先生亦有类似之说，以屈原与梅兰芳相比。"本来我看到孙先生第一篇文章时，并没有打算对这问题参加讨论，虽则心里也曾发生过一点疑问：让孙先生这样一个人挨打，道义上是否说得过去呢？如今长之兄既把我的底细揭穿了，而孙先生也那样客气的说道"闻一多先生大作如写成，定胜拙文远甚"，(这仿佛是硬拖人下水的样子，假如不是我神经过敏的话。)这来，我的处境便更尴尬了，我当时想，如果再守口如瓶，岂不成了临阵脱逃吗？于是我便决定动笔了。

孙次舟是华西大学教授，其在一九四四年六月二十五日成都"诗人节纪念会"上提出"屈原是文学弄臣"一说，并于九月六、七、八日在成都《中央日报》副刊连载《屈原是"文学弄臣"的发疑——兼答屈原崇拜者》。十一月十五、十六日，其又在《中央日报》副刊连载《屈原讨论的最后申辩》，文末附言云："闻一多先生亦有此类似之说，以屈原与梅兰芳比"，"且幸吾道不孤，闻一多先生大作如写成，定胜拙文远甚"。而早在两年前的一九四二年,张道藩在"重订诗人节"问题上,也以先生对屈原的意见为由,反对以屈原的忌日为诗人节,说:"屈原虽是一个大诗人,但闻一多先生等既然列举理由说明他是嬖倖之类的臣妾,而另外几位学者根本怀疑有无其人,只有郭沫若一个劲儿地拿他作自己的模特,显见得屈大夫并不能得到全国一致的支持。而且,这一天是屈原的忌日,有点忌讳","建议以杜甫的诞辰为诗歌节"。

(张道藩《我对于中国诗歌的意见》,《文艺先锋》创刊号,1942 年 10 月)

先生同情孙次舟,但不打算作为同盟军;对文艺界的朋友,先生认为他们性子太急。先生同意"文学弄臣"的说法,但认为屈原是由家庭奴隶进而变成文化奴隶——"文学侍从之臣",而孙次舟却是"把事实看倒了头","把它看成先有文人,而后变成弄臣。这样一来,真是'失之毫厘,谬之千里'了!依我们的看法,是反抗的奴隶居然挣脱枷锁,变成了人;依孙先生的看法,是好好的人偏要跳入火坑,变成奴隶,二者之间,何啻天渊之隔!"

先生殉难后,延安《解放日报》于一九四六年七月二十日刊登是文,并加了编者按,说:"一多先生这篇很有学术价值的文章,三十四年发表于《中原》。关于屈原的身份问题,由于成都某大学教授孙先生提出屈原是'文学弄臣'之说法后,曾引起文化界极大反响,郭沫若先生也曾撰文表示异议。闻先生的说法,一面承认屈原是一'弄臣',一面则指出屈原的'人'的价值,加以推崇。这个问题是社会史上及艺术史上一个重要问题,尚待专家研究,才能解决。一多先生的说法,自然不是定论。不过从这篇文章,我们也可以看出一多先生在抗战之后的思想一斑,其向往民主自由的精神尤使人钦佩。读着他这篇巨作,想望其发展前途,我们更感到悲痛与愤怒!"

冬 为西南联大中文系同学诸有琼治印。诸有琼在《人生之师闻一多》中说:"一九四四年冬天,我到先生的住所,请他为我刻图章。那是昆华中学的一间楼上的大屋子,先生当书房兼卧室。屋里堆着许多书,临窗的一摞摞的书,有精装的,平装的,还有线装的。古今中外的书都有。几乎每本书都夹着几张小纸条,上面写着小字,可能是注明书中的内容。有的书摊开,有的反扣在案上,偌大的案板只空出可搁两肘的一小块地方。先生看我用好奇的目光在桌面上扫来扫去,就笑着说:'你别看我的书这么多,好像放得很乱,其实我很清楚,一伸手就可以拿到我所需要的书。你要知道,研究一个问题,往往要查阅许多种书和各种版本,中国的,外国的,古代的,现代的,只要是有关的书都要查到。我从来不躺在床上看书,因为我总是一边看书一边做卡片。做学问必须严肃认真,马马虎虎,随随便便是不行的。'""我拿出两枚象牙章,一方一圆,请先生为我和妹妹刻章。当我刚想说哪枚给我,哪枚给妹妹时,闻先生一眼就看出我想说什么。他说:'你不要说哪个章刻谁的名字,哪个章用什么字体,这些都由我来定,等我看了材料再说.'接着又说:'别人找我刻章,七天取,你如果不急用,最好不要催我,等我兴致好的时候刻,就会刻得更好一些.篆刻也是一种艺术,勉强去做是不好的.'过了许多日子,先生告诉我图章刻好了.方章刻了我妹妹的姓和名,圆章只刻了我的名字,仔细一看,果然不同于一般俗笔,两个图章安排得十分得体,字体线条配合别具匠心,堪称艺术珍品."(《群言》1996 年第 9 期)

是年　作杂文《真的屈原》。后刊于《北京大学学报》一九七九年第五期。

此前,重庆独立出版社来函,约先生写本屈原传记。先生感到很突然,婉词谢绝。事后才了解这原是企图在进步文化人士面前树个对立面。这篇文章大约就是对这种企图的回答。文中并没有写历史上的屈原,而是写"当时统治阶级及其走狗们如何痛恨"那些"不合作主义者",指出统治阶级的态度是"既不被我用,就得毁灭他"。这显然是针对现实说的。

这时,先生研究屈原,尤重于研究屈原的思想,并从屈原出发,研究封建时代文人的思想。今存未刊手稿中有一篇没有定稿的《屈原论》,其中一节题作《封建社会的崩溃与诸子思想》颇能反映先生这时的认识:

> 作为王侯的官吏以服务于公室的士族,为王侯服务,伺候主人,总不如居家自为主人。性格高骞者多不肯为,宁居家食贫。其与公室失和者更易于急流勇退,对王侯仇视。
>
> 以上各种人对王侯形成一种不合作的阵线,故所谓"为我"者,乃对付王侯的一种口号。其间激烈者为廉士,温和者为隐士,然亦无明确界线。
>
> 小贵族依存性愈大,王侯愈轻之,生杀予夺,惟其所好。小贵族处境愈危,遂有退隐以求全生者,于是有"贵生"之说。
>
> 自全生而至养生,复受外来宗教影响,乃有方士。
>
> 然此辈本社会中坚分子,聪明才智,有技能,有思想,而人格复高尚。此辈愈退,王侯愈求之出。当初所争者,本系面子(人格),只要王侯接之以礼,东山再起者仍多。
>
> 因为隐退,本人情所难。
>
> 然明主不易遇,且兼并风盛,可择之主愈来愈少,主之权势亦愈大。
>
> 当初为斗气,摆架子而怠工,本是一种手段,以退为进的手段,今则失业者多,手段将穷,或进或退,已至最后关头,当有决定,心理上的决定。
>
> 看穿了"齐物论",极端的唯心主义:庄周,超生死,退一步跳出圈外,心斋坐忘;慎到,同人已,退一步投降,阿 Q。然皆得到心理的胜利,问题解

决了。

士的传统精神——士与武、勇、耻、节。

即封建社会的中心道德观念。

封建崩溃士节必随之消灭:儒家为封建的制度(社会);墨道为其人格精神的挣扎(个人)。

最后的斗士:理论家,华(角);实行家,屈原。

对黄金时代的追想永不断绝,并将与时俱进,故《离骚》永远为我们"民族的精神食粮",它象征一个历史的悲运,任何民族不能逃脱的历史悲运,中国文化秦汉至今无大变,故屈原之死如在昨日。秦汉,士气痹瘘时期。

魏晋,一度复活。

王孝伯——痛饮酒熟读《离骚》便可称名士。

皇甫谧——高士传。

春秋:物质条件的基础,稍加调整控制(封建的秩序),便成黄金时代;儒家的理想即以此种记忆为基础。

过渡:墨家。

战国:理想主义——道家:隐士、烈士。现实主义:法士尚法内政——法家;辩士尚术外交——纵横家。

秦汉:道法合流是为黄老。

《屈原论》又一节题作《良心的支持(心理建设的手法)》,云:

《离骚》、《九章》、《九辩》以及《远游》、《惜誓》都好像是一篇文章的复制,而所表现的精神也好像是同一的。那里有一个具体而明确的事实,即是在时代的进化的过程中,缅怀着一个古旧的不合时宜的理想,对于过去的繁华发生无限的眷恋的人和这一类的阶层遭受了一种不可抗拒的命运。个人的忧郁扩大为共同的忧郁,由于感情的升华,最后都走上同一的结局。

人类思想的发展,有时似螺旋,有时似曲线,有时却像弧线围成的圆形。在这急邃的变化中,新的局面渐渐完成,旧的思想渐渐淘汰。当个人的重要已被发现,社会制度起了极大变革的时代,新和旧、理想和事实起了冲突。在这漩[旋]涡里面有些原子浮起来了,有些沉下去,甚至流走了。

说《离骚》作者是想浮而浮不起来的原子,大概不会有什么错误,说《九辩》和《远游》的作者(或里面的人物)也是想浮而浮不起来的原子,也是同样的正确。真正的儒家似乎不想浮,道家自以为浮起了,法家浮得起,惟有杂有几种气质的这些人物无法自拔。他们怀着古旧的理想缅怀过去,但世界跟以前不一样了。"坎廪兮贫士失职而志不平,廓落兮羁旅而无友生,惆怅兮□□□□□□□□□□①而私怜。"孤独里他们没有办法控制自己,把握自己,他们只得"悼余生之不时兮,逢此世之拂攘",抱着个人的忧郁,独自叹息。春秋时人类的悲运还在蕴酿中,儒家拿了金色的招牌到处招徕,他们的理想虽骗不了人,倒可以骗骗自己,安慰安慰同一阶层的人们。到了春秋末年新的思想已经成熟了,血淋淋的现实掩住了他们的思想,另一批人也以大刀阔斧的姿态上台了。对于这新的局面,新的人物,他们感到难耐的厌恶。

　　　　何世俗之工巧兮,背绳墨而改错,

　　　　却骐骥而不来兮,策驽骀而取路。

《离骚》、《九章》以至《远游》的作者也是一样的感到人们愈变愈古怪。但这些人并不是瞎了,他们也看得见一些事物,更重要的是他们不相信别人,倒相信自己,故虽对时俗感到不满,倒不自甘沉沦——

　　　　欲寂漠而绝端兮,窃不敢忘初之厚德。

似乎他们生下来便应该救世于水火,掌理政事,那是他们的权利,也是他们的义务。社会欠了他们的债,他们也欠了社会的债。但这种从儒家得来气质和理想处处碰壁后,于是他们便以为怀才不遇了。于是他们萎约而悲愁,淹留而踌躇。理想被证明是一个幻象。个人与社会的冲突矛盾愈来愈大,一个耿介的灵魂最后也与《离骚》、《远游》中人物一样。

　　　　愿赐不肖之躯而远离兮,放游志乎云中。

去了。随着这些人高高飘扬的是人类进化史悲惨的一页。

《屈原论》中还有段关于"士"的论述,云:

　　战国时代,土地资本渐渐集中到少数新兴的贵族手里,大多数旧贵族末落了。这些末落的贵族即当时各种形形色色的"士",是决定那时政治文化形态的最有力的因素。他们的流品很复杂,有凭着三寸不烂之舌致身卿相的、现实主义的游士;有在深山大谷中"荷担采樵,拾橡充食,……不臣天子,不友诸侯"的隐士或处士。这其间又分两种:一种不问世事,只是"为恬淡之学,而理恍惚之言";一种则"高论怨诽",指责时政。最后还有那些"鸡鸣狗盗之徒",成百成千的被豢养着的众士。以上这些流品的类型自然是不固定的,飞黄腾达的游士们有时也从宦途跌落下来,退到山林,变成隐士。隐士们熬不住枯槁时,也会出山,至少也要像齐稷下先生们样,吃着干俸,"不治而议论"。至于"谈天

---

① 原稿如此。

衍,雕龙爽"一类知识分子与"鸡鸣狗盗之徒"之间,也不见得有十分严格的界。

先生研究屈原,有人说先生本人就与屈原有相通之处。王一《哭闻一多先生》:"每天上'庄子'课时,几百人挤满了教室等着他,旧的发灰色的蓝布大褂,破布鞋,提着个旧书袋,黝黑的脸,冒着血丝的眼睛上,架着付黑边眼镜,头发有点乱,黑胡子有五寸多长,安静地从校门走过来。一个在剧专读过书的同学,看着他笑了:'是块好材料,把眼镜一摘,换换衣服,上台就是屈原,化装都不必,从他面部到灵魂深处就是屈原,好材料,好极了。'这时候他最爱做关于屈原的讲演,常说:'为什么两千年来中国人民这样崇拜屈原,我到现在才懂,原来屈原是人民的诗人,为人民写诗,为反抗昏乱的政权、效忠人民而死的。'一个中学生曾问过他:'什么叫做人民呢?'他回答:'和人民在一起——就是说自己本身是人民一份子,在他们之内而不在他们之上,要爱人民。''怎么爱呢?''从心里就爱起,和受苦难人在一起,他身上的虱子爬到你身上来,都不觉得他脏。这是很痛苦的事,因为我们出身大都是剥削别人的,但一定要改造自己的思想。'"(《新华日报》,1946.7.25)

一九四五年　四十七岁

一月九日,中印公路北线(保山至密支那)举行通车典礼。

一月二十日,中国远征军收复畹町,滇西国土全部收复。

二月,美、苏、英三国首脑在苏联克什米亚半岛举行雅尔塔会议。

四月,中国代表团参加在美国旧金山召开的联合国家国际组织会议。

四月十六日,苏军向柏林发动进攻。五月二日,苏军攻克柏林,德军停止抵抗,柏林战役结束。

五月三日,仰光光复,中英美联合反攻缅甸胜利。

五月八日,德国无条件投降仪式在柏林举行,欧洲战争结束。

六月二十二日,美军占领日本冲绳岛。

六月二十五日,与会各国代表通过《联合国宪章》。中国成为联合国五常任理事国之一。

七月二十六日,中英美发表《波茨坦公告》,要求日本无条件投降。

八月六日,美军向广岛所见投掷第一颗原子弹。九日,向长崎投掷第二颗原子弹。

八月八日,苏联宣布对日作战。

八月十五日,日本天皇发布"终战诏书",宣布无条件投降。

八月二十八日,毛泽东、周恩来、王若飞抵重庆,与蒋介石会谈。十月十日,国共双十协定签字。

九月二日,日本政府代表在美国战舰"密苏里"号上向美、中、英、苏等盟国签署并递交投降书。第二次世界大战结束。九日,中国战区日本投降典礼在南京举行。

十月二十五日,日本台湾总督签署并向国民政府递交投降书,台湾、澎湖列岛重入中国版图。

十二月一日,昆明发生一二·一惨案。

一月七日　年前,昆明《正义报》请先生和王赣愚、伍启元、周作仁、周新民、吴晗、崔书琴、孙毓棠、徐茂先、张印堂、曾昭抡、赵迺抟、赵公望、杨西孟、蔡维藩、鲍觉民十六位大学教授作新岁问答。先生回答了第五问:"过去一年,在国内或国际间,有哪些成功的或失败的教训最值得记取?"该报是日《新岁五问笔谈》(续)中载先生的笔答如下:

> 我不知道这是否所答非所问。
>
> 按"劳心者治人,劳力者治于人"的原则来说,谁能否认局面糟到这样,完全是"治人"的劳心者的罪,而局面还没有闹到一种更糟的程度(假若你能想象那样一个局面的话),那倒是"治于人"的劳力者的功。所谓劳心者,倒未必有在朝与在野之分,就某种观点说,也许在野者负的责任更大。事情是别人弄糟的,诚然,但也得咱们让他们那样做。你晓得吗?咱们不但纵容了他们,你还包庇了他们,然而咱们有种种方法替你自己卸责——从最愚蠢的到最巧妙的方法,这里不必细数。是羞涩,还是胆小,你是麻木不仁,还是别人神经过敏,是你没有高见,还是本来就是天阉——这毕竟是一切问题的根本。一句话,问题还是在咱们自己身上,请仔细想想吧!(《正义报·新论衡周刊》第13期)

一月十三日 《什么是儒家——中国士大夫研究之一》发表于昆明《民主周刊》第一卷第五期。收《闻一多全集》。文章说:"儒家是一个居于矛盾的两极之间的缓冲阶层的后备军,所以他们最忌矛盾的统一,矛盾统一了,没有主奴之分,便没有缓冲阶层存在的余地。""中庸之道,最有利的,恐怕还是那站在中间,两边玩弄,两边镇压,两边劝谕,做人又做鬼的人吧!"

一月二十日 访朱自清,谈季镇淮论文事。朱认为"此文过于简单,不够系统,不能通过考试",先生同意此意见。(朱乔森编《朱自清全集》第10卷,第329页)

是月 联大在西仓坡盖了教职员宿舍,虽然简陋,也算是昆明不错的房子。学校用抽签办法分配,先生抽中了,全家讨论决定搬去。

王敬《闻一多先生和他的家属》有记述:"三十三年,一多先生兼任昆华中学的国文教员,住在昆中宿舍里,两间小房,厨房就在走廊上,一家八口,也很够挤的,但门外有大片空地,一多夫人亲自垦荒,种了许多蔬菜。昆明四季如春,那片土地按季节轮流生产,夏天雨水多,菜吃不完还可以送人。当三十四年一月联大西仓坡宿舍完工时,一多先生和孩子们都想搬进去,一多夫人则舍不下那片菜圃,一直推诿着,迟疑着,联大宿舍月收七千元房租,昆中宿舍不取分文,也是一多夫人考虑的一个原因。最后用民主方式表决,多数胜利了,孩子叫来一辆大车,七手八脚,蚂蚁搬家似的,浩浩荡荡,直奔西仓坡而来。同日,吴晗先生也迁入新居,大门相遇,惊喜的问:'决定了吗?怎么这么快就搬来了?'一多先生掀髯大笑:'我们用民主方式表决的呵。愿意搬家的人多,当然很快就搬来了。'吴晗先生也笑道:'这不叫民主,是孩主,他们都未成年,算不得公民咧。'一多先生随即又得意又惋惜的说:'人多做事的多,一动手,那一点东西就光了。可惜人多手杂,把家中唯一的一只热水瓶砸掉了!'"(《人世间》第1卷第5期,1947.7.20)

先生所得西仓坡住房是一大三小(后又自建一小厨房),大者不过十二三平方米,放一张双人床,一张先生的书案,就所剩无几了,先生看书写文章、刻图章、会客、睡觉都在这里。墙上挂着先生自制的两片玻璃黏成的印模镜,后来又挂上那张先生颇得意的坐在石头上口衔烟斗的石林旅行照。国民党在东北发动大规模进攻时,先生又亲手绘制了一张东北战区形势图贴于墙上,每天对照报纸在图上画出各种标志。后墙有一小窗,窗外与宿舍院墙形成一条狭长夹道。先生于百忙之中仍尽量挤时间阅读马列书籍与大量其他进步书报杂志,褥子下,枕头边乃至书案上都是《联共(布)党史简明教程》、《新民主主义论》、《论联合政府》一类的书,因担心特务搜查,先生还让子女们跳进夹道掩藏这些禁书。三间小房中,一间与大屋相通,约五六平方米,仅可供吃饭与孩子做作业用。墙上悬挂"遥看北斗望南岳,常撞大吕应黄钟"对联。其余两间在后院,小如鸽笼,是赵妈和三个小孩子的住房。立鹤、立雕因家中拥挤,均在校住宿。

这院子里,还搬来了一些教授,和先生同排房子的有吴有训、冯友兰、陈达、邱宗岳、杨石先。又吴大猷、潘光旦、陈友松、江泽涵、吴晗、杨业治、徐毓枏、杨周翰、萧涤非、葛邦福也在同院。吴晗则住在先生的对门。诸家中,先生家算是最穷困的。吴晗《哭一多》:"在宿舍三十三家中,一多夫人说我们两家最穷。有时早晨菜钱无办法,彼此通融,一千两千来回转。"(《新华日报》,1946.7.28) 吴晗又在《哭一多父子》中说:"你有一只破烂藤椅是(孙)毓棠去英国时送的,一个整齐一点的方桌,是我向学校借来转借给你的。你的书桌是三块长木板,像裁缝桌子,还有两把乡下搬来的描金黑漆方椅子,坐上去倒很结实,不会怪叫。此外,还有两张小板凳,两口破箱子,吃饭时一家人刚好一桌,孩子们站着吃。"(《人民英烈》,第250页)

住在这里的潘光旦一家,生活也很窘迫。潘夫人赵瑞云曾自制绣花绸睡衣、头巾、手帕卖给盟军,她请先生画过两幅龙的图案作为绣样,"是用毛笔在毛边纸上画的,画面的布置大体呈三角形。一幅较大的游龙,张牙舞爪,周围有云朵,作在天空中飞行状,形象生动,用于睡衣或头巾。另一幅小一些的龙是黑色实心的图案式"。赵瑞云的胞弟赵世昌,时在清华大学办事处任技师,自制油炸糖松子出售,先生也为他作过一图,刻印在瓶签上。"画面上有一个纵长方形边框,内有一株虬劲的松树,旁有一飞升的古装男童,象征松的儿子。一侧上方有'松子'两个篆字。这幅松子图线条优美,寓意深远,给人深刻的印象。"(潘光旦之女潘乃穆给编者的信,1989.2.18)

住在西仓坡的时候，家里发生了一件让立雕永生难忘的事。在西南联大附属中学读书的立雕，与同班的庄任秋同学住上下铺，两人兴趣相投，关系甚密。庄任秋是泰国华侨，抗战爆发后，其兄回国报效国家，带了庄任秋回国读书。后，其兄因事返回泰国，正好赶上太平洋战争爆发，泰国与中国断交，致使庄任秋与家里失去联系。立雕非常同情这位举目无亲的好朋友，常常把自己的衣服给他穿，家里给的零用钱，也两人一起花，有时还背着先生把自己的贷金给他，甚至还曾从家里偷点钱来接济他。有一次，立雕看到庄任秋又缴不起伙食费了，便要求父母帮助，非要家里拿钱不可。先生开始有点不高兴，说：你帮助人固然是好事，但也得考虑考虑咱们家的实际情况，量力而行嘛。还说你对朋友那么慷慨，为什么一点也不体谅自己的父亲？立雕听了，竟耍起牛脾气，坚持不给钱就不走。为时，先生看了看时间，说现在还没下班，让立雕陪母亲带上他的领薪图章，赶快到联大财务部门去提前预支下个月的薪金，从中拿出一部分为庄任秋缴了伙食费。（据闻立雕《红烛：我的父亲闻一多》，第237至238页）

是月 为沈季平同学参加中国青年远征军书赠条幅，文为"不入虎穴，安得虎子"，旁书："'不得(入)虎穴，安得虎子'是昔年班超投笔从戎时的壮语，季平同学今天以知识青年从军应悟到这句话在今天的意义。"

年初 约这时，与昆华中学回族学生马运达、马汝为、杨丽天等人谈话，谈到民族问题。杨丽天在《闻一多深情关怀少数民族纪事——为纪念闻一多遇害58周年而作》中说：闻一多老师初次和我们谈话时，诚恳地谈道："我到昆明后才看到那么多少数民族，给我增长了不少见识。我在北平清华教书时，有的学生就是回族，因此对回族我还是比较熟悉的。回族是一个聪明、善于经商和善于学习进步的民族。有的人也说回族有'造反'的性格，我看这是民族压迫的结果，造那些反动势力的反有何不可。我的搞地方史的老师谈过，据他介绍，云南回族中就有过民族英雄杜文秀联合各民族，反对满清反动统治，建立大理政权的18年，失败后，云南回民遭到残酷的屠杀，几万、十几万地被害，你们知不知道那些历史事件？"杨丽天说："我的原籍就是大理，杜文秀起义失败后，全家、全村回民被杀光，我祖父孤身一人逃到昆明，经过艰苦的谋生才在昆明成家立业。我们从小就知道杜文秀的起义事业。"先生说："你看这就是事实，你们还应该深入地看看现在的统治，是不是真正实现民族平等？"接着，先生还谈了当时存在的许多民族迫害、压迫、歧视的事例，教育他们要追求民族平等，要敢于对压迫少数民族的反动势力造反。杨丽天说"这对当时我们这些年轻学生来说，是起了很大的启蒙教育作用的"。（《今日民族》2004年第7期）

二月三日 郭沫若致吴晗信，信中说到先生有篇关于屈原的文章："《中原》是需有力量之著作,如蒙时惠大稿,甚表欢迎。前闻昆明来友言,一多先生有关于屈原论文将投寄,不知□否? 如见面请代问一声。"(《郭沫若关于著书、文稿等事致吴晗的亲笔信》,中国革命博物馆藏) 十三日,郭沫若再次致信吴晗,说:"闻先生文已由友人交来,并已拜读,觉甚新颖。"(《郭沫若关于文稿及文化界对时局的意见签名事致吴晗的亲笔信》,中国革命博物馆藏)

同日　西南联合大学中国文学系国文学会在《云南日报》刊登《经募捐援助贫病作家基金总公布》,在新诗社经募三十五万四元项下,云:"捐一万一千五百元者,闻一多一人。"西南联大这次经募的捐款还有国文学会二十万余元,外文学会十八万余元,生活壁报十三万六千余元,论衡壁报十一万八千余元,潮汐壁报七万五千余元,神曲社七万元,学习壁报四万九千余元,文摘社一万八千余元,文艺壁报一万五千元,现实壁报一万三千余元,民主壁报一万一千元,熔炉社八百元。此外,温功智同学还单独募集了一万两千余元,裴毓荪同学募集了五千余元,彭允中同学募集了四千余元,王刚同学募集了六百五十元。对于这次援助贫病作家基金运动,云南省政府也给予很大支持,省政府主席龙云带头捐出二十万元,其子龙纯曾、龙绳武亦各捐一万元。这些捐款,全部交给文协昆明分会,文协昆明分会声明:"国文学会开来清册共计一百六十二万一千四百四十元正,除去该会印捐册购买笔墨纸张及信封等共用去三千元外,共交本分会一百六十一万八千四百四十九元正。(除前已交一百五十五万元业在十二月二十六日于《扫荡报》公布外,后又续交六万八千四百四十九元正,已全数交清。)"(《国立西南联合大学中国文学系国文学会经募捐援助贫病作家基金总公布》,《云南日报》,1945 年 2 月 3 日;《中华全国文艺界抗敌协会昆明分会启事》,《云南日报》,1945 年 2 月 3 日)

二月四日　中国民主同盟云南省支部召开全体盟员大会,讨论修改去年九月十九日民盟全国代表会议所通过的《中国民主同盟纲领草案》。

二月十二日　除夕。与吴晗一起和民青负责人会谈,不久建立民盟云南省支部与民青的正式组织联系。

约在去年年底或是年年初,民青第一批参加者在护国路某银行楼上举行全体会议,陈定侯主持。洪德铭对民青章程草案作了说明,其内容:第一条组织名称。第二条宗旨:团结民主青年,开展爱国民主运动,以实现新民主主义为奋斗宗旨。第三条性质:为政治性的民主青年的地下组织,接受中国最先进政党的领导,支持中国民主同盟的政治纲领,和民盟及其他民主革命党派密切合作。章程草案中还规定了盟员的义务、权利,确定民主集中制为组织原则等等。经过激烈辩论,大多数与会者对基本内容取得了一致意见,并对召开第一次代表大会,选举领导机构,制订工作计划等做了安排。洪德铭回忆:"这次大会后不久,民盟教授潘大逵和经他介绍参加民青筹建活动的蒋阜南、孙政和(均系云大学生),坚决反对在章程上写入'接受中国最先进政党的领导'和'以实现新民主主义为奋斗宗旨'的条文,要求把民青明确定为隶属民主同盟的青年组织。潘先生请闻一多、吴晗给我们做工作。一天,闻、吴先生把我和陈定侯找去,谈了潘大逵和蒋阜南等的意见,并把吴自己代拟的民青入盟誓词稿交我们参考研究①。我当即以保持青年组织的独立性为理由,表明不能把民青定为民盟隶属组织的态度,对其余意见,答应可提交代表大会讨论。闻一多听后,表示很理解进步青年的思想感情,很有风趣地说:'人各有志,不能勉强,你们讨论后按你们的意见办吧! 讲民主就得尊重多数人的意见。'由于闻、吴先生的谅解、支持,民青第一次代表大会召开前的外部干扰,就被排除了。""春节除夕,吴晗请我们吃饭,闻先生也在座。参加的有洪德铭、严振、王念平、萧松等四人(陈定侯因有事未参加)。当场由洪德铭谈了召开代表大会的准备情况和民青执委会正式成立后的工作计划,吴、闻两先生均表示同意。吴晗再一次提出要我们几个人参加民盟,由他和闻先生作介绍人,还给我们发了志愿表。我们当场虽未表示拒绝,但一直拖住未办参加民盟的手续,实际上是谢绝了。"不久,民青在滇池船中举行了第一次代表大会,"修正通过了《民主青年同盟章程》和当前工作计划,选出陈定侯、洪德铭、严振、萧松、何东昌等五人为第一届执行委员会委员,推陈为主任委员,洪为组织股长,并和陈负责全面工作,严振、萧松、何东昌分任宣传、联络、总务股长。民青执委会成立后,给民盟云南省支部发了第一次通报书,将民青第一次代表大会和执委会选举分工情况,书面通知了民盟,还附送了民青章程,正式派洪德铭为民青代表,和民盟建立组织联系。这些书面材料都是送给吴晗、闻一多先生转交的。与此同时,民盟云南省支部也书面通知民青,由闻一多、吴晗作为民盟联系民青的代表(后又增加周新民)。直到一九四六年六月西南联大复员北上为止,闻一多既是我们敬爱的师长,又是代表民盟联系民青的正式代表,还是新诗社、剧艺社、文艺社这些著名的学生社团的指导教师,在昆明学生运动中发挥了重要的指导作用。"(洪德铭给编者的信,1989.3.5)

随后,在民盟配合下,民青与各进步社团合作,参加联大学生自治会改选,结果三青团候选人全部落选,中共党员齐亮、民青负责人陈定侯和进步骨干程法伋当选为常务理事(即正、副主席)。十七个理事中,中共党员一人,民青成员五人,其余十

---

① 编者在中国革命博物馆馆藏档案中找到了一份誓词油印件,其文云:"余谨以至诚接受中国民主同盟政治主张,并加入民主青年同盟,遵守决议及纪律,努力工作,始终不渝,谨誓。"洪德铭1988年12月6日在此文复印件旁注:"这是按吴晗先生意见拟定的,但经研究,后认为不妥,没有付之实施。"

一人亦为进步学生。从此,联大学生自治会的领导权便掌握在中共与民青手中。与此同时,云南大学、中法大学、英语专科学校学生自治会亦改选,在原有基础上扩大了进步力量。至此,昆明四大学学生自治会真正成为带领同学参加爱国民主运动的领导机构。洪德铭说:"在这次四大学学生自治会改选斗争中,闻一多、吴晗、周新民等都协助民青做了很多工作,闻、吴两先生还利用参加学生社团和答壁报记者问等方式,帮助、支持进步同学参加竞选活动,起了积极作用。"(同前)

同日　给吴晗题字,录的是《论语·微子》中的一语:"鸟兽不可与同群,吾非斯人之徒与而谁与。"同样的字写了两幅,另幅送给了杨明(令光)。杨明回忆说:除夕晚上我去先生家,请他题字。先生已经写好两张,内容完全一样,指着说:"你要哪幅?"我觉得后写的一幅好些,便说"要这幅"。先生笑了,说:"还是给辰伯(吴晗)吧。"(访问杨明记录,1986.8.8)

二月十五日　阴历正月初三联大"悠悠体育会"组织路南旅行团,先生带着立鹤、立雕随团乘火车同往。同行者还有查良钊、曾昭抡等。在火车上,与同学一起做联句游戏。晚,宿路南中学。

二月十六日　游石林。

二月十七日　游大叠水。晚上,路南县长请先生和查良钊、曾昭抡晚餐。

二月十八日　旅行团游长湖,先生未去。与何善周有番谈话,说到毛泽东的《新民主主义论》。

何善周《千古英烈万世师表》:"这一天,闻先生向我讲了许多话,谈了他的学生时代,谈到对当前一些同学们的印象。他说:现在的学生成熟的多了,他们尤其对国家大事,可以说'天下大事尽在胸臆'。谈话中间,闻先生问我看过《新民主主义论》没有。我说:看过。他说:'我们一向说爱国,爱国,爱的国家究竟是个什么样子,自己也不明白,只是一个乌托邦的影子,读了这些书,对中国的前途渐渐有信心了,就明白了有最低纲领,还有最高纲领,眼下要争取实现最低纲领,将来还要逐步达到最高纲领,那时,便是世界大同啊!'"(《闻一多纪念文集》,第264至265页)

二月十九日　游长湖。白天,旅行团举行同乐会,有张坐在石头上,含着烟斗回头的相片,就是这时拍的。吴晗《哭一多》:"旅行路南游石林,含着破烟斗,穿一件大棉袍,布鞋,扎脚裤,坐在大石头上歇脚的时候,学生给他拍了一张照①,神情极好,欢喜得很,放大了一张,装到玻璃框里,到他家的人,都欣赏照片里的胡子。"(《新华日报》,1946.7.28)晚,参加彝民同乐会,观看彝民跳月。

---

①　这张照片并非学生所拍,而是同去旅游之云南大学职员董公昷先生拍摄的。

二月二十日 赴黑龙潭看庙会。这天是大集,人山人海,现有一张照片,拍着先生挤在人群中。

二月二十一日 回到路南。晚,旅行团与路南中学师生举行同乐会,礼堂和走廊过道都站满了人,气氛热烈亲切。会上,校长杨一波介绍了一年前路南民众驱逐县长许良安的斗争经过。那是一九四三年底,许良安任县长不久,便迫害学校的进步教师,扣押了教导主任刘桂五(联大历史系毕业生)和训导主任张孝昌。路中师生动员开明人士和近千群众夺回老师,并收集许良安贪污敲诈的人证物证,发动了驱许运动。省政府视察员在证据面前无话可说,许良安见势不妙于深夜潜逃。事后路南人民立起一块"贪官许良安遗臭碑",记述驱许经过。先生听了,很受鼓舞,给予极高评价。杨一波在《路南中学驱许运动回忆录——路南的小"五四"运动》(油印稿)中,记述了先生发言道:

> 这是路南的一次小"五四"运动。但就其斗争的性质与范围和所取得成就说,却是超级的。因为斗争很尖锐,参加的群众不仅有路中师生,还有地方各阶层人士和广大群众。斗争持续几个月的结果,终于赶走了反动贪官,这就大长群众志气,大灭反动贪官威风。这是值得赞扬的一件不朽业绩,为路南这一名胜之区增光的。

先生还谈了某些在路南的感受,说参观石林时看到一群放牛的小孩,问他们为何不读书,小孩回答说没有钱。先生认为这是社会黑暗和存在剥削造成的。(据曹森林给编者的信,1987.3.2)讲话中,先生提出"向儿童学习"口号。(季镇淮《闻一多先生年谱》,《闻朱年谱》第52页)

会上,联大同学给路中师生放映了内容进步的幻灯片。

二月二十二日 旅行团步行回昆明,夜宿宜良。

二月二十三日 返至昆明。这次旅行,先生生活在同学中间,互相谈论了许多大家关心的事。经济系同学黄福海(黄海)在翻越一座高山时,问:"闻先生,共产党和国民党斗争,你看谁会取得胜利?"先生毫不犹豫地反问:"共产党会取得胜利,这难道还有疑问吗?"(黄海《宁死不屈的教授、诗人闻一多》,《闻一多纪念文集》,第342页)

与社会接近,对先生思想产生很大影响。某次,先生参加昆明近乡苗族的一个庙会,回来说:"我看到农民,多可爱,多纯朴,那决不是诗与画可描绘的,倘若有一个扩音器,我对他们说:'中国,你需要新生命。'"(沈子《怀诗人》,《文汇报》,1986.8.30)

二月二十六日 罗伯特·白英在《中国日记》中记述有先生这样一段话:人类的尊严不允许人们在秘密警察的淫威下苟且偷生,这是最最重要的!雇用秘密警察的是卖国贼——任何卖国贼都无法和他们相比。我们不能容忍这样的气氛。警察应该公开身份,而不应伪装改扮,携带武器。我们在为自由而战,难道我们能忍心让自由还在萌芽状态时就惨遭毒手吗?(《云南文史资料选辑》第30辑,第253至254页,云南人民出版社1987年12月出版)

是月下旬　寒假后开学。这学期,先生为中文系文学组增设了"专书选读"(《楚辞》),二学分。(据《西南联大历年度各院系必修选修学程表》,清华大学档案室藏)

三月一日　《云南晚报》在《周末晚会介绍路南》消息中预告说:"明晚周末晚会举行'路南介绍',由闻一多教授讲'夷胞生活',并由男女同学八人表演夷胞歌舞。"

三月十日　先生等二十九教授因物价飞涨联名订定稿酬。《米价在狂涨中,教授联名订定稿酬,千字斗米不马虎》报道说:"联大云大王赣愚、伍启元、朱自清、吴之椿、吴晗、邵循正、邵循恪、周作仁、周新民、胡毅、徐毓淮、孙毓棠、陈友松、陈雪屏、张印堂、崔书琴、贺麟、费孝通、曾昭抡、雷海宗、闻一多、杨西孟、蔡维藩、赵迺抟、郑天挺、郑华炽、潘光旦、鲍觉民、戴世光等二十九教授,以近来物价高涨,论文演讲所得之报酬实值甚微,同时精神与时间过分损失,拟自所节制,特自今日起联合订定润例如下:一、文稿每千字以斗米之值计;二、报纸星期论文每篇以二斗米之价值计;三、每次演讲以二斗米之值计(演讲稿之发表须另依文稿付酬);四、稿酬先惠,定时取稿演讲报酬亦须先惠,米价以惠酬时昆中米之市价为准。另并拟定公约三条,规定各须认真遵守润例之规定,不可偶因情面,率尔对外让步,致使其他同人难以应付,润例办法将不易维持。各人对遵守共订之润例,应负道义上责任。"(《云南晚报》,1945.3.10)

次日,《云南日报》也刊出这一消息。三十日,曹日昌在《云南日报》刊登评论《谈千字斗米润例——吃的是草,出的是奶》,说:"凡留心文化运动,知道公教人员的艰苦生活的人,对于最近二十几位教授订定的'千字斗米润例',没有不同情的!本来,战前的米价,每石不过三元至五元,那时的稿酬也在三五元之间,是'千字石米'。最近,二十几位教授规定千字斗米,稿酬已减低十倍,要求不算'奢',谁还有什么话说呢?"

时,昆明物价糙米每石一万元,上白米则一万四千元一石。次月初,联大常委梅贻琦专程赴重庆,要求教育部改善联大教职员待遇,云联大薪金与重庆相同,而物价则高出一倍。

三月十二日　先生等三百四十二人联名发表《昆明文化界关于挽救当前危局的主张》。

二月十一日,苏美英三国政府首脑举行的雅尔塔会议结束,并发表"克里米亚声明",决定四月二十五日在旧金山召开联合国大会。十八日,周恩来就中共代表参加旧金山会议问题致函赫尔利,赫尔利二十日回电,反对中共提出的中国出席旧金山会议代表团应由各党派代表组成之主张,称此会议上承认国民党政府以外的中国武装、政党,将有毁坏中国统一的可能。二十二日,《新华日报》发表郭沫若起草,沈钧儒、柳亚子、马寅初等三百余人签名的《文化界对时局进言》,呼吁"在目前全世界战略接近胜利的阶段",必须"及早实行民主",组织包括全国各党派在内的"战时全国一致政府",以挽救"中国的危机"。三月一日,蒋介石则在重庆宪政实施促进会上声称"吾人只能还政于全国民众代表的国民大会,不能还于各党派的党派会议",表示反对建立联合政府。《昆明文化界关于挽救当前危局的主张》,就是配合与针对以上形势发表的。该文原题为《昆明文化界对时局的紧急呼吁》,由吴晗起草,先生润色,罗隆基补充而成。前后共有四稿,第三稿为先生钢板刻印,再加修订,时为三月一日,签名者由最初五十九人增至三百四十二人。第四稿特别指出所谓将要召开的国民大会原是十年前一党包办选举时产生的,不能代表人民产生新政府和制定新宪法。兹录第四稿如下:

中国到了今天,更迫切的需要实行团结、实现民主了。以整个的国际局面来说,盟国大军,东西夹击德国,乘胜直驱柏林,欧洲战事,短期即可结束。在太平洋方面,跟着菲律宾的解放,琉璜岛的占领,空前强大的美国海空军,行将掩护空前强大的美国陆军,或直捣日寇本土,或在中国沿海登陆,以清算日本法西斯侵略者的罪行。这一举是决定盟国在远东战场上军事胜利的关键。同时,本年四月二十五日,中美苏英将在旧金山召开联合国会议,依照敦巴顿橡树会议及克里米亚会议建议的方针,树立世界永久和平制度。这一举又是决定同盟国家"和平胜利"的关键。

以上这些重大事件,无疑的是中华民国抗战建国成败的大关键,这些重大事件无疑的将决定中华民族今后生死存亡的命运。

我们眼看着盟国迎接全面胜利,并着手奠定世界永久和平,回顾中国,是个什么样的状态?国家今日所处的环境,是中华民族有史以来空前的危机!在短短的一年内,敌军如入无人之境,由郑州而洛阳,而长沙,而衡阳,而桂林,而柳州,而曲江,而赣州,一连串的军事溃败,沦丧好几省国土,损失无量数物资,使万万人民流离失所,颠沛死亡。不止如此,最近日寇又在湘桂积极增兵,并在安南解除法军及安南军武装,夺取全部安南,以为在大陆上临死挣扎的军事布置。日寇此种行为,更使我国托身寄命的西南一隅,若昆明、成都、重庆等重要城市,遭受威胁,而国命的存亡断续,更将不堪设想了!

在这样严重的局面下,政府当局竟没有警惕悔悟的表示。独裁专制,贪污成风,这依然是中国的政治;富人的黄金让它安全存储国外,政府完全靠苛捐杂税与恶性通货膨胀过日子,这依然是中国的财政;借党化之名,行奴化之实,这依然是中国的教育;诚不足以结友,量不足以容人,这依然是中国的外交。最近所谓革新行政,改进人事,也只是对调几个部长,变更几个官衔,旧瓶还装旧酒,原汤仍熬原药,这不止使国人痛心,并且使盟友失望。

盟国正在迎接胜利与和平的时候,中国政府却在坐误时机,自毁前途。大家平心问问,造成这样严重现象的根本原因是什么? 每一个愿意尊重事实的人,都知道正确的答案,那就是,国民党内的少数分子要继续维持权位,所以他们不惜抹煞全国民意,拒绝实行民主,对于全国人民一致呼吁的保障言论出版集会结社等自由权利、废除特务制度与集中营等组织、释放政治犯、召集国是会议、组织联合政府、并与全国各党派开诚合作共挽危局等等要求,始终不肯接纳。最近国共谈判又宣告破裂,团结一线希望,复被断送。谁能否认我们的政府是在拒绝抗战胜利!

三月一日蒋主席为解释不能团结的原因,发表了一篇演说,允诺在本年十一月十二日召集国民大会,通过宪法,实行宪政。这实际只是蒙蔽国际观听,拖延国内民主的技术。谁都知道,宪法是十年前一党包办的草案,国民代表是十年前一党包办的选举。试问以这样的代表,通过这样的宪法,再来选举大总统,产生新政府,这样的民主有真实的意义吗? 试问这样迂回迁延的方式,能够挽救当前千钧一发的危局吗? 其实国人呼吁的各党派会议及联合政府,只是目前团结合作的方案,谓如是而后共商政策政纲,如是而后共负抗建责任,如是而后实施宪政,实行民主。目前的团结合作,并无移交政权于各党派、还政于民之说,而蒋主席必斤斤以此辩白于天下,这倘不是搪塞粉饰之词,那就是固执一党独裁的成见了。

迩来重庆成都各界人士又一致起来发表签名宣言,提出具体主张,呼吁民主团结——用民主的精神实行团结,用团结的国家实现民主,义正辞严,举国同声。我们昆明文化界人士,自知不能推卸国民一分子的责任,不忍坐视国家前途的毁灭,民族生命的沦亡,因此,根据我们共同的信念,坦白提出关于挽救当前危局的主张,以为前趋者之应,以为首倡者之和。我们的主张是:

一、政府应立即邀约全国各在野党如中国共产党、中国民主同盟等各自推选的代表,而后会同各政党代表共同推定社会上无党无派各界进步人士,共同举行国是会议,决定战时的政治纲领,并重行起草国民大会组织法及选举法,筹备召集真能代表人民的国民大会,以通过宪法,实行宪政。

二、国是会议为战时过渡的最高民意机关,由该会议产生举国一致的民主联合政府,以执行战时政治纲领,并共同负担抗战及参预一切国际会议、奠定世界和平的责任。

三、现政府应立即宣布解散特务组织,取消言论出版登记检查制度,释放全国政治犯,切实保障人民身体、思想、言论、出版、演剧、集会、结社、居住、旅行、通信等等自由。

四、彻底改组国家最高统帅部,使统帅部成为超党派的国家机构,以统一全国军事指挥,集中全国军事力量,以便配合盟军反攻,彻底消灭日寇,争取抗战胜利,并保障在民主政治基础上实现军队国家化的原则。

签名者为:丁力、丁则明、丁修六、文国运、方映天、方庶民、丹娜、王逸、王庚、王瑶、王斑、王逊、王一峰、王永康、王世清、王世钦、王金陵、王金钟、王牧园、王受昌、王朝声、王悸萍、王振远、王振华、王漱园、王菊英、王龙甫、王赣愚、牛车、卞之琳、白予、白澄、白璐、白文、白麦浪、甘娥、仝洛、石岭珉、史舵、光军、光未然、江逸、江枫、江萍、江涛、江篱、江骥、吕剑、艾茜、朱江、朱宁生、朱维藩、沙草、沙鸥、沙之骆、伯韩、辛毅、辛汉文、辛毓庄、沈从文、沈传良、沈宪道、何方、何庄、何鹤、何善周、余翼、余湘、余冠英、余晏清、杜平、杜宣、杜光昭、杜乃祥、杜迈之、宋舒、邱文郁、邱星海、祁仲安、李朋、李扬、李埏、李琼、李公朴、李文宜、李仁荪、李立里、李孔昶、李克兢、李和生、李何林、李永力、李步颜、李承慧、李家治、李广田、李俊昌、李杰民、李润之、李宁军、李兰纳、吴菁、吴晗、吴达元、吴乾元、吴富恒、吴惟诚、吴佩瑾、吴征镒、尚钺、金隄、金若年、周辂、周小光、周禾书、周仲覃、周思明、周新民、周铭功、周基塱、周钢鸣、孟浪、孟平黄、邵翰馨、林路、林慧、林文铮、林石父、林之藩、林乃祥、林成耀、林毓瑞、侯枋、马亚、马大猷、马君玠、马惠英、马鹤鸣、马龙图、洪谦、胡毅、胡绍南、胡国钊、胡庆燕、俞铭传、郎彤光、姚翔、姜寅清、姜震中、范宁、范崇武、凌鹤、凌琯如、奚立德、夏康农、屏山、唐世瑛、唐立镇、康朗、琴妮秀、梁星、梁秀如、梁汉伦、高山、高履平、徐植、徐守廉、冯素陶、陆钦墀、孙倬、孙金秋、孙世瑞、孙玲英、孙昌熙、孙敦乐、孙剑秋、孙晓桐、郝竹英、时怀铭、袁度、袁震、袁之方、袁敏兰、常任侠、纳静波、温寓海、郭瑶华、章名涛、邹镖森、许杰、许立明、许维通、徐令德、曹春、曹明、曹金、陆群、陆逸君、张客、张威、张炜、张莺、张小楼、张文渊、张立藩、张亚西、张卓然、张志明、张时俊、张世彝、张孝明、张雨峰、张曼筠、张学元、张学文、南方虹、陈琦、陈健、陈赓、陈立人、陈文龙、陈光国、陈定民、陈良直、陈绍花、陈国符、陈新生、陈森泉、陈遵妫、陈学诗、程漠、程力方、程明远、程流金、程漪芸、曾雨峰、曾遂庵、曾昭抡、庄永烈、费孝通、游国恩、傅漓、黄任、黄鉴、黄世晔、黄敏慧、黄碧鸥、黄曙秋、闻隆、闻一多、闻家驷、楚图南、万稼轩、蔡之俊、蔡超尘、叶思悚、叶露茜、杨明、杨澍、杨光玉、杨亚宁、杨谷香、杨春洲、杨秀芬、杨克强、杨须知、杨素辉、杨绍廷、杨佩珍、杨德洪、杨静慧、杨贤如、杨维书、蒲柳、黎敏、黎茄、汉萍、赵渢、赵光平、赵建中、赵纯一、赵瑞兰、赵嗣卿、熊伟、郑康、郑易里、郑伯华、郑秉璧、郑独步、诸葛明、刘北汜、刘吉耀、刘卓如、刘怀武、刘渔邨、蒋锐、蒋君超、谈苏、潘光旦、晓龙、欧阳德荫、阎振兴、谢明、谢加因、穆芷、薛小宋、薛沈之、萧凡、萧荻、瞿白音、魏蟠、魏承斌、蓝骏明、罗志雄、罗喜闻、罗肇发、罗隆基、颜武伟、苏均持、苏滋禄、苏鸿纲、顾元、顾光中、顾建中、顾默、龚德光、思慕、叶雨、陆儒燊、洪遒、张祯、张溥仁、吴南山、袁玳蒂、田鲁、陈文德、万声、宋小珍、郭萍、陈世忠、何丕承、吴持恭。

为了征集签名，先生跑了许多路。这次，还跑到离昆明二十公里远的呈贡，找住在那儿的沈从文签名，沈从文签名后，还留先生吃了一顿饭。（据访问沈从文记录，1986.4.23）二月二十七日，先生亦请朱自清看了该《主张》之初稿《昆明文化界对时局宣言》，但三月六日朱访先生，表示不欲在此宣言签名。此事引起吴晗不快，以至朱感到吴晗对自己甚冷淡。（朱乔森编《朱自清全集》第10卷，第335至336页）

中旬　昆明《民主周刊增刊》出版。这个刊物的出版，是李公朴、张光年等人对罗隆基主张走"第三条道路"有不同看法而另行编辑的，先生也参与了筹备。

上年十二月十六日，罗隆基在《民主周刊》发表《政治的民主与经济的民主》，认为苏联有经济民主而无政治民主，英美有政治民主而无经济民主，力主走第三条道路。为此，民盟云南省支部于一九四五年春天在李公朴家中开过一次讨论会。参加这次会议的张光年在《怀念李公朴同志》中有回忆："会议是围坐在一张可坐十一二人的黑漆大圆桌进行的，名曰学术讨论的座谈会，包括一多、吴晗、图南这些学富五车的教授们却是干脆的，鲜明的，甚至是短兵相接，咄咄逼人的，罗隆基谈笑自若地重申了他的主张，谈笑中不免埋下几根暗刺。轮到我这位'民盟之友'发言了，为了表示一点学术意味，我在这些教授们面前做了一次不高明的'教条主义表演'。我摘引了列宁怎样说，斯大林怎样说，毛泽东怎样说，这些论述似乎正好针对罗隆基式的怪论。这样的旁征博引自然不是好办法，而当时几位朋友听来却有新鲜感。幸好我刚刚读完了韬奋的《萍踪寄语》《萍踪忆语》，其中某些段落，就是他旅苏期间的耳濡目染，分析了苏联的社会主义民主。今天看来，苏联当时的社会主义民主是很不充分的。但我引自该书的有根有据的评述，对反驳罗氏言论是有用的。这本书在圆桌上当场传阅开来。会议的组织者公朴同志，心平气和地发表了很好的见解。他谈到抗战初期他在延安和华北敌后根据地的见闻，说明在人民当家做主的地方，才会有真民主。两派意见自然是谁也说服不了谁，但多数人的观点是一致的;这些同志看过《新民主主义论》,赞成新民主,赞成劳动人民当家做主的真民主,罗氏的主张,从此在盟内外的市场日益缩小了。从这时起,公朴、一多等同志就酝酿在罗隆基掌握的昆明民盟机关刊《民主周刊》之外,另办一个民盟左翼的半月刊《民主增刊》。……王健在《李公朴与北门书屋》一文中,说是增刊的主编是李公朴和闻一多,我记得的是,这个刊物向国民党申请登记时候,主编的名字报的是曾昭抡,曾先生在国民党高层关系多,容易通过。"(《李公朴纪念文集》,第271至272页,云南人民出版社1983年6月出版)

《民主周刊增刊》出版时,并没有透露民盟云南省支部内部的这一分歧,而是说:"《民主周刊》出版以来,谬蒙读者推许,但也接到许多读者来函,说《周刊》不够通俗,不够活泼。现在把最近收到的几篇短小精悍的文章,《周刊》限于篇幅无法全部刊载的,汇集起来,略加编排被辍,试出这一期《增刊》。虽然还不敢说内容怎样通俗,但是算较为生动活泼些了。以后倘得到读者的支持和作家的赞助,继续收到同性质的文章较多时,还打算继续出下去。"(《编后小言》,《民主周刊增刊》第1期,1945年3月)

三月二十四日 田汉、安娥夫妇应青年远征军第二〇七师政治部邀请,自贵阳抵昆明。安娥是先生早年在北京艺术专科学校时的学生,先来看望先生。她在《哭忆闻一多师》中说:"我报了名字以后,他似乎记起我来。'啊! 你就是×××吗?那时候你很小,在同学中间似乎特别显得你很小似的。直到现在你那个"小"的影子还留着,不是吗?''现在我老了!'我笑着说。'我的儿子都十几岁了。''那么该叫你甚么太太呢?''我作你学生的时候你怎么叫我,就一直那么叫。''那么好吗? ……也好……不过我该知道你是甚么太太呀?'同去的那位陈先生介绍了田汉的名字,并说了我的笔名以后,闻先生大笑起来,'我总说去看田先生,一直忙乱着没得去,你们还住在××吗?'闻师和陈先生谈边疆问题去了,闻师给我一本他的文字学的原稿给我看,并给我燃了只起码牌纸烟。闻师母和他们的孩子们进来,闻师母身体不健康,孩子们都穿得是起码衣服,不过他们很自若,神经是非常健康的。过了几天又同田汉同去看他。闻师仍然穿他破边的衣服,拖着旧布鞋。他们谈得很好,谈得很久。田汉也把他当'老'先生敬重,其实他胡须虽长,但须发都是墨黑的,不过人们的'闻胡子'和'老先生'的称呼先入为主,因此也呼他为老先生,可是一问起年岁来,他还比田汉小一岁,大家又笑了。于是田汉便再也不承认他的'老'了。我和闻师母谈昆明的生活问题,她很坦然的皱眉头兼苦笑。她说:'闻先生他反正是甚么也不知道,米多少钱一斗,他从来没问过。现在我们最大的靠头,就是中学的那点米。''所以我大学不教倒不要紧,而这个中学教员却不能放松它。'闻师笑了。可是他自己研究也不知道倒是有多少米？并且这些米可以吃几天，他只听得太太说过：'幸亏这点米，不然可怎么过呀！''那不可以呀！闻先生。'我抗议闻师。'您也该知道呀！这不单是家庭琐事，也是社会问题呀！''该，是该知道。不过有人注意了，我就没注意。反正我原则上我知道是"不够"，教书的人不能吃饱饭就行了。'闻师又笑了，他的语气有点像在大学里讲书。"（《月刊》第2卷第2期，1946.9）

同日　昆明文协与昆明银行业同仁福利会，联合举办文艺讲习班，聘先生及朱自清、闻家驷、田汉、魏猛克、刘思慕等十四人为讲师。每讲有相当于一斗米价钱的酬金。（《文协昆明分会明茶会，商筹办文艺讲习班，讲师已聘定闻一多诸氏担任》，《云南晚报》，1945.3.23）

同日　陈白尘持先生函访朱自清，请其做一次演讲。朱以胃病为由谢绝。（朱乔森编《朱自清全集》第10卷，第339页）

三月二十八日　出席西南联大学生自治会举办的"国是与团结问题"座谈晚会，到会者五千余人。会场情绪热烈，盛极一时。会上，曾昭抡演讲"军队统一问题"，吴晗演讲了"团结问题"，王赣愚演讲"国民大会与政党"。张奚若因事未能出席，他的讲题"国民大会的特质"由曾昭抡讲述。

最后，由先生演讲并做结论，情形见吴晓《联大的民主集会——时事晚会速写》："长胡子的闻一多教授将各教授的演讲加以总结。他因为病愈不久，所以说起话来有点吃力。他本来在这个时候要稍为休养一下的，但，他对于民主团结的热诚，使他把健康丢在脑后，鼓起精神出席这个晚会。他做了总结后，用他那透过眼镜的恳挚目光望着大家。他说，抗战初期，有些人把抗战建国截开两段，认为学生的任务是埋头读书，准备做'建国人材'，抗战大可不管。事实证明他们的看法是错误的，前一些时候政府不是鼓励学生从军吗？所以，目前的学生，不止应该埋头苦干，更应该抬起头来，挺起胸膛，注视现实，关心民主团结，用大家的力量去促进民主团结的实现。闻教授的声音虽然未太小，但，他这番语重心长的启示，使不少同学低下头来，紧紧的握着自己的手，陷入沉思的境界。"（昆明《民主周刊增刊》第2期）

是月　协助民青审阅《民主通讯》。洪德铭回忆："三月，民青组织得到较快的发展，到月底，盟员增至一百七十人左右。……为了加强对进步青年的时事、政策教育，在闻一多、吴晗、尚钺指导下，民青由严振负责编印命名为《民主通讯》的内部刊物，除载新华社、进步报刊的重要文章，还刊登思想评论，介绍解放区和各地民主运动情况，在进步青年中秘密发行。稿件集中后，都请闻先生和尚钺审查定稿。"（洪德铭给编者的信，1989.3.5）《民主通讯》后来改名为《渝风》，一直受到先生的关怀与支持。

是年春　先生对李公朴产生误会,随即道歉。张光年《怀念李公朴同志》:"一九四五年初春,他(蒋介石)派特务头子刘健群来昆明,向李公朴劝降。刘头天派人送信给公朴,说明天上午来看他。……第二天上午,刘健群来到北门书屋楼上客厅里。谈话的时间并不长。'客人'走后,公朴邀我和他夫人张曼筠,大概还有王吟青(王健)同志,详细介绍谈话的情况。公朴的情绪是好的,甚至有点高兴,觉得'果不出我们所料'。老蒋要他到重庆教育部做官,说是'留在昆明很不安全'。这就很带威胁意味了。公朴说:'这吓不倒什么人。'他觉得自己的应付是得体的,称得上'立场坚定,态度和平'。刘拂然不悦,说是'没法交代',随他去吧。刘健群诱降之计失败了,便指使联大三青团开展谣言攻势,并在校内外张贴大量标语,硬说'李公朴已被收买,即将赴渝出任要职'。很多人是不信的,但方正不阿的老实人往往容易上当。一天晚上,公朴情词激动地找我谈话,说是当天下午,一多、吴晗、图南等几位战友拍起桌子质问他:'为什么出卖民盟?'这些好朋友不听辩解,'污辱了我的人格!'他说这样下去,今后的工作很难办。说时流下了眼泪。我知道这样的委屈是很难受的,我尽力宽慰了几句。就说:不要紧,事情的经过我是清楚的,明天我找他们谈,相信是能够谈清楚的。第二天,我到西仓坡访一多同志,邀他到对面吴晗同志家一同恳谈。我还走访了对我一向怀有厚爱的图南同志和别的同志。谈话的经过不必细说了。这几位赤诚待人的革命者,几乎都是不等我说完,就深怀歉意地说:'我们错了! 我们向公朴检讨!'"(《李公朴纪念文集》,第274至275页)

是年春　在一次朋友聚会时谈到家庭民主。安娥《哭忆闻一多师》:"有一回当昆明温丽的春晚,重庆的一些剧友来到昆明,在吃饭的场合中,又会到了闻师。大家都请'老'先生坐上座,而'老'先生说要'民主',大家随便坐,无分上下。'我们先问问闻先生,在家里同师母民主不?''那我是绝对的民主,并尊重女权。'闻师煞有介事的声明。'不过我内人同我的看法倒不同,比如她给我倒杯茶我接受了,她觉得很平常。可是我要给她倒一杯,她就神情不安的觉得不对劲。我怎样想法子改正她,直到今天还没改过来。'吃饭的时候,闻师掉着他的毛兰布衣袖招呼坐中的女客。'闻先生,不敢当。自己来。''在美国有一个规矩,就是说你必须招呼坐在你两边的女客。'闻师笑着说。'你们听呀! 谁说"闻胡子"老呀?'田汉喊着。闻师到底是'老'教授,他听了笑了笑,不动声色的说:'这和老不老没有关系呢。'他仍然招呼女客。在这次的宴席上闻师说了一句要言,那便是:'民主运动必须从自己身上先作起,时时刻刻先要检讨自己。'"(《月刊》第2卷第2号,1946.9)

"民主运动必须从自己身上先作起",先生是这样说的,也是这样做的。一次,幼女闻翾又哭又闹,经大人一再哄劝亦无效,吵得先生头昏脑涨实在无法工作,一气之下在她屁股上打了几巴掌。几个大一点的孩子纷纷起而批评先生,说:妹妹小,不懂事,不应该打她。自己搞民主运动,天天讲民主,回到家里怎么就动手打人?打人就不民主!言辞相当尖锐激烈。先生没料想孩子们竟会向自己提出如此严厉的批评,但他没有发火,沉思片刻之后说:"我错了。我从小父母就是这样管教我的,希望你们将来大了,再不要用这种方法对待你们的孩子。"先生态度诚恳感人,孩子们至今印象仍然很深。

关于家庭民主,先生在许多场合中都讲过。现存手稿中,有篇提纲,题作《封建的精神　从宗法制度认识封建　父权中心的家庭组织的放大》。题的上方,写着"儒家要不要青年?"文中分析家庭发展的形态,从家庭是社会的细胞这个角度,对封建家庭中子女对父亲的依附关系做了解剖,指出封建精神必然扼杀青年,认为青年的自治必然要摆脱封建的"孝"。其中一段云:

家庭生活的方法与精神,若与子女年龄阶段不相配合,则发生紊乱与悲剧。

社会的发展,如家庭,社会制度与社会本质不能配合,其结果也是紊乱。

一切文明社会已具国家形式者皆已超过第一段进入第二段。

中国的封建时代正代表第二段的典型形态。

到春秋社会本质已渐成年,社会蜕变中呈现不安现象,儒家不知因势利导使制度配合本质,反而加强旧制度,因其违反社会的生理发展,所以贻害无穷。

手稿中还有一份没有标题的提纲,写得虽是对封建宗法制度的批判,不过针对的是"父权"与"君权"。兹录如下:

(1) 以父子关系为社会组织的核心——则无经济民主,无平等。

亲疏　　　尊卑　　　贵贱　　　富贫

名分(分裂)　　　"交别"(墨)　　　人与人间划出鸿沟

(2) 以父子关系为人生道德的准则——则无政治民主,无自由。

没让国摆脱家的形态

没让家摆脱父的权势

天君父三位一体成了万能

君(大人)与师(圣人)虽分工而仍合作　适以加强君的权力

又以孝使君父连系更紧亦加强君的威信。

太注重个人修养　而所谓个人只是君父　结果阻止了别人的个人发展

(偏重君父的个人因先认定君父的神圣性)　所加于君父的责任愈多,君父的地位愈高

个人的修养太重心灵的能力——唯心

　仁　恕　己所不欲勿施于人　己欲立而立人，己欲达而达人　万物皆备于我　克己复礼为仁(以阶级权利为道德标准)　周书度训"中非礼不慎"

唯心——君父的独断且以己身福利为准的

中庸——仲裁者道德

性相近　性善

因个人独断故要别人服从

　下对上的道德(孝悌忠……)，奴隶道德　被动　强迫性　消极　无实践的热心与方法　虚伪　作恶的幌子

(3) 人群既分，再凭君父权力造成权利义务的关系以连合之——封建秩序——在分的基础上求合，矛盾，虚伪。　礼变成面子　义亦是自私的

结果还是分"王纲解纽"

Frarernity

四月初　民青负责人向民盟云南省支部介绍情况，先生等听取介绍。洪德铭回忆会上情形："通过盟员的活动，民青在联大、云大掌握了近三十个进步社团、壁报和大批系会、组会，因此引起了罗隆基、潘大逵的重视，他二人想按照他们的意图控制民青组织。四月初，陈定侯、洪德铭、严振三人应邀向民盟云南省支部当面介绍情况，地点在吴晗家中。民盟参加的有罗隆基、楚图南、吴晗、闻一多、周新民、潘大逵、尚钺等先生。首先由洪德铭汇报了民青成立经过，两个月来工作的情况，当时组织分布情况，及四五月工作计划。接着研讨了今后工作打算，气氛比较融洽。最后罗隆基提出民青应向民盟定期汇报工作，提送成员名单。我当即表示可以定期汇报或书面通报工作情况，但以保守地下组织秘密、防止发生意外为理由，对提供民青盟员名单的要求就婉言拒绝了。潘大逵、罗隆基还对民青名称、宗旨提了不同意见，说'民主青年同盟'最好改为'青年民主同盟'，简称'青盟'，搞成民盟的从属组织。还说民青不要提'以实现新民主主义为奋斗宗旨'，只提为民主主义奋斗就行了。我当即表示民青章程是代表大会通过的，要作重大修改必经过代表大会。陈定侯说最近要开干部会议，总结研究工作，这些问题可在会上讨论。"(洪德铭给编者的信，1989.3.5)

洪德铭还说：是月上旬，民青召开干部会议，职业青年小组负责人杜迈之(亦民盟盟员)、云大民青支部委员蒋阜南要求在章程上写入"接受中国民主同盟领导"，并将民主青年同盟改名为"青年民主同盟"，还建议入盟者只要宣誓拥护中国民主同盟的政治纲领即可。由于多数人反对，决定对此从长计议，现集中力量

筹备五四纪念。其后,杜、蒋、孙政和退出民青,洪德铭将此情告诉先生,先生说:"杜迈之真有点固执,太缺乏民主习惯了,你们按你们的意见办吧! 修改章程是一个团体的大事,就是应该慎重嘛!"先生还答应给潘大逵、杜迈之作解释,以免影响团结。(同前)

四月四日　晚,西南联大召开学生代表大会,通过对于国是的主张。该文件付印之前,曾送先生润饰修改。

时,国共和谈失败,赫尔利宣布美国只与蒋介石合作。同时,浙江大学、复旦大学学生寄来两份各自对国是的宣言,引起校内学生广泛讨论。对复旦宣言,"因其内容与一般学生的主张大相径庭,被各壁报攻击得体无完肤",而对浙江大学宣言,则寄予"广大的同情"。(《学生又在动了》,昆明《民主周刊》第 1 卷第 16 期,1945.4.9)浙江大学全体学生发表的对时局宣言,内容共十项:一、确切保障人民言论、出版、通讯等之自由,废除军事秘密以外的一切检查制度。二、确切保障人民身体、集会、结社之自由,停止一切除了对敌人和汉奸以外的特务活动。三、取消一切党化教育之措施,切实保障人民思想与学术之自由。四、无条件承认各党各派之合法地位,并保障其公开活动。五、释放一切爱国政治犯及爱国青年。六、军队国家化,改善士兵生活,使全国各部队获得平等之待遇,以增强反攻力量。七、废除二十六年前所选之国大代表,并从速公开国大代表之选举法,在新选举法中不得有"指定"、"圈定"、"当然"之类规定。八、裁撤并严惩一切腐化官吏,以刷新吏治。九、取缔一切囤积操纵,严惩奸商,开发资源,以挽救财政经济之危机。十、党务费不得在国库中支取。联大学生自治会不失时机召开代表大会,并于会后将对国是之主张提交全校学生讨论辩论。这期间,先生一直与民青负责人保持密切的联系。洪德铭回忆:"这篇国是意见书付印前是送闻一多润饰修改过的。为了争取用全体同学名义发表,曾经过校内同学的充分讨论和激烈斗争,联大学生会负责人和民青负责人曾多次和闻一多、吴晗进行过研究,有关情况在民青《给中国民主同盟云南支部第二次通报书》中详细叙述过。"(洪德铭给编者的信,1989.3.5)这份"执报字00 贰号"通报书,第一项即"推动联大发表宣言工作的总结",是由严振执笔的。

这个宣言约在是月中旬得到全校学生表决通过,但无处承印,《民主周刊》便在第一卷第十八期披露了它的内容,题作《二千五百余优秀青年喊出民主团结的呼声——联大学生发表国是主张》。文中说:"在这篇宣言中,它以生动的词句,叙述这抗战八年来国土的损失,政治的……士兵人民的苦痛,经济外交政策的……学术文化的贫困之后,归结出一个最大的原因,是'中国没有民主'。针对着上述的实际情形,二千五百余热爱民主自由的青年,以坚决不可摧的态度,提出对国是的六大主张。这六大主张,正如全国人民所拥护的一样,是召集无党无派、各党各派的人士,召开国是会议,组织联合政府、联合统帅部,保障人民自由,实施战时教育,改善士兵生活,并立即以断然手段,没收发国难财者的财产与在美冻结的三万万私人美金存款,以充战费。在外交方面,要加强与各盟国合作,目前尤应从速敦睦中苏邦交。……综合了上面的主张,得出了一个有力的结论:'没有民主,就没有团结,没有团结,就没有胜利。民主是一切的前提,而联合政府是目前实现真正民主的唯一方案。只有这样,才能团结全国的力量;只有这样,才能解救当前的危局;也只有这样,才能获得最后胜利。"

由于各印刷厂拒绝承印联大学生宣言,民青执委会决定创办一小型印刷所,得到先生支持。洪德铭回忆:"民青工人分部成员主要是印刷厂工人,人力是有条件的,但没有经济条件,我把这个打算向闻一多、吴晗汇报后,他俩极力支持,答应从民盟各位先生那里筹集资金。所差数目,是由闻先生用刻印报酬和他二人的稿酬补足的。"(洪德铭给编者的信,1989.3.5)

四月六日 西南联大中文系、外文系联合举办诗歌晚会,会场挂着一幅大红幕布,中间用金纸剪成一个巨大的"诗"字,两边打着淡红的灯光,全场充满了诗意。先生出席,并讲"抗战以来中国新诗的前途"。

《联大云大今有演讲》:"西南联大中国文学系与外文系合办之文学晚会,第一次诗歌晚会,今(六日)晚七时假联大昆北食堂举行。讲题计有:一、抗战以来中国新诗的前途;二、如何接受中国文学的遗产;三、从历史观点看旧诗;四、如何采用西洋诗的形式;五、法诗最近的趋势;六、境界与感觉的移植;七、从社会、思想、哲学说到新诗的素养;八、民歌;九、前途的预测和我们应有的努力;十、英国诗最近的趋势等问题。分由闻一多、罗膺中、朱自清、浦江清、闻家驷、冯至、卞之琳、李广田、杨周翰、王佐良等十人主讲。"(《正义报》,1945.4.6)

四月七日 宋云彬接茅盾、巴金、金兆梓等联名函,内云:"拟乘此湘桂文艺作家内徙,同志群集之机会,成立一种机构,为同仁之写作及出版谋便利。"茅盾等邀宋云彬参加,并谓"弟等所邀请共同发起此事者共十一人",除宋云彬外,还有先生与老舍、洪深、柳无忌、孙伏园、章以靳、叶圣陶、郑振铎、吕淑湘、朱自清。(宋云彬《红尘冷眼:一个文化名人笔下的中国三十年》,山西人民出版社2002年3月出版,第89页)

四月九日 参加西南联大新诗社成立一周年纪念会,会上围绕"诗歌与人民性"主题展开讨论。

《联大新诗社庆祝周年纪念》:"昨(九)为联大新诗社成立一周年纪念,该社晨间举行诗作展览,收集中外诗集杂名著等四百余种,陈列于联大图书馆期刊阅览室,供诗歌爱好者自由参观。晚间七时起,假该校南区三号举行诗歌座谈会,题目为'诗歌与人民性',内中包括:一、什么是人民性?二、诗人与人民性。三、从人民性回顾实验中诗歌。四、如何使中国诗歌具有人民性?五、结论——从人民性上展望中国诗歌前途。到会有闻一多、楚图南、李广田、闻家驷、尚钺等教授及新诗爱好者六十余人,对各问题讨论均踊跃发言,情况热烈,情感融洽。至夜十一时始行散会。"(《云南日报》,1945.4.10)

同日　西南联大二十五壁报、社团成立"联大壁报联合会"。先生对该会建立做了一些协助工作。

洪德铭回忆:"西南联大的壁报联合会(简称'报联')是在改组原壁报协会(简称'壁协')基础上成立的。壁协只包括全校各个进步壁报社,不包括各个进步社团,在大型群众活动中,不利于互相配合。因此,民青建议组织社团、壁报联合会,在酝酿过程中,少数社团、壁报社持反对意见,工作遇到困难。我请闻先生做工作,他热情地给予支持,并亲自给几个有影响的,他当指导教师的社团、壁报社做工作,终于使壁报社团联合会得以正式组成。这对于以西南联大为主要阵地,在一九四五年上半年有计划、有组织地在昆明市开展民主宣传工作和组织联络工作,起了重要作用。"(洪德铭给编者的信,1989.3.5)

壁报联合会成立后,于十四日呈文联大训导处,要求备案。训导处二十四日特发专函给吴晗,称"查该呈文列举之壁报共二十五个,所称筹组联合会及成立经过,本处事前并无所闻,当即将该呈文转请常务委员会鉴核。兹奉常委十九日核示:'本校学生壁报系为使学生练习写作,一切应由训导处督导,无需有联合组织'等语。查'国风'、'新阵地'壁报系由先生负责指导,敬请转饬遵照为祈。专致吴晗先生。"(《国立西南联合大学训导处关于"国风"、"新阵地"壁报事给吴晗的信》,中国革命博物馆藏)　此函油印,当亦给先生一份。

四月十日　先生、吴晗等五十一人致信慰问郭沫若、顾颉刚。自郭沫若等发表《文化界时局进言书》后,各地人士纷纷响应,蒋介石为之大震,面斥张道藩。三月三十日,国民政府军事委员会政治部借口机构重叠,强令解散郭沫若领导的文化工作委员会。消息传来,先生等十分愤慨,立即发函慰问。该函现存草稿两份:一件为先生亲笔修改稿;一件为修订后重新抄写稿,后有签名。兹录签名稿如下:

颉刚、沫若两先生:

报载你们二位所分别领导的辞典年表编纂处、文史杂志社和文化工作委员会等机关,都先后被无故取消了。对这不幸的消息,我们虽然愤慨,却毫不惊异,因为我们知道这事件的发生,是中国反民主势力又一罪恶的政治表演,它使这荒淫无耻的大后方仅有的几个庄严工作据点，又受到严重打击而停止，这确乎是我们大家的不幸，但这绝不是我们的致命打击，反之，从这一次打击上，我们全国民众倒更可以解除一些错觉的蒙蔽和幻想的羁绊，因而更能坚定今后努力的决心。

抗战八年以来，和你们一样，我们也是在文化教育机关担任工作的。八年如一日，我们的信心和忍耐，并没有动摇，然而还是挽回不了国家的颓势。在抗战过程中，国内的破绽愈来愈大，使胜利和民主政治的前途，也愈来愈远。但我们仍然在隐忍和宽恕的心情中期待又期待。直到今天，我们仍在隐忍和宽恕的心情中，期待又期待。直到今天，我们的隐忍和宽恕几乎变成了一种罪恶，期待变成了无底的失望。眼前政治的腐败，经济的破产，军事的挫折，以及社会上贪污无耻的公然横行，与夫你们这次所受到的可耻的打击，都是这一事实无可掩饰的说明。

所幸现在我们完全明白了，明白了我们险恶的环境，艰苦的前途，也明白了我们责任的重大！新的挫折，只是提高了我们新的警惕，增加了我们新的勇气。

"雾重庆"的时代已经过去，光明与黑暗的阵营渐渐分明了。请两位坚守着我们文化界庄严工作的堡垒，紧握着我们文化界庄严的大纛，来争取我们国家民族的生命线——民主政权。请相信我们是你们的声援，如同你们相信广大的民众是你们的后盾一样，你们不是孤立的。

最后，为了你们这次所受到的光荣的迫害，请你们和协助你们工作的诸位朋友，接受我们这点同情与敬意。

我们永远是你们的忠实同伴！（《闻一多等昆明文化界人士为国民党取消文化工作委员会等组织致郭沫若顾颉刚的声援信定稿》，中国革命博物馆藏）

签名者为：闻一多、吴晗、萧涤非、陆钦墀、白澄、闻家驷、洪谦、俞铭传、吴征镒、李广田、沈从文、尚钺、林石父、光未然、李公朴、林涧青、楚图南、常任侠、姜震中、罗隆基、谢加因、金若年、吕剑、麦浪、杨须知、苏均持、周新民、费孝通、周钢鸣、何家槐、郑伯华、欧阳德荫、袁度、庄永烈、黎敏、羊醉秋、林士笤、蓝骏明、□建初、余湘、杨祺、吴传启、李昌庆、穆芷、郑康、彭桂萼、彭桂蕊、卜兴杜规、吉□宗、杨亚宁、杨秋帆。

四月十四日，重庆《新华日报》以《昆明文化教育界慰问郭沫若先生的信》为题，发表了该信的大部分内容，只是没有关于慰问顾颉刚先生的文字。五月四日，昆明《人民文艺》亦刊登了此信，题为《一封热挚而深切的慰问信》，除刊载上述人名外，还有周璋、季平、林慧等人名。

四月三十日，郭沫若为感谢先生等昆明文化界人士的慰问，特致函吴晗表示感谢。信云："此次文工被解散，承昆明文化界诸友殷殷慰问，同人等异常感奋。本是预料中事，解散实同解放。唯少数友人因生活忽然脱节，在□三阅月之间，自不免稍受影响耳。同人颇远识之士，正多牺牲生命以争取德先生之胜利，仅仅打破饭碗，殊不足道，受诸君子之鼓励，自当勉力，愿不致成为时代落伍者。乞释□[悬]念。弟仍寓天官府四号，唯赐教如由群益出版社(临江路西来寺二十号)转或较妥当也。文化界诸友请代致谢忱。"(《郭沫若致吴晗信》，中国革命博物馆藏)

四月十三日　　对美国总统罗斯福十二日病逝发表感想。龙江、传启《举世痛悼殒彗星——记八教授悲痛之余的几句话》记述了先生与周新民、刘崇鋐、陈岱孙、刘思慕、吴晗、费孝通等人的感想。先生发言为：

> 这消息使我太惊奇，也太悲痛。早上突然看到号外，连早饭都吃不下去。罗斯福的死对民主国家的损失，太大了。我对国际问题很少研究，不能随便说会有什么影响。但对我们中国的影响，恐怕是难免的。虽然如此，我还是不折不扣的乐观者。我觉得一般人都太看重了物质的力量，因而过分强调了英美的援助，把国内的力量却忽略了。要紧的还是我们自己。我们有的是人，精神的力量是不可忽视的。罗斯福死了，虽然民主力量受到不少的打击，但也不过使我们奋斗的路曲折一点而已，或者也是更直接了当一点。要紧的是我们自己，一切决定于我们，只要我们自己不懈的努力奋斗，前途仍是光明的，胜利仍是属于我们的。我仍然很乐观。(《正义报》，1945.4.14)

四月二十三日　　洪德铭以洪田禾之名(他与先生、吴晗、周新民等联系均用此名或用"田禾")给吴晗一信，述及筹备印刷《民主通讯》及筹办印刷所事。

信中云："一、关于印刷通讯事已交待清楚，据印刷所负责人说：须将版样，确实字数，报头编排形式等弄妥，他们始能作正式答复，但无论如何，他们愿作是次生意。二、为使以后印刷通讯及各种文件，不发生困难起见，本支部决定购买脚踏印刷机一部，现已由组织股负责人与印刷工人小组办妥。惟须款十六万元，现只筹足十三万元，尚欠三万元。拟请与民盟支部合办。若组织小印刷所，由工人小组经营，以后印刷工作，除纸张油墨须款外，余则当所费无几矣。三、惟脚踏印刷机，大小仅有大机之一半，印刷物版幅如云南晚报者，颇有困难。通讯版样最好改作如《民盟通讯》之小册子，不仅便于携带，亦且便于保持。至于印刷他种文件或宣言等，仍不致发生困难。四、脚踏印刷机即可买到，惟铅字尚不够，工人小组正在负责搜集中，至多在一两周后即可顺利开始印刷工作。上四项敬请备查。"(《洪田禾致

吴晗信》,中国革命博物馆藏)

先生等立即送去所缺之款,使此小型印刷厂得以尽早创办。洪德铭回忆说:"四月底五月初开始印刷,昆明四大学《五四纪念特刊》和'国是意见书'就是这个秘密印刷厂快速赶印出来的。接着又先后翻印了毛泽东的《新民主主义论》、《论联合政府》、《中国革命与中国共产党》和朱德的《论解放区战场》,以及大批文件、内部刊物。"(洪德铭给编者的信,1989.3.5)

四月二十五日 赴大鸿运餐厅,出席杨明、韩国珍结婚仪式,并与罗庸作证婚人。仪式上,先生说今天是世界和平日(联合国大会在美国旧金山开幕日),举行婚礼很有纪念意义。随后在结婚证书上盖了自己的名章。(据访问杨明、韩国珍记录,1987.12.16)

四月二十七日 作《五四运动的历史法则》,发表于五月十日昆明《民主周刊》第一卷第二十期。收《闻一多全集》。

这是一篇重要的文章。文中分析了封建势力与帝国主义互相并存、互相利用的关系,表现出先生运用阶级与阶级分析的方法认识中国社会与现实的思想。文中说:

> 近百年来,中国社会是处于一种半封建性半殖民地性的状态中。封建的主人,地主官僚与殖民国的主人帝国主义,这两个势力之能够同时并存于我们这里,已经说明了它们之间的一种奇异的关系,一种相反而又相成,相克而又相生的矛盾关系。在剥削人民的共同目的上,它们利害相同,所以能够互相结合,互相维护。同时分脏不匀又使它们利害冲突而不能不互相龃龉。然而它们却不能决裂。因为,他们知道,假如帝国主义独占了中国,任凭它的武器如何锋利,民族的仇恨会梗塞着它的喉头,使它不能下咽,假如封建势力垄断了中国,那又只有加深它自己的崩溃,以致在人民革命势力之前,加速它自己的灭亡。总之,被压迫被榨取的,究竟是"人",而人是有反抗性的,反抗而团结起来,便是力量,不是民族的力量,便是民主的力量,这些对于帝国主义或封建势力,都是很讨厌的东西。于是他们想好分工合作,让地主官僚出面执行榨取的任务,以缓和民族仇恨。(这是帝国主义借刀杀人!)让帝国主义一手把着枪炮,一手提着钱袋,站在背后保镖,以软化民主势力。(这是地主官僚狗仗人势!)它们是聪明的,因为,虽然它们的欲壑都有着垄断性与排他性,它们却都愿意极力克制这些,彼此互相包容,互相照顾,互相妥协,而相安于一种近乎均势的状态中。果然,愈是这样,它们的寿命愈长,那就是说,惟其是半封建,半殖民地,中国人民的解放才愈难实现。

文章阐述和分析了五四时期的社会矛盾与斗争之后，话题又回到现实，说：

从二十六年前的五四到今天①，恰是螺旋式的进展了一周。一切都进步了。……战争本应使一个国家更加坚强，中国却愈战愈腐化，这是什么缘故？原来腐化便是封建势力的同义语，不是战争，而是封建余毒腐化了中国。今天政治、经济、社会、文化的腐化方面，比二十六年前更变本加厉，是公认的事实。时髦的招牌和近代化的技术，并不能掩饰这些事实，反之，都是加深腐化的有力工具和保育毒菌的理想温度。然而封建势力的进步，必然带来人民力量的进步。这可分四方面讲。（一）西南大后方市民阶层的民主运动。这无论在认识上，组织上或进行方法上，比起五四时代都进步多了，详情此地不能讨论。（二）敌后的民主中国，这个民主的大本营，论成绩和实力，远非五四时代的以来所能比拟，是人人都知道的。（三）封建势力内部的醒觉分子。这部分民主势力，现在还在潜伏期中，一旦爆发，它的作用必然很大。这是五四时代几乎完全没有过的一种势力，今天在昆明，它尤其被一般人所忽略。以上三种力量都是自觉的，另有一种不自觉的，但也许比前三者更强大的力量，那便是（四）大后方水深火热中的农民。虽然他们不懂什么是民主，但是谁逼得他们活不下去，他们是懂得的。五四时代，因帝国主义退出，中国民族工业得以暂时繁荣，一般说来，人民的生活是走上坡路的。今天的情形，不用说，和那时正相反。这情形是政治腐化的结果，而政治腐化的责任，正如上文所说，是不能推在抗战身上的。半个民主的中国不也在抗战吗？而且抗得更多，人民却不饿饭。（还不要忘记那本是中国最贫瘠的区域之一。）原来抗战在我们这大后方，是被人利用了，当作少数人吸血的工具利用了。黑幕已经开始揭露，血债早晚是还清的，到那时，你自会认识这股力量是如何的强大。

帝国主义的进步，封建势力的进步，结果都只为人民的进步造了机会，为人民的胜利造了机会。不管道路如何曲折，最后胜利永远是属于人民的，二十六年前如此，今天也如此。在"五四"的镜子里，我们看出了历史的法则。

是月　先生对李公朴又产生了误会，但立刻和好如初。

冯素陶《怀李闻》："一多和公朴两位亲密的战友在昆明曾经有过一次激烈的争吵。那是一九四五年四月，北门书屋接受其他进步团体的委托，由其所联系的印刷所翻印毛主席的《论联合政府》、《新民主主义论》等著作。不想此事被人播弄是非，说北门书屋翻印别人东西，窃取别人版权，自己赚钱又要抢先印自己的书等等。一

---

①　此句《闻一多全集》作"从二十六年前的五四，到今天不同于二十六年前的五四"。

多信以为真,责备公朴的书店不应有这种书商行为。两人竟然大吵一场。后来我知道此事,觉得两位战友为此事伤了感情很不安,就约了楚图南同志去看一多,对他说明此事的真相,北门书屋是宣传革命,不是如别人恶意诽谤的那样书商赚钱,不要误会。一多想了一下,说:哦!那是我的不对了!一把拉着我和图南同志去找公朴道歉。一多这种坦荡襟怀不但感动了我,也感动了公朴,两个战友闹架之后互相拥抱的动人情景给我留下深刻的印象。"(《云南盟讯》,1981 年 7、8 期合刊)

这件事反映了先生的性格,对先生熟悉的潘大逵说:"他为人刚强,爱憎分明,见义勇为,不顾私人情面,不计个人安危,但又极识大体,顾大局,讲团结。"有一次"在民盟省云南委员会开会时,罗隆基与周新民在某一问题上发生激烈争论,彼此动了情绪,一多对双方都加以批评,毫不含糊,最后说:'罗隆基和周新民两个人在盟委里都是不可少的,要团结起来共同对敌。'"(潘大逵《我参加民盟云南省支部的回忆》,中国人民政治协商会议云南省委员会文史资料研究委员会编《云南文史资料选辑》第 30 辑,第 94 至 95 页,云南人民出版社 1987 年 12 月出版)

五月一日 朱自清致信在兰州西北师范学院的李嘉言,除祝贺其贾岛研究获教育部学术审议会评选的第四届学术二等奖外,还提到了先生。说:"闻先生现在很忙,作文演讲次数很多,但他一面还照常用功"。(李之禹《李嘉言与闻一多先生》,未刊稿)

五月二日 自由论坛社组织五四纪念座谈会,座谈内容为"自由主义在中国"。这次座谈会记录没有写明发言人姓名,但《自由论坛》由潘光旦主编,很可能邀请先生参加。另,这次座谈很重要,有助于当年知识精英对自由主义及其道路的认识,故可录以参考:

为了纪念"五四",我们特地邀集了一些朋友来社座谈自由主义的前途。参加的人有当年躬与其事的前辈,有自由主义的拥护者,有一般认为很急进有左派青年朋友。就职业而论,这晚座中人包括有大学教授、讲师、助教、研究员、中学教员、银行行员、杂志编辑和大学生。我们并非有意选定自由主义的前途为题,只因为当晚参加的人在认识上有些是出入很大的,总希望话能很平心静气,由平凡的题目引起,后来谈话的范围拉得很广,虽然没有什么结论,但各人都很认真地在思索,讨论。这份记录原文很长,这里只就可以公开的摘要发表。(编者,五、二)

主席:再过两天就是"五四"二十六周年,近年来官方好像看得很不顺眼,进而有人主张把这史事要从书本中、从人们的记忆中删除掉,消灭掉,我们这批人对此还有什么话说呢?一年一度的纪念会到今年似乎特别值得我们追念,穷思。今晚邀集朋友们来社,算是纪念"五四",就与"五四"有关系的各方面问题讨论,题目且定为自由主义的前途,从这里起较为方便一些。甲先生是五四当年身历其境的前辈,我们特地请他来参加,请各位多多发言。

乙:近来有人常说自由主义绝无前途,对这话不知诸位先生以为如何?

丙(大学讲师):所谓自由主义者没有出路的话,我以为这也许是把散漫看成自由,将目的与手段混为一谈的结果。我们应把自由主义看做原则,它有集体的行动,而不是散漫或放纵。

甲:这恐怕是由于没有认识自由主义的原故。多少年来,个人行为上的放纵,私心自用,以及在团体中表现的散漫,无组织,不守法,都把"自由"当作铜饰词,因此有人便把散漫放纵当作自由,其实许多东西,都有两面对立的现象或性质,两方面都言之成理,究竟哪一面是对的,这要靠人善用聪明智慧,去权衡轻重,体察需要再去决定。譬如太保守了,就该急进一点,要是太急了,就得保守一点。中国所谓"神而明之,存乎其人"中庸的道理,与此相同。这里所谓中,在平常就是适中的意思。古人所谓得其中,就是在圆圈当中,可以循着众多的直径,随时到达边缘或两端。那两端就是代表极端,正如蜘蛛守在网的中心,随时可以跑向网内任何一点,捕食苍蝇一样。后两千年(案:原文如此)把它看着不动的,等着苍蝇来吃,这是大错误。应该把它看做变的,动的。我们权衡轻重,适当时势的要求,再来做适当的处理,依这样的解释,自由和中庸之道相近。

丁(编辑):延安方面认为在集团之下,个性仍有其充分活动的余地,乃至于较我们所理想的还要大些。他们并不承认是排斥个性或贬抑个人的价值。甲先生以为这话对吗?

甲:这有什么根据?

丁:丙先生在这方面的见解似乎很与方面接近,请你说说。

丙:在这方面我的看法并不一定与他们同,不过我总以为个人和社会,自由与集体限制,并非对待的意思。如果要得到真自由,必须有道路可循,不能乱走,有体系,不至于无秩序,最容易看出的是权利和义务间的关系,如果一个人只是无限的要享权利,后果是不堪设想的。所以,必定有东西来限制他,二者如何配合得恰到好处,则要靠甲先生所谓的中庸之道。

甲:自由主义有两个条件,第一是自我认识,就是说一个人要能了解知道他的来历、智慧、长短和补救缺陷的方法,也就是古之度德量力的功夫。第二是自我控制,即对情原个体户的自动控制,而不是外在力的强制。这要靠涵养与磨练的功夫。这两个条件,相互为用,缺一不可。因为不认识自己,便不免妄自尊大,希图非分,不能控制自己,便不免情欲横流,肆无忌惮。这种人根本不配讲自由,不配讲而偏要讲,则其流弊所及,以个人言,势必至于放纵不羁,以团体言之,势必至于散漫零乱而无秩序。反之,一个人具备这两个条件,在个人方面可以取得比较有分寸有节制的生活,在团体方面,可以取得比较有组织而更协调的秩序。

丙:我想补充一点。自由主义,必须发表他的意见,好的坏的,对的错的都发表出来。然后可以辨别是非。他应该保持人性,不能外加强制,人人有充分表现自己价值的机会,人人的人格都能发展向上。

乙:我以为自由主义是一种社会的基本方式,一个社会要能健全的成立,必需其中的分子有健全的人格,彼此互相依倚,互相谐和,维持社会的平衡。自由主义就是达成此谐和的方法。人与人间彼此有其不同处,冲突是不可避免的,但也有其彼此共同的地方,要生活,要相安无事,即是最基本相同的地方。自由主义就是如何要顾全到各人之扬言异也要顾到各人之所以同,而维持社会生活的谐和。

戊(中学教员):甲先生以为经济自由与言论自由有何关系?

甲:自由主义与贸易自由、言论自由有别,但后二者都以个人主义作出发点。集体主义和自由主义的关系,我以为可如此看:在集体之后,如果背后有意识,并且不受成套的支配,或不受武力的控制,在集体下还有自由。不过若成一套,必成主义,便有强制性。

丙:有强制性便不能形成另一套,不能表现别的意见。

甲:这是自由主义条件之一,不过同时并非反对一切力量之谓,必要时要用力来保卫自由主义,如英法革命是,不能不用力,也不能常常用力,永远革命或不革命都是不对的,过去有所谓"北伐万岁"的口号,真是好笑。

戊:苏联与中共成功之后,取消阶级,人人平等,理想社会的实现是否确有可能?

甲:这是两层困难:一、无阶级的社会是不可能的,治者和被治者永远都有,除非实行无政府主义。二、完全相同亦不可能,除非将反对者杀光,如此便没有办法来得到自己的公平,所以不能不有两个人,一有二人,便有两种意见。(一)如果经济平等实现之后,可以将治者和被治者不称为阶级。(二)问题在怎样获得经济平等,绝对平等不可能,因之必有差异,并且在那种社会之下,个人才智,不会完全发展,可能产生多数平庸人,这也不是人类之福。

乙:我想阶级的问题,是永远会存在的,因为人品既有不同,才具既然各有差异,阶级就自然会存在?这阶级我们不要看作是一个可痛恨的罪恶产物,我们想在苏联社会主义国家,这阶级的象征,仍然存在,不过一般人反对阶级也许他们的意义是反对所拥有的特权。特权是应该反对的,应该铲除的。为什么有些人凭了资本,就可以为富不仁呢,为什么有些人凭了武力,就可以杀人如麻呢,为什么很多穷人就活该饿饭呢,就该上前线当炮灰呢,这是不平等的,是该铲除的。左派所要推翻的恐怕就是这种特权,作恶的特权。这点我们也同意。

乙:今日的自由主义与过去大不相同,过去是限于少数人的自由,资本家有钱可以自由竞争,而大多数人限于穷苦没有饭吃,所以也就没有资格讲自由。因为生活随时在威胁中,谈自由岂不等于痴人说梦,划饼充饥,为是不公道的。这是少数人有自由,多数人仍死亡里失去自由。今日的自由主义的涵义已经逐渐扩大,就是在经济上人人起码要有无饥渴的愿虑,生活无忧然后才可发展个人的才具[智],在文化上努力。

甲:"五四"的德先生赛先生,是否有"李先生"?

丁:自由主义似乎可以包括在德先生之内,甲先生说有分别?

巳(大学生):在我看来,民主和自由主义是不可分的。或者可以说,自由主义是民主政治的基本要素,没有自由主义,便不会有民主政治,譬如在民主国家,政策的形成,必须经过不受强制的自由讨论,这种讨论又基于一个假定,便是在商讨辩驳的过程中,可以发现人的优越性,辨别出坏的错的意见。大多数人接受了这种优越的意见,把他作为引导人群,改进社会的指针,这是有益于人类前程的。言论出自自由,都根据这一点而来。又如投票权的实施,也必须以自我选择,不受外力的支配为依据,以秘密警察监视下的希特勒的总投票,违反了自由主义,也没有民主可言,所以又可以说只有民主政治终能保证自由主义。

甲:这是对的,自由与民主是相互为用的,问题在当初想到自由主义没有?我的答复是没有。当时只求解放,消极的解放而非积极的解放。只有冲动性,抗力性,只有浪漫主义,否定一切,所以谩骂,打倒孔家店等口号都出来了。其成效并不如左派人士所说之大。如果有人领导继续求解放,必有较大的成功。

丁:当时如果有人领导,继续下去,恐怕也难有结果。

甲:关于这一点,胡适之先生一般人要负责,他们自己当时还不够。

丁:五四解放运动,是否已够?

丙:不够应该继续加油,因为新的残害又来了。

甲:解放后还得有安放(案:原文如此),自己存控制,因为没有这样做才有新的残害。有些人指出"五四"运动是政治运动,缺乏(案:原文如此),此意甚对,我在我那篇文章里,说明过去没有赛德两先生联系起来,这是大错误,此外当时分子复杂,缺乏组织,个人见解不成熟,无尺度,后来运动完了,各奔前程,有的则接受社会主义,有的接受国家主义,但是自己没有见解,不知到底对不对。

丁：当时还把英雄主义、主观主义、感伤主义和浪漫主义联[系]起来。

丙：请问甲先生对当前青年有什么批评？

甲：现在青年通常都很左，我不说这是毛病，青年还不左，什么时候再会左呢？我们这个社会正需要这矫枉的力量，有时我想我们这个太右的社会，以左来矫枉，过正都没有什么打紧，不过我们更需要把健康权变两字，当处置到实际辨别是非量就需要一些冲折权变，毛泽东和斯大林辈以马列主义作根据，在处置实际政治的过程中，对马列主义，加以伸缩性的解释，而大学青年，没有处置过实际问题，接受教条公式，所以比毛泽东辈似乎还进步，这是不用脑筋的结果。

丁：中共过去也患着严重的左倾幼稚病，他们一般党员如此，有些高级干部也如此，年来的整风运动似乎主要是对此而发，这一点倒很少为一般青年深切注意到。

丁：我希望自由主义者能多用脑冷静观察，少喊口号，更多锻炼相当能力。

甲：是的，过去的通病是以口号代表实际工作，接着就是一套一套的教条主义迎接上去，青年只着眼便宜省事地成套地接受，不用头脑去想了，眼也不看了。

庚（银行行员）：近年来青年朋友似乎很少想到跟着战争的结束会有怎么一个新局面到来，对这新局面我们也无准备。

丙：这是一个大问题，我们如果没有准备，那批反动势力是准备好了。他们先着一鞭，我们是要吃亏的，近几年来，知识分子对政治关心的程度大增，不知道能够形成一个进步改革的动力否？

甲：很难，本来学校的希望可大，但他们仍有地方逃避，局面再困厄一点，他们就会隐遁高蹈，企业界希望较大，他们没有退路。

丙：置之于死地而后生，照现在来讲改革力量应不成问题，甲先生的话很对，但我看重庆的修企业界则颇不然，他们对现政权的依附性不小！

戊：这是官僚资本作祟，那般企业家与官僚政权是一对孪生兄弟，怎能希望他们作为改革的动力？

戊：如果自由主义者要从事政治事业，而又与资本家结合真不，将来虽不受他们的牵制，走上资本主义民主政治的覆辙。

甲：不要与资本太大的人结合，应与资本小而有头脑的人联系起来，事实上资本家也有用正当方法得到正当利润的，不能说都是坏蛋，未免太不公平。

丙：企业界是否有这批人？能否产生力量？

甲：然，企业界有一部分可形成真正改革的动力，这点我们不必怀疑。

戊：资本家占社会的少数，好的资本家尤其为数寥寥，如果说打倒他们是不公平的话,那么让成千成万的人在那里受苦,在饥饿与死亡线上挣扎,眼见资本家在那儿发财,那不是更不公平?自由主义者应该为少数谋利益吗?……

甲:对!所以老牌的自由主义和民主政治都不合时了,今日青年应该向左走,人人应该接受某种程度的社会主义,英国十九世纪末期以来所实行的社会安全和社会保险,和美故总统的新政,都是实行社会主义的手段。

至此主席谓:"今日美国社会主义的倾向很明显","大势所趋,英美应该多多采行社会主义的政策,苏联多给人民以英美人民所享有的政治自由,放弃过去控制人民自由的办法,二者便可以调和起来,中国青年应在这种趋势之下找出一条路来,把中国弄好。"

戊:过去的运动,缺乏组织,所以没有成功,今后应有组织。

甲:今日自由主义者只有从大组合中求出路,不一定要参加政党,有计划有组织的坚持下去,像西洋人一些,决不会使一种运动像过去一些一哄而散,本来自由主义者,说得好一点,左右逢源,说得不好一点,左右为难,两边夹攻,但是只要站得稳,在大结合之下,打倒口号标语,便可避免此种痛苦。(《自由主义在中国:五四纪念座谈会记录》,《自由论坛》周报第 25 期,1945.5.4)

同日　晚,出席西南联大新诗社举办的"诗歌朗诵晚会"。这是联大、云大、中法大学和英专四校学生自治会联合发起"五四"纪念活动周中的一个组成部分。这天,国民党云南省执行委员会通过昆明市政府,向各校下达教字第一二四号密令,称"五四"纪念周活动"皆有不轨言行发生可能",要各校"务须严密防止学生参加非法活动"。但纪念活动仍按预定计划进行。

这天晚会上,到两千多人。先生首先发言。《记诗歌朗诵晚会》中报道了先生发言的主要内容。先生说:

用诗歌朗诵来纪念"五四"是极有意义的。我们为什么要朗诵诗?文学必然有功利性,诗必然是政治的工具,人类无法脱离团体的社会生活,也就离不开政治,而政治乃是诗的灵魂。

我们不妨看一看新诗发展到现在的经过,更不妨先翻翻我们的革命历史。辛亥革命,是对一姓一家的革命,革命的对象异常简单,要推翻它,取得政权,少数知识分子即可完成这工作,因此当时鼓吹革命的工具,用那时知识分子所熟悉的文言文即行。

北伐时代,革命的对象是北洋军阀一个集团,工作比以前艰巨,担任革命的工作者,除了知识分子,还须广大的市民和工人群众,对他们鼓吹革命,知识分子的文言文已不适用,而我们的文学家也早就知道这新工具的需要,"五四"

以后就展开了新文艺运动,早就准备了这一阶段的战斗的武器。

如今,不必讳言,我们的革命尚未成功,而且去成功还很远,这一次的革命对象是整个阶级。因为它早已根深蒂固,有更大的势力,担任这一次革命的工作者,应当有广大的农民,非做到农民也参加了革命的地步,革命无法完成。我们要唤醒农民,农民是不识字的,语体文已不适用,因此我们需要通俗的秧歌剧、街头剧、接近土地的音乐、为任何人所了解的朗诵诗。现在,我们正在作这种准备。(《联大通讯》第 2 期,1945.5.21)

先生讲毕,随即开始诗歌朗诵,登台者有何孝达、刘振邦、何兆斌、李实中、朱自清、胡庆燕、张光年、吕剑、郭良夫、许健冰、金德濂、常任侠等。

先生也朗诵了解放区诗人艾青的《大堰河》。他朗诵富有感情,给人深刻的印象。朱自清在《论朗诵诗》中说:"艾青先生的《大堰河》(他的乳母的名字),自己多年前看过这首诗,并没有注意它,可是在三十四年昆明西南联大的五四周朗诵晚会上听到闻一多先生朗诵这首诗,从他的抑扬顿挫里体会了那深刻的情调,一种对于母性的不幸的人的爱。会场里上千的听众也都体会到这种情调,从当场热烈的掌声以及笔者后来跟在场的人的讨论可以证实,这似乎是那晚上最精彩的节目之一。……笔者那时特别注意《大堰河》那一首,想来想去,觉得是闻先生有效的戏剧化了这首诗,他的演剧的才能给这首诗增加了些新东西,它是在他的朗诵里才完整起来的。"(朱乔森编《朱自清全集》第 3 卷,第 254 至 255 页)

同日 作《说鱼》后记。全文发表于是年六月昆明《边疆人文》(乙种)第二卷第三、四期合刊。收《闻一多全集》。

先生认为"鱼"是古人运用很普遍的一个隐语,它所代替的是"匹偶"、"情侣"。这个观点,先生曾在《高唐神女传说之分析》中阐述过,故在《说鱼》注一中说:"作者十年前在一篇题名《高唐神女传说之分析》的文章里(《清华学报》第十卷第四期),曾经讨论过这个问题。十年来相关的材料搜集得更多(尤其在近代民歌方面),对于问题的看法似乎更深入,所牵涉的方面也更广泛,所以现在觉悟有把它作为专题,单独提出,重新讨论一次的必要。"《说鱼》分六节:一、什么是隐语;二、鱼;三、打鱼钓鱼;四、烹鱼吃鱼;五、吃鱼的鸟兽;六、探源。

《说鱼》是先生试图用文化人类学方法研究古代诗歌的论文。它特别强调"隐语"的作用,说它是一种充沛着现实性的艺术:

隐语的作用,不仅是消极的解决困难,而且是积极的增加兴趣,困难愈大,活动愈秘密,兴趣愈浓厚,这里便是隐语的,也便是《易》与《诗》的魔力的泉源。但,如果根本没有隐藏的必要,纯粹的为隐藏而隐藏,那便是兴趣的游戏,魔力的滥用,结果便成了谜语。谜语是耍把戏的语言,它的魔力是廉价的,因为它不是必需品。

隐语应用的范围,在古人生活中,几乎是难以想象的广泛。那是因为它有着一种选择作用的社会功能,在外交场中(尤其是青年男女间的社交),它就是智力测验的尺度。国家靠它甄拔贤才,个人靠它选择配偶,甚至就集体的观点说,敌国间还靠它伺探对方的实力。一般说来,隐语的艺术价值,并没超过谜语,然而它的地位却在谜语之上,那正是为了它的这种社会价值。不用讲,我们之所以重视隐语,也就因为它是这样一种充沛着现实性的艺术。

文中,先生还讨论了为什么用"鱼"作隐语的原因,和世界某些民族也有类似的做法:

为什么用鱼来象征配偶呢? 这除了它的蕃殖功能,似乎没有更好的解释。大家都知道,在原始人类的观念里,婚姻是人生第一大事,而传种是婚姻的唯一目的,这在我国古代的礼俗中,表现得非常清楚,不必赘述。种族的蕃殖既如此被重视,而鱼是蕃殖力最强的一种生物,所以在古代,把一个人比作鱼,在某一意义上,差不多就等于恭维他是最好的人,而在青年男女间,若称其对方为鱼,那就等于说:"你是我最理想的配偶!"现在浙东婚俗,新妇出轿门时,以铜钱撒地,谓之"鲤鱼撒子",便是这观念最好的说明。……

最后,一个有趣的事实,是以鱼为象征的观念,不限于中国人,现在的许多野蛮民族都有着同样的观念,而古代埃及、西部亚洲以及希腊等民族亦然。崇拜鱼神的风俗,在西部亚洲,尤其普遍,他们以为鱼和神的生殖能力有着密切的关系。至今闪族人还以鱼为男性器官的象征,他们常佩的厌胜物,有一种用神鱼作装饰的波伊欧式的(Boeotian)尖底瓶,这神鱼便是他们媒神赫米斯(Hermes)的象征。任何人都是生物,都有着生物的本能,也都摆不脱生物的意识。我们发现在世界的别处,这生物的意识,特别发达于各野蛮民族和古代民族间,正如在中国,看前面所举各例,汉族中,古代的多于近代的,少数民族的又多于汉族的。这里揭露了在思想上,"文化的人"和"生物的人"的区别。

在课堂上,先生还加以发挥,说《饮马长城窟行》中"鱼书"一词,证明书函刻成鱼形,那是象征爱情。又说京剧《玉堂春》中苏三戴的行枷为双鲤鱼状,中藏诉状,也是暗示爱情的流风余韵。(据王瑶《念闻一多先生》,《闻一多研究四十年》,第132页,清华大学出版社1988年8月出版)

五月三日　晚七时,参加西南联大历史学会举办的"五四以来青年运动总检讨会"。这个会在新校舍北区东饭厅召开,有三千五百余人出席,气氛十分活跃。讨论的第一个问题是"史实的追忆",《历史是我们的指标——五四青年运动座谈会》报道云:主席报告了讨论大纲后,接着说:"我们首先进行第一小节'史实的追忆',关于这一节,现在请亲自参加五四运动的闻一多先生为我们讲述。"先生说:

> 今天这会是历史学会主办的,我愿以读史的立场来说几句话。当初五四运动是一个零碎的青年运动,没有组织,慢慢才出现群众的运动。那时由于国民党的加强,这运动转成了一个具体的政治运动:由于一个党派,有组织的集团的接受和领导,于是这运动有了结果。当时我们感激国民党,感激孙中山先生的领导。但是先生们却渐渐地冷落起来了,于是用各种方法来阻止我们,当然那时还没有今天这样高明如用请看电影的方法①。他们认为有了党派,问题就严重了,于是企图高压制止。有些同学也因此观望不前。当我们读史的时候,我们庆幸有这个党派来捡起这个运动,而当时的人却讨厌什么党派,这个教训是应该特别深深体会的。老辈如果退后几十年,以史家的眼光来认识它,他一定高兴于当时国民党的起来,而绝不会厌恶或害怕。读书的人看事应特别加上智力,今天的情形,一定还有人徘徊犹豫,怕受党派利用,因为某某党也在喊民主,这特别是因为中国人向有所谓清高的风气,请诸位特别留意这□,后[经过]二十六年,当你读到今天的历史时,你一定会感到庆幸,今天有某某党派,就像庆幸当时有国民党一样。我们读书的人不是人云亦云的,也不被人利用离间的,我们应以读史的眼光来看我们所处的时代。(掌声)(《联大通讯》第2期,1945.5.21)

会上雷海宗、吴晗、曾昭抡、沈有鼎和同学六十余人发言,先生还有发言,但因版面所限未能刊出。最后,吴晗作结论。

同日 德国宣布投降,欧洲人民狂欢庆祝。消息传到昆明,《正义报》记者吴地分别采访先生和刘崇鋐、杨西孟、邵循正、吴晗、周新民六教授,请就"欧战结束后,对欧洲和平的展望"、"盟国怎样处置德国"、"波兰问题是否会影响盟国的团结"、"美苏代表合作的前途"、"盟国对远东攻势可能加强到啥程度"、"苏联何时在东方参战"、"对日战事哪天能结束"等七个问题进行笔谈。先生的笔谈未入集,其文为:

> 从最近的波兰问题、阿根廷问题等等,我们可以看到目前是和平合作的底潮阶段,这对于罗斯福之死,不无一些关系,但战后美国要解决七千万人失业的危机,他战后扩充的生产力和生产工具,必须向外边找市场,因此他必须与

---

① 白天,国民党当局在三个电影院请客,免费为同学们放映新影片,借此阻止同学参加纪念会。

苏联合作,我们不管目前怎样,不管美国的政府怎样,我们相信美国政府在人民的督促之下,一定会走上与苏联和平合作的路上的。(吴地《欧战结束以后,展望世界大局——记六教授的几点意见》,昆明《正义报》,1945.5.9)

五月四日　　下午一时,西南联大、云南大学、中法大学、英语专科学校四校学生自治会,在云大操场举行"五四纪念大会"。先生与潘光旦、潘大逵、曾昭抡、吴晗、李树青等教授出席了大会。到会者还有中学生、职业青年、新闻记者及盟国友人,共六千余人。

会上,吴晗、潘大逵讲演。时,天下起雨,有人到树下避雨,会场秩序出现紊乱。先生站出来大声疾呼:"是青年的都过来! 是继承五四血统的青年都过来!""这雨算得什么雨,雨,为我们洗兵!"最后他呼吁:"这是行动的时候了,让民主回到民间去!"(《让民主回到民间,五四万人大游行》,《联大通讯》第2期,1945.5.21)

吴晗《哭一多父子》亦有记述:"正当开始的时候,天不作美,在下雨了,参加的男女青年在移动,找一个荫有,会场在动乱了。你,掀髯作狮子吼,'这是天洗兵! 不怯懦的人上来,走近来,勇敢的人走拢来!'在你的召唤下,群众稳住了,大家都红着脸走近讲台,冒着雨,开成了这个会。"(《人民英烈》,第249页)

会后,举行了万人游行,人们高呼"立即结束国民党独裁专政!""建立联合政府!""取消特务!"等口号,走过昆明主要街道。这是皖南事变后,国统区出现的第一次群众示威游行,并公开宣传中国共产党的诸项主张。先生始终走在队伍当中。当队伍回到会场,先生再次走上讲台,作即席演讲。王康《闻一多传》中记述先生讲道:

> "五四"过去二十六年了,我们大半个国家还在受苦受难。我们今天第一要民主,第二要民主,第三还是要民主! 没有民主不能救中国! 没有民主不能救人民!

> 但是,现在和"五四"时代不一样了。现在,我们国家的情况,也和当时大不相同了,我们要求的民主,也不是过去那样的民主了。……

> "五四"还要科学,不过,没有民主,也就不可能发展科学。所以,我再三说要民主。这决不是说不要科学! 我们的国家太落后,封建迷信太严重,这两年闹的什么"献九鼎"那一套把戏,不就是宣传封建迷信吗? 这也是同孔家店的思想有关的,所以"五四"要打倒孔家店。如果我们有了民主,又有了科学,国家就可以兴旺发达,可以消除反动复古的把戏了。

> 今天,大会的胜利,证明我们的要求是正确的,是受到人民拥护的,我们也一定会得到更大的胜利! 不过也要记住,反对人民的人并没有睡觉,我们不能

麻痹,不能自满。我们要更好地团结起来,保卫我们的胜利,争取更大的胜利!
(第347至348页)

杜运燮对先生这天的演讲印象深望,他回忆说:"这是我第一次看见他在群众大会上演说。他具有诗人的表现情感与思想的适当美丽辞句,革命家的热情,演说家所需要的宏亮的好嗓子,而且他对群众心理亦有深切的认识,了解他的听众,所以他的有力的警句便不断地自他那围有山羊胡须的嘴里流出来,群众不断地报以最热烈的掌声。那是非常动人的场面,所有听众莫不以得能参加那感情泛滥的狂潮为光荣。"(《时代的创伤》,《萌芽》第1卷第2期,1946.8.15)

晚上,先生参加了西南联大同学举行的全校大聚餐。《三千人聚餐》:"将近三千人的大聚餐,在一般人也许认为这是不可能的,然而这被认为不可能的事,毕竟于五月四日在联大实现了。……闻一多、雷海宗、曾昭抡、潘光旦、吴……诸教授也一样地坐在地上,和同学们围坐在一起。"(《联大通讯》第2期,1945.5.21)

接着,三十四位同学进行火炬竞走,男女队的第一名都获得了先生所题写着"民主火种"的锦旗。《火炬竞走》:"火炬竞走,沿路两侧贴满了人,终点设在图书馆前的司令台。四幅锦旗又在司令台上飘扬——这是多么美的旗帜啊。两幅由闻一多教授题字——'民主火种'——悠悠体育会捐赠的锦旗给男女两队的第一名,马约翰教授题字——'巍巍青年'——学生自治会捐赠的两幅,被两队的第二名取了去。"(《联大通讯》第2期,1945.5.21)

同日 《人民的世纪——今天只有"人民至上"才是正确的口号》发表于《大路周报》创刊号。

"人民的世纪",是美国副总统华莱士去年访华时说的一句话,已成为大后方流行的一种口号。先生接过这句话,特别强调"人民至上",以反对所谓"国家至上"。文中说:

> 我们今天需要的,是一个比当年更坚强,更结实的"五四",因为,很简单,今天的局面更严重了。

> 在说明这一点前,有一个观念得先弄弄明白,那便是多年来人们听惯了那个响亮的口号"国家至上",国家究竟是什么?今天不又有人说是"人民的世纪"吗?假如国家不能替人民谋一点利益,便失去了它的意义,老实说,国家有时候是特权阶级用以巩固并扩大他们的特权的机构。假如根本没有人民,就用不着土地,也就用不着主权。只有土地和主权都属于人民时,才讲得上国家,今天只有"人民至上",才是正确的口号。

> 知道国家并不等于人民,知道国家与人民的对立,才好进而比较今天和二

十六年前的中国。

这篇文章,是马识途到先生家取的。取稿子时,马识途说到外边对先生的传言,说有人咒骂他是"疯子"。"他从眼镜镜框的上边望我一眼,说:'这个社会,我要是没有找到正确的大路,是会发疯的。'"(《马识途文集》第9卷《风雨人生》下册,第425页)

同日　《五四与中国新文艺》发表于西南联大、云大、中法、英专四校学生自治会联合编辑的《五四特刊》。这是根据二日在联大"诗歌朗诵会"上的发言整理而成,文中提出:现在是群众的时代,让文艺回到群众里去。全文如下:

从"五四"开始,中国文艺的现实主义开始萌芽,它表示中国社会必然的发展和要求。欧战期间,中国民族工业开始抬头,新兴阶级需要一个新的政权扶植他们发展,但是欧战之后,国际政治的黑流以及国内军阀的反动使新兴阶级的愿望遭受挫折,这时新兴阶级的代言人——学生、小市民——便起来了,对外他们要求打倒帝国主义,以求本阶级的解放,对内打倒军阀,以求民主政治的发展。不管他的阶级性如何,这个运动需要广大群众的支持,领导阶级的眼光不得不放到群众里去。因此,他们必运用一种新的宣传方式以表达他们的思想,进而唤醒群众的斗争情绪,这个方式就是白话文,以及用白话文表现的中国的旧的写实主义的文学。

辛亥革命时代的文艺与"五四"时代有什么不同呢?辛亥革命是士大夫领导的,他们的群众是士大夫,因此,表现文艺的形式的还是士大夫所用滥了的古文。"五四"时代则不然,"五四"运动是一个群众运动,虽然并不广泛也不深入,但是,因为它接近群众,因此,在文艺表现的方式,多少有一些群众性。

民族工业的兴起,同时产生了工人阶级,"五四"运动也得到工人的赞助,这是"五四"进步性的一点证明。但是,工人并没有居于领导的地位,这是"五四"民主运动不彻底的地方。因为这样,所以"五四"时代所谓中国的新文艺,还是旧的写实主义。

中国新文艺运动应该随着中国社会发展而发展,或者说,中国新文艺应该彻底尽到它反映现实的任务。目前我们需要崭新的文艺形式和内容,我们要让文艺回到群众那里去,去为他们服务。目前我们要求"民主"下乡、进工厂,我们的文艺也要这样。因此,在我看来,目前最恰当的文艺形式是朗诵诗和歌剧。此外,我们还需要与其它部门配合才能收到更大的效果,我所说的其它部门大抵指电影、漫画等。

中国新文艺发展的事业与民主事业同样艰巨,我们需要加倍努力。我们相信,只有广大的群众是主人,群众的利益定会战胜少数人的特权的。

先生这篇文章,当时就受到了人们的重视。十三日,重庆《新华日报》在《昆明十一教授对五四和时局的意见》报道中,摘录了本文最后两段。六月十三日,《新华日报》又刊载署名"禹"的文章《闻一多先生说:"现在是群众的时代,让文艺回到群众里去!"》,不仅征引了部分段落,并评论说:"在这里面,不但解决了文艺与当前民主运动的关系,而且深刻的指出了中国新文艺一条开阔的方向,那便是与群众结合,到乡下去。同时,闻一多先生在文章中还分析到'五四'虽是一个群众性的运动,而当时也还是有它不够彻底的地方。今天我们民主运动的任务就更鲜明的规定了,我们必须到群众中间去,文艺也只有从那里得到自己丰富的泉源,才能够产生真正群众需要的作品。"

同日 《五四断想》发表于西南联合大学悠悠体育会编辑的《五四周年纪念特刊》。收《闻一多全集》。

悠悠体育会的前身是"悠悠球队",成立于一九四四年一月一日。一年多来,他们由几十人的团体,发展为拥有三百多会员的联大重要社团之一。该会举办体育运动会、举办赴路南旅行,举办全校性的火炬竞走,先生都给予热情支持。《五四断想》也是应他们要求而赶写出来的,文章巧妙地用该会的名称"悠悠"二字开头,阐述辩证法的革命道理,表现了先生这时对历史发展规律的认识。同时,这也是一篇很出色的杂文。文中说:

旧的悠悠死去,新的悠悠生出,不慌不忙,一个跟一个,——这是演化。

新的已经来到,旧的还不肯去,新的急了,把旧的挤掉,——这是革命。

挤是发展受到阻碍时必然的现象,而新的必然是发展的,能发展的必然是新的,所以青年永远是革命的,革命永远是青年的。

新的日日壮健着(量的增长),旧的日日衰老着(量的减耗),壮健的挤着衰老的,没有挤不掉的。所以革命永远是成功的。

革命成功了,新的变成旧的,又一批新的上来了。旧的停下来拦住去路,说:"我是赶过路程来的,我的血汗不能白流,我该歇下来舒服舒服。"新的说:"你的舒服就是我的痛苦,你耽误了我的路程",又把他挤掉,……如此,武戏接二连三的演下去,于是革命似乎永远"尚未成功"。

让曾经新过来的旧的,不要只珍惜自己的过去,多多体念别人的将来,自己腰酸腿痛,拖不动了,就赶紧让。"功成身退",不正是光荣吗?"后生可畏,焉知来者之不如今也!"这也是古训啊!

其实青年并非永远是革命的,"青年永远是革命的"这定理,只在"老年永远是不肯让路的"这前提下才能成立。

革命也不能永远"尚未成功"。几时旧的知趣了,到时就功成身退,不致阻碍了新的发展,革命便成功了。

旧的悠悠退去,新的悠悠上来,一个跟一个,不慌不忙,那天历史走上了演化的常轨,就不再需要变态的革命了。

但目前,我们还要用"挤"来争取"悠悠",用革命来争取演化。"悠悠"是目的,"挤"是达到目的的手段。

于是又想到变与乱的问题。变是悠悠的演化,乱是挤来挤去的革命。若要不乱挤,就只得悠悠的变。若是该变而不变,那只有挤得你变了。

子在川上曰:"逝者如斯夫,不舍昼夜!"古训也发挥了变的原理。

先生与青年们始终保持着密切的关系。他把青年看成希望,不免有时也会发生分歧,但胸怀总是宽广的。流金(程应镠)《人之子——怀念闻一多先生》中记述了这样一件事:"不久我编着一回小小的副刊,告诉他的时候,他阻止我,劝我不要把生命浪掷,不要信任一个我以为还可信任的人。我没有听他的话,他在我的朋友面前骂我,我问心没有做过违背良心的事,当骂我的话传到我的耳边,我写了一封信托人转给他,信里的语调是强硬的驳复他的'偏见'。后来,他的话一一的中了,那个我以为还可信任的人骗了我们的劳力,还使我另外一位前辈受到一点没处说的气。但有两个多月我没有去过他那边,他却怀念起来了,要我一个朋友叫我去看他。我去看他了,他十分激动的说:'昆明的 Strong Man 是很少的,你是,我也是,我要和你谈谈。'"(《文汇报》,1947.3.24)

五月五日　　下午六时半,出席文协昆明分会与西南联大文学会、外国语文学会、文艺社、冬青社,及云南大学文史学会、中法大学文史学会七团体联合举办的纪念第一届文艺节晚会。会场设在西南联大图书馆前大草坪。出席者还有徐梦麟、罗庸、闻家骊、李何林、李广田、冯至、卞之琳、朱自清、周钢鸣、楚图南、尚钺、吕剑、常任侠等人。

会上,温功智同学朗诵艾青的诗《索亚》之后,吕剑首先报告"改五四为文艺节的经过和意义",接着徐梦麟讲"五四运动的经过",闻家骊讲"艺术与人生",常任侠讲"五四以来的诗歌问题",楚图南讲"抗战以来二三文艺问题",尚钺讲"鲁迅",周钢鸣讲"报告文学",李何林讲"新文艺中的文艺批评",李广田讲"文学的普及与提高"。像往常一样,压轴的仍是先生,他的讲题为"艾青与田间"。《文艺晚会》有报道:"最后,闻一多先生在比较艾青和田间的时候,特别强调他们诗的不同是源与生活。艾青是今天的诗人,田间是明天的诗人。田间,闻先生引了一句胡风的评语说:'是第一个抛弃了知识分子灵魂的战争诗人,民众诗人。'"(《联大通讯》第 2 期,1945.5.21)

《艾青与田间》的演讲,被人记录下来,于次年六月二十二日发表于《联合晚报》"歌与音乐"副刊第二期。收《闻一多全集》。文章前有记录者的引言:"这是闻一多先生在去年昆明的诗人节①纪念会上的讲演,在这讲演之前,两位联大的同学朗诵了艾青的《向太阳》和田间的《自由向我们来了》、《给战斗者》,听众都很激动,接下来,闻先生说":

一切的价值都在比较上,看出来。

(他念了一首赵令仪的诗,说:)

这诗里是什么山茶花啦,胸脯啦,这一套讽刺战斗,粉刷战斗的东西,这首描写战争的诗,是歪曲战争,是反战,是把战争的情绪变转,缩小。这也正是常任侠先生所说的鸳鸯蝴蝶派。

几乎每个在座的人都是鸳鸯蝴蝶派。我当年选新诗,选上了这一首,我也是鸳鸯蝴蝶派。

艾青当然比这好。他表现人民及战争,用我们知识分子最心爱的,崇拜的东西与装饰,去理想化。如《向太阳》这首诗里面,他用浪漫的幻想,给现实镀上金,但对赤裸裸的现实,他还爱得不够。我们以为好的东西里面,往往也有坏的东西。

如在太阳底下死,是 sentimental 的,是感伤的,我们以为是诗的东西都是那个味儿。

我们的毛病在于眼泪啦,死啦。用心是好的,要把现实装扮出来,引诱我们认识它,爱它,却也因此把自己的狐狸尾巴露出来了。

这一些,田间就少了,因此我们也就不大能欣赏。

胡风评田间是第一个抛弃了知识分子灵魂的战争诗人,民众诗人。他没有那一套泪和死。但我们,这一套还留得很多,比艾青更多。我们能欣赏艾青,不能欣赏田间,因为我们跑不了那么快。今天需要艾青是为了教育我们进到田间,明天的诗人。但田间的知识分子气,胡风说抛弃了,我看也没有完全抛弃。如"自由向我们来了",为什么我们不向自由去呢?艾青说"太阳滚向我们",为什么我们不滚向太阳呢?

艾青的《北方》写乞丐,田间的一首诗写新型的女人,因为田间已是新世界中的一个诗人。我们不能怪我们不欣赏田间:因为我们生在旧社会中。我们只看到乞丐,新型的女人我们没有看到过。

---

① 当是文艺节。

有人谩骂田间,只是他们无知。

关于艾青田间的话很多,时间短,讲到这儿为止。

五月十二日　《自由论坛》周刊刊登先生治印润例:"牙章每字二千元,石章每字二千一百元(编者:原文如此,似有误),边款每五字作一字计算,润资先惠七日取件。收件处:青云街自由论坛社。"(《闻一多治印》广告,《自由论坛》周刊第26期,1945.5.12)

五月二十一日　民主周刊社等五团体举办欢迎新中国剧社晚会。先生出席并准备演讲,但因宪警阻止而提前散会,未能讲成。《昆明文化界举办晚会,刚刚开始就被禁止》:"本月二十一日晚,这里的民主周刊、自由论坛、人民周报、大路等五团体①,邀集本市文化界、新闻界人士,假座昆华女中举办晚会,欢迎'新中国剧社',到有观众千多人。原定七点半开会,因为登记手续等等问题,延到八点多才开始。首先是新中国歌咏团先唱《醒一醒吧,大后方!》,继唱《茶馆小调》,歌词通俗,立意鲜明,鼓吹民主,召唤自由,博得如雷的掌声。这个歌唱完后,是《卢沟问答》,刚唱了第一段,就有宪警出来阻止,勒令休会。……观众才很有秩序的散去。据说晚会原定节目非常精彩,除歌咏、舞蹈、电影和新中国剧社的新颖深刻的活报剧《金碧交辉》和《无条件投降》外,还有田汉、闻一多等先生讲演②,结果都没有举行。"(《新华日报》,1945.5.30)

这个欢迎会二十七日重新在昆华中学礼堂召开了,七百多座位的会场挤进了一千三四百人。会上楼兆揭代表五周刊致词,江鹜代表新中国剧社致答词。节目有孙慎指挥的合唱,新型舞剧《希特勒之舞》,李实中朗诵吕剑的诗《今日抒情》,活报剧《无条件投降》和《金碧交辉》,新型舞蹈《渔光曲》、《放春牛》、《五里亭》等。最后放映了美国新闻处提供的电影《希特勒的一生》。(据胡钊《醒一醒罢,大后方! ——欢迎新中国剧社晚会特写》,《民主周刊》第1卷第24期,1945.6.9)

五月二十六日　晚七时半,先生应文协昆明分会及银行业同人福利会主办的文艺讲习班之邀,担任第十一讲主讲,题为"怎样接受文学遗产"。(据《省市鳞爪》,昆明《扫荡报》,1945.5.26)

五月二十八日　赴西南联大附中,参加初中二年级学生举办的一次诗歌朗诵会。段成鹏在日记(未刊)中写道:"下午三点三刻,二甲二乙联合班会在大礼堂举行诗歌朗诵会。这是一个空前的盛举,差不多全校的老师同学都参加,还有联大的同学。开会首由黎剑光先生致开会词,继由李广田先生讲'谈朗诵诗'。讲完后朗

---

① 还有评论报社。
② 节目单上称为"小品讲话"。

诵开始,由郭良夫、李实中、光未然、闻一多诸先生朗诵。光未然先生先后朗诵他的《午夜雷声》和《阿细的先鸡》(云南夷族长诗)中的第一、二章。闻一多先生朗诵艾青的《大堰河——我的保姆》。光未然先生朗诵时很活泼,表情很好;闻先生朗诵时态度严肃,声调沉着有力,很感动人。其他如郭先生、李先生以及二甲二乙两位同学的朗诵,也都不错。"

杨振铎在《我所见到的闻一多先生》中,也记述了这次朗诵会,并说:"那天会后,我们很多学生都拿出自己心爱的纪念册请几位诗人题词。闻先生给我们题的是孔子的一句话:后生可畏,焉知来者之不若今也。"(《闻一多纪念文集》,第361至362页)杨文中又说:"又有一次,我们这个年级举办作文比赛,语文老师请闻先生写一幅字作为奖品。闻先生用篆书写了'如日之升'四个字,上款是'书赠联大附中的小朋友',落款处印着一方鲜艳夺目的'闻一多'三字的图章。闻先生对于培植青少年的事真是有求必应,郑重其事地精心制作了这样一幅意义深远的艺术珍品。"(同前,第362页)

是月 在联大演讲"妇女解放问题"。经张源潜记录,以原题发表于昆明《大路》周报第五期。收《闻一多全集》。

该文分五个小标题:一、认清楚对象。二、奴隶制度产生的因素有二:一是种族,二是两性。三、女、奴性和妓性。四、真女性应该从母性出发而不从妻性出发。五、我们不反对女子中看又中用,但最要紧的还是中用。文章论述说:"争取妇女解放的对象该是整个社会而不是男性。一切问题都是这不合理的社会所产生,都该去找社会去算帐。"文中还特别强调了延安的妇女:"《延安一月记》的作者告诉我们延安的妇女已不像女性,也就是说延安的妇女是真正解放了,已不再是奴隶了。现在既有具体的,试验成功的榜样供大家学习,为什么还躲在这社会里呻吟而逃避呢?毕竟妇女解放问题被提出了,热烈地展开讨论了,表示妇女解放的条件已成熟,离真正解放的日子也不远了,一旦妇女真正解放,文化也就变成新的,文学艺术各部门都要以新姿态出现了!"

《闻一多全集》该文末,有《大路》周报编者注,云:"本篇是闻先生准备对联大女同学会演讲的原稿,后因演讲会未能举行,便改在五五文艺晚上和《屈原》[①]一并讲出,今仍原稿。"

现存手稿中有一份《妇女解放问题》演讲提纲:

社会结构

[①] 此处可能有误,五月五日先生讲的是"艾青与田间"。

安顿好,不愿动,不好的要动,以旁人为对象

房子老修理不好

革命不是破坏

拆开再翻造,拆时要经济,翻开要计划

结构错误在那里?

奴隶

　　　种族因素

　　　两性因素

　　　奴隶制是外婚制的发展——阶级社会

　　　妇女与主人太切近(婚姻、家庭纽带)

　　　经济关系,受豢养

　　　故最难解放,受奴役最久最深

　　　女性即奴性(中)女性男子

　　　妓性(西)关系不固定,故较自由

　　　奴隶文化维持女性的方法——女性文化

　　　伦理——利用——臣道即妻道

　　　文学艺术——赏玩 Beauty is truth, Truth Beauty

新女性,真女性

　　　旧女性与生理

　　　母(先天)妻(后天)——因母故妻,传种

　　　　旧社会,从奴发展

　　　母德——慈爱、坚忍、牺牲、勇敢、刚强

　　　母性——母老虎＝即男性

非奴隶的新社会,无阶级

苏联、美国

改造社会关系,即妇女解放,人民、光辉,Jeanne D'Arc

三千年,螺旋式的演进

认识、想像、聪力、勇气

条件已具故□问题

是月 举行学期考试,先生在打分数时,宽容了两个忙于进步活动的同学。康侃同学回忆说:"一九四五年暑期考试后,同学们到教务处布告栏去看成绩单。当时发现某一门课有两个人不及格,那成绩单的前项考试成绩是八十分和七十分,但在实得成绩栏中却是四十分与五十分了,他们都被扣了分。'扣分数,为什么呢?'我们又很仔细地看看这两人的学号,原来他俩正是我们系里从事民主运动的活跃分子,经常不到课堂听讲的人。这时候我们转看另一张成绩单,这两个人的分数也是七十分和八十分,但并没有扣除字样,原来这门课是闻先生的课。我们知道这两人为了工作有时整旬整月离开昆明,闻先生的课他们也上不成呀,为什么闻先生不扣他们的分数呢?"从这里,康侃"认识了两位立场不同的先生,对民主运动所表现的两种不同的态度"。(《忆闻一多先生》,《人民日报》,1956.7.15)

六月四日 应邀到西南联大附中做"道家的人生观"演讲。段成鹏日记(未刊)中记载到:"下午第三节'人生社'在大礼堂举行第六次公开演讲,这次是请闻一多先生讲'道家的人生观'。大意是说:中国历来的哲学思想,可分为四大派,即儒家、道家、墨家与法家。儒家、道家是两个破落户,出身于僧侣,以种种宗教的仪式增加帝王的威严,起初很得宠,后来渐渐被遗弃了。墨家与法家是两个暴发户,出身于工商,帝王知道了他们的长处以后,就立刻重用他们。儒家是忠厚老实的人,被遗弃之后仍忠于帝王,他一面劝帝王怜悯人民,一面又劝人民服从帝王。道家比较强硬些,被遗弃之后就退隐山林,采取不合作主义(即所谓清静无为)。墨家初得宠,还没有忘记自己的出身,所以处处为人民着想。法家可是坏极了,得宠之后,就帮助帝王作恶,剥削人民。讲到这里,闻先生总结一句说:儒家着重一个'爱'字,从前的教育也偏向'爱'这方面。但这所谓'爱',乃是片面的,'忠孝仁爱'那一套,都是对帝王说的。今后的新教育应是'爱'与'憎'并重。我们不要做傻子,我们得认清黑暗。"

六月八日 "中外文艺联络社"在重庆正式成立,先生与郭沫若、茅盾、老舍、叶圣陶、曹禺、夏衍、曹靖华、冯乃超、李青崖、焦菊隐、李星可、徐迟、袁水拍、叶以群、洪深、戈宝权共十七人任编辑委员。(《中外文艺联络社缘起与简则》,《华声》半月刊第1卷第5、6期合刊)

该社是叶以群创建的,邀茅盾担任社长,具体工作由叶以群、冯乃超负责。它类似文艺通讯社,本身不出版刊物,只是向各报刊发播文艺稿件。先生受邀任编辑,负责介绍云南刊物的稿子。

六月十日 参加西南文化研究会学习讨论会。会上周新民讲"两党的政纲政策"。

同日　中午,与张光年、吴晗、白麦浪、杨须知、金若年等在冠生园宴请郭沫若。

时,郭沫若应邀参加苏联科学院建院两百周年庆祝活动,昨日晚由重庆飞抵昆明,宿机场。是日上午进城,来到中苏友协昆明分会,恰逢金若年,金即骑车通知先生等相见。对这一意外的相逢,先生十分兴奋。席间,陪同郭沫若的苏联驻华大使馆秘书邵鲁诺夫问先生想从苏联捎点什么,先生说想要一部玛雅可夫斯基的诗集。当时,先生已经有了本彩色精印的英文版玛雅可夫斯基诗集,是罗伯特·白英送给他的,(参见薛诚之《闻一多烈士永生》,《闻一多纪念文集》,第225页)但先生还想得到一本原版诗集。

时,中共七大与国民党六大相继召开,前者要求废除国民党一党专政,建立民主联合政府;后者则决定十一月十二日召集由国民党独家筹划的"国民大会",制定宪法,拒绝成立联合政府,坚持国民党统治。(据《西南文化研究会讨论记录》,中国革命博物馆藏)

同日　下午两时,昆明文化界人士发起组织的"文化沙龙",在威远街三十九号正式开幕。先生和徐梦麟、周新民、曾昭抡、吴晗等均出席。

同日　下午六时,与田汉、安娥、吴晗、金树培、凌鹤、尚钺、常任侠、宋云彬等聚会在王晋笙寓所聚餐。饭后,应田汉之邀,观看四维剧团演出的《江汉渔歌》。(宋云彬《红尘冷眼:一个文化名人笔下的中国三十年》,第101页)

六月十四日　诗人节。《人民的诗人——屈原》发表于昆明《诗与散文》"诗人节特刊"。收《闻一多全集》。文章从屈原是"宫廷弄臣的卑贱的伶官"身份、《离骚》的"人民的艺术形式"、《离骚》内容"无情的暴露了统治阶层的罪行"、屈原的"行义"四个方面,论述了屈原是人民的诗人。文中说:"历史决定了暴风雨的时代必然要来到,屈原一再给这时代执行了'催生'的任务,屈原的言、行,无一不是与人民相配合的,虽则也许是不自觉的。"

这篇文章,原是先生在昆华中学一次青年讲座上的讲演稿(参加讲座的还有田汉、楚图南、尚钺、周新民、张光年、赵沨等),本准备应约交《观察报》,但得知《诗与散文》筹备出屈原纪念特刊,便经汪国桢之手交给该刊,并叮嘱不要稿酬。(据汪国桢《回忆闻一多先生》,《重庆晚报》,1980.8.1;杨绍廷《忆闻一多先生二三事》,《春城晚报》,1986.7.26)

这件事给杨绍廷印象很深,他在《永久的怀念》中写到:"当我说明出特刊的打算后,闻先生爽快地答应如期给我稿件。闻先生写的《人民诗人——屈原》一文,很快便由他的学生送来了,保证了特刊按时出版。后来得知那时闻先生工作很忙,抽不出时间为我们写稿,就把为《观察报》写的《人民诗人——屈原》由报社抽回给我们。当时《观察报》的稿酬是丰厚的,而我们却没有稿酬,这是多么热情的支持!闻先生的文章刊在特刊第一篇.在"诗人节"那天,我们邀请了几位写稿的先生,举行了纪念座谈会,闻先生在讲话中曾以自我批评的语气,谈到为我们题写刊头被换下来的事,他说:'当时知道我题的刊头被换很生气,下决心不再为你们刊物写稿,也不看你们的刊物。后来想到几个青年办的小刊物都不要我写的刊头,到底为什么。你们不用我写的刊头,也可以说是对我后来的促进。现在看,你们做得对,今后一定多为你们刊物写稿,多关心你们。'闻先生的讲话,解开了我心里的疙瘩,使我受到一次深刻的教育。闻先生这样说,也这样做了。之后闻先生就为刊物组织一些知名作家的稿件,提高了刊物的质量。为了把刊物办得更有生气,闻先生还引导我们参加在威远衡'文艺沙龙'筹建的'昆明出版界联谊会',使我们广交了朋友,开阔了眼界,加强了与昆明各民主期刊的联系。之后我们在闻先生的指导下,昆明十二家民主期刊为反对内战,争取民主,采取了联合行动。"(《群言》1996年第7期)

同日 晚八时,文协昆明分会、西南联大、云南大学、中法大学、新中国剧社等十六团体,在云大至公堂联合举办诗人节纪念晚会。出席者千余人。先生到会并演说。

会上,主席徐梦麟首先报告开会意义。接着姜亮夫演讲后,先生作了发言,说:"当认识了人民时才能认识屈原,因为屈原是人民的诗人,现在我们是认识了。"(《诗人节晚会志》,昆明《扫荡报》,1945.6.16)田汉介绍屈原生平及作品,称屈原是真正的人民诗人。尚钺、楚图南也有发言。然后开始诗朗诵,有张光年诵《离骚新译》,云大文艺研究社诵《聪明人》、《主子和奴才》,韩北屏诵《一个序曲》(以湘桂大撤退为题材),李实中诵何其芳的《黎明之前》和《都市》,何孝达诵《给屈原》。然后,新中国剧社演唱《茶馆小调》、《凭良心》。十一时许方散会。

六月十六日 下午,参加西南联大新诗社在五华中学举办之诗歌朗诵会。会上,光未然朗诵其妹张帆的诗作《我们是老百姓的女儿》,先生认为"此乃联大朗诵会中成功之作"。(朱乔森编《朱自清全集》第10卷,第351页)

六月十八日 晚,西南联大同学在昆华北院南教室举行高尔基逝世九周年纪念会。不知是否此间,先生写了一个条幅,录的是高尔基的一句话:"借着最有才能的作家的嘴,文学一致的证明:市侩要求完全的自由,而暴露了自己的'我'的时候,那就是在现代社会之前站起了一个畜生。"(据家藏此条幅照片)

张光年在这次晚会上还朗诵了新作《市侩颂》。这是他当天完成的一首政治讽刺诗,他说类似的诗常是在先生催促下创作的。他在《五月花·后记》中说:"一九四五年,昆明民主运动高涨的时候,我写过些政治讽刺诗,在当时的群众集会上朗诵。……往往在开会的前一天,闻先生写封短信来,或者亲自来到我住的小楼上,笑着督促我:'怎么样? 明天的会很重要啊! 来一段吧!'"(作家出版社 1960 年 5 月出版)

六月二十三日　清华大学召开迁昆明后第二十四次聘任委员会会议,议决续聘先生与朱自清、王力、浦江清、许维遹、陈梦家为教授。(据《聘任委员会会议记录》,清华大学档案室藏)

六月二十四日　出席西南文化研究会学习讨论会。由潘光旦主讲"英美民主与苏联民主的比较,与中国应有的民主"。参加者有华岗、曾昭抡、尚钺、闻家驷等。

时,在民盟内部,对民主有不同理解,有人认为英美有政治民主无经济民主,苏联则有经济民主无政治民主,希望在中国实行既有政治民主又有经济民主的制度。这次会上,对此问题讨论尤为激烈。先生批评了潘的某些观点,说:"潘先生是一个生物学家(科学家),他也是一个中国人,中国人有敷衍的态度,他缺乏主观的改造的认识。"(《西南文化研究会讨论记录》,中国革命博物馆藏)

约在这前后,先生读到了《整风文献》,并写下一段读书笔记:

政治是最尖锐的人生,人生观即政治观——反对政治与不管政治也是一种政治,社会动物即是政治动物。

当社会阶级斗争最尖锐时,就产生各种不同的政治观点。各个人就拿自己的阶级意识支持其政治理论,推广而成为所谓的人生观,所以谈思想而不涉及政治,谈政治而不提到阶级的经济基础,都是有意的或无意的躲闪问题,而不是真正的在解决问题。(转引自王康《闻一多传》,第 390 页)

六月二十五日　昆明文艺界人士,在威远街三十九号文化沙龙举行茶会,庆贺茅盾创作二十五周年及五十岁诞辰。茶会由李何林主持,先生和朱自清、闻家驷、田汉、李广田、宋云彬、刘思慕、李公朴、白澄、吕剑、韩北屏、吴晗、楚图南、邵荃麟、马子华、何家槐、魏荒弩、凌鹤、常任侠、范启新、杨东明、赵沨、张光年等出席。会上大家吃寿面,并纷纷题词。当地报纸称,会上"除谈述私人交往及报告茅盾为人和生活,更论评其文艺业绩与严肃博大精神,最后更吃寿面,题赠词,至十一时半始在谈笑声中散"。(《茅盾寿辰,昆文艺作家举行祝寿会》,昆明《扫荡报》,1945.6.26) 先生的题词未入集,文为:

作为保卫人民、拥护真理的战士,茅盾先生,今天还有谁比你更笃实、更坚定、更持久的呢!(《茅盾五十寿辰作家题词贺信选》,《中国现代文学研究丛刊》1985 年第 1 期,第 231 页)

六月二十八日　赵丹、顾而已由渝抵昆。李公朴曾在家里为欢迎赵丹,举办了一次小型座谈会,特地让王健去请先生参加。会上赵丹诉说了在新疆被盛世才关押中所受的酷刑和惨无人道的迫害,先生听了十分气愤,回家后吃饭时讲给家里人听,边讲边拍着桌子痛斥反动派:"无耻！无耻！"

是月 西南联大社会系教授李树青出国,潘光旦设宴饯行,先生作陪。李树青《悼念业师潘光旦先生》:"一九四五年六月出国的前夕,潘先生在西仓坡家内设宴饯行,作陪者有罗隆基、费孝通先生和住在近邻的闻一多,以及吴晗教授,……潘先生一再劝我参加民盟组织,到这时我才了解在座诸位都是民盟在昆明的负责人士。"(香港《明报》第19卷第4期,1984.4)

是年夏 在西南联大英籍教授罗伯特·白英家里谈到选诗问题和解放区诗人田间。

在座的张小帆在《诗人·学者·战士——忆闻一多先生》中有回忆:"我来到联大英国教授白英(Robert Payne)先生家里,他是一位同情中国民主运动写作勤奋的作家。按照事先的约定,我见到一多先生。那位作家打算编选一部中国当代诗集和一部中国古代诗集,因为不谙汉语,便由一多先生帮助编选。参加这一工作的还有联大教授卞之琳先生和袁家骅先生。我也参加了翻译工作。……那次谈话的内容没有涉及时局,而只是交换了一些选诗的意见。由于主人在座,为了礼貌起见,我们没有畅所欲言地用汉语交谈。当我听说决定把田间、何其芳、艾青同志的诗选入集子,我很高兴。只是在向主人告辞之前,我才问他,我们编的《诗垦地》丛刊看过没有。他点点头,但不无惋惜地说,只看过一本。我问他怎么样,他说,你们喜欢 blank rerse(他在这里用了"自由诗"这个英语词),我却喜欢用韵的诗。我说,先生不是喜欢田间的诗么？那不是也不用脚韵么？他笑了,说,它有节奏,听起来令人振奋。然后问:现在还继续出么？我告诉他,我们几个穷学生,没有钱,政治环境又不容许我们出期刊,只能出不定期的丛刊,为的是避开国民党重庆图书杂志审查委员会审查的麻烦,然而终究出不下去。他忽然大声说:'什么审查！开天窗！连房子都给你拆掉！'"(《闻一多纪念文集》,第246至247页)

张小帆文中说的"中国古代诗集",也是先生与白英的一个合作项目,计划选择一些古诗译成英文,但这项工作先生没有完成。后来,白英译成后在英美出版,书名为《白驹集》,取自《诗经·小雅》"皎皎白驹"一诗。(据许渊冲《闻一多与陈梦家》,《诗书人生》第36页)

是年上半年 《新诗的前途》发表于重庆《火之源文艺丛刊》第五、六集合刊。此即《闻一多全集》中所收《文学的历史动向》中的后一部分。

七月一日 先生等一百四十六人联名发表《昆明文化界致国民参政会电》。

时,国民参政会四届一次会议将于七日在重庆召开,先生认为参政会本为咨询顾问机关,其成员由政府圈定,不能代表民意,所以根本没有召开的必要,目前的关键,是"扩大人民民主运动","促成正式民意机关之建立"。该电文今存四稿:一稿为罗隆基起草,先生润色修订;二稿为先生钢板刻印,落款署"六月二十八日";三稿为先生在油印件上再做修改,并附有签名名单;四稿为根据先生修改稿排印之铅印传单。兹录四稿底稿如下:

国民参政会参政员诸公公鉴:

际兹抗战八周年纪念日,诸公不避溽暑,甘触虎疫,跄跄济济,集会陪都,将以承旨"拾遗",希意"补阙",诸公之事劳则劳矣,然窃恐劳而无功,不徒无功,抑且将开罪于国家民族也。诸公既以所谓国民代表之名义参政,同人等请即以国民之立场,敬献数言,幸垂察焉。

窃以国民参政会之设立,原系出于人民之要求。抗战初起时,人民以为非团结无以贯彻抗战之目的,非民主无以争取抗战之胜利,故人民最初所期望之国民参政会,乃一团结党派之合作机关,实现民主之过渡步骤也。今参政会成立,已届七年,诸公试一为扪心自问,对于上项目的,果成功乎?抑失败乎?虽然,事实俱在,有目共睹,同人不敏,顾略陈梗概。

一、就团结党派而言:第一届参政会成立时,全数参政员二百余名额中,在野各党派每党仅由政府分配代表七名,而当权党竟占全体代表人数十分之八以上,是当权党与在野党派代表人数,在比例上,已大欠公允。然当时在野党派,犹得自行推定其代表,而其余由政府指定之无党派人士中,亦尚多社会上之名流硕彦,以是代表质量虽未达理想标准,而各方意见,仍能有所表现。此后历届之参政员人选,则改由政府圈定,经过此种私意圈定之挑选与淘汰,在野党派中仅存之有限代表,实际已不足提案之法定人数,无怪其在会议场中,除被利用为点缀装饰品外,绝对不能发挥交换政党意见,与增强政党团结之效用也。至最近数届会议中,参政会不但不能主持公道,调解党争,且每每以冒牌民意机关之名,供一党排斥异己之用,卒使重要在野党派之代表,深惧被迫同流合污,裹足不敢列席。于是国内党派之分裂冲突,乃不得不愈演愈烈,而所谓国民参政会者亦已名存实亡矣。

二、就实现民主而言:直至今日,国民参政会之组织,职权,工作,乃至其一切表现,殆无一不与民主精神背道而驰。

方第二届参政会之进行改组也,一党包办之省参议会已普遍成立,于是政府乃修改参政会组织法,规定大部分参政员由参议会选举。此种革新,表面上一似民选代替官圈,实际则各省候选名单,事先已由政府指定,并电令各省参议会照单填写,更由国民党地方党部严加监视。以上皆公开之秘密,凡曾为省参议员者,俱可充当人证。此关于国民参政会组织之实况也。

参政会之职权,限于咨询顾问,一切决议,概无法律效力,而最后且尚须经过最高国防委员会之核准。是所谓参政会也者,其作用之渺小,不惟不及清末之谘议局,且不及英国千年前之御前大会议。吾人每见参政会一次会议中,通过案件,动辄达一二百起,此其议事效率,仿佛超过英美国会一年之工作,实则各案之命运,不外四途:一曰送政府采择,二曰送政府斟酌,三曰送政府参考,四曰保留。一切决议,既皆系官样文章,则诸公身为参政员者,究竟所参者何政?究竟有何政可参?恐不过照例举手,甘心作应声虫而已。此关于国民参政会职权之实况也。

至参政会一切提案,事先必经过秘书处之审核,而主席团且有权禁止某种议案提出大会讨论,此尤古今中外民意机关未有之奇闻,而为中国当局蹂躏准民意机关之实例。要之,为官意加民意之糖衣,为党治充民治之伪装,此又关于国民参政会工作表现之实况也。

由上观之,今日中国之国民参政会,直视昔年英国之"牛尾巴巴里门"犹不如,乃不明真象之国际人士,竟有认其为中国"战时巴里门"者,宁非怪事乎?实则今日中国之国民参政会,不过独裁者用以蒙蔽世人观听,粉饰国家门面之一套手法。此种机构,不特已阻碍中国人民民主生活之发育,抑且将繁殖法西斯细菌于无穷。此种机构,中国人民固咸认其早当废止,而号称人民代表之诸公,顾忍坐视其继续存在乎?

最近,政府宣布在本年十一月十二日召集国民大会,实行宪政。姑无论国民对此国民大会,赞成与否,总之,国家在短期内当实行宪政,乃必然之势,而在宪政国家,当依宪法产生真正民意机关,又为必然之事。明乎此,则今日由一党操纵、政府圈定之国民参政会,其无长期存在之余地,而有立即废止之必要,更无疑义。同人等固知我数百参政员中,不乏德高望重之民众领袖,亦知国家一旦举行真正民选,诸公未必不为人民所一致推崇。然则为诸公计,与其充政府圈定之工具,蒙羞忍诟于今日,何如为人民推戴之代表,扬眉吐气于将来?孰得孰失,何去何从,明达者当知所抉择矣。尚望我参政员诸公顾名思义,毅然决然,对此妨碍民主之国民参政会,拒绝出席,并迅即回返民间,一面扩大人民民主运动,一面促成正式民意机关之建立,与夫民主联合政府实现,则庶几诸公因历年受人利用,而致遗误国家民主前途之宿愆,犹不失其最后自赎之机会也。亡羊补牢,转祸为福,惟诸公实利图之!(《闻一多卷写钢板油印后

又润色修改的《昆明文化界致国民参政会电文》底稿》,中国革命博物馆藏)

签名者有:丁月秋、于振鹏、王瑶、王健、王世钦、王若明、王若移、王振华、王菊英、方庶民、白澄、白麦浪、田实、田曰灵、甘娥、光未然、朱新宇、伯韩、辛毅、何庄、何丕承、吕剑、杜平、杜宣、杜迈之、汪篯、宋云彬、李文宜、李仁荪、李克竞、李公朴、李何林、李俊昌、李义襄、李实中、李整理、李德家、吴晗、吴乾就、吴征镒、林路、林慧、林文铮、林石父、林乃祥、尚钺、季镇淮、孟心田、孟心坚、金若年、周小光、周振飞、周基堃、周钢鸣、周慧仙、祁仲安、思慕、姜震中、胡钊、胡绍南、洪遒、施沛、南方虹、范宁、侯达虔、孙晓桐、孙镜秋、唐其昌、胡毅、凌鹤、凌琯如、高履平、夏康农、夏继诚、袁震、时怀铭、郭勇、冯素陶、常任侠、陆钦墀、许杰、许立明、许维遹、梁秀如、费孝通、张客、张莺、张小楼、张时俊、张曼筠、张进修、张学文、张澜庆、徐守廉、徐兰芳、陈健、陈鹏、陈天佑、陈定民、陈丹南、陈仓亚、陈新生、陈祥珍、曾昭抡、程力方、程流金、黄新波、黄慧敏、杨林、杨洛、杨澍、杨须知、杨炳超、杨锦山、杨维书、杨淑慧、杨鸿魁、叶雨、叶露茜、楚图南、章楠、彭淑端、闻一多、闻家驷、赵沨、赵仲邑、赵爱清、谈苏、刘北林、郑伯华、郑独步、潘大逵、潘光旦、钱毅超、龙文池、简竹坡、薛沉之、薛琴芳、谢航、谢加因、瞿白音、萧涤非、罗喜闻、罗隆基、龚德光、游国恩。

同日　黄炎培、褚辅成、章伯钧、冷遹、傅斯年、左舜生六国民参政会参政员赴延安,与中国共产党领导人商谈国事。但中国共产党因反对国民党包办将要召开的国民大会,拒绝参加这次国民参政会。

此前,由于赴延安参政员中有民盟主要负责人,先生等民盟云南省支部开会讨论,认为民盟不应替国民党去做说客,曾写信给民盟中央表明此态度。(据民盟云南省支部给民盟中央负责人的信,中国革命博物馆藏)但黄炎培、章伯钧等认为民盟有责任促成团结,未采纳他们的意见。不过,黄等赴延安后只谈了团结问题,没有提出请中共参加参政会事。

七月四日　重庆《新华日报》在《文化短波》中报道:"闻一多和楚图南等预备办一个文艺学术综合性的巨型刊物,题名听说已定为《原野》。"

同日　参加刘功高、鲁晓山结婚典礼。先生代表刘功高的家长,作主婚人,并恭恭正正在一块粉色绸布上签了自己的名字。在这上签名的还有黄钰生、查良钊、王力、潘大逵、芮沐、瞿同祖、李树青、彭兰等五十余人。

此前,先生曾向刘功高介绍过一个男同学。刘功高回忆:"恩师、师母约我晚饭后漫步于松林中,恩师爽朗的笑声在林中荡漾。他赞美一个人,赞美一个年青英俊、才学渊博的朋友。在一个小时的散步中一直在赞美着他,我们一直静静地听着,未发一言。恩师认为我恬静善良,真诚纯洁,可谓君子淑女,天定良缘,而我自

认为不配,不敢高攀,有负恩师之栽培与关怀。但恩师用心良苦,永世不忘。"(刘功高给编者的信,1988.3.24)

七月七日　抗日战争八周年纪念日。白天,先生出席昆明文化界在文化沙龙举办的文艺检讨会。参加者有李公朴、田汉、潘光旦、安娥、夏康农、尚钺等三十余人。讨论题为"八年来各部门文化的检讨"和"如何展开今后文化运动"。大家就抗战以来的文艺工作进行了总结,一致认为:"政治不民主,一切文化都没有前途","当前的文化正在被绞杀,我们要把文化从严酷的灾难中救出来,我们要把绞杀文化的黑手击退,文化才有发展的前途。"

同日　晚上,先生出席西南联大、云南大学、中法大学三校学生自治会联合举办的七七纪念晚会。参加者有曾昭抡、吴晗、潘光旦、罗隆基、伍启元等一千余人。与会者对抗战以来各方面情况做了系统的分析,潘光旦讲了"八年来的教育与文化",伍启元讲了"八年来的经济",潘大逵讲了"八年来的政治",吴晗讲了"所谓国民参政会与国民大会",曾昭抡讲了"八年来的军事与外交",罗隆基讲了"联合政府"。先生也发了言,他"对蒋介石七七演说的批评和注释,获得了不少笑声"。(冯克《昆明一盛会》,昆明《民主周刊》第2卷第2期,1945.7.16) 会上,大家还谈论到内战有没有扩大的可能、褚辅成黄炎培等参政员赴延安会有什么结果等。至十二时方散会。

同日　罗隆基起草、先生润辞的《抗战八周年纪念日中国民主同盟云南省支部宣言》定稿。宣言再次表示反对内战、反对召开国民参政会,反对国民党包办国民大会的立场,并要求立即召开三大政团圆桌会议,讨论联合政府问题。此宣言原文未找到印刷品,下面是据手稿整理的宣言全文:

抗战已经八周年了,从一方面看来,是最优良的形势,从另一方面看来,是最险恶的形势。日寇的最后失败与无条件投降,已成定局,中国民族解放战争经过八年来人民无量数生命财产的牺牲,最后必然得到胜利。这是今天我们可以欣慰的一点。旧金山会议已圆满结束,世界和平宪章已经由出席国家一致签字,世界和平机构有了规模,而世界民主亦有了初基。作为旧金山会议四召集国之一的中国,在将来的世界和平机构中,又将为五个固定常任会员之一。八年前一个半殖民地的国家,今天却以头等国家的姿态,在世界和平机构中,与其他先进国家共同担负维持世界和平、奠定世界民主的责任,这是今天我们应当欣慰的又一点。这些的确为今天优良的形势。

但从另一方面看来,在八年苦战期中,人民对国家尽了无量数的牺牲,有了无量数的贡献,然而今天中国在政治上还没有民主。国家没有宪政法治,人民也没有自由平等。这是我们今天应该忧虑的一点。在八年苦战期中,因负责当局在经济财政政策上的错误，致令人民牺牲了如许生命财产，结果只养肥了一个既得利益的经济集团。这无疑的将必继帝国侵略主义者的后尘，来压迫中国大多数人民的经济生命，并且今天十分之八的人民已成赤贫。抗战胜利的来临眼看要赶不上国内经济崩溃的速度，这是我们今天应该忧虑的又一点。人民对外从事民族解放战争的时候，国内当权负责的政党坚持一党专政，坚决拒绝还政于民，以至今天，全国在野的政党还没有合法地位。内部既不能统一团结，因此，打了八年仗，还不曾把全体人民动员起来。相反的，外战的胜利还只是在望，内战的险象已经环生了，反攻还没有开始，新式的武器已经用来自相残杀了。这为我们今天应该忧虑的第三点。这些难道不是今天险恶的形势吗？

在这中国抗战八周年的纪念日，中国正站在一个十字街头，今天我们看得见胜利，又看得见崩溃，看得见复兴，又看得见衰落，看得见生长，又看得见毁灭，看得见光明，又看得见黑暗。国际形势如此优良，国内实况如此险恶。今天正为中国人民自己决定方向的时候了！我们这些中国民主同盟的盟员，今天愿大声疾呼，唤醒国人，舍弃险恶的道路，争取优良的道路。因此，在消极方面，我们敬向国人提出以下三项主张：

一、我们反对内战。今天中国人民只有一个共同的敌人，那就是日寇。人民只有在保卫国家的对外战争上，有当兵纳税的义务，绝对没有在进行内战上服从任何命令的责任。这是再明显也没有的事实。在今天，内战可以分散对外战争的力量，加重对内战争的牺牲，内战可以引起盟友的轻视并加重盟友对日战争的担负。内战，最低限度，可以耽误抗战的结束，延缓胜利的来临。内战，实际为替日寇解围，与盟邦作对，并且逼迫中华民族自杀。一句话，在这全国人民应全体动员、一致对外的时候，国内反而发生内战，这是中国民族的耻辱！因此，对于任何名目，任何形式，任何规模的内战我们都要绝对的予以反对。九一八以来，中国已经因十年之久的内战而搁延了外战，那已往历史上不可追悔的错误，今天，抗战第八周年的今天，湘赣皖闽豫等地又已发动了对内的武力冲突，这以内战继承外战的愚昧举动，若不即时制止，更将是今后历史上不可原谅的罪恶。国家民族的前途，一误岂容再误？对于当前任何名目，任何形式，任何规模的内战，我们坚决而且无条件的反对。

二、我们反对这次在七月七日召开的国民参政会。国民参政会七年的历史只证明了"参政"徒有其名而"国民参政"更无其实。我们知道，国民参政会是政府圈定指派的机关，绝对不能代表民意。我们知道，十分之八的参政员是一党党员,参政会为一党包办的,而不为各党派集思广益。因此,国民参政会今天唯一的作用,只为政府伪装国内民主蒙蔽国际观听的工具,它为中国实现真正民主的障碍。我们今天坚决的,而且无条件的反对这种机构的存在。

三、我们反对行将在本年十一月十二日召开的国民大会。诚然,国家应该速召集国民大会,通过宪法,实行宪政。不过国家的基本大法,既须人民共同遵守,就必须由人民推定的代表共同起草,并须经人民推定的代表共同通过。法律必须为人民共同的意志,而后人民才有遵守这种法律的义务。大家都知道,现有的五五宪草不具备这些条件。至于谈到国民大会,更须名符其实,而真能代表人民的意志。十一月十二日召集的国民大会,为十年前一党专政时期选举的国民大会,当年一党包办的选举既已剥夺了当年各在野政党参加选举的权利,今天若不改选,则又剥夺了今天几千万成年人民选举和被选举的权利。我们认为这种国民大会实际是一党的代表大会,用这样的国民大会以实现还政于民,不过为当政党用以把持政权的手法,而真正的还政于民,必须从新起草宪法,从新起草国民大会组织法及选举法,从新选举国民代表。因此,我们绝对的而且无条件的反对那行将召开的国民大会。

以上只是我们消极的主张。在积极方面,我们以为今天中国既要用和平的民主政治方案谋取团结与统一,政府就必须采用以下这几个步骤。

一、召集中国国民党、中国共产党,及中国民主同盟三大政团代表的圆桌会议。

二、在这圆桌会议上,三大政团代表共同推定国内无党派的代表人士,请其前来共同参加。

三、由这种圆桌会议产生举国一致包括各党各派及无党派代表人士的联合政府。

四、由联合政府再推定人民代表,组织宪法起草委员会,从新起草宪法。

五、由联合政府从新起草国民大会组织法与选举法,依据这种新的法律从新选举真正代表民意的国民代表。

六、由联合政府召集新选的国民大会,制定宪法,实施宪政,并实行还政于民。

此上为一年来在野各党派共同的主张,也为一年来人民共同的要求。我们以为以往政党团结没有成效,有两大原因。第一,国共两党的一切谈判,只为两党间的谈判,不曾公诸国人,不曾让两党以外的政团及人民的代表来参加,以致两党之间没有一个绥和调济的力量,而对于谈判,也便缺乏了一个公正的评判者。第二,政府几年来始终不认识,因此也就不承认这个已经形成而且正在发展的中国民主同盟,这个代表中国民主运动的新兴的庞大力量。反之它始终采用一种拉拢联络同盟中一两个原有政党单位的手段,以图拆散并打击这个新兴的力量。结果是不能得到中国第三个大政党的合作与协助,政府所欲推行的统一团结方案,也始终得不到效果。在我们看来,倘政府不改变这两个错误的观念,所谓统一与团结,便等于空谈,而徒然证明政府自己在这件事上缺乏诚意而已。

到了今天,到了抗战八周年纪念日的今天,国际及国内的形势已完全转变了。民主的潮流,已非一党之力,更非一人之力可以抵挡。为顺应潮流,以达到国内统一团结的自由起见,我们又以为在举行圆桌会议以前,政府应立即实现下面这几个条件:

一、立即保障人民的言论出版自由,即立即取消登记检查制度;

二、立即保障人民集会结社的自由,即立即承认各政党的合法地位;

三、立即保障人民的身体居住行动自由,即立即取消特务制度;

四、立即维持国内的和平秩序,即立即停止各地对内的武力冲突。

这些为民主的先决条件,这些并且是举行党派圆桌会议前的先决条件。团结只能在和平中取得,更只能在一切政党有了法律保障,有了行动及言论集会的自由保障的环境下取得。这些先决条件的实现,正为政府谋取国内统一与团结的诚意之试金石。

我们确实认定,对于中国,今天,国际形势绝对优良,国内形势绝对险恶。我们愿唤醒全国人民一致起来冲破这国内的险恶形势,争取国际的优良形势,以便提前结束抗战,从速奠定国家的和平与民主的基础。上面的各项主张,就是我们中国民主同盟今后努力的方向,我们誓将有进无退,直至达到目的为止。谨以昭告国人。(《努生起草闻一多润辞中国民主同盟云南省支部为抗战八周年纪念日宣言草稿》,中国革命博物馆藏)

同日　作《"新中国"给昆明一个耳光罢》。收《闻一多全集》。这是看过新中国剧社的演出后撰写的。

萧荻《我们应当写闻一多颂》:"新中国剧社旅昆首次公演之前,特地举行一次晚会招待昆明文化界人士,闻先生也应邀观看演出。晚会上,新中国剧社演出了他们自己编写的活报剧《金碧辉煌》和《无条件投降》和一些歌曲节目。《金碧辉煌》是讽刺当时那些利用滇缅公路搞走私活动发国难财的亦官亦商的人物;《无条件投降》则是批判英美政府对德国法西斯宽容妥协的错误政策,这些和他们演唱的《茶馆小调》、《五块钱的钞票》等歌曲,都是紧密结合当时的生活现实的题材。闻先生看了这些节目十分兴奋,立即写了《"新中国",给昆明一个耳光吧》。"(《闻一多纪念文集》,第 321 至 322 页)

先生在本文中写到:"新中国剧社,是我所知道的大后方第一个能把握人民现实生活的话剧团体。在这个意义上,它不但指示了中国戏剧工作的新道路,而更要紧的是表现了中国知识分子的新觉悟,因此也就真能名副其实的象征了'新中国'。""今天我们特别欢迎'新中国'来到昆明,因为,这是一个特别充满了伪善和臭美的顽固知识分子的城,因为,这是以一个什么学府自夸的城。'新中国'对昆明应该是一个严重的抗议。不,得给他们当胸一拳,再找上两个耳光。"

文中还谈到艺术问题,表示对旧艺术并不一概否定,应该具体分析:"旧剧本是人民的艺术,至今也还是最忠实于人民的一种艺术形式,惟其如此,所以它有着人民的种种优点,而不可讳言,也有着人民的弱点。这弱点,概括的讲,就是人民的落后性。(被愚弄压榨了几千年的人民,叫他怎么不落后呢!)"(郭良夫《因一多先生而想起的二三事》,中华书局古典文学编辑室编《学林漫录》第 11 集,第 4 页)

七月八日　上午九时,军事委员会外事局译员训练班第八期学员举行结业典礼。五月进入该班受训的李海(原名李乐龄),回忆先生在该班教学时的情况说:"紧张学习约一个多月,闻先生在这段时间里实际上只讲了一篇文章,原载于《Readeis Digest》,内容是关于南斯拉夫抗击法西斯的实况,文中很颂扬铁托,称为民族英雄,并抨击了一个卖国南奸。使人难忘的是闻先生居然在快讲完文章时说:'我们抗战八年了,谁是真正的抗日英雄? 是朱总司令,朱德将军! 他就是中国的铁托!'他还隐约地批判了重庆政府嘴上抗战,实际消极退让。他的大胆言论使人们感到很佩服,很新鲜,我很欣赏西南联大的教授们的风度和见识,对闻先生有些崇拜。"李海还说:"闻先生在课间常插些美国文化介绍,告诉我们对待外国人的应对进退方法。讲到美国的种族主义仍然存在,一些美国人从来瞧不起有色人种。'如果你们碰到看不起中国人的尴尬情况时,可以问他一个字,lynching 是什么?'(lynching 是私刑,种族主义者对黑人残酷杀害之意)。他还说到在美留学时受歧视遭遇的一些事。"

李海又说:"使我毕生难忘的是 1945 年 6 月×日,闻先生在快下课时说:'给你们透露个消息,你们马上就要结业了,很快就会分配到各种岗位上协同美军工作,或到前线,或到训练中心,或到后勤部门,总之会接触很多新鲜的事,得到新的信息和情报,希望你们不要忘了我,有机会告诉我一些新事物。为了抛砖引玉起见,我今天给你们先带点情报供你们参阅……'说着,就从他平日上课提来的蓝布口袋里拿出一叠小册子(七八本)发给大家。因为书少人多,我们坐在后排并未当时拿到而只看到书名,就是毛泽东的《论联合政府》、朱德的《论解放区战场》,好像还有《新民主主义论》。这时班长叫'起立',就下课了。这几本册子我在重庆时已经从《新华日报》上看到过,所以也不太意外,不过班上确有各种反应,最突出的是大个子班长(姓孙?),他拿到一册看都不看就撕掉,也有同学抢着看朱总司令的报告,想知道最新战况。我和李家镐(解放后曾任上海市经委主任、上海市人大常委会委员)拿到一本《论联合政府》,又再读了一遍。当时我的政治觉悟有限,只是赞成民主、反对独裁,反对腐败卖国的蒋、宋、孔、陈,如此而已。不久离开训练班,就各自东西了。"(李海给编者的信,2000.4)

先生不仅读过中共文献,还读过马克思的《资本论》。王康说这是一种英文袖珍本,是他从云南大学社会学研究室找来给先生的。(《闻一多传》,第389页)

七月十二日　致清华大学校长梅贻琦信。为王瑶学习延长一年事。信中云:"中国文学部研究生王瑶已肄业二年,所应修之学分均已修满,惟论文尚未完毕,拟请延长一年,其所兼之半时助教职务亦拟请予延续。又本系其他教师下学年度拟一律照旧。如何之处,敬希钧裁是幸,肃此祗颂道祺。"梅贻琦批:"照办。"(《文学院各学系教师异动的来往文书》,清华大学档案室藏)

七月十七日　赴北门街七十一号,出席西南联合大学一九四四年度第四次教授会议。主席为梅贻琦,先生担任书记。现存会议记录即先生所作。会上讨论"历届应征从军或充任译员之学生,凡由本校保送而服务期满者,得适用优待办法,准其按期毕业案"等三项议案。(据《教授会议记录》,清华大学档案室藏)

七月二十二日　参加彭兰、张世英结婚仪式,并与冯文潜作主婚人,证婚人为汤用彤。先生小篆书写"我心则悦"赠之,上款写"若兰世英结婚纪念"。他解释说:这不仅是因为彭兰是单名,不好写,更重要的是若兰者,似兰非兰也,真正的兰花太实,我想虚一点好,专取其幽香清远之意。(据张世英《若兰诗集·序》,华夏出版社1989年8月出版)

彭兰是西南联大中文系学生,张世英是哲学系学生,两人都是武汉人,相识于云林街一茶馆,逐渐产生爱慕之情。当时,彭兰思想属"左",张世英属"中",彭兰与先生关系密切,把张世英的情况告诉先生,先生决定当面了解一下张世英的思想状况。张世英在回忆中写道:"一天,她说,闻先生约我到他家聊天,我知道这是一次'面试'。闻先问了我一些家庭情况,接着说:'听说你很有哲学头脑,我很愿意你能常来我家聊聊。现在的形势,我想,你也清楚,希望你走出象牙之塔。''走出象牙之塔',这是联大同学中早已流传的进步呼声,闻先生似乎是这个呼声的领唱者。我第一次从闻先生口亲自听到这个呼声,更感到其意义之沉重。临别时,他送了我一本《海上述林》,黑绒面,烫金字。走出他家门,我深深感到,我将面临着人生的一次重大转折。"此后,"在彭兰的带动下,我经常到闻一多家,聆听他的教诲,不知不觉之间,我的交往圈子扩大到了一些进步人士的边缘,地下党和来自延安的声音,也时有所闻。"(《归途——我的哲学生涯》,第58、60页,人民出版社2008年7月出版)

七月二十五日　西南联合大学与云南大学联合举行招生考试。这年报名者有两千四百多名,录取名额仅三百五十名。当时,长子立鹤在西南联大附属中学读高中二年级,他为了早些承担起家庭的责任,决定跳班投考西南联大外国文学系。连月来,立鹤夜以继日,补习完高中三年级的功课,但家里人还是为他捏了一把汗,因为按当时规定,考不取大学也不许回中学读书,这就意味着失学。但立鹤有信心,参加了是日开始的初试,考题中的作文题为《我所希望的新中国》。

七月二十六日　苏英美三国首脑在柏林近郊,以中英美三国名义,发表促令日本立即投降的《波茨坦公告》。先生听到消息很兴奋。

七月二十七日　重庆《新华日报》昆明营业分处成立,地址在青云街三十一号,主要发售《新华日报》、《群众》半月刊等。先生知道,即让何善周去买报纸,并为清华大学文科研究所订了一份《新华日报》。毛泽东同志的《文艺问题》(即《在延安文艺座谈会上的讲话》一书,也是从营业分处买到的。(据何善周《千古英烈万世师表》,《闻一多纪念文集》,第262至263页)

七月二十九日　上午十时,出席西南联大召开的欢迎参加青年远征军同学返校大会。

联大同学加入青年远征军后,多数派往印度受训,学习汽车驾驶,并编入青年这征等第二○七师暂编汽车第一、二团,任务是接受美国援助中国的汽车。其间,他们目睹到国民党军队的腐败,很是气愤。《联大点滴》:"联大校方于七月二十九日开会欢迎回国从军同学,席间被欢迎者无不牢骚满腹,对精神上物质上的痛苦叙述得很详尽,竟有高呼'救救我们'的。理学院院长吴有训对他们做了一个测验,结果愿继续干下去的很少,张奚若教授很感动的说:'目前要改善你们的生活,简直是不可能。'当冯友兰教授闪闪烁烁的说什么'从这面说政府是对的,那一面是不对的'时,张老霍的站起来说:'这种说法,简直是胡说八道!'一时掌声雷鸣。"(《新华日报》,1945.8.9)

先生在会上也讲了话。其内容黄福海同学做了记录,题作《给西南联大的从军回校同学讲话》。收《闻一多全集》。先生是接着查良钊、冯友兰关于"治标"、"治本"问题的讲话说的。先生说:"治标,不是我们从军的目的,从军的目的就是治本。

假若不抱治本的目的去从军,则我们还配得上做一个知识分子么?"

同学们在军队中受到下层军官的虐待,很是愤愤,先生则有更深刻的认识。他说:

> 我们去从军,受那些连长、排长,那些老粗的虐待,或是过分的恭维,也还是如刀割般苦痛的。我们可以骂他们:"正是你们丢了我们的脸,使我们受外国人的罪!"大家想想,为什么他们这样? 想一想吧,这原是我们的责任! 抗战以来,感到军队里知识分子太少,都希望赶快让知识青年去从军,借此机会改善军队。但是为什么到今日才晓得要找知识青年? 根本我们的打仗就不想要知识青年来打的! 本来,战争之发动就是用农民壮丁来干,农民去送死,我们去建国。这说来好听,根本当时的军队就没有组织,没有计划。送死,由他们去,以前卖命由他们去,现在就轮到他们管你们了! 当初,苦事让人家干,现在因他们而丢脸,我们是不应该把他们当作敌人来仇恨他们或可怜他们,这是错的! 这是整个社会制度表现出来的现象。当初他们入伍的时候,是没有知识就拉过来的,等到入伍后,也从未教一点知识给他们。相反的倒是让他们身体没闲,或者宁愿他们睡死,病死,却千万不要让他们的脑筋清醒,不让他们有知识。

先生还针对同学们中间存在的某些思想,提出知识若不配合人民的力量,就决无用处:

> 还有一点,以为只有知识分子,才有办法,别人一概不成。这种想法是错的。不要以为有了知识分子就有力量,真正的力量在人民。我们应该把自己的知识配合他们的力量。没有知识是不成的,但是知识不配合人民的力量,决无用处! 我们知识分子常常夸大,以为很了不起,却没想到人民一觉醒,一发动起来,真正的力量就在他们身上。一班人活不好,吃不好,联大再好,也没有用的。我们是知识分子,应有我们的天职。我们享受好,义务也多,我们要努力。但以为自己努力就成了,就根本错! ……因为真正的力量在人民,所以越压迫,越吃苦,报复起来就越厉害! 因此我希望诸位无论干那种工作,不要以为自己是大学生。这不该看成普通的谦虚,一种做人的手段,因为我们确实不如他们。不但口里说,而且心里也硬是要想:我们是不如他们的。我们的知识是一种脏物,是牺牲了大多数人的幸福而得来的。

八月一日　　下午三时,赴文林街清华办事处出席西南联大第七届第十一次校务会议。会议决议事项第一项为:"汇集从军同学意见及实际情形,由本校建议蒋委员长请求改善,推选冯友兰、潘光旦、刘崇鋐、张奚若、闻一多、黄钰生、陈雪屏七教授起草,由冯友兰教授召集。"(《国立西南联合大学校务会会议记录·第七届第十一次会议》,北京大学、清华大学、南开大学、云南师范大学编《国立西南联合大学史料》第2册,第508页,云南教育出版社1998年10月出版)

参与起草建议书的陈雪屏,原本与先生关系尚好。先生挂牌治印时,联名推荐的九教授,或是先生的老师,或是多年的朋友与同事,唯有陈雪屏是师范学院成立后才加入西南联大,这说明他们的一定关系。不过,陈雪屏是三青团西南联大分团部的负责人,与先生政治立场不同,所以有些感受也不一样。某次,先生参加教授会后,与陈雪屏一道离校,边走边谈。陈雪屏说:"学生公开骂我是特务,坏蛋,我真发愁会挨打呀!"先生则说:"讲民主的人是不会动武的,倒是你的那些信徒们在恐吓我,要干掉我呀!'陈雪屏有些尴尬,说:"那么,今天我们俩在一起,保险安全了。"先生对亲近的人说了这件事后,自己已笑得喘不过气来。(王康《闻一多传》,第322页)

同日 《云南日报》在《昆中楚中校长对调》消息中报道昆华中学校长徐天祥与楚雄中学校长李伯远对调。旋,李伯远上任,先生即辞昆华中学之兼职。其原因,吴晗在《哭一多》中说:"昆中换校长,新校长奉命解一多的聘,不好意思说,只说要加钟点。一多明白了,不说什么。"(《新华日报》,1946.7.28)

先生在昆华中学的言行,早为当局所不容。李埏在《记闻一多先生在昆华中学》中说:学校每星期早晨有一小时"周会",一次请先生讲时事,大声疾呼学生们要关心时局,说:"同学们不要以小孩子而轻视自己,要以天下为己任,负起国家兴亡之责!"发言中,还斥责台下的军事教官甘当鹰犬。散会后,当局派到学校负责军训的全体教官找校长以集体辞职相要求,徐天祥没有答应,但当局对昆中愈加注意了。寒假时,教育厅便要徐解聘先生,但徐未照办。(《云南日报》,1988.11.30) 此时徐天祥离校,先生也不愿再兼课了。

八月二日 下午三时,出席清华大学一九四五年度第一次教授会议,选举本年度教授会议书记。先生与伍启元、雷海宗、戴世光四人被提名,戴当选。又选举文学院院长,先生与冯友兰、雷海宗三人被提名,冯当选。(据《教授会议记录》,清华大学档案室藏)

八月三日 昆明《观察报》预告:"联大新诗社今晚举办'诗歌朗诵晚会',特请闻一多指导。"

八月七日 昆明区联合招生考试委员会召开会议,通过新生初试揭晓名单,准许国文、英文、算学三门总分满一百五十五分者一百三十二人,及满一百四十五分者二十四人,可参加西南联合大学复试。闻立鹤初试中考取第六十六名,十六日,立鹤持初试通过报名单验证,缴国币三百元换复试证。二十日,参加复试。九月七日,西南联合大学第四十次教务会议正式通过录取昆明区新生一百六十四名,立鹤为第六十三名,考入外国语文学系。(据《教务会议记录》,清华大学档案室藏) 先生和全家人一直为立鹤捏着一把汗,这时才欢喜起来。先生把一支美国朋友送的派克钢笔赠给立鹤,以示奖励。

八月十日 日本外务省向美国、中国、英国、苏联发出乞降照会。昆明人民连夜欢庆。先生这时正利用暑假在司家营的清华大学文科研究所从事研究,第二天才知道消息。

八月十一日 闻立鹤和王瑶不约而同赶到司家营,向先生报告日本乞降消息。先生立刻到龙泉镇把蓄了八年的长髯剃掉。

昭深(王瑶)《忆闻一多师》:"那时间,先生正住在昆明近郊司家营的清华文科研究所里,昆明城中群情沸腾,各报竞出号外,到夜里自然地形成了群众游行,爆竹之声不绝,但司家营却要到次日下午三点钟,才能看到报纸。次晨我带了报纸下乡,到时才十二点钟,他听说便喜欢得跳起来,那种热情的样子,实在像一个热情的青年,便马上到镇上小理发馆,把八年来留着的长髯剃除了。过了几天北平研究院院长徐旭生先生等到所里,大家同庆胜利,说起建国的前途来,有人深忧有内战发生,闻先生很肯定地说:'不会的,绝不会的,大家都知道打不得了,还说打呢!'对国事前途寄与了最诚挚恳切的希望与信心。"(《文汇报》,1946.8.25)

先生有一张剃去胡子的照片,就是经济系张友仁同学与历史系裴昌淞同学这时拍下的。张友仁在《"清华北大"共拍闻一多——用美空军胶卷拍下抗战后闻先生首张剃须照》中说:"闻一多先生这张剃掉长须后英姿勃勃的照片非常有名,在社会上被广为采用。这张照片是谁拍的? 是怎样拍成的? 其实是很偶然的一次机会。抗战时期,北大、清华、南开三所大学迁到云南昆明,成立西南联合大学。那时,我在经济系学习,裴昌淞同学在历史系学习。我们同住一个宿舍,宿舍是土墙茅草顶的,内有八张双人床,共住十六位同学。我和江文焕(江涵)烈士都在下铺,两床紧挨着,裴昌淞住在上铺,在江文焕的上面。我那时常去旁听闻一多先生讲课,他给我的第一印象不是我原来想象中的超凡脱俗的诗人,而是雄狮般的斗士。我和裴昌淞几乎一次不落地去听闻一多先生狮吼般的讲演。我曾将他的几次重要的政治性的讲演词记录下来,交给吴晗先生收入《闻一多全集》之中。我参加的一个社团——社会科学研究会,聘请闻一多先生担任导师,指导我们的理论学习。""那时,联大的许多同学都靠贷金和打工为生。我虽有政府发放的贷金,但仅够吃饭,有时连吃饭钱都不够。我曾在校内的学生中心和中日战争史料征集委员会打工。裴昌淞同学则在校外兼过多种工作。"裴昌淞利用打工的积蓄"买到一架旧的柯达 120 照相机。我虽然擅长摄影，却买不起照相机，经常借他的使用，那时昆明市场上的正品胶卷很贵，幸好有一种用美国空军航空摄影大幅胶卷裁剪而成的120 简装胶卷，价格很便宜，只有正装的十分之一左右，而且质量很好，颗粒细致，感光速度很快，我们都买这种胶卷使用。""一九四五年秋，日军已经投降，一天下午，我们在西南联大新校舍南区东南角的小门内，看见敬爱的闻一多先生从东南门外进来，我们十分高兴。他的胡子已经剃掉，身穿棕色长袍，颈围浅色围巾，围巾的一头垂在胸前，显得十分精神。抗战初期的一九三八年二月，闻一多先生参加湘黔滇步行团，从长沙和二百多名师生一起历时六十八天于四月二十八日到达昆明，沿途没有剃胡子，到达昆明时已经是一副美髯了。从此，他就将胡子留起来，说一定要等战胜日本鬼子以后才剃掉。一九四五年八月日本投降，闻先生得知此消息后，立刻到住处司家营附近的龙泉镇将蓄了七年的长胡子剃掉了。我们笑着和闻一多先生说：闻先生我们给你照张相吧！闻先生也很高兴地说：好吧！我们就以东南门内他身后的土墙草顶的厕所为背景，给闻先生拍下了这张没有胡子的历史性的照片。裘昌淞同学手持相机进行取景，我建议采用何种光圈、快门速度和距离。由于是高速底片，又是在有阳光的下午，我现在还记得采用的是 1/100 秒的速度、f11 的光圈、1.5 m 的距离。在原照片的左角，还看得见厕所茅草屋顶的一角，不过在现在流行的这张照片上已经被修除掉了。""一九四六年七月闻一多先生壮烈牺牲后，我多方追寻，才在上海将这张底片找到，送给有关人员了。"(《北京晚报》，2011.4.28)

八月十四日 日本天皇宣布无条件投降。中国人民艰苦卓绝的八年抗日战争胜利结束。

同日，先生等二〇七人联名发表《告国际友人书》。指出现实的问题是要民主、要团结、要彻底的胜利，呼吁国际友人共同支持中国人民建立新的中国。《告国际友人书》全文：

全世界民主阵线上的朋友们！

我们，中国的民主主义者们，渴爱自由的中国智识分子们，中国文化界教育界的工作者们——教师们、大学教授们、科学家们、著作家们、诗人们、文艺作家们、戏剧家们、演员们、音乐家们、画家们、新闻记者们、编辑们、出版家们，以及在各种文化岗位上的工作者们，精神劳动者们……。我们，在为了中国的民主运动而艰苦奋斗的时候，无时不渴望着和你们——国际友人们，紧密地携起手来！

中国人民在这次反抗日本法西斯的战争中，流血和受苦，已经八年多了。现在日本虽已投降，但是中国民族解放与人民解放的艰巨任务，却正待我们努力奋斗去完成。在这期间,你们曾以战友的资格,不断地对我们寄与深切的同情。"援助中国"的呼声,曾经响彻了全世界。八年来,每一次从你们的政府或人民那里来的道义的支持或物质的援助,使我们在苦闷之余,感到无限友情的温暖。正是为了这个,我们愿代表我国广大的受难人民,向你们表示最高的谢意和敬意。

今天,中国人民的心情,是十分沉重的。近百年来的深长的苦难,加上十年内战的悲惨经历,再加上八年来日本法西斯强盗的血腥的宰割,和我们自己的顽固的统治者们,最近几年中在前线和大后方所不断造成的严重的错误,这些都像重重的枷锁,套在我们的身上,使我们的抗日和争民主的伟大解放事业,表现为你们不能想像地复杂和艰苦! 所以,亲爱的友人们! 目前中国人民争取民主的斗争,就需要你们比从前更多地给予真切的同情和支持。而更重要地,是需要你们更进一步地认识中国,了解中国人民的苦痛和要求,从而使你们的同情和援助,不致于浪费和落空。这就是中国人民对于你们的最低限度的,也是最现实的要求。

摆在中国面前的现实问题是:团结呢还是内战? 民主呢还是独裁? 彻底的胜利还是廉价的和平? 朋友们,让我们向你们保证,中国人民坚决地选择了第一条路——团结胜利的道路,民主的联合政府的路。但是八年的岁月,无情的事实,在证明了今天我们执政的独裁者和顽固派,他们一切的政令和措施,都是和这条光明之路背道而驰的。这些顽固的自私的统治者,是贪污腐化的大集团。他们在前方丧师辱国,在后方欺压人民,每一个公正的外国记者和旅客们都可以证明,中国人民和自由主义的智识分子们从来得不到任何人权的保障,得不到集会、结社、言论、出版、演剧、画展、旅行、通信的民主自由,教授和作家们时常被捕和失踪,监狱和集中营里,囚禁着无数的智识青年和爱国的政治犯。当大大小小的官僚们,变成战时的暴发户时,广大的中国人民、士兵和智识分子们,却在半饥饿状态和传染病的威胁中受难。而最近,这些反民主的统治者,在国际民主的大洪流中,为了欺骗人民和欺骗盟友,却也像西班牙和阿根廷的独裁者一样,装模做样地,披上了民主的外衣,而其实却正在将那从盟国租借法案中所得到的物资和现代武器,用来摧毁人民的抗日活动,并作为屠杀人民与断送国脉的内战的资本。

但是,中国人民的力量,已经在历史的千锤百炼中,空前地发展和壮大起来了。人民深信其自身力量的继续发展与壮大,必能亲手解除其自身的苦痛,深信在驱逐日本侵略者和建立民主的联合政府的斗争中,必能得到最终的与完全的胜利。大多数的中国人民和进步的智识分子们，对于现存的各党各派及其组织的本身，并没有什么成见。人民和我们中间的绝大多数，至今也都还是无党无派的自由主义者。因此，我们对于目前党派问题的看法，是从现实主义出发的。凡是民主的党派，其主张与表现有利于人民的，我们便同情他，支持他；凡是反民主的党派，其主张与行为违反人民利益的，我们便厌弃他，反对他。而且我们坚信：任何一个单独的党派，现在或今后都不能包办中国的政治。只有主张抗日与民主的各党各派和无党无派的人民力量，共同组织一个民主的联合政府，才能领导人民走向抗日的胜利和战后的建设。中国各阶层的人民和智识分子们，誓愿为此光辉的目的而奋斗到底。在这里我们诚恳地希望全世界民主阵线上的朋友们，积极地同情和支持我们，最低限度，也不要在中国问题上造成错误，因而迫使我们在这个斗争中冤枉地付出更多更惨的代价。

亲爱的美国朋友们！你们过去和现在，都是十分关怀我国的，你们的一部分的战士，还在我国的天空和地面上，和我们并肩作战，这种崇高的友情，是中国人民所永矢不忘的。正因为两国关系的深切，和互相影响的重大，盼望你们能够真切了解中国人民的苦难，如像你们公正的新闻记者们所做的那样，经常地提醒你们的政府(你们的政府和我们的不同，是民主的政府，容许人民说话的)，使其在中国问题上，采取公正和现实的观点。一定要使你们的宝贵的援助，成为促进中国民主与胜利的条件，而不要成为妨害中国团结和进步的条件。一切的援助于我们是需要和宝贵的。但是，不使一切的援助如经济与黄金的援助，成为中国官僚与资本家剥削中国人民大众的资本，不使一切军火的援助，成为军事独裁者屠杀人民的工具，却是更需要更宝贵的。我们是坚决反对内战的，而事实上中国内战的炮声已经响了。六月六日，陈诚部长曾公开声称将以盟国租借武器进行内战。到七月间，内战的炮声，果然在陕西淳化、绥南、绥西、苏浙皖解放区等处同时响起来了！在上述地区，国民党军胡宗南、顾祝同等，共计调动军队二十万人以上，所使用的都是美国武器，而且还有美国顾问参加，帮助国民党军策划指挥。表面上，好像只是国共两党军队的冲突，但实际上，这是中国法西斯主义者对民主主义者的战争，也是中国专制主义者反对全国人民的战争。这种屠杀人民的内战，如果不被制止，其结果必然破坏国际和平，延缓人民的世纪的奠定。我们中国人民为了自己的生存和解放，一定要团结起来反对内战，用全力来制止内战。但是这不仅是中国人民的任务，同时也是美国人民的任务，因为你们美国驻华大使赫尔利与美军驻华总司令魏特迈,他们的政策与行为实际上也是助长国民党军进行内战。他们的政策与行为,绝对违反美国人民的公意。因此你们也就有责任起来纠正他们的错误,并且督促你们的政府,使它对于中国最广大人民的呼声加以严重的注意。要知道中国是属于中国人民的,而不是属于少数独裁者的,你们的外交政策违反了中国人民的意志,必然要损害或失去中国人民的友谊。我们诚恳希望你们的同情和援助,不要再滑失方向,因之助长了我们内部的纷乱,从而也毁灭了你们这个远东市场。战后的中国,在顺利的建设和繁荣的条件下,无疑地是你们大量工业品的重要市场之一。但是战后中国的顺利的建设和繁荣的前提,是举国一致的民主联合政府的建立。你们如果把任何希望,寄托于今天这一群贪污腐败而反动的执政者身上,那必将使你们失望。亲爱的美国朋友们,千万不要因了一时的疏忽,而造成永久的遗憾啊!

亲爱的英国朋友们! 你们悠久的民主传统,是我们一向所衷心钦慕的。经过这次反纳粹战争的锻炼,我们相信,你们将来定能建立起一个更民主更美好的社会秩序。在此我们谨代表着中国人民,祝贺你们的胜利与成功,并愿更进一步地向你们表示一点意见:我们中英两国邦交的历史,是特别悠久的,过去两国旧时代政治家的作风,我们知道而且相信你们英国人民是不会同意的,正如站在中国人民的立场,我们也不能同意他们一样。因此希望你们今后还要更多的体察中国人民的痛苦与愿望,而经常地提醒你们的政府和被派到远东的官员们,千万不要有意无意地助长了中国法西斯的恶势力,因而在客观上阻碍了中国的进步与发展,打击了正在生长和壮大中的中国人民的民主力量。亲爱的朋友们! 凭着你们不列颠人的□智与远见,我们深信,你们是不会拒绝我们这点恳求的。

亲爱的苏联朋友们! 自一九一七年十月革命胜利之后,你们一直就是世界人类解放的曙光与被压迫民族谋取独立自由的灯塔。你们是第一个自动废除对华特权并和我们订立平等条约的国家,二十多年来我们不但在求解放的斗争中得到你们最珍贵的援助,而且从你们最进步的文化中,吸取了于我们最有益的东西。这次你们在反纳粹的战斗中,是牺牲最大而又贡献最多的。我们中国人民和智识分子们,对于你们——英勇而坚定的社会主义国家的劳动人民们,尤其怀着最高的敬佩和友爱。我们对于国际的顽固分子和中国的反动分子所不断制造的反苏的阴谋和谰言,一向是深恶而痛绝的。我们坚信,中苏两国人民的互爱互助,是安定远东和平的重要保证。现在你们已经对日宣战,并实际开始了对日作战,正因你们的坚强作战,加速了日本投降,这实在大有助于中国人民的解放事业。苏联的朋友们！你们过去曾经给过我们许多鼓励和援助,希望今后更友爱地支持我们的斗争吧！

　　亲爱的法国朋友们！当你们国家的命运一度地被断送在贝当赖伐尔之流的手中的时候,我们中国人民和智识分子们,曾经表示了最大的关怀和悲愤。因为在同一期间,我们中国的贝当们和赖伐尔们,正打算通过同样的阴谋,把中国人民带向无底的深渊。今天,通过你们的英勇斗争,一个新兴的进步的法兰西,终于在劫火中诞生了。而我们这里种种甘心步贝当和赖伐尔之后尘的反动派,还在继续玩弄着和出卖着中国民族利益,这就是我们对于新兴的法兰西的人民所以怀着这样多的艳羡和敬佩的原因。亲爱的法国朋友们,你们的国家在复兴中,你们正在向四方寻求你们的朋友,当你们的眼光射到中国的时候,你们应该知所选择啊！只有中国人民才是你们最可靠的战友。

　　全世界被压迫的民族,一切殖民地半殖民地国家的人民们啊,让我们共同携手吧！我们的苦痛,不减于你们所受的苦痛,我们的困难,不减于你们所面临的困难,让我们用彼此的同情和互助,把我们大家带向自由解放的大道吧！我们坚决地主张,大西洋宪章,应该适用于一切殖民地国家,而且相信,如果没有全世界一切殖民地和半殖民地国家的彻底的与无保留的解放,则人类和平,仍然得不到最后的保证。而且认定,过去列强在殖民地和半殖民地所惯用的错误政策,如像挑拨与分化的政策,政治上经济上与文化上的奴役政策,扶植殖民地和半殖民地国家内部的反动势力的政策,今天如果有谁还要拿出来应用,谁就一定会自食其恶果的。亲爱的苦难中的朋友们,让我们互相勉励互相警惕吧！

　　全世界民主阵线上的朋友们！我们中国的民主主义者们,渴爱自由的中国智识分子们,中国文化界教育界的工作者们,我们希望今天这个意义重大的文件,能越过重重封锁着我们的特务组织的检查网,很快地达到你们的眼前。至于我们,凡是在这文件上签了名的人,随时都准备迎接法西斯分子的迫害,因为我们是甘心把我们的一切贡献给人民的。在我们中间,有不少的人曾经在欧美受过民主教育,我们从先进国家的人民那里,学习了争取自由与民主的榜样。我们将继续和我们的人民一同斗争下去,直到取得了最后的与完全的胜利,直到一个民主的美好的新中国出现的时候！

签名者：丁聪、丁文波、丁月秋、力丁、于振东、王瑶、王健、王天栋、王志诚、王若明、王若移、王兆祺、王念慈、王为一、王菊英、王振华、王朝声、王树根、方庶民、毛清秋、白澄、白麦浪、甘娥、石炎、田鲁、田曰灵、田朝凡、丘学炎、江溯、江爱钟、西铁卿、光未然、艾秋飚、朱景良、朱新愉、吕剑、辛毅、辛毓庄、祁仲安、何平、何善周、邢庆兰、杜迈之、江鼙、宋云彬、李埏、李小明、李文宜、李公朴、李何林、李克兢、李俊昌、李德家、李鲸石、李赋宁、吴茵、吴韧、吴晗、吴穆、吴壬林、吴敏中、吴富恒、吴乾就、吴征镒、宗扬、宗玮、季镇淮、尚钺、芮霖、孟南、孟超、孟健、孟心坚、岳庄、金震、金若年、林路、林珊、林慧、林士治、林乃祥、林石父、周化、周小光、周天行、周依维、周新民、周慧仙、周钢鸣、马雍、马国亮、洪遒、姜震中、施沛、俞铭传、姚翔、胡钊、胡毅、胡宗澧、徐平、徐欣、徐兰芳、徐梦麟、凌红岭、高博、袁度、袁绛、袁震、孙慎、孙铮、孙金鉴、孙晓桐、郭勇、郭文芹、冯法祀、冯素陶、许杰、许立明、许秉铎、许维通、梁秀如、章楠、章泯、章国昌、陆钦墀、曹伯韩、常任侠、陈吾、陈鹄、陈鹏、陈志鹏、陈光国、陈天祐、陈丹南、陈祥珍、陈清林、张客、张莺、张小楼、张工心、张文元、张进修、张时俊、张敬凤、张崇扬、张曼筠、张学文、张庆芬、张澜庆、特伟、彭淑端、彭丽天、农慕之、曾昭抡、费克、费孝通、黄纪孟、黄相荣、黄敏慧、黄叶绿、楚图南、闻隆、闻一多、闻家驷、董祚楷、叶齐祥、叶笃庄、蔡超尘、杨洛、杨澍、杨人鸿、杨素辉、杨须知、杨淑慧、杨芬君、杨锦山、赵沨、赵词清、蒋锐、蒋明德、郑康、郑独步、潘大逵、潘光旦、谈苏、刘思慕、刘桂武、刘渔邨、钱铮、钱玲娟、卢静、钟秋岩、顾德荫、薛沉之、谢加因、蓝骏明、蓝馥心、颜锡嘏、萧凡、萧虚里、瞿白英、韩北屏、罗隆基、苏茵、严恭、严素经、顾文若。（铅印传单，云南师范大学党史征集委员会藏）

八月十五日　出席联大、云大、中法三大学学生自治会举办的"从胜利到和平时事晚会"。

会上气氛很严肃，周新民首先讲《苏联参战后的远东局势》，接着刘思慕讲《日本投降后的远东局势趋向》、王赣愚讲《新局势的中国外交》。吴晗《怎样克服内战危机》的演讲中对比了蒋介石与朱德关于接受日伪投降问题两个截然不同的命令。罗隆基在《怎样走向民主团结的道路》中提出军队国家化、财富大众化、政治民主化三项主张。尚钺的讲题是《东北义勇军的活动》。

先生在会上也发了言，他针对王赣愚提出的在英美集团和苏联集团之间应站在"不分"的第三者立场上主持外交的主张，说：

　　到底我们是主张"分"呢还是"不分"呢？最高的原则当然是不分。但是，罗先生告诉过我们说，假如是统一与民主在打内战，我们赞成民主，这当然是有分了。刚才，刘先生提到某陆军上校和某军火商人订立契约，建立军火库，说是准备在五年或十年以后打另外的一个国家。显然地，又有分。

　　对于绥靖分子、法西斯主义者以及反动派，当然是要分，凡是人民都应该站在一起。中国人民应该站在一起，中国人民是不分的。中国人民和美国人民是不分的,即使和日本人民也是站在一起,也是不分的。人民和人民是不分的。但是,人民和压迫人民的人是要分的!

我曾经警告大家,我们要密切注意着,美国反动派在制造我们的内战,如果不设法避免这种危机,不但有内战还会有外战!

谁在帮助我们内战,在帮助中国反动分子在打内战,我们就要反对谁!不管他们有什么原子弹,我们还是要反对!你美国人敢用原子弹杀中国人民,我们不怕!

现在还有不少美国人在这儿,我们就要向他们表示:

不要得罪中国人民!

得罪中国人民就是得罪世界人民!

得罪了世界人民,并不是好惹的!

刚才,尚先生说,东三省有一句骂人最凶的话:"日本人是你爸爸!"我们现在要有一句骂人最凶的话:"美国人是你爸爸!"(《从胜利到和平时事晚会记录》第49至52页,油印本,1945.8.15,王健保存)

会上还举行了热烈的讨论,当问道:"我们青年应该怎样准备反对内战?"先生回答:

现在我还没想出具体的办法。不过,我们如果能够表示我们的热情,表示我们的关切,有什么事要我们去做我们就做,那么我们就能阻止内战。但是,有一点要注意:只有联合政府才能根绝内战!我们要联合政府,只有联合政府成立以后,它叫我们青年做什么事情我们就做,不是联合政府叫我们做什么我们就不做。

当问到"中国共产党的民主是否是真民主"时,先生回答:

我引用一位最近去过延安的参政员的话,他说:"我从重庆到延安大吃一惊,从延安到重庆又大吃一惊;从重庆到延安,变动很大,延安与重庆的差别,就是黑与白的差别。"说这话的人是青年党的,青年党是向来不赞成中共的,而这次他说:"延安是白,重庆是黑。"(同上,第55至57页)

会上,刘思慕、罗隆基等还回答了"美国政府□□□[对中国]的内战,是否会无限制的帮助合法政府?"、"如果真正打起内战来,双方力量的对比如何?"、"假如人家不要联合政府,我们怎么办?"等问题。罗隆基说:"如果我们所要求的联合政府没有办法实现,我们只有革命!"全场报以热烈掌声。

附:美国驻昆明领事馆总领事兰登敦致重庆美国驻华大使的八十五号快报报告中云:"所谓八月九日淳化事件,即中央政府部队赶走原驻陕西淳化的共产党非正规部队的事件,激怒了昆明学生及民主同盟的领导,促使他们在十三日散发传单反对内战①,并号召关心此事的人们参加'从胜利到和平'的群众示威大会。这次大会,学生与民主同盟的人员都参加了。国立西南联合大学教授闻一多和吴晗批评了美国支持重庆,控诉了美国强化压迫人民的军队,歪曲了美国租借法案对中国援助的事实,指责美国大使是反动派,要求支持民主同盟。然后在大会的鼓动下,未经大会决议,写给我的这份'代电',便被印出并有选择地散发了。"(《一二·一运动史料汇编》第5辑,第16页)

八月十八日　好友顾毓琇自重庆飞抵昆明,将以陆军总司令部中将参议身份于次日飞湖南芷江参加受降签字仪式。在昆明,顾特到西仓坡看望先生与潘光旦,先生赶刻了一方象牙名章相赠。顾毓琇回忆:"抗战胜利后,我离开中央大学校长职务,受国民政府派遣,作为陆军总司令的中将参议,前往湖南芷江参加日伪投降签字仪式。我们乘机经昆明再去芷江,在昆明我去联大宿舍看望一多与光旦,光旦在家设晚宴招待我。我们那天谈到深夜,一多告诉他他已加入了民盟,还看过共产党的书。他对我能去首都受降,很是高兴,说这是清华的光荣。为了庆贺,他特为我赶刻了一枚图章,同时还为吴有训刻的一枚。②(访问顾毓琇记录,1988年5月11日)

八月二十二日　西南联合大学召开第三十九次教务会议。先生与赵迺抟、郑华炽、李继侗、汤用彤、陈雪屏等二十八人出席。会上议决一九四五年度第一学期授课时间自九月三日起,以十四周为准。(据《教务会议记录》,清华大学档案室藏)

八月二十八日　毛泽东飞重庆,与国民党举行和平谈判。先生为毛泽东之行大为感动,又很为他的安全担心。

八月二十九日　为中法大学李希侃同学题写条幅:"长太息以掩涕兮,哀民生之多艰　屈子语书应　希侃兄雅属　闻一多　卅四年八月廿九日。"(据该条幅照片)该条幅现由李希侃先生女婿、美国著名中国近现代史学家约翰·易斯雷尔(中文名易社强)收藏。

是月下旬　民盟云南省支部收到曾昭抡十六日自重庆来信,称民盟临时全国代表大会定十月一日在渝举行,望速选出云南支部代表。旋,云南支部全体盟员在唐家花园开会,选出先生和李公朴、李文宜、冯素陶、辛志超、楚图南为代表。又,潘光旦、罗隆基、曾昭抡、周新民、潘大逵、吴晗为民盟中央执行委员会委员,是出席临代会的当然代表。

---

①　即自由论坛社、民主周刊社、大路周刊社、人民周报社、中苏文协昆明分会、中法大学学生自治会、云南大学学生自治会、西南联大学生自治会联名的《昆明八文化团体迎接胜利反对内战通电》。
②　吴有训,西南联大理学院院长。1945年8月14日被任命为中央大学校长,接替卸任的顾毓琇。

不过先生后来没有赴重庆开会。萨空了后来在《继续"忘我以争民主"的精神》中回忆到:"大家谈论昆明民盟同人谁应去重庆参加去年十月的临时全国代表大会问题。我记得当时努生似乎很希望一多和辰伯(吴晗)都去重庆。我新由重庆到昆明,知道重庆的环境实在不容太乐观,所以我认为一多、辰伯过去的言论,触忌当道的地方多而激烈,还是以不去为是。再说昆明也不应不留下足以应变的留守者。于是大家遂同意了一多、辰伯不去重庆出席。"(香港《华商报》,1946.8.25)

时,罗隆基即将调民盟中央总部工作,云南省支部决定由先生以宣传部长兼民主周刊社社长。(据《云南民盟大事记初稿》,未刊,中国民主同盟云南省委员会编) 其后,决定杜迈之为《民主周刊》主编。再后,孟南、赵沨先后任主编,编辑有林彦群、胡钏等人。

是月 《类书与诗》发表于《国文月刊》第三十七期。该文曾发表于一九三四年三月二十四日天津《大公报》"图书评论"副刊,这次发表的是重新校改过的稿子。

是月 为西南联大训导处训导员吴志青所著《太极正宗》一书题写"磨剑图"三字,但出版时未收入。吴志青,安徽歙县人,早年曾参加辛亥革命,任张之江主持之中央国术馆教务处副处长、编审处处长等职。在昆明,曾教授太极拳,颇有造诣。

九月三日 《谨防汉奸合法化》发表于昆明《中央日报》"胜利日特刊"。收《闻一多全集》。文章尖锐批评国民党政府姑息汉奸并给汉奸披上国民党军队外衣的行为:

> 对外民族抗战阶段中的敌伪,就是对内民主革命阶段中的帝(国主义)封(建势力),这是无须说明的。而目前的敌伪,早已在所谓"共荣圈"中,变成了一个浑一的共同体,更是鲜明的事实。⋯⋯惩治汉奸是我们自己的事,然而直到今天,我们还没有听见任何关于处理汉奸的办法。⋯⋯到了今天,八年浴血苦斗所争来的黑白,恐怕又要被搅成八年以前黑白不分的混沌状态了。这种现象是中国人民所不能忍受的。硬把汉奸合法化了,只是掩耳盗铃的笨拙的把戏,事实的真相,每个人民心头是雪亮的。并且按照逻辑的推论,人民也会想到:使汉奸合法化的,自己就是汉奸,而对于一切的汉奸,人民的决心是要一网打尽的。因此,我们又深信八年抗战既已使黑白分明,要再混淆它,已经是不可能的。谁要企图这样做,结果只是把自己混进"黑名单"里,自取灭亡之道!

在未刊手稿中,有篇未写明题目的短文,据内容,似是《谨防汉奸合法化》初稿的一个部分,但正式发表时却未见这些文字。其对"曲线救国"的批判更为犀利,并提出目前"更要紧的是,消灭了我们内在的愚昧,使我们了然于应该做什么和怎样去做"。兹录短文如下：

> 谁都记得"七七"抗战以前那一段乌烟瘴气的日子，敌人的爪子在我们脖子上卡得愈紧，他嘴上"亲善"的词令却喊得愈甜。同时一部分负有特殊使命的中国人，暗中引狼入室的勾当干得愈起劲，面上愈是慷慨激昂，乃至痛哭流涕，看去像真是老成持重，忍重负辱，真是为了国家民族，不惜牺牲自己的名节去跳火坑的（这样作风后来便叫作"曲线救国"！）。那时我们的情绪，对于他们那豺狼的贪残，如果是愤怒，对于那狐狸的狡狯，简直是超过了愤怒。于是我们要"明朗化"，要强盗、尤其是那另一种中国人，撕掉他们的假面具，来和我们明白的干一场。为使敌我的壁垒分明，便于应战，我们但愿凡是假中国人，和抱着委曲勉强做中国人的中国人，索兴摇着狐狸尾巴滚过去，滚到你们的膏药旗下去，好让我们认清你的面目，给你一泡唾沫。混沌的局面忍无可忍，我们终于宣战了。从此果然一天一天，汉奸愈来愈多，一年一年，一个伪组织又一个伪组织，一批伪军又一批伪军。但是，我们着急吗？不，我们更高兴。因为我们知道，假中国人和抱着委曲勉强做中国人的中国人，本来就不应该算作我们抗战的本钱，丢掉了，不值得惋惜。反之，肃清了内奸，我们内部更健全，仗应该更好打了。
>
> 我们除了外来的阻力，使我们从此可以放手做去，而更要紧的是，消灭了我们内在的愚昧，使我们了然于应该做什么和怎样去做。谁忽略了这一层意义，便辜负了八年来千万人民的血和数万万人民的汗。

先生还写过一篇《不许胜利变质》，发表于昆明某报。今佚。

同日　下午七时半，新诗社在西南联大新校舍东饭堂举办"为胜利民主团结诗歌朗诵会"。会场座位排列成英文的"V"字形，象征胜利。先生出席了这个千人大会，并于会前题写了"虎毒不食儿，哀哉人食人"。（据彭桂蕊给编者的信，1988.5.24）会上，张光年、李公朴、郭良夫、萧荻等朗诵了诗，黄药眠、孟超等发表了感想。

《观察报》报道会议情况云："当人们正在为胜利而狂欢的时候，在联大东会堂却聚集着一千多不曾参加狂欢的听众，亲切的灯光映出了他们认真、兴奋而忧虑的面庞。城里喧天的爆竹、锣鼓、酒杯碰击的音响和纵情的欢叫被隔绝开来了，这儿没有一点喧嚣，大家都宁静地聆听着台上每一个人的声音，因为这声音，正是大家被窒息了八年而吐出来的声音。朗诵的节目顺利地进行着，负有盛名的光未然朗诵过了，连李公朴也朗诵过了，新诗的朋友们也谦逊而勇敢地读出他们自己的作品，每当一个朗诵者上下台的时候，掌声便像一阵暴雨，扫过整个会场。何其芳的《夜歌》被朗诵了三次，这说明了一般知识分子对它的爱好，也说明了他们已经深深地认清了它所指出的道路。当郭良夫朗诵《给死在战场以外的兵士》的时候,迸发出一阵笑声,然而这是含有眼泪的笑呵！萧荻用云南话朗诵了一首《征兵委员》,大家在鼓掌声中想,假使有老百姓在场该多好呢！朗诵节目中又插进了两个短短的演讲,一是黄药眠报告成都文艺界的情形,一是瘦得像甘地的孟超说他的感想,谁也想不到今天会到这么多人。让我借用一个朗诵者的话结束罢:——天亮了,可是太阳还没出来呢！"(本报特写《天亮了,但太阳还没有出来呢！——记新诗社朗诵会》,《观察报》,1945.9.5)

同日 西南联合大学开学。抗战胜利,大后方各单位纷纷准备复员,交通工具发生严重困难。西南联大当局遵令在昆明继续上课十四周。

这年度,先生给文学院中国文学系文学组三四年级、师范学院国文系讲授"中国文学专书选读(三)、(九)"(诗经、乐府);给师范学院专修科讲授"中国文学专书选读"(诗经)。均四学分。(据《西南联合大学历年度各院系必修选修学程表》,清华大学档案室藏)

九月四日 晚,西南联大、云南大学、中法大学三校学生自治会与文协昆明分会、中苏文协昆明分会、民主周刊社、自由论坛社、大路周刊社、人民周报社等团体,在联大东会堂联合举办"从胜利到和平"盛大晚会。晚会由先生主持进行。

本月二日,日本天皇与政府及大本营代表,在东京湾密苏里号军舰上签署无条件投降书。为庆祝日本正式投降,昆明各界组织了这次大会,再次呼吁实现民主政治,会场气氛十分热烈,由于停电,《观察报》报道当时的情况云:"昆明教育文化界昨天在联大开了个'庆祝胜利会'。联大东会堂挤得满满的,门口、窗子上,凡是能立足的地方都站着人,等着开会。天下巧事多,单单联大没有电,不知怎么搞的,汽灯租不着,点燃蜡烛,台上才发出微光,会就开了。李文宜女士讲头一个'和平',她说:生在这时代真不幸,人类互相残杀,生命特质都被迫害,遗留下的只有枯骨和废墟,这是战争的赐予,这次战争要比上次大战残酷得多,幸而胜利了,法西斯败溃了,我们目前的问题是如何保持和平与保持什么样的和平。曾昭抡讲'民主',他说,照现在人们的看法,民主有多少种,其实民主只有一种,这要看如何解释'民主'这两个字。有人说中国自古以来就有民主,黄帝准许盘御史、绅士可以代表人民说话,代表人民意见,说这种话的人是否还需要皇帝、御史、绅士？请问他们是否代表民意呢？那只不过是代表他自己的利益而已,这是'民主'？又有人说宪法、法制,就是民主,其实不是那么笼统、简单。'宪法',在袁世凯时也有法,什么什么宪法多得很,可是人民得到什么益处呢？'那只不过一纸呈文,法制不也是一样吗？''团结'由吴晗先生讲,一上台就报告了两件大喜事。(一)日本已正式投降,(二)十八年不见面的两位先生会面了。这次胜利,大家都明白是怎样来的。要不是九万万(案:原文如此)人贡献一切,决没有今天,票子、儿子、谷子,全是农民出的,光荣应归功于人民,人民出了钱,出了自力……当然有权过问'团结问题',世界的人和中国人民一样迫切的需要团结、生平,所以要求国共会谈公开。冯素陶讲'胜利'时,不幸有人在会场怪叫、起哄、捣乱,闻一多先生说'谁? 请你出来,我向你挑战!'也怪,立刻就没声音了。"(本报特写《天亮了,但太阳还没出来呢! ——记文化界庆祝胜利大会》,《观察报》,1945.9.5)雨萌在《悼闻一多先生》中说:当时"他手里拿着扩音器,像一个武器,一面讲,一面狠狠地摇动着。他说:'谁不要人民,人民就不要谁!'这两句话使整个会场激动了,狂热的鼓掌不停地继续了好几分钟。"(《人民英烈》,第230 页)

当时的情形,武雪在《是对的站出来——痛悼闻一多先生》中写道:"大会是闻一多任主席,某某先生演讲时因为声音小,特务分子就乘机活动,会场起了骚动,咳嗽声、口哨声、吼叫声一起来了。某某先生没有法继续讲下去。闻一多在座中愤怒的站上台来沉痛的说:'……是对的站出来,谁不主张这个会的站出来,谁不主张和平民主的站出来!'一阵雷鸣似的掌声后,会场立即静肃了。闻先生继续说:'偷偷摸摸的不算得中国人,不配做中国人,是对的站出来!'又一阵热烈的掌声,和着台下的怒吼:'站出来! 是对的站出来!'"(《新华日报》,1946.7.19)

会将结束,由先生宣读了《昆明教育文化界庆祝胜利大会宣言》。这个《宣言》前后共有三稿,初稿题作《昆明教育文化界对于胜利后国是的意见》,为吴晗起草,先生修正;二稿为先生恭录后,又再次润色修订;第三稿为吴晗抄录。《宣言》全文如下:

在停泊于东京湾的密苏理号旗舰上,日本的投降代表已经正式签订了降约,最后一个最顽强的法西斯军阀政权,到今天,可算完全屈膝了。这是全世界人民力量的光荣成就,而我们中国人民,首先揭起反法西斯的义旗,历尽艰辛苦难,不屈不挠,苦斗了八年的中国人民,对于这成就的贡献,尤其伟大。

事实摆在眼前,在中国人中间,八年来谁在抗战? 谁在流血流汗? 谁贡献了人力? 又贡献了物力? 票子、谷子、儿子,不全是由人民担负的吗? 偏偏是无力的出了最大量的力,无钱的出了最多数的钱,这样熬了八年,才熬出今天的胜利。今天,凡是有良心的人都应承认:一切光荣属于人民。

人民既赢得了胜利,人民便有权利在胜利的基础上,再为着自己未来的日子,赢得永久的不可摇撼的和平,以建立民主的团结的进步的新中国。因此,在这举世欢腾,庆祝胜利的今天,我们以一部分中国人民的资格,为了保证我们自己的胜利的果实不致落空,郑重的提出如下的具体意见。

一、为迅速根绝内战危机,我们主张:

甲,目前正在进行中的国共两党的谈判,必须随时对全国人民公开,尊重人民的意见,在人民的监督与支持之下,实现团结。

乙,立即实施一切民主改革,迅速召开包括国共两党、民主同盟,及无党无派的公正人士的政治会议,组织联合政府。

二、为酬答人民抗战的功绩,我们主张:

甲,立即完全停止征粮征购征借征兵征工等战时措置,以减轻人民负担。

乙,切实保证抗战军人或其遗族的生活。

丙,迅速扶助民营工业,广泛救济沦陷区人民,并调整公务人员的薪俸待遇。

丁,迅速恢复交通,并资助人民还乡,扶植华侨生计。

三、为惩办战争罪犯及破坏抗战的各种不肖分子,我们主张:

甲,彻底消灭日本法西斯,从政治上经济上军事上解除敌人武装,惩办战争罪犯,建立民主的日本,以保障远东及世界和平。

乙,通令全国人民依法检举明暗的汉奸、贪官污吏及奸商囤户等,立即逮捕归案。

丙,组织人民法庭,公审上述人犯,分别处刑。

丁,没收上述人犯的财产,作为建国之用。

一切胜利属于人民,一切光荣属于人民。让我们高呼:我们已经有了胜利,我们更要和平!要民主!要团结!(《吴晗闻一多起草的〈昆明教育文化界庆祝胜利大会宣言〉三稿》,中国革命博物馆藏)

九月八日 下午三时半,西南联合大学在昆华中学北院北楼教室,召开一九四五年度第一次教授会议。会上校长梅贻琦报告关于本校教职员米代金、复员及善后诸事项。接着选举教授会书记,先生以二十九票当选。又选举本年度教授会议代表,先生以三十七票当选。当选者还有钱端升、张奚若、陈岱孙、陈雪屏、郑华炽、冯文潜、燕树棠、汤用彤、吴大猷、朱自清、李辑祥。(《三十四年度第一次教授会议》,清华大学档案室藏)

会上陈岱孙有提案,先生记录为:"向政府建议:于战事结束后六个月(即从明年二月起),各级学校教职员薪给之底薪,应增至合于战前购买力百分之五十之数。战事结束后一年(即明年八月起),增至百分之一百。现行米代金及一切零星临时津贴,一律废止。上列之百分比,应以各校所在地物价指数为准。本议案交校务会议执行。决议通过。主席指定本会书记会同陈岱孙、伍启元、冯友兰三先生负责起草关于上列议案之电稿。"(《三十四年度第一次教授会议》,清华大学档案室藏)

此提纲通过后,当日便起草完代电稿。十二日,由先生转交兼代总务处长查良钊。现存原件后有先生的附笔,云:"勉仲兄:代电稿一份请交文书组速办,弟明日午后三时前到总务处校阅一过。顺候日祉。弟一多留上。九月十二日。"该电全文云:

重庆国民政府主席钧鉴、行政院院长勋鉴:

抗战胜利,举国欢腾,政府与民休息之措施,如缓役、免赋、减租、轻息,已焕发明令,克日施行。但于军政教人员之待遇,虽少有调整,而尚未闻有彻底办法。揆之事理,窃谓不平。慨自抗战以来,物价日高,比之战前,或至万余倍,少亦数千倍,而国家给予军政教人员之薪津,不到战前之百倍。驯至真为国家流血流汗之人,或疲弊于前线,或困顿于后方,徒以抗战胜败所关至重,虽饥饿之不支,仍忍痛而不言,枵腹从公,以争胜利。今幸抗战之大功已成,建国之伟业方始,同人等谨建议政府:至迟于战事结束后六个月,即从明年二月起,军政教人员之底薪,应依其机关所在地物价指数,增至等于战前底薪购买力百分之五十之数;战事结束后一年,即自明年八月起,增至等于其百分之一百数。其临时津贴等名目,一律取消,以资划一。此非同人等一部分之私见,实乃全国军政教人员普遍之要求。在失地收复以后,政府收入增加之时,苟有适当之运用,亦为财政所许可,望饬主管机关,妥拟办法,明令施行。值兹复员之际,经纬万端,同人等本不愿于自身待遇问题,首发意见,但观于近来政府在经济方面之措施,窃有不能已于言者。胜利来临,物价下跌,一般民众,方庆昭苏,而财阀奸商,侈言危机,纷请救济,政府饥溺为怀,慨拨公帑,闻已将至一百万万。在政府以为社会救济,乃事理之当然,但按之实际,此等款项徒增财阀奸商之利润。就昆明而论,首蒙救济者,为银行金店,此辈皆以往囤积居奇,操纵金融之人。当国家危急之际,外有强敌当前,内有经济之危机,政府三令五申,平抑物价,然平者自平,涨者自涨,社会恐慌,几陨大业,此特此辈专顾私利,既不知有国家,亦岂知有政府。今物价虽云下跌,然比之战前,犹判若天壤,此辈纵稍多损失,亦适见天网之恢恢,为不义而富者,小惩而大戒。国家受降告捷,茹苦出力者,尚未膺懋赏,而投机祸国者,反先受补助,既违事理之平,亦非国家之福,故敢电陈诸□明察。国立西南联合大学教授会。庚。(《西南联

合大学教授会关于军政教人员之薪金致重庆国民政府主席及行政院长之代电》草稿,清华
大学档案室藏)

九月十一日 为孙毓棠治印。时,英国文化委员会邀请西南联大教授访问,学
校请先生提出推荐名单,先生推荐了孙毓棠,孙毓棠遂受英国文化委员会邀请赴牛
津大学从事研究。(据访问孙毓棠夫人王务灼记录,1988.3)孙行前请先生刻印留念,先
生高兴地答应了,并在印章上刻了长言边款:

> 忝与毓棠为忘年交者十有余年,抗战以还,居恒相约,非抗战结束不出国
> 门一步。顷者强虏屈膝,胜利来晚矣,而毓棠亦适以牛津之邀而果得挟胜利以
> 远游异域,信乎必国家有光荣而后个人乃有光荣也,承命作印,因附数言以志
> 欣慰之情,非徒以为惜别之纪念而已也。 卅四年九月十一日 一多 于昆
> 明之西仓坡寓庐。(抄自原图章边款,该图章现存孙毓棠夫人王务灼处)

九月十三日 国民党反动派迫害在昆明《扫荡报》担任主要编辑工作的中共地
下党员和进步人士。先生立即参加被迫害者营救工作。

昆明《扫荡报》为国民党第五军所办,地下党员高天(高紫瑜)趁其延揽编辑之
机,出任总编辑,并先后聘请高明旭、吕剑、姚黎民、江广恕、杨人鸿、洪道、韩北屏等
担任编辑。尽管他们很注意斗争方式,仍被国民党军委会视作《新华日报》的昆明
版。而吕剑主编的副刊在昆明民主运动中也颇有影响。为此,《扫荡报》编辑成员
受到威胁,八月七日,吕剑被迫辞职;九月三日总编辑高天受政治陷害秘密离昆;十
二日杨人鸿被拘捕,张兆麟(刘乐扬),吕剑被追踪隐蔽。先生与周新民、萨空了、张
光年得到消息,立刻组织营救。

刘乐扬《昆明四记者失踪的前前后后》:"周新民同志得到我请曹明送去的短信
之后,在一个晚上,邀了闻一多先生悄悄来到《评论报》楼上。他们说高天同志已经
在地下党的安排掩护下,走出国境,进入越北。吕剑同志也由周新民、辛志超同志
安排,到了路南(其实是建水)。现在又看到我安全无恙,就更加放心了。他们详细
询问了半年来在《扫荡报》所发生的重大事件和我们四个受害者的情况之后,便商
量着如何营救杨人鸿。大家分析情况,一致肯定了抓人的特务必定属于军统,而不
是中统,更不是龙云的地方特务机关。……鉴于龙云历来不许国民党中央特务在
昆明城内进行干扰,不准中央宪兵进驻城内,我问闻先生和新民同志可否通过龙云
力量来进行营救?并且把四个受害者的问题放在一篇文章里来做。闻先生不等我
说完,便连声说:'对! 对! 大家都说军统无法无天,白昼绑架,四个记者同时失踪,
我们就用四记者失踪的提法来营救杨人鸿! 我们不理军统,只向龙云要人,把他请
进来跟我们一致行动。'周新民完全赞成闻先生的意见,并且主张必须强调军统特

务不仅蹂躏人权,也是对龙氏的藐视和破坏,有嫁祸于云南地方政府的恶毒用意。新民同志具体提出'先作上层工作'。我在隐蔽中不知道闻先生他们是怎样奔走的,只在后来听说,昆明文教界人士向龙云递交了一封信并一张名单,要求龙氏保障安全。龙云问何以有此举?闻一多先生向他说明了军统特务非法绑架、四记者同时失踪的梗概,力言此事发生以后,文教界人士人人自危。闻先生强调云南与昆明是在龙氏统治下,军统特务如此横行不法,'此风决不可长!'闻先生最后要求龙云运用他的权威,救出四个记者。后来听说龙云一听之下,勃然大怒,迅即命令他的云南特务系统,四出搜索,并严令军统放人。"(《新闻资料研究》总16辑,第174至175页)

先生与周新民、萨空了、张光年等商量对策,决定以潘光旦领衔,联合昆明文化界人士致函龙云,进行营救。该信由张光年起草,先生订正,萨空了誊录。信云:

志公先生勋鉴：最近中央特务人员又在昆市从事非法活动,文化界人士之被捕与失踪者时有所闻,影响社会治安至巨且深,光旦等谨代表昆明文化界同人专函具报,敬祈迅饬所属严密查究,并防止同样事件发生,以卫人权,不胜迫切待命之至。窃查本市《扫荡报》总编辑高紫瑜君,向属无党无派人士,两年来服务该报成绩昭著,乃于上月二十九日当蒋主席与毛泽东先生在渝杯酒联欢,共商国是之际,忽被某方胁迫着其著论反共,高君为顾全大局,未允所请,当晚即以公正态度就团结与民主问题另行撰文有所评述。讵高君于凌晨就寝后,该报社社长李诚毅竟偷天换日,将原稿篡改成一恶劣不堪之反共文字,且署高紫瑜君名字刊出。翌日报纸出版,报社同人连同高君本人均为之愕然失措。高君受此奇辱,蒙此奇冤,虽悲愤交集,然迫于淫威,无所如何,只得悄然出走。高君出走后,特务人员恐高君一旦获得自由,将公开泄露此项阴谋,如是侦骑四出,声言将捕杀无论。是时有《扫荡报》编辑杨人鸿君,乃一诚笃好学之士,对政治问题向无成见,渠与高君相识未久,仅公余谈笑颇相得,特务人员为探索高君行踪,竟不惜以非法手段,于本月十二日晚间将杨君自报馆宿舍擅行绑去,往华山东路华山南路,在马市口《中央日报》发行部门口架入汽车,自后即以黑布蒙其双眼驶赴郊区某旅馆内之特务机关拘讯两日,毫无结果,始于十四日晚间又以黑布蒙目载入汽车,遣之使归。此事经过中尚有一可注意之点,即拘询杨君之特务人员操云南口音,并声言系警备司令部之人员,此其用意欲嫁祸于地方当局,抑又可知。方杨君尚未放归之时,过去曾任《扫荡报》编辑,现在《观察报》供职之王聘君又被株连而失踪。王君系青年诗人,笔名吕剑,现为昆明文协理事,其为人为一纯粹文艺家,对政治素不热心,徒因其前此与高紫瑜君在《扫荡报》同事相熟,亦竟被特务注意,数日来该特务等屡至《观察报》追索王君,日必数次,意欲加以逮捕。王君因鉴于高君、杨君故事,深为疑惧,两日来未到报社办公,亦未请假,究系自动出走,抑系被人架去,现均无法证明。窃以保障身体自由,政府早有明令,我公平时训诫部属及公开发表谈话,对特务之非法活动亦屡次表示深恶痛绝,悬为厉禁。乃最近尚有此项"中央"特务人员假冒地方军警机关名义非法逮捕与拘讯文化界人士,违犯法纪,扰乱治安,莫此为甚。倘不严行查究,听令彼辈横行无忌,凡我市民必至人人自危。用敢专函具报,并代表我文化界同人恳祈迅饬所属,严密查究并设法驱逐此类特务人员出境,以绝乱源而维人权,不胜翘企谒待之至。祗颂勋安。

(《昆明文化界潘光旦等为〈扫荡报〉高紫瑜等人被侮陷绑架事致龙云函稿》,中国革命博物馆藏)

九月十五日 先生等一千二百三十二人,联名发表《昆明各界人士为庆祝胜利及和平建设新中国通电》,提出解决国是诸意见。全文如下:

全国各界同胞们! 日本投降条约已在九月二日正式签字了! 八年来中国人民的艰苦抗战及全世界反法西斯战争已胜利的结束了! 多少年来的耻辱与压迫已清算了! 和平建设的日子已降临人间。这的确是中华民族一个空前伟大胜利的日子,在这日子里,怎叫人不高兴、狂欢和热烈的庆祝呢!

抗战是一个神圣艰苦的工作,八年来,中国人民茹苦含辛,牺牲一切,在敌人残酷的进攻下,坚持抵抗,用自己的血肉,粉碎了敌人的迷梦,奠下了胜利的基础;更在极端困难的环境里,与我们的盟友密切合作,伸张正义,歼敌强权。现在胜利终于来到了,一片灿烂的曙光已展开在我们面前,这是我们中国人民的功绩,我们今天应该伸出双手,热烈的迎接这伟大不朽的胜利。这胜利是我们的,这胜利将引导我们到一个新的时代。

我们都这样相信:这新的时代应该是和平的,民主的,团结的,无论在国际国内都是如此;因为和平民主是我们这次对法西斯作战的目的,而团结则是使这次战争胜利的基本因素。今后我们要和平建设新中国,民主、团结是绝对不能缺少的。就国际方面看,我们相当乐观,由英美苏三大国领袖的历次会商,联合国的几次集会和这次划时代的中苏友好盟约的订结,使世界上主要的强大国家团结起来,摧毁了曾经猖獗过一时的法西斯暴政,并在积极阻止其再生,而使今后世界的和平民主有了强固的保障。说到国内,我们决不能否认,今天在我们中国还存在着许多破害和平、民主、团结的危机,直到今天,敌人的军队,还没有在中国境内完全解除武装,汉奸国贼更没有得到他们应得的膺惩，反而正在计划伪装自己，想摇身一变而为"曲线救国"的英雄，藉以保留其法西斯余力，企图再起，扰乱和平。在政治上，民主设施还未见端绪，国共两党关系还没有合理解决，有些专制主义者，还在想打内战。至于由于战争的过重负担以及在战争中由于通货膨胀及发国难财者所造成的经济紊乱，民生凋敝，更是万分严重。而接受沦陷区、建设新中国的问题更多。这许多现象与问题，如不能妥善协商，合理解决，则中国前途实不堪设想。然而，我们也确切相信，只要大家努力，一切以人民利益为主，则实现和平、民主、团结，是一定可以做到的。现在中共领袖毛泽东先生已来重庆与蒋主席会商，中国民主同盟也发表了对目前时局的意见，而全国人民的要求，亦正是如此。我们除开对这次谈判明确表示我们的态度，认为国共两党应该竭诚相见，以人民利益为重，采用公开方式，邀请其他民主党派及进步人士参与协商外，我们更应正视现实，供献出一切力量，为这次谈判的圆满解决及和平、民主、统一、富强的新中国而奋斗。这里我们提出我们的主张：

一、根据波茨坦宣言，彻底消灭日本法西斯，采取一切有效办法，制止其再生，以维护世界和平。

二、严厉惩办战争罪犯及其帮凶汉奸走狗。

三、彻底实施民主改革，释放一切爱国政治犯，立即取消一切妨碍人民自由的法令，并召开政治会议，成立全国一致的民主政府，根据各地人民意愿，选派各地方官吏，建立新中国的政治基础。

四、立即组织联合统帅部，解决军队统率问题，使各地真正抗日部队，就目前驻防地区，从速分区接受日本投降，收复失地。

五、切实优待嘉奖抗日军人，抚慰阵亡将士家属，停止征兵，并从速办理复员。

六、立即停止征实征借，废除一切苛捐杂税，减轻人民负担，改善人民生活，并有效帮助一切有利民生的民营工商业，以奠定新中国的经济基础。

我们认为要解决今天一切问题，真正展开建国工作，决不是空谈高调，口是心非，对付拖延，阴谋欺骗所能为功。必须痛下决心，根据人民意愿，从现实问题着手，寻求解决之道。以上六点实为我们衷心的要求，亦为全国人民的意愿，我们郑重提出，希望全国各界同胞以从事抗战之伟大英勇精神共同努力，促其实现。

签名者有：张光年、章泯、祁仲安、王健、李公朴、黄叶绿、李实中、蓝驶明、潘大逵、陆钦墀、冯素陶、尚钺、罗隆基、夏康农、张曼筠、王振华、李何林、宋云彬、孟超、杨怡士、白澄、王汉斌、张源潜、潘汝谦、王瑞沅、许铮、谭正儒、洪继凯、何孝达、康倪、周新民、李文宜、彭允中、杨须知、洪道、王念平、詹开龙、沈叔平、杨明、王云、曾昭抡、吴晗、胡钊、曹聚仁、楚图南、季镇淮、何善周、许维遹、王瑶、范宁、潘光旦、费孝通、闻家驷、辛毅、袁震、施载宣、刘美菊、王景山、萧松、李政道等,先生的子女闻立雕、闻立鹏、闻名、闻翽也签了名。

九月十七日 卧病在床。罗伯特·白英来探望,两人谈了许多。

白英在《中国日记》中记录先生说:"令人痛心的是这一仗并不是我们打赢的,而是美国人帮我们打赢的——或者,说得更确切些,是以美国的全部财富为后盾的那么几个德国、法国、斯堪的纳维亚、英国和美国的科学家们帮助我们打赢的。美国的财富!历代的葡萄牙和西班牙国王都认为,财富蕴藏在东西印度和中国的黄金国土里。他们说那里的财源旺盛,黄金遍地,富足的程度是常人所想象不到的。而如今,东西印度资源枯竭,中国也贫困不堪。仗并不是我们打胜的——而是美国人依靠曼哈顿计划①的成就而取胜的。虽说中国人也会猛地朝着日本人的胫骨踢上几脚,高傲地挺起胸膛。但是,日本人明白,我们心里也清楚,我们对于赢得这场战争没有什么功劳,根本不配享受胜利的成果。打一开始战略上就有错误——迁逃到四川从来就是一种冒险行为。现在我们真有点不敢和日本人面对面站在一起,因为我们为这种名不符实的胜利而感到羞愧。这就是我刚才所想到的。不过一切征服不都是徒有其名的吗?因此,这也许并没有多少害处。物质上的破坏是消灭不了任何东西的。不错,日本人被我们打得跪地投降了。可是从来没有那个国家曾经像中国那样被人打得一败涂地。我们从失败中认识到了自己的弱点——但愿上帝保佑我们能从这些失败中获得教益。"

说到内战,先生说:"这确实丢人,谁也没想到会有这一着,但内战的存在却是不可否认的——商人们在战争中发了横财,总想保住权势;士兵们想找点事做,军官们也不甘心碌碌无为。哦,那骄矜之态真是不可一世。当然,你说得很对,他们毫无廉耻。当兵本来是光荣的职业——或者,说得更确切一些,如果当兵而不乱杀人,那么确实是高尚的。一位美国兵来向我告别,说他即将回国。他说,他对战争厌烦极了——他每见到一个活人,就会下意识地寻思着谋杀他的方式:是在他腹部捅一刀呢,还是用臂弯掐他的脖子,或是采用其他方式把他干掉?他说,他想回美国去,找上一个农庄'那才是我应该去的地方,虽然我从未去过农庄,但我知道那是我唯一可以去的地方'。他还说:'找个姑娘,生上几个孩子,让我永远离开这一

---

① 指 1942 年美国政府建立的用以研究、制造第一枚原子弹的计划。

切吧.'杀人比找女朋友容易,扔手榴弹比照料好孩子更是容易得多。现在政府部门需要的是由妇女当家——苍天在上,我们现在需要妇女当政。我们需要有人敢于朝着军人掴耳光,告诉他们,他们干着不体面的勾当,尽管有时他们的这一行也必不可少。军人和刽子手之间没有什么差别——刽子手是必不可少的,军人当然也同样需要。但当兵的却并不光彩,虽然他们骁勇善战。我们应该向妇女和孩子学习——看看孩子们在死亡面前是怎样吓得退缩,而我们对死亡却无动于衷。"（《云南文史资料选辑》第 30 辑,第 279 至 282 页）

同日　晨,朱自清来访。未遇。朱自清日记:"上午访一多,未晤。得闻太太许可,阅一多手稿,资料丰富,很受启发。"（朱乔森编《朱自清全集》第 10 卷,第 366 页）朱自清在《闻一多全集·编后记》中亦说:"三十年我和闻先生全家,还有几位同事,都住在昆明龙泉镇司家营的清华文科研究所里,一住两年多。我老是说要细读他的全部手稿,他自然答应。可是我老以为这些稿子就在眼前,就在手边,什么时候读都成;不想就这样一直耽搁到我们分别搬回昆明市,到底没有好好的读下去。后来他参加民主运动,事情忙了,家里成天有客,我也不好去借稿子麻烦他。去年有一天,因为文学史上一个问题要参考他的稿子,一清早去看他。那知他已经出去开会去了。我得了闻太太的允许,翻看他的稿子;越看越有意思,不知不觉间将他的大部分的手稿都翻了。闻太太去做她的事,由我一个人在屋里翻了两点多钟,闻先生还没有回,我满意的向闻太太告辞。"

对于先生的手稿,朱自清除了赞赏外,还多次提到书写的工整,熟悉先生的人对这一点也有深刻印象。赵仲邑说:"我多次看过闻先生的讲稿、书稿,见他写的毛笔字都整整齐齐,绝少行草,即有行草,也一笔不苟。上课时的板书也是这样。从闻先生的字迹也可想见其为人,态度极其认真!""但我借阅过他出版了的《楚辞校补》单行本,见到书上打了不少符号,连一个标点也不放过,这是闻先生对他出版了的著作仔细校对过的痕迹。"（《闻一多先生最讲认真》,《精庐小札》,第 207 至 208 页,广东人民出版社 1983 年 10 月出版）

同日　下午,看望陈寅恪先生。（朱乔森编《朱自清全集》第 10 卷,第 367 页）陈寅恪二十一日赴加尔各答,此是先生与陈寅恪的最后一次见面。

是月中旬　参加人民周报社、自由论坛社、大路周刊社联合复刊讨论会,出席人还有侯达庹、李承勋、费孝通、吴晗、王康等。

现存《〈人民〉、〈自由〉、〈大路〉为联合复刊讨论会记录》,全文如下:"一、《人民》《大路》两周刊决定于最近联合复刊,另与《自由》同人合作。二、联合的动机,系基于过去人事上之谐和及对现实见解相同,而希望能以更有力的姿态出现,以对当前时局国事有所贡献。三、联合办法：① 由三方面组成联合出版委员会；②《人民》、《大路》仍保持其各自之独立性，但皆得遵守联合出版委员会之意见；③ 联合出版委员会由三方面依实际情形分为编辑及发行两部分，编辑由费孝通先生负责，发行由《人民》、《大路》联合负责。四、经费：《人民》、《大路》各负担四分之一，《自由》负二分之一。五、《人民》、《大路》原有之债务，仍各自负责清还，惟联合版对于两刊原有之未满期定户愿担负一部分清理之责，其担负之比例俟后决定。六、联合刊名《人民大路》①。七、发行人仍用《人民》、《大路》二发行人之姓名。八、总编辑具名。九、总编辑对文章之刊选负全责。十、下次集会时间二十九日下午八时半。十一、联合出版委员会由七人组成之，《人民》二人，《大路》二人，《自由》三人。《大路》侯达虔、孟超，《自由》吴晗、费孝通、王康，《人民》（缺）。十二、联合办事处设《人民》文艺沙龙，编辑部设费先生处。"（《吴晗闻一多等出席的人民周报社、自由论坛社、大路周刊社为联合复刊讨论会记录》，中国革命博物馆藏）

就在这时，自由论坛社社长郭相卿被国民党当局威胁利诱，于昆明《中央日报》刊登启事，"正告潘光旦"，称《自由论坛》与民主杂志无关系，并将潘排挤出编委会。为了揭露此阴谋，先生与吴晗、曾昭抡、王赣愚、费孝通、杜才斋、王康、袁方等召开紧急会议，议决开除郭相卿社籍，解散自由论坛社。同时又起草了《自由论坛社社员启事》，文云："同人等于民国三十二年二月创立自由论坛社，发行《自由论坛》月刊，继于民国三十四年九月增办《自由论坛》周刊，一切重要社务，由社员大会决定，日常事务则由社员大会所推选之社务委员会全权执行。社员郭相卿以发行人资格被赋予社长名义。历年以来，关于经费之筹措，刊物之编辑，民主运动之倡导与响应，俱由社务委员潘光旦、王赣愚、费孝通等负完全责任。对外捐募款项亦以社务委员之名义行之。不意上月郭相卿突以社长名义在各报刊登荒谬启事，以个人而否认全体社员行动。当经社员大会开会议决，肯定过去一切行为合于全体社员公意，郭相卿违法叛社，罢免其社长名义。并以郭君青年，特予宽容，于启事中仅声明议决案原则，不列郭君姓名，开其自新之路，刊登于九月十七日《中央日报》。次日郭相卿浼人请项，表示悔过，恳求将启事中取消社长一段删去，社务委员以其既知自新，勉允所请。讵料郭相卿君诪张反覆，不顾信义，叛师卖友，变本加厉，又于九月二十日《中央日报》刊登非法启事，反唇相讥。兹特郑重声明，郭相卿两次启事所列事项，完全不合事实，违反社员公意，经社员大会议决，正式公布开除郭相卿君社

---

① 《人民大路》于11月19日创刊。

籍,依法追究最近以社务委员名义所募集之款项①,并自即日起宣布解散自由论坛社。本社前出《自由论坛》月刊至第三卷第五期为止,《周刊》至二十八期为止。此后如有同样名字之刊物出现,概与本社同人无涉。特此声明。"(《吴晗闻一多等签名的自由论坛社为开除郭相卿社籍及解散自由论坛社的社员大会启事底稿》,中国革命博物馆藏)该声明于九月二十七日在《云南日报》第一版广告栏中刊出,署名者为潘光旦、王赣愚、费孝通、闻一多、吴晗、曾昭抡、张荦群、王康、袁方、杜才奇②。

为了反击反动派阴谋,旋由民主周刊社出面,联合十余家新闻出版团体,于二十五日成立了昆明出版界联谊会筹备会,先生是发起者之一。

九月二十三日　为揭露国民党当局阴谋陷害《扫荡报》总编辑高紫瑜及报社进步人士,先生、周新民等欲请褚辅成(字慧僧,辛亥革命元老,时任昆明经委会主任)直接向蒋介石提出抗议,要求维护人权。褚老表示愿与先生谈谈。

是日,萨空了致先生信。信云:"多兄:新民兄已行③,临行嘱弟转告褚慧老为《扫荡》高、杨事极忿,愿与兄一谈,并盼与杨君一晤(慧老下午在绥靖路经委会),其意似盼兄今日下午即去谈谈。再朱可能于明早或明日下午到潘兄处,不知明日能见候否④,明早余人可能已皆成行,今日下午四时可以决定,并以□□,敬祈日安!"(《萨空了致闻一多便笺》,中国革命博物馆藏)

又,曾昭抡赴重庆参加民盟临时全国代表大会,行前有信给先生,云:"一多兄,附函送上论文一篇,请连昨晚送上之文,一并送交《正义报》吴传启君收。弟等今晨准行。昨日新民交来之件,务请托健飞或光旦,妥慎带渝,至要至要。此颂双安。　弟昭抡上。　九月二十三日清晨。"(《曾昭抡为文稿事致闻一多便函》,中国革命博物馆藏)

是年秋　辅导康侃同学准备毕业论文。

康侃在《忆闻一多先生》回忆:"一九四五年秋季,我准备写毕业论文,闻先生作我的导师。有一次他叫我到他家里谈,问我打算写什么题目。我说:'初次写论文,不仅在学习写作,主要的是希望能加深自己对中国文学的认识,我很想写关于人民性方面的问题。有三个内容可以考虑,一是中国文学史上的人民性,一是唐诗中的人民性,一是五四以来的新文学。'闻先生这时烧着一斗烟,对我笑笑说:'你的野心真不小,中国文学史上的人民性太广泛了,怎么集中呢?五四以来的新文学意义深

---

① 为一百零二万元。
② 该声明署名人中的杜才奇,在启事底稿中作杜才斋,两者应为一人。
③ 指赴重庆参加中国民主同盟临时全国代表大会事。
④ 《萨空了致闻一多便笺》中之"朱"与《曾昭抡为文稿事致闻一多便函》之"健飞"为一人,即朱健飞。

远,但我们手边的材料不够用,再说你写得再好,也拿不出来(指论文审查)。将来再写,你会写得更完美的。那么,依我看现在最好是写唐诗,不过"人民性"这题目太显露,你看很多文章不是都讲什么思潮之类吗?我们也含蓄一点,就定为"唐诗中的文艺思潮"如何?'我认为已领会了他讲话的全部意义,我站起来,笑一笑什么也没说。先生说:'好!那就回去看有关材料,拟成大纲时再来找我。'这样,我就坐了一个月的大图书馆,去看有关材料,以后捧着三页稿纸的大纲去请教先生。我自以为这大纲写得很完整,因为从唐诗的渊源,写到它的流风所及,至于各个作家的特点,作品的归类,更标志得章节分明。哪想到先生看这大纲时脸色却沉下来,随后把它放在桌子上,回过头用严峻的目光注视着我说:'你,为什么也这样俗气?按这个提纲写下去,能符合我们的原来要求吗?'说着拿起一枝墨笔来,拔开笔帽在砚台上探了两下,眼看着我那些书法整齐的蓝色小字,就都被墨线给穿成条条,最后剩下的只有几个标题号。先生在原稿纸的第一页的'一'字上写了一个'序'字;另起'一'字下面写的是'从天宝之乱谈起';又把原来的'二'改为'唐诗中人民思想之成长',下分甲、乙、丙三项:'(甲)大历'的上边写了'元结、杜甫'两位诗人的名字,'(乙)长庆'下边写了两个小字'理论',上边写出'元、白'两个诗人的姓氏,指出元稹、白居易的理论要注意,'(丙)晚唐'下边又标出'刘驾、聂夷中、曹邺'三位诗人的名字,之后把原稿'三'的内容改为'唐诗中之会社',下列'军旅、妇女、农民、商人、知识分子'五个项目;然后又把原稿二、三两页全部屏除,只保留一个'四'字,并在下面写出'结语'两个字,然后长长地抽了一口气,告诉我:'序和结语都不宜过长,天宝之乱是主要一环,而具体地谈人民性应放在"三"上,读全唐诗时要特别注意晚唐。'他把大纲递给我,这时候面色又转为慈和,我听出那声音中带有希望,并且用一种鼓励小孩子般的亲切语调说:'拿去,好好写吧!'我退出来,我感到我迈进自己宿舍的门坎时,我眼睛里仍含有泪。"(《人民日报》,1956.7.15)

十月一日 中国民主同盟临时全国代表大会(一九五六年二月八日民盟一届八中全会追认此次大会为民盟第一届全国代表大会)在重庆上清寺特园召开。先生原被民盟云南省支部选举为代表,虽未能赴渝,但仍在会上被增选为民盟中央执行委员会委员。

这次大会于十二日结束,通过了《中国民主同盟纲领》、《中国民主同盟组织规程》。十六日,发表《中国民主同盟临时全国代表大会宣言》,提出十大主张,要求迅速召开政治协商会议,成立民主联合政府,举行国民大会,保障人民自由,无条件释放政治犯,废止特务制度,军民分治等。

同日 先生和张奚若、周炳琳、朱自清、李继侗、吴之椿、陈序经、陈岱孙、汤用彤、钱端升共十教授联名致电蒋介石、毛泽东，提出对于国是主张。要求"立即同意召集包括各党各派及无党无派人士之政治会议，共商如何成立容纳全国各方开明意见之联合政府，再由此联合政府于最短期内举行国民大会代表之选举，定期召开国民大会，以制定根本大法，以产生立宪政府"。

时，昆明各界纷纷表明对国是态度，钱端升认为联大教授亦应表示立场，遂起草一文，请先生等人签名。朱自清日记云：二十九日，"上午钱来访，请我等在对当前政局申述意见之电报上签名，内容谈及蒋(介石)之独裁统治，我同意签名。"(朱乔森编《朱自清全集》第 10 卷，第 368 页) 有人回忆，张奚若为了避免为人口舌，主张只约请名教授签名，故最后仅有十教授签名。该电由交通部电信局发出，发报纸共用了二十四页。台湾"国史馆"今存该电发电纸原件，在"发报人姓名及住址"栏里，盖有"钱端升印"的图章，旁有"一面抄送毛泽东先生，一面签报主席"之批示。(国民政府档案，台湾"国史馆"存，典藏号 001 - 014510 - 0003) 由此可知电文发出后，原发电纸亦由有关当局同时寄出。此电发表，产生相当影响，社会反映说："十教授中张奚若先生是前参政员，周炳琳、钱端升两先生是老国民党员，也是现任参政员，过去几次参政会中都曾剀切陈言，替人民说话。其他的七位教授，除闻一多先生是中国民主同盟的盟员，吴之椿先生是国民党员而外，都是以教学为业，精研笃究，卓著声誉的学者。内中没有一个是共产党员或曾是共产党员，年龄也都在四十以上，绝没有年青气盛容易被人利用的分子在内。他们的意见应该可以说纯粹自发的，纯粹基于国家民族立场的，超出党派利害立场的意见，也就是代表了整个人民的意见。"(《十教授致蒋毛电文》，昆明《民主周刊》第 2 卷第 12 期，1945.10.17)

此电文曾以《国立西南联合大学张奚若等十教授为国共商谈致蒋介石毛泽东两先生电文》为题，刊登于十七日昆明《民主周刊》第二卷第十二期。未入集。全文如下：

重庆国民政府文官处分转蒋介石先生、毛泽东先生大鉴：

日本投降，先生等聚首重庆，国人方庆外患既除，内争可泯，莫不引领企望协商早得结果，统一早成事实，新中国之建设早获开始。顾谈商逾月，外间第传关于地区之分辖有异议，军额之分配有争执，而国人所最关切之民主政治之实施，及代表此政治之议会之召集，转未闻有何协议。诚所传非虚，则谈商纵有结果，亦只是国共两党一时均势之获得而已，既不能满足全国人民殷殷望治之心，亦不足以克服国家目前所遭遇之困难。奚若等内审舆情，外察大势，以为一党专政固须终止，两党分割亦难为训，敢请先生等立即同意召集包括各党各派及无党无派人士之政治会议，共商如何成立容纳全国各方开明意见之联合政府,再由此联合政府于最短期内举行国民大会代表之选举,定期召开国民大会以制定根本大法,以产生立宪政府。必如此,一切政治纠纷乃可获致圆满之解决,而还政于民之口号乃不至徒托空言。在立宪政府成立以前,国共两党既为今日中国力量最雄厚之两大政党,先生等又为其领袖,故刷新政治,改正方向,先生等实责无旁贷。

今当除旧布新之际,有数事应请特别注意,并立即施行者。

十余年来,我国政权实际上操于介石先生一人之手,介石先生领导抗战矢志不渝,自为国人所钦敬,惟十余年来政治上之种种弱点,如用人之失当,人民利益之被漠视,以及贤者能者之莫能为助,其造因为何?诚宜及时反省!今后我国无论采用何种政制,此一人独揽之风,务须迅予纠正。此其一。

十余年来,由于用人之专重服从,而不问其贤能与否,遂致政治道德日趋败坏,行政效率日趋低落。即自日本投降以来,收复区人事之布置,亦在在使人惊讶失望。今后用人应重德能,昏庸者、贪婪者、开倒车者,均应摒弃,庶我国可不致自绝于近代国家之林,而建国工作乃能收效。此其二。

军人干政,在任何国家任何时代皆为祸乱之阶,今后无论在中央或在地方,为旧军人或为新军人,隶国民党之军人或隶共产党之军人,皆不应再令主政。此其三。

奸逆叛国,其罪莫逭,政府纵恻隐为怀,不将大小伪官一一加以惩处,而元凶巨慝及直接通敌之辈,绝不可使逃法外。须知过于姑息,便损纪纲,忠奸不分,何以为国。此其四。

以上四者,皆属今日当务之急,亦为国家根本之图,先生等领导国内两大政党,倘刷新政治,改变作风之决心一经表明,目前政治上之纷乱局面,可立归于澄清,而来日宪政之实施,亦可大减其阻力。抑更有进者,民主制度之所以能风靡全世,而战胜反动集团消灭法西斯主义者,乃因其能以全国人民之意志为国家之意志,以全国人民之力量为国家之力量。故真正民主国家,其政府对于个人之价值,与夫个人之人格与自由,莫不特别重视,对于全体人民之智慧,亦莫不衷心信赖。先生等领导大党,责逾寻常,务望正心诚意,循宪政之常轨,以运用其党力,诚能以实际之措施,求人民拥护,藉人心之归向,作施政之指针,则一切纠纷自然消弭矣。夫导国家于富强康乐之域,其道自尊重人民始,而树立宪政轨范心理上之因素,尤为首要。奚若等向以教学为业,目击政治纷乱所加于人民之损害,亦既有年,值此治乱间不容发之际,观感所及不容缄默,率直陈词,尚乞察纳。

同日　晚,参加西南联大文艺社成立二周年纪念晚会,并在会上讲诗歌问题。孟超亦讲杂文,李广田讲小说,李何林讲文学理论,田汉讲民族形式问题。黄药眠、尚钺亦到会。（据张源潜日记,未刊）

十月二日　晚,与吴晗至云南大学社会系办公室,并邀张奚若、楚图南、闻家驷、尚钺、费青、向达、吴富恒、费孝通等人及一些青年教师,共同组成《时代评论》周刊编委会。

抗战胜利之后,昆明出现一批小型刊物,但多为打游击形式,出一两期便停刊。先生和吴晗觉得这不是办法,决定办一个刊物,为中间色彩的教授提供一个园地,并将此工作交给云南大学社会系教员王康,主编则请费孝通担任。

办刊物需要钱,先生和吴晗通过某渠道搞来五十万元(实际没用完)。印刷则是由民青地下印刷厂承担,每期稿子是萧松到王康处去取。为了让该刊能够团结更多的知识分子,先生对王康说:这个刊物同学生办的不同,写文章的都是有名有姓的,不能用打游击方式,要采取合法的办法。要登记,但不能等,一边办登记手续,一边准备出报,给他造成既成事实,出了报再说。至于内容,只要不反动都可以登,多让中间的人说话。开始应稍稍稳重些,不然会把老好先生吓跑的。这些人都是难得的人才,要尊重爱护他们,尽量争取团结这几个大学的老好先生。（据访问王康记录,1990.6.16）

夜,为时代评论社赶刻社章,以便从速办理登记。该石章现保存完好,边款上刻:"评论社成立之夕吴晗捐石　闻一多制印　卅四年十月二日昆明。"

吴晗在《闻一多的"手工业"》中特别记述了这枚图章:"时代评论社章具有历史的意义。在刻这图章前两星期,我在逼死坡文具店用一千元买到一块旧石,长方形。一边刻有双鱼,他也很喜欢,夸我眼力不错。问愿意刻什么字,是一句诗,还是连名带字刻在一起?我说,随便,你喜欢怎么刻就怎么刻罢!不久,时代评论社成立了。要一个公章,他就自告奋勇,连带也替我捐献出这块石头。十月三日的早晨,在枪声炮声中完成这件艺术品。刻完,兴匆匆的走来说:'今天我做成一件事,很得意,你来瞧瞧。'我看见也很高兴,连说好极了。又问:'你没有听见枪声吗?这样密,这样响,亏你静得下心!'他说:'昨夜晚就有一些声音了,管他呢!我今天高兴做我自己的事情!'"（《吴晗文集》第3卷,第377页,北京出版社1988年出版）

午夜,昆明防守司令杜聿明按照蒋介石五项命令,调动军队武装包围云南省政府驻地五华山和省主席龙云的威远街住所。多年来,蒋介石对龙云在云南暗中支持民主运动、与重庆对抗,早怀不满。乘日本投降之机,蒋将龙云主力部队调往河内受降,致使龙云放松警惕,身边仅留少数警卫部队。第五军与龙云部队交战至五日,龙云获悉赴河内之卢汉不能返回,而警备司令禄国藩亦被围困,使自己的宪警失去指挥,不得已,被迫离昆明去重庆,就任军事参议院上将院长之闲职。蒋介石控制云南后,昆明的形势便紧张起来。

龙云下台的原因很多,其中之一是暗地支持民主同盟。龙云本人曾秘密加入民盟,并且还让他的长子龙绳武也加入了民盟,先生和楚图南、冯素陶三人,是龙绳武入盟宣誓的监誓人。冯素陶回忆说:"龙云未下台前,他的长子龙绳武对民主运动也有一定同情,并曾秘密参加过民盟,虽然参加是秘密的,入盟仪式却颇郑重,在他东门外住宅设宴招待楚图南、冯素陶、闻一多,同时举行入盟宣誓。"(《黎明前后——冯素陶回忆录》,中国人民政治协商会议云南省委员会文史资料研究委员会编《云南文史资料选辑》第31辑,第47页,云南人民出版社1988年1月出版) 楚图南在《民盟工作的片断回忆》中进一步说:"我们商议,对龙绳武这样的旧军队和云南地方实力派涉足很深的人加入民盟①,一定要以他做点工作,对他明白加入民盟不是一件随意的事,一定要给他留下一个深刻的印象。经商量,龙绳武加入民盟要履行宣誓手续。我记得宣誓的地点是在城郊的龙云住宅的大厅里,我和闻一多、冯素陶是监誓人。"(《中央盟讯》1991年第1期)

此后,不几天,华岗离昆,行前对先生等说形势已发生变化,今后行动要谨慎,注意保存力量。先生与吴晗都认为这是中共方面的指示,特别记在心上。

十月四日 为欧小牧、周群夫妇治印。欧小牧回忆:十月三日下午,"我恐闻先生绝粮,慢步到他那里看看。先生正危坐治印,见我进来,问:'你可知龙主席在哪里?'我答'可能还在五华山,他是个老军务,打惯仗的,先生不必为之耽忧。倒是我昨天恰巧买了五升米,要不要送点来给你?'先生笑指脚边一堆薯说:'谢谢,谢谢,我还有,我还有……'我久有请先生治印之意,便借此戒严期间,无法授课之际,于次日,将石章二方,送请先生铁笔一挥。先生仅用一天工夫,便将二章治就。一方是我的:'欧阳麟印'(阴文),一方是妻子的:'周群'(阳文)。我的名章上还有边款:'小牧兄弟一多篆'。二章俱为黄色带红彩的寿山石。"(《生死情——闻一多先生被刺四十周年祭》,《欧小牧文集》第1卷,第438至443页)

十月十七日 西南联大中文系召开迎新同学会。新自美国归来的杨振声在会上谈文学的统一性问题,先生则赞扬苏联。朱自清日记:"出席中文系为今甫及一年级新生召开之欢迎会。今甫谈及中文研究及英国人欣赏中国画的问题,他强调文学之统一性。一多首先问英美对苏联的态度。会议主席最后直率地指出今甫谈

---

① 楚图南文中龙绳武作龙绳祖,今据冯素陶文改。

话方式,表示他局限于象牙塔中,而且他急于知道是否有人饿死,英国人体现了他们压迫殖民地的感情。刚好今甫要去赴宴,故而离去。一多被邀发言,他对主席的不客气表示遗憾,但赞成对志趣相投的听从直言相告。彼谓以此方式将会开下去。总的来说,彼非难英美文化,而无条件地赞美苏联。余四次被邀发言,皆谢绝。"（朱乔森编《朱自清全集》第 10 卷,第 370 至 371 页）

时,作大会主席的同学问杨振声:"听说美国也有贫民窟,他们的劳动人民究竟过着怎么样的生活? 我们也很想知道。"杨说:"我没有理由回答你的问题,我现在还有其他的事。"说罢走出会场。先生这时说:"我们主席的发问是对的,那位先生应该正确地去重新认识美国内幕。他是我的老朋友,会后我还要当面去问问他,希望他改进。"（康儿《忆闻一多先生》,《人民日报》,1956.7.15）

王康《闻一多传》也记载了这件事:"二十年后在昆明西南联大时,当一位教授大谈美国生活方式之优越时,同学们提了一些疑问,那位教授怒目而去。他很深沉地陷于回忆中。当大家踏着马路上的油加利树影送回家时,他对仍在愤愤然的同学们说:咱们也不能责怪他,他到美国去和我当年的身份不同,处的环境不同,接触面更不同了。他是去'讲学'的,受的贵宾待遇,怎么能见到美国社会的底层? 也许现在美国变了,穷人也上了天堂啦! 我那时见到的有的同他一样,有的很不一样。他自嘲地说:'我在清华当学生的时候,背诵过林肯那篇有名的宣扬民有、民治、民享的讲演辞,似乎美国人民都很幸福,其实,不是那么回事呵! 当然,应该承认美国科学实业发达,整个生活水平比我们高,只是贫富悬殊,这大致就是马克思说的社会制度有问题,不闹革命是解决不了的。'"（第 80 页）

十月十八日　　下午三时,赴清华大学办事处,出席清华大学一九四五年度第二次教授会议。会上校长梅贻琦报告上月二十日至二十五日在重庆召开的全国教育善后复员会议情况,报告联大明年四月以后再迁回平津之计划,及清华复员有关事项。报告中还讲到清华发展设想,称文学院将增设语言人类学系,教育部虽未有肯定表示,但或无大问题。（据《教授会会议记录》,清华大学档案室藏）

十月十九日　　致闻家驷信。收《闻一多书信选集》。信很短,云:"本日为鲁迅忌辰,同人发起赴陈家花园一聚,藉资纪念,如得暇盼饭后即来兄处一起出发。"时,闻家驷住在文林街民强巷五号,先生凡有活动多约他同往。

同日　　晚,参加昆明文化界在云南大学至公堂举办的纪念鲁迅逝世九周年座谈会。尚土在《痛忆闻师》中回忆:"十月十九日为鲁迅逝世九周年纪念日,几个文艺团体在云大至公堂举行纪念晚会,出席演讲的有六七位,先生最后做结论,他说:'有人把鲁迅比作现代的孔子,其实孔子哪能比得上鲁迅,鲁迅比孔子不知道伟大

到多少倍！鲁迅的道路是新文艺的道路,也是新中国的道路。'"(《人物杂志》第 2 年第
9 期,1947.9.15)

十月二十六日 对西南联大卜兴纯同学谈对时局的看法。并表示愿与尚钺做
他的入盟介绍人。(据卜兴纯给编者的信,1987.2.10)

十月二十七日 下午四时,参加梅贻琦召集的联大教授会成员的茶叙。这个
会主要是欢迎傅斯年到联大任职。三十日,傅正式就任北京大学代理校长职,并为
西南联大校务委员会常务委员。

十月二十九日 西南联大举行八周年校庆纪念周。次日,先生受聘为联大纪
念册编辑委员会委员。该委员会主席为冯友兰,成员还有雷海宗、姚从吾、罗庸。
十一月二十一日,该委员会改称西南联合大学校志编辑委员会,加聘冯文潜为
委员。

校庆期间,先生担任导师的西南联大剧艺社演出了吴祖光编写的《风雪夜归
人》,考入西南联大不久的闻立鹤参加了演出。

十月三十一日 西南联大学生自治会学艺部举办"八年来的联大"检讨会。
先生出席并发言。舒君在《民主的堡垒——联大校庆记》中写道:"王赣愚和闻一
多两位先生,在讲及'教授生活'的时候,不约而同的撇开物质生活专讲精神生
活。他们不愿为物质生活底低劣而叫苦,却因联大有学术自由与教学自由而感
到安慰。在极穷困的日子里坚守着联大的岗位,不愿有所转移。闻一多先生更指
出联大教授仅仅是一个民主'堡垒','堡垒'是保守的,因此还不够,还要冲锋。"
(《新华日报》,1945.11.21)

校庆纪念周内,人们特别关心是月十日签订的《国共会谈纪要》,民青编辑的
《现实》壁报就接受敌伪投降、解放区政治问题,访问了先生与张奚若、王赣愚等教
授,并将其意见刊登在壁报上。《西南联大教授反对内战,揭破武力统一的迷梦》中
登载先生的意见为:

> 共产党应该接受被他们包围的敌伪投降。……我们有理由信任共产党解
> 放区的军队是人民的军队;解放区的政权是人民的政权。你不能以没有到过
> 解放区来搪塞一切问题。你没有到过美国,难道说美国没有民主么?……西
> 南联大,是国内最自由的学府,应该来试办一次民意测验,反映我们心里的话。
> 我们不屑与反动集团争什么法律正统,孰是孰非,只有取决于人民,反动派却
> 最怕真正自由的民意测验。(《新华日报》,1945.11.25)

是月 协助民青把"双十协定"和有关国内外舆论的材料收集起来,编印成册,
在学生和各界民众中广泛散发。(据洪德铭给编者的信,1989.3.5)

是月　张光年离昆明,行前看望先生,并送了一个长烟斗。

张光年是通过李公朴的关系,利用国民党军官吃空额之机,顶着某人之名进了第五军留昆城防司令部电训队,随队辗转到河内,乘美国军舰到渤海湾葫芦岛登陆后,再到北平的。到北平后,张接到先生的信,大意说:昆明传言张光年在葫芦岛上岸后与八路军接火被俘,张说自己就是光未然,才被放了,此事确否望速回信。张马上复信,说没有这回事,请先生放心。(据访问张光年记录,1988.2.4)

十一月一日　上午九时,西南联大举行建校八周年庆祝会,到会者两千余人。会上西南联大常委、代理北大校长傅斯年报告迁校计划,决定次年暑假开始复员。

同日　出席西南联大社会科学研究会举办的座谈会,讨论国内形势和内战危机诸问题。

十一月五日　与闻家驷、曾昭抡、吴晗、潘光旦联合邀请梅贻琦、傅斯年、杨振声吃饭。饭后谈到政局与校局。

梅贻琦在日记中写道:"晚六点余,应一多、家驷昆仲及叔伟(曾昭抡)、辰伯饭(吴晗),约于昆南宿舍潘家,他客只孟真(傅斯年)、今甫(杨振声)。饮酒据报有九斤之多。饭后谈政局及校局问题颇久,至十二点始散。余对政治无深研究,于共产主义亦无大认识,但颇怀疑;对于校局则以为应追随蔡子民先生兼容并包之态度,以克尽学术自由之使命。昔日之所谓新旧,今日之所谓左右,其在学校均予以自由探讨之机会,情况正同。此昔日北大之所以为北大,而将来清华之为清华正应于此注意也。"(梅贻琦日记手稿,清华大学校史组藏)

是日,中国共产党中央委员会为蒋介石撕毁双十协定,调动八十多万军队进攻解放区事,号召"全国人民动员起来,用一切方法制止内战"。

十一月十六日　西南联大文艺社编印的《文艺新报》第二期出版。"编辑室启事"云:自是期起设"'文艺信箱',替读者解答文艺理论、文艺思潮、作品形式、内容及其他问题。并特约闻一多先生、李何林先生、李广田先生为本信箱导师。"(转引自王景山《忆李广田师和西南联大文艺社》,《新文学史料》1982年第4期)但这个信箱仅出过一期该报便由于一二·一惨案发生而停刊,先生未来得及解答读者的问题。

同日　晚七时,在青年会演讲"文学之欣赏"。(据《昆市点滴》,《云南日报》,1945.11.16)

十一月二十三日　在西南联大举办的第二次"战后之中国"系列演讲中,主讲"战后的文艺道路"。现有史劲(刘克光)同学记录稿,收《闻一多全集》。今存手稿中有这次讲演的提纲,兹录如下:

　　　　战后非善后,乃相当长时期的将来

欲知将来必察既往——站在过去的背景下展望将来

根据已然的推测未然

如此的未然才是客观历史发展的必然性,非个人主观的愿望,

　　是科学的预见,非掐指一算得来的玄学的幻觉

科学——历史的已然　预见——未来的必然

所谓历史——不违背全人类历史大原则的,有特殊性的中国历史

中国文艺史(本行)

但又非人云亦云的中国文艺史,如此则不必讲

乃新观点——世界观与人生观的光照下的中国文艺史

阶级社会中历史必然有两套:(1)人民的　(2)统治者的

现在要讲的是:站在(1)的立场而不抹杀　(2)的事实的"信义"

三大阶段

　　一、奴隶　有主人的奴隶

　　二、自由人(解放了的奴隶)　无主人的奴隶

　　三、主人　(自己的主人)——无奴隶的主人——人(有奴隶的主人——法西斯)

(一)奴隶阶段(奴隶社会)

　　阶级身份

　　主——自由发育　自由活动

　　奴——亏体　缚体　实质的　象征的(身体、言论、思想、信仰)

　　阶级分工

　　主——统治技术(治术)军(政刑)

　　奴——物质生产技术(技术)供主人消费　非物质生产技术(艺术)助主人消遣

艺术的奴隶(历史的遗痕)

　　师旷　高渐离　李延年

　　淳于髡　　屈原

　　宋玉

　　东方朔　郭舍人

　　枚皋

　　司马迁

生理或心理的创伤逼出了艺术　苦泪灌溉的花朵"诗穷而后工""苦闷的

象征"　金鱼　菊花　盆景——病态的美

更悲的悲剧

　　天才的奴隶　被赏识　受豢养　免劳动　被迫被诱出卖天下　做了统治的工具　粉饰罪恶　培植毒菌

（1）技术不自由的劳动　（2）艺术不自由的劳动

（3）治术、自由的劳动　（4）寄生者、自由的不劳动

（2）为（4）服务　消遣的工具　被阉割　消极的罪过（楚辞）自贱　为（3）服务　统治的工具　被强奸　积极的罪过（汉赋）捧人

（二）自由人阶级（封建社会）

　　解放了的奴隶——虽被解放而仍是奴隶

　　　　自由的愿做奴隶　儒

　　　　自由的不愿做奴隶　"此地无银三百两"　道思想的类型

一、接舆——避世　隐居不仕　"不介入"怕惹是非　消极不为人

二、杨朱——不合作　不管你的是非　积极为我

　　你甭管我，我也不管你，你是你我是我，有你我之别仍即主奴之别

　　"目中无妓心中有妓"　不做奴隶的奴隶"此地无银三百两"

三　庄周——忘你我，非无你我，"目中有妓心中无妓"

　　观念世界　主观无你我（主奴），无损于客观的你我（主奴）之存在。（庄周究非胡蝶）　前者逃人，此是逃己，都是逃亡的奴隶，仍然是奴隶"此地无银三百两"

　　四、东方朔——"避世金马门"，"大隐隐朝市"　只要主观是主，客观做了奴也无妨　"有银即无银"

　　五、司马承祯——"终南捷径"　以不做奴隶求得更高级的奴隶

　　六、等做过奴隶之后，再不做奴隶

　　七、我不是做奴隶，但是我可怜主人，没有人帮忙

　　至此道儒更无区别

萌芽于战国　消沉于秦汉　复兴于魏晋……直到今天

太上主人，帝国主义——英日美独占　解放

文艺的类型

三者四以前是真实的个人的解放，观念世界不顶事，必有所寄托，麻醉——（酒、自然、艺术）因其真，故开出艺术的花朵，魏晋最盛

阮籍　消极不为人

　　陶潜　积极为己似又超然

　　　　然阮有人,有反抗性,陶世人,无反抗性。故阮高于陶。阮只逃人,陶乃逃己,更为消极。

　　　　阮是无言的反抗,陶无反抗意识。其无言即等于无言的支持,默认、中立、超然,主观的放弃,即客观的放纵。自己自由,统治者亦自由对人民宰割,让你"听鸟说甚",自然看不见他做甚,岂不自在("鸟兽不可与同群,吾非斯人之与而谁与",可惜"斯人"是统治者,不是人民。)而且究竟是真心听鸟,还是对人装聋,"王顾左右而言他",恐怕是实情,("为艺术而艺术"的两面)艺术至上主义

　　以上除忠诚的奴隶外,便是各种不同形态的不忠诚的奴隶

　　怠工──接舆、杨朱

　　逃亡、开小差──庄周

　　装疯──东方朔

　　罢工要挟──司马承祯

　　只是没有一个真要做主人的奴隶

　　历史上奴隶变成主人的都是农民

　　　　刘邦　朱元璋(黄巢　李自成　张献忠　洪秀全)(奴隶的主人)

　　两个原因

　　无必要──分得余馂(面包渣、肉骨头)　安于"一人之下,万人之上"　自由主义者　被软化　被阉割　无能　自由是欺骗　被欺　自欺

　　(三)主人阶段,人的阶段(社会主义社会)

　　　　从自由人到主"人",意识的转变甚难,因为似是而非

　　　　无必要　故无能

　　自由被剥夺　真性奴隶才要翻身(不是藏身)　不能安身才要翻身

　　反法西斯战争的成果　非自由人　而是"人"

　　三种战后观

　　(1)恢复战前　复原　奴隶瘾　次殖民地

　　(2)实现战前的理想　自由梦　废除不平等条约

　　(3)追求新理想　主人欲

　　(1)白打了　(2)只是消极的排除障碍,不合算　(3)积极的提高了欲望

　　人民的价钱随着通货膨胀了

　　不悔国战　不怕内战　愈挨打价钱愈高

法西斯逼出了主人——历史发展的必然性

自由主义的文艺　　白日梦　　文艺是自由人的安眠药

梦虽美究非真

何况两面夹攻的被打断（右面要你做奴隶，左面要你做主人）

认清自己的出身　　始能［认清］目前身份的本质

爬到中间　　随时可被打退　　踩在别人身上　　自己立足不稳

眼睛向上看　　目的地似近　　实乃幻觉。不是挤入混进顶层　　而是消灭它

如何消灭　　向下看　　退到人民行列，一同进攻

不是更多的自由——那是逃得更远，藏得更深的意思

　　　愈远愈深，势便愈孤，虽逃不动和无处藏身者更远

自己不逃　　还要防别人逃　　已逃的抓回来

不肯回来的　　消灭他

学院派的近视

　　　知道过去的太多（书虫）　　做了过去的奴隶　　失了展望

　　　未来的能力

　　　不敢希望

　　　示以远景　　吓得发抖　　骂你傻子疯子×匪

　　　庸俗　　无灵魂

　　　说知识太多还是客气

　　　过去是谁的过去——骑在人民脖子上的人的过去

　　　过去的奴隶——便是那些人的奴隶

　　在欧洲的许多国家里——自然不必提法西斯的德国和意大利了——其现行的政治与经济机构与战前不同了

　　一个民主主义者是一个勇敢的往前看的人而不是一个偷偷摸摸向后看的人

　　先生这次演讲是联大组织的"战后之中国"系列演讲的最后一讲。此前，先后演讲的有赵迺抟的"战后的复员问题"、陈序经的"战后的中国与南洋"、冯友兰的"战后的中国文化问题"、吴泽霖的"战后的边疆问题"、曾昭抡的"战后的工业建设"、杨西孟的"战后的贫穷问题"、梅贻琦的"战后的大学教育与留学政策"、潘光旦的"战后社会改造的途径"、李书华的"战后的科学研究工作"。

　　在未刊手稿中，还有一份题作《战后的文化——官僚垄断与知识分子垄断》的

提纲,兹录如下:

　　　　不是回复到战前——复员非复原

　　　　亦非实现战前所理想的将来

　　　　战争改变了历史——加速了历史的演进——今天的理想超过战前的理想

　　　　古无前例的战争——对世界亦对中国

　　　　通过无例的战争得到无前例的认识——战争促进了文化——加速摧毁旧的,使新的涌现出来

　　　　发现了人民　　农民战争　　民主革命战争

　　　　人民不但赢得了胜利,扭转了历史,并且历史一向是人民创造的

　　　　由今天的功绩认识了过去的功绩

　　　　对今天的功绩应酬答

　　　　抗战所依赖过的建国还得依赖

　　　　"知识分子只有和工农大众相结合才会成为不可战胜的力量"

　　　　过去的错误——"劳力者治于人劳心者治人"　文化属于劳心者,为了劳心者,出自劳心者

　　　　新认识——文化归荣于人民　文化非知识分子的专制品　打破垄断局面

　　　　物质基础的创造者

　　　　上层文化的直接创造者——知识分子只负润色之责,注入毒素,腐化作用

　　　　解除人民痛苦增加生产加强物质基础使知识分子便于发展

　　　　解放人民使之直接参加创造"在普及的基础上提高"　先求普及以便提高

　　　　参加者多自易发现天才

　　　　出钱出力出知识

　　同日　西南联大、云南大学、中法大学、英语专科学校四校学生自治会联合筹备召开反对内战时事晚会,贴出海报,定于二十五日晚在云大至公堂开会,请先生和钱端升、伍启元、杨西孟、费孝通等教授演讲。

　　晚,昆明学生联合会的五位负责人来西仓坡宿舍,请先生出席二十五日的晚会。先生说自己不准备出席,并与吴晗建议请杨西孟为指导,请伍启元主讲。中共的朋友曾劝告先生与吴晗,为了扩大影响和个人安全,要适当减少公开出面,而在下面多作工作,要注意团结争取大多数,尽可能推动更多的人站出来讲话,这样对斗争更有利。先生完全同意这种意见,因而同晚,先生还对学联几位负责人谈到自

已经常从青年那儿得到活力。陈凝《闻一多传》：先生说"内战是每个老百姓都坚决反对的，我们谁也不要它！你们过去领导过我，今天我更要追随你们"。同学说："那里，是我们在追随闻先生。"先生说："不！我经常从你们［那］得到热情，得到活力，得到支持，甚至于得到我从前所隔绝的智识。我同你们来往后，才开始读鲁迅全集、海上述林、田间艾青和马耶可夫斯基的诗、联共党史、新民主主义、论联合政府、文艺的问题呀！"（第75页）

　　先生没有想到，云南当局于二十四日召开党政军联席会议，李宗黄、关麟征、邱清泉等决定禁止学生集会，并于二十五日正式发布禁令布告，进而又逼迫云大校方以维修礼堂为名，拒绝出借会场。学生们义愤填膺，有人表示要对着干，先生得知后，极力主张改在联大图书馆前大草坪，以校内集会名义举行，并说如有困难，自己可以帮助疏通。（据洪德铭给编者的信，1989.3.5）

　　十一月二十五日　晚，西南联大、云南大学、中法大学、英语专科学校四校学生自治会联合举行时事讲演会。到会者六千余人。先生没有到会。

　　七时，时事晚会开始，即请钱端升演讲"中国政治之认识"，钱以国民党员身份极力强调目前成立联合政府之必要。演讲未毕，校外即闻枪声，军警包围联大。国民党员伍启元接着演讲，他以经济学家的眼光，讲"财政经济与内战关系"，当他说到内战扩大中国必失去建立现代工业化国家的机会、财政经济将趋于总崩溃时，墙外手枪声、机关枪声四起，子弹咝咝从人群头顶掠过，电线被割断。大会点起汽油灯继续进行。费孝通讲"美国与中国内战之关系"，指出美国政策实有助长中国内战之嫌，其罪在美国财阀军阀，中美人民应联合起来反对中国内战。当潘大逵讲"如何制止内战"前，机关枪、冲锋枪声齐作。潘仍登台强调从速召开政治会议，尤其指出撤退美苏军队是制止内战的主要条件。为了安全，大会提前结束，在"我们反对这个"的反内战歌声中散会。但外校同学刚出校门又遭阻击，各处出口均被断绝，不得已又折回联大，至十时许，方自农场小路经云大后门入城。为抗议国民党破坏民主集会，四大学学生自治会当晚议决联合罢课。

　　时事晚会进行时，先生正在探望大病初愈的罗伯特·白英。同坐的还有两位年轻人和一位语言学家。当时交谈的情形，白英在《中国日记》中记述："过了一会儿，闻一多来了，他手中还拿着一小束鲜花，但烛光使那鲜花显得枯萎、凋零。……我们开始没完没了地谈论起政治来。R讲了一个北京某家人的厨师的故事，那厨师每晚都出去一转，在日本人管辖的铁路线上松开几段铁轨。但第二天清晨，日本人总是又把它们修复了。闻一多说：'要是中国人能把他们进行破坏的娴熟技巧用以重建家园，那该多好呀。但话又得说回来，我们是世界上最大的破坏者。世界上恐怕再也找不到任何民族能像我们这样有力地把敌人弄得垂头丧气,一蹶不振。日本人善于机械操作,但在老于世故、足智多谋方面,和我们相比真可以说是望尘莫及。他们太年轻了,而我们却是饱经忧患的老人。'他对日本人怀有真挚的怜悯之情,把他们比作孩子;但同时,他又对一些日本学者深为景仰。'我希望他们能得到保护——他们中间很多人了解我们,只有他们这个民族才是唯一了解我们的民族。'我问他,这一来又该怎么解释他先前所讲的'日本人年轻,中国人年老'的说法呢?他微笑着答道:'我的孩子比我妻子更理解我。'那些关于贪污腐化和特务横行的卑劣行径的细节,听起来真令人毛骨耸然,但绝不可能全属虚构。'毫无疑问',闻一多说,'人民应该有权调查政府官员的私人财产。我们了解共产党领导人的私人财产——可能是每人五美元吧。'他从来没有像这样义愤填膺,对教授中的几个为国民党捧场的人尤其感到深恶痛绝。他说,学者的责任便是永远超脱于政治之外。我反驳道:'沉默也许意味着对国家的不忠。'他回答说:'不,在这样的时刻、这样的场合里,保持沉默就是声张正义,谴责邪恶。'后来他又说:'在现时的情况下,学者们应该超脱政治。当然人民可能会邀请他们在政府部门任职。但我们这些人既然显得那么无能和不称职,那么,他们在台上的至少应该保持清正廉洁。惭愧的是在这场战争中,我们没有立下半点功劳,实在不配享受这胜利的成果。我们既有封建思想的残余,也有法西斯主义的影响——这一切都仍旧原封不动,毫无改变。'我又反驳道:'中国人完全有权享受这胜利的成果。''不错,'他答道,'但是没有任何政党,没有任何百万富翁,没有任何当官的有权享受这种胜利成果。农民,是的,农民是受之无愧的,但绝不是那些当官做老爷的。'他身体不好,有时候,他谈话时言词那么尖刻,情绪那么激动,真令人为他的健康担忧。但他谈话时从无轻蔑之意,他神态安详,有时低着头,从容地侃侃而谈。在烛光下,在这种时刻,他显得比任何时候都更雄辩动人。九时许,从学校方面传来一阵枪声,我说:'可能有人在放鞭炮吧。'虽然我敢断定那十有八九是枪声。闻一多说:'你来中国多久了?四年了。你难道分辨不出枪声吗?'接着又响起了几次劈啪声,这时我才完全确信这是枪声。可是这枪声使我感到纳闷,直到诗人说起还有成百个云南兵隐藏在山里时,我才解开了疑团。'他们住在乡下,不敢进城——因为一进城,便会立即被拉去枪毙。最糟糕的是,目前的新政府掌握云南兵的详细情况,还备有他们的照片。不过,要把他们斩尽杀绝,还得花费好几年时间呢。'闻一多说:'我们正在制造土匪,因为我们太缺乏恻隐之心了。'接着他便讲起一个可怕的故事,他曾目睹一百多名云南兵被捆着集体押到北门外处死的惨景。'我对云南地方政府毫无好感,这些人和别的官们一样贪污腐化,但我打心眼里关心这些孩子。枪毙他们是毫无理由的,他们中有些人是少数民族,他们忠于龙云,因为龙云和他们是同族。但他们的这一片忠心并不是罪过啊。'临走时他又说:'有个学生告诉我,他无意中听到新来的警备司令霍揆彰①将军说,如果我有个三长两短,碰到意外事故,那真是他所求之不得的。好吧,就让他们使出最卑劣的伎俩来吧! 如果说,他们可以毫无理由地杀害青年,杀害那些对他们毫无危险的青年,仅仅因为青年是国家的财富和力量,那么他们就完全有理由杀害学者们,因为学者们早已被榨干了油水,精力也已经消耗殆尽了。'他说着不禁黯然神伤,但没有丝毫自负的神情。他们离开时,电灯还没有亮。我拿着点了三支蜡烛的烛台给他们照路,一直把他们送到街角。我还记得闻一多那长衫上的熠熠亮光。虽然周围有好几辆黄包车在招揽顾客,他却一一拒绝了。我真不知道他到底能不能回到家中。"(《云南文史资料选辑》第 30 辑,第 297 至 300 页)

十一月二十六日　黎明,先生得知同学罢课消息,想起华岗离昆前的话,不免为学生担心。

是日,昆明《中央日报》刊登消息《西郊匪警,黑夜枪声》,诬蔑昨日时事晚会,更激起公愤。次日,云南当局组织"反罢课委员会",派出军警殴打街上宣传的学生。为反对暴行,昆明市学联成立"中等以上学校罢课联合委员会"(简称"罢联"),并召开大会通过《告全国同胞书》。

十一月二十八日　民青执委会主任委员洪德铭找先生和吴晗商谈。时,民青已于六月召开第二次代表大会,改选洪为主任委员。联大民青分两个支部,第一支部由原执委会改组而成,第二支部由马千禾(马识途)、许寿谔(许师谦)等人组成。同时,中共在联大亦成立两个支部,以洪、马为书记,分别领导两个民青支部。洪介绍了宣传小组在街头屡遭特务暴徒殴打的情况及群众对当局极为不满的情绪,并说听说卢汉已回到昆明,因此只要坚持斗争,是可以争取有条件复课的。洪回忆先生和吴晗当晚的态度时说:"他二人说,学校已定明日劝学生复课,并答应复课后和学生一道坚持提出各项要求,要民青立即做准备复课的动员、组织工作。"(洪德铭给编者的信,1989.3.5)

十一月二十九日　上午九时,西南联大在清华大学办事处召开本年度第二次教授会议。出席八十二人。主席叶企荪,先生以书记身份做记录。

会上叶企荪报告学生罢课情形及校务会议处理之经过,遂议决五项:"一、同人站在教育立场,对本月二十五日晚军政当局行为,认为重大污辱,应依校务会议决议原则加强抗议(全体通过)。二、召集全体学生训话,劝令即日复课,由全体教

---

①　霍揆彰当时不是云南警备司令,任此职的是关麟征。

授出席。除代理常委叶企荪先生、教务长潘光旦先生外,另推代表三人发言(通过)。三、推举抗议书起草委员八人。抗议书内容由起草委员全权负责(通过)。四、推张奚若、钱端升、周炳琳三先生代表本会向学生训话。五、推冯友兰、张奚若、钱端升、周炳琳、朱自清、赵凤喈、燕树棠、闻一多八先生为抗议书起草委员(冯友兰先生为召集人)。"(《三十四年度第二次教授会议》,清华大学档案室藏)

先生参与起草了《国立西南联合大学全体教授为十一月二十五日地方军政当局侵害集会自由事件抗议书》,文云:

> 近代民主国家,无不以人民之自由为重,而集会言论之自由,尤为重要。无此自由者,应使有之。既有此自由,应保障之,充实之。此固社会进步之常理,经世建国之要道,而为政府与人民所应共晓者也。其在我国,集会言论之自由,载在约法,全国人民,同应享受,大学师生,自无例外,且断非地方军政当局所得擅加限制者。乃本月二十五日晚,方本大学学生,与云南大学、中法大学及英语专修学校学生,在本大学举行晚会之时,竟有当地驻军,在本大学四周,施放枪炮,断绝交通。际此抗战已告结束,举国方以进入宪政时期,而地方军政当局,竟有此不法之举,不特妨害人民正当之自由,侵犯学府之尊严,抑且引起社会莫大之不安。兹经同人等于本日集会,全体一致决议,对此不法之举,表示最严重之抗议。(铅印传单,清华大学档案室藏)

同日 下午三时,联大召开全校大会,动员学生复课。先生也自动站起来说了一番话。朱自清在日记中记述当时情形,说:"上午开教授会,选出三名代表劝学生复课。下午三时学生在阅览室集合开会,会场内有许多墙报。开会发言时,学生们又将许多新的标语贴在教师的呼吁书前。讲话者都发出紧急呼吁。会议结束前,罢课委员会贴出通告,谓不久将提出答复。大部分教授离去,少数留下来。一个温姓学生以诗歌似的煽动性语言作了答复,××认为这是挑战,他以激昂的声调回答。听众反应愤怒,他们要继续罢课,我们失败了。一多上讲台,将局面安定一下,他承担了不少义务。"(朱乔森编《朱自清全集》第10卷,第377页)季镇淮《朱自清先生年谱》亦云:"学生下午三时开大会,多数教授皆往出席,墙上已贴满标语。教授讲演时用命令口吻,学生已有反对教授会之标语。罢课委员会通过一复信,由学生一人朗诵,用挑战口吻,措辞婉转而激昂,听众鼓掌,继续罢课。……(闻)到讲台前,欲缓和情势,致辞甚长。"①(《闻朱年谱》,第163页)王泽(王子光)在日记中亦云:"要算

---

① 朱自清日记系此事于28日,似误。温功智告诉编者,"学生一人"指的就是自己,当时他代表学生发言。温功智还说,先生是站在饭桌上讲话的。先生殉难后,温功智为怀念先生,改名闻功。

张奚若教授说话最合理,钱端升教授太激动了,周炳琳教授有他一向的立场和背景,谈话态度未免有些不公正,被同学质问得无词以对,要不是闻一多教授出场讲几句话,真不知道周先生如何收拾那僵局。"(王泽《一二·一运动记》,昆明《时代评论》第9期,1945.12.28)

民青向中共南方局的汇报稿《"一二一"运功与"民青"》是这样记录这天的会中情形:"当天下午,即由罢委会发表一封给教授的公开信,内容主要表明两点,在图书馆前面公布,并在教授来到会前向同学宣读。教授来后,由叶企荪、张奚若、周炳琳、钱端升诸人代表校方讲话,除对同学行动表同情及赞助外,进一步以种种理由,要求同学复课,并由周炳琳代表校方宣布第二天(卅日)上午九时正式复课。并说:同学因故未能复课听便,但不得干涉他人上课。当由罢委会代表答复称:自由未能获取,无法复课。周炳琳说以后保证开会决无同样事情发生。同学代表称:果尔则我等明天游行,如未出事,则立即复课,问周炳琳能否保证。周氏答称:彼所保证者,系指校内集会自由,非指校外而言。至是代表遂以'九一八'为例,而声明不能等候解决,必须以行动贯彻主张,不当奴隶。至此闻一多出来讲演(预定不许他说话),他认为复课是一策略问题,而复课并非是不干,同时表示罢课已获重大成果云云,并指责罢委会代表感情用事,想用感情煽动人,最幼稚亦最可羞愧。语毕,教授即行离开会场,同时罢委会正式宣布继续罢课。"(中国共产主义青年团中央委员会资料室藏,转引自一二一运动史编写组编《一二一运动史料选编》上册,第34至35页,云南人民出版社1980年11月出版。此件原题为《昆明学生惨案经过》,作者不详)

十一月三十日　中国民主同盟云南省支部发言人对昆市大中学生罢课发表声明,完全同意学生提出的正当要求。这一转变说明先生已开始支持罢课,其中中共联大地下党总支部负责人袁永熙对先生做了及时的思想工作。

洪德铭亦回忆到,先生得知特务军警继续殴打学生,闯进校园撕毁壁报等事后,深感自己原来的想法太天真,对洪说在会上劝学生复课是错误的。(据洪德铭给编者的信,1989.3.5)

十二月一日　"一二·一"惨案发生。上午九时到下午四时,暴徒数十百人身穿杂色军服,手持木棍扁担,袭击云大、联大,发生殴打同学事件五起。时,有军人扔出手榴弹,炸死南菁中学教员于再。在联大师范学院,暴徒扔出二枚手榴弹,炸死联大同学李鲁连和昆华工校学生张华昌。又用刺刀刺死联大女生潘琰。是日受伤者有联大同学缪祥烈等二十五人。

面对这残暴的行径,先生愤怒地说:

在帝国主义国家里,镇压人民革命的行为,一般人称之为白色恐怖。这次昆明一二·一惨案的暴行,连白色恐怖的资格也不够,简直是黑色恐怖,因为白色在字面的意义上讲还是纯洁的。一二·一的暴行是太凶残丑恶,卑鄙无耻了!事前有周密的布置,当时是集体的行为,打上大学门来,向徒手学生掷弹,向毫无抵抗的女生连戳数刀,终必置之死地。事后并造谣诬蔑学生,弄出一个莫须有的什么姜凯田凯来。鲁迅先生说发生三·一八惨案的民国十五年三月十八日是中华民国最黑暗的一天,他不知道还有更黑暗更凶残的日子是民国三十四年十二月一日!段祺瑞的卫兵是在执政府前向徒手学生开枪,十二月一日的昆明是大队官兵用手榴弹和刺刀来进攻学校!凶残的程度更进了一步,这是白色恐怖吗?这是黑色恐怖!(《闻一多先生在一二·一惨案座谈会上的演词》,转引自李何林《黑色恐怖的昆明》,上海《民主》第45期,1946.8.24)

同日 晚,在第一线指导罢联工作的洪德铭[①]与先生、吴晗碰头。三人一见面就落了泪,洪德铭回忆:"惨案当天晚上深夜,我把工作安排好后,到吴晗、闻一多处碰头,三人一见面就情不自禁地泪流满面地哽咽起来。接着在一起交换情况,商量工作。闻、吴先生说教授会的工作、民盟的配合、文化教育界的发动,由他二人负责,每天他二人向我介绍情况。民青、罢联有什么意见要求,可以委托他二人办理。我按照党的指示,把我们如何扩大、坚持斗争的部署向他二人作了汇报,他二人表示完全同意,全力支持。闻先生还说:'大事不先和民青商量,决不随便向外表态。'末了,闻先生对举行烈士入殓仪式,灵堂布置,成立治丧委员会,法律委员会等方面,提出了具体意见。第二天(二日)罢联关于以上工作的安排、落实,都是按闻先生意见办理的。"(洪德铭给编者的信,1989.3.5)

同日,卢汉就任云南省政府主席,李宗黄卸代主席职。

十二月二日 上午九时,西南联大在清华大学办事处召开本年度第三次教授会议。出席八十五人,主席叶企荪。先生以书记身份作记录。

会上,叶企荪报告"十一月二十九日召集学生训话经过";报告"校务会议决议:分电教育部及蒋主席宋院长,请派政军大员来昆彻查处理,并推代表三人赴渝接洽";报告"十二月一日暴徒袭击本校师范学院、工学院、新校舍及附中等处情形"。查良钊"报告学生死伤概况",袁复礼"报告新校舍受袭击并本人受伤情形",马大猷"报告工学院受袭击捣毁及本人被殴情形",高崇熙"报告新校舍受袭击情形",张清常"报告师范学院受袭击及学生被屠杀情形"。教授们对此次大屠杀莫不愤慨异

---

① 洪德铭当时是联大民青第一支部主任委员,并为第一、二支部联席会负责人。又,因罢联主委王瑞源是民青第一支部成员,故按中共指示,洪还负责分管罢联工作。同时,洪还是民青与民盟云南省支部的联络人。

常,会中一致通过五项决议:"一、推派周炳琳、汤用彤、霍秉权三先生参加死难学生入殓仪式,代表本会同人致吊,并代表同人向受伤者致慰问。二、请主席向地方军政当局交涉,万一学生坚持抬棺游行,请准予进行。三、建议学校拨校园地以安葬本校死难二同学。四、接受助教二十八人建议书中关于法律部分,组织法律委员会,负责研讨。法律委员会委员由周炳琳、钱端升、费青、燕树棠、赵凤喈五先生及建议书具名之法律系助教二人充任之。"时,先生等曾建议罢教声援学生,但教授会议决:"五、罢教问题延缓讨论。"(《三十四年度第三次教授会议》,清华大学档案室藏)

下午三时,昆明市中等以上学校罢课联合委员会,在西南联大新校舍图书馆前,举行于再、张华昌、潘琰、李鲁连四烈士入殓仪式。与遗体告别的各界人士川流不息,气氛悲壮。六时,联大全体同学为死难四烈士举行公祭,由联大代理常委叶企荪主祭,各校师生和各界群众六千余人参加,联大教授周炳琳、汤用彤、霍秉权致悼,世界学生救济委员会代表伊罗伦也参加了仪式。祭坛设图书馆前,坛后旗杆下半旗志哀,坛两边停放着四口棺材,还有四烈士遗像、祭文、挽歌等。先生带着悲愤的心情参加了入殓与公祭。

是日,中国民主同盟云南省支部发表《对"一二·一"惨案的抗议》。这是连夜起草、赶印的传单,类似这样的印刷品,先生常亲自派自己信任的学生送往印刷厂,或校对草样。范宁回忆:"一二·一运动中,我曾两次去《扫荡报》印刷厂,校对两个文件。一次是和季镇淮同去,一次是和历史系一位同学同去。一个文件好像是'民盟云南省支部告昆明父老书',一个是'一二·一事件真像'。这两次都是拿着闻先生写给某人的字条,通过这个人才进入排字房的。"(范宁给编者的信,1988.12)

晚,联大剧艺社在图书馆前演出王松声同学赶写的反内战小剧《凯旋》,刚考入西南联大不久的闻立鹤参加了演出,先生在台下坐在地上认真观看。王松声回忆说:"《凯旋》的主题思想是"反内战"。这个戏,虽然在'一二·一'那几天写成,但素材却积累很久了。抗战初期,国民党反动派曾将黄河决堤,企图阻止日军进攻,却给老百姓带来了深重的苦难,成千上万的老百姓流离失所,我到过黄泛区,亲眼看见种种苦难惨景,在我脑子里留有深刻印象。罢课后,大家认为要用戏剧形式宣传反对内战,我写了《凯旋》。初稿三四天就写出来了,演了一次,大家反映不错,修改第二稿时,正赶上'一二·一'。那天校门口特务在打人,攻校园,我放下笔,跑出去和大家一起把敌人打退,回来又继续写,心里充满了战斗激情。最后修改定稿是'一二·一'惨案发生的第二天。在联大图书馆的一个小角落里,旁边隔着一块布幕,同学们满怀悲愤地为死难烈士洗尸体,准备装殓;窗外,则有一些准备上街宣传的同学们在练习刚刚谱写出来的挽歌,'你们的枪口不能再对内啊,弟兄们站过来啊',歌声满含悲愤激情,清晰地传到我的耳朵里,我心潮起伏,思绪万千,一口气将它写完……第一场演出,闻一多先生也在台下坐在地上看。"(王云、余嘉华访问,余嘉华整理《关于联大剧艺社的一些情况》,一二·一运动史编写组编《一二·一运动史料选编》下册,第282页,云南人民出版社1980年12月出版)

十二月三日　昆明市中等以上学校罢课联合委员会,在西南联大新校舍图书馆设四烈士灵堂。中午,先生第一批入灵堂奠祭。先生献上的挽联为:"民不畏死,奈何以死惧之。"他写挽联时,立鹏和闻名都在身旁,立鹏为他牵着宣纸,先生边写边向孩子们解释它的含义。在灵堂里,先生对孩子们说:他们死的多么光荣!后来,先生曾与夫人再次前来灵堂祭吊。回家后对夫人说:"一个人像这样死,才真是光荣啊!"

田汉《望着云南痛哭》中,说先生还为民主周刊社书写了敬献四烈士的挽联:"昆明学生惨案爆发,定期公祭四烈士,民主周刊社由潘光旦先生拟了一首挽联,交闻先生挥毫,只记得下联是'民不畏死,如何勿思',文既古雅,闻先生又写的是小篆。虽则旁边用小字注出原文,但观众谁去仔细考究?也可知道这位忠勇奋发的民主战士还随时流露学究作风。"(《人民英烈》,第274页)

十二月四日　上午九时,西南联大在清华大学办事处召开本年度第四次教授会议。出席八十八人。主席叶企荪。先生以书记担任记录。

在二日教授会议上,先生等就主张罢教声援学生运动,但未能通过。这天会前,先生又作了许多说服,希望得到支持。最后表决,赞成停课者六十一票,赞成罢教者十九票。多数教授仍主张采取法律解决,不愿给当局施加更大压力,但对惨案仍表示愤怒,对同学仍十分同情。会上通过七项决议。为:"一、法律委员会委员,除上次会议推定之周炳琳、钱端升、费青、赵凤喈、燕树棠五先生,及助教代表曹树经、闻鸿钧二先生外,再加请蔡枢衡、章剑、李士彤三先生及助教丁则良先生参加工作。二、委托校务会议招待中外新闻记者,并以书面说明此项事件真相。三、电请三常委即日返昆主持校务①。四、委托法律委员会搜集有关本次事件之史料。五、自即日起本校停课七天,对死难学生表示哀悼,对受伤师生表示慰问,并对地方当局不法之横暴措施表示抗议。六、由校务会议迅速设法劝导学生复课。七、促法律委员会加紧工作,务期早日办到惩凶及取消非法禁止集会之命令。"(《三十四年度第四次教授会议》,清华大学档案室藏)

在教授会议上,先生处于少数,但仍泰然。回家后称赞张奚若,说:有些人讲话真让人生气,我想起来讲话,又要作记录,急死人,幸有张先生在会上舌战群儒,

---

①　时三常委梅贻琦赴北平视察清华园接收及修理情况,傅斯年、张伯苓均在重庆。

痛快淋漓。

朱自清日记记录了会上的情形,云:"上午开教授会,第三天罢课进行了六小时的激烈辩论,最后作出三项决定,其中第一项是校方宣布停课一周,以表示对死难者之哀悼,二是要学生向受辱的同事表示慰问,三是向负责部门提抗议。会议气氛相当紧张,而且在讨论第一项决议时即有分裂的兆头。然休息十五分钟后,局面的所好转。枚荪(即周炳琳)想出一折衷议案,由杨今甫(即杨振声)与汤锡予(即汤用彤)提出,结果相当不错。""在今天的会上,枚荪、奚若、一多与芝生(即冯友兰)的发言很明确。尤以芝生的讲话非常鲜明,这在平时是很少有的。"(朱乔森编《朱自清全集》第10卷,第378至379页)

教授会议通过"停课七天"议决,具有重要意义,因为这"是过去任何一次学生运动中所未曾有过的"。(《新华日报》社论《中国青年的光荣》,1945.12.9)

附:联大国民党和三青团主要负责人姚从吾十一日给陈雪屏(三青团中央直属西南联大分团部干事会长)、郑天挺(西南联大总务长)的信。信中说到这几天的情况与教授会议情形:"二十五日学生召开时事座谈会,请的人有端升、启元、西孟、一多、费孝通等,并推西孟为指导,启元为主讲。用意有二,其一在表现力量,冀在后方捣乱,牵制驻军北调,完成 CP 割据东北的阴谋。其二在改变同学的观点,企图继续把持学生会(自大公报质中共一文发表,整个形势实有转变之可能)。二十五日下午(郑)华炽曾参加警备司令部召开的联席会。他回来说,他们主张严厉干涉。我即去找西孟,西孟当晚即未出席。晚九时突闻枪声,华炽即说:'糟了! 希望不在联大!'那知道真的就是在联大,次日即罢课了! 当时同学与教授都很激愤。我们对罢课,不但不能挽救,且只有随声拥护。二十六日,程陶、高乃欣、张锡芝等来了。决定采用分化方略,只将第二项要求,美国撤兵下加上'苏联不干涉中国内政'九个字,以瞻全校的反应。分头活动,冀有收获。至二十七日上午,签名赞同者已有九百六十余人。下午开大会讨论,因为组织不严密,被捣乱者破坏了。但中立分子的势力,仍在增加。学校也决议用全体大会的名义,劝告大家上课。更不幸的在这个当儿,李宗黄、关麟征(热心有余,见识太差!)、邱清泉诸公又组织了一个反罢课委员会(由支团与党部等主持,以第五军为后盾),与学生撕打。到了十二月一日,竟打入学校(新校舍、师院、工学院、云大),投掷手榴弹,捣乱者希望的惨案,他们竟代人家造成了! 从一日起,不管事的学生也起来了,助教、教员,联合附中的教员,组织了一个讲师助教联合会,也参加活动。六[四]个棺材停放在图书馆内,一方面进行募捐(刻已达七百余万元,龙夫人捐五十万),一方面铺张祭吊,一方面四出讲演,闹得人心惶惶,秩序紊乱。幸而教授会于四日全体决议,否决罢教,改为停课七日,算是教授站在政府的方面,学生的气焰,才算稍稍好转了(四日自九时开会,到下午三时始散,出席八十二人,赞成停课者六十一票,赞成罢教者十九票。决议案原文:一、停课七日,对死亡同学表示哀悼,对受伤教授同学表示慰问,对地方当局横暴措置表示抗议。二、继续劝导学生上课。三、组织法律委员会,进行惩凶等控告)。教授会精彩紧张,可谓空前。一多自称反对政府,枚荪(周炳琳)发言也力量大增,几乎受全场的支持。端升表现的最糟。奚若仍是骂人老套。他们竟真的把枚荪烘托成正义派了。……这次风潮太离奇了。若能就此而止,保持了三校,则教授会的态度,实是一个重要的关键。教授会无形中分成两个系统。一是国民党左翼,以枚荪、西孟、自昭(贺麟)为代表。一是CP,以一多为代表(一多不是CP,但他站在最左的一边,公然反对政府,又说是可以指挥学生会)。吴辰伯只能引起大家的反感,而实毫无能力(比方,他说:'人被打死了,我们再不行动就不是人!'但是同时就有人说,自己不牺牲,专让青年去牺牲,那才真的不是人呢!)同事中百分之八十,虽不言,辨别是非则至精。一多在开会前到处游说罢教,结果六十一对十九票,他应该恍然大悟了。"(北京大学档案室藏,转引自《一二·一运动》,第411至414页)

十二月五日 罢联开会议决提出罢课目的三类十一条。第一类:一、立即制止内战,要求和平。二、反对外国助长中国内战,请美政府撤退在华美军。三、组织民主的联合政府。四、切实保障人民的言论集会结社游行出版人身等自由。第二类:一、追究一二·一事件真相。二、立即取消十一月二十四日党政军联席会议禁止集会游行之非法禁令。三、保障同学的身体自由,不许任意逮捕。四、要求中央社改正污蔑联大之荒谬言论(诬指教授学生为匪徒、为共产党),并向当晚参加大会之人道歉。第三类:一、严惩凶手,撤办十二月一日惨案主使人关麟征、李宗黄。二、发给死难同学之抚恤费及受伤同学之医药费。三、赔偿一切公私损失。罢联还决议须待第二类四条与第三类三条得到圆满答复,才能考虑复课问题。

先生对罢联的正当要求,是积极支持的,他的一切努力都为着这些条件的实现。

时,联大附中也举行了罢课,在附中学习的几个孩子参加了街头宣传和卖《罢委会通讯》的活动,先生很高兴。孩子们唱起刚刚学会的《布谷鸟》,"布谷声声,田里水漂漂,我们大伙儿从早忙到晚,弯背插秧苗,插秧苗……"这个时期,先生为支持学生的罢课斗争,也是从早忙到晚,晚上回来还要弯背刻图章,挣活命钱。先生听到孩子们唱歌,不无感慨地说:"我是从早忙到晚,弯背刻图章,刻图章啊!"

十二月六日 先生等二百九十八人联名发表《为十二月一日党政军当局屠杀教师学生昆明市各大中学教师罢教宣言》。全文云:

　　夫人民有集会结社言论身体之自由,载在约法。抗战结束以后,国民政府亦一再表示,取消一切妨碍人民自由之法令。乃昆明党政军联席会议,竟于十一月二十四日议决公布:"凡各团体学校,一切集会或游行,若未经本省党政机关核准,一律应予禁止。"似此僭妄非法,剥夺人民身体自由,违反政府法令,已极不合。翌日,昆明四大学学生在联大开时事晚会,反对内战,武装军人即四面包围,鸣机关枪、开迫击炮,投手榴弹,大肆威胁。该会为顾及群众安全,乃提前散会。会后外校学生各自归返,复被军警阻挠,如临大敌。次日并由中央社宣称土匪作乱,混淆听闻,以此激起昆市全体学生公愤,大中学凡三十余校,纷纷罢课。同人等忝列教席,目睹集会言论之自由,横遭摧残,如坐视不语,则是悖理失义,何以为教。然学生之旷时废课,究非长策,故一面抗议非法干涉人民自由,一面劝告学生尽早复课。救敝补偏,维持教育之苦心,当已为各界人士所共鉴。不意十一月三十日,军政当局复唆使大批便衣队及特务人员闯入中法、联大、云大等校,破坏校具,且四出侦索,刀枪并用,伤害学生。次日(十二月一日),又唆使大批武装军人及便衣队涌至联大、云大等校,肆意捣毁,并冲破联大校门,在校舍中开枪掷弹,极尽屠杀之能事。计被杀死教员与学生四人,伤者数十。教授之被殴伤者尚有马大猷、钱钟韩及年届六十之袁复礼诸先生。并且拦路阻打救护人员,不准施救,时有受伤学生已抬至云大附属医院,复被暴徒追往,殴伤医院护士。同人等目击心伤,念是非之未彰,痛正义之不伸,凶暴违法之徒如不除,就国家言,将何以为国,何能建国,就同人等言,将何以为教,何忍为教。故决于即日起,一致罢教,至学生复课日止,以示抗议,并向政府呼吁三事:

　　一、严惩屠杀无辜教师与学生之党政军负责人;

　　二、以事实保证不再发生类似事件;

　　三、取消十一月二十五日地方当局所颁布之非法禁令。

　　呜呼:邦国殄瘁,主义云亡,爰作救危之呼,敬祈各界人士见义勇为,庶几教育不至摧残尽尽,建国能有一线希望,则国幸甚,人民幸甚!

　　昆明西南联合大学、云南大学、中法大学、英语专科学校、昆华女中、昆华中学、昆华商校、天祥中学、南菁中学、黔灵中学、中山中学、求实中学、五华中学、昆华农校、培文中学、南英中学、云南大学附中、长城中学、建设中学、文正中学、昆华女职、大同中学、市立女中、金江中学、天南中学、衡岳中学、龙渊中学、中法中学、昆华师范、昆华工校等校教师。(转引自《一二·一运动》,第132至135页,中共党史资料出版社1988年8月出版)

签名者:丁维铎、李禺、于舜卿、王鋆、王晓云、王通裕、王志诚、王云珍、王维振、王兆裕、王文、王玉华、辛念荣、王景鹤、王庆周、王灼如、王康、王金钟、王瑞沅、王树勋、王万熔、文波、尹履江、石珏、田思源、田晓、申净文、申恩荣、朱伯欣、朱亚杰、朱文达、朱公行、朱光亚、朱德熙、任树群、向达、江枫、江爱良、江志云、吕万钟、吕德申、吴企如、吴静山、吴家华、吴彬、吴征镒、吴富恒、吴亦芳、余培忠、何纲、何炳昌、何兆武、何扬、何文达、何玉英、何立忠、何炳元、何昌杰、李爱山、李俊昌、李宗渠、李培玉、李治中、李永嘉、李如金、李懋仁、李达武、沈日叙、沈培江、杜华民、杜精南、巫宁慧、汪志华、汪明辉、林书诚、林书元、杜少侯、林文彪、林培真、易经香、易岫篆、易梦虹、易淑懿、尚钺、周维俊、周家炽、周新民、周宏光、孟庆哲、孟育新、胡笳、胡维青、胡耀宗、胡庆钧、胡小兰、范超瀛、范家骅、紫英、凌德洪、俞铭传、俞和权、段品三、段蕙仙、段佩瑛、姜震中、姜安、马天禄、马承祐、苗华殿、郎实珍、陈尔弼、陈穆、陈家骅、陈玉珍、陈尚文、陈钟远、陈庆局、陈情、陈美觉、陈光远、陈宣剑、陈霁秋、陈秉钧、陈文俊、郭志青、郭崇礼、郭双文、郭芸、唐登岷、唐嗣霖、唐振湘、唐诚光、唐鳌虞、孙本旺、孙阳谷、孙希炽、徐嘉预、孙永明、邬学茂、范淑谨、徐大德、徐利治、徐绍龄、殷焕先、殷汝棠、陆钦墀、袁克勤、袁冬贞、陆凡、郭一民、符开甲、冯宝麟、冯开文、冯式权、冯钟潜、资臣、张希恺、张宗凤、张侠成、张人鹤、张绍桢、张同珍、张培荃、张秉文、张行煜、张厉平、张之毅、张诚浩、张澜庆、张祖美、张璇卿、张尔巂、张特之、张志光、张振名、梅树、梅淑玉、许少鸿、许杰、许健冰、许渊冲、章育中、章琏玉、高国泰、高其梅、高维汉、高鼎之、莫翰文、黄赏林、黄匡一、黄自强、黄少鹄、黄辉实、黄永泰、温功礼、彭同和、彭国焘、董继高、董申保、董维民、董行安、董苏因、傅乐淑、傅学义、解非、解德容、程力方、程志潜、程应镠、项粹安、万绍祖、万文琛、曾幕蠡、曾宪邦、楚图南、杨东明、杨秀珍、杨明、杨光社、杨德森、杨德新、杨时侃、杨鹏魁、杨秉祺、杨益、费家骅、费孝通、费青、闻一多、叶其汉、叶志青、叶崇基、郑若洋、郑宝芬、郑林生、郑智锦、廖山涛、刘春生、刘家怀、刘宗汉、刘俊融、刘治中、刘振鹤、刘宏周、刘德彰、熊士敏、熊中煜、蔡洁石、傅玉影、邓海油、刘笑娟、刘邦瑞、刘晋年、刘志远、刘审美、刘维芳、刘金钰、刘世泽、刘琳、萧学恺、萧成资、萧前瑛、萧访桂、潘大逵、潘光旦、潘清华、潘鉴元、卢福庠、龙文池、龙秀云、阎生文、阎昌麟、蒋湘漳、蒋仁、钱学熙、钱介福、谢光道、谢松涛、骆大辉、关山月、关德超、缪鸢和、薛宗柳、简思泽、戴今生、戴光纯、戴钟珩、穆广文、聂扬建、罗应荣、罗得光、谭沛祥、谭又新、严志达、严维华、顾文山、顾思良、衡岳。①

---

① 原件注云："国立西南联大讲师、教员、助教及附校教员联合会已议决自本日起罢教至学生复课日止，另有宣言发表，本宣言之署名者不包含该会会员。"

同日　为学孟同学题字："不自由,勿宁死。"(据家存此题字照片)

十二月九日　《人·兽·鬼》发表于昆明《时代评论》第六期。收《闻一多全集》时改作《兽·人·鬼》。

这是对某些在教授会议上瞻前顾后者的画像。文中说:

> 刽子手们这次杰作,我们不忍再描述了,其残酷的程度,我们无以名之,只好名之曰兽行,或超兽行。但既已认清了是兽行,似乎也就不必再用人类的道理和它费口舌了。甚至用人类的义愤和它生气,也是多余的。反正我们要记得,人兽是不两立的,而我们也深信,最后胜利必属于人!

> 胜利的道路自然是曲折的,不过有时也实在曲折得可笑。下面的寓言正代表着目前一部分人所走的道路。

> 村子附近发现了虎,孩子们凭着一股锐气,和虎搏斗了一场,结果遭牺牲了,于是成人们之间便发生了这样一串纷歧的议论:

> ——立即发动全村的人手去打虎。

> ——在打虎的方法没有布置周密时,劝孩子们暂勿离村,以免受害。

> ——已经劝阻过了,他们不听,死了话该。

> ——咱们自己赶紧别提打虎了,免得鼓励了孩子们去冒险。

> ——虎在深山中,你不惹它,它怎么会惹你?

> ——是呀! 虎本无罪,祸是喊打虎的人闯的。

> ——虎是越打越凶的,谁愿意打谁打好了,反正我是不去的。

> 议论发展下去是没完的,而且有的离奇到不可想像。当然这里只限于人——善良的人的议论。至于那"为虎作伥"的鬼的想法,就不必去揣测了。但愿世上真没有鬼,然而我真担心,人既是这样的善良,万一有鬼,是多么容易受愚弄啊!

同日　民主周刊社印行林薮撰著的《一二·九——划时代的青年史诗》,书名为先生题写,吴晗作序。

是日,昆明学生万余人在联大大草坪集会纪念一二·九运动十周年,大会主席报告开会意义,称一二·九是争取民族独立的学生运动,一二·一是争取民主自由的学生运动。会后公祭四烈士。

这天,延安青年亦召开纪念一二·九大会,周恩来在会上说:"昆明惨案就是新的一二·九",它"是中国从三·一八以来最残暴的大惨案","五四青年运动未完成的任务,由一二·九青年运动继承起来,一二·九未完成的任务,由今天的青年运动继承起来"。

十二月十日　下午二时,西南联大在清华大学办事处召开本年度第五次教授会议。出席八十六人。主席为四日晚方自重庆抵昆的北大校长傅斯年。先生以书记作记录。

时,一二·一惨案在全国各地引起强烈反响。五日,《新华日报》发表社论《昆明学生流血惨案》。七日,国民参政会驻会委员开会,许德珩、黄炎培等请政府从速调查。蒋介石于七日发表《告昆明教育界书》,称"目前一切问题必以恢复课业为前提,以正常手续为解决,否则政府纵如何爱护青年,亦不能放弃其维护教育安定秩序之职责"。傅斯年初来昆明,曾表示要争取公正解决,实际上完全站在政府的立场上要学生首先复课。教授会仍同情学生,未被傅左右。

会上,傅斯年先报告了"来昆后与各方接洽经过"。接着"法律委员会报告工作经过"。遂后决议六项:"一、用本会名义函朱经农次长,请教育部转达政府:本会认为对于此次惨案应严惩凶犯及主使人,其中有负行政责任者,尤应先行撤职(此项函件请本会前次推定之赴渝三代表面致朱次长,并口头说明内中所谓凶犯及主使人特别指李宗黄、关麟征、邱清泉等三人)。二、本会应竭力求上列议案中之办法尽早实现。三、本会应即劝告学生复课(劝告方式由常委会酌定)。四、接受法律委员会所草拟之呈监察院文。五、其余各项呈文授权法律委员会全权办理。六、招待新闻记者之书面说明改用书面分送各报馆。"傅斯年在先生记录第一项中,将括号内文字尽勾去,并批语:"括弧中语有人口头说过,并未付诸表决,故删,斯年。"复在该页天头批语:"当时并有人说到五六人,亦有人说不必提姓名,故未表决。斯年又记。"(《三十四年度第五次教授会议》,清华大学档案室藏)

同日,西南联大教授会发表《为此次昆明学生死伤事件致报界的公开声明》。文中未理会傅斯年的批语,直书:"查前云南省政府代主席兼党务主任委员李宗黄、云南警备总司令关麟征、第五军军长邱清泉,于惨案形成期内,实综揽当地军政大权,对于学生集会,恣意高压,应负激起罢课风潮之责任。"先生等人很重视这个声明,特将它刊于《民主周刊》第二卷第二十期。

同日　郭沫若、茅盾、巴金、胡风、叶圣陶、曹靖华、冯乃超、阳翰笙、冯雪峰、陈白尘、吴祖光、梅林、宋云彬、邵荃麟、伍禾、葛琴等有请先生转罢委会一信,表示对昆明学生运动的支持。信云:"昆明各校罢课联合委员会并转　全体教授、教师、同学　诸位代表全国人民最迫切的要求,反内战,争民主,以致流血牺牲,同人等不胜感佩,特电对死者致悼,对伤者慰问,祝生者继续努力。同人等愿竭诚共同努力,以期达到制止内战,实现民主和平之目的。"(《郭沫若、茅盾等致闻一多信》,中国革命博物馆藏)

此前,张君劢从国外归来途径昆明赴重庆,住在西仓坡宿舍潘光旦家中。罢联同学获悉,请先生介绍,交给张一批四烈士血衣照片及惨案实况照片,托转郭沫若等。郭沫若接到后,即与茅盾、巴金等来此函声援。

时,国民党当局迫于各界舆论,已于八日将关麟征"停职议处",派霍揆彰接任云南省警备总司令。十一日,云南省政府与警备司令部会衔公告,将四日军法审判之惨案"凶手"陈奇达、刘友治枪决。

是月上旬　《时代评论》第六期出版,为纪念四烈士专号。先生看到该期,高兴地赞扬编辑,说这期办得好。(据访问王康记录,1990.6.6)

十二月十四日　下午,梅贻琦约先生谈话,了解先生对惨案处理的意见。梅在日记中写道:"下午五点约一多来谈一时许。一多实一理想革命家,其见解言论可以煽动,未必切实际,难免为阴谋者利用耳。"(梅贻琦日记手稿,清华大学校史组藏)

梅贻琦是十二日深夜方自北平赶回昆明。他十一日途经重庆时,曾与教育部长朱家骅会晤中了解到国民党有解散联大之准备,他当即表示:"倘本周末不能安全复课,则与其经政府解散,毋宁自请停办耳。"(同前)　返昆后,梅即与许多教授交谈,并访卢汉和新任云南警备司令霍揆彰,又与傅斯年及奉命来昆处理惨案复课的教育部次长朱经农商谈,决定次日向学生训话,布告十七日复课。

十二月十五日　西南联大常委会召集学生代表谈话,梅贻琦说明学校规定十七日上课的原由,与到时不复课则有被解散三校的后果。傅斯年、冯友兰、潘光旦、陈序经、周炳琳亦相继发言,认为此举关系学校前途,劝同学尽早复课。

这时,先生亦觉得无限期罢课对学生不利,同时感到教授们对解散三校颇为担忧。

同日　上海《民主》第十期在《昆明〈民主周刊〉社来信》中引杜澄之致郑振铎信,中云先生拒绝为云南省政府代主席李宗黄治印:"前者于昆明风云一时之×主席差人请刻牙章,要求在二时取件。两小时刻成固不成问题,但此公于云南省府改组事中给人印象不佳,一多先生决以违十日取件定例而拒绝。此对某公殊出意外。"

十二月十六日　晚九时,访梅贻琦。梅在日记中记道:"饭后九点,光旦偕一多来,一多告学生方面可有转机。甚喜,即走告孟真。"(梅贻琦日记手稿,清华大学校史组藏)

此事经过,中共联大地下党负责人之一的袁永熙回忆说:"十六日我们开会,大家认为长期罢课已经使一些人开始涣散,应当在适当时候结束罢课。于是决定修改复课条件,因为惩凶一条已由教授会提出诉讼,我们要求当局公布事件真相等,即可停灵复课。会后我见到闻先生,他见面就问:你们下一步打算怎么办?还说:罢课不要拖得太久,过去我们在教授会上说话,多数人都支持,现在会上我们成少数派了。又说:教授们从学校利益考虑,都希望早些复课。我见闻先生这种态度,便将我们开会的情况告诉他。闻先生听了很高兴,说:这样好,这样好!我马上去告诉梅先生,他是我的老师。"(访问袁永熙记录,1988.4.29)

同日 中午十二时,马思聪作品演奏会在南屏大戏院举行,钢琴伴奏为其夫人王慕理。(《马思聪作品演奏会》广告,《云南日报》,1945.12.14) 马思聪是知名作曲家和小提琴演奏家,曾受云南音乐研究会邀请,于一九三九年十一月十七、十八两日,举办了为前方受伤将士征募寒衣之提琴独奏会。(《云南音乐研究会为前方受伤将士征募寒衣主办马思聪提琴独奏会》广告,《云南日报》,1939.11.15) 一九四四年夏,马思聪再次来到昆明,参加了十月十九、二十日文协昆明分会为响应文协总会"募集援助贫病作家基金运动"举办的音乐大会。报载那次募捐音乐大会"动员了留昆的全体音乐界名手,共百余人,有马思聪的提琴独奏,马氏夫人王慕理的钢琴独奏,赵沨的独唱,美国声乐家佈莱克斯的独唱,李廷松的琵琶独奏,昆明联合合唱团(共五十个单位)的大合唱等等。阵容之整齐,节目之精彩丰富,在昆明确属空前。"(《文协分会将开音乐大会,为贫病作家募捐》,《云南日报》,1944.10.15)

这次演出,先生带夫人与立鹤、立雕一起聆听。闻立雕回忆:"父亲不善于吹拉弹唱,但是,好的音乐演奏他还是很乐意欣赏的。""著名小提琴家马思聪来到了昆明,昆明的文艺界热烈欢迎他,父亲很高兴,热情地向我们介绍这位小提琴家取得的成就,后来还带母亲与我和哥哥去听马思聪小提琴演奏。那时我虽然不懂演奏好在哪里,但受受熏陶总有好处。"(闻立雕《红烛:我的父亲闻一多》,第181页)

十二月十七日 星期一,阴雨。西南联大学生未能按照学校要求复课。梅贻琦看到此情,下午三时约先生等教授会代表谈话,表示辞职之意。四时,梅离去,教授们立即召开本年度第六次教授会议,出席者八十八人。周炳琳为主席,先生仍以书记为记录。

会上,多数教授受梅贻琦情绪影响,有些悲观者亦提出辞职,先生与傅斯年当面冲突起来。朱自清日记云:"下午起至晚九时开教授会,会上傅与闻发生口角。"(朱乔森编《朱自清全集》第10卷,第381页) 时为《罢委会通讯》记者的张祖道,在《张奚若教授和教授辞职》中记录了张奚若十九日的回忆:"星期一那天,梅常委有一个茶话会,我本来不想去,可是梅常委才由北平回来,是老朋友,又是小老弟,应该接风。我跟梅同年,我九月生日,他腊月生日,所以我素来称他做小老弟。加上老友一多、端升二先生又来相劝,于是一同赴会。茶话会上,梅、傅二位常委要引咎辞职,居然还有些教授主张随同辞职。我就说：'何必呢，我们应该尽力的挽留梅、傅二常委，凡是慰留常委的都请站起来。'于是大家不得不站起来挽留，二位常委也就打消辞意。有人提议将这次茶话会改为教授会议。我知道这些人是计划要学生限期复课，否则就全体辞职的事，我就竭力反对。可是有人又绕着弯子藉口讨论当前局势，在会上重提全体辞职的事。我为了顾全大局，平下一肚子的火气耐心的跟他们说好话，他们不听。我只好又站起来说：'刚才二位常委经全体教授挽留，打消了辞意，现在教授们又要辞职，当然啰，礼尚往来，恐怕得请二位常委出面慰留啰！'梅常委只好站起来说了几句，要大家另外想个办法妥善解决复课问题。话讲得很得体，大家不好意思再喊了。接着讨论复课，还是有不甘心的，提出星期四要复课，否则就全体辞职。又绕到辞职上了。当时有四十多人赞成，我和一多、端升等力争，后来一多与傅常委闹起来，一多说：'这样，何不到老蒋面前去三呼万岁！'这是揭傅斯年的旧疤，很少人知道的。我就劝解：大家争执，何必重提以前的旧事。傅气得大骂：'有特殊党派的给我滚出去！'后来会议决定：只要星期四整天中有一个学生上课，就不辞职。"（未刊，西南联大北京校友会藏）

王康《闻一多传》也记录先生与傅斯年的这次冲突。先生说："学生愿意读书，教员愿意教书，这本是不成问题的事，现在复课，其实问题也很简单，只要答应学生们的要求，马上就可以上课。傅先生刚才说，只要复了课，一切都包在他身上，可是，学生们说，傅常委来了好些天，打了许多包票，连最低限度的惩凶、赔偿、道歉……的要求，都一件没实现，要是傅常委走了，怎么敢相信他的保证呢？""我们大家不妨想想，现在杀人的凶手仍然逍遥法外，人身自由连起码的保障也没有，中央社的造谣诬蔑没有洗清，死的人，血迹未干，伤的人，伤势未好，我们教授会提的抗议也无人理会，学府尊严荡然无存。今天，我们怎能忍心带着学生复课？八年来，我们和学生同甘共苦，今天，在学生遭到打击需要支持的时候，我们怎忍心和学生造成对立？我们如果不是自欺欺人的话，都会觉得这种说法多么可笑。如果政府愿意答应学生的要求，何不早点答应，何必旷日持久，还要往返如此周折？"这时，傅斯年打断了先生的发言，说道："本来，我的话早已说完了，既然闻先生有了不同的意见，我只好再说几句。我从重庆来的时候，许多和联大有关的老朋友，都非常关心学校的前途，这样拖下去，学校或者解散，或者提前分家。这往目前来说，对大家都很不好。一多爱护学生的用心令人钦佩，但是，对于政治问题却不能感情用事。这几天据我了解，事情并不像你们所想象的那么简单，今天正有人别有用心，利用学生的鲜血，来达到他们的政治目的。在座的同事也犯得着受人利用吗？蒋先生也很关心此事，……"先生听了这话，愤怒驳斥道："你一再提到蒋先生，难道要我们一起三呼万岁吗？大批军警特务,在光天化日之下,打人杀人,傅先生不以为怪;学生被杀被打,竟称之为别有用心受人利用！按照这个意思,也就是说,学生就是罪有应得,而官方杀人倒是理所当然了。谁无子女？谁无骨肉？非如此倒置,我希望在座的同事们,用良心来评判评判……"(第381至382页)

这次会议决议出三项:"一、本会代表于明日(十八日)上午九时召集学生自治会全体代表,劝导学生复课,并听取其意见(上项代表以各系主任充任之)。二、明日下午三时,请各系分别召集本系全体学生,由本系全体教授出席与学生谈话。三、劝导学生时与说明本星期四务必复课,如不肯复课,教授同人只好辞职。"第三项先生原记录为:"本会认为本星期四应行复课",后经周炳琳改定。(《三十四年度第六次教授会议》,清华大学档案室藏)

这次会上,先生等还提出反提议,要求政府将李宗黄立即撤职,如办不到则教授全体辞职。但当日记录中未写入,后于二十二日第九次会议追认。

先生的激烈态度,令有些朋友不以为然。游国恩说:"闻一多是我的老朋友,彼此的交情很不错,搞旧学问也甚为投契。由于思想的转变,他经常在各种集会上发表激烈言论,攻击反动政府,并坦白承认他是走苏联路线,冷酷地讥讽我们的中立态度。而我总是不开口,心中却大不以为然。因此,我们的友谊暗中有了很大的损伤,在形迹上我们逐渐疏远了,甚至连学问也不愿谈了。一二一惨案发生,学生坚持罢课,事态日益扩大,表面上我和其他教授一样,同情学生,捐款慰问,参加追悼会,但实际上却不同学生合作,更不赞成学生无限期罢课。傅斯年奉当时重庆伪教育部命令,到昆明来压制学潮,出席西南联合大学教授会。闻一多发言之后,傅斯年公然指摘他为'布尔什维克',有意扩大风潮,破坏高等教育,当时许多教授竟都鼓掌。当时我虽没有发言,但也鼓掌赞成。"(游国恩《我在解放前走的是怎样一条道路》,《人民日报》,1951.12.11) 唐兰也说:"一二一惨案,我差不多是当场的,看见了满地的热血,我所忿恨的却只是特务的乱搞,并且对主持学运的人表示不满,以为'我虽不杀伯仁,伯仁由我而死。'闻一多先生对我说:'这是为的斗争呀！'"(唐兰《我的参加党训班》,《人民日报》,1949.8.29)

不过钱端升则能够理解先生。梅贻琦在二十八日日记中写道:"端升亦认一多十七日在会中之言词已有使校中当局不能忽视者……正之爱清华之切,言词间或不无过甚之词耳。"(梅贻琦日记手稿,清华大学校史组藏)

先生本来不问政治,从走出书斋到投身民主运动的转变时间,也很迅速,这与他对"政治"的认识有很大关系。在一次巡回演讲中,他说:"政治是一种科学,一种艺术,一种态度,对于政治学教授,这是一种学科,对政治家,这是一种艺术,对于我,是一种生活态度。我不懂政治科学,也不善于政治艺术,更不会以政治作为一种事业,一种职业,对于我,只是一种最基本的生活态度。"第二天,一位教政治学的教授对先生的说法提供了些修正意见。参加这次讲演工作的赵沨说:"我知道,他自己是很欣赏自己的话的,并且,很多朋友都说这样讲是很得体的解释。并且,我知道,他这种说法也确是他心底的真情的话,也许他不会接受那种课堂式的修正意见的。"但是,"第二天,他作第二次演讲的时候,他接受了那修正意见。"赵沨没有想到先生会这样,便问起这件事。先生严肃告诉他:"别人对政治学是专业,我应该接受别人的意见。"(赵沨《闻一多先生底回忆》,香港《光明报》新4号,1946.10.18)

十二月十八日　早上,先生向民青负责人表示,可以争取梅贻琦站在同情学生的一边。洪德铭回忆说:"晨,我去闻先生家,闻先生把昨天教授会的情况详细地告诉我(包括傅斯年的讲话,他的反驳,会上动态等)。他说从梅贻琦回昆后的沉默态度,昨天会上的表现(用宣布休会,实际上挡回了傅斯年要求讨论学生不复课、教授就辞职的提议),及从他和潘光旦访问梅的情况看,梅对学生是同情的,对当局是很不满的。但梅政治上保守,又怕这次学潮受共产党操纵,因此不敢公开表示支持学生,怕表示支持了,学生可能会闹得更加厉害。这是梅的顾虑所在,如果把这顾虑打消了,是可以争取站在学生一边说公道话的。闻先生问我修改复课条件的提案有无把握在代表大会上通过。我说有百分之七八十的把握。他说,如果修改复课条件的决议有把握通过,他先向梅贻琦交个底,说清这次运动的来龙去脉,相信可以打消梅的顾虑,把梅争取到同情学生一边来。我把闻先生这个意见向党组织汇报后,党组织同意民青正式委托闻先生个别访问梅贻琦,据说作了长达几小时的深谈。"(洪德铭给编者的信,1989.3.5)

为了劝说学生复课,学校安排上午各系主任与学生代表谈话,下午各系教授分别会见各系学生。朱自清日记云:"在我系会见时,一多态度妙极。"(朱乔森编《朱自清全集》第10卷,第381页)

十二月十九日　下午三时,西南联大在清华大学办事处召开本年度第七次教授会议。出席九十二人,梅贻琦为主席。先生以书记作记录。

这次会议,是联大学生自治会决定将复课条件修改消息通报先生后,由先生草拟开会提议,由潘光旦、张印堂、吴晗、萧涤非、沈履、冯友兰、周先庚、傅恩龄、徐毓楠、闻家驷、李继侗、陈友松、陈桢、江泽涵、周作仁、钱端升、王维诚等二十余教授签名而召开的。但会上并未接到学生自治会的正式报告,无法具体了解学生的态度,故仅做出两项决议:"一、由本会公告全体学生,劝告星期四晨一律照常上课,其有因故不能上课者,勿对上课同学作任何拦阻之举动。在文告内并说明教授会决吁请政府对此次事变之行政首脑人员从速予以撤职处分,务期达到目的。关于非法禁止集会之禁令,由本会推代表三人与卢主席、霍总司令洽商,由现地方军政当局发表声明,对合法之自由决予尊重。二、推周炳琳、冯友兰、赵迺抟三先生草拟上项文告,并代表本会与卢主席、霍总司令接洽。"(《三十四年度第七次教授会议》,清华大学档案室藏)

同日,西南联大教授会发表《告同学书》,表示决心追究肇事责任者,以满足学生惩凶之复课要求。

这天,罗伯特·白英在《中国日记》中记述了先生的一段事:"闻一多悲痛不已,他谈论到学生们时显得那么谦逊,使人几乎忘了他本人也是那么可敬。他倚着手杖,站在荒芜的花园里,周围是一片凋零的牵牛花。他谈论起他以前所认识的学生:'他们依然不失为宇宙间最复杂的生灵。我记得二十多年前的学生,人人都身穿绸长衫,手摇扇子,男孩子们也带着玉镯。那时候,他们玩起足球来那么文质彬彬,就像现在电影里所摄的慢镜头动作一样。而现在的学生却长得又高大又壮实,他们已然和过去决裂,但又找不到归宿。由于他们至今还没有摆脱孔夫子教谕的浸染,因此他们还在飘摇不定之中。'这时,正好有一对男女青年手挽手从花园经过,'所幸的是在中国没有谁四代以前的祖先不是农民的,而农民要比你所想像的强有力得多'。"(《云南文史资料选辑》第30辑,第327页)

晚,先生和吴晗、张奚若与同学们一起商量复课事。张祖道《张奚若教授与教授辞职》(未刊)中说,是日"去西仓坡教职员宿舍十三号吴晗教授家,张先生、闻一多先生,还有好几位同学,把小小房间挤得满满的,正在商量复课的事"。郭良夫在《因一多先生而想起的二三事》也记载了此事,文中写到:"一九四五年'一二·一'学生运动为了争民主、反内战,抗议反动派的镇压,罢课完全是正确的。到后来由于过"左"情绪的干扰,有一些人要无限期罢课,这就对革命不利了。在党的领导下,我们掌握了有理有利有节的斗争策略,决定在适当的时机复课以利继续斗争。但是有些受过'左'情绪影响的、愤怒的同学,'复课'的话是听不进去的。为了商议劝导同学复说的事,一天晚上,学生会的、罢课委员会的负责同学都挤到吴吴晗先生那间小小的宿舍来了,先生也来了。大家感到那些同学一时难以说服。先生满脸通红,激动地说:'我宁愿叫他们打死,我也要去劝说他们复课。'"(中华书局古典文学编辑室编《学林漫录》第11集,第8页)

与此同时,联大学生自治会商讨修改复课条件,将七条改为五条,主要为:惩凶、取消非法禁令、保障人身自由、《中央日报》更正诬蔑言论、政府负担一切损失费用。次日,罢联开会通过。

十二月二十日　　下午三时,西南联大在清华大学办事处召开本年度第八次教授会议。出席九十六人。梅贻琦为主席。先生仍以书记作记录。会上,学生自治会送来修改后的复课条件,梅贻琦认为枝节太多,结果仅讨论了迁校复员等问题。(据《三十四年度第八次教授会议》,清华大学档案室藏)

约是这天或早一两天的晚上,先生以学生身份找梅贻琦长谈。先生认为"这次学潮完全是当局压出来的,是学生的公意公情,在学潮中起作用的是学生中一个叫民青的团体,这个团体的人自己都很熟悉,是一批有作为的学生。现在准备修改复课条件,不再坚持先惩凶手后复课的要求,只要联大云大校方公开表示支持学生,谴责当局,保证和学生一道要求惩凶手,并力争其他条件实现,学生就可以复课"。(洪德铭给编者的信,1989.3.5)

十二月二十二日　　下午三时,西南联大召开本学年第九次教授会议。梅贻琦为主席。先生未出席,以刘崇鋐代作记录。这次会议是一个转机,由于会上收到联大学生自治会对于再次修改复课条件的函件,会中议决第一项即:"在十二月十七日会议中,同人等曾有了解,请求政府将李宗黄予以撤职处分,如不能办到撤职,则教授全体辞职。兹补充为'从今日起,以两个月为求此事实现之最大限度'。"(《三十四年度第九次教授会议》,清华大学档案室藏)这正是对先生等于十七日教授会议上提议的肯定,同时也表明教授会再次对当局的不满,洪德铭等民青负责人一致认为"先生确在这里立了大功"。(洪德铭给编者的信,1989.3.5)

十二月二十三日　　民主同盟云南省支部召开盟员大会。会上选举先生(50票)与楚图南(95票)、冯素陶(75票)、费孝通(68票)、杜迈之(60票)、潘光旦(59票)、王振华(56票)、杨维俊(47票)、赵沨(44票)、杨一波(22票,外县代表执委)、刘宝暄(14票,外县代表执委)等十一人为执行委员,潘大逵(34票)、杨明(33票)、姜震中(32票)、夏康农(29票)、陆钦墀(28票)为候补执行委员。此外,被提名者还有李德家(20票)、杨宁(15票)、尚钺(11票)、张兆麟(10票)。这次选举非常正规,唱票、记票及监票人为李何林、姜震中、杨宁、陈□鹏、杜迈之、周新民、邓贯一(李何林代)。(据这次会议的选举记录原件,中国民主同盟中央委员会藏)旋,举楚图南为主任委员,先生为宣传委员会主任委员,冯素陶为组织委员会主任委员(以上三人为常务委员),潘光旦为财务委员会主任委员,杜迈之为秘书主任委员(后由赵沨接替),费孝通为研究委员会主任委员、王振华为妇女委员会主任委员。后,增设文化工作委员会,原由先生担任主任委员,未久先生推李何林任之。此次改选后,吴晗出任民主周刊社社长,未久由先生担任。

这次会上,还制定了民盟云南省支部《暂行组织简章》及《组织部工作计划》,规定组织发展的具体要求,改变只在大学教师和有社会地位的人士中发展盟员的做法,决定在大学生和中、小学教师、中下层职员中吸收盟员。

十二月二十六日　罢联宣布自次日起停灵复课。一二·一运动告一段落。时,昆明《中央日报》刊登梅贻琦与云大校长熊庆来对记者谈话,指出惨案真相,保证学校根据法律控告杀人凶犯,又李宗黄亦于二十三日调离昆明去重庆,实际上是政府变相满足学生要求撤其职务的复课条件。

先生在这次运动中,得到锻炼。他对旧的教育制度认识更加深刻,对青年的成熟感到欣慰。他曾对一位学生谈起感想,说:"政治越腐败,学生就越进步。"又说:"你总说一二·九运动的时候,你们怎么热情,怎么勇敢,你觉得他没有劲儿,不敢打阵地战,你不知道那时你们是在不懂摧残学生的老实的军阀的统治下? 现在的情形和那时是太不相同了。摧残学生的办法是新奇而彻底的,现在的学生已经给他们训练得知道如何斗争,如何争取广大的同情了。他们也有的是热,但他们懂得怎样把它变成力量;他们也不比你们不勇敢,暴虎凭河,死而不悔的人,固然值得佩服,但勇敢而更能讲求效果是更可贵的!"(流金《追念闻一多先生》,《人世间》第 1 卷第 5 期,1946.7.20)

同时,先生也看到了青年中不足的一面。王一《哭闻一多先生》说:"十二月底,为了闻先生曾劝同学复课,许多一向崇拜他的人不满意,甚至骂他了。一个冬天的上午,又看到了他,闻太太病在床上,他在刻图章,弯着腰,摘了眼镜。他叹口气,低到几乎听不见的声音:'现在我才知道,我们这些人,所怕的不仅是右——还有过左,年青人都性急,恨不得一下子新民主中国就来到——其实,我们知识分子——连我在内——都是如此的。过去我对所有的青年人都相信,现在才知道青年里什么样人都有——不过青年人还是可爱的。错误不要紧,我们谁也没有政治斗争经验,青年是可爱的,可爱的。不幸作了特务的青年,我们也要尽可能的争取他们。'"(《新华日报》,1946.7.25)

先生在这次运动中发挥了自己应有的作用。洪德铭回忆说:"闻先生是教授会书记,每次会后,他都向我介绍情况,分析动态,提出我们应如何有目的地做教授工作的意见。教授会有几次邀请学生自治会代表参加,闻先生总是告诉我们如何准备发言,要派那几位做代表比较适宜。闻先生在这方面的关心和工作,对我们了解校情、争取校方和教授的同情支持,起了无可替代的作用。"(洪德铭给编者的信,1989.3.5)

罢课期间,先生多次到罢课委员会看望同学。萧刚《学习闻一多先生》:"闻先生和吴晗等教授到联大罢课委员会各工作部门参观,进门时,总是蹑手蹑足地,深怕扰乱了同学们的工作。看见同学们严肃地在桌上或写,或抄,或画,或装订,或盖章,闻先生看得感动了,只要工作的同学一抬头看他,不管他认识不认识,他总是像一个小学生,像一个同志般地先给同学打招呼。这种热情,这种亲切是令人永志不忘的。"(《新华日报》,1946.7.21)

　　一次,安娥来看望先生,先生希望田汉放下戏剧工作,投身民主斗争。安娥《哭忆闻一多师》:"闻师对于这次的惨案痛愤得不得了,他用他课堂上讲书的语调说:'这比三一八北洋军阀还野蛮! 那个时候还是学生找得去呀! 现在竟打到学校里来了! 这个世界非改造不可! ……打就可以解决问题吗? 真是再蠢没有了! 血是白流的吗? 非向他们要代价不行!'听说联大有解散的消息,有几个教授也要辞掉?'放枪还有自由,解散学校自然也有自由。假若学校里可以随便进来杀人,这个教育还办他干吗? 要解雇教授随便他解雇好了。假若这个惨案不得到合理解决,不处分杀人犯,我这个教授根本也就没脸当!'闻师似许多次就要同我谈一件问题似的,今天他很兴奋,于是他开口了。'……我觉得田先生和我们联系还不太够,他可不可以把他一部分戏剧工作暂时放弃,先全力把政治工作上轨道不好吗? 政治上了轨道,戏剧不是更容易作吗?''是的,不过戏剧运动也是重要的工作。''我不是说不重要,而是说有更重要的……当然,我也是向你领教,想那个时候当你们已经在动了时候,我还是"死水"。'闻师笑了。一种自惭的笑。'青年给我很大的鼓励。'"(《月刊》第2卷第2号,1946.9)

　　一二·一运动期间,先生全家都参加了进来。闻立雕在《红烛:我的父亲闻一多》中说:"在父亲的率领下,我们全家几乎都投入了战斗。家里除了母亲、保姆和上小学的小妹外,父子五个都战斗在第一线。大哥是联大的学生,一二·一那天他和同学们一起勇敢地守卫新校舍大门,爬到墙头上向暴徒高呼:'中国人不打中国人!'小腿被一颗石块打中,回家时一瘸一拐的,母亲看了好不心疼,父亲则连连称赞他勇敢。后来他参加了宣传队,在街头剧《凯旋》中饰演日本军官冈田大佐,戏虽不多,但鬼子的那副凶狠残暴,可憎可恶劲,演得惟妙惟肖。我既当过宣传队员,上街唱过歌,发表过街头演说,也当过附中罢委会联络员。特务、暴徒攻打联大新校舍和附中的那天,我和阿庄(庄任秋)恰好受派去某中学传达'罢联'关于暂停街头宣传,主要在校内活动的决定。我们回到附中,看到学校被袭击的惨状才知道敌人在那一天制造了血腥的暴行。随后我们两人几乎天天随宣传队上街作街头宣传。弟弟和大妹妹则在联大同学带领下满街跑着卖《罢委会通讯》,出去时一书包报纸,回来时往桌子上一倒就数钱。总之,父子几个都在战斗,一家人常常忙得饭都吃不到一起。母亲虽然没在第一线,但她的心时时刻刻牵挂着运动,牵挂着在火热的斗争中的广大同学和大大小小的亲人。父亲去灵堂祭奠,她也一同去,在门口捐款台前,她也积极捐了款。因此,她虽算不上战斗在一线的成员,但也是与运动分不开的一员。"(第258至259页)

是月下旬 收到侄儿闻立志(黎智)自重庆来信,十分高兴,认为他走上革命的路完全正确。

闻立志是先生二哥闻家骢之子,一九三七年在恩施参加革命,并加入中国共产党。后恩施地下党被破坏,其转移至万县。一九四一年到重庆,参加周恩来领导的中共南方局青年组工作。旋赴延安中央党校学习,毕业后分配到绥德地委,曾任吴堡县委宣传部长。一九四五年上半年调回延安,准备第二批南下,后因抗战胜利未成行,遂随周恩来到重庆,公开名义为《新华日报》工作人员,实际仍做青年组工作。十二月四日,昆明学联派程法、王汉斌赴渝汇报一二·一惨案,闻立志便写了封信托他们转交先生。信中没有说过多的话,只是告诉家人情况,向先生问候。先生接信后,立即回信告诉自己地址,说:"我身在南方,心在北方。"并表示有想去解放区看看的愿望。闻立志遂向青年组负责人刘光做了汇报,刘光认为先生留在昆明作用更大。(据访问黎智记录,1988.11.24)

关于此事,闻立志回忆中还补充说:"一九四五年十二月我从延安又回到重庆南方局,王汉斌从昆明来南方局汇报工作,我托王汉斌带了封信给他。因为我一九四一年十一月到延安去以后,家里的情况也不知道,只知道闻一多当时在西南联大,我向他询问家中情况。他给我回了一封信,信中谈了一些家事,其中有两句话给我留下极为深刻的印象:'身在南方,心向北方。'当时我的理解是他可能想到解放区去。另外一个材料可以证明就是闻一多有封信给五伯闻家骢,也就是他的哥哥,我的叔父。五伯的儿子和我一起到延安了,叫闻立训。闻一多信中说,训、志二侄这条道路是对的,我从学理上也作了研究,而且从外国记者的报道分析,我认为他们走的道路是正确的。这封信后半部分批评了我的另一个哥哥,他大学毕业后并没有做学问,而是通过我们家另一个在南京的叔父把他介绍到国民党的一个机关去工作,他就说这个侄儿是被那个叔父给引坏了的。从他的这封信来看,他是有比较的,肯定我们的道路,批评那条道路。"(《在中国电视剧制作中心〈闻一多〉电视连续剧创作座谈会上的谈话》,《黎智纪念集》,第517页)

是月 《新诗的前途》发表于《火之源》第五、六期合刊。

是年冬 动员原昆华中学学生董康(方辛)加入民盟。并详细介绍了民盟的政纲。旋,董康(方辛)由先生和冯素陶介绍正式入盟。(据方辛《纪念闻一多老师》,《云南法专》第16期,1985.9.10)

是年　中国民主同盟总部为便于在缅甸开展民盟工作,决定筹办"南侨文化供应社"。先生是发起人之一,并介绍原昆华中学董康同学参加这一工作。

当时担任民盟云南省支部组织委员会主任的冯素陶,在昆明具体负责筹备工作,他回忆到:"当时我们商量了一个开展海外工作的方案,目标是缅甸和越南。缅、越华侨中云南人不少,开展工作有比较有利的条件,决定先成立缅甸工作委员会,由在云南做教育工作的缅甸华侨萧岗同志为缅甸工作委员会主要负责人。在昆明参加民盟缅甸工作委员会的约有五六人,一多介绍董康随萧岗一道赴缅工作。"（冯素陶给编者的信,1988.2.28）

萧岗亦回忆到:"一九四五年日本投降后不久,我们几位归国华侨的盟员就着手准备重返缅甸。当时民盟总部受命我们以'民盟工委'的名义在缅甸成立组织,开展工作。为了建立一个立足点,计划在缅甸仰光创办'南侨文化供应社'。闻一多、李公朴、楚图南、吴晗、冯素陶、李文宜、潘光旦、周新民等先生都出面作为发起人,当时有印件。昆明新华书店也给予大力支持。我们一行数人有陈白澄和他的夫人陈学英、杜正平、张学林、董康、陈树华、赵海、王鹏年和我。我们于一九四六年春作为难民遣送离开昆明,在我们动身的前几天,闻一多、楚图南、冯素陶先生在民盟机关所在地府甬道十四号接见我们,记得赵沨也在座。闻一多先生把董康介绍给我。在这次会上,闻先生和其他各位先生向我们谈了当时国内的形势,并指出昆明的政治环境在日益恶化,盟员要尽量疏散到各地去坚持工作。在海外建立民盟组织很重要,以便广泛团结海外侨胞开展爱国民主运动。"（萧岗给编者的信,1988.3.14）

约是年　有《鲁家思想与独裁主义》一文,今存手稿。还有篇未完成的《孔子与独裁主义》,文中对孔子思想的剖析反映了先生对封建文化的认识,其文云:

鲁是一个典型的封建邦国,宗周的文物制度在这里保存得特别多,这里封建文化的水准特别高,所以人们对于封建传统的保守性也特别大。孔子是一个没落的贵族,又生在鲁国,这便决定了他在精神上成为封建灵魂——文武周公的替身,在思想上成为封建文化最顽强的拥护者。但他又只是一个"师儒"——民间的教书匠,而儒本是以替贵族们治丧相礼为生的一种"僧侣"之流,是封建社会中从事精神劳役的一种寄生阶级,因此,他对于支持当时那瓦解中的封建秩序,除了劝人加强个人（尤其指统治阶级）的道德修养外,并无任何实际的有效办法。根本封建道德是一种强权的道德,强权道德就不成其为道德,如果统治者无力,这种道德是吓不倒人的纸老虎,所以孔子和整个儒家在当时并不能阻止封建的崩溃。如果统治者有力,再加上这道德的精神力量,那就能使他"如虎傅翼"了,所以在后世孔子以"万世师表"的资格,实在维护了二千年君主专制的极权政治。在政治上,一如经济上不能使无者变为有,却使有者变为更有,这势利眼的作风,这不道德的道德,是孔子思想的特质,也是封建文化的特质。

自己承认"述而不作"的孔子,真没有什么独创的思想,他的思想不是因袭以往,便是接受当时的。但在因袭与接受中,尤其在后者,他不能无所抉择。(这就算是他的"以述为作"罢!)他是封建社会中从事精神劳役的一种寄生阶级,因此他必然,也只能在这阶级的立场上来因袭和接受。现在看他因袭了些什么,接受了些什么。

中国封建社会的本质当从宗法制度来认识,而宗法制度实在是一种家族制度,所以在封建社会里,国与家不能分离,因而君臣的关系实即父子的关系。父子的关系是生理的,他们的名分是先天的,命定的,所以古称父子为"天属"。

一九四六年　四十八岁

一月五日,国共两党代表团达成《关于停止国内军事冲突办法的协议》。七日成立由马歇尔、张群(后为张治中、徐永昌)、周恩来组成的三人军事小组,监督国共停战。

一月十日,政治协商会议在重庆召开。

二月十日,重庆各界在校场口集会庆祝政治协商会议成功,国民党顽固派制造"校场口惨案"。

五月五日,重庆国民政府迁都南京。

六月二十三日,上海民众赴南京请愿,要求停止内战,国民党制造"下关惨案"。

六月二十六日,国民党大举围攻中原解放区。

一月二日　与罗伯特·白英在翠湖公园相遇。白英在《中国日记》中写道:"我在翠湖公园里遇见了闻一多,他正神色肃然地漫步于花草丛中。碧绿的湖里游着金鱼,周围有几处亭台楼阁,还有一些供饮茶歇凉用的竹棚,苍鹰在头顶盘旋。闻一多主办的报纸已被迫停刊,何时复刊又遥遥无期。如果他违反禁令,继续出版这份报纸,那么报纸一问世他就会立即被拘禁起来①。他终日奔波于几家印刷厂之间,身后一直有人跟踪。他说:'世界上最尴尬的事情莫过于知道自己被别人盯梢,因为它会使你产生一种极为有害的错觉,误认为自己是个举足轻重的大人物。'说到这里,他笑了起来,'我们对此是受之有愧的,就连学生也受之有愧。他们现在还在战斗,但不知为什么,学生们居然想起要采用中国古老的方式来进行斗争——即用戏剧性的方式来斗争,正像人们为无望的事业孤注一掷那样。但实际上,他们的事业并没有失败。他们说,将不惜一切代价,抬着烈士的灵柩走遍全城。成千上万的孩子都赞同这种做法。但是如果我们的政府部门中能有那怕是一个好人,或者是少一个坏蛋,情况就会好得多'。"(《云南文史资料选辑》第30辑,第331页)

一月三日　下午三时,赴清华大学办事处,出席清华大学一九四五年度第三次

---

① 白英所说到政府当局查禁昆明民主报刊之事,发生在不久以后。

教授会议。会上校长梅贻琦报告北平清华园接收保管情形、校园内部情形、迁移与复校问题等。(据《教授会会议记录》,清华大学档案室藏) 这些都是先生十分关心的事情。

一月十日 全国政治协商会议在重庆国府礼堂开幕。中国民主同盟新闻处公布民盟代表团顾问名单,先生和潘光旦、陶行知、侯外庐、董谓川、杨卫玉六人为教育文化组顾问。但先生未能赴渝。

联大教授张奚若作为无党派代表参加政协会议,他同意与会,先生也做了些工作。张曾对记者说:"罗隆基先生在准备提我名时,曾先征求我的意见,起初我坚决拒绝,后来,经过闻一多先生再三劝说,才勉强答应了。"(《张奚若》,《燕京新闻》第 13 卷第 6 期,1946.12.13)

一月十三日 与潘光旦、费孝通、吴晗联名发表《致马歇尔特使书》,刊于昆明《民主周刊》第二卷第二十三期。未入集。

上年十二月十五日,美国总统杜鲁门发表"对华政策声明"。二十日,马歇尔以特使身份到中国"调停中国内部纠纷"。但二十二日美海军第七舰队便开始运送国民党杜聿明部抵葫芦岛,傅作义部也于二十五日沿平绥路东犯。是年一月七日国民党军队分三路进攻热河,内战危机迫在眉睫。《致马歇尔特使书》表示欢迎杜鲁门总统的对华政策声明,呼吁美国帮助制止内战,提出"目前最主要的问题是怎样建立民主政治中心的民意立法机关"。文章系费孝通执笔,全文如下:

马歇尔将军麾下:

十二月十□日杜鲁门总统对华政策的声明传到中国,把我们多日忧虑的心情一扫而清。民主的美国又一度坚强了世界上爱好和平的人民对它的信任。当这声明传到之前,我们中间有很多人感觉到惶惑,因为自从美军协助我们受降以来,许多措置多少表现了有加强中国内部分裂的嫌疑。我们并不愿贸然怀疑美国有着传统保证的对华友谊,但是中国内战的爆发增加了推行美国支持中国团结政策的困难。假如因技术上的过失而引起中国人民对美国有所误会,那才是一件极不幸的事件。正在这个紧张的关口,杜鲁门总统能发表这一个有历史性的文告,真是令我们不能不衷心感激。接着又接到你被任为特使,迅即来华执行上述的声明的消息,更增加了我们无限的希望。你过去的历史已保证你完成这任务的把握,那里还有一个比曾在中国服务过,曾亲眼看见过中国人民耐苦忠厚的性格以及他们过去所受种种黑暗势力所压迫,又曾两次为世界的和平效命疆场运筹帷幄的人,更能担任这相当复杂和有关四万万生灵的严重任务?

　　我们在欢迎你的时候,心里又充满着惭愧。中国人民怎么不知道引起内战的责任是全部应当由我们自己担负的? 又怎么不知道我们的内战会威胁世界和平? 我们不但已尽力向武装冲突的双方呼吁和平,停止内战;而且为此,我们相信你也已知道,我们曾牺牲了生命,受到了生命的威胁。但是,我们应当承认,这些努力,在现有的局面中,并没有发生效力。当然,我们并不气馁,我们还是相信一个违反人民意志的内战是决不能持久的。我们依旧要为这目的而继续努力。美国人民在这时能作此严正的声明,实在是给我们为和平为民主而工作的中国人民一个有决定性的援助。我们惭愧自己不能把自己的家务整理明白,有劳我们的好友的斡旋;但是我们也不会忘记你们在中国历史上的伟大功绩。

　　我们充分了解而且同意你的任务是贤明和正确的。美国人民有权利要求和促进太平洋东岸的同盟邻国实现民主。这一次世界大战的目标就在建立世界的永久和平。人类的历史告诉了我们世界上任何反民主的国家必然会引起战祸。在现代交通所已缩小了的地球上,一切违反民主的行动,不论发生在任何角里,都会牵引起大规模的毁灭和残杀。为了人类共同的幸福,美国以及其他同盟国绝没有坐视中国内战的理由。这种关切以及有效的制止办法和以往国际干涉在性质上是不同的。干涉别国内政以达到本身个别的利益是帝国主义的行为;但是为了世界的和平,人类共同的幸福,而发生的关切和行为是今后维持人类生存所必需的,也是正当的政策。关于这一层,我们可以向你保证,美国绝不会因此引起中国人民的误会,因为我们相信,像其他同盟国一般的相信,你将执行的政策并不是以美国个别利益为出发点的。

　　惭愧的心理使我们自问为什么我们中国人民并不能有效的制止这次没有意义的内战? 为什么我们中国人民并不能迅速的建设民主的中国? 我们相信一定有很多的美国朋友会发生类似的问题,甚而对于中国人民实现民主的热忱和能力发生怀疑。因之,我们想先把这些问题作一答复。在此我们愿意说明中国民主运动所遭遇的困难,这些困难是我们美国朋友所没有机会经验到的。

　　我们相信你和所有的美国人民一定同意说自由是人性基本的要求。从这信念上,我们才能想像世界的和平秩序,也才能想像人类的光明前途。但是实现人类的自由却曾要我们付出极重的代价,这说明了人间的确存在着许多反自由势力。中国人民决不是低估了自由的价值,而是因为反自由的势力在中国,比之在美国,雄厚得多。让我们在这里对这势力作一分析。

一切的现状有它历史的造因,中国目前的混乱并非例外。在纪元前一世纪的时代,中国已在秦始皇的手上用武力形成了大一统的局面。一个专制君主用了一个有效的官僚机构统治着东亚一片大陆上从事于小农经济的广大人民。二十个世纪以来,在政治上尽管易朝换代,但是极权统治的形式和小农经营的经济基础一直维持着。现代法西斯蒂国家的特色特务组织,在中国历史上早有前例。但是为了山川阻隔,交通不便,君主权力所能直接控制的不过限于官僚机构和育养官僚的士大夫阶级里。一般小农则被分散在小社区里,只享受着有限度的地方自治。君主的开明或昏庸决定了人民的幸福和灾难。生活的水准降到了不能维持的程度时,农民的暴动给于野心家利用登极的机会,回复到历史的循环里。这传统解除了人民的广大组织,限制了他们争取自由的力量。但是分散的小农经济加上普遍于乡村里的手工业给了一般人民小康的生活,养成了朴实耐苦的性格。他们更靠了家族制度和邻里组织得到相当的生活保障。开明的君主,由于交通的阻塞,和传统习惯的限制也很少干涉到小农的基本生活权利。这样维持了二千年变迁不很多的历史。

海禁开放,中国和西洋文化的接触,展开了一个新的局面。一方面现代的交通和武力加强了统治者的控制力量和范围;一方面因传统手工业遇到现代工业的打击而崩溃的结果,使一般人民的生活日趋穷困。政治和经济的双重因素造下了中国近三十年来反自由和争自由的冲突。

中华民国的建立并没有改变传统政治的本色。袁世凯用了总统的名义承袭了满清的统治。他开始训练现代化的军队为他私人服务,更组织特务来箝制一切反对力量。他更得到了日本帝国主义的借款,用来维持他统治的机构。在表面上他已经近于完成了武力统一的迷梦,但是集中权力的结果却损害了人民所剩余的自由。他在一片反抗声中结束了洪宪的企图,和他自己的生命。可是他却创立了假借民主的外貌实行独裁的前例。

助长这极权政治的是当时的经济。在不平等条约的束缚下,中国的现代民族工业没有发展的机会,它并不能及时代替民间手工业来安定中国的经济基础。乡村里的小农却因手工业的崩溃而遭到了严重打击。农民收入的下落,侵蚀了农业资本,加速了土地的枯涸和荒废。生产事业的凋敝使农村无力维持拥挤的人口。农民放下锄头流浪四处,给统治者雇佣来当兵的机会。这样造下了个人私有的军队。中国经济的窒息,也驱使了上层社会的人士向官僚机构中去钻营,利用权力来谋取丰富的收入。这又给独占权力的独裁者收买和豢养官僚和特务的机会。可是这也腐化了中国的行政机构。衙门成了收容所,贪污成了风气。私有军队的膨胀和行政机构的腐化更加重了人民的负担,促进农村的破产。这样构成了一个恶性循环。

匮乏和威胁是相联结的;匮乏和威胁牺牲了人民的自由。为了自由的丧失,中国人民曾一而再,再而三的不避流血来反抗这极权统治,但是在经济和政治的因素没有彻底解决的时代,这些斗争并不能收到效果,虽则这不断的反抗可以充分表示了人民要求自由和民主的决心。

从袁世凯的统治到现在,中国政治的本质并没有重大的变化,虽则在名义上又添了很多新的花样。当然,这次抗战我们曾寄以过分的奢望,冀希在反法西斯蒂的战争中,中国能走上民主的道路,使人民能获得以往政治所夺去的人民的自由,但是事实使我们失望。

中国在这八年的长期抗战里,人民的生活已经从穷困到了不可终日的境地。过去几十年来穷困所引起的种种恶果,并没有消灭,而且因穷困的加深更为变本加厉了。在抗战过程中,人民为了成全抗战的努力,容忍政府种种限制人民自由的措置。但是一党专政的政府却利用这容忍,一步步的加强它的极权性。思想,言论,行动,以及生存的自由无一不被夺取。这些事实我们相信你已有充分的情报,若是还不足的话,最近昆明的屠杀学生一事也已足够暴露过去几年来的政治本质了。

日本占领了中国政治富庶之区,把中产阶级所凭藉的财产破坏了。在后方,中国政府一贯的以通货膨胀的政策来筹划战费,使公教人员的收入极度缩减,使正常的工业受到打击,使资本集中到投机性的商业,造成发国难财的特殊阶级。这特殊阶级又因投机商业必需凭藉权力,所以财富和权力得到更密切的联系,统治集团不但是权力的独占者,而且也是财富的独占者。最令人痛心的是军队给养的不足,鼓励了走私和腐化、士兵饿毙而长官发财的现象。在这种政策里,中国贫富的悬殊愈益加深。中产阶级的没落,减弱了争自由争民主的领导力量。这个社会财富的重分配和高度集中,所发生的恶果显然将影响战后中国的安定。

人民是容忍和忍耐的,但是容忍和忍耐是有它们的限度,他们要求政府采取合理的政策,但是在现有的政治组织中人民的言论是不发生作用的,而且在特务和检查制度之下,这种言论根本就很少发表的机会,因此凡是不满于政府又不能容忍缄默的只有采取反抗的形式。我们知道很多美国朋友觉得奇怪,为什么中国政党必须倚恃武力才能存在。这原因就是在当权的政府不容许异见，异见就是叛逆，就是邪说，就得戡平。我相信若是美国民主党执政而以暴力禁止其他政治团体公开活动，恐怕共和党也立刻会武装起来。中国一党专政的结果造成了不是党徒就是叛徒的分野。我们并不袒护在野而有武力的共产党，我们也反对任何政党私有武力，可是造成这局面的原因，不是中国人除了用武不懂政治，而是由于中国在朝党用暴力禁止异见。

中国内战暴露了中国迄今并没有民主的事实。

我们庆幸在内战爆发不久，美国人民能认清这种混乱局面会影响世界和平，而采取有效的劝阻。可是内战是果，并不是因。要消弭内战必需民主，必须使人民参加政治，能不凭藉武力来发表政治主张。我们也庆幸杜鲁门总统在他的声明里已指明这症结，而且在莫斯科会议已得到苏联和英国的共同支持。中国的政治协商会议也已经在开幕中，但是我们还愿意供献我们的意见，作你的参考。

在这次政治协商会议中，我们不敢希望有任何奇迹可以在极短的时期中诞生一个民主的中国，但是我们也不愿低估这个会议的价值，我们认为这是中国命运的转机。从这个会议中若不能立下中国民主政治的基础，这会议是失败的，这会议的失败必然会引起更凶险的局面，造下国际战争的种子，使这次大战一无收获。

所谓民主的基础，最基本的是保障人权的具体办法，要使中国人民能享受无虞威胁的自由。依我们的分析，以往中国政治不能走向民主是因为军队私有和特务组织的活动。军队私有是一件事实，不论在名义上是否国军或党军。在一党专政之下，合法的军队只有党军，在独裁政治下，所有党军也是最高权力私人的武力。所以解决自私军队不在改换任何名义和符号，而是在取消党治和独裁。党治和独裁既是建立在武力之上，所以要取消党治和独裁势非把军队彻底改组不可。这本是一个难解的症结。我们在美国的善意斡旋中看到一个希望。这希望就在美国能有效地劝阻武力的运用，使政治能离开武力，从事协商，取消党治和独裁。

这里我们要指出的："停战"不过是一种暂时的办法，军队私有问题不彻底解决，中国政治不会有转机，解决的办法是在从速复员。现在军队里的士兵是征兵制下召集来的，他们战时的服役义务已结束，本来就应当解甲归田。在这时还要维持这样庞大的军队，非但是不合理的而且是不可能的。中国已到了民穷财尽的关头,不是为了对日战争、争民族的生存,是没有理由要人民负担这样大的维持军队的费用。何况,中国今后要生存必需从事建设,政府最大的支出应当是在生产事业里。军费必须核减到最低的数额。尤其是我们一方面要向别国借款,而一方面却把自己的财力消耗在维持军队,那是万万说不通的。

已有的军官凡不愿或不能改业的,得改编成维持治安的武力和从事于现代的军事训练,以备应付国际和平机构所需中国担负的责任。所有的军队须脱离党籍,由代表民意的政府加以统率。

为了消灭党治和独裁,更重要的是取消特务组织。军队是公开的武力,特务是秘密的武力。因之特务绝不能容其存在。取消特务的方法是在法律上加以禁绝,经济上加以断绝供给。现有的特务是以国库来维持,所以今后的政府在预算中应当根本不承认这一项目的开支,而且要预防利用其他名目来维持这种民主的敌人。

在消灭了私人或政党的武力之后才能谈得到身体、言论、结社、集会的自由,才能不致发生像昆明惨案等一类的悲剧。

我们在上面的分析中已经指明造成中国现有混乱局面的重要的经济因素。中国人民的生活程度若是不能提高,则政治上的腐化和权力的滥用是永远没有澄清的希望。经济的建设固然是长期的事业,但是目前那种违反人民利益的经济设施应当立刻制止。在这些设施中最重要的是通货膨胀,破坏交通,坐视私人企业的崩溃,管制外汇,滥征滥购兵粮和无限制的拉用民工。这种种都是促进财富集中在少数有权力者的手上,促成民生凋敝的手段。在根本上,中国人民应当要求在清理侵略者和发国难财者的办法上去谋国家的收入。换一句话,赔款和征收高度所得税,应当占国家收入的大宗。这事和美国是关联的,因为赔款问题是同盟国共同决定的事,美国可以给我们主持正义。关于征收高度财产税,也和美国有关,因为在战时集中的财富有一大部分已流出中国,聚积在美国银行和其他企业中,我们若得不到美国的合作,是无法清算这一笔不义之财的。

外汇管理政策的流弊已经尽人皆知。在法定汇额中,中国的货币价值不合理的提高,使掌握外汇的权力可以上下其手控制国际贸易,甚至国际往来。只有权力所核准的人,才能用少数的国币购买大宗外汇。这是等于叫人民来津贴特权阶级的国际贸易和对外投资。这种现象若容其继续,则美国所主张的自由贸易政策在中国就无法实现。这是世界经济繁荣的障碍。

交通的破坏固然是内战所引起的恶果,但是我们还要指出的是另外一种无形的破坏交通,那就是交通的检查制。在现有情形中,凡是没有特权的人是无法获得交通工具的方便。这种检查制又不幸而操在特务手中,成了行动自由的破坏者。

在利用权力来控制经济的过程中,私人的小企业已经受到不断的打击。在胜利声中后方的小工厂大多因为物价的波动而无法维持。中产阶级的消灭使今后经济建设中小企业的发展也必然不容易。在这情形下,发国难财的少数特殊阶级将形成独占的局面。这对于一般人民的生活是有害无益的,所以美国今后对华投资所采取的方式应当特别慎重。我们希望你能看重一般人民生活程度的提高,因为这样才可以保证你们的市场和远东以及世界的和平。

中国最大多数的人民是农民,他们在这次战争中因征兵征实征购已经尽了最大的贡献。可是这些还只是法定的担负,法外的担负更是无从估计。利用农民的驯服,腐化了的行政机构不断的向农村吸血。目前农村已是凋敝到了极度。若是这些剥削的行为不停止,在一切经济建设计划没有生效之前,农民已经可以因生活的压迫不能忍受而发生变乱了。

若是经济建设目的在提高人民生活程度,最重要的对象自然应当是农村经济的改善,因为农村经济的发展可以使生产过程中所获取的利益得到最广大的分配。关于具体的办法,我们在这里不能多述。这里只能提到这原则,希望将来要协助我们建设的美国朋友们能加以注意。

我们不惮繁杂的把造成中国内战的原因,和因政治不上民主轨道而引起的种种痛苦略述如上,现在我们想说一说杜鲁门总统在他声明中所提到的扩大政府基础,容纳各党各派参加,以建立民主中国的问题。我们完全同意:政府的改组是消弭内战的必要手段,民主的中国才能保障世界和平。对于这个原则,我们庆幸,各党各派在表面上均已接受。但是利用民主招牌来实行独裁是中国几十年来执政者的惯技。所以若要达到民主中国的目标,我们希望同盟国的朋友们决不应被名义和形式所欺骗,应该注意实质。

目前最主要的问题是怎样建立民主政治中心的民意立法机关。国民党至今还是坚持在抗战之前所选举的国民大会。可是我们认为这个国民大会的代表,即使当时确是能代表民意的,到现在因时间的变迁也已失效,何况这次选举是一党专政时代的产物呢?我们相信你对于欧洲类似政治下选举的结果必有明白的认识。选举的意义是在人民能自由表示意见。在言论没有自由,在政党不能公开活动,在特务监视之下,选举不过是一种形式。民主政治的民意机关是决不能在一党专政下产生的。因之,我们觉得除非我们能以假民主为满足,国民大会的代表必须改选,而且要在各政党能公开活动,言论、结社、集会得到自由之后,才能选举出这种代议制的民意立法机关。

最后,我们愿意再强调的要求你的注意,就是中国过去的政治中已经发生了名和实的分离。在口头所说的是一套,所作的却又是一套。民主,民主已经喊了三十多年,而三十多年中,我们所遭受的却是和民主相反的政治。名实分离不够,还可以造下种种骗局。譬如新闻的检查是取消了,可是在收复区又订下了许多限制报纸登记的办法,甚至可以以纸张的缺乏为口实,停止供给不属于官方的报馆。即在已经取消审查机关的地方,至少新闻的稿件还须经过党部的检查,方能登出。其他如特务的活动、威胁利诱,使事实上和政府不利的舆论不能有发表的机会。

为了要避免任何政治集团的伪装方法,我们希望新闻的自由必须坚持,而且希望国际的公正记者能利用这自由对公众有确切的报导。国际间舆论的自由交换是给予为民主工作者莫大的援助。民主工作者需要的是事实的公开检讨和批评,因为瞒蔽即是欺骗。

我们冗长的向你提出这备忘录,其中虽则有很多地方并不是你所代表的政府所能为力的地方。中国的问题最后只有我们中国人民自己来解决。但是杜鲁门总统既然已承认中国内战将威胁世界和平,而维持世界和平是同盟国的共同责任,所以我们愿意在这种备忘录中详细分析造成内战的原因。同时,我们也竭诚的希望,在你被派遣到中国的短短时期内,你能到中国各处跑一次,一面自己观察,一面就上面的分析,自己进一步的找些印证。你最近将要到平津视察,希望你于平津归来后,向西南的几个中心,包括昆明、成都、贵阳在内,也走一遭。我们相信你和一般同盟国的友人,对于中国的关心,并不只是消极性的只要国共不相互放枪即可满意,而是积极性的,要促进中国的民主。要实现中国的真正民主政治,则上述的许多问题必须予以考虑。内战只是症候,不是病源。病源不除,症候是无法好转的。我们盼望国际的友人,为了世界和平,不但要劝阻国共交锋,而且能有效的在政治上和经济上给予建设民主的助力。

我们对于你的服务不但感激而且有信心。我们也希望你对于中国人民渴求民主有认识,对于中国人民民主的前途也有信心。敬祝你在历史上留下为我们后世子孙永志不忘的伟绩。

一月十五日 昆明《中国周报》创刊号出版,刊头是杨明请先生题写的,先生用恭楷写成。这是个战斗性很强的刊物,主编是中共地下党员唐登岷,编辑有杨明、杨维骏、高国泰等人。(据访问唐登岷记录,1986.8.5)

该刊是月二十二日第二期,刊登有先生治印广告,云牙章每字两千元,石章每字一千二百元,过大过小加倍,收件处在府甬道十四号。

一月十九日 《学生报》创刊,这是昆明市中等以上学校学生联合会办的会刊。学联起初请先生题写刊头,先生认为请张奚若题写更合适,于是转请张奚若写了刊头。

一月二十日 先生与吴晗、李源、胡钊联名发表《释放政治犯再也不能拖延了——兼为羊枣先生的暴死集中营控诉》,刊于昆明《民主周刊》第二卷第二十四期。未入集。全文如下:

本月十日,蒋主席在政治协商会议开幕词中,宣布释放政治犯。在他说了而没有做的第三天,被捕七月余的名记者羊枣先生(杨潮)竟以"突"患急病死于集中营了。这是上海《时代日报》十三日的消息:"《释放政治犯声中,羊枣突患急病死去》:名记者羊枣于昨日在杭州监狱中,突患急病逝世。按羊枣曾任衡阳《大刚报》主笔,福建建瓯研究院院长。后在美新闻处工作时被捕以迄于今。"

羊枣先生早没有死,迟没有死,恰好在蒋主席宣布释放政治犯,而没有立即实行的第三天才死,而且不是患普遍的病死去,而是"突"患"急病"死去,这个"急病",实不能不令我们为三十余万政治犯的生命安全"急"出"病"来!羊枣先生真的患"急病"死去欤?他的被捕七月,既不见政府公布其罪状或提起公诉,死后又不公布其病状死因,死后就这样用"突患急病"死去,可以草草埋没其死因了吗?我们要追究责任,不能放过刽子手的罪恶,如果羊枣先生可以用"突患急病"而掩饰其死因,那恐怕受尽特务迫害虐待的三十余万政治犯,会在释放之前,通通在集中营"突患急病"死光了!

羊枣先生之在政协会会议期中于集中营"突患急病死去"(?),告诉了全中国以至全世界人民,谁是中国法西斯的祸首,他的死,又一次有力的暴露了国民党一党独裁和特务制度的罪恶。如所周知的,羊枣先生是一个无党无派的新闻工作者,初在清华学校肄业,后在交通大学学工程。但作为一个有良知的科学家,他能躲在工厂实验室安心工作吗?在政治环境的低气压下,爱光明爱民主的羊枣先生,终于抛下了他的本行,投身新闻工作,更直接的为中国民主实现而贡献他的力量了。他的一生,如同每一个爱光明爱民主的中国人一样,遭受了无数残酷的迫害,终于以"急病"死于集中营里。在一九三九年至一九四一年间,他在香港《星岛日报》任军事记者,每次撰写"一周国际",他尖锐的笔锋,曾挑起了多少青年人对法西斯的仇恨,和对于民主光明的热爱,他是受到无数读者的爱戴和拥护的。为了他酷爱光明,在是年六月间,遭到国内法西斯压力的迫害,而与金仲华、邵宗汉、郁风等同时被迫离职。香港《光明报》创刊后,他又参加《光明报》的撰述编辑工作。太平洋大战爆发后,他回到国内主持衡阳《大刚报》的编务和笔政,为了坚持他一贯爱光明爱民主的立场,他又因为举办了一次"民意测验"而去职。一九四四年湘桂战起,他应福建省政府之聘,赴永安创办建瓯社会科学研究院担任院长,兼在美新闻处东南分处任高级职员。至去年七月,突被第三战区以莫须有之罪名加以逮捕。他的被捕经过,至今闻之还是令人悲愤发指的。

当他日间在美新闻处办公时,第三战区突派大队武装包围该处,并以机关枪威胁强行逮捕。当时该处处长提出严重抗议无效,提出数条件如不能用刑,每日由处派人探视送食物等,第三战区口头答应后,竟背信弃义囚之集中营,全未履行诺言。此后下落不明,亦未见当局加以公开起诉及宣布罪名。就这样,一生为光明为民主而奋斗的羊枣先生,经过七个多月的禁闭,和饱受了无数痛苦后,就突然以"急病"(?)死于集中营,永远离开我们了。

羊枣先生今年才四十余岁呢,他还年青,苦难的中国还需要他,他还能为争取民主做许多工作的,他不能死去,他不应该死去,但血淋淋的事实告诉我们,羊枣先生终于在反动的势力迫害下死去了!他的死,是中国民主事业的莫大损失,是青年们的损失。他的高度的工作能力,他对于民主自由的渴望和斗争的韧性,他扶植后进的苦心和爱护青年人的真诚,凡是和他接触过或读过他著作的人,都会永远留下一个不可磨灭底印象的。他的死,控诉了国民党特务制度血腥的罪恶,加强了全中国人民争民主的决心。他的死,暴露了国民党释放政治犯的"诚意"和可能存在的阴谋。他没有死,他永远生存在爱民主爱自由的人们心里。作为他的同学、朋友和学生的我们,没有悲哀,没有眼泪,我们会在悲愤莫名的痛苦下抬起头来,更坚定的擎起你所遗下的民主自由旗帜,继续走完你的旅程。

为了羊枣先生的死,我们不能不向全国人民和政协会诸代表,喊出了我们有力的呼吁和控诉:"释放政治犯再不能拖延了!"

因为羊枣先生之死是死得不明不白的,可能是一种政治阴谋的暴露。他的死,并不止是他个人的问题,而是关系目前三十余万备受迫害的政治犯的生命安全问题。为了这样,我们要向政协会议诸代表提出了我们对释放政治犯的具体主张:

一、要求政府调查公布羊枣先生被捕原因、被捕经过,及在集中营患何"急病"死去。并严惩主凶的第三战区负责者,及厚恤杨先生家属。(羊枣先生原名杨廉正,后改名杨潮,湖北人,其妹杨刚系全国知名之女记者,现任《大公报》驻美特派员。他素无积蓄,身后萧条,遗有一妻无子女。)

二、政府释放政治犯的诺言,要立即兑现,不能拖延,或所谓"按次序办理"。并保证不能再用任何阴谋使"政治犯"在集中营突患急病死去。如果确系在集中营患病死去,必须公布其病状及诊断经过,并请社会公正人士会同检验,不能视人命为草菅。

三、政治犯要全部释放,政府再不能玩弄花样,要在野党派提名始逐一予以解放。因为在"不满政府即系异党分子"的情形下,被政府目为政治犯而加以逮捕的,绝大部分为爱民主爱自由的青年,而无任何党派关系的。如果一定要在野党提名始逐名释放,则许多无党无派青年,势将还要继续受到残杀迫害。

四、释放出来的三十余万无辜青年和政治犯,如有残废及患病者,政府应负责抚恤和治疗的费用。

五、政府应明确解释何谓"危害民国之行为",不能含糊其词,乱加政治犯及无辜青年以大帽子。因为事实告诉我们,政府是惯于使用这套伎俩的。最近四川大学学生李实育案,就是一个最有力的例证。

六、政府要做到保障人民的自由,就要立即废除在当政十八年中残害无数纯洁青年的集中营和特务制度,此外各地的邮电检查,海陆空的交通检查,收复区的新闻检查及一切束缚人民自由的法令,应立即一律废除。

七、在蒋主席宣布"除司法与警察机关,不得拘捕审讯"后,宪兵及其他任何军事机关应停止私自逮捕人民的权力(宪兵英文为 Military Police,意为军事警察,仅供维持军队风纪及调整军民争执之用,不能管民事)。且美英等国家之宪兵组织,并不如中国宪兵组织内设有特务机构。

中国人民无辜的血流得太多了,国民党十八年来一党独裁和特务制度,特别在抗战八年间,曾经迫害残杀了数以十万计的纯洁青年。如果目前三十余万的政治犯和无辜青年,不能立即无条件从集中营放出,如果特务制度这些最龌龊的东西,不能从此在中国绝迹,那末非但羊枣先生和无数被迫害的政治犯,会死不瞑目,全中国爱民主自由的人民,也会不惜以鲜血洗涤这大地底腥膻的。

释放政治犯再不容拖延了!

同日　先生等一百九十余人联名发表《昆明教育界致政治协商会议代电》,刊于昆明《民主周刊》第二卷第二十四期。全文如下:

重庆政治协商会议秘书处转各代表公鉴:

诸先生此次在渝集会,协商国是,诚国家民族兴衰隆替之机,团结民主和平奠基之日。诸先生责重任远,固当捐除私见,为人民立言,为子孙造福,群策群力,必其成功。同人等义切救焚,责无旁贷,愿陈数事,用作准绳,诸希明察是幸。

甲:政治协商会议结束以前,应切实办到下列各事项:

一、立即停止军事冲突,此项工作由马歇尔将军会同国共双方以外之公正人士监督实行。

二、开放言论、出版、通讯、集会、结社及其他基本自由,一切报馆及通讯社听任私人或党派自由经营,其曾经政府控制支持者,一律停止其控制及支持。

三、取消一切特务组织,立即释放一切政治犯。

四、组织联合政府,在宪法实施以前,以联合政府为中华民国之最高统治机关,政府人员应由全国贤能领袖公平分担,任何党派所占员额不得超过全数三分之一,军政财政两部并不得操于一党之手。

乙:下列各事项由联合政府办理:

一、缩编全国军队,并提高其品质,以期达到高度现代化之目的,全国军队之数量,平时以五十师为最高限度。

二、改组并刷新各地方政府之行政机构,其主要人员不得由任何一党包办,并不得由现役军人充任。

三、制定制宪会议之组织及选举法,于联合政府成立后六个月内,办理选举,并召开会议。

签名者为:张奚若、钱端升、朱自清、金岳霖、王赣愚、袁家骅、李继侗、吴之椿、费孝通、潘光旦、汤佩松、费青、胡毅、闻家驷、潘大逵、卞之琳、尚钺、夏康农、李广田、苏鸿纲、姜震中、顾元、王康、陆钦墀、廖宝昀、袁方、徐毓枬、周新民、楚图南、沈嘉瑞、向达、陈定民、杨业治、闻一多、林文铮、徐嘉瑞、胡庆钧、全慰天、陈美觉、冯素陶、俞铭传、张兆麟、孟超、杨一波、赵沨、郑伯华、张默涛、林彦群、许之乔、刘北汜、张书田、陈遵妫、黄绮、张子毅、李荫远、张东祺、程溯洛、吴晗、李若明、罗应荣、汪子嵩、吕德申、叶方恬、汪志华、金先杰、何善周、李荣、刘锡铭、张璧华、刘禹昌、张国廉、唐敖庆、姚宝汉、邱家农、范宁生、程应鎏、彭兰、马忠、王振华、许维通、杨明、丁维铎、余冠英、吴谟、尹科云、林慧、李埏、杨天堂、王鎏、陈钟远、胡宗礼、谢广美、陈阅增、王树勋、曾宪邦、吴征镒、董申保、池际尚、陈德明、王瑶、江枫、钦俊德、王通裕、季正怀、张澜庆、金孟肖、张炳熺、李学应、俞和权、殷汝棠、孙本旺、苗华殿、凌德洪、周家炽、蔡德惠、张行煜、钟景文、杨德森、刘邦瑞、余培忠、吴彬、颜锡嘏、王溶、冯秀明、文波、田方增、刘心务、娄康俊、赵全章、崔士英、徐绍龄、李俊昌、郝锡宏、戴玉贞、赵崇汉、杨鹏魁、王金钟、胡维菁、卢福康、朱绍侯、程力方、龙文池、范宁、赖才澄、陆永俊、许杰、黄为、王志诚、张德成、陈峰、陈志鹏、何陶如、佘世光、龙敏惠、莫翰文、彭丽天、孙瑞谷、迟中陶、杨光社、陈尔谢、陈德祥、阎昌麟、许醒农、仲谷仁、李建武、钱介福、萧前桂、康倪、萧前瑛、王万俊、武子桢、赵宝煦、王筌、向大甘、谭正儒、王乐周、游象乾、张绍桢、高国泰、唐品喻、刘舒心、蓝仲雄、马毓泉、邓汉英、郭沂曾、杨捷、胡向恒、焦瑞身、杨东灿、王晓云、刘源、杨体隽、刘宗汉。

二十四日重庆《新华日报》亦以《昆明文化界人士百余人要求开放自由组织联合政府》为题，全文刊出该函。

此事似亦由钱端升发起，朱自清日记是月十二日条云："上午端升来询《时宣言》起草要点，所提各点均表示接受，而今甫及汤则表示不同意。"（朱乔森编《朱自清全集》第10卷，第385页）此文件发表时，果无杨振声、汤用彤。

一月二十一日 政治协商会议昆明各界协进会成立。先生未到会，但仍与张奚若、楚图南、尚钺、杨绍廷及民主周刊社、中苏文协昆明分会、文协昆明分会、昆明学生联合会、时代评论社、云南妇女联谊会、妇女旬刊社、昆明文化学会、昆明新报社、联大文艺社等十团体被推为执行委员。该协进会成立之原因及目的，是"鉴于此次政治协商会议之所以能够召开，实由于国外民主力量的要求，和国内各阶层广大人民对于和平民主的迫切愿望及运动所造成，并且认为在未能实现全国普选，以真正还政于民之前，政治协商会议实为过渡期间代表在野各党派，及社会人士以解决国是的有效适宜机构。但此次会议之成败或其□果之良否，仍有关于会外广大人民和平民主运动的继续努力和加强。故咸认为有联合昆明各界，对该会在开会期间和闭会以后，随时作集体建议并监督实行之必要，遂决定成立'政治协商会议昆明各界协进会'，与'政治协商会议陪都各界协进会'共同努力"。（《政协会昆明协进会成立》，昆明《学生报》第2期，1946.1.26）

会上，通过了《政治协商会议昆明各界协进会宣言》。这个宣言早已拟好，先生曾参与了意见。《宣言》云：

在全世界民主人士的要求及全中国人民的呼吁及督促之下，政治协商会议终于在重庆开会了。同时，国共两方也已正式下令全面停战，将一切问题提交政治协商会议求得和平解决。对这二十年来政治新局面的展开，全国人民实感到衷心的欢欣。我们人民对国是前途也因此充满了无限的光明和希望。

我们以为此刻正在重庆举行的政治协商会议，它虽是朝野各党派和少数社会人士的代表会议，但在今天全国还没有实行普选、召开真正代表人民的国民大会以还政于民之前，它是最具有代表全国人民解决当前国事的资格，且为过渡到真正民主政治最适当的机构，所以全中国人民乃至全世界爱好和平民主的人士对此无不寄以殷切的期望，希望政治协商会议能确实调协各方面的意见与感情，根绝任何内战以导国家于和平团结建国的坦途。

出席政治协商会议的诸位代表，除了少数无党无派的社会代表人士以外，是大多数各有其政治背景的。我们以为今天所协商者既为国是，与会各代表则必须以全国人民的利益为协商的最高准则，忽视了这点，不但会使急待协商的国是问题无法获得合理解决，且纵令有何协议，那也必将违背全人民的利益而为人民所反对。

我们也知道一个民主新中国的建设是不可一蹴而成的，有许多棘手的问题不一定能即时协商成功。但我们以为与会的各方面代表真能一切唯全国人民利益是从的捐弃私见，而一心为国家树立和平建国之基努力，我们确信协商定将成功。

今日之事，时机紧迫，我们以为政治协商会的努力，只许成功而不许失败，我们并愿向全国人民指出：和平民主不可幸致。乐观的结果必需用我们人民自己的力量去争取。本会成立目的端在团结昆明各界人士继续加强我们对和平民主的要求和运动，对政治协商会议群策群力的在开会期间及闭会以后提供我们人民的建议和督促。

现在，我们提出对政治协商会议的意见：

一、确实保障基本人权。

1. 立即彻底实行蒋主席业经宣布的四项人民自由诺言。

2. 立即取消特务组织。

3. 立即释放一切爱国政治犯，并撤销一切劳动营集中营及其他变相机构。

二、彻底改组政府。

1. 成立举国一致的联合政府，此项原则应中央与地方机构一律应用。

2. 任何党派在各政府中所占员额不得超过三分之一。

三、军队国家化。

1. 此事应由政治协商会议决议全盘具体办法,交联合政府执行,不应由国共两党单独解决。

2. 现有一切武装部队无论属于何党,应公平合理整编。凡已收编伪军一律解散,伪军兵士有过者处罚,校官以上者一律以汉奸罪严格惩处之。

3. 所有军队宪警,应一律脱离党派关系和控制,并彻底废除党化训练。

4. 严格实行军民分治,现役军人不得充任行政官吏。

四、国民代表大会问题。

1. 由政治协商会议成立机构,重订国民代表大会组织法,选举法,并重订宪法草案。

2. 根据新订选举法重选代表,二十五年所选旧代表应完全无效。(昆明《学生报》第2期,1946.1.26)

同日 先生担任编委的《时代评论》第十三期稿件付交鼎新印刷厂,旋厂方突受当局警告,勒令停止排印,已排好之版亦拆毁。二十三日,先生与吴晗负责的昆明《民主周刊》第二卷第二十四期亦同遭厄运。同时,《学生报》、《中国周报》也被厂方拒印。

这是当局有计划的行动,二十一日晚"某三方面高级人员举行联席会议,当场决定采用釜底抽薪之毒计扼杀各刊物,并定出不露痕迹及不负责任之原则,命令执行人员不留任何文字的证据,并严令各厂商不得泄漏主动机关与执行人员之名称姓名及丝毫真实情形。二十二日,某同业公会理事长被某方派员勒令转命印厂商拒印各刊物,同日,鼎新与崇文两厂负责人经某方传问,并警告'现在是新旧交替的时候,局势混乱,你们切不要卷入漩涡,免得对你们不利'云云。二十四日上午十一时,某方又正式召集各大印刷厂负责人训话,谓今后承印任何刊物须首先查明其有无登记证,并审阅内容是否'反动',如未登记及内容'反动'者即不得承印"。(《为横遭阴谋破坏敬告各界人士书》,昆明《民主周刊》第2卷第25期,1946.1.30)

一月二十六日 昆明民主周刊社、时代评论社、学生报社、中国周报社联合发表《为横遭阴谋破坏敬告各界人士书》。先生参与了拟定工作。

文中称政治协商会议正在重庆开会,蒋介石在开幕词中再次宣布保障"人民之自由"等四项诺言,而昆明却发生了破坏民主自由之事件。"本刊等遭此无理压迫,愤痛莫名,除努力设法解决印刷问题,坚决支持,绝不停刊,并誓死力争言论出版印刷之自由外,特郑重向压迫者提出严重的抗议,并向各界人士发出沉痛的申诉:

一、昆明某数官方此种横暴的举动,既属违反蒋主席宣布之四项诺言,显亦蔑视政治协商会议及国民政府力求和平团结民主合作之至意,其剥夺人民自由,尤为乖谬不法,罪无可逭。我们要求政治协商会议及国民政府,迅速查明真象,将主动人员交付法办。二、昆明某数官方不仅侵害本刊等之出版自由,抑且侵害正当商人之正当营业,此风一长,则我商界同胞之正当权益,将备受蹂躏。为此,我们呼吁全体商界人士一致反对此种无理的举动,本刊等愿为后盾。三、此次某数方面所采压迫本刊等之方式,可谓不负责任,极尽卑劣之能事,而其狠辣阴毒较之明令查封公开禁止尤有过之。我们除对此卑鄙而不负责任之阴谋表示抗议及鄙弃外,尤望文化出版界人士群起注意,并给我们以援助。最后,我们严正提出:一、人民基本自由绝对不容侵犯,蒋主席宣布之四项诺言,必须立即实施。二、正当商人之正当权益应有保障,商人正当营业之自由,绝对不容妨害。三、彻底废除官办与统制印刷造纸等工业之自杀政策,解除妨碍文化发展的桎梏。四、废除邮电检查,撤销特务机构,不许扣禁人民及在野党派自办之报章杂志。五、废除出版法及电影戏剧检查,取消收复区报纸杂志图书检查制度。六、全国各报馆、各杂志、各通讯社一致起来,未登记者,拒绝登记,已登记者撤回登记,务必达到言论出版之绝对自由而后已。"(昆明《民主周刊》第 2 卷第 25 期,1946.1.30)

同日　致清华大学校长梅贻琦信。请辞清华大学中文系主任职:

涵师校长钧鉴:敬启者,一多迂阔成性,才识疏浅。昔年偶以承乏,接充本校中国文学系主任一职,当时即已声明,只系暂时性质,期学校离滇北返之前为度。今者,抗战胜利,复校在即,举凡系中有关结束现在、擘划将来之诸项事务,关系前途至为重大,用是旦夕忧惶,自维为除罪戾计,理应实践前言,早避贤路,爰特专函呈请辞去现职,迫切陈情,不胜企祷之至。肃此祇颂道祺。学生闻一多。(《文学院各学系教师异动的来往文书》,清华大学档案室藏)

先生请辞此职,也是出于为学校考虑。冯友兰在《回念朱佩弦先生与闻一多先生》有记述:"在三十五年春天,一多与我作了几次很恳切底长谈。那时候他相信政治协商会议能够成功。他说他并不打算完全作政治活动。'不过同你们比起来,我是一脚门里一脚门外而已。等到政治上告一段落,我的门外底一只脚还是收回,不过留个窗户时常向外看看。'他又说,他已决定回北平以后底研究计划,他打算用唯物史观底观点研究中国文学史。他说,他对于中国文学史的材料,知道很多,但是对于唯物史观底研究,还嫌不够,他想找个人合作。关于清华的文学院,他主张将中国文学系与西洋文学系合并为文学系,而将其中关于语言底课程分出来,另设语言系。这一个提议佩弦也很赞成,不过不能实行。因为教育部把各大学管得紧紧地,甚么事都照着刻板底部章。一多又同我说,他的政治上底关系,必然使学校当局增加困难,因此,他愿意辞去清华中国文学系主任,专任教授。主任一职仍由佩弦担任。佩弦为人,向来是不轻然诺底。我为这个事,又与佩弦长谈了许多次,梅月涵先生又亲自劝驾,才把这个担子又放在佩弦身上。"(北平《文学杂志》第3卷第5期,1948.10)此事费了不少周折,直到四月三日,梅贻琦才在先生函上批示:"闻一多请辞照准。函朱佩弦先生,请担任中文系主任职务。"

一月二十七日 联大同学郭良夫创作的话剧《潘琰传》(又名《民主使徒》),在昆华女中礼堂演出。先生认真地看了这个剧。三十日演出结束,又应郭良夫之请,用小篆为该剧题写了题签:"民主使徒"。

一月二十八日 访朱自清,望其接任清华大学中文系主任职。朱自清日记云:"一多来访,谓彼已向梅校长正式提出辞职,希望我接替其职务。我推荐王了一,彼不甚同意,认为梅校长和冯可能不会接受了一。我们谈到浦(即浦江清),一多认为他常提出一些莫名其妙的建议,而且可能与学生相处不好。我决意不接受此职,但答允帮一多处理本学期的日常事务,因他确实太忙,在政治方面花的时间和精力太多。"(朱乔森编《朱自清全集》第10卷,第388页)三十一日,在清华大学评议会上,冯友兰提出请朱自清担任中文系主任,而朱则提出王力,果然未被冯友兰接受。二月十一日,朱自清接梅贻琦信,内容亦是请其出任清华大学中文系主任。

一月二十九日 致清华大学校长梅贻琦、教务长潘光旦信。信云:"中国文学部研究生王瑶曾请举行毕业初试。兹拟定于二月十五日下午三时起,在办事处举行该项初试。谨将有关事项开陈于后,即乞核定,嘱文书科办通知,并乞嘱事务组届时照例预备茶点,至纫公谊。敬颂道安。闻一多谨上卅五年一月廿九日。计开:一、王瑶论文题:魏晋文学思潮与文人生活。二、初试范围:中国文学史、中国哲学史、中国通史。三、考试人员:除中国文学系教授外,聘请汤锡予、彭仲铎、冯芝生、吴辰伯四位先生。"(《研究生毕业初试、论文考试聘请考试委员暨报部备案的来往文书》,清华大学档案室藏)

一月三十一日 政治协商会议闭幕。会议共通过五项决议:一、关于军事问题的协议。二、关于宪草问题的协议。三、和平建国纲领。四、关于政府组织问题的协议。五、关于国民大会问题的协议。

政协开会期间,先生代表民盟云南省支部与民青负责人谈话,说民盟准备建议为民青争取两席国大名额。洪德铭回忆:"在旧政协开会期间,据说根据罗隆基的建议和民盟的意见,由闻一多向我和许师谦(民青第二支部主任委员,民青第一、二支部联系负责人之一)传话说:民青在民主运动中作出了重要贡献,民盟准备建议在将来国大代表名额中替民青争取两个席位(暗示这两个代表可推民青一二支部负责人充任),你们两个参加民盟后可参加负责民盟的青年工作。我与许听后感到很惊讶,当即婉言表示拒绝地说:如果民青负责人当了国大代表,就会受到同学的鄙视唾弃,在今后民主运动中就不能起作用了。闻先生边听边点头,表示同意,从此他就没提这类问题了。"(洪德铭给编者的信,1989.3.5)

是月　找西南联大"除夕社"一负责人谈话。除夕社是西南联大部分学生新成立的一个团体,一月二十一日发出成立宣言。昆明《学生报》消息云:"联大一部分参加一二一运动的同学,因为在工作中,感到个人力量太渺小了,需要集体力量才能发挥工作力量,遂发起组织除夕社,已于本月二十一日正式发出成立宣言,主张以民主作风推进民主运动,且已积极开展工作。"(《除夕社成立》,《学生报》第 2 期,1946.1.26) 除夕社的同学认为去年十二月二十二日罢联决定"停灵复课"的做法不够民主,对民青和联大学生自治会也有些意见,并不同意间接选举学生自治会理事会成员。先生说:我可以提请民青注意克服缺点,多听你们的意见,但你们一定要维护他们的领导。与此同时,先生也批评了民青,"建议提前改选学生自治会理事会,用全校同学直接普选的方式选出新的理事会,吸收除夕社的同学参加学生自治会的领导工作"。(洪德铭给编者的信,1989.3.5) 此后,民青根据先生的建议和群众的意见举行改选,除夕社有五人被选为联大学生自治会理事,使进步力量的团结得到恢复和巩固。

是月　个旧旅昆同学王明等相约返乡,行前去看望先生,先生鼓励他们回去后要配合昆明的民主运动。王明《在"一二·一"运动影响下》中记述:"离昆前我们曾拜访过老师闻一多先生,谈到个旧矿山破产的情况和返乡的打算。闻先生很关心祖国的工矿业和受苦受难最深的矿工。他说:'都市中知识层的民主运动,已经由昆明的发动而广泛展开了。希望将来广大的劳动人民的民主运动,也从昆明发起,而充当这运动的先锋者,应该是当今昆明的青年学生。'在闻一多先生的启示和鼓励下,我们认识到了自己的神圣职责。经同学会研究,布置返乡同学配合昆明的民主运动,回家乡去做些有益的工作。"(《红河州地方志通讯》1986 年第 1 期)

王明、樊开祥、彭尔莹等同学返回个旧后,办起了失学青年"文化补习学校",并建议地方文化协进会请旅昆同乡会出面,邀请联大、云大部分教授到个旧帮助修撰县志。先生也受到邀请。杨绍廷《一次修志的夭折》:"个旧旅省同乡会理事会接到地方文化协进会的来函后,召开了会议,由理事长高荫棠主持,经过讨论,决定由理事杨绍廷负责联系,提出邀请名单,由同乡会正式发函邀请。被邀请的教授有西南联大闻一多(文学)、李继侗(生物)、张印堂(地理)、冯景兰(地质)、李何林①(文学评论)、云南大学教授楚图南(文史)、尚钺(历史)、袁家骅(语言),其他方面的有律师邓太年。邀请发出后得到了他们的大力支持,并出席了旅省同乡会的邀请宴会,决定了动身时间。"(《红河州地方志通讯》1986年第1期)

杨绍廷还补充说:"一九四六年春,个旧地方文化协进会委托个旧旅省同乡会邀请几位教授帮助修撰县志。同乡会经讨论决定,由我出面,以同乡会名义邀请闻先生主持个旧修志事宜,并请他提名约请几位教授。我到闻先生家向他转达了同乡会的请求,得到他的同意和热情支持,当面就拟出了邀请名单。但是名单中的一半先生我都不熟悉,不知如何去请。闻先生看出我的为难,对我说:'你熟悉的楚图南、尚钺、李何林等教授由你去请,你不熟悉的由我负责一定请到。'后来闻先生亲自出面邀请,使这次活动能如期进行。遗憾的是临去个旧时,闻先生与楚先生因民盟的工作离不开而未能同去。其他几位教授到个旧后,不顾旅途辛苦,立即深入实际,做了大量调查研究工作,对个旧的矿业、交通、水利、林业、民族文化等的现状和发展前景,提出了宝贵的建议和意见。可惜当时地方负责主修县志的乡绅受到政治压力,不敢出面,致使修县志的愿望未能达到预期的目的,辜负了闻先生给地方的热情支持,是一次难以弥补的损失。"(《永久的怀念》,《群言》1996年第7期) 先生邀请参加个旧修志的教授,有张印堂、李继侗、冯景兰、袁家骅等人,为此还在大东门外个旧会馆请过一回客。(据访问杨绍廷记录,1986.8.2)

附:国民党中央调查统计局情报第三十四号:"据报:昆明西南联大教授共产分子楚图南、尚健庵、李何林、闻一多,民主同盟分子潘大逵、吴晗及昆明妇女联谊会干事、共产分子李某(名不详)②等人已于二月四日由昆明搭滇越车经开远、碧色寨、蒙自,到达个旧,表面以修个旧县志为名,在各地以讲演、出壁报、演话剧等方式作各种反宣传,而以个旧为其工作基地。并邀请联大教授张印堂、严蒙华、冯景兰,律师邓太年、个旧旅昆同乡会代表、共产分子杨绍廷(联大学生)③等人,准备赴石屏、建水等县视察联大等迁校路线,藉作其他活动云。欧昌同。"(南京中国第二历史档案馆藏)

二月二日 春节。节日里次子立雕惹了一场祸。年前圣诞节时,一位美国朋友送给先生全家一些礼物,其中一只动物形状的气球在当时还很罕见。立雕自幼喜欢动脑筋,他根据化学课上学到的知识,想让钠与水产生化学反应,释放出氢气

---

① 李何林不是联大教授。
② 即李文宜。
③ 杨绍廷不是联大学生。

把气球充起来。于是，找来一块钠，放入盛有清水的茶壶内，把气球套在壶嘴上。不料，钠块过大，壶盖又被立雕用手紧紧地按住，迅速膨胀的氢气竟引起茶壶爆炸，壶中液体喷了出来。长女闻名在旁边看见哥哥做试验，新奇地把脸凑近壶嘴，结果满脸被灼伤。先生听见爆炸声，赶紧从里屋出来，吃惊不小。这时，先生在清华学校的同窗，时任西南联大化学系教授的黄子卿正好来拜年，立即建议用醋冲洗闻名的面部。先生并未责备立雕，只是说了一句英语成语"A little knowledge is a dangerous thing"，意为"一知半解是最危险的"。

同日　晚，参加新中国剧社、联大剧艺社联合举办的春节聚餐，到田汉、洪深等多人。大家在景虹街新中国剧社社址的天井和大厅内，按云南习俗就地围坐，下铺松毛，还表演了文艺节目。这天，萧荻、刘美菊还在会上举行了婚礼，先生做主婚人。（据萧荻给编者的信，1986.11）

二月三日　致清华大学校长梅贻琦信。信云："中国文学部研究生施子愉请求举行毕业初试。该生研究题目系'唐代科举制度与文学'，此次考试范围，应为中国通史、哲学史及文学史。兹拟请罗膺中、向觉明、冯芝生、许骏斋、闻一多等九位先生为考试委员，并定三月二十二日（星期五）为考试日期。敬希分函聘请，是为至荷。此上梅校长。闻一多谨启。"（《研究生毕业初试、论文考试聘请考试委员暨报部备案的来往文书》，清华大学档案室藏）

二月四日　朱自清前来拜年。（朱乔森编《朱自清全集》第10卷，第388页）

二月七日　华罗庚自昆明飞重庆，办理赴苏联手续。时，苏联科学院出版了华的《堆垒素数论》，并补邀其赴苏访问。华起初有些犹豫，先生鼓励他，说："我们要学习苏联，要走苏联的道路。你能去苏联学习，对于将来搞好我们中国的科学事业是大有好处的，千万不能错过这个机会！"（华罗庚《知识分子的光辉榜样》，《闻一多纪念文集》，第143页）二十五日，华罗庚离开昆明出国，至五月二十五日方返国。

二月十日　重庆"二·一〇"惨案发生。是日，重庆二十余团体联合发起各界庆祝政协成功大会，在较场口大广场举行。大会还未开始，即有暴徒强占主席台，夺取扩音器，殴伤郭沫若、李公朴等。消息传到昆明，先生十分气愤，即与楚图南、李何林、洪深、石炎、刘平、范启新、赵沨、郭良夫、夏康农、周士礼、顾德荫、冯法祀、江篁、严恭、尚钺、金若年、李仁荪等联名致信慰问。未入集。《昆明西安文化教育界慰问较场口受伤人士》刊载先生等人慰问信云：

　　　　在政治协商会议刚刚开幕，陪都各界热烈举行庆祝大会时，竟有破坏民主的暴徒，捣乱会场。先生等遭无端迫害，同人闻讯之下，亟为愤慨，誓作诸先生后盾，共同为民主中国之实现而努力。谨此慰问，并颂康复。（《新华日报》，

1946.3.4)

二月十一日　西南联合大学在新校舍北区会议室召开第四十三次教务会议，先生出席。会上教务长潘光旦报告本校历年毕业及经部核准人数等，议决凡在联大保有学籍学生于学校北迁后可依照其本人意向，参加北大、清华、南开任何一校。（据《教务会议记录》，清华大学档案室藏）

二月十四日　报载国防最高委员会决议，任命李宗黄为该委员会党政考核委员会秘书长。先生对此十分气愤。民盟云南省支部发言人亦发表谈话，称"这措施不但使被杀青年永不瞑目，而且是完全违背人民愿望，无异奖励杀人凶犯，泯法背理，自毁纪纲的罪行"。(《中国民主同盟云南省支部发言人对政府纵容昆明一二·一惨案祸首李宗黄的谈话》，昆明《民主周刊》第 3 卷第 1 期，1946.2.26)

二月十五日　下午，清华大学文科研究所中国文学部，在西仓坡五号本校办事处举行研究生王瑶毕业初试，考试范围为中国文学史、中国哲学史、中国通史。先生与许维通、朱自清、浦江清、王力、冯友兰、汤用彤、彭仲铎、吴晗为考试委员。(据《研究生毕业初试、论文考试聘请考试委员暨报部备案的来往文书》，清华大学档案室藏)

二月十七日　下午两时，昆明政治协商会议促进会、文协昆明分会、中苏文协昆明分会、昆明学生联合会、学生报、中国周报、民主周刊社等十团体，在联大新校舍联合召开"庆祝政治协商会议成功、抗议重庆二·一〇惨案、坚持严惩一二·一惨案祸首大会"。先生担任大会主席。

时，距重庆二·一〇惨案仅一星期，有的人觉得此刻开这样的会有些危险，但先生认为此会非要开好不可。会中，先生首先报告，《昆明各界举行大会，一万余人示威游行》报道到："会开了，是在下午两点钟。主席闻一多起来报告。他认为：政协会五项协议的意义非常重大，他说：'中国近百年来的民主解放运动，到现在可说告了一个段落。'可是，反动派'只看到个人的少数人的利益，他们没有远见，所以他们就要破坏政治协商会议的成果，具体的表现，是重庆二·一〇血案'。对于屠杀四烈士的凶手——李宗黄——不但不加以公正的惩处反而升了官，他很激愤的说：'这件事，和重庆二·一〇血案是一样的意义，象征反动派势力垂死的挣扎。'最后他号召到会的人：'我们要击破这反动势力，我们有击破这反动势力的信心，反动势力的期限决不会长久！'"(《学生报》第 5 期，1946.2.23)

接着，褚辅成上台演讲，说：如果国民党不能用和平手段完成建国大业，而打几十年仗，弄得老百姓更痛苦，那么，"国民党在将来就要成为革命的对象"！钱端升演讲说："我们应该把握这个机会使国家更进步，小心而谨慎不懈地把握住它，使它成为事实。现在是已经议而决了，我们就要它决而行，而且，要用一切人民的力量使它行而通。"又说:"我们绝对需要完全无缺的自由,意见的自由最重要,如果没有意见的自由,那就不是民主国家。"对李宗黄升官之事,他气得几乎梗塞了气管,说:"这事,政府也是荒谬。"费孝通演讲道:"政协会的成功是人民力量的表现。这力量表现在一二·一血案,这血案开始了新的方向。"吴晗演讲中特别强调:"唯一的方法要取消特务制度,不然一切保证不发生作用,人民的基本权利毫无保障","要取消特务就要改组政府,使成为能代表人民的政府"。(同前)

接着,大会宣读了《宣言》,该《宣言》是当日上午先生嘱王康在民主周刊社内赶写的,先生亲自修改定稿。文云:

我们昆明各界一个月来,怀着兴奋和期待的心情,对政治协商会议抱着无穷的希望。感谢各党各派社会贤达和盟邦友人的共同努力,这个会议终究为中国人民带来了和平的曙光,带来了民主的希望,也为新的民主中国奠定了立宪的基础,开拓了和平建国的道路。我们昆明各界对于政治协商会议的成就,对于与会代表们的协商态度,首先愿意表示我们衷心的愉快和敬意,并愿全国同胞能一致庆贺和重视这次会议的成功。

我们昆明各界面对重庆较场口上淋漓的鲜血,感到极度的愤慨。我们除了向受伤的人士表示崇高的敬意和慰问之外,今天,我们更要秉着不屈不挠的精神,在"一二·一"的屠场上,向全国人民提出我们对凶手们的控告和对执政党的遗憾。

我们深深地体验到中国民主道路的遥远,我们虽然庆祝政治协商会议的成功,但这只是民主的开始,而不是民主的获得。因此,我们昆明各界在这协商会议将要功败垂成的时候,谨向与会代表们和当今的政府提出以下的要求:

一、贯彻施行政治协商会议的协议;

二、彻底清除官僚党棍及消灭特务制度;

三、严惩并追究一二·一血案凶手及主使者;

四、切实保障人民自由权利,并不得再发生不幸事件;

五、为表示政府革新之决心,应立刻严惩昆明一二·一惨案之主使者关麟征、李宗黄、邱清泉等;

六、如同对一二·一惨案极尽歪曲污蔑之能事一样,中央社对二·一〇血案的报导,完全与事实不符,正遭到重庆人民和记者们的公开驳斥。我们希望中央社能善尽自己的天职,为人民报导真确消息,尊重自己的人格、自己的良心,绝不能再歪曲事实,混淆是非,用莫须有的藉口,污蔑爱国人士的清白,包庇暴徒的罪行,而扰乱人民的视听,然后才够资格自称"公正"。(《昆明万余人

大游行》,《新华日报》1946.2.21)

随后,宣读了昆明学联对政府任用李宗黄的抗议书。在惨案中被炸伤断腿的缪祥烈亦被拥上台做了演讲。此时,有人提议游行,获得全场热烈鼓掌、欢呼通过。下午四时半,游行队伍从联大新校舍出发,先生与洪深、李何林等三十多主席团成员走在队伍前列,从昆北城墙缺口进城,四人一排,高呼"立即释放政治犯","立即改组政府","立即实施四项诺言","反对任用杀人犯李宗黄"等口号。队伍经武成路、三牌坊、近日楼、南屏街、绥靖路,夹道群众报以热烈掌声。当一万五千人空着肚子回到云大,先生兴奋地问:"特务那里去了? 他们是学乖了? 还是泄气了?"(《二·一七昆明大游行特写——民主列车》,昆明《学生报》第5期,1946.2.23)

在云大操场,先生再次登台演讲,"勉励各界继续为民主团结而努力,并领导全体高呼口号"。(《昆明各界大游行》,北平《民主周刊》第4、5期合刊,1946.3.6) 王一《哭闻一多先生》记述当时情形:"太阳落了山,天上闪着星星,大队才回到云大操场,一个大家最熟悉的声音在喊了:'大家知道今天的游行有多少人吗?''不知道,'大家齐声回答。'我数过行,有一万多人。'狂呼鼓掌中断了他的话。'重庆的人在较场口开会,特务都捣乱,我们游行,特务倒不敢来了,特务那里去了!''他们跑了,怕了,不敢动了。'大家在怒吼。'为什么他们不敢动——因为我们团结,有组织。''对''对''对',无数的声音在喊。'我们要更团结,更有组织。大家跟我喊几句口号。''庆祝政协成功!''抗议较场口惨案!''反对政府任用凶犯!''昆明青年团结起来!''全国人民团结起来!''新中国万岁,万岁万万岁!'闻先生的声音越喊越大,像雷一样,千万个声音像雷的回音一样,在城墙边吼着。"(《人民英烈》,第308页至309页)

同日 梅贻琦到重庆教育部述职,与朱家骅谈话中言及先生等。梅在日记中写道:"访骝先部长于其私寓",其"颇关心于清华复校设备等问题,而对于张、闻、潘等之举动,谓殊于清华不利。"(梅贻琦日记手稿,清华大学校史组藏)

二月十八日 冯法祀举行画展预展,先生等人出席。《云南日报》二十日报道:"画家冯法祀,于十八日下午□时假新中国剧社举行作品预展,到文化界闻一多、洪深、楚图南、夏康农、李何林、孟超、白澄、赵沨等多人。于参观全部作品后,并即席举行座谈,发表[言]甚为踊跃,对冯氏作品之现实意义及当前绘画之动向问题,多有发挥。按冯氏系名画家徐悲鸿之高足,此次展览作品,包括黔桂路工程及越、桂、湘、黔、滇、缅等战区之风物写生,内容极为生动丰富,已定本月二十二日在文庙街民教馆公开展览云。"

参观后举行座谈会,先生为主持人,并对画展作了坦率的评论。白澄曾将先生的意见记录整理为《我们的观感——冯法祀先生战地写生画展》，刊于二月二十五日昆明《正义报》"文艺副刊"第二十三期。一九四七年一月九日，白澄又将重新整理的记录，冠以《新美术的路向——画展观后感》之题，署以"闻一多讲，白澄记"，刊于徐悲鸿主编的天津《益世报》"艺术周刊"第二期。这是一篇很重要的发言记录，它反映了先生这时期的艺术观。其文云：

本会给我的首先的印象是自然的景色多，而人物的刻画少。就现在展览的作品看，大都是以大自然为背景的，而人却站在次要的地位。在西洋画上，这不是主要的作风。中国画是以山水为主，而西洋画则以人为主。多年来，这两方面在学院当中都不能满足。在西洋画中，目前究竟走那一条路子，似乎也还没有确定。我在外国时，他们对我说，你们自己的画好多了，何必要来向我们学习？那时在五四时代，我们往往具有民族主义的看法，对于国画十分推崇，其实国画之好，有些也是我们自己在吹嘘。在外国，从没有到外地去写生，是由自然的描摹发展到静物与人物的写真。从自然走到人，尽管画的还是个人，仍是好的倾向。而中国，又由人回到自然，是坏的路子。单从人与人之间去表现社会关系与作者的思想，这才是我们应做的事。如果尽在描写自然，在我看来，是一种浪费，因为这恐怕耽搁了时间去注意人的表现。描写大自然是学院派的作风，也是中国一般美术界的现象。现在，中国的美术所要走的路子，到底是中国的呢？还是西洋的呢？我认为要多多表现人间的现实生活。引申地说，西洋的人物纵然多是个人的，而二十多年来，中国的新绘画连这一点都没有什么大的成就。依照我的看法，我们要画人物，不仅要画个人，而且要画群众，要画人与人之间的关系，要表现出人在社会上的关系。关于这问题，我现在还不晓得西洋如何解决。因此，我十分喜欢那幅《捉虱》，这是人间生活的写照，在画面上是以人为主体的。至于表现人与人的关系上，这涉及到画家对于社会与人生的思想与态度问题，而不单是个人的技术问题。

对"艺术为艺术"，先生这时有了新的认识。在未刊手稿中保存有这样一篇零散的随笔：

精神食粮

不生产的有闲阶级

"艺术为艺术"

实际乃是晃子

维护阶级利益的另一手法

"艺术为艺术"的历史意义——革命

××为宗教　礼教

艺术宣布独立——为自己——资产阶级向封建革命——民主革命

中国文艺出于道家——杨朱为我，不合作

个人主义

过时

进一步为人民，否则停留在个人主义即是反动，革命对象。

二月二十二日　致闻家骐信。收《闻一多书信选集》。说到自己近来的生活与思想的转变：

> 弟个人身体堪称顽健，三男二女亦差托平安，惟孝贞多病，前年曾一度卧病月余，本年复沾滞床褥者三月之久。据医生最近之诊断，系甲状腺（在颈部）关系，影响心脏衰弱，并患贫血。一家琐务几全赖赵妈一人，而彼亦年老力衰，丈夫数年来杳无音信，谅已贫死，故心绪不佳，时亦多病。至于弟之经济状况，更不堪问。两年前时在断炊之威胁中度日，乃开始在中学兼课，犹复不敷，经友人怂恿，乃挂牌刻图章以资弥补。最近三分之二收入，端赖此道（润格，石章每字一千二百元，牙章每字二千元）。曩岁耽于典籍，专心著述，又误于文人积习，不事生产，羞谈政治，自视清高。抗战以来，由于个人生活压迫及一般社会政治上可耻之现象，使我恍然大悟，欲独善其身者终不足以善其身。两年以来，书本生活完全抛弃，专心从事政治活动（此政治当然不指做官，而实即革命）。关于此事，重庆报纸时有报导，不知兄处见及否？此处殊不便多谈。总之，昔年做学问，曾废寝忘餐，以全力赴之，今者兴趣转向，亦复如是。近年上课时间甚少（每周只四小时），大部分时间，献身于民主运动，归家后，即捉刀刻章，入夜，将一日报纸仔细读完，已精疲力竭矣。古人云"匈奴未灭，何以家为"，今之为祸于国家民族者有甚于匈奴。在此辈未肃清以前，谈不到个人，亦谈不到家。

信中特别提到闻家骐妻子的内侄王康和王子光兄弟，称"康生[1]弟兄与弟过从甚密，思想亦极相投。康生文笔与口才尤能出众，二人均已成青年领袖[2]，觉民兄[3]得此双璧，真羡杀人也"。

---

[1]　康生，王康原名，其弟王子光，原名泽生。

[2]　王康毕业于西南联大社会系，时在云南大学任教，为昆明《时代评论》杂志发行人，实际负编辑全责。王子光时在联大法律系学习，为联大学生自治会理事。

[3]　王觉民，闻家骐的内弟，王康、王子光的父亲。

信中还表示对长房兄弟之行为"最所鄙弃"①,这主要是因为其兄弟中的闻亦有出任国民党中央监察委员的缘故。

二月二十四日　昆明《中央日报》刊登西南联大一百一十〇位教授签名的《对东北问题宣言》。《宣言》认为,"这次大战既导源于东北之横遭侵略,而永久和平亦必以中国完全收复东北为始基"。为此,向政府提出两项要求,第一,"政府披露中苏签订条约以来一切有关东北问题的谈判经过,并拒绝再作妨害主权的任何协商";第二,"政府与苏联均应忠实履行中苏协定,苏联应尽速撤退在我东北驻军,归还一切工厂设备与资源,不得有超出中苏条约范围以外之任何行动或措施"。

日本投降后,国民党政府请求苏联暂缓撤军一个月,旋又延长一个月,为的是以待国民党运兵接收。随后,雅尔塔密约宣布,内中有国民党政府承认苏军驻扎大连旅顺事,引起人们的民族情绪。其时,苏军从东北搬走机器,工程技术人员张莘夫非正常死亡,于是,国民党在国统区各大城市发动了一次大规模的反苏游行。先生对此事有所警惕,吴晗回忆说:"研究生考试的前些日子,国民党反动派阴谋搞了个大规模的反苏运动,发表了宣言,西南联合大学有一百多个人签了名。有人也来找一多签名,一多打听了一下,住在他家斜对面的一位签了名的教授,也是当时民主同盟的负责人,从此人的口中,知道主持签名的是几个臭名昭著的国民党员。一多就来和我商量,我们就认为这一定是坏事,不但不签名,还想了个法子,通过当时被愚弄的签了名的中间分子,发表公开声明,揭穿国民党反动派的阴谋。"(《拍案而起的闻一多》,《人民日报》,1960.12.1)

吴晗所说的"中间分子",是西南联大历史系教授向达。当时,先生了解到在讨论宣言修改意见时,冯文潜、汤用彤、向达等教授曾要求在附注中同时说明美国也应撤军,但发表时并无采纳他们的意见,于是对向达说明了情事的要害。向达立即在报上公开发表了《一个声明》,说:"当时以为宣言系草稿,我口头上对冯(文潜)先生说,宣言原文非重改不可,冯先生也以为然","我附注了的意见,就是对于原来的宣言不满意",要"注明英美对于东北问题的责任","为什么宣言发表时只要我的名字,而不要我的意见呢?"(《吾爱吾师吾尤爱真理》,第10页,西南联大学生出版社1946年5月出版)

是月　作《一二·一运动始末记》。收《闻一多全集》。文章记述了昆明民主运动的历史和惨案的发生经过,表现了毫不妥协的斗争精神。文中末尾说:

"一二·一"是中华民国建国以来最黑暗的一天,也就在这一天,死难四烈士

---

① 此句《闻一多书信选集》未收。

的血给中华民族打开了一条生路。从这一天起,在整整一个月中,作为四烈士灵堂的联大图书馆,几乎每日都挤满了成千成万,扶老携幼的致敬的市民,有的甚至从近郊几十里外赶来朝拜烈士的遗骸。从这天起,全国各地,乃至海外,通过物质的或精神的种种不同的形式,不断地寄来了人间最深厚的同情和最崇高的敬礼。在这些日子里,昆明成了全国民主运动的心脏,从这里吸收着也输送着愤怒的热血的狂潮。从此全国的反内战、争民主的运动,更加热烈的展开,终于在南北各地一连串的血案当中,促成了停止内战、协商团结的新局面。

愿四烈士的血是给新中国历史写下了最新的一页,愿它已经给民主的中国奠定了永久的基石! 如果愿望不能立即实现的话,那么,就让未死的战士们踏着四烈士的血迹,再继续前进,并且不惜汇成更巨大的血流,直至在它面前,每一个糊涂的人都清醒起来,每一个怯懦的人都勇敢起来,每一个疲乏的人都振作起来,而每一个反动者战栗的倒下去!

四烈士的血不会是白流的。

这篇文章是为一二·一烈士墓撰写的墓文,文章写完,恰张光年在北平筹备《文化工作》,计划由郭沫若、冯乃超、周扬和先生及张本人作具名主编,来信征求意见并约稿。先生表示同意,并将此文手稿寄去,说稿子要的这样急,来不及写新的,只好寄上旧作。后来《文化工作》创刊号稿子集齐时,北平形势已有变化,杂志出不来了。(据访问张光年记录,1988.2.4)

是月 约洪德铭谈话,动员他参加民盟。洪德铭回忆:"二月的某一天,闻先生约我到他家谈话,反复动员我参加民盟,说由他和吴晗作介绍人。我支吾了一下后,就借口告辞了。不久,他又找我去,'将军'似地对我说:'你的中共党籍是否已经解决了,如果没有,就应该参加政党活动,参加民盟,为什么不参加? 如果解决了,你可向中共汇报,就说我和吴晗先生要介绍你参加民盟,在里面发挥作用。'在这个情形下,我只好向组织汇报请示,经党组织研究后,同意我参加民盟,要我向闻先生说明,由于要继续民青的秘密工作,只能用田禾这个化名参加,只能作一个单线秘密盟员,不能参加民盟的工作和民盟的组织活动。我按此指示,回复了闻先生,并经他和吴晗介绍参加民盟成为秘密盟员。当闻先生听了我讲的只能作单线秘密盟员的理由后,很严肃而又诚挚地说:'季凯! 我们不仅是亲密的师生关系,而且是同生死的同志关系。我动员你参加民盟,完全是为了民主运动的需要。我上次讲的话够彻底的了,我估计你可能已经是中共党员,不过不便说明就是了。其实,你成了中共党员,我是很高兴的,如果我不想在和平民主实现后继续搞学术的话,也是愿意参加中国共产党的,不过现在还没有作出决定。'这次我和闻先生谈话

时间较长,闻师母几次进房催着吃饭。"(洪德铭给编者的信,1989.3.5)

是月　得到一封家信,说父亲去世了。抗战时期,父亲一直在四川万县避难,当他知道自己快不行了,就不顾路途险阻,赶回浠水,最后死在老家。先生听到这消息,悲痛地在床上躺了好半天。

二月至三月间　先生赴昆明长城中学演讲,题目是关于民主教育。

长城中学是西南联大同学在昆明创办的一所私立中学,最早的提出者是刘春生同学。刘春生是吉林省延吉人,他立志光复东北、建设国家,倡议创办一所招收沦陷区子弟的中学。这个倡议得到联大辽宁、吉林、黑龙江、河北、河南、山东、山西、陕西八省旅昆同乡联合会(习称"北八省同乡会"或"八省同乡会")的响应和支持,梅贻琦、张奚若、潘光旦等教授也慨然名列发起人。北八省的历史和地理多与长城相关,故学校以"长城"为名,一是表现培养学生"长存邦家之志,为国干城"之志,一也含有纪念联大北八省同乡会支持的用意。长城中学创办于 1944 年,金马山校址是在昆明行医的辽宁同乡张春生先生捐赠,后来云南省曲靖县何非先生也将金马山附近一块地产无偿捐给学校。(方贵龄《忆长城,怀梦华》,《西南联大北京校友会简讯》第 30 期,2001 年 10 月印行)

聆听先生这次演讲的凌风在《回忆闻一多同志》写到:"记得约在一九四六年二三月间,他在昆明长城中学演讲,讲题是关于民主教育的。在讲辞中他特别提起解放区的情况,根据赵超构《延安一月记》中的记述,说延安只有四个警察维持秩序,他对这种情况表示热烈的称赞。他说,只有在那样的新社会秩序下,青年人才可以毫无阻碍地接受民主的教育。当他演讲完毕,有几个头脑顽固的学生站起来质问,问他怎样知道延安只有四个警察,问他既然不是亲见,如何可以随便相信别人的记述,等等。这种质问是刁钻古怪的,是近于恶意的。闻同志[始]终心平气和地对付这些学生,给他们解答,后来看到他们还是保持深闭固拒的态度,闻同志只好对大家说:'我们当中有些人是够可怜的,长时期在黑暗中过活,眼睛看到的是黑漆一团,便认为世界就是这个样子,当别人告诉我们说,世界上是有着充满光明的地方的,我们还不肯相信,这不是太可怜吗?'说完,他自己爽朗地笑了,许多天真无邪的青年学生也笑了。在笑声中,那几个顽固的学生显出的很尴尬的样子,再也不敢胡闹下去。"(《光明日报》,1950.7.15)

演讲毕,参观该校织造部,织造部送给他两三双袜子,他高兴地说:"拿回去,孩子有新袜子穿,可高兴啦!"

先生对解放区非常向往,曾对孩子说:将来回到北平,把你们都送到张家口去学习。

三月二日 梅贻琦约先生等吃饭,商量联大纪念碑事。但先生未赴约。梅贻琦日记:"晚约冯、雷、冯、姚、罗、闻、唐、刘、潘、汤、朱(闻未来)便饭,商写刻纪念碑事。"(梅贻琦日记手稿,清华大学校史组藏)后来确定联大纪念碑文由冯友兰撰文、罗庸书写,碑额由先生题写。

同日 中午十二时,赴南屏戏院出席追悼冼星海音乐会。预告中有请先生讲演一项。(据《今昆音乐界唱悼歌,纪念艺人冼星海》,《云南日报》,1946.3.2)

三月四日 为抗议国民党任用一二一惨案主谋李宗黄为党政考核委员会秘书长,全校罢课一天。

三月十七日 参加昆明学生联合会为"一二·一"四烈士举行的公葬及游行。

上午,昆明各界民众三万余人汇集于西南联大大草坪。图书馆前停放着四烈士灵柩,到处是挽幛、花圈、黑纱、素花。十一时许,大队分作五批陆续自联大新校舍出发,先生作为治丧委员会常务委员,与学联常务理事及云南大学校长熊庆来、联大训导长查良钊等组成的殡仪主席团,走在最前列的前导阵中,身后即"一二·一死难烈士殡仪"的大横幅;还有"党国所赐"、"自由民主"等大木牌。人群遵守"不贴标语、不喊口号"的约定,用挽联、路祭、挽歌作为悼念与抗议的方式。"自由之钟"的钟声在庄严悲壮的古城上空回荡。大西门、云南大学、华山西路、武成路、正义路、南屏街、宝善街、金碧路、护国路、绥靖路、青云街等路口都设有路祭,当载着烈士灵柩的灵车通过时,不断响起祭文的诵读声。人过之处,交通停止,每隔五十米不到,就有警察维持秩序,而警察台上则站满了中外记者拍照摄影。直到五时许,队伍才回到联大。

校园东北角是四烈士的墓地,墓道前有两根火炬石柱作为墓门,墓道尽头的石砌高台上,并排着四烈士墓穴。墓后大理石石壁上,刻着先生用小篆写下的"四烈士之墓"五个大字。墓壁上刻着先生撰写的《一二·一运动始末记》长文。墓地上新扎起一座松柏牌坊,上横书"一二·一四烈士公葬典礼"。

公祭开始,主祭者查良钊,先生与钱端升、尚钺、王赣愚、吴晗等陪祭。一阵爆竹过后,合唱团唱起挽歌,一同学诵读祭文,听者眼中都满含着泪水。三鞠躬毕,默哀,灵柩依次放入墓穴。查良钊向墓穴里铲进一铲石灰,一筐筐石灰倒了进去,挽歌、爆竹、哀乐又响起来。礼成后,查良钊首先致词,说:"我们的共同目标是一个民主自由、富强康乐的新中国,四烈士虽然死了,而他们未完成的工作,则留给了我们!"接着先生走到墓上,半天说不出话,好久才悲愤地作了致词。右江在《你们死了还有我们》一文中记录先生说:

今天这四位青年朋友就在这里安息了,但是我们的路还遥遥得很,一个民主的新中国离我们还远得很。我往下看看,今天我们参加陪祭的人,为什么这样少(只有两三位),是害怕吗? 还是关着门装不晓得? 难道连师生朋友们之情,连一点恻隐之心都没有,这些人上那儿去了? 是害怕吗? 今天我参加了,不见谁把我怎么样。今天我们在死者的面前许下诺言,我们今后的方向是民主,我们要惩凶,关麟征、李宗黄,他们跑到天涯,我们追到天涯,这一代追不了,下一代继续追,血的债是要血来偿还的。(《一二·一民主运动纪念集》第183页,上海镇华出版社1946年11月出版)

接着,与先生一起自始至终参加游行的吴晗也作了致词。他说:"墓上有'民主种子'四个字,我觉得这地方应改为'民主圣地'。在历史上中国有圣地,而今天的圣地是民主的圣地。不久有许多朋友要离开这里,将来民主的幸福的新中国来临的时候,我们永不忘记在西南的角落上,有一块'民主圣地'!"

这次出殡中,许多祭文、挽联都以诗歌形式出现,这与先生和新诗社的倡导不无关联。李广田说:"诗歌方面由于一二·一运动的鼓舞,也空前活跃,以反内战争民主为内容的朗诵诗从教室走向街头,悼词、挽联、祭文都诗歌化了。这种新的形式感动了无数群众,给诗歌开辟了一条新路,闻一多教授便是当时的领导者。"(《重庆文协举行欢迎晚会》,《文汇报》,1946.9.2)

同日　中法大学几位进步青年创办《大众报》创刊号出版,先生为该报题写报头。徐知免《回忆闻一多先生》:"昆明学联出版《学生报》,我们有十个老同学集合议定出一份小报响应。他们推我到西仓坡联大教职员宿舍去请闻先生题报头。那天晚上,闻先生首先问了报纸情况,还问在什么地方印等等。当时因为特务抢报纸,殴打报童,报贩都不大敢接这类报纸。闻先生问:'你们怎么办?'我说一部分交报童,一部分自己上街卖。闻先生笑了一笑,说:'有勇气,但是要当心啊!'他在灯下题了我们的报头:'大众报',落款是闻一多。他沉吟了一下,随即又写了一张,无款。然后递给我,说:'写是写了两张,我看你们还是用第二张好,你们斟酌了办吧。'他送我到门口的时候,还是叮咛'要当心啊'!"(《解放日报》,1979.11.22)

《大众报》是中法大学进步青年的喉舌,在昆明民主运动中起过积极作用。这期创刊号为"一二·一殉难四烈士出殡纪念专号"。

三月二十日　联大常委会召开第三六九次会议,提荐先生等八十二人为美国援华会特别研究补助金候选人。(《西南联大特别研究补助金候选人提荐名单》,《国立西南联合大学史料》第4册,第535页)　此事起因,源自为一九四二年美国联合援华会(United China Relief)提出每月拨款一万两千元美金,作为昆明各大学教授之生活补助费,以解决教授们在医疗、子女教育和战时生活等方面的困难。由于这项援助限定昆明各大学,遂引起中央大学教授的异议,蒋介石亦以接受外援"不光彩"为由,予以拒绝。一九四三年,美国联合援华会改变办法,将援助款总额设为一百万元美金,资助对象仍是昆明,但名称改为研究工作费,并请重庆组织委员会决定分配办法,计划甲种每年两万元,乙种每年一千两千元。教育部讨论时,坚持各地平均分配,并将经中华文化基金董事会业已转来的五十万元先行分配,数目一律改为一万两千元,名额定为八十二人,人选由中华文化基金董事会顾问委员会推荐。昆明方面,规定西南联大五十九人,云南大学十五人,北平研究院五人,中央研究院三人。(《国立西南联合大学校务会会议记录·第六届第一次会议》,《国立西南联合大学史料》第2册,第458页)这件事迟迟未能落实,而西南联大何以此时提荐八十二人,原因不明。

三月二十二日　清华大学文科研究所中国文学部在西仓坡五号本校办事处,举行研究生施子愉毕业初试。初试范围为中国通史、哲学史、文学史。先生与罗庸、游国恩、冯友兰、雷海宗、朱自清、王力、浦江清、许维遹为考试委员。(据《研究生毕业初试、论文考试聘请考试委员暨报部备案的来往文书》,清华大学档案室藏)

三月二十五日　昆明《民主周刊》、《学生报》、《昆明新报》、《时代评论》、《中国周报》、《妇女旬刊》、《生活知识》、《真理周报》、《大众报》、《文艺新报》、《诗与散文》十一期刊联合发表《对当前时局的态度》。

是月一日至十七日,国民党召开六届二中全会,通过《对于政治协商会议之决议案》等,推翻政协各项决议,坚持国民党一党统治。《对当前时局的态度》为此表明了严正的批评,文中说:"全国人民寄予殷切期待的国民党二中全会,不但没有自动地表示收敛这种反动阴谋,反而建立了一个反动的领导。国民党二中全会决议:政协会所成立的五五宪草修正原则必须设法修改,各在野党派参加政府人员提经国民党中常会选任,国防最高委员会于撤销以后须恢复中央政治会议作为国民党指导国家政治的最高机构。我们要郑重指出这三项决议是完全违背了政治协商的基本精神,是动摇政协决议,破坏和平、民主、团结的反动阴谋。中国人民在这反动决议下,必将回复到被秕政奴役,被内战牺牲的悲境,世界和平也将因此而遭到严重的威胁。""我们希望,各在野党派和全国人民,对当前情势必须更提高警觉,加强团结,继续为政协会全部决议的彻底实现而奋斗!"(昆明《民主周刊》第3卷第5期,1946.4.6)

三月二十六日　昆明《民主周刊》、《学生报》等十一期刊发表《为国民党政府破坏政协决议和停战协定的抗议书》。文中向全国人民呼吁:"第一,要求国民党政府立刻实行四项协定。第二,国民党政府应立刻实践过去一切诺言,立刻取消特务组织,释放一切政治犯,并保证各政党合法而平等的地位。第三,要求国民党军队停止进攻和包围新四军第五师和东江纵队。第四,这两区域的军事争执完全交由军调部执行小组处理。第五,国民党政府应立即开放交通,并以粮食医药接济这两支抗日有功的军队。第六,立刻组织民主政府,建立和平民主团结建设的新中国!"

(昆明《民主周刊》第3卷第5期,1946.4.6)

同日　《云南日报》载先生与徐炳昶、姚从吾、吴晗、贺昌群、汤用彤、雷海宗、姜寅清、浦江清、白寿彝、袁同礼、毛准、王重民、华斯年、向达等人,为救助冯承钧家属发起募捐。(《冯承钧在平逝世,本市教授学者特发起为冯氏家属募补助金》,《云南日报》,1946.3.26)冯承钧,著名史学家,早年留学法国,致力于欧洲汉学研究之介绍,并译有西域南海史地之作三四十种。抗战时因病滞留北平,不幸于本年二月九日在北平病逝。

三月三十日　致闻家骙信。收《闻一多书信选集》。说到复员、被选为民盟出席国大代表和准备赴南京出席国民大会等事,还特别说闻家骙之子闻立训和二哥闻家騄之子闻立志早年赴延安之路,是"完全正确"。信云:

> 联大迁校,暂定五月十日起程,顷已派人往香港调查船只情形,如船只不便,恐须俟雨季过去后(九月间)始能成行,因西南一带,雨季中公路旅行甚感困难也。弟因当选为民主同盟国大代表,大约两星期内须飞南京赴会,会后拟径返北平,眷属则随校北返。目前儿辈已大,再加以驺弟之辅导,沿途照料,想不成问题。迁校之经费,校方当有合理办法,详情现尚未规定。弟个人赴京旅费由同盟担任,则由校方领得之一份自可省下,以补眷属用费之不足。惟在此离昆之数月中,不能再刻图章,此项收入即须完全放弃,损失恐亦不少。志侄已到渝,曾有信来,探询家中住址,并未谈到彼等自身之情况,想系不便谈及也。关于训侄通讯地点与通讯方法,日内当函志侄探询,容有复信后,再行奉告。两侄所走路线,完全正确,关于此事,家中尽可放心。近数年来,弟对此类问题在学理上曾加研讨,并完全赞同。在实际状况方面,亦曾通过英美人士得到报导,结果亦皆满意,故对两侄之行径,实感无上之欣慰。时代在进步中,未可以过去抹杀现在也。

是年春　为酝酿成立中的西南联大学生社团"艺联"题词:"向人民学习"。王景山《闻一多先生的题词》中说:"一九四六年联大复原之前,联大的几个主要文艺社团,想联合起来成立一个'艺文协会',这是一九四六年春天的事情。……发起单位有新诗社、剧艺社、文艺社、高声唱合唱团、阳光美术会等。我参加了'艺联'筹备会。当时有一个想法,为了纪念'艺联'的成立,分头请联大的一些老师们,特别是关心联大文艺活动、担任了联大文艺社团导师的老师们题词,准备装订成册。后来,由于联大复原,'艺联'没有成立,这些题词就保存在个人手里。我负责找的是闻一多、闻家驷、李广田三位先生,所以这些先生的题词就保存在我的手里。闻一多先生的题词是'向人民学习',李广田先生的题词是'不只暴露黑暗,更要歌颂光明',闻家驷先生的题词是'团结奋斗救中国'。这些先生的题词都是很有意义的。"（《北京大学校刊》第442期,1986.7.5）

是年春　罗铁鹰请先生为《真理周报》写稿,先生答应了,但觉得这类文章应严肃些,还是"慢一点"好。罗铁鹰《忆闻一多先生二三事》："一九四六年春天,我由外县回到昆明。为了惦念和得到他的支持、帮助,我到西仓坡联大教师宿舍去拜访他。他那美髯已不在了,他显得年轻了许多岁,但更加消瘦了。我请他为《真理周报》写点稿,他满面笑容地表示一定写,但很忙,须得'慢一点'。一个月后,我又去找他,请他为《真理周报》'赶货'。他微笑地说:'这种货不是随便赶得出来的！我真的太忙,还是慢一点吧！'这时,我的讽刺诗已经在刊物上发表了一些,自感标语口号倾向比较严重,够不上称为诗。我这么说了以后,他的回答是:'管它诗不诗,只要口号喊得响,喊得有力量！'这句话竟然出自曾经很注重诗的艺术性的前辈诗人之口,完全表现了他对诗歌参加战斗的热情鼓励啊！当时,一些民主刊物登的文章,抨击国民党反动派很是激烈,引起一些争论,有人主张还是注意点以爱护刊物。到底应该如何看呢,我又去拜访了闻一多先生,提出了这个问题。他坚决地回答:'对敌人斗争,就该凶猛。'"（《云南日报》,1979.7.23）

是年春　由西南联大毕业生创办的昆明天祥中学,从南城脚迁到小坝。迁校后,先生应邀做了一次演讲,并对西南联大毕业生到中学教书大加称赞。时任天祥中学教务主任的许渊冲说:"训导主任是程应镠,他和闻一多先生很熟悉,请闻先生到天祥来讲话。闻先生对我们这些联大毕业生心甘情愿在中学教书,大加赞赏,并说教师对学生应该像父兄一样,唯恐学生考试成绩不高。"（许渊冲《天下第一中学》,《逝水年华》第135页,三联书店2008年1月出版）先生的话,启发许渊冲提出"周考制"办法,即每周星期六上午第一堂课进行考试,国文、英文、数学、史地、理化或生物各考一题,每题限十分钟内。这一对学生巩固知识起了很大作用,是一九四九年前天祥中学能在升学率上一直名列全市前茅的措施之一。

四月三日　致清华大学校长梅贻琦、教务长潘光旦信。信云:"中国文学部研究生王瑶毕业论文考试,兹定于本月十二日（星期五）下午三时起,在办事处举行。该生论文题目系'魏晋文学思潮与文人生活'。考试委员除本校中国文学系全体教授外,拟聘请汤锡予、彭仲铎、冯芝生、吴辰伯四位先生。至祈台洽,并恳转知文书科办理通知函件,事务科届时预备茶点等项。至纫公谊。谨颂道安。"（《研究生毕业初试、论文考试聘请考试委员暨报部备案的来往文书》,清华大学档案室藏）后,因考试时间与学校教授会议时间冲突,推迟到十五日举行。

同日　清华大学接受先生辞去中文系主任的请求,朱自清正式就任清华中文系主任。

四月八日　王若飞、秦邦宪、叶挺、邓发等乘飞机自重庆返延安,于山西兴县东南黑茶山触山失事。先生得知后,与李何林、王振华、潘大逵、楚图南、姜震中、尚钺、丁月秋、吴晗、袁震、赵沨、陆钦墀联名电唁。原电以《昆明学术文化工作者痛悼四·八殉难烈士》为题,刊于五月二日《新华日报》。未入集。全文如下:

周恩来先生并转中共代表团及延安中共中央全体诸先生鉴:

若飞、希夷、博古、邓发、黄济生诸民主斗士的死,不止是中国共产党的无可估计的损失,而是全中国人民的最重大的损失。他们的死,是为了保卫政协协议,为了和平,为了团结,为了民主,一句话是为了中国人民。我们,昆明的学术文化工作者,含着眼泪,谨以最哀痛的心情,向你们致唁,劝你们节哀,并请转向死难诸斗士的家属致最诚恳的慰问。我们认为唯一可使死者瞑目的方法,是全中国人民在保卫政协协议的大纛之下,继承死者的努力,排除万难,必其实现。

四月九日　参加西南联大新诗社成立两周年纪念晚会。《联大新诗社诗朗诵晚会》预告:"西南联合大学新诗社,本月九日为成立两周年纪念,该社订该晚在联大昆北北食堂,举行'诗朗诵晚会',有闻一多、李广田、李何林等先生出席,并讲演专题。"(《云南日报》,1946.4.7)

先生与新诗社关系极为密切,一九四八年四月九日,何孝达在新诗社成立四周年时,特写了《新诗社》一诗,表达他对先生的怀念,也表达了先生与新诗社的关系。诗云:

新诗社

成立四周年了

从昆明

万里长征到北平

它的导师是闻一多先生

一直到现在还是

从三十三年四月九日起

新诗社举起一只大旗

上面写着三个大字:

"闻一多!"

闻一多先生说：
"我们是一把火"
闻一多的名字
　　是这把火的舌尖
它在什么地方说话
　　火就在什么地方发光

闻一多先生说：
"新诗社不只属于西南联大的
　　也不只是属于昆明的"
现在，历史在证实着这些话
北大新诗社
南开新诗社
清华新诗社
中法新诗社
师院新诗社
北洋新诗社
朝阳新诗社
燕大新诗社
　　——还有许多许多的新诗社
　　　　都起来了
这把火已烧遍了华北
可是在昆明的老家
　　仍然没有熄灭
它将永远的照耀着
闻一多先生的衣冠塚

闻一多先生说：
"我和新诗社是血肉不可分的"
新诗社是闻一多的纪念碑
新诗社是闻一多的铜像
在每一个集会，每一个广场上

怒吼着闻一多的声音：

"五四血统的青年站过来！"

新诗社，继承着闻一多的决心

信仰着

闻一多所信仰的真理

闻一多为了什么而献出自己

新诗社也为了什么而献出自己

闻一多为了什么而永远存在

新诗社也将为什么而永远存在(何达《我们开会》，第206至211页，上海中兴出版社1949年6月出版)

这首诗载入何孝达的诗集《我们开会》。该诗集请朱自清选编时，朱自清特把此诗作为压卷者。

四月十二日　下午三时，西南联合大学在清华大学办事处召开一九四五年度第十一次教授会议。主席梅贻琦。先生为书记做记录。

会上梅贻琦报告筹备迁校工作经过情形，报告四月十日校常委会决议："一、本大学鉴于海陆空交通工具在最近三四个月内之无可设法，应暂缓结束，并应将下学年第一学期提前上课，自六月起至九月中止。在此期内，仍应加紧准备迁移工作。二、本大学下学年第一学期，定六月三日开始上课，至九月七日止，九日至十四日举行学期考试。三、无论平津或昆明方面，将来开课后，在课程上有需要时，三校教师应予调剂。四、仍请迁委会推进迁移工作。"(《三十四年度第十一次教授会议记录》，清华档案室藏) 次日，教授会议继续进行，多数人反对下学期仍留昆明，要求按原计划于五月十日开始迁移。

四月十四日　下午一时，西南联大昆明校友会为欢送母校师长，在大东门外临江里一七二号龙云公馆(震庄)举行校友话别会。

话别会选在龙云公馆，是先生提议的，其含义大家心领神会。龙云的大儿媳是联大毕业生，担任昆明校友会主席，为了能开成这个会，先生亲自找她交涉，争得同意借到会场。(据访问王康记录，1990.6.6)

参加这次会的有六十余教授和二百余学生。主持是王康。发言中，许多人赞扬联大学术自由精神，先生却尖锐批评联大的教育作风。许师谦(王一)在一篇文章中记述先生的话：我并不满意过去三个学校的教育作风，我认为三校今后应该继承和发挥这几天联大的精神：爱民主、为人民，我们过去受的美国教育太坏了，教我们和人民脱离。做了教授，做了校长，有了地位，有什么了不起？"（王一《哭闻一多先生》，《人民英烈》，第 309 页）同样的意思也对赵沨说过。赵沨回忆："我们谈起教育制度来。他对学院教育说了许多不敬的话。他说他自己已身受了毒害，现在却也来帮凶，他认为目前这种大学教育不仅不能给青年们以什么好处，甚至于认为这种刻板式的办法还会毒害了某些才华，尤其学文艺创作，艺术创作，学院教育给他的只有毒害没有好处。"（赵沨《闻一多先生底回忆》，香港《光明报》新 4 号，1946.10.18）

先生在话别会的发言，有些激动。他说："前两天一个报纸骂了一个人，于是他的党徒就吵起来，说侮辱了什么。为什么他不能骂，他这些年造多少孽，害了多少人民，我有名有姓，我叫闻一多，我就要骂……"（《人民英烈》，第 309 至 310 页）

王康在《闻一多传》中，也摘录了先生的发言：

……联大就要分开了，北大、清华和南开，不久就要回到老家去了啦！这当然是值得高兴的，我也和大家一样，怀念故乡，怀念清华园。可惜，如今除了那半个中国之外，那儿也不会有安乐土！比如说，这座美丽的花园，多么幽静！这个会场多么欢畅！你们可也知道：丑恶的东西就躲在旁边，要挟威胁，要破坏这个会议，要带军警来检查，要把他们的反动货色硬塞进会场，连这样一点高兴，也不甘心让人享受，连这样一个惜别联欢的会，也违反了什么集会法。现在总算开起来了。但是，这使我不能不想到北平，在那里等待着我们的恐怕不是什么幸福，也许是更丑恶的灾难！

从前，我们都在北平住过很长的时间，那时候，研究学术的条件很好，日子也过得非常舒服。我们在那里读书，教书，做研究工作，说起来总算多多少少做过一些事情，对大家做过的事情也都很满意。现在回想起来，当时的工作，当时的生活，好些都很不对头。说实话，我是不满意过去三校的作风的。我希望过去的就让它永远成为过去，三校今后应该继承和发扬这几年来联大的精神：爱民主，爱人民，开创一幅新面貌！

北大、清华、南开，都是有名的大学，确实为国家培养了一些人材，这几年三校联合在一起，在艰难的条件下，一直坚持勤学苦读的精神，相信也会出一些人材的。特别是联大成了著名的"民主堡垒"，在大后方的民主运动中作出了重要的贡献。"一二·一"运动更是近代史上的一件大事。所有这些，我们大家都有深刻的印象。今天我想说的是，这三个大学都和美国关系很密切，我们都是在美国式的教育里培养出来的，固然也可以学得一些知识和技术，但是经过这八年的检验，可以说，过去受的美国教育实在太坏了。它教我们只顾自己，脱离人民，不顾国家民族，这就是所谓的个人主义吧，几乎害了我一辈子！

有些人毕了业,留了洋,干脆不回来了;有的人爬上去了,做了教授,或者当了校长,或者当了大官,有了地位,就显得不同,想的和说的也和别人不一样啦!其实,这些有什么值得夸耀的呢?我希望联大的同学再不要学我们的样子。你们这些校友都是走进社会上工作的人了,你们都有责任改革这样的现状,要拿出勇气来,不要重走误人误己的道路了。

别人又以为我在骂人了。是的,对于反动的不公道的不对的事情,为什么不该骂?

前几天有个刊物隐约地骂了蒋介石,于是他的党徒们嚷起来了,说侮辱了什么似的,还有些好心肠的知识分子也跟着说这太过份了,难道说,他这些年造了那么多的孽,害了那么多的人民,骂一下都不行吗?咱们应该讲真理,明是非。我有名有姓,我就要骂!……(第401至402页)

冯友兰也记得先生当时说:“我向青年学习,学会了一件事,那就是心里想说什么就说什么。比如我现在想说蒋介石是个混帐王八蛋,我就说蒋介石是个混帐王八蛋,他就是个混帐王八蛋!”(《三松堂自序》,第356页)

朱自清日记也记录了此事:“昨日一多在联大校友会演说词中提及憎恨母校,梅校长为此震怒,欲将一多解聘,余对此表示了反对意见。”(朱乔森编《朱自清全集》第10卷,第399页)

先生在大庭广众之下,指名道姓骂蒋介石,在场有许多人都觉得先生太激动了,但了解先生的人却不这么想。流金在《追念闻一多先生》中回忆:“有的人总以为他是一个感情极易冲动的人,一说就得情不自已,其实不是。他从不随意说话。他告诉我他不懂政治,所以不写政治的论文。但他执着于一个简单的道理:违反人民利益的,就是坏的。他对于违反人民利益的任何设施,都嫉之如仇。他说:‘我们不懂怎么样做于人民有利,但原则是懂的;反之,违反人民利益的事,我们单凭良心就可以知道。’因为他以为自己不懂政治,所以他开始对于政治加以研究,有一回他读了一本拉斯基的书,他高兴地告诉我:‘我们想到的,说不出;他替我们说得那样好!’他有好几回演讲,说到他自己,他说:‘我心里想骂人,想了好久,我在朋友面前骂他;×××,王八蛋,大家想想看,他是不是该骂,该骂就骂!’有些人认为他骂得太过火,又有些人认为他是故意如此,耸人听闻,但听他演讲的人,见过他说那骂人的话的表情时,不由得不感到他语气的严肃,真是一种从心底里发出来的声音。”(《人世间》第1卷第5期,1947.7.20)

同日　为郭良夫创作的话剧剧本《审判前夕》题签。这个喜剧讽刺国民党反动派审判一二·一惨案假凶手,是联大剧艺社演出的重要剧目之一。曾参加《凯旋》

等剧演出的闻立鹤,此时又参加了《审判前夕》演出。

四月十五日 蒋介石招待政协综合小组成员,希望各在野党派于二十日前提出国府委员及国大代表名单,以便进行政府改组与于五月五日如期召开国大。

先生已被民主同盟举为国大代表,但形势变化,国民党六届二中全会与三月二十日开幕之四届二次国民参政会(中共拒绝参加)公开否定政协诸协议,民盟中央拒绝提出国大代表名单。二十四日,蒋介石宣布国民大会延期。

同日 下午,主持清华大学文科研究所中国文学部研究生王瑶毕业论文答辩,王瑶的论文题目是《魏晋文学思潮与文人生活》,先生很满意,给了八十四分。

四月十七日 昆明《民主周刊》、《时代评论》、《学生报》、《中国周报》、《昆明新报》、《妇女旬刊》、《真理周报》、《大众报》、《生活知识》、《文艺新报》、《诗与散文》十一期刊联合发表《坚决反对撕毁政协决议》。文章指出:"数月来,我们曾几次为我国当前的时局提出意见和呼吁,但我们和全国人民的意见和声音,从没有被政府和执政党所注意所重视。法西斯反动派一直在一意孤行,倒行逆施的破坏团结,阻碍民主,挑动内战,到今天时局的严重,已超过了自停战令颁布和政治协商会议开会以来的任何一个时期。"文中历数了自年初以来的沧白堂事件、较场口血案、反苏游行、捣毁北平调处执行部、国民党六届二中全会、国民参政会四届二次会议等,认为这都是"反对民主,扩大内战,阻止中国走向和平民主统一建设"的阴谋。又云:"由于东北内战的继续扩大,由于国民党蒋总裁公开支持其反动同志扩大东北内战和对政协决议做翻案文章,时局已经由此发展到空前严重的阶段,我们除对国民党出尔反尔的行为再一次提出严重抗议和警告而外,请求全国人民决无犹疑的来阻止国民党反动派正进行的祸国殃民撕毁政协决议的阴谋。并望真正为中国人民之友的友邦,在国民党未完全不折不扣的实践了四项诺言和三大协定而改组了目前的一党政府之前,严重的考虑对中国政府的帮助,特别是财政上的帮助。"(昆明《民主周刊》第3卷第6期,1946.4.17)

四月二十二日 参加清华大学文科研究所中国文学部研究生施子愉毕业论文答辩。其论文题目为《唐代科举制度与文学》。

研究生考试前,先生与冯友兰有一段尖锐的对话。吴晗在《拍案而起的闻一多》中写道:"有一次会议中,大概是清华大学考试研究生的会吧,那时候,一阵反苏高潮刚过去,考试委员来了些人,研究生还没来,大家便闲谈起来。"冯友兰问先生:"有人说,你们民主同盟是共产党的尾巴,为什么要当尾巴?"先生回答得很干脆:"我们就是共产党的尾巴,共产党做得对。有头就有尾,当尾巴有什么不好?"(《人民日报》,1960.12.1)

先生的选择,来自于他的人生观和价值观。有些亲友看到这种情况,也不时表示慰问,他们在唉声叹气之余,末了总有"这么一个有学问的人,弄成这个样子"的感觉。先生则很坦然。"一次,几个朋友在一起闲谈,对他的处境很为不平,他非常坦然地把近来的一些感受告诉朋友们:'纨裤不饿死,儒冠多误身',正直的文人受苦,自古皆然。但是'白鸥没浩荡,万里谁能驯?'是否甘心做一个奴才,还是决定于自己。人,要活得正直,才能'留取丹心照汗青'呵。"(王康《闻一多传》,第282页)

四月二十四日　致西南联大学生自治会副主席王树勋信。信云:

树勋同学:

　　政协昆明协进会拟为王秦叶邓等烈士举行一追悼会,但会场问题无法解决,倘由学联主办,当较易于克服此项困难,盼与学联负责人一商是否可行,兹特介绍金若年兄前来面洽,希盼予协助为荷。匆候文安。

王树勋(王刚)当即介绍金若年与昆明市学联主席吴显钺商议。后因内战及昆明形势严峻,追悼会未能举行。(据王刚给编者的信,1988.4.8)

同日　罗常培写信给胡适,说:"民主同盟方面的一多、光旦、昭抡极力拉我入伙。我因甚鄙努生的为人,没有被他们动劝。"(《胡适来往书信选》下册,第102至103页)

四月三十日　西南联大英籍教授罗伯特·白英去先生家。两人做了长谈。白英在一九四七年由美国出版的《觉醒的中国》中记述:"我去看了闻一多教授。他外表很好,脸晒得红红的,不再布满伤寒病的苍白色了。……他说:'同学们在这儿干出了惊人的事情。他们走上了艰难的道路,他们愿意承担困难。人们竭力鼓动我离开中国。加尼福里亚大学要我夏天到美国去。嗨,我不想谁知道有我这么个人。可我不能不留下来。'他谈到对民主同盟的希望。'我们一定要尽最大力量不断促使双方防止所有灾难中发生这一场灾难——内战。我骄傲这儿大学的学生首先看到这危机。没有比这更大的危机,没有一个人能从中取胜,而中国人民将遭殃。'我告诉他我同前北京大学校长、现任行政院秘书长蒋梦麟的奇异的谈话。'好吧,他们愿意相信我们是共产党的尾巴,那是他们的事。他们爱怎么信就怎么信。我呢,我相信我们是人民的尾巴,我们还要把尾巴摇下去呢。'我们穿过文林街,我说我打算很快飞往北京。'这么说,你的梦想①快实现啦?''是啊——梦想的一部分。''那一部分是什么呢?''哦,中国的和平——在一百件事里,和平是最重要的。'他握住我的手。'我们一定要和平,一定要有和平。别的算不了什么。'他露出牙齿笑着,

---

①　指白英有去延安访问的计划。后,白英两度到延安,并著有《红色中国之行》等书。1947年,白英在英国伦敦出版了一本英文版的《中国当代诗集》,篇首印着"为了悼念闻一多",内中还附有先生的《时代的鼓手》英译文。

说,'我正新写一首诗。我要把这首诗送给你——这是关于中国的一首很有讽刺意味的诗。好多人都在争论中国将要走什么路。'一些农民走过去。'你想他们希望战争吗?关于中国,最好的归纳是还在战争——而我们是爱好和平的人民。'我久久目送他顺着小街走去,蓝色的长衫在风中移动着。在中国,对他我比对谁都信任。这位沉静的学者的才华是无限的。一想起我们能够在北京一起从事中国古代哲学家庄子的译述工作,再也没有比这更使我高兴的了。"(转引自张小怿《诗人·学者·战士》,《闻一多纪念文集》,第249至250页)

在《觉醒的中国》一书中,白英还记述了对先生的了解:"一九四六年七月十八日……三天以前,在昆明的街上,国民党武装党徒以冷酷而难以想象的残暴,杀害了另一位学者,他是我的朋友。我做梦都不敢想,如果我一想起这件事,所有的梦都复盖着他的影子。这以前我还没记述他的死,因为我办不到。他是我在中国认识的最伟大的人物,对工作一丝不苟,极其胜任他的工作,在联大所有教授中最为知名,是一个有着极温和的微笑和极成熟头脑的人物。他的名字叫闻一多,意思是'一人多学',只要肯学,由此及彼,什么都能学到。他早年热望绘画,赴美回国时心中充满色彩,他已写了两本小小的诗集,希望建立起中国新诗的殿堂,并决心以有生之年按照现代批判的观点研究古代中国经典著作。我们常在一起,我都记不起第一次相会是什么时候了。我第一次认识他的时候他就留着一付金黄色的胡须,正像他解释头发的颜色那样,他解释说,他认为自己是某一部落民族的后裔。他体弱,战时挨饿,担任中国文学部①负责人时,还在中学里任各种临时工作,所以他自己的时间一点也没有。当十二月学生被杀害时,他竭力使人们作出公正的判断,他这样做遭来许多忌恨,所以就在那时,我们知道他的生命处于危险之中。他说话有一付好嗓音,有时因为感情激动的抗议而变得低郁起来。他把自己的生死置之度外,今年三月十七日他领头走在为死难学生举行的葬礼行列前面,走过昆明的街头,在坟前向死者作了极其悲哀的告别。虽然他不断坚持在孔子体系下父亲的地位纯属暴政的主张,他天生是一家之主,而他的孩子们热爱他。他会说:'一定要摧毁家庭——我们一定要效法西方',虽然英语里已经失去了这些话在中国所包含的言外之意,虽然他辨别西方好的东西和坏的东西是我所认识的中国人中最为智慧的一个,他总归比谁都是即将诞生的新中国的先驱者。我同他沿着湖边散步,有时,午后或晚上,我会来到他家,看他坐在桌旁,俯着头,在赶刻图章,这样他才能养活孩子们——他讨厌这样浪费时间,尽管刻出的图章有时能卖不少钱,他会说宁可

---

① 指清华大学文科研究所中国文学部。

在中学里一星期教十八小时的课,在中学里,他至少可以按中国老传统热心投入工作。一点也不奇怪,事实是,他在联大比谁都厉害地在破坏这些老传统。去年他在云南南部石林之行后,害了一场伤寒;后来我看到他穿着破旧的蓝长袍,拄着手杖,缓步走过校园。学生们会向他跑去,问他古典著作中的释义;他总是特别温和地同他们交谈。他的教室里总是挤满了人,大概有四十个学生在窗外听课。他冷冷地瞧不起那些认为没有必要向学生讲政治问题的教授。他公开讲,他相信中国现政府是腐败的,讲时他那清秀而骨骼外露的脸上毫无惧色。有一回我带他去看美国领事,最让人高兴的事是闻在一个美国家庭里作客时那种说不出的愉快。贫困和非议围攻他,但他有一颗坚强的心。有一次他几乎在重压的折磨下垮下去,但他很快恢复过来,而且以后决不显露一点点痕迹。战争开始时他带领学生从北京长途跋涉到西南,我们总以为带他们回去的只有他。我们再也不能指望他了。然而我们没有想到他会像现在这样死法:刚开完会回来,四个匪徒就用美制无声手枪厚颜无耻地枪杀了他。他身中六弹,几乎立即死去。他儿子站立的地方离他不远,看到父亲倒下去,赶过去伏在父亲身上,喊着:'让我替你死,爸!'很快他失去知觉,因为匪徒们用四颗子弹射中了他。他们说父亲的遗体将被火化,骨灰葬在去年十二月死难的学生们近旁。儿子活下来了,虽然还没有脱离危险。他在医院病床上告诉人一件奇怪的事:凶手们向他打枪之前,站在对面说:'我们一定得打你,要不我们活不了,可我们不打死你。往后,你好了,报我们的仇得啦。'"(转引自张小悖《诗人·学者·战士》,《闻一多纪念文集》,第250至252页)

　　文中谈到美国大学邀请先生讲学的事,冯友兰《三松堂自序》亦有记述:"梅贻琦接到美国加州大学的一封信,说是他们想请一位能讲中国文学的人到他们那里去开课,请梅贻琦推荐一个人。梅贻琦想推荐闻一多去,向闻一多一说,他就拒绝了。他要留身于'是非之地',继续斗争下去。这才是当时知识分子的正路。"(第353页)

　　其实,先生收到加州大学邀请函后,并未当即拒绝。他同妻子认真商议,又与知心朋友交换意见。他曾想到美国人民对中国人民的呼声了解不够,此行可以做些宣传。但又考虑到北平的民主运动很需要人,因而决定不出国。

　　是月底　先生接连三遍看了一部名为《一曲难忘》的英国影片,见到王瑶时,让他也去看。王瑶在《忆闻一多师》中写道:"闻先生平常不大喜欢看电影,今年四月底,在昆明晓东街碰着闻先生从南屏电影院看戏出来,他一见面就说:'这部片子非常好,你可以看看,我已经看过三次了。'我当时有点奇怪,后来看了之后,才知道那片子是叙述一位波兰音乐家的故事,那位音乐家一生颠沛流离,历尽艰难困苦,但对工作的热忱和努力,绝未少懈,后来曲成演奏,受到人们的热烈欢迎,竟以奏曲时精力过于集中致命亡琴前,像这种鞠躬尽瘁地为了工作努力的精神,正是闻先生生平的精神。"(北平《民主周刊》第 10 期,1946.9.12)

历史系同学蔡显福(蔡海南) 也回忆到此事:"有一次闻先生介绍我们去看英国影片《一曲难忘》,他说自己深为这部影片所感动,一连看了三遍。这部影片是表现世界著名的波兰爱国音乐家萧邦的,萧邦曾被人誉为'波兰起义的风奏琴'。他的作品集中表现了崇高的爱国主义的主题以及波兰人民酷爱自由的精神。影片充满了爱国主义激情,萧邦对祖国的热爱,他的大无畏精神,都引起闻先生的强烈共鸣。"(蔡海南《从象牙之塔至十字街头——纪念闻一多先生八十诞辰》,西南联大北京校友会编《西南联大北京校友会简讯》第 48 期,2010.10)

是月 为吴晗治印,边款云:"三十五年四月制,时与春晗同寓于昆明海子边之西仓坡。"为尚钺治印,边款云:"三十五年四月时与健庵兄同客昆明。"为郭良夫治印,边款云:"三十五年四月时与良夫吾弟同在昆明。"这时,先生多是为朋友治印,以作为分别留念。

四月至五月 担任西南联大中文系学生朱德熙的论文导师(另一导师为唐兰)。在审阅其关于甲骨文论文时,认为他很有见地,遂决定留朱德熙在清华大学任教,并让何善周去找朱来谈谈。(据何善周《千古英烈万世师表》,《闻一多纪念文集》,第258 页) 朱德熙来找先生,先生让他参加民盟,朱不好说不参加,就加入了,但未参加活动。(据朱德熙在北京大学清华大学联合举行的纪念闻一多牺牲四十周年座谈会上的发言记录,1986.7.3)

这时,先生对研究工作还是不能忘情,表示联合政府实现、民主政治得到保证的那一天,将退回书房,重新进行研究中国古代文学。吴晗《哭一多父子》:"有一天,是傍晚吧,在我住房的前面,两个小杌子,两杯茶,两支烟,谈了许多事之后,你喟然说:太空虚了,成天吐出去,却没有新的东西补充。要好好念书了。天可怜一年两年后,民主实现,政治走上轨道吧,只要有这一天,我们立刻回书房,好好读十年二十年书,才对得起自己,对得起所受的教育。"(《周报》第 46 期,1946.7.20)

五月二日 与潘光旦、楚图南、费孝通、吴晗、潘大逵、费青、朱驭欧、向达、闻家驷、冯素陶、尚钺、吴富恒、陈定民、许杰、陆钦墀、许维遹、余冠英、姜震中、赵崇汉共二十教授联名发表《致马歇尔将军书》。刊于昆明《民主周刊》第三卷第八期。未入集。

时,马歇尔自美国返华。在美期间,其力争国会通过给国民党政府巨额贷款,返华后又协助国民党运送军队去东北。东北内战有延及关内变成全国性内战的趋势。《致马歇尔将军书》即在此背景下发表。全文云：

马歇尔先生勋右：

正如你所预料，在你离开中国的三十八天内，你所确指的"顽固分子"果然竭尽全力破坏，撕毁了停战协定、五项协议和整军方案。

"顽固分子"顽固到全盘否认了屡次给予的诺言，并企图在宪法中建立法西斯式的总统独裁制，和绝对违反中山先生遗教的中央集权制，同时他们还把"中统"、"军统"的特务人员在伪装的形式下分布到警察和交通机构中，使万恶的特务制度更强固化合法化了，以便镇慑中国人民，从而保持其为人民所深恶痛绝的一人独裁一党独裁的所谓"法统"和既得利益。

他们在二中全会中制造了"党意"，在参政会中制造了"民意"之后，随即便展开了大规模的内战。想来这四十几天来的真实情形，你一定比被封锁被窒塞的我们知道得更清楚。

对于代表美国人民来帮助我们解决问题的你，正如拉法耶将军之于美国人民一样，我们的感激之情是非语言文字所能形容。正因为如此，为了不使你过去的努力被顽固分子的勾当所抵消，你现在的好意不致被顽固分子的阴谋所玷辱，我们愿以中国人民的立场，提出解决当前危机的几个要点，来供你参考。

第一：中国人民绝对反对内战，东北问题是政治问题。唯一符合东北人民利益方案，是遵从他们自己的愿望，彻底实行政协五项决议，承认东北民主联军和人民自治政府。实现这方案的必要的先行步骤是：（一）美军立刻停止为国民党运输军队。（二）美国停止供给国民党军武器配备。（三）在执行小组监视之下，东北立刻停战。

第二：国民党政府必需做到以下几件事：

A. 立刻释放政治犯和惩办"一二·一"、"二·一〇"以来各地暴行的凶手。

B. 对国民党政府中的著名顽固分子予以彻底清除。

C. 公布依据政协协议而修改的国府组织法，确定国府委员的名额，民主党派应保有三分之一以上的否决权。

D. 行政院和国府同时改组。

E. 确定国民大会为制宪会议，制宪唯一的依据是根据政协的修宪原则而起草的新宪法。

第三：在前两项未能完全办到之前，更具体地说，在各党派合作的新政府成立之前,我们希望并要求美国政府不以任何形式的借款贷予国民党政府,因为这样只有帮助国民党政府屠杀更多的中国人民,并延缓中国民主政治的实现。

最后,我们不能不指出最重要的一点,那便是:国民党军用以进攻和屠杀中国人民一切武器装备和运输工具,都是贵国以援华的名义所供给它的。恕我们坦白地向你表示:只有有效的促进中国的和平民主团结,才是今天巩固中美友谊的最好机会。

我们确信你和你所代表的美国是决不肯错过这机会的。

这封信发表前,为了把交给马歇尔还被译成英文。潘大逵回忆说:"该信由尚钺起草文稿,交朱驭欧译成英文。闻一多还说:中、英所用的词句都很不恰当。"（潘大逵《我参加民盟云南省支部的回忆》,中国人民政治协商会议云南省委员会文史资料研究委员会编《云南文史资料选辑》第30辑,第93页,云南人民出版社1987年12月出版）

五月三日　晚,昆明学联与昆明文协在云大至公堂举行"文艺晚会",总题目是"人民文艺的道路"。报告人有楚图南、李广田、朱自清、李何林、闻家驷、夏康农、孟超。先生做结论。

《五四纪念周在昆明》报道:"在五三的晚上,学联与文协在云大至公堂举行'文艺晚会',总的题目是'人民文艺的道路'。七点多,至公堂已坐满了人。主席楚图南先生报告后,李广田先生讲'从小说说起',朱自清先生讲'关于夏丏尊先生'。当朱先生讲完之后,李何林先生提议'对这样的一个民主战士的逝世,我们应该起立默哀三分钟',到会千余听众立即肃立默哀,灯光黯然,对一生受难的民主战士的长逝,大家从心底感到悲悼。李何林先生讲'人民文艺的政治性',闻家驷先生讲'诗歌朗诵',夏康农先生讲'鲁迅与人民文艺',孟超先生讲'中国戏剧的方向'。他们一致指出在今天的文艺要求更接近人民,为人民服务,李广田先生并指出在今天的文艺不仅只是暴露黑暗,也应该指出光明,因为光明已经存在。最后,闻一多先生做结论,特别指出光明就在人民身上,我们要向人民学习。"（昆明《学生报》第15期,1946.5.12）

文骥在《五月的昆明——记昆明文化界的盛会》中也记述到了先生:"最后闻一多先生用他简练的语句作结论,他这样爽直地指出:不要怕别人骂我们为小人,'小人'便是人民,我们要和他们——小人更接近,去建立人民的文艺。"（昆明《妇女旬刊》第2卷第2期）

同日　朱自清参加同文学会,认为"学生发表各种批评言论,均为一多所提议者"。（朱乔森编《朱自清全集》第10卷,第402页）

五月四日　上午九时,西南联大在新校舍图书馆前举行结业典礼,西南联大宣告结束。同学从即日起分批离昆北上。

典礼后于校园东北角举行联大纪念碑揭幕式。碑额为先生用篆书题写的"国立西南联合大学纪念碑",碑文由冯友兰撰写,罗庸书丹。背面刻有八百余从军的联大同学名单。

先生没有参加结业典礼,而是应昆明学联之邀赴云大至公堂出席"五四"纪念会及青年运动检讨会。在会上,与同学们共同讨论青年运动的任务、民主革命的意义、知识分子的阶级属性、政治斗争的组织问题等。《青年运动检讨会记录》记述了先生的发言。在谈到"五四的历史背景及其成果"时,先生说:

> 五四运动促进了青年的觉醒,觉醒的结果,是两个任务的被提出,那便是反帝与反封。反帝即民族解放,反封即民主革命,二者实不可分离,因为封[建]势力必需勾结帝国主义来维持它的政权,帝国主义也要封建势力做他的走狗。
>
> 一二·九、一二·一以分别的完成上述两项任务为目标。一二·九的成果是七七抗战,抗战使反帝的任务至少在形式上完成了。剩下的一个任务,反封建,已经由一二·一运动担负起来。一二·一的成果是政治协商会议,虽不太令人满意,但不失为达成反封的任务的一个开端。
>
> 民主革命的意义比民族解放还要深刻。如果没有同时把握住民主革命的意义,民族解放的意义是会被歪曲的,这次用所谓东北问题来掀起反苏风潮,便是实例。一二·一的任务比一二·九更为艰难,因为民族解放的意义容易了解,而民主革命则不然。一二·一时代的青年担负了更高一级的工作。这是由于今天的青年比过去进步的缘故。

当讨论到"青年运动在近代中国的作用"时,先生又说:

> 刚才有人提出了知识青年是不是一个阶级的问题,我的回答是这样的。
>
> 他们既有知识这就证明他们起码是中产阶级,因为有钱,才能读书。但他们又是青年,那便是说,他们尚未成年,经济权是操在他们父母手里,而不是在他们自己手里,所以他们虽属于中产阶级,而在财产所有权上,又像是无产者。这种特殊的情形,使得他们的意识平常易接近无产阶级,或广大的工农大众。所以知识青年们成了民主运动的先锋,是因为他们特殊的经济基础的因素,而不是敏感不敏感的问题。明白了这个问题,那么第二个问题"知识青年在今天民主运动中是领导还是先锋",便可以迎刃而解了。
>
> 知识青年在意识上既是接近工农大众,而他们的地位又是夹在大地主

官僚买办(压迫者)与工农大众(被压迫者)二者之间,所以当在下的被压迫者起来对在上的压迫者反抗时,他们这些夹在中间的知识青年便被推挤上去,作了被压迫者的先锋。其实,如果在下的不往上挤,他们也可以不动,但今天在下的忍受不住压迫,非往上挤不可,而在上的又死不放松,在这冲突中,夹在两个压力之间的知识青年自然是不免要有些牺牲的,因为压力来了,他们首当其冲。这样看来,今天的知识青年是民主运动的先锋,但是,是一种被动的先锋。换言之,民主运动的真正的原动力是在人民大众中间,知识青年是接受了人民的意志而奋勇的冲上前去与敌人搏斗。在接受人民的意志这一行为上,他们虽是主动的,但如果人民无此意志,他们便根本谈不到接受,所以在实质上,他们仍是被动的。

当讨论到"今后中国青年应该做些什么"时,一个同学说:"我们青年学生的任务,是为了人民大众,争取人民大众的幸福和利益,这也就牵涉到政治上去了。"先生回答了这个问题,说:

在去年五四纪念晚会中我曾提出五四给我们的历史教训,五四运动的初期,教师与同学是一致。后来,教授的态度渐渐转变,不同情学生,甚至压迫学生,他们的理由是:运动渐渐被政党操纵了。

当时那政党不用说就是国民党。我们知道自从五四运动受国民党的领导,才转化成一股政治力量,这政治力量终于打倒了北洋军阀,完成了国民革命。试问我们今天谈历史,对于当时国民党那一着,是否感到无上的欣慰,认为它来得正是时候呢?相反的,假如国民党不那样做,五四运动在中国政治史上能有今天这样大的意识[义]吗?但是今天我们读历史时所庆幸的,正是当时教授们所诅骂而惋惜的,其实凡是以运动始,必以政争终,否则这运动便是失败,是白费。正为五四运动后来有国民党领导,才收到国民革命军北伐成功的果实,一二·九运动也因有共产党领导,才收到造成七七抗战局面的成果。同时一二·九运动之被人指摘为受党派利用,也正为五四之受人指摘一样。今天历史已经证明两度的指摘同样的是愚蠢无知,然而今天的历史偏偏又在重演,愚蠢无知也依然在叫嚣。我说青年运动必须转变为有组织的政治斗争,那运动才不算白费,而青年运动之转化为有组织的政治斗争,也正是青年运动必然的发展。自从政协会议开会了,一二·一,青年运动实际已开始渐渐过渡到有组织的政治斗争的阶段了。今天昆明的青年运动如果呈露着疲惫状态,要知道那并不是运动的失败,而正是它的成功,因为它已经转入一个新阶段了。相反的,一个运动如果老停滞在运动状态中,那个真是发育不良,真是可悲的现象。运动不宜也不会老停在运动的状态中，它必需也必然逐渐接受甚至寻求有组织的政治团体的领导，换言之，参加运动的分子，到了某一时期，必然大部分退下来，另一部分则正式参加到一个有组织的政治团体中，形成为更坚强的政治力量。适应着时代的要求，这样一个有组织的政治团体今天是存在的，也许不只是一个。问题只在今天的青年是否将响应时代的号召，以比五四与一二·九的青年更坚决的意志，更高度的热诚，投身到他所应投向的政治团体，完成时代所赋予他的使命。我们应认清历史的规律，接受历史的教训，大胆投向政治。凡是拿"政治"来诬蔑或恫吓青年的，不是无知便是无耻。这些家伙必将成为未来的历史上的笑柄，正为五四与一二·九时代他们的同类，在过去的历史上一样。（昆明《学生报》第 15 期，1946.5.12）

尚土在《痛忆闻师》中亦记录了先生发言情形：参加罢毕业典礼后，我飞跑赶往云大，那时已近中午。至公堂听讲的人中同学占了一半，我紧忙找个位置坐下，听先生正这样一字一板地讲："不要害怕政治，统治者施行恐怖手段，目的就是教你怕政治，不管政治，他好为所欲为，大行方便。你若是真的怕了，不管了，便上了他的大当，其实人就是政治动物，用不着怕。中学同学年龄太小，我不赞成你们参加甚么政党；但大学同学，尤其是三、四年级的同学，快离开学校到社会上去，应该赶快决定你究竟参加哪个政党，或是参加国民党，或是参加共产党，中国就这两个大堡垒。我是民盟的，我不卖膏药，不劝你们参加民盟。"（《人物杂志》第 2 年第 9 期，1947.9.15）

时，近日楼、青云街、文林街等处先后出现署名"自由民主大同盟"咒骂民主运动的标语和壁报，对先生等人进行人身攻击。把他们的名字篡改为"闻一多夫"、"罗隆斯基"、"吴晗诺夫"，诬蔑他们是拿卢布的俄国特务，无耻造谣称"李公朴奉中共之命携巨款来昆密谋暴动"，"云南民盟支部组织暗杀公司，董事长闻一多夫"，并公然扬言悬赏四十万元收买闻一多的头颅。吴晗在《闻一多先生之死》说："昆明市上特别被关照的几种小刊物，《光明周刊》、《正论》、《民主与时代》经常对一多实行人身攻击。有一篇文章劝一多学屈原，跳昆明湖。有一篇文章挖苦一多，以博得听众掌声为满足。甚至下流到说他之所以愤慨，是由于家庭生活的不满。种种侮辱、中伤，一多成为特种人物的箭垛了。"（《文汇报》，1946.7.31）

赵沨在《李闻惨案前后的昆明》也写到：国民党二中全会后，"反动的小报和壁报叫嚣得更厉害了。说：中共派艾思奇来云南策划暴动了，又说：李公朴带来四万万元现金和美女七名来昆活动了。昆明飞机场的特务团受命学习机场防御战。防御武装暴动，海口成立了一个集中营，准备了六百多个床位。有些机关、住户被搜查了。近日楼壁报更开了无耻的人身攻击,称罗隆基为罗隆斯基,吴晗为吴晗洛无,楚图南为楚现屠夫,闻一多为闻一多夫,甚至于说出闻一多要组织暗杀公司一类无耻的话了。""快放暑假了,联大决定要迁回北平了。昆明的海德公园——近日楼的壁报宣传战争更尖锐了,联大的壁报叫《民主》,反动派出一个《真民主》铅印的反动小报来对付《学生报》、《时代评论》、《大众报》之类的民主刊物,也怪了些漂亮的名字,叫什么《新中国》、《时代与民主》、《真理》等……。五四,学生们有纪念集会,有个什么'民主自由大同盟'却说五四是国耻,雇了一百多苦力摇旗呐喊游行全市,准备跟学生的队伍打架。""学联的壁报贴出去就被撕毁,或者,在壁报上,贴些不要喝冷水、小心苍蝇的标语。近日楼完全是反动派的势力了,但《中央日报》却假惺惺地提出了'宣传休战'的口号。而民盟的《民主周刊》、《学生报》、《新华日报》的报贩时常被宪兵拘捕,没收报纸,侮辱、殴打。""人们都预感着:昆明要出事了。"(香港《光明报》新 4 号,1946.10.18)

同日 下午,清华大学、北京大学、南开大学各自开会、先生许是在这个会上向学校口头提出调整中文系、外文系机构的建议。现存手稿中有建议内容,后经朱自清整理,以《调整大学文学院中国文学外国语文学二系机构刍议》为题,收入《全集》。其前一部分为先生的原稿,后一部分为朱自清据先生手稿纲要联缀而成。

从文中可知,长期以来,先生深感旧的教学体制存在着"中西对立、语文不分"两个弱点。大学里文、法两学院各系大多数课程都包括中国与西洋两种学问,没有把哲学系分作中国哲学和西洋哲学两个系的。"惟一的例外是文学语言,仍依国别,分作中国文学与外国语文学两系",这种"畸形现象"来自半封建半殖民地的中国社会性质,"恰好代表着这两种社会的残余意识,至少也犯着那种嫌疑。一方面是些以保存国粹为己任的小型国学专修馆,集合着一群遗老式的先生和遗少式的学生,抱着发散霉味的经史子集,梦想五千年的古国的光荣。一方面则……为高等华人养成所,惟一的任务是替帝国主义(尤其是大英帝国主义)承包文化倾销"。这种情形近年已在转变,但残余习气依然保存得不少。中文、外文两系"各处极端,不易接近,甚至互相水火","但这现象并不妨碍两边都有着反动的分子出现","极端守旧的国粹派学起时髦来比谁还要肉麻,相反的,假洋鬼子也常常会醉心本位文化到歇斯的里的程度",这"对于真正沟通融会中西文化的工作,大概不会起什么作用"。关于"文语不分",中文系"以文学为主,文字学是文学的附庸"。外文系"好像'译学馆',专重语言训练,特别是英语训练"。若将"外国文学系改为外国语文学系,除英语外也注重第二外国语,并且有了古典语言(希腊、拉丁)与梵语的科目。中国文学系也分了文学与语言文字二组,语言文字组注重语音、文字、文法以及少数民族语言的研究,于是语言由'附庸蔚为大国'。"此外,"语言学发展的趋势,就是语言学的科学化","而文学是属于艺术的范畴,文学的批评与研究虽也采取科学方法,但文学终非严格的科学"。"语言学与文学并不相近,倒是与历史考古学,尤其社会人类学相近些。所以让语言学独立成系,可以促进它本身的发展,也可以促进历史考古学与社会人类学的发展。""说到了新时代的新要求,战后时代转变了,次殖民地解放了,中国要近代化。我们要继续大革命后反封建反帝国主义的努力,不复古,也不媚外。这是新中国的开端。文学应配合我们的政治经济及一般文化的动向,所谓国情的,自主的接受本国文化与吸收西洋文化。说文学是精粹的语言,等于说文学是修辞学,偏重形式,是错误的。"先生特别强调"建设本国文学的研究与批评,及创造新中国的文学,是我们的目标;采用旧的,介绍新的,是我们的手段。要批判的接受,有计划的介绍,要中西兼通",因此,有必要"将现行制度下的中国文学系(文字组、语言文学组)与外国语文学系改为文学系(中国文学组、外国文学组)与语言学系(东方语言组、印欧语言组)"。

先生这一建议,受到学校师生的重视,朱自清、浦江清、王力都表示理解和支持。学生中支持者更多。直至一九四九年初,清华代理外语系主任吴达元还"约中文系同人联合外语系同人共同商讨课程,因有人提及中外文系合并问题",以"实现闻一多、朱自清两先生的主张"。(浦江清《清华日记·西行日记》,第250、253页) 只是由于实施困难,梅贻琦又已南下,清华刚被中共接收,这个方案才方暂时搁置起来。

同日　晚,出席文协昆明分会组织的文艺座谈会。《文协分会下午七时开文艺座谈会》预告:"今日为抗战胜利后第一届五四纪念节,文协昆明分会订于今晚七时,假福照街市商会开座谈会,该会在昆全体会员均可出席参加,依照座谈会讨论提纲,分别由会员自由发言,俾对今后文艺路向等问题,得出一正确之结论。该会会员闻一多、尚钺、楚图南、李何林、李广田等均将参加座谈,本市一二大报并出纪念专刊。"(《胜利后首届五四节,文协分会下午七时开文艺座谈会》,《云南日报》,1946.5.4)

同日　中苏文协昆明分会以人民艺术社名义主编的《人民艺术》创刊号出版,刊头是先生用篆书题写的。创刊号登载有楚图南的《新时代文艺诸问题答客问》、尚钺的《枪声》(诗)、金若年的译文《谁在那里走?》(苏联:耶·枯帕拉作),及中华文艺协会总会《告全国文艺工作者》等。

五月五日　中午,赴巡津街四十二号,参加清华学校辛酉级毕业二十五周年联欢会,东道主黄宪儒。出席者有在昆级友孟宪民、黄子卿、李继侗、罗隆基、潘光旦等。梅贻琦亦应邀出席。席间,先生"大声疾呼地要求大家和清华、留美教育决裂,重新再做学生"。(潘光旦《清华初期的学生生活》,《文史资料选辑》,第31辑,第108页)

五月六日 学生黄福海(黄海)向先生辞行,先生留他吃晚饭,并谈到深夜。临别,又为他题写了离别赠言:"君子不可以不宏毅,任重而道远。"在署名后面,先生盖上一枚自刻的印章,上为"叛徒"两字,解释说:"为什么叫'叛徒'呢?因为我要做一个旧世界的叛徒!"(黄海《宁死不屈的教授诗人闻一多》,《闻一多纪念文集》,第345页)

先生为友人治印,常刻边款以寄托情怀,曾为一朋友治印时,边款刻有尼采的一句话:"每个诚实的人的足音是响的。"(海燕《悼念人民的诗人——闻一多先生》,《闻一多先生死难周年纪念特刊》,第44页)

五月七日 吴晗与夫人袁震离昆飞渝。袁震一直患病,急需到上海做手术,吴晗天天去机场买票,一个月也没买到。刚从重庆到昆明的罗隆基知道后,给航空公司经理写信说张学良要学明史,莫德惠推荐吴晗去教,事情很急,需立刻飞重庆,这才买到机票。

这天,先生全家为吴晗夫妇送行。吴晗《一多先生周年祭》:"我向你告别那一天,是五月七日清晨,你和一家人送我们到院门口,你看着我居然先走,有点感伤。嘴里说两个月后北平见,看神色,我明白你的难过,你的笑容是勉强的,最末一句话是要我回清华园时,先看你旧居的竹子。"(《闻一多先生死难周年纪念特刊》,第24页)

吴晗离昆前后,先生接替了民主周刊社社长职务。

这前后,与即将离昆的闻家骝也有一番长谈。闻家骝《忆一多兄》:"在我离开昆明前一两天的一个下午,一多兄到我家里来看我,我们谈了很长时间,谈话的范围也比较广泛。平时因为工作忙,除了在公共场合和他见面以外,他很少来看我,而我去看他又往往碰上有人来找他,或者就是他不在家;能够像这一次那样从容不迫地两个人坐下来,大事小事一起聊,在抗战后期昆明那种紧张动乱的岁月里,的确是很难得的。我记得他曾告诉我说,他因为在昆明还有些工作须要处理,不得不把行期往后推迟,同时,他还想顺便回武昌去看看;巴河老家是来不及去了。他又说,抗战虽然胜利了,需要做的工作还很多,回北平后恐怕还不能很快地恢复以前那种教书生活。他又曾嘱咐我,曾昭抡和吴晗要回北平,关于民盟的工作,和他们两位联系就行了……临走时我送他出来,我们又站在院子里聊了一会儿,好像彼此都还有很多话要说似的,充满了依依惜别之情。"(《闻一多纪念文集》,第371页)

先生很思念自己的家乡,还是联大湖北同乡会的积极参加者。他回到家里爱说一口浠水话。他曾对彭兰同学说:"狐死必丘首,乐操南音不忘旧也。我们热爱祖国的思想就是由热爱乡土的思想发展出来的。"(彭兰《风范长存》,《北大学报》1979年第5期)

是月上旬 罗隆基是月三日自重庆抵昆明,候飞机北上。留昆期间,罗宣传

"民盟单一化"主张,即:一、各政团均以个人身份参加民盟,民盟不应是再有政团为成员;二、共产党员也同样是有党有派的,也应退出民盟。先生不赞成他的第二项主张,曾与楚图南、冯素陶去找罗隆基辩论,还向民盟中央表示了自己的反对态度。(据冯素陶《忆李闻》,《云南盟讯》1981年第7、8期合刊)

五月十五日　下午三时,出席清华大学一九四五年度第五次教授会议。会上校长梅贻琦报告说:联大于下月结束,北迁事将由北大、清华、南开合同办理。说到复员事时,云:"空运赴北平事,上月已得交[通]部协助订有办法,惟渝平一段较易,昆渝一段较难。现已商妥每周中航公司赴渝之三次班机均留有三个座位,如有加班机亦设法随时接洽。本校同人可先填表登记,以便与北大、南开共同编配次序。"接着,审查本届研究院及本科毕业生成绩案,通过王瑶研究生毕业。(《教授会会议记录》,清华大学档案室藏)

五月十六日　清华大学召开迁昆明后第三十二次聘任委员会会议,议决续聘先生与朱自清、王力、浦江清、许维遹为文学院中国文学系教授。(据《聘任委员会会议记录与部分材料》,清华大学档案室藏)时陈梦家在美国,要求续假一年,故未续聘。

五月十七日　清华大学召开第三十六次评议会会议,议题中有复员回北平清华园后的教职员住宅分配问题。议决新南院甲种住宅等八处改住两家,其中有先生原先所住的新南院七十二号。先生为此不满,曾与校方力争,其他教授亦因分配欠妥滋生意见。于是六月二十一日第三十七次评议会会议,议决"新南院甲种住宅三所,原定应改由两家居住,如各该住宅原住人员人口众多,得经学校许可后,仍由一家住用"。(以上议决均据《评议会会议记录与部分提案》,清华大学档案室藏)后来,校总务处给先生发出通知,准许七十二号仍由先生一家居住。①

五月十八日　李公朴从重庆回到昆明。旋,先生在一次宴会上见到李公朴,关心地问起较场口血案。李公朴说:"血流得很多,满身都是,揩血的手帕,都扭得出血水来。"在座者都为李公朴的精神所感动。

先生等还问起重庆才能知道的一些形势内情。李先生说:东北的时局发展到现在状况,完全是国民党自己造成的。本来苏联是完全遵守中苏协定,只承认国民政府,苏军在东北所缴的一切物资都打上封条,等政府接收。可后来各地反苏游行被发动起来,又发生在长春辱打苏联领事馆副领事,杀害几个苏侨的事,苏联的态度才变了些。谈到长春,本来苏军是等着中央军去接收,因到处发生反苏游行,给

---

①　先生遇刺后,清华大学即将已分配的新南院七十二号收回,致使高孝贞和子女回到北平后不能在清华园内安身。

苏军很大刺激,苏军才通知政府为了避免误会,他们立即撤退。这时周恩来打电话问国民党在长春周围有没有军队去接收,国民党虽收编了伪军姜海鹏部,但不敢明说,于是中共军队才接收了长春。李公朴还讲了周恩来谈的几件事,给人们留下深刻印象。末了,李公朴还透露说,日本投降时,东北人民希望中央军去接收的心情非常迫切,对国军的信任占第一位。可是国民党用接收上海、南京、北平的方法接收了东北二十几个大小城市,人民的信仰立刻改变了,转为中共和民主联军的信誉成为第一位。李公朴还介绍了重庆民主运动发展的情形,使在座者得到许多新闻。

(石仁《东北问题的发展》,昆明《民主周刊》第 3 卷第 11 期,1946.5.26)

五月十九日 先生等九十八人、十三团体联合署名的《昆明文化界致美国和平委员会的信》,刊登于是日《民主周刊》第三卷第十期。

四月一日,美国国会民主党议员萨柏司等十四人组成的"国会争取和平委员会"发表宣言,建议美国为了保证持久与公正的和平,在外交政策上必须采取的六项原则,即:美苏友谊是国际和谐合作的基础;反对用武器装备转让来进行盟国的内战;用武力对付殖民地解放运动是威胁世界和平的行为;解除德国日本作战资源;与纳粹与法西斯前哨国家断绝关系;实现管制原子能协定。先生等致信表示赞成其主张,原信如下:

美国国会争取和平委员会诸位议员先生:

我们,下列签字人和人民团体,一批中国的和平民主自由的爱好者,知道诸位先生于四月一日组织了"争取和平委员会"并提出美国外交政策六项原则这样的消息以后,感觉到极大的欣慰,特致电表示我们的意见,并申述对于这一高贵的举动足以贡献于世界和平以及促进中美两国人民的友谊的愿望。

贵国是安定战后世界和平的重要决定因素之一,然而诸位先生还不免于有上列委员会的组织,可见得和平在贵国内也还受着威胁,有待于努力争取。世界和平不可分割,正犹知甫告结束的反法西斯正义战争不能由一国两国单独担任就可以致胜是一样的道理。中国人民不顾成败利钝,忍受了八年期间全国性的惨重牺牲与摧毁,坚持了强弱极其悬殊的抗日战争。虽然由于我国一党专政的政府,秉承历史上专断、独裁的恶习,不知道善培民主向上的力量,以致于我国很惭愧地不曾发挥其应有的更大的贡献。但是中国人民,为了争取这一场胜利,曾经尽了它的最高度的神性的忍耐和牺牲,这是贵国无数人民和远识的新闻记者所已经熟悉报导和称赞过的。今天,和平对于中国人民的需要是超于一切的急迫,而和平稳定以及民主建设的工程,在这里却还存在有极强大的困难与阻隘,仍然由于上面所述的敝国现存政府历史的弱点,它的见识看不到民主和平的大路，而宁愿寻求外力支持它的独裁的统治，只迷信武力与内战是维持政权的办法，这里，我们就无限敬佩你们六项原则中"反对以武器与军备给与盟邦使其进行内战"，这一项原则是代表贵国人民最高的理想与远大的见识了。现在中美两国正在洽商一件贷款案，这是中国历史上空前巨大的一笔借款，他可能帮助中国进入建设与繁荣。但是，最可虑地，它也可能造成中国的灾祸。这不只关系着中美两国人民的祸福与友谊，也影响着全世界的和平。这关键的转移是在于贷款的承受者是否为足以有效地代表中国人民的民主政府，抑或只是积习难改的一党专政的政府。

贵国伟大的故罗斯福总统曾经殚尽其宝贵的贡献帮助贵国人民与全世界爱好和平民主的人民共同努力赢到了世界现有的成就，贵国远见的政治家华莱士先生也曾确定现代为"人民的世纪"，所以我们两大友邦的人民之间是必然友爱地合作，用不着旧时代的顾忌，而却应当坦白地说出关系两国人民福利的意见。

所以，我们正以无限殷切的关心向诸位人民代表致达和平民主的敬礼，并预祝贵我两国人民和平友爱合作的成功。

签名者：丁月秋、丁莉莉、王云、王道乾、王世钦、王浩兰、王振华、王开楷、王健、王泽民、史刚、光波、朱汝绮、朱安恕、朱效吴、朱恕绮、向明、汪鞏、芮林、李咏、李仁荪、李杰民、李培宜、李坚白、李英、李若菁、李英全、佘世光、何兆麟、何庄、尚钺、金若年、孟超、林慧、林彦群、吴友琪、吴琪、范素云、海云、姜震中、高原、高寒、倪路、徐守廉、徐文贞、徐季因、徐晶、唐旻、柳映光、蔡余文、陈雪君、陈纯英、陈子衕、张葆英、张默涛、张拾名、张琦、张曼筠、黄有梅、庶民、马英、许杰、许允端、孙晓桐、袁毓蕙、章时静、华玲、驶明、梁伦、劳伍、冯拔、冯守一、夏康农、詹开龙、杨默霞、杨贤如、杨锦山、杨淑媛、顾光中、陆钦墀、慰冰、傅学义、邓碧、邓结、黎源、黎茄、闻一多、赵汎、潘汝谦、励吾、费孝通、蒋如荫、刘桂英、萧成贤、关应恬、杨希孟、周玉光、民心、人民艺术社、大路社、大众报社、中国周报社、中华全国文艺协会昆明分会、北门出版社、民主周刊社、音乐报社、时代妇女社、昆明音乐界联谊会、新音乐社昆明分社、云风出版社、妇女旬刊社。

二十七日，重庆《新华日报》以《昆明人民团体及文化界人士望美审慎考虑对华贷款》为题，对此事作了报道："由美国的国会议员泼贝尔、台拉西等及美国爱好民主自由人士所组成的美国'争取和平委员会'，前曾提出关于美国外交政策的六项原则，在中国得到爱好和平民主人士的赞誉。此间文协分会、民主周刊社、人民艺术社等十三个文化团体，名教授尚钺、许杰、夏康农、陆钦墀、闻一多、费孝通、杨希孟及文化界人士九十八人,特致书美国争取和平委员会的国会议员,赞成该会提议,并希望美国不要以贷款等方式援助给予中国不民主的政府,而破坏中美两国人民的友谊。"

同日 出席云南圭山区夷族旅省学会主办之夷族音乐舞踊会招待会,并与李广田、汪翬、孟超、尚钺、费孝通、杨明、楚图南、赵沨、赵宝煦、萧荻、李何林、范启新等担任演出艺术顾问。(《云南圭山区夷族旅省学会主办夷族音乐舞踊会》广告,《云南日报》,1946.5.23)

早在一九四五年暑假,西南联大、云南大学的一些学生在昆明西南中山中学学生毕恒光(圭山彝族人)协助下,组织暑期服务队,到路南农村开展工作。他们看到彝族优美奔放、健康纯洁的歌舞,很受鼓舞。一九四六年春,毕恒光到昆明,希望得到各方资助在昆明举办一次圭山彝族音乐舞踊会。联大学生自治会很支持,先生听到也积极赞成,建议把准备工作做得尽可能充分一些。于是,王松声、梁伦在毕恒光的陪伴下,到路南、陆良、弥勒诸县挑选演员。四月中旬,他们在路南集合,加紧排练了一个月,梁伦亲自指导,使原有歌舞更加精彩。五月十七日,圭山区彝族音乐舞踊团抵昆,借宿于联大师范学院。

这天是第一次招待演出,出席新闻、教育、文化、艺术各界三千余人。演出团带来了二十多个节目,有象征战争的《跳叉》、《跳鳞甲》、《霸王鞭》等,有表现爱情的《阿细跳月》、《阿细先鸡》、《大箫》、《一窝蜂》等,有哀悼战士的《葫芦笙》等,有反映娱乐的《架子锣》、《三串花》、《猴子搬包谷》、《拜堂乐》等,这些都洋溢着彝族人民的生活与感情,具有鲜明的民族特点,受到全场观众一致好评。

演出毕即开"顾问会议,闻一多、费孝通、查良钊、楚图南、徐梦麟、尚钺等先生均分别给以宝贵的意见。会后演出顾问团分成编导、音乐、舞踊、朗诵、舞台各小组,分由王松声、赵沨、梁伦、聂运华、徐树元诸先生担任组长,闻、费、查、楚、尚诸先生为编导顾问"。(《全昆艺术界集体编导,夷族音舞会场面辉煌》,昆明《学生报》第17期,1946.5.26)

五月二十三日 《云南日报》刊登《云南圭山区夷族旅省学会主办夷族音乐舞踊会》广告,云"夷族音乐舞踊会"由"云南圭山区夷族旅省学会主办"。演出赞助人有王政、查勉仲、徐述先、徐梦麟、倪中方、张云鹏、陈秀山、曾竹虚、杨竹庵、杨春洲、宁伯晋、刘叔清、龚仲钧。艺术顾问除先生外,还有王季、王天栋、王时颖、李广田、李仁荪、汪翬、孟超、尚钺、胡均、胡宗沣、梁伦、徐廉、陈蕴仪、陈吾、费孝通、费克、游惠海、杨明、楚图南、赵沨、赵宝煦、驷明、檀良、萧荻、严恭。演出时间自二十四日起每晚六时至八时,地点在省党部礼堂,票价分三千元、一千元、七百元、四百元四种,预售座券售票处为晓东街维纳斯、金碧路元亨行、福照街进修出版社、华山南路华侨商店、文林街平若书屋、文庙街云南日报。(《云南圭山区夷族旅省学会主办夷族音乐舞踊会》广告,《云南日报》,1946.5.23)次日广告,赞助人增加梅贻琦、熊庆来、赵伯诚、庾晋侯;艺术顾问增加李何林、曹孟浪、张友良、郭平凡、范启新。

五月二十四日　圭山区彝族乐舞以圭山彝族旅省学会主办的名义,在国民党云南省党部礼堂正式公演。先生带全家前往观看。演出极为成功,春城为之轰动。

但,仅演出了两天,省党部便借口共产党利用演出,下令禁演。王松声、侯澄、毕恒光等很着急,请先生出主意。先生建议请云南军政界颇有影响的彝族将领张冲将军出面解决。张冲立即找到下令禁演的省党部书记长宁伯晋力争,说如果停演,人们会认为是国民党禁演而共产党支持演出,这样国民党岂不失去民心。结果,省党部被迫准予继续演出,条件为:撤换负责朗诵报幕的有共产党嫌疑之温功智,不在剧场内出售《学生报》《民主周刊》《时代评论》等刊物,由省党部书记长出面训一次话。

彝族乐舞继续演出,大获成功。演出结束后,《时代评论》出版了评论专集,刊登了先生对演出的题词:

> 从这些艺术形象中,我们认识了这民族的无限丰富的生命力。为什么要用生活的折磨来消耗它?为什么不让它给我们的文化增加更多样的光辉?

评论专集上还刊登了费孝通的《让艺术成长在人民里》、赵沨的《漫谈阿西、撒尼的舞、乐》、梁伦的《山城看彝舞》、尚钺的《论保存中国民族艺术与彝胞舞踊》、杨一波的《从圭山区彝胞说到此次乐舞会》、张域的《看!他们的生活——记一个阿细的村庄》、高寒(楚图南)的《劳动民族的健壮的乐歌和舞踊》、徐嘉瑞的《圭山区的彝族歌舞》、史靖的《我怀念那群善良的人》、杨明的《彝舞看后》、吴梁海的《沙尼姑娘》等。它们为彝族民间音乐舞蹈有史以来第一次登上大雅之堂,给予热情的赞扬。

演出期间,先生还参加了联大文艺社在北门书屋组织的一次文艺问题讨论会,实际上是学习毛泽东的《在延安文艺座谈会上的讲话》。先生和李公朴、李广田、楚图南、尚钺、孟超都有发言,由王楫记录整理,刊登在《文艺新报》。(据张源潜《回忆联大文艺社》,《云南现代史研究资料》第10辑,第65页)

五月三十日　出席西南联大剧艺社聚会。这是剧艺社在昆明的最后一次聚会,主题是向昆明告别。会上,先生在致词中说:"目前一切为了民主,戏剧自然也要为民主,否则我们确乎没有闲空儿来谈什么戏剧的。"(郭良夫《因一多先生而想起的二三事》,中华书局古典文学编辑室编《学林漫录》第11集,第5页)

是月　参与筹备民盟云南省支部机关报《民主报》。时,民盟云南省支部通过朱家璧可以捐到一笔款子,准备用这笔钱办张报纸,先生说:这个报不办起来我就不走。(访问杨明记录,1986年7月17日) 雨萌也回忆:"五月间,联大已经开始北迁了。有一天晚上,我去看他,他正在暗淡的灯光下看书,他很热诚地和我谈了很久,分析了国际国内的局势,指出了今后民主运动的必须再接再励。我问他甚么时候才到北平去,他说一时还不能走,要在昆明筹办民主报。"(《悼闻一多先生》,《人民英烈》,第231页)

是月 约这时,民主周刊社调整职员,楚图南推荐张子斋任主编。张是中共党员,曾在重庆新华日报社工作。先生表示同意,并已向张子斋布置了些工作。但潘光旦、罗隆基因张的身份而表示异议。楚图南、冯素陶复推荐唐登岷任主编。唐亦是中共党员,先生有所闻,约唐来家见面,遂确定其为《民主周刊》主编。唐接任后,先生对他完全信任,唐写了些评论请先生审阅,先生也没有提过不同意见。(据访问唐登岷记录,1986.8.5)

时,《民主周刊》处于困难时期,自从鼎新、崇文印刷馆遭当局警告后,该刊只得采取打游击的办法,在手摇机上印刷。后来在缪云台协助下,转到经济委员会印刷厂印刷,办刊的经费亦很紧张,早先有缪云台捐助(实际是龙云支持),后来靠登广告。一二·一运动后,没人敢送广告来,以至稿费也拿不出来。社里的工作人员很精练,除会计外,编辑只有两三人。唐登岷接任主编时,编辑有胡钊。旋,杨明亦参加了部分编辑工作。

是月 西南联大学生社团除夕社开始筹备编辑《联大八年》,先生为该书题写了书名。

是月 为幼女闻翺题字:"对功课太认真了是不好的,因为知识不全在课本里。"(据家藏原件)这前后,还为她在一条手帕上画了幅农夫耕田图。

又为民青负责人之一王念平治一象牙章,边款云:"岁寒然后知松柏之后凋也 一多撮语 与念平弟共勖之。"(王念平《回忆联大生活片断》,《清华校友通讯》复员后16册,第117页)

六月二日 华罗庚在青年会报告《苏联归来与苏联科学》。三日,又在公路工程管理局第四区局讲《苏联现状》。五日,还在云大至公堂报告《苏联的大学教育》。他说:"在现在的世界上,由于地理上政治上的关系,苏联这个国家,不管你喜欢她或是讨厌她,都是我们值得了解的。"(《中国青年数学家华罗庚教授在云大讲"苏联的大学教育"》,昆明《学生报》第19期) 先生听后给予热情鼓励,华罗庚在《知识分子的光辉榜样》中说:"报告会取得了成功,受到一多先生的夸奖:你对苏联情况介绍得很详细,很好,这对当前民主运动的发展也很有好处。"(《闻一多纪念文集》,第143页) 不过先生更关心苏联的政治情况,在华罗庚演讲中基本没有涉及。

时,昆明已处白色恐怖之中,宪兵十三团的来到,更加深了全城紧张的气氛。华罗庚做完报告,曾劝先生:"情况这么紧张,大家全走了,你要多加小心才是。"先生从容回答:"要斗争就会有人倒下去。一个人倒下去,千万人就会站起来! 形势愈紧张,我愈应该把责任担当起来。'民不畏死,奈何以死惧之',难道我们还不如古时候的文人。"(同前,第137页)

这时许多人都好心地劝先生早些复员,但先生觉得工作没能安排完毕,一时走不开。高真(高孝贞,后改名高真)在《一多牺牲前后纪实》中写道:"外面早就传说,联大学生一走,反动派就要下手了。前些时候,国民党已把宪兵十三团调到昆明。我忧心忡忡,好几次催一多早点走,他总是说:'事情没有完,怎么好走? 得把工作安排好,现在还没有人来接手。'我焦急地说:'人都走了,特务要下毒手,怎么办?'他笑了一下:'他要杀你,到了别处也一样杀。'那时,一些同人趁联大搬迁动乱之际,到国外讲学去了。一多也接到了美国加利福尼亚大学的聘请。有的教授敦劝并约同行,一多不想离开多难的祖国,他说:'北方的青年也许还需要我。'"(同前,第379页)

的确,先生身上的责任很重,费孝通在《难得难忘的良师益友》中说:"应当说,在那白色恐怖的年代,形势多变,斗争尖锐,书生意气常不免犹豫多虑。每当有重大争论分歧时,多以他马首是瞻。由于他在学术界和文坛上都有很高的声望,在中外享有声誉的学府中居有一定的地位,而又言行一致,无私无畏,作风正派,热情诚恳,他的举止也就理所当然地受到广大青年学生和同辈师友的敬重和信任。他在被誉为'民主堡垒'的西南联大和整个昆明,起了别人难以起到的作用,对民主运动作出了重大的贡献。"(同前,第147页)

六月三日　昆明文化界在西南联大师范学院举行欢送圭山彝族乐舞团联欢会。这次演出圆满结束,同时也督促先生尽快把《九歌》改编成歌舞,连日来加紧赶做改编工作。

六月四日　端午节,亦诗人节。《九歌——古剧翻新》中"迎神(序曲)"、"东君"、"云中君"发表于昆明《诗与散文》"诗人节特刊"。这是《闻一多全集》中《九歌古歌舞剧悬解》初稿的一部分。《诗与散文》"编后记":"屈原的九歌共有十一章,因为闻先生还没有全部把它改写完全,所以先给我们三章发表,以纪念这伟大的人民诗人屈原。其余各章以后当可能在本刊发表。据闻先生告知编者,这个剧本是留给音乐家和舞蹈家们去处理的,关于九歌的著作与考证,以后闻先生还有文章另为解释。"

《九歌——古剧翻新》在《诗与散文》发表的经过,杨绍廷是这样记述的:"一九四六年的"诗人节",《诗与散文》社又决定再出版诗人节特刊,约请闻先生写稿。当时闻先生正在撰写古剧翻新的屈原的《九歌》。为了支持特刊的出版,他在百忙中又亲自赶抄了《九歌》其中的三章给我们,以纪念伟大的人民诗人屈原,并答应完稿后,一定全文交《诗与散文》发表。"(《永久的怀念》,《群言》1996 年第 7 期)

先生编写的《九歌》剧本,与赵沨也有些关系。赵沨回忆说:"我老早便计划着把《九歌》写成一个《康塔塔》,一天,我把辑的辞句送给他看,他说:'很好了,但是没有我的好,我计划把《九歌》写成一个歌舞剧,这是我二十年来的研究、计划和愿望。我写个初稿给你看看。'后来约定一个星期交初稿给我,他答应了,这个星期中,他下乡住了三天。一个星期六的晚上,他拿出他一字不苟的原稿给我看,并且跟我谈了两三个钟头。这歌舞居台本,是很有价值的作品,不仅有艺术创作上的价值,还有考证校勘上的价值。他把《九歌》作为一个迎神的歌舞剧,《东皇太一》是迎神的序曲,《东君》是第一场,《云中君》是第二场,《湘君》及《湘夫人》是第三场,《大司命》是第四场,《少司命》是第五场,《河伯》是第六场,《山贵》是第七场,《国殇》是第八场,最后,"成礼兮会散,传芭兮代舞"是送神曲。人物衣饰,花色,道具均有根据。他说:替这歌舞剧台本作些注解的话,将是二十万字的著作。我们谈得很高兴,决定短期内筹备公演,为民盟募集事业费用。正好,第二天搞音乐、舞踏、戏剧的朋友有个聚会,便约定第二天把这台本带到会上商量。而我们都觉得第二天只有一本底稿是不方便的,他说由他负责。这时已夜深十点了。第二天早晨八点大家聚会时,他拿了四本底稿,书写都是规规矩矩的,一字不苟的。我看看他红红的眼,我可以猜得到他昨夜请他全家人动员抄这些底稿时的兴奋和愉快。"(赵沨《闻一多先生底回忆》,香港《光明报》新 4 号,1946.10.18)

同日 清晨,赴楚图南家聚会,并为丁月秋女士题写扇面。楚图南《人民诗人闻一多先生》中说:"诗人节清早,一多和几个朋友们在我的寄寓里有一个小小的聚会。当时,一个朋友拿出一柄家藏的泥金的折扇,请一多题字,一多略想了一会,即在扇子上用他最善长的小篆,写了《楚辞》上的两句话:'长太息以掩涕兮,哀民生之多艰!'其实这是《楚辞》的名句,也正是一多当时的心情!"(《闻一多先生死难周年纪念特刊》,第 26 页)

中午,杨绍廷设家宴款待先生等。杨回忆:"一九四六年六月四日诗人节,我在家里设便餐,请为《诗与散文》'诗人节特刊'撰稿的几位先生,其中闻一多先生也在座。饭前,我曾请一多先生为我收藏的一帖王梦楼字画作鉴定,他认为是较好的真迹。交谈中,我曾请先生为我写一帖字,他很乐意的答应了。那时一多先生工作很忙,我想等他空一点再送纸去,就没有把这事放在心上。那料才过十多天,我的表弟王子伯(一多先生昆一中的学生)就受先生的委托,送来一帖宽 25 公分、长 55 公分为我写的楷书,内容是《孙子兵法》中的一小节。接到后我很感动,也很受教育,把它很好的保存了。"(杨绍廷给编者的信,1986.10.23)

杨绍廷还撰文说:"'诗人节'的当天,我们举行了座谈会,前来参加的有闻一多、楚图南、吴晗、赵沨、李何林、孟超、普梅夫等先生。会上交谈了新诗的发展,也交谈了对音乐、美术的一些看法。当时我存有几帖古字画,但不辨真伪,就乘机拿出来,请他们鉴定。这时有的先生就说:'看起来你欢喜书画,为什么不请闻先生和吴先生也为你写一帖? 他们两位对书法都很有研究的。'这是我求之不得的事,得到他们的首肯,使我非常高兴。正备纸送去请闻先生写,哪料闻先生已写好一帖孙子兵法中的一则行书请他的学生送来给我了。这帖珍贵的墨宝,我一直小心地保存至今,这是闻先生留给我的珍贵的纪念!"(《永久的怀念》,《群言》1996 年第 7 期)

这次家宴也是一次诗人节的聚会,楚图南、尚钺、金若年、赵沨等还有新中国剧社的几位成员都到了。席上杨绍廷热情为大家做了云南名菜烧象鼻。饭后,大家同游大观楼,并举行纪念第六届诗人节茶会。先生持一拐杖和大家愉快地合影。

对于这次聚会,《云南日报》报道:"中华全国文艺协会昆明分会,以昨(四)日为诗人节,特集体至大观楼郊游,到闻一多、高寒、夏康农、尚钺、孟超、赵沨等三十余人,除闻一多对屈原研究问题作新颖而深刻之分析外,并于细雨濛濛中□下午二时起至四时三十分,露天讨论文艺诗歌问题,到会人士均极热烈发言,对抗战时期诗歌及今后诗歌工作方向,皆有新意见及新检讨,其中如何克服今日新诗谱曲问题及朗诵诗接近大众问题,讨论尤为热烈。闻一多先生说:今日诗歌的道路与以前相似,从讽刺诗向前走去,像过去的打油诗,回到人民那里。高寒先生的最后结论说:现代诗的内容与形式的不大统一,是因为目前内地诗人的生活现实和社会现实不统一的缘故,如果生活现实和社会现实统一了,那么诗歌的内容与形式是会统一起来□成有血有肉的。"(《大观楼细雨濛濛,文协讨论诗歌问题》,《云南日报》,1946.6.5)

金若年也回忆了这次聚会:"那次在滇池畔大观楼举行的'诗人节'纪念活动比较特殊,是由民盟云南省支部领导人楚图南、闻一多、赵沨等人组织发起的,显然是一次政治性的集会。参加组织这次活动的有楚图南、闻一多、赵沨、李何林、尚钺、孟超、徐守谦、杨绍廷、胡匀、丁月秋、金若年、蓝鸿翔等,另外还有一些诗人、作家和新中国剧团的成员,共有二十多人。由于事前《诗与散文》的发行人杨绍廷和大家约好,那天中午到他家聚餐,他家就在大观楼附近,餐后可以一起去大观楼开会。这个提议大家都赞成,可是那天闻一多先生已经约了几个朋友到楚老家开个小会,开完会才能去杨家,所以与大家分道扬镳,各走各的。中午,大家不约而同地到齐了,大家济济一堂,有说有笑,多年来很少有这样的聚会了。"饭后,"大家徒步同游昆明的风景名胜大观楼,因为这是一次政治性的聚会,有人找了一个游人很少去的湖边僻静处,大家都很满意。会前有的提议:这次难得在一起聚会,先请赵沨同志为大家一起拍个合影,做个纪念。拍照后,大家在湖边石栏边席地而坐,有的人坐在石栏杆上。'诗人节'的座谈会,由民盟云南省支部主任委员楚图南同志主持,大家联系现实畅所欲言,情绪激动热烈。赵沨同志又为大家拍了一张照。他为大家留下了这两张'难得和珍贵'的照片,而他自己却并没有留下他的身影。"(金若年《记楚老在昆明的几件事》,张勇、汪宁主编《楚图南纪念文集》,第 21 页,云南美术出版社 2008 年 10月出版)

晚,出席在云南大学举行的诗人节联欢会。

六月十日 昆明《今日文艺》创刊。这是昆华中学毕业生王明、林华昌、张家兴等人所办的一个文艺刊物,先生不仅为它题写了刊头,并为创刊号撰写了给昆明文艺青年的临别赠言——《昆明的文艺青年与民主运动》。该文一九七九年十二月十九日重刊于《人民日报》。文中指出昆明是抗战末期民主运动的先锋,这里的文艺工作者通过各种文艺,把农村和都市联系了起来,其成效必然是伟大的。先生特别希望作为后备军的知识青年继续为人民服务,向人民学习。全文如下:

> 在抗战期间,昆明是后方,留在此地的本地人,和外面逃来的外省人,不管他们的目的是生产工作,还是逃难,或二者兼而有之,总之,他们是离着战争很远。在所有的大都市中,昆明无疑是最后的后方。虽然有一个时期,它几乎变成了前方,但那个威胁并没有成为事实。这并不是说在昆明的人没有受到战争的痛苦,恰恰相反,昆明人的苦难比谁都深沉,这是因为除了物质损失以外,在抗战期中,八年来昆明人精神上留下的伤痕最深,因为这里的灾难,与其说是敌人造成的,无宁说是自家人的赐予。抗战是我们自己要求的,为抵抗敌人的侵略而流血流汗,我们甘心情愿,但是眼看自家人分明在给自家人造灾难,那就不能不使我惶惑了。是的,我们惶惑了一个时期,我们苦闷,我们想,最后我们想通了,我们明白了,于是从一个民族的自卫战争中,孕育出一个民主自救的运动来了。民主运动是民族的战争的更高一级的发展。更高的发展是由于更深的体念和更深的觉悟。
>
> 正如在抗战初期,武汉是民族战争的前卫,在抗战末期,昆明是民主运动的先锋。也正如当武汉负起它的民族战争前卫的任务时,文艺曾经是一个最活跃的工作部门,昆明的文艺工作者在民主运动中的贡献,历史将会证明它是不容低估的。这不是说这里产生了多少伟大的作家和作品,而是说这里的文

艺工作者是真正为人民服务了的一群。他们一面曾将文艺的种子散播在民间，一面又曾将人民的艺术介绍给都市的知识层。通过文艺的桥梁，这里的诗歌音乐和戏剧工作者已经开始把农村和都市联系起来了。正如民主的争取是一件长期艰苦工作，今天昆明的文艺工作者的工作成效，也许得见之于五年、十年，乃至二十年以后，但这成效必然是伟大的。

经过胜利复员之后，今后昆明文艺工作队伍必然要有些变化。继起的后备军自然是今天昆明广大的知识青年。希望他们认定此地的文艺工作者已经开辟了的道路，继续为人民服务和向人民学习。不要忘记西南的人民，尤其是那些少数民族，是今天受苦受难最深的中国农民，也是代表最优良的农民品质的中国农民。西南是我们今天最好的工作与学习的园地。昆明的文艺青年不应辜负这块园地；相反的，应该勤劳的垦殖它，把它变成更坚强的民主力量。都市中知识层的民主运动，已经由昆明的发动而广泛的展开了，希望将来广大的劳动人民的民主运动，也从昆明发轫，而充当这运动的先锋的，应该是今天昆明的文艺青年。

是月上旬　联大师生陆续离昆，先生与夫人也积极准备复员北上事宜。由于路途过远，从陆路走费时多、旅途甚劳累，夫人身体不好难以支持，故决定全家乘飞机往重庆直返北平。夫人与赵妈每日上街摆摊变卖衣物，以减少随身携带之行李，略补旅资之不足。购机票需缴本人照片，照相馆拍照太贵，先生特请赵沨以私人像机为全家人照相。赵沨乘机也给先生拍了看《新华日报》、刻图章的生活照，这些是现今仅存的几张先生最后的遗照。

时，立雕同窗好友庄任秋迁来先生家居住。时，先生全家将要离开昆明，联大附中也有很多同学北上，庄任秋感到格外孤单。立雕很同情庄任秋，向家里提出带庄一起北上。开始，先生没同意，但后来还是接受了。闻立雕回忆说："这时我又想到了阿庄，他在昆明没有家，我一旦走了，其他外省同学也都走了，星期天或寒暑假本地同学都回家了，他一个人在学校里该是多么孤独可怜啊！想到这里，脑子里突然闪出一个念头——要求父亲把他也带到北平去！越想脑子越发热，于是，回到家里鼓起勇气向父亲提出了这个要求。一段时间以来我对父亲已经有了比较深的成见，情绪上相当对立，因而讲话时言语简单而唐突，不讲理由，只提要求，态度生硬，大有下最后通牒的架势！我提出这样的要求，父亲可能也感到有些突然，随口答说：'这个不行吧！……'并准备接着向我解释。我很不高兴，强行打断父亲的话说：'你不用解释，你就说行不行。行就行，不行就拉倒！'态度之恶劣、粗暴达到蛮不讲理的地步。父亲被我搞得无可奈何，只好说：'好吧！我不多解释。就告诉你，不行,我没有力量再多带一个人。'我一听就火了,阴阳怪气地说了一句:'我就知道我没资格提这样的要求!'就退回外屋,坐在那里生闷气。""正当我以为已经完全没有希望之时,事情却出乎意料地出现了转机。我在外屋坐着生闷气,耳旁好像隐约听到父母亲微弱的交谈声。过了一会儿,母亲从里屋出来走到我面前说:'有话好好说嘛! 为什么要和你爸爸怄气?'然后告诉我:'你爸爸答应了!'这个允诺实在太突然了,仅仅几分钟父亲的态度就出现了 180 度的大转变! 我没有欢喜若狂,也没有向父亲道谢,冷冷地'哦!'了一声就去通知阿庄去了。我不知道父母亲究竟是怎样商量的,有关问题他们准备怎样解决,从那以后,父亲也没有再对我说什么,只是在百忙之中,拼命挤时间默默地埋头刻图章。"(闻立雕《红烛:我的父亲闻一多》,第275至276页)

六月十一日 《九歌(古曲翻新)》初稿脱稿。先生用时代评论社的稿纸,誊录了二十五页,封面书"卅五年六月十一日初稿毕"。收入《闻一多全集》时改题为《〈九歌〉古歌舞剧悬解》。

稿毕,即准备搬上舞台。王松声回忆:"闻一多先生是我在西南联大读书时的业师。除了在中文系给我们讲授'楚辞'课之外,他还鼓舞我们,指导我们于一九四六年春夏之交,在昆明举办了一次'圭山区彝族音乐舞蹈会'。那是一次极有历史意义的盛会,举办这个会之前,我带领彝族青年毕恒光到闻先生家里请求指教,在闻先生的鼓舞下,我们才决定举办那次的演出。演出克服了种种困难,在昆明文艺界的支持下,取得了成功,并在社会上产生了广泛的影响。没想到这次活动竟给闻先生多年致力于《九歌》研究工作提供了一点启迪。演出会结束不久,六月初,闻先生把赵沨、萧荻、梁伦、郭良夫和我召到他的书斋里,拿出这份手稿向我们说:'大家都说我这些年来对楚辞、九歌有点研究,我这点研究的成果都凝聚在这上头了',然后他把事前让孩子们复写好的四份抄稿连同这一份手稿发到我们五个人手里,让我们围坐在他的身旁给我们'说戏'。他神采奕奕地给我们讲了他的创作意图,讲了导演的构思,讲了舞美设计,还讲了演出形式。他像一个气魄宏伟的总导演把有关创作演出的一切手段都调动起来了,还给我们每个人都具体的分工派了活,让赵沨负责音乐创作,梁伦负责舞蹈编导,郭良夫负责服装舞美设计,萧荻负责排练演出,并让我根据他说的'戏'草拟出一个演出脚本,最后由他审阅定稿,然后运用联大学生中组织演出彝族音乐舞蹈会的那批骨干力量,用民盟的名义举行义演。那次会后不久,昆明局势急剧变化,西南联大完成了历史任务,三校师生陆续向平津复员……一到重庆就听到了李公朴先生被刺的消息,一个星期后我路过成都时,又听到闻先生遇难,悲痛之余,我忽然想起匆匆离昆前闻先生给我们讲《九歌古歌舞剧悬解》的事,我仿佛记得还有一个草本在我手里,我急忙从车上搬下了行里箱,一翻,果然找到了,而且竟是闻先生的亲笔手稿。"(王松声《欣慰与遗憾》,1990 年 1 月 23 日在向中国现代文学馆捐赠闻一多《九歌(古曲翻新)》手稿仪式上的说明材料)

《全集》中的《九歌古歌舞剧悬解》,只是改编的剧本。在手稿中,有份《九歌古剧悬解》,文后有"附注",它体现了先生的许多新颖见解,以及改编成舞剧时关于道具、布景、效果的若干想法。这也是对《九歌》考证和研究的心得,颇有学术价值,兹录如下:

《迎神曲》

(一)《高唐赋》所述的"醮诸神,礼太一"的仪式,是在夜间举行的。这赋是否宋玉所作,是另一问题,所记的反正是楚国的故事。汉代祭太一,本是沿袭楚国的旧俗,所以时间也在夜间。《史记·乐书》明白的载着:"汉家常以正月上辛祠太一[于]①甘泉,以昏时夜祠,至明而终。"武帝时祠太一的《郊祀歌》也证明了这一点。歌词劈头一章《练时日》(相当于《九歌》的《迎神曲》)曰:"虞(娱)至旦,承灵亿",又曰:"侠(浃)嘉夜,芭兰芳",这和《史记》的话完全相合。

我们考察《九歌》中间的九章歌舞曲,除《大司命》外,都直接或间接的表示是以暮夜为背景的。《湘君》"夕弭节兮北渚",《湘夫人》"与佳人期兮夕张"、"夕济兮西澨",《少司命》"夕宿兮帝郊",《河伯》"日将暮兮怅忘归",《国殇》"天时坠兮威灵怒",《东君》"举长矢兮射天狼(星名)……援北斗兮酌桂浆",又"杳冥冥兮东行"(夜间绕入地底东行),《少司命》"登九天兮抚彗星",《山鬼》"猨啾啾兮又夜鸣"——这些都是直接表明了暮夜的。此外《云中君》"烂昭昭兮未央"、"与日月兮齐光"和《湘君》"横大江兮扬灵",都指所谓神光,那也是非在夜间看不见的。这分明是因为祭太一是在夜间举行的,所以娱神的歌舞曲也不得以夜为背景。《太平御览》五七三引王逸《九歌序》曰:"沅湘之间,其俗敬鬼神,好夜鼓舞,以乐诸神。"这与今本《楚辞》不同,不知究竟是谁的话,但说"好夜鼓舞",是绝对正确的。

(二)光耀是神降临的表征,这里光便叫作"神光",又叫作"灵"。《汉书·郊祀志》"神光兴于殿旁","神光又兴房中,如烛光";《海内北经》"二女之灵,能照此所方百里",郭注"言二女神光所烛及者方百里"。

《东君》

(一)这一章通常列在《少司命》前,那是弄错了的,经笔者考证,应该移到此地来和《云中君》相配(详拙著《楚辞校补》)。东君是日神,云中君是云神,亦

---

① 原稿如此。

即雨神,日与雨是农事的两个必要的自然条件,所以这两位自然神常在一起。还有,在五常系统中,东君也就是东方的太皞伏羲氏,云中君也就是中央的黄帝轩辕氏。这两位帝不但往往并称(如《海内经》"太皞爰过,黄帝所为"和《庄子·田子方篇》"伏羲黄帝不得友"之类),而且关于他们的传说还常被混淆。最显著的例是:他们连名号都相同,都称有熊氏(伏羲称有熊氏,见《易纬·乾凿度上》注)。这些都说明,在传说中,伏羲和黄帝不易分开,也就是东君和云中君不易分开了。

(二)三代时天子有"朝日"的典礼,便是在日出时,向着东方举行的一种欢迎日出的仪式。东君这位神无疑便是这样产生的。关于朝日,《尚书·尧典》又说到"寅宾出日,平秩东作"的话。"东作"一词,赵岐解为"治农事",应劭解为"耕",都是极正确的,所以我们在这里让一群农民出现,而在下面还要特别强调工作的意义。

(三)顾名思义,与其说东君是日神,毋宁说是日出之神。日出自东方,而东方只是一个抽象的概念,不易捉摸,于是便创造出日出扶桑的神话,用扶桑来使东方的概念形象化起来。这样,东方与日与木,便分不开了。因而东君,你说他是东方的神也好,日神也好,甚至木神也未尝不可。上面已经说过,东君也就是东方帝太皞,现在东君既同时是木神,那么东方帝自然也可以同时是木帝了。这便是在五行说中,东方何以属木而色青的缘故,而因此我们也可以明白,在《九歌》中,东君劈头便说"暾将出兮东方,照吾槛兮扶桑",也不是偶然的。当然,所谓扶桑并不是实质上存在着的一种树木,我们疑心它只是日出时天边的云霞(《山海经》说它"青叶赤华",这正是早霞的颜色),至于作为自然物的形象,便是一棵大树,作为人为物的形象,便时而是宫室的轩槛("照吾槛兮扶桑"),时而又是蔽体的衣服("青云衣兮白霓裳")——这些都不过是人类的幻想——一种诗意的杜撰罢了。

《云中君》

(一)《左传·昭十七年》郯子曰:"昔者黄帝氏以云纪,故为云师而云名",这是云中君即黄帝的确证。明白了这一件事实,不但《九歌·云中君》"龙驾兮帝服"一句话有了解答,而且如像下面这些文献中的传说,也都可以涣然冰释了。

1.《穆天子传》:"天子升于昆仑,观黄帝之宫,而封丰隆之葬。"依《楚辞》的说法,丰隆是云师,(《离骚》:"吾令丰隆乘云兮。"《九章·思美人》:"愿寄言于浮云兮,遇丰隆而不将。")丰隆既是黄帝自己,想来丰隆之葬(墓)就在黄帝之官旁，所以趁着参观黄帝之官的机会顺便就封一封丰隆之葬——在墓上加盖一层新土。

2.《庄子·大宗师篇》："黄帝得之，以登云天。"

3.《庄子·在宥篇》："黄帝……闻广成子在于空同之山，故往见之，曰：'……吾欲取天地之精，以佐五谷，以养民人，吾又欲官阴阳以遂群生，为之奈何？'广成子曰：'……自而治天下，云气不待族而雨，草木不待黄而落，日月之光益以荒矣。'……"

又："云将东游，过扶摇之枝，而适遭鸿蒙，……云将曰：'今我愿合六气之精，以育群生，为之奈何？'……鸿蒙曰：'乱天之经，逆物之情，玄天弗成，解兽之群，而鸟皆夜鸣，灾其草木，祸及虫正（豸）。意（噫）！治人之过也。'"

以上这两个故事的内容相同，实在是一个故事的分化，而云将即黄帝，鸿蒙即广成子。因为黄帝即云神，所以前一个故事中有"自而（指黄帝）治天下，云气不待族而雨"等语。其实前一个故事中所谓"天地之精"，后一个所谓"六气之精"，也还是指云气的基本构成原素。

4.《大戴礼记·五帝德篇》："黄帝黼黻衣，大带黼裳，乘龙扆云。"

5.《周礼·大司乐》郑注："黄帝曰云门大卷。"《独断》"黄帝[乐]①曰云门"（《周语》韦注、《玉烛宝典》引《乐纬·稽耀嘉》宋均注、《群书治要》引《帝王世纪》并同）。《楚辞·远游》王注："承云即云门，黄帝乐也。"（《淮南子·齐俗篇》许注说同）

6.《古今注》："华盖，黄帝所作也，与蚩尤战于涿鹿之野，常有五色云气，金枝玉叶，止于帝上，有花蕊之象，故因而作华盖焉。"

《汉书·郊祀志上》："置寿宫[于]②北宫，张羽旗，设供具，以礼神君。"白瓒注："寿宫，奉神之宫也。"我们这里所讲的旗，可以假想是树在寿宫前面的。黄帝的符瑞的黄龙（《史记·天官书》："轩辕黄龙体。"）所以降黄帝之神，用黄龙旗。

（二）《吕氏春秋·知接篇》注："桓公……蒙衣袂而绝乎寿宫。"高注："寿宫，寝堂也。"官中的寝堂叫作寿宫，神庙的寝堂自然也可以叫作寿宫。这里灯光的熄灭，暗示着神与人在寿宫中的会合，因布景的限制，所以改在室外。

（三）《大荒北经》："蚩尤作兵伐黄帝，黄帝乃令应龙攻之冀州之野。"《周书·尝麦篇》："黄州执蚩尤，杀之于中冀。"孔注："即冀州也。"这里说"览冀州

---

①② 　原稿如此。

兮有余",也是云中君即黄帝的佳证。

《湘君》

(一)在本篇中,最应注意的一点,是湘君和迎接湘君的女子,使用着迥乎不同的交通工具。前者乘舟,后者乘车。舟在歌词中有明文,用不着说明。车则似乎向来未被人注意,因此一般的都把车具误认为舟具。于是舟中人和车中人的身份便混淆不分,而他们对话的意义也就大大的模糊了。笔者发现歌中人物有一种是乘车的,是根据下列各歌句的研究:

驾飞龙兮北征。

飞龙是驾车的龙马。《离骚》:"为余驾飞龙兮,杂瑶象以为车。"《汉书·礼乐志·郊祀歌》:"灵之车,结玄云,驾飞龙,羽旄纷。"又《安世房》中歌:"飞龙秋,游上天。"注:"庄子有秋驾之法者,亦言驾马腾骧,秋秋然也。"都是佐证。

遭吾道兮洞庭。

下篇"洞庭波兮木叶下",波即陂字(洞庭陂见《中山经》注),正如《禹贡》的"荥波"即荥陂,《楚策》四的"湘波"即湘陂,《说苑·善说篇》的"新波"即新陂一样。陂就是泽(荥陂一名荥泽),是一种水陆参半的低洼的丘陵地带,雨季则水多于陆,旱季则陆多于水。古代的洞庭正是这样的一个地区。《中山经》有"洞庭之山",《九叹逢纷说》"步余马兮洞庭",和本篇"驾飞龙兮北征,遭吾道兮洞庭",都是指其间的陆地而言的。"遭吾道兮洞庭",如同《离骚》"遭吾道夫昆仑"的情形一样,都是行回遭转的找着平坦的道儿走,所不同的是,一边为的要避开险阻的岩石,一边为的要避开泥泞的水潦罢了。

石濑兮浅浅,飞龙兮翩翩。

这是说的车子过滩时的情形,梁竦《悼骚赋》"骋鸾路[辂]①于犇濑",便是脱胎于这两句的。浅浅的石濑,分明和今天这一片汪洋的洞庭湖,完全两样。从战国到今天,是一个漫长的时间,从洞庭陂到洞庭湖,也是一个漫长的过程,自然的面貌必然会随着时间变迁的,不同着我们大惊小怪。

薜荔柏兮蕙绸,苏桡兮兰旌。

柏与帛通。《尔雅·释天》:"缟帛缘。"《周礼·司常》:"通帛为旜,杂帛为物。"《礼记·玉藻》:"大帛不绥。"这些帛字,都是指旗而言的。旗是布帛做的,所以叫作帛。金文吴尊作旃,是旗帛的专字。绸训缠,《释天》:"素绵绸杠。"郭注:"以白地锦韬旗之竿",是说用白地彩色条纹的锦带来包缠旗竿。用作名

---

① 原稿如此。

词,则缠旗竿的锦带也叫绸,如《大人赋》:"靡屈虹以为绸"便是。

《文选·上林赋》:"靡鱼须之桡旃。"张揖注:"以鱼须为旗柄。"《说文》:"旃,旗曲柄也"(旗之有曲柄者),又"桡,曲木也"。据此,则桡旃是以曲木为柄的旗,而单说桡便是用曲木做的旗柄了。旌是缀在旗竿头上的一种鸟羽或旄牛做的蕤子。

古代车子上必插着旗子,这里以薜荔为帛,以蕙为绸,以荪为桡,以兰为旌的旗子,便是插在车上的。怎么见得呢?《大人赋》曰:"揽欃枪以为旌兮,靡屈虹以为绸……驾应龙象舆之蠖略逶丽兮,骖赤螭青虬之蚴蟉蜿蜒。"《上林赋》曰:"驾驯驳之驷,乘雕玉之舆,靡鱼须之桡旃,曳明月之珠旗。"以上两赋中以旌绸或桡旃、珠旗,和车驾并举,显然那都是插在车上的。本篇于"驾飞龙兮北征"二句之下,又说到帛绸桡旌类与旗有关的什物,以《大人》、《上林》二赋与本篇相证,本篇所形容的旗,想必也是插在车上的。

朝骋骛兮江皋,夕弭节兮北渚。

骋骛是使马匹快行,弭节是使之慢行,这两句说湘君所乘的是车子,尤其明显。

(二)歌曰:"望夫君兮未来,吹参差兮谁思?"参差即箫,《风俗通·音乐篇》:"舜作箫,其形参差不齐,像凤翼也。"湘君本来就是舜,箫既是舜作的,那么,这里吹箫的就该是湘君了。在箫史和弄玉的故事中,吹箫的箫史也是男的。《邶风·简兮》:"左手秉翟,右手执籥。"籥也就是箫,那秉翟执籥的舞者,又是一个男子。这些都可以作为我们的旁证。

(三)灵即神光。《海内北经》:"二女之灵能照此所方百里。"郭注:"言二女神光所烛及者方百里。"汉《郊祀歌》"扬金光,横泰(大)河",便是模仿本篇"横大江兮扬灵"一句的。《离骚》:"皇剡剡其扬灵兮。""皇剡剡"是光貌,"扬灵"亦即扬光。

六月十三日　朱自清次日将赴成都,特与先生话别。(朱乔森编《朱自清全集》第10卷,第408页)这次见面,竟成两人共事十四年的诀别。

六月十五日　昆明《大众报》刊登《昆明十二期刊联名发表对目前局势提出五项意见》,这是以民主周刊社领衔的又一声明。

五项意见的主要内容为:一、国民党应该立刻停止运兵赴东北,停战应该无条件无限期的停下去,一切静待协商解决。二、履行一切协定,应该是国共双方共同的义务,不能只责诸某方面。三、从政治上解决一切问题,连东北接收问题也包括在内。四、由马歇尔的仲裁有损国家独立之原则,中国自身的问题,只能由中国自身解决。五、全面内战危机的紧迫,是美国片面援助国民党的运输军火甚至替国民党保卫交通的直接结果,美国应遵守魏德迈宣布的美军于今春夏间全部撤退的诺言。

六月十六日 《民主周刊》第三卷第十四期以"本社"名义刊登《斥挑拨者——并质吴铁城及中央日报》。先生给予支持。

本月五日,国民党中央党部秘书长吴铁城在南京答合众社记者问时,对民盟中央领导人罗隆基进行污蔑,说某次他问罗:你为什么要做共产党的尾巴,罗答:做共产党的尾巴比做国民党尾巴好。七日,昆明《中央日报》根据吴铁城的话刊登出一篇社论,一时昆明有人不无嘲讽地说民盟愿做共产党的尾巴。《民主周刊》主编唐登岷为了批驳吴铁城挑拨民盟与中共的关系,便写出此文。文章写完送给先生看,先生看后完全赞成,说:"一个字也不改。"(访问唐登岷记录,1986.8.5)

这篇文章指出罗隆基谈话的背景,是在国民党军队进入四平街、长春之后,仍不执行谈判诺言,继续军事进攻时,罗回答合众社记者罗根问话时说的。根据罗根报道,罗隆基针对美国为国民党政府运输军队武器军火到东北事,说:"美国若不改变其政策,中国决不会和平",又说:"马歇尔试图建立和平,他同时又帮助国民党运输供应军队打内战,他们现在并不是在打日本。"还说:"假若美国停止支持政府军队,反动派是不可能继续内战的。在这个问题上,以撤回美国的支持作为威胁,是马歇尔的一张王牌。如果这支持停止,政府就不得不谈判。难道美国要中国实行法西斯主义吗?难道你们让弗朗哥移到中国来吗?"根据上述谈话,《斥挑拨者》称它"正击中了对内作威作福,对外奴颜卑膝的国民党反动派的要害"。所谓"民盟是中共的尾巴"、罗隆基是"中共义务发言人",完全是企图挑拨民盟与中共的关系。

同日 昆明民主周刊社与妇女旬刊社、人民艺术社、今日文艺社、学生报社、青年新报社、真理周报社、农村青年社、中国周报社、新音乐社、诗与散文社、大众报社共十二期刊联合致函慰问五月三十一日在辽宁海城起义的国民党六十军一八四师。

一八四师原为滇军一部,随卢汉赴越南受降,又调至东北参加内战,其师长潘朔端在反内战感召下,毅然率部起义。此举在云南反应强烈,许多人将其比作"第二次护国起义",称一八四师"在松花江畔创造了一个新的'护国运动',一个反对专制独裁,坚持民主和平的'护国运动'"。先生主持之《民主周刊》不仅全文登载了一八四师的《反对内战通电》,并联合其他刊物发出此慰问函。其信如下:

当你们在海城光荣的反内战起义的消息传到了云南——你们的家乡,也许你们可以想到,你们的朋友,亲戚,家属,是怎样兴奋的奔走相告,他们不仅为你们的英勇行为而感动,而且解除了他们担心于你们化为炮灰永远回不了家的忧虑。你们的行为是正义的,尤其是有了去年十月杜聿明"接收"云南的痛苦经验的云南人民——你们的朋友,亲属和同胞手足,他们是最深切的了解:你们被骗至东北,也就是替以杜聿明为代表的国民党反动派帮凶把他当日"接收"云南的一套——甚至有过之而无不及的一套加诸于东北人民,所以如果说你们获得了全国人民敬仰和拥护,那末,首先是我们云南人民的敬仰和拥护。你们不忍以美国武器屠杀自己的同胞,你们拒绝了进行内战、反对民主的乱命,你们又一次继承并发扬了滇军拥护中国民主共和的传统,你们正义而英勇的行为,在你们的家乡,被当做"第二次护国起义"而称颂着,这一光荣,你们是受之无愧的。

然而,你们一同开去充炮灰的滇军,还有大部分是因为你们起义而处境更困难了。他们的命运只有你们才能营救,也正如你们家乡的人民,甚至全中国人民正在等待着你们的营救一样,我们相信,当中国最后的民主和平没有实现以前,你们一定带着你们的光荣,奋斗到底的。

关山数万里,我们内心的激动和感奋,不能尽情表达,向你们遥致慰问,并致崇高的敬礼!(《三迤子弟反对内战,昆明十二期刊联合致函慰问一八四师》,《学生报》第20期,1946.6.16)

六月十九日　立雕、立鹏即将先行飞渝。因高孝贞一直有心脏病,为了免去旅行劳累,先生决定全家乘飞机北上。但家里人口多,乘飞机要花很多钱,为此,先生不得不一点点积累。闻立雕说:"过去母亲一向是我们家的'内阁总理',父亲只管挣钱不管花钱,这次不同了,他亲自管钱,专门腾出一个小皮箱用来放钱,每凑够一定数量就用细线绳扎成一小撂,放进箱中,再凑够一定数量再用细线绳扎成一小撂,放进箱中。母亲和赵妈每天把家里的锅碗盆瓢、衣帽鞋袜等一切暂时不用的,甚至是必用的日常生活用品,拿到街上摆地摊出售,其目的一方面是为了轻装,另一方面也是为了多少增添一点盘缠钱。父母亲就是这样竭尽全力,倾注心血地一笔一笔积累盘缠钱。"闻立雕还回忆说:"事情决定了之后,父母亲就急忙为我们出行作准备。我们两个是首次离家出门,远行千里之外,父母很不放心。父亲平时一向不大管我们的衣食住行,这一天晚上好像同平时大不一样,特别不放心,给已经先到重庆的好朋友写信,托他对我们俩多多关照。同时一遍又一遍地交代注意事项,告诉我们这次出门大人不在身边,万事要当心;要注意冷暖、讲卫生,别乱吃生冷东西,防止生病;有事多向大人请教;钱要节省着用,不要乱花,要收好藏好,防止丢失,防止被盗等等。还特别叮嘱我,不要光自己贪玩,要多关照弟弟;多写信,免得大人牵挂;到了重庆,能买到票就先飞北平,到了北平暂时住在叔叔家,走不了就安心在重庆等,他和母亲不久就会来的。那天晚上,母亲在昏暗的灯光下,一针一针替我们把钱缝在衬裤上。一边缝,一边嘴里也是不停地做这样那样的交代。她为我缝的虽不是衣,但跟'慈母手中线,游子身上衣。临行密密缝'的'寸草心'是一样的情,使我感到特别亲切温暖。父亲后来又想起让母亲给我们带上鱼肝油丸,好补补身体。总之,只要我们还没走,父母亲的叮嘱、交代就没完没了。千叮咛,万叮咛,嘱咐了又嘱咐,让我们享尽了慈父慈母的关爱。"(闻立雕《红烛:我的父亲闻一多》,第276—278页)

六月二十日 晨,立雕、立鹏先行飞渝。闻立雕回忆:"昆明的六月,阳光明媚,风和日丽,大自然好像也充满了温情。二十日一大早,吃罢早点,父母亲率领全家人为我们送行。西仓坡宿舍院子相当深,从我们家到大门口约有二三十米远,这个抢着拿行李,那个抢着提箱子,一直把我们送到了大门口。我看见过天上的飞机,但没有接近过飞机,上劳作课时,我用木料制作过飞机,但从来没有乘坐过飞机。前几年我们学校有个高班生考上了航校,在美国受训结业驾着飞机回国,我羡慕极了,心想何年何月我要是也能坐上飞机那该多美啊!这天我终于也能上天了,越想越兴奋,心中简直乐开了花。父亲是很重感情的人,我们俩虽然只是短暂的离别,他却也动了感情,当我们坐上人力车开始上路时,他竟然好像有什么预感似的,眼圈湿了。我回头和大家摆手告别,突然发现父亲的眼圈红润了,泪水似乎在他眼眶里闪闪打转,我那颗乐开了花的心,顿时也有些不好受,赶快扭转了头。车夫提起车把开始小跑起来,我再回头看看,父母亲还伫立在大门口,依依不舍地目送着我们。我们原想很快将会在北平重聚,没想到这竟然是最后的一瞥,这次离别后来竟然是我们和父亲的诀别!"(闻立雕《红烛:我的父亲闻一多》,第278页)到重庆后,他们住在位于上清寺的清华大学临时招待所。

六月二十四日 下午,赴清华大学办事处,参加王康、禄厚坤订婚仪式。禄是云南地方上层人士禄国藩的女儿,禄国藩早年为护国起义将领,龙云时期曾任警备司令、宪兵司令等要职。由于这种原因,先生与民盟同人对这个订婚仪式十分重视,潘光旦、费孝通做主持人,先生偕夫人与张奚若、李公朴均到场祝贺。事后,外界讹传民主人士与地方人士如何如何。(据访问王康记录,1990.8.21)

六月二十五日 起草《为呼吁和平救灾号召万人签名运动》(代电稿),开印前亲自到崇文印刷厂看校样。(据原崇文印刷厂负责人祁仲安《往事琐忆》,《昆明盟讯》1986年第3期)《为呼吁和平救灾号召万人签名运动》文云:

为了呼吁和平救灾,我们于本月二十五日拟就了这个电稿,当日下午开始分访全昆明市各界人士征求签名,限期二十七日下午九时截止。以我们极有限的人手,在这样短促的时间内,我们征求的结果,居然超过了五千人。经过二十八日一天的整理,现在电报已经发出。但是我们深信今天昆明市内同情我们的呼吁,并愿意将他的姓名公开出来以表示赞助的人,决不止此数,所以电报虽然已经发出,我们仍愿作为一种民意测验,请求大家凡未曾签名的,继续签名,并尽量征求你[自]己亲戚朋友,不分男女老幼,不拘职业地位,参加签名,多多益善。签名单凡在七月三日以前送或回的,我们将汇齐发表。

和平救灾是关系我们每一个人自己的事,为自己的事而呼吁,是我们每一个人的职责,也是我们每一个人的权利。请协助我们胜利的完成这一光荣的运动吧! 一个名字代表一声怒吼,多一个名字,多一分力量。起来! 全昆明市的人们! 如果能把大家的力量汇成海潮一般的怒吼,它是会淹没好战分子的阴谋,和挽回中华民族的浩劫的!(铅印传单,黄秋帆藏)

在正式铅印出来的呼吁书上签名者有三一二一人,其中有:由云龙、马伯安、高荫槐、张天放、刘北汜、白澄、李广田、赵沨、骆驼英、林薮、许铮、梁伦、潘大逵、莫翰文、王念平、杨德新、李公朴、吴征镒、李源、冯素陶、潘光旦、范宁、吴浦月、楚图南、欧根、尚钺、何善周、孟超、费孝通、李何林、史刚、潘汝谦、庄霞、黄秋帆、王振华、杨一波、关山月、金若年、张小楼、李德家、夏康农、杨犟、范启新、温功智、柳映光、方仲伯、史靖、王子光、俞铭传、萧荻、杨默霞、丁月秋、伍大希、唐旻、何孝达、彭兰、张世英、毛承志、傅启泌、罗广斌、庄任秋、季正怀等。先生的夫人高孝贞、儿子闻立鹤,及潘光旦的女儿潘乃穆、李广田的女儿李岫等也签了名。

这天,清华大学校长梅贻琦赴南京教育部述职,受到蒋介石召见。席间谈到清华教授。梅贻琦在日记中写道:"三时半后雇车赴中研院,候朱部长同往委员长官邸。五时到军校官舍,在外客厅坐数分钟后有他客出,始被让入内室。主席着蓝长衫,颇安闲,谈话约半时,首告以数日前往北平查看校舍情形。问:复校计划何如。答:现正赶修各部,暂定双十节开学。问:师生能赶到否。答:希望大部分届时能到平。问:下年校中办法如何。答:仍当注重学术研究风气之恢复,倘使教授们生活得安定,研究设备得充实,则研究工作定更有进展。随即提清华教授中近有少数言论行动实有不当,但多数同人,深不以为然,将来当同人自相规劝纠正,谅不致有多大[不好]影响。朱乃提及关于东北事件百余人宣言之事为证。朱又谓曾商量过关于教授长及院系主任人选之更动,总使主要负责者皆为稳健分子。至此,余乃谓此数人以往在学术上颇有成绩,最近之举动当系一时之冲动,故极希望能于规劝之中,使其自行觉悟,则其后来结果必更好。对方似颇领首。余继谓此数人之如此或尚有一原因,即其家属众多,或时有病人,生活特困难,而彼等又不欲效他人所为在外兼事,于是愁闷积于胸中,一旦发泄,火气更大。主人点首是曰生活问题实甚重要。朱因乘机提教员待遇及经费应增高问题。"(据原件,清华大学校史组藏)

六月二十六日　下午,与潘光旦、李公朴、楚图南等在法国商务酒店举行民盟云南省支部第一次招待会。

时,昆明形势发生变化。一是潘朔端在东北率滇军一八四师起义,旋称愿改称民主同盟军第一军,作民盟后盾。二是六月中旬龙绳武的第二十四师不愿奉调出滇,在昆明自行解散。由于上述两事,外界风传民盟破坏大局、勾结地方势力企图暴动。为了以正视听,民盟云南省支部决定公开阐明自己的观点和立场,支部负责人第一次公开盟员身份,与各界正式见面。是日招待昆明党政军机关及社会、新闻界人士,出席者有杨杰、张金鸥、杨镜涵、金龙章及警备司令霍揆章的代表,共五十余人。

会上,潘光旦首先报告开会意义,说一是"民盟滇支的负责人借此机会与各界正式见面,其中有些人不久将离昆,也顺便与各界道别",二是"外间对于民盟传说纷纷,多有不甚了解者,乘这机会向各界说明一切"。接着楚图南以主任委员身份报告民盟的一贯主张与对当前政局的态度,"着重指出民盟的主张为八个大字,即'民主团结,和平建国'。不民主不足以谈团结,非和平则无从建国。这是决定中国国运的关键,若民主不能成功,团结统一不能实现,将引中国至分裂混乱之惨剧。内战再起,则将引中国至亡国灭种之境地"。"民主同盟有感于此,因而号召全国人民兴起'自爱爱国,救人救己'的责任感"。李公朴继之报告了民盟的历史,"指出今日中国政党应有的作风,是应该有相互的公开批评,但不是谩骂毁谤的方式;应该提倡政党间的友谊竞赛,但不是武力消灭异己的方式"。

这时先生站了起来,说明自己本是从事学术教育的,之所以参与政治,是因为"认为政治是一种事业,是教学,是一种生活的态度或人生的境界。政治是人类群体生活集中的表现,并以群体爱作为基础。只有以群体为对象之爱,才是政治,尤其是民主政治的基本精神"。先生激昂地说:"今天乘此机会,愿意伸出我们的手来与各位合作,我们的手,虽无缚鸡之力,不可能也不愿意来威胁利诱别人,但也决不接受别人的威胁利诱。我们并愿意以这满是粉笔灰、毫无血腥气的手去扭转中国的历史,去促进中国民主政治的实现。"

先生讲毕,杨杰、钱沧硕、方国定都发表了感想,主题都是关于如何挽回垂危的国运。到六时,招待会圆满结束。(据潮《中国民主同盟云南省支部招待各界茶会记》,昆明《民主周刊》第3卷第16期,1946.7.1)

先生在会上的发言,给在场者留下深刻的印象。胡笛在《痛悼吾师闻一多先生》中回忆:"在我平生中对于闻一多先生印象最深而永不能忘记的是:就在他死前的半个月,也是在民盟招待会席上,他和李公朴先生坐在一起,他起来用诗人的口吻,解释着民盟的性质。他离开了坐席,站立起来,两手把握着靠背椅子,沉默了一阵,引证老子的哲理:'一生二,二生三,三生万物。'他说:如果国民党是第一大党,共产党是第二大党,那么,民主同盟就是第三大党。有了第一大党,从科学的历史发展眼光看,必然会产生出来第二大党,既然如是,那么,第三大党的产生,也是必然的。他很得意而微微掬着笑容,继续不断地说着:如果有人问:会不会产生'第四'呢? 他的答案是肯定的,不会,一定不会。即使有,例如青年党等等,那也只能归并为第三类。会不会互相排斥或不相容呢? 那也不会的。因为民主同盟是第三方面的'中间的中坚'。他惟恐来宾席上的人们,不能完全了解这个哲理,又引经据典,解释了半天。最后,他大声急呼地说:'最近在近日楼的墙壁上贴了许多莫须有的标语传单,有意造谣中伤,甚至于诋毁侮蔑民盟,花样翻新,不一而足。现在我们公开与各位见面了,让大家明瞭民主同盟的要求,只有八个大字:和平建国,民主团结。这又有什么可怕呢!'末了,他伸出一张手,降低了声调,极其温和地说:'诸位看一看在我的这一张手上是空无所有,满手都是粉笔灰,教书人的手,自然只有粉笔灰,粉笔灰都是白的颜色,在我这张赤手空拳中,是满手纯洁净白的,有什么可怕呢! 我愿意伸出这张洁白的手,期待着各界朋友们亲密地携起手来,共同为反内战,争民主,坚持到底!'大家都伸出了友爱的双手。在那次招待会上,有中委杨杰,有监察使张维翰,有警备总部政治部杨主任,有女参政员张邦珍,有省委金龙章,有新闻界老前辈钱沧硕、王公弢,有名流学者如华罗庚、张奚若等五十余人。没有一个人不为他感动,也没有一个人不在散会后,异口同声称许他的天才智慧与优异的学术造诣。"(《文萃》第40期,1946.7.25)

先生在清华学校读书时就受到过讲演训练,他说话时也有诗一样的激情和条理分明的道理。吴晗在《闻一多全集·跋》中说:"一多是很会说话的,平时娓娓而谈,使人忘倦。晚年思想搞通了,又擅长于说理,尽管对方有成见,固执得像一块石头,他还是沉得住气,慢慢道来,拿出大道理,说得人口服心服。在大集会里,他又会另一套,一登台便作狮子吼,配上他那飘拂的长髯,炯炯的眼神,不消几句话,就把气氛转变,群众情绪提高到极度,每一句话都打进人的心坎里去。虽然,在事先并无准备,甚至连讲的纲要内容都没有写下。"

先生的声音,有着很特殊的地方,闻山在《教我学步的人》一文中,说:"我永远忘不了闻先生的声音。我还想为闻先生写一首诗,想寻找一个能够形容闻先生的声音的字眼,但是找不到;因为它是那么的丰富和深沉。有时候,——例如他念唐诗,或者平时讲话,它就像大提琴低音弦的颤动与和鸣,像夏里亚宾唱《伏尔加船夫曲》时纤夫们自远而近的歌声;有时候,像雄狮的怒吼——当他面向万千群众,痛斥法西斯特务统治,或鼓舞游行示威队伍出发,或者,在他朗诵田间的'她也要杀人'的时候,他头上厚密的长发抖动着,有如猛狮的鬣毛;他那由于愤怒而更加宏大的声音,以及这个声音所传达的正气与无可抗拒的真理,使你血液为之沸腾,拳头握紧,喉中感到需要行动的干渴。"(《人民日报》,1956.7.14)

同日 昆明《观察报》复刊,刊头是先生题写的。该报原是龙云三儿子办的,现由大儿子龙绳武接办,为的是保留一些龙云的影响。复刊前龙绳武想改换原刊头,副刊主编范启新请先生握管,先生立刻应允。(据访问范启新记录,1987.11.8)

关于《观察报》的情况,一位外国人曾介绍说:"在龙云建议其子经理《云南日报》被拒绝,而后者又卸任了去越南受降的十九师司令之职后,龙云决定要他的儿子另办一张报。这样,在一九四六年六月二十六日,《观察报》就问世了。在它的开创阶段,《观察报》看来是独立且颇自由的。尤其它的社论好似刺入腐败者要害的一把尖刀。读者得到满足了,赞扬阵雨似的落在这张报上。销数之快速增加,直到超过八千份的记录,并无明显的有势力人物的政治或私人接济。李闻暗杀案后,先前龙云的副官长杨立德与一百余云南省警察局人员被控参与谋杀而被捕。龙云的第三子龙绳曾则被认为他们的首领。恐怖统治了昆明。联大十一教授,中有二三个民盟分子,避入美国领事馆。对自由分子的普遍压迫开始了,《观察报》被责为民盟机关报。它的编辑人员都受到了监视。这就迫到这张报在一夜之间改变了它的编辑方针。前几天,有两个编辑因左倾而被革职。据传这是奉当地党当局的训令从事的。云南省政府警告这张报纸说它的方针在某些方面是反美,反国民党与反政府的,因为他们采用了郭沫若与茅盾的文章。在国民党眼中,郭沫若与茅盾当然是左翼分子。但是读者是较好的评判,这张报纸的销数现在减至三千份。一般讲来,《观察报》仍是昆明最好的一张报纸。"(Helen P. F. Shih,王民译《从昆明报纸看云南》,《国讯》第429期,1947.9.7)

六月二十七日 下午三时许,与潘光旦、楚图南、李公朴、潘大逵、冯素陶、费孝通共同主持民盟云南省支部第二次招待会。会场仍设在商务酒店,出席者为文化、教育、金融、实业界人士禄介卿、李琢菴、徐佩璜、龙云夫人顾映秋、刘淑清、梅贻琦夫人韩咏华、朱驭欧、倪瑾、孙天霖、王齐兴等八十余人。

潘光旦首先以主席身份报告开会意义,楚图南报告民盟主张,李公朴报告民盟的历史与组织。先生最后报告民盟的性质与作风。

接着来宾发言。朱驭欧(云南大学政治系主任)说民盟至少有两点是可信赖的，"第一，他们都是文人学者，他们的动机是纯洁的；第二，他们的文化水准相当的高，我们相信他们对一切政治问题的判断相当正确。有人说民主同盟是共产党的尾巴，其实，凡是讲民主的人谁又免得了被别人戴上帽子"。"今天就是没有任何党派，我们也要起来说话了，还有一分良心的人，就不应沉默"。工业协会主席徐佩璜是清华学堂成立前，于一九〇九年第一批以美国庚款留学的，是清华最早的留学生，他在发言中特别说："我认为方才闻先生所说的要以教育的、从事政治态度，这是非常好的方法，这才能保持政党的纯洁。"女青年会总干事倪瑾发言中："在美国罗斯福与杜威竞选的时候，他们提出两个口号：'有口要说，有手要写'，在我们中国，口被封住，文章又不能发表，这是非常使人痛心的事。"男青年会总干事王齐兴亦说，"过去总是独善其身不问政治，然而事实上是不可能的。当时你不问政治，也许政治就来问你，我们不能把政治看成不是自己的事。"一位商界贤达说，他看到一些壁报，"总以为民盟的领袖是些青面獠牙的怪物，今天见了面以后看来都是文质彬彬，手无寸铁的书生们，我听了他们的报告才真正认识了他们，他们并不可怕，都非常和平。方才闻先生曾经说过他愿意伸出他们沾着粉笔灰的手跟社会各界人士紧紧的握起来，我是个商人，我愿意第一个伸出我这污秽的手同他们握，但我并不是要加入同盟，而是我希望我们士农工商各界都伸出自己的手来紧紧的同他们握着"。省参议员孙天霖沉痛地说："我们云南人，我不敢说话，参议会里议员们常常因为说话而受警告。""我赞成闻先生所说的以教育手段、以和平的态度来从事政治。我也希望大家伸出手来跟民盟合作，以建立民主康乐的中国。"一位参加邮务工会的青年也"表示愿意伸出他这双工人的手跟他们紧握起来"。最后，潘大逵代表东道主做结论，说："民主同盟是代表第三方面的政治组织，我们希望大家把同盟看成是中国人民的同盟，大家携手向民主之道路前进！"（均据王青《愿与你们紧紧的握手——民盟支部第二次招待会》，昆明《民主周刊》第 3 卷第 17 期，1946.7.9）

招待会的气氛非常和谐，尤其是先生关于"伸出手来"的发言，效果特别好，给人留下的印象也特别深。十月七日，已经到了香港的赵沨，还回忆起当时的情况："民盟在昆明招待政府负责人，社会贤达新闻记者的茶会上，他以诚恳的态度，高傲的语调报告民盟的立场、态度。最精彩动人的讲词是：'今天，我们向诸位伸出手来，这是一群书生的手，手无缚鸡之力的书生的手。这手上没有血腥，他们不打算以威服人，所以也决不受别人的威逼；这手上没有铜臭，他们不打算以利诱人，所以也决不受别人的利诱。这手上有的只是些粉笔灰呵，是像粉笔灰一样的纯洁呵。也许你们看不起这只手，说他太没有力量了。但是，就是这只手无寸铁的手，却正要扭转历史，创造历史！'他说完了，坐下了，那么多激动的眼睛望着这位名教授的安详,高傲的神色,片刻的沉默之后,才突然爆发出一片掌声来。"(赵沨《闻一多先生底回忆》,香港《光明报》新 4 号,1946.10.18)

六月二十八日　与潘光旦、楚图南、李公朴共同主持民盟云南支部第三次招待会。由于商务酒店受到当局警告,会址临时改在冠生园,故耽误了些时间,到下午四时才开始。到会者都是新闻界与各期刊的负责人,约三四十人。大家边吃点心边发言,以对话形式开始。会中情形见《一切力量的源泉——人民,——民盟招待会第三日记》:

问:和平的希望还很暗淡,假如八天的停战期满,内战依然继续,民盟是希望国共双方永久停战的,这时将用什么手段去制止? 或者用什么力量去制止? 或者已有了什么有效的办法足以制止内战?

答:(楚)民盟一贯希望国共双方之任何争执,都以和平协商方式解决。现在还是如此。若协商不能有结果,我们将号召全国人民一致向双方呼吁并劝导。全国人民不希望打内战,内战是打不下去的。

问:希望只是希望,假如八天期满,内战又打下去呢?

答:(潘)无论那一方面想发动内战,都是冒天下之大不韪的。想打,也决打不下去。如果各地人民都能发起反内战运动,这就是制止内战的力量,这种力量不是武力,但比武力更有效。(闻)只要我要他不打内战,就打不起来内战,这个"我",代表每个不是丧心病狂或别有所图的、真正善良的中国人民。每个人坚持这意志,一定会实现胜利的。即使还打,也不能长久。民盟如果说有力量,就正因为他反映而且集中了每个人的内心的意志。

对话到此地,有人问起民盟与救国会的关系。李公朴先生回答这询问后,又说起:"今天中国的局势,单就灾情一项而论,就不得了。内战是万万打不得的。大家反内战的声音应该喊得更大些,打的机会也可少些。为人民喉舌的新闻界,在这点上,和民盟是一致的。"接着提到重庆较场口事件,报馆有些人故意歪扭事实。可是有些记者却不怕丢掉职业,坚持在揭露真像的稿子上签名,因而对受伤者的起诉帮忙不少,这种态度极令人敬佩。

有人问起民盟对于国共谈判中的军队驻区问题的看法如何? 楚先生答称:根据民盟的政纲,是不同意任何私人军队盘踞一方的。但民盟认为在政治民主化实现后,军队及其他问题都不难解决。

闻先生在回答民盟有些什么报刊的询问时说道:民盟因缺乏经费,直接办的报刊不多,但各地报刊不乏虽非民盟却同情民盟,因此在意见及看法上与民盟一致的。仍希望更广大的言论界对民盟的主张予以支持。

会场的空气此时因提到美国军事援华法案而活跃起来。闻先生说：当前美国在华的措施，是违反杜鲁门总统对华声明及莫斯科四国外长会议对华声明的，也是违反美国人民的意愿的。我们可以发动向美国人民控诉美国政府的运动。从美国内部来看两个政党间的进步分子及下层平民正将有自由工人联合的组织，这组织的发展将大有影响于美国未来的政治。所以我们对于外力的作用，不必过高估计。只有坚信自己的意志，把希望寄托在人民身上。

楚先生接着说：战后的中国需要复兴，需要建国。任何有利的外来援助均将受欢迎。但若这种援助适足以助长中国的内战及增加中国人民的灾患，中国人民均不欢迎。

问题扯到马歇尔及仲裁权上面。具体提出：一、民盟对马歇尔的态度如何？二、第三者力量能否使和平条件实现？三、如果马歇尔不是和中国人民同一看法，将如何？

主人中的潘、闻等先生答问时，均认为比较马歇尔，民盟是更适合作为第三者来调解国共双方的争执。潘光旦先生坚决的说："民盟与其说是老三，倒毋宁是孱弱的老大，才没有足够的力量去排解老二老三，叫他们听话。"闻先生继之说："我不承认武力为真正的力量，人民的意志才是真正的力量。宇宙间只有真理和正义在，有了坚决的信念，便不必为问题之不能马上解决所苦。还是要长期坚持下去。和平的条件不能具备，则以各种方式和努力去促成他。对于马歇尔，则同样尽力，他与我们能有一致的看法。"

当李公朴先生再度邀请大家继续提出问题时，客人们都觉得时间不早，起坐告辞了。（昆明《民主周刊》第3卷第17期，1946.7.9）

民盟云南省支部的三次招待会都是公开的，却遭到国民党地方当局的监视、骚扰，一些与会者还受到压迫。参与招待会组织工作的赵沨说：民盟云南省支部为了说明民盟立场、态度、主张，并且特别强调以公开的态度、和平的手段争取民主政治之实现，决定举办茶会招待昆明政府、党团、社会贤达、文化教育界、新闻界人士。"没有想到，第一天的招待会便有特务偷去了茶会的签到薄，人们追赶他的时候，他越墙泅水而逃，在河对岸以手枪威胁追捕者。第二天茶会后，饭店主人竟接到匿名信，以暗杀威吓，迫令拒绝民盟假座茶会的请求。"李公朴被刺后，"我们才知道：凡是出席民盟招待茶会的人都受了警告。一个发言的富商艾××被特务打了一枪柄，他后来不得不带着保镖上街。杨杰将军说了几句话，听说第二天，便有人送给他一张到重庆的飞机票，劝他暂时离开昆明为妙。云大，几个民盟盟员的教授，听说要被解聘了。李公朴生前曾去拜访过一位前云大教授李××①,现在他家里也被特务光顾。李××要上街,在公共汽车里,那特务还和他纠缠不清。他到了教育厅,特务跟着他,他到厅长室去看厅长王政,那特务还是麻烦了许久才走。事后,王政问李:你是不是民主同盟盟员?如是,我也无法,如不是,我可以替你洗刷,但是不是不能骗我,我们有名单。李××回答他说:也许我今天不是民盟盟员而明天便参加了呢?你们特务开的名单不足不凭,民盟负责人说我是盟员时,我便是了。"(赵沨《李闻惨案前后的昆明》,香港《光明报》新4号,1946.10.18)

六月二十九日 有信给闻立雕闻立鹏两儿。这是现今所存先生最后写的一封信。收《闻一多书信选集》。信上说:

> 知道你们有机会早飞北平。这机会千万不要失掉。如果无内战,以后飞机当然比较容易找,我们便尽早飞北平。如果有内战,我们恐怕短期无法飞来,那么你们孤独的留在重庆,便不是办法。相反的,你们到平后,住在叔叔②家,我们倒也可以放心,……大妹小妹都天天吵着要早来,其实我也有愿意早来的心事。你们放心,我是不会放弃早来的机会的。家中都好,妈的身体这几天来也比较健康。我这几天特别忙,一半也是要把应办的事早些办完,以便早些动身。

六月三十日 昆明各界万人签名运动致电蒋介石、毛泽东,呼吁和平。电文为张天放起草,先生修改润色。印好后,先生亲自征求签名,很快,签名者即达四千余人,云南耆老由云龙、赵鹤青、吴琨、王灿、马伯庵、张止真、李子猷、李云谷、高荫槐等,实业界祁仲安等,都签了名。该电文云:

> 南京蒋主席钧鉴延安毛润之先生勋鉴:抗战告平,咸庆更生,乃人民之喘息未定,而阋墙之祸乱继起,白山黑水,战焰涨天,长江大河,血流满地。农村既饿殍载道,拯救无术,都市复罢工罢教,层出不穷。加之外货充斥,生产停顿,经济危机,尤濒险境。虽停战一再展期,而和平犹未实现,是不仅全国民众所深忧,亦为国际友邦所共虑。是以吁请国共两方,一本爱国爱民之心,开诚相与,一面立即宣布长期停战,一面火速救济灾区。其他如交通之如何恢复,军队之如何整编,生灵之如何救济,与夫政治上民主团结之如何实现,均应以诚意协商解决,万不可使兵戎再见,骨肉相残,坐令民族生机断丧尽净,悬崖勒马,此其时也。迫切陈词,幸垂察焉!(该电文印刷件,中国民主同盟云南省委员

---

① 云南大学教授李德家。
② 闻家驷,时已返北平,任北京大学教授。

（会藏）

当时，类似的活动很多，有的人看到宣言、通电中措词激烈的文字，不免有些为难，就用假名签名。先生讨厌作假，坚持要用真姓名。赵促邑说："有一篇声讨国民党反动派的通电，措词激烈，说在这里签名的人，都准备随时牺牲。闻先生叫季镇淮同志拿去请西南联大中文系一位年青教师和他的一位朋友签名。这两位原先都是闻先生的学生。他们看了电文，感到很为难。签名吧，怕担风险；不签吧，又碍于自己老师的情面。于是他们耍了一个花招，签个假名。闻先生一看，大为不满，厉声道："要是怕就不要签，要签就签真名。我们不要假名!"闻先生深知草宣言、发通电，说谎话、签假名，宣言通电就没有力量。他们受闻先生光明磊落的态度和英勇斗争的精神所感动，终于签了真名实性。"（《闻一多先生轶闻》,《随笔》第8集,第52至53页）

同日　昆明《原野》杂志创刊。刊头是先生题写的。这是李广田等人创办的一个文艺刊物，创刊号上有李广田的《日边漫笔》、戈寒的《漫笔民主堡垒》、鸿生的《论是非》、绿蕾的《八年来诗歌运动的脉络》等文。

是月中下旬　《九歌——人民的艺术和人民的讲教》发表于昆明《人民艺术》第三期。今佚。

是月下旬　袁永熙离昆前一天晚上，到西仓坡去看望先生，两人谈了很久。袁永熙回忆："我与闻先生的关系从一二·一以后越来越密切。离昆的前一天晚上，我去辞行，闻先生似乎很有心，谈了自己的出身、家庭、经历，说自己不够成熟，缺乏斗争经验。我心里明白，他是用中共党员的标准要求自己，尽管没对我提过入党要求。那天闻先生还说：中国民主运动的头一炮是我们在昆明放的，现在上海为抗议下关惨案放了第二炮，咱们回北平后一起放第三炮。他还说回北平后暂不住清华，因为那里离城较远，他要住在城里好和大家一起开展民主运动。"（访问袁永熙记录,1988.4.26)

是月下旬　与一位同学谈话中说要清算中国的艺术遗产。王力《我们的老师被暗杀了》："三星期前，我带着几幅画去看他，他还像往日一样地热情、泼辣、坚定。他一身浸满了澎湃巨大的生命力和对祖国对人民的热爱。我们一开始就谈到艺术问题。出我意料，听着他的话，我立刻感到有什么东西就要爆炸。'别的我不懂'，他斩钉断铁地说：'对于中国的艺术遗产，我自信有能力清算它。我们从前错了！以为艺术是在上层，现在历史可证明了艺术并不在上层，而是在下层，生根在人民的土地里。上层的艺术早已枯死了，只有人民的艺术永远充满了活力。这是一个真理！一个智识阶层的艺术家要认识这个真理，得经历一段痛苦的过程。……是的，这是痛苦的。但如果你不想室死自己，不想断送艺术，你必须走上去……。什么是艺术的路？—— 一个人民艺术家提出这样的问题是不该的。我们用不着去寻找。人民的路就是我们的路。他们早给我们开辟好了。……去掉那些傲气，服服贴贴地听人民的话。……'"（《新华日报》，1946.7.26）

是月下旬 洪德铭来家辞行，并劝先生早日离昆北上。先生说："你是了解情况的，两个月来交待工作和组织调整，由于受到局势的影响，进展不很快，我要在昆明多留一个时期，以便安排好各项工作。还有我一家八口人，走的钱和交通都是问题，需要多点时间筹办，不能像你们一样说走就走。"洪德铭说希望先生一家和学生一道走，沿途可以照顾，路费也好解决，先生说："钱的事当然不是大问题，但工作摆在面前，我不能抛开不管。何况我早已答应要迟走几天的，现在楚图南、尚钺诸先生都还在昆明坚持工作，我绝对不能提早走，即使万一发生意外，我也是死而无憾的。"（据洪德铭给编者的信，1989.3.5）

是月下旬 和《今日文艺》编辑林华昌谈诗，说："四烈士殡葬时那八个醒目大字：'你们死了，还有我们！'是口号，也是好诗！"（林华昌《闻一多先生与文艺青年》，昆明《五华文艺》1979 年第 3 期）

是月 为民盟云南省支部各机构刻化图章。楚图南《纪念战友闻一多》："一多对革命工作的积极热情，是不能令人忘怀的。记得有这样一件事：当时，为了防止国民党特务的迫害和破坏，民盟的各种文件都是用个人化名的私章行文的。一天晚上，当民盟云南支部的组织机构确定后，朋友们便把为这些组织机构化名刻图章的工作委托给一多。第二天的清晨，一多就来到了我家，用颤抖的手，递给我四枚由他自己设计、连夜赶刻出来的代表民盟云南支部的'田省三印'，代表秘书处的'刘宓'，代表组织部的'祖范之印'①和代表宣传部的'杨亦萱印'的石章，我当时望着一多布满血丝的眼睛，接过了四枚图章，深深地为一多的忘我精神所感动。"（《闻一多纪念文集》，第 134 页）

由于即将离开昆明，一些朋友希望得到先生刻的一方印章，先生很珍视这种友情，抓紧时间为朋友治印。其中给曹靖华刻的一枚名章，就是这时刻的，但是印章送到曹靖华手里时，先生已经殉难了。曹靖华原在汉中西北联合大学教书，被教育部以在青年中宣传马列主义为名解聘。解聘后，曹靖华到了重庆，进入中苏文化协会工作。他有一枚牙章，是和他有风雨与共患难之交的李何林、王振华夫妇在昆明买了送给他的。送这方印章前，李何林请先生为曹靖华刻成名章。该章刻有四行

---

① 此误。据杨明回忆，组织部印是"王祖平之印"。编者根据这个线索，在先生自编印谱中找到了该印，它果然与上述几枚印章排在一起。

边款:"三五年夏应　何林振华兄嫂属为　靖华先生制　一多　昆明"。字体为篆体,苍劲典雅。曹靖华说:"当年交通不便,当我收到这枚牙章时,已经在给刻者举行追悼会之后了。睹物怀人,不禁怆然泪下!自从收到这枚牙章之后,三十多年来,所到之处,总把它带在身边,置诸案头。这不仅是为了实用,更重要的,是睹物思人,以烈士精力自励。"(曹靖华《一枚牙章》,《羊城晚报》,1980.2.23)在先生自编的印谱中,有这方名章的印模。

　　张怀瑾同学的名章,也是先生在紧张之时刻下的。张怀瑾回忆说:"我一九四二年考入西南联合大学中国语言文学系,一九四六年五月四日毕业。西南联合大学宣布解散,北大、清华、南开三校复员北上,我滞留在昆明,游荡了一个月,找不到工作。到了六月初,中国语言文学系师生滞留昆明的人已经不多了,我决定离开昆明,另谋出路,颇觉怅然!于是差不多花一整天时间,走遍了正义路一带的印章社,反复求索,寻得一颗正方形象牙图章。大约是在六月三日下午,我专程前往闻一多先生的西仓坡西南联大教授宿舍,对闻先生说:我准备离开昆明,想请先生给我刻一颗图章,以作纪念。闻先生欣然应允,问我刻什么字体?我说:我很欣赏闻先生为西南联合大学纪念碑篆写的碑头,最好刻篆体。六月八日下午,我去将图章取回,欣喜万分,再次去正义路配了一个白牛角的图章盒。我决定六月十五日离昆。十三日下午三时许,我带着那颗图章去闻先生家中辞行,并请闻先生补刻署名边款。闻先生听后呵呵大笑,当即在颇为杂乱的书桌上,拿了一把刻刀,转身斜靠在床头,我们一边谈话,他一边刻,不用半小时,在图章的一侧,一行醒目的边款:'卅五年六月一日于昆明'便告完成。岂料这次话别,竟成永诀!"(张怀瑾《一颗图章照丹心》,《穷庐文萃》第409页,山西古籍出版社2000年11月出版)

　　先生治印,留有印模,今存印谱五册,内有西南联大教师冯友兰、朱自清、吴有训、叶公超、雷海宗、余冠英、浦江清、华罗庚、高崇熙、芮沐、吴晗、孙毓棠、许维通、薛诚之、何善周、李埏等,学生季镇淮、范宁、王瑶、傅懋勉、张澎、王念平、王松声、郭良夫、谭庆双、徐述纶等,云南大学教授尚钺、徐嘉瑞、熊锡元等,民主周刊社同事杜迈之等,还有云南省政府委员、经济界著名人士跃龙电力公司经理与云南纺纱厂厂长金龙章、云南省政府财政厅长华秀升、崇文印书馆老板祁仲安等,甚至还有云南省保安司令马瑛、滇军第六十军暂编二十一师少将师长陇耀等人士。(见闻立鹏、张同霞编《闻一多印谱》,文物出版社1990年9月出版)

　　除了为治印,先生还为朋友题写过一些对联。其中一副为:"自指头衔堪辟暑,一涤冰上是前生。"题款抬头书"澄洋老哥雅正　即希正可",末署"弟　闻一多",上盖两印,一为阳文"一多",一为阴文"匡斋"。一副为"莲荪先生有道雅正。余对酒当歌青虹正绕,共评花索句素鲤频传。"末书"集宋词 闻一多"。还有一副为"世道日交长浇风薮淳源不采树枝翻栖恶木根所以桃李开花竟不言大运有兴没群动争飞奋归来广成子去入无穷门太白古风源出咏怀子昂感遇不及也言。闻一多。"上有"闻一多"、"有山"二印。

是月 与《高原》编辑欧小牧谈办刊物的意见。欧小牧《我和闻一多先生》:"先生遇害前不久,因要请教先生对文艺的意见,又去拜访先生一次。先生谈起昆明刊物太多,已超过市民的需要,内容又欠研究,力量不集中,如近日楼'人民壁报'读者很多,可惜大家不肯用力好好地办一办,就是作家,也大都认为作品写出,责任已了,并不问工人农人看懂了没有。先生以为作风无妨稍轻松,只要无毒就可以。他并说:'死硬派用不着争取,同情我们的也用不着争取,倒是中间阶层,动摇不定的,急需要争取。'"(《新华日报》,1946.9.8)

是月 为驻龙同学题词:"岁寒然后知松柏之后凋也。"

七月一日 与冯素陶、楚图南、吴征镒、尚钺、徐修、赵沨、李何林、吴富恒、丁维铎、姜震中、张小楼、费孝通、张曼筠、潘光旦、王振华、李公朴、潘大逵共十八人联名电慰马叙伦、阎宝航、雷洁琼、陈震中诸人电,刊于昆明《民主周刊》第三卷第十六期。未入集。

六月二十三日,马叙伦等八人代表上海民众赴南京请愿,反对内战,反对美国干涉中国内政。车抵南京下关站,遭特务殴打。先生等闻讯至为悲愤,特致此电慰问。电云:

马叙伦、阎宝航、雷洁琼、陈震中诸先生公鉴:

阅报知先生等为反对内战,赴京请愿,被反动派法西斯分子指挥暴徒,辱殴重伤。同人等闻之,至为悲愤。除先电致敬慰外,并誓为诸先生后盾,力争中国和平及民主政治之实现! 尚希为国珍摄,并盼早日康复!(《闻一多先生等电慰马叙伦诸先生,誓为争取民主和平之后盾》,《民主周刊》第3卷第16期,1946.7.1)

昆明文化教育界也为下关惨案发表了抗议,由凌风起草,并请先生修改。先生"认为'狗嘴'、'狂吠'之类的字眼放在词意庄严的文件中不大调合,要加以修改。他说:'我们有我们的身份。'"(凌风《回忆闻一多同志》,《光明日报》,1950.7.15) 这份《抗议下关暴行》亦刊于《民主周刊》第三卷第十六期。

七月五日 与楚图南一起去医院探望刚作完阑尾手术的王振华。王振华说起外界谣言,要先生务必小心。(据访问王振华记录,1986.5.28)

同日 著名讽刺漫画家廖冰兄的《猫国春秋》展览,由广东同乡主办的越秀中学出面,在锡安圣堂展出。该展览由《猫国春秋》、《方生未死篇》、《簧宫灯影录》、

《虎王惩贪记》和连环漫画《鼠贼横行记》五组漫画组成,以大后方群魔乱舞、卖国求荣、贪赃枉法、倒行逆施,和人民大众在水深火热中的呻吟等画面,揭露了国民党统治下猫鼠不分、猫鼠同眠的社会现象。展览一九四六年三月八日在重庆中苏文化协会展出时,引起极大轰动。七月初,该展览在成都展出后,来到昆明。正式展出前,先生与楚图南、潘光旦、李公朴等受邀观看了这些作品。当时,先生说了句善意批评的话:"你为我们说得太多了。"意思是说作者的笔墨过多地用于知识分子向控诉,却较少为工农大众鸣冤,后来有人认为这句话"非常恰当地指出这位长期生活于知识分子圈内的作者的不足之处"。(毕克官、黄远林《中国漫画史》,第189页,文化艺术出版社1986年10月出版)

廖冰兄在昆明期间,还有感先生的生活景况,特创作了《教授之餐》,画面为一位教授一家四口围坐餐桌,桌上盘中唯一的"饭"竟是一本正在被撕折着的厚本洋装书,他们端的是空碗,却正在啃着书以充饥。这幅表现大学教授穷得要卖掉心爱的书本才能换得一餐半饱的漫画,由于生动反映了当时高级知识分子的生活窘境,后来产生了很大影响,成为廖冰兄的代表作之一。(参见毕克官、黄远林《中国漫画史》,第188页)

同日　即将复员的彭兰、张世英夫妇搬到先生家暂住。闲谈中,先生说:"你俩的婚姻,是我促成的,算得是文学与哲学的联姻了。世英要多学点文学,若兰①其实也有思想,有哲学头脑,要学点外文,我一向主张学中文的要懂外文。我将来等到那个时候,还是要回到书斋里一心做我的学问,就可以不问政治了,我也不是个闹政治的人。"(张世英《归途——我的哲学生涯》,第61至62页)先生还说:"一个人要善于培植感情,无论是夫妇、兄弟、朋友、子女,经过曲折的人生培养出来的感情才是永远回味无穷。"谈话中,先生对季镇淮不弃糟糠加以称赞,说:"只有对感情忠实的人,才能尝到感情的滋味,他未来的家庭一定是比较幸福。"(彭兰《风范长存》,《北大学报》1979年第5期)

七月六日　余冠英将离昆北返,是日去探望先生。他在《我和闻一多先生最后的一次见面》中说:"我和一多先生最后一次见面是在七月六日上午。我到他家里时,他正在伏案写字。'你正在写文章?'我问。'是的,没有关系,坐下谈谈,我正要休息。'他说着拿起一枝烟递给我,我点着了烟,坐进他对面的藤椅,道:'我的行期排在本月九号,你怎么样?''我也就要走了,试试看买得着飞机票不?'他说完笑了起来。前几天有人预言他不会买得着飞机票,因为有强有力者不放他离昆明,他自

---

①　先生觉得彭兰的单名不好叫,就给她起了"若兰"这个名字。

已却不信。关于他的'飞语'一向很多,有些是污蔑中伤,有些是幸灾乐祸。现在我避免和他谈这些,便将话头引到将来楚辞九歌搬上舞台的问题。他刚完成将九歌编成歌舞的工作,有许多新证,前两次已见到他的稿子。从九歌又谈到汉代的诗歌□,扯出好几个问题。谈了约莫有四五十分钟,有别人进屋来,话便扯到一些闲事上去。等到重新剩下我们两人时,他忽然很兴奋地谈起民主同盟招待昆明各界的一次茶会。他重述了几段在会场的谈话,他向来说话算不得流利,但常有警句,充满力量,这一点不在他的文章之下。他告我,那天招待会中曾有人问他内战会不会打起来? 他答道:'不会打! 因为"我"不许打!"我"是老百姓。老百姓谁同意打内仗? 每个老百姓都会喊出"我不许打",谁还敢打!'他说话的调子常常是这样,显然,他自己也欣赏这样的调子。话渐渐转到镌印的事,我说他这门艺术进步很大。他忽然像记起一件久忘的事似的,说'我给你刻的那块太坏,我重刻一块送你。'我笑道:'那自然好,我还想饶一付对子。'他道:'可以,都等到北平办罢。'这时我瞥见那几只煤油箱垒成的书架上堆着十几块待刻的象牙章和石章,想起他的时间已被我费掉不少了,便起身告辞。他还留我再坐坐。我说:'动身前还要来。'他送我到门口时说:'你如先到清华园,请到新南院看看我栽的那些竹子长得怎样了,还有那块草地。'我道:'我得回扬州一趟,怕不会比你先到北平。'这时我又想起那些关系他的安全的谣言,又找补了一句:'你还是早些走罢,越早越好!'他含笑点点头。"
(北平《民主周刊》第 10 期,1946.9.12)

这时,联大同学纷纷复员北上,先生对他们分别时的话,总是鼓励早日到北平。季镇淮复员打算回江苏淮安老家看看,先生叮嘱他不要滞留在家乡。程应镠辞行时,先生也说:"你在江西是住不住的,你没有可以沉默的性格,纵使去中正大学教书,再好的读书环境,也终必苦闷,要向大地方跑的。"(流金《人之子——怀念闻一多先生》续,《文汇报》,1947.3.25)

对康侃则说了另一番话:"你看到我这两年来变化很大吗? 是的,我愉快,健康,不知疲倦,是组织的力量支持着我,生活在组织中,有一种同志爱。……什么样的语言能表达出它的真实内容呢?"说完想了想,用英文重复了一句"崇高的爱",又感慨地说:"这样的说法也只能近似而已。"(康侃《忆闻一多先生》,《闻一多纪念文集》,第286 页)

七月九日 《民盟的性质与作风》发表于昆明《民主周刊》第三卷第十七期。收《闻一多全集》。这是根据上月月底民盟云南省支部三次招待会上的发言整理综合而成,是一篇极为重要的文献。它反映了先生对民主运动的认识,和为建立和平民主新中国的信心和意志。文中云:

诸位来宾,今天承诸位光临,给我这个机会,以一个政治团体代表人之一的资格向诸位领教。这给予我个人的感觉,除了光荣之外,还有无限的感慨与兴奋。此刻我的心事真是千头万绪,但为了避免浪费诸位的宝贵时间起见,我还是把我的话头尽量限制在少数的几点上谈罢。

首先,我要向诸位说明的,是无党无派在中国民主同盟中的地位。刚才李公朴先生向诸位报告过,今天我们百分之八十的盟员是无党无派,但是他还忘记了同样重要的一点,那便是我们最高的领导人张表方老先生也是一个无党无派。在上最高的领导人,在下绝大多数的群众,都是无党无派,这现象说明着,到了今天无党无派确乎是民主同盟的主要力量。而在将来我们组织的发展中,无党无派盟员的数量一定更加扩大,无限度的扩大,所以,无党无派在我们内部,又不只是今天起着决定作用,而且恐怕永远要起着决定作用。

这是一件有趣的事,对内我们是无党无派,而对外我们又是有党有派。无党无派,因为我们昨天不问政治,有党有派,因为我们今天在问着政治。从不问政治到问政治,从无党无派到有党有派,这一转变,从客观环境说,是时代的逼迫,从主观认识说,是思想的觉悟,我们觉悟了我们昨天那种严守中立,不闻不问的超然态度,不是受人欺骗,便是自欺欺人。昨天如果我们是因为被人捧为超然的学者专家,超然态度,不是受人欺骗,便是自欺欺人。昨天如果我们是因为被人捧为超然的学者专家,超然起来的,那么我们今天确是觉悟了,知道那种捧是不怀好意的灌米汤,因为只有我们超然,老爷们才更好放手干他们那套卑鄙的吃人勾当。如果我们昨天的超然,是掩饰自身的怯懦、无能和自私自利和美丽的幌子,那便是比自己干着吃人勾当更为卑鄙的卑鄙行为,我们今天更应该忏悔。好了,不管昨天怎样,我们今天总算醒了,我们也不讳言我们为自己今天的觉醒而骄傲。

今天我们再不是袖手旁观或装聋作哑的消极的中立者了,今天我们要站出来,做活动于两极之间的积极的中间人。但是所谓中间人并不是等于无原则的和事佬。我们要明是非、辨真伪,要以民主为准绳来做两极之间的公断人。我们除了牢不可破的对民主的信念以外,没有任何成见。也不可能有任何成见。为什么我们不可能有成见呢? 因为我们绝大多数是有党有派中的无党无派,因此我们的党派,在本质上,便带着某种程度的无党无派性。你也可以说,我们是今天各党各派中最富于无党派性的一个党派,或是说,最无党派成见的一个党派。不是说我们昨天还是不问政治的无党派,今天问政治了,才变成有党有派的吗? 我们固然"觉今是而昨非,"但也正因我们一向是不问政治的无党无派,所以今天问起政治来,只有政治的主张,而无党派成见。惟其无党派成见,所以我们愿意不惮烦难的在两极之间做中间人,而不打算排斥任何一个。惟其有政治主张,所以我们不能做无原则性的和事佬,而要在两极之间,做个明是非、辨真伪的公断人。

以上我从无党无派在同盟中的重要性,证明了同盟本质上的中间性。不用说,中间是从两极生出的,两极的存在是中间的存在的先决条件,所以说到同盟的中间性,同时就说明了民主同盟是国共两党的小兄弟。小兄弟年纪轻,不免情急一点,并且"新生之犊不畏虎",自然也就显得火气大而嘴头硬了。但说嘴头硬便是完全因为年纪轻,那也不尽然。我们实在还有一个更正大的理由使自己有恃而无恐。老实说,我们是一个光杆,既没有武力,又没有政权,而我们偏要说话,嘴头再不硬点,还中什么用呢?而且,还要记得,也正因我们是这样一个光杆,我们才可以硬,值得硬啊。谁都知道,我们民主同盟没有武力,也不要武力,所以谈起政治来,我们的脚跟是比任何人都站得稳些的,脚跟站稳了,自然说话也就响亮了。同时因为只是动口不动手,这手也便可以随时伸出来给你看的。

所以,我们的和平的手段又天然的决定了我们公开的态度。手段必需和平,态度必需公开。这里道理讲起来自然多得很,但我们今天无需在此地讲它。我今天要说明的,倒是我们所以要这样做,一半也是由于自己的积习。大家知道,我们多数人是从事教育文化工作的,而和平不正是教育的手段,公开不正是教育的态度吗?如果承认暴力和欺骗正是教育的敌人,那么,我们多数人干了一辈子教育工作,便证明我们的生活记录上不可能有半点使用过暴力和欺骗的污点,而今后我们的政治活动中,也不可能有那一套。老实说,我们就是抱这样一个傻念头来从事政治的,那便是,用教育的手段和教育态度来改造政治,把整个国家社会变成一个学校。我们相信政治本来就应该照我们这样做,不照我们这样做的政治,本来就不应该存在。我们也相信,不应该存在的政治,只要我们决心不许它存在,它早晚就得消灭。除非我们不管,我们管了,一切就必然服从我们。我们对我们的这一套,因为有了科学的认识,所以有着宗教的信心。

我刚才讲同盟的中间性的时候,曾说到中间是从左右两极生出的,更具体的就左右两极与中间发展的程序说,其实是因先有右,而后有左,既有左右,便自然有了中间。用古代哲学家的话,这正是"一生二,二生三"的发展程序。但是从一发展到三便是终结,从四以下以至无尽数,都不过是一或二或三的重复和再重复。近来报上常常把民主同盟、青年党和无党无派的社会贤达总称为第三方面，而这其间的主干显然是民主同盟。这就说明了，民主同盟是最第三性的第三方面，也可以说是中间的中坚。因此我们可以肯定，凡是真正第三性的党派或个人必与我们合作，不与我们合作的必非真第三性，或者只有在与我们合作的期间，一个党派或个人才配称第三性，一旦停止与我们合作便立刻失却它成它的第三性的资格了。反过来也是很明白的，凡是我们愿与之合作的，也必然真是属于第三性的，否则必是由第一或第二性假冒的第三性。

最后，特别要请诸位注意的是，当我们承认自己是第三的时候，我们同时也就承认了第一第二，当我们承认自己是中间的时候，我们同时也就承认了左右两极，因为有第一和第二，才可能有第三，有了左右两极，才可能有中间。换言之，我们必需先承认了别人然后才谈到我们自己。我们是待他而后存的，所以我们不可能是排他的和独占的，我们知道排他和独占就是毁灭我们自己，正如今天任何一个中国的政党，如果是排他和独占的，我们深信，都要归于毁灭一样。因此，我们对于旁人的批评，不管如何严厉，目的总是要成全他，以便与他合作。我们既批评别人，当然也不拒绝别人的批评，但是污蔑毁谤和造谣中伤，我们是不受的。谁要使用这样的手段，谁便犯了排他和独占的嫌疑，而排他和独占是我们坚决反对的。总之，我们的目标是合作，自己与一二两个大党合作，同时也要一与二彼此互相合作。我们民主同盟自身便是一个各党各派与无党无派共同合作的榜样，我们愿把我们内部合作的精神和经验，贡献给全国的各党各派，乃至无党无派，来共同完成和平民主团结的新中国的建设。

我们个人间平时很少有见面的机会，一则因为大家都忙于职务，难得抽身；二则也因为我们这些作为一个政治团体的代表人，明珠不能暗投，纵有机会和诸位个别的见面，也不愿谈到政治。今天承诸位光临，得到和诸位见面的机会，感谢之余，就让我们趁此正式的，公开的向诸位伸出我们这只合作的手吧！请诸位认清：这是只"无缚鸡之力"的书生的手，不可能，也不愿意以威逼人，因此也不受人的威逼，这只"空空如也"穷措大的手，不可能，也不愿意以利诱人，因此也不受人的利诱。你尽可瞧不起它，但是不要怕它，真是，有什么可怕的呢？不信，你闻闻看，这上面可有一丝一毫血腥味儿？这只拿了一辈子粉笔的手，是可以随时张开给你看的。你瞧，这雪白的一把粉笔灰，正是它的象征色。我再说一句，不要怕，这是一只洁白的手啊！然而也不可以太小看了它。更当许许多多这样的手团结起来，它可以团结更多更多的手，无数的拿锄头的手，开马达的手，打算盘的手，拉洋车的手，乃至缝衣煮饭，扫地擦桌子的手……到那时,你自然会惊讶于这只手的神通,因为它终于扭转了历史,创造了奇迹。

　　你说这是空想,是梦话吗? 不,不,一点也不是。假设今天每一个中国人都非入一个政党不可,而这一个党又是可以按各人自己的意愿,毫不受拘束的来选择的,那么大家不妨想想看,在今天三大政党中,绝大多数的中国人会选择那一个? 让我大胆的说一句吧:中国民主同盟! 你说这又是空想,是梦话,如果那个假设真能成立,你的话也许不错,但是那个假设根本就不能成立。我说假设是可以成立的,可以的,因为成立的条件已经具备了。今天客观的情势不是在逼迫着每一个中国人,为他自己生存的条件和生存的权利,不得不加入一个团体来奋斗吗? 而且这逼迫不是正在一天天的加紧吗? 我知道我们自己便是这样逼出来的,而我也相信,照这样下去,是会逼到每一个中国人头上来的。今天逼人者似乎已经下定了决心,逼的机构与计划似乎已经布置得十分充分,所以逼已经是定局了。只看这被逼者投奔的去处,是否有能力收容他们并善用他们的力量。我们中国民主同盟十分明白时代所课与他自己的任务,只是这任务如何完成,一半固然靠我们自身的努力,一半也得靠大家的鼓励和支持,所以我们这只手也是同样向大家伸出的。

七月十日　　彭兰、张世英将离滇回武汉,特来先生家辞行。先生对他们说:"你俩的婚姻,是我促成的,算得是文学与哲学的联姻了,世英要多学点文学,若兰(闻先生觉得她的单名不好叫,就给她起了这个名字)其实也有思想,有哲学头脑,要学点外文,我一向主张学中文的要懂外文。我将来等到那个时候,还是要回到书斋里一心做我的党部,就可以不问政治了,我也不是个闹政治的人。"张世英还回忆说:"'等到那个时候'这半句话是闻先生特别提高了嗓子说的,我们心领神会,知道他的意思是说,等到国民党垮台,共产党夺得政权之时。闻先生特别叮嘱我们:'回武汉后,要赶快北上',还带着暗示的眼光问我们:'你们懂吗?'"(《归途——我的哲学生涯》,第61至62页)

七月十一日　　时,民盟通过朱家璧可以捐到一笔款子,准备为民盟办个刊物,名称未定。先生说:这个报不办起来我就不走。(访问杨明记录,1986.7.17)

　　深夜,有人来告知李公朴被暗杀,生命垂危。

　　这天,西南联大最后一批同学乘车离开昆明,复员北上。未行者仅为待机北返的教职员及留守人员。晚,李公朴与夫人张曼筠为联系募捐场所去找南屏电影院经理,顺便看了场电影。九时四十五分散场,两人走到南屏街,特务便尾追而来。李公朴、张曼筠在青云街下车,至学院坡,李即被特务枪击,后被送入云南大学附属医院。

《民主周刊》报道李公朴被刺经过云："十一日晚七时许,李公朴先生因事,与其夫人张曼筠女士行后外出,八时余应事完毕,同往昆明大戏院观电影,十时余电影毕,在南屏街搭公共汽车回返北门街其寓所,于青云街车[站]下车,李氏与其夫人甫行至青云街以通至大兴街的小巷中,就突闻枪声自后面使来,李夫人尚以为系车胎破裂声,不料即见李氏中弹倒地,呻吟于泥泞中。李夫人情急大呼'捉人呐,枪打人了!'雨潭中行人疏落,未见人来。后闻凶手已被当地岗警捕获,送往三分局,李夫人正单独扶救中,时有云大同学数人经过,见情开始前往协救,以担架立刻送往北门外云大医院救治,时已将近夜十一时。到云大医院,李先生尚神志清明,经医生立刻检查,见伤在腹部,子弹系由腰射入,至右腰穿出,血未外流,伤势异常严重。经注射麻醉针,疼痛未止,此时李先生口吐鲜血满地。医院方面决定立刻施行手术,经过约二十分钟,担架入手术室,开刀检查,腹肠穿通数孔,其中两孔,口径特大,在一方寸以上,形将断绝,在施行手术过程中,又呕吐不止。至午夜一时,手术完毕注射盐水,李先生已昏迷不省人事。后担架至三十四号病房进行输血,并注射盘尼西林,时已今晨(十二日)二时余,至此情况尚佳,不料伤势过重,流血过多,至今晨三时许,李先生即现不支之状,虽经医师不断注射各种救急针水,终于至今晨五时二十分即气绝逝世。逝世时大骂'无耻',并高呼'我为民主而死!'"(《李公朴先生被刺的经过》,《民主周刊》第3卷第18期,1946.7.14)

先生得知后,不顾正在发着高烧,便要起身去医院。高孝贞担心天黑有危险,极力劝阻。先生虽未出门,但在房里走来走去,心焦如焚,一夜没再上床。

关于当时的情况,经历其事的赵沨在《李闻惨案前后的昆明》中说:那个时候,"天天风传有什么黑名单,名字总是李、闻、楚、潘(光旦)等,次序各有不同。"李公朴被刺前不几天,"接到一封匿名信说:'不要来沪,防遭暗算。'"七月十日,"李公朴的家里来了两位不速之客,自称是滇军失业军官,特来投效。李向他们多方解释,民盟反对以武力从事军事斗争,才悻悻而去。这天夜晚,我从李家出来,门前有一位拿着伞,穿着卡机布制服的人便跟着我走到大街,后来,我进了南屏戏院后,才不见他的踪迹。""为了要举行一次独唱会,向南屏借戏院,李公朴先生夫妇替我去交涉,在七点钟时候就出去了。出门的时候,李向他的夫人说:'今天跨出这门,不知还能不能回来。'他们夫妇出去了十五分钟,一个与××团有关系的朋友,气急败坏的跑到李家,一听说已经出去了,她非常着急,只关照李家的人说:'要李先生特别小心!'便又匆匆的去了。九点钟,李公朴夫妇看完了电影从市区回家,看时间还早,便挤上公共汽车,车上人很多,有几个穿黄色卡机布制服的人把李公朴围了起来。车到青云街口,李公朴夫妇下了车,有几个云大同学也下车,那几个穿黄衣服的人也下车了。车站旁是一个上坡的巷,那巷可以通到圆通街口的学院坡,他们便走进这小巷上去。天刚下过一点小雨,那小巷又是人们挑水经过的地方,地上很滑,李扶着他的夫人上坡……那云大的同学看见有两个人也跟着下去了。枪响了,只一声,人们看见两个人向街的两方分头跑去。"当时,"李夫人还不知道呢,是声音太小了。李倒在地下,说'我中弹了',李夫人才大呼救人。那几个云大的同学闻声起来,正撞见那逃去的凶手,市民们喊杀人了,捉住他,七八个人追赶上去,在警察局门口捉住了那个人,警察便把那人带到局里去了。李家离出事的地方不远,到他家,抬了一个帆布床把伤者送到云大医院。有位女同学流着泪向医生下跪,求他快点动手术,伤者这时神智还清醒,经过手术后,只喊腿发麻,有时吐些血出来。子弹从背后进,腹前出。出口比入口大,肠子被打穿了好几处,大概胃里的血管也受了伤,所以时常吐出鲜血来。肠子缝好了,流向了盘尼西林防止发炎,他好像还平静,一点钟的时候,又吐了血,并且激动地大骂'无耻! 无耻!'又张眼问:'几点钟了?'便继续着说:'我为民主而死!'断气了。天一亮,从各方起来了学生和友人们。房前的签名薄,很快便要换一本新的。很多护士都哭了。一个小军官模样的人,交给痛哭着的李夫人一封信。后来,那送信人走了之后,人们把信拆开。原来是一封告密信,大意说:警备司令部的稽查处×××,住在××街××旅馆,他是李案的主凶,又述说了这人一些别的罪状。错字很多,字也写得很坏,倒真像这类人的手笔。十点钟的样子,来了一位警官,向死者行了礼,便退出了。在院子里,他向医生询问了详细的情形,便向周围的人发牢骚说:这年头,无论出了什么事,警察总有责任,无论谁都知道,警察能管谁呢? 这时,满街都已贴了学联的讣告,瞻仰遗容的人越来越多了。中午,包括四十八人民团体的治丧委员会便成立了。很多人送来了挽联、花圈。"(香港《光明报》新 4 号,1946.10.18)

七月十二日　一夜未眠,晨五时赶至云南大学附属医院。李公朴已身亡,先生抚尸痛哭,"一面流泪一面说'这仇是要报的!'""最后愤愤地说:'公朴没有死! 公朴没有死! 公朴永远没有死!'"(《李公朴先生惨遭暗杀》,《学生报》号外,1946.7.12)

从医院出来,即与楚图南、冯素陶等讨论并起草了《中国民主同盟云南省支部发言人为李公朴同志被暴徒暗杀事件之严重抗议》。《严重抗议》云:

中国民主同盟中央执行委员李公朴同志,数月前曾以争取和平民主,在重庆较场口被暴徒辱殴重伤。伤愈出院,休养月余,即来昆处理家务。七月十一日晚八时公朴同志,偕夫人张曼筠女士外出,十时许归至大兴街口,突遭暴徒狙击,枪中腹部,伤势严惩,遂于晨五时二十分不治逝世。本民盟支部认为公朴同志之死,不仅是我们中国民主同盟的巨大损失,亦是全中国人民的损失,为了这一个英勇的民主战士的死去,全国各界,无论知与不知,自当同声痛哭。不过本民盟支部,认为应该特别指出的是:政府虽于政协会议前一再宣称保障自由,保障人权,而各地惨案依然屡次叠出,此次公朴同志之死,实是昆明四烈士,西安王任李敷仁之死,南通孙天平等之死,同一性质。于此可见,以特务恐怖政策摧残人权,破坏民主和平运动,并不惜以最阴险狠毒之手段杀害民主人士,乃是政府一贯的政策,因此对于这一案件,本支部不得不向政府提出左列抗议:

(一)彻查造成本案之直接负责人用凶手,并予以严厉惩处。

(二)对死者家属优予抚恤。

(三)立即实践四项诺言,取消特务组织,维护人权,并保证以后不再发生同类事件。

同时,本支部也正式向全国各界呼吁,请对我们上项的抗议,一致予以有力的声援,并本着李先生的精神,为中国的和平民主,继续奋斗,直至目的达到为止。(《民主周刊》第 3 卷第 18 期,1946.7.14)

又商讨拟定了《李公朴先生被刺的经过》,文中义正词严地指出:"救国何罪?李先生竟因救国而下狱;庆祝政协何罪? 李先生竟因庆祝政协而被殴头破血流!要求民主和平又何罪? 李先生竟因要求民主和平而最后遭此毒手!谁是国家民族的罪人,看李先生的遭遇即知!谁是背叛者,看李先生的最后结果即知!这是反动派向人民进攻的证据!这是反动派不要民主和平的证据! 李公朴先生被反动派特务暗算了,但全中国要求民主和平的人民是杀不完杀不绝的!人民应该牢记着这笔血债,应该为你们自己的战士索还这笔血债!"(《民主周刊》第 3 卷第 18 期,1946.7.14)

时,特务制造谣言,说李公朴是被共产党派来的艾思奇所杀害的。民盟的同志决定发表声明以正视听,但在措词上有不同意见。先生坚决主张点明是国民党杀害的。张子斋在《闻一多颂》中写道:"在讨论声明内容时,发生了不同的意见:闻一多主张应当毫不含糊地在声明中明确指出是国民党特务杀害的,并强烈抗议和严厉斥责这种法西斯暴行,要求严惩凶手,与会的多数人赞成。有的人也承认是国民党特务杀害的,这一点没有疑问,但主张在措词上写得比较笼统些,温和些,以免过份刺激。闻一多和其他一些同志对此显然不满。……我曾参加了这次讨论,对他在白色恐怖下表现出来的原则坚定性有深刻的印象。"(《思想战线》,1979 年第 5 期)

这天,先生没有片刻休息,与同人们开会、拍电报、派人去印刷厂,将抗议书送至警备司令部、组织李公朴治丧委员会等,很忙碌。另外,又派庄霞(卜兴纯)以民主周刊社记者名义去找各社会贤达收集对李公朴被刺事件的反映。(据庄霞《忆闻一多先生二三事》,《昆明师院学报》1981年第2期)

此时,社会上已传出第二个暗杀目标即是先生,有个女特务也假充疯子上门威胁。这个披头散发的女人三番五次到家里来,一手拿着本圣经,一手点点划划说:"闻一多,还不快忏悔,你的'多'字是两个'夕'字,你命在旦夕了。"闻名对前来探望的记者说,先生被刺前,这个约四十左右身材瘦长的女疯子到家里来了三次。"她一忽说她是基督的布道者,一忽说她是共产党,头一次她一进门,就问我找姓闻的在不在? 我答应她姓闻的不在这里。因为费孝通先生前几日就告诉我们有这样一个怪女人,但是她不肯走,随后就让她坐下来。她拿出一本圣经给老大(指闻立鹤)说:上面有'易多'两字,她拿带着的□算了算说:'多是两个夕字,夕是太阳快落山了。'过了几天,她第二次又来,老大骗她闻先生已经走了,她说'真可惜!'交了一封信给老大,信上说到:'我们要信仰集中,力量集中,意志集中,才能有和平,如果听我的话,世界三天就和平。'以后又由邮局寄来一封欠资信,是给费、闻两先生的,大意和前一封信差不多。过了两三天,她第三次又来了,孩子们害怕,就把门关起来,她在门口骂,说闻先生不来见她,又说了一阵'意志集中……'一类的话。后来又到过潘光旦先生家里三次,在十二号去的那次,并拿出一封给潘、闻两先生的信,这封信上有这样的话:'闻一多这老糊涂,他一家都神头神脑,关起门做鬼事,更不敢见人。须知我张柴静(按系怪女人自称的名氏)一宣传其字,是光明磊落,仁爱为怀的共产党,岂像你这些无价值的西装杂种,斯文盗贼,只会做磨下的蛆,我敢说钻死也不成功,你听好老娘行给你看,等你老娘成功,把你这些儒教蠹虫,连书烧掉……谁不知中国两党太□疯组织,不好意思见我又好意思见外国人吗? 可见中国被你们这些卖国贼,弄得连生路都没有了。这□唱是人民的喉舌,人民再给你这些臭喉烂舌,只写些搪不掉风,挡不掉的雨的□文,于人民的痛苦一点也解不掉……你若知悔,速将你们的志士约齐,听你老娘教导你们听,只要连合好,三天就可天下为公,你们瞎了鬼眼,新旧约上完全指导你们,都看不见,三字经千字文中庸,任着一本也有明显的和平法,都瞎得那样净。只看见钞票,可口的东西。任你怎样的鬼,在老娘面前逃不掉,你不悔,我断你是夕夕。''我把你这些该死的奴才,李公朴是你们杀的,他既是好人反连保障都没有,就见你这些臭嘴老哇,自身已是漆黑,……岂止死一个李公朴,我不是早告诉你们,有很严重的惨杀在不多的一日要发现……'(按以上是节录原信,错字依旧未改)在十四日那天,这女人在路上碰到老大,又给了一封信,说我知道你们明天(按指十五日,即闻一多同志被刺之日)在府甬道十四号民主周刊社招待记者,如不听我的话,我就在那时结束你的性命! 闻先生十五日被暗杀以后,这女人立刻就出现在闻先生的血迹旁讲演,惨案后一二日,又到我们同院的两家去质问说:'你们这些不是抬丧人吗?'因为这两家曾借了我们帆布床,和帮了一点忙。那天她带了一百个徽章向大家问:'你们要不要? 要的给你们,带了保你们没有事。'但一个都没有要,她跟某太太说:'等二十四号听你的答复。'以后就没有再来了。"(李漫《闻太太及闻小姐谈闻一多同志被刺前后》,《民主周刊》第 3 卷第 19 期,1946.8.2)

七月十三日　为李公朴被刺事件题字:"斗士的血是不会白流的。反动派! 你看见一个倒了,可也看得见千百个继起的人!"(《民主周刊》第 3 卷第 19 期封面压题)

夜,一朋友来告,说云南警备司令霍揆章已奉南京密令,决定首批暗杀名单有四人,逮捕十余人,均为民盟负责人,嘱先生少出门。这个朋友,可能是欧小牧。欧小牧在《我和闻一多先生》中写到:"李公朴先生成仁后,闻将继续不利于先生,曾于十三日夜十时,往叩宿舍大门,求见先生,立鹤看见是我,打开门请进去。先生甫就寝,自帐中伸首延坐,夫人坐在对面,我陈述了消息来源之可靠,劝先生小心出入,先生频频称谢。我不再停留,立即退出。"(《新华日报》,1946.9.8)关于消息来源,欧小牧后来补充说:"我偶到大东门珠玑街口一家杂货铺里访友,友人对我说:'刚才有个人来买包香烟,看样子象个特务。他夸口说,一两天内就要下手闻一多!'我听罢,匆匆乘车回到西仓坡,要把消息告诉闻先生。此时宿舍铁大门已关,敲了一阵,立鹤披衣出来,看见是我,就把门打开,把我引到先生床前。先生披衣坐起,叫我坐,我不坐,急急对先生转说了这个消息,并再三嘱咐请先生这几天内千万切勿外出,以防意外,先生频频点头,连声说谢谢。"(欧小牧《生死情——闻一多先生被刺四十周年祭》,《欧小牧文集》第 1 卷,第 441 页)

是日下午,中苏文协昆明分会被查封,扣留了寄居于此的赵沨。夜,赵沨乘看管不严脱身,先生接他来自己家中暂住避风。赵沨在《回忆闻一多先生殉难前二三事》中说:"闻先生命令式地让我住到他家,并且关切地对我说:'我们吃什么你就吃什么,但我知道你这个河南人,就给你煮挂面吧!'当时,楚老、闻一多先生和我天天在民主周刊社碰头,我住在闻一多先生家里的那个晚上,他曾经对我说:'我想晚点儿回北方去,一方面是为了我和你们安排好昆明的工作,另一方面,因为我有一年的休假,我想借此机会,从北平秘密地到解放区去,那怕是去看一看再回来。'这时,我向他叙说了我离开重庆时,周总理对我的训导:'大家都想到解放区的心情我是理解的,因为那是我们大家的老家嘛! 但是,现在国统区革命形势虽然处于低潮,但总有一天国统区的革命高潮也会来到,到那时候,谁来做国统区的工作呢?'我记得闻先生沉默了许久,我考虑了一下,坦率地对他说:'据我知道,在你的学生们中间,就有地下党的组织,这一点,我深信你早已经觉察到了,青年人都需要你,何况你到了北方,你一定会有机会见到胡公(这是我们当时对周恩来同志的称呼),你有什么话都可以向他说啊。'这时闻先生高兴地笑迷着眼睛说:'你这一说我可以放心了。'"(《闻一多纪念文集》,第187页)

时,中苏文协昆明分会干事金若年也无处安身,先生让他和立鹤挤在一起睡。刚睡下,便听见潘光旦夫人赵三姊喊:"大弟,大弟,我家后窗有人!"金若年与立鹤赶紧出去,但未见人,(据访问金若年记录,1986.7.5)可见空气之紧张。

七月十四日 早晨,潘大逵来先生家,专告特务有黑名单事。未遇,潘又到民主周刊社,方找到先生,对先生说特务已确定首批暗杀四人黑名单上确有先生,并对其他友人叮嘱少开会,勿刺激,须持镇静。先生听了亦以为然。(据访问潘大逵记录,1986.12.29)

这些天,形势日益严峻,家人与朋友都不免为先生担心。但先生仍很沉着。高真《一多牺牲前后纪实》:"李先生被暗杀后,昆明城里风声鹤唳,人心惶惶。传说黑名单上第二号便是闻一多。许多人都为一多担心。早在去年'一二·一'惨案时,特务就扬言要以四十万元收买一多的人头,近来,这类流言更加猖獗。近日楼、大东门、云大围墙等处还经常出现许多反动壁报,对一多进行攻击诬蔑,叫他'闻一多夫',说他是'共产党的尾巴',说他'组织暗杀公司'等等。不少同志都劝一多不要外出。有的好心朋友,还拿来一套西装,劝他化妆躲避。但他毫无惧色地说:'死,并不可怕。'他怀着满腔悲愤,比往常工作得更紧张。那些天,他从早到晚在外面奔走,就是在回家来吃饭时,也很少说几句话。孩子们也感到了形势的严重,比平日沉默得多了。李先生被暗杀,使民主力量受到很大的打击,活动遇到了严重困难。民主周刊社这个进步力量活动的据点,也没有人敢去了。周刊社有的青年眼看工作就要被摧垮,不知怎么办好,来找一多。一多十分镇定地说:'我去,不要紧,我去坐着!'后来,据杨明同志说,一多平日一进门,总把手杖挂起来,今天一进去,就挂着手杖坐着,心里当然明白处境的危险,但很镇静。外面心神不定,来看风声的人,一看见他坐在那里,那么沉着,也都镇定下来。别的本来是在外面偷看的人,也进来了。局面才逐渐稳定下来。《民主周刊》本来已经出不成了,有的同志也不想出了。可是,他坚持一定要出,他说:'不能向敌人示弱!难道李先生一死,工作就停顿了?!'印刷厂已经不让印了,他冒着生命危险,亲自和同志们一起到处借铅字,终于又坚持出了一期。《学生报》也克服了重重困难,及时编出了'李公朴先生死难专号',一多亲自写了报头,还写了题词:'反动派!你看见一个倒下去,可也看得见千百个继起的人!'……由于学校正在复员,西南联大西仓坡教职员宿舍里一片杂乱,家家户户都在忙着收拾东西。拿不了的东西就摆地摊廉价出卖。那些日子,在大西门外,沿马路两边都摆了一溜小地摊。教授家卖东西,是个新鲜事,很吸引了一些人。有些会做生意的小商小贩,索性挑着担子到宿舍里来收买。因此,院子里成天不断闲杂人,出出进进,各式人都有,其中也有不少特务趁机混了进来。常常有人问院里的孩子:'闻一多啥个样子?''闻一多穿那样衣裳? 穿西装还是穿中装?''闻一多可有胡子?'有一回,一个歪戴帽子,满脸横肉的人竟挑着挑子一直往屋里闯。连日来,这一连串的刺激,无限的担忧、紧张,使我的心脏病更加厉害了。仿佛一块千斤重的大石头整天压在胸口,透不过气来。一多每天在外面忙碌,他已经完全顾不上我了。我见他吃不下饭,睡不好觉,加上未痊愈的重感冒,体力已经有些不支了,但还是像一团烈火,熊熊地燃烧着。我忍不住向他恳求道:'你不要再往外面跑了,万一出了什么事,这么一大家人,我的身体又是这个样子,可怎么好啊!'他沉默了一会,慢慢地说:'现在好比是一只船,在大海里遇到了狂风恶浪,越在这种时候,越要把住舵,才能转危为安。'室内很静,孩子们都睡了,他的声音不大,但是那么有力。……十四日晚饭后,我心里实在憋得难受,便来到潘太太家坐坐。潘太太是一多老同学潘光旦先生的夫人,热情,善于体贴人。她见我的憔悴样子,很着急,又不知如何是好。正在这时,一多来找我了。他还是老毛病,回家来要是见不到我,就没着没落的,总要把我找到心里才踏实。就是工作时,也总喜欢我在旁边坐着。潘太太一见他,赶忙说道:'瞧瞧你太太,成了什么样子了? 明天开会,你不要去了吧!'她说得那么恳切,眼中充满了焦虑。一多告诉过我,明天要召开报告李先生死难经过的大会,进一步揭露国民党反动派的法西斯面目。此刻他没有说什么,只是沉默着,从他的脸上可以看出,他早已做好了'前脚跨出大门,后脚就不准备再跨进大门'的准备。我像预感到了什么似的,一颗心像被抛进了沉沉的深渊,上不着天,下不着地……"(《闻一多纪念文集》,第 379 至 383 页)

这时,先生将生死置之度外。先生殉难一周年时,张奚若写了《一多先生死难一周年纪念》,文中说:"在你的朋友中,谁能像你将服膺半生的自由思想和道德观念,在一旦觉悟之后,认为只是某一阶级的偏见而并非永恒的真理,弃之惟恐不尽,攻之惟恐不力! 谁能像你将'人民'看作国家的真正主人翁、社会的主体,将自己的生命完全献给它,而不把它当作仅仅是供给大人先生们生存需要的一种工具或学者政客们鹦鹉式的口头禅! 谁能像你,在这人民解放的历史过程中,勇敢地向解放军的急先锋青年们虚心学习,而不坠入'年长就是道高'的错误观念! 谁能像你绝对地鄙视那'明哲保身'哲学而将'威武不能屈'的精神发挥到顶点,为民族增光,为懦夫添耻! 假如你没有死,你今日是否还能耐心地守着原有的岗位? 假如你要离开原有

的岗位,除过更向前,还有别的方向吗?"(清华周刊社编《闻一多先生死难周年纪念特刊》,第49页)

是日上午十时,民盟中央常务委员会召开临时紧急会议,讨论李公朴被暗杀后之应付方法及其治丧事务等,当即决议:"(一)民盟致电蒋主席请政府对李公朴被刺案严惩凶手,彻底查究本案政治背景并保障人民身体之自由;(二)民盟致电云南省政府请就近严查本案政治背景,并严惩凶手;(三)民盟对李公朴之死难,除在全国各地发起大规模之追悼会外,并举行公葬;(四)电嘱云南省民盟支部负责办理李公朴殓事,并妥为照料死者家属;(五)用民盟中央常会名义致电李公朴家属表示哀悼;(六)推定三十人组织李公朴先生治丧委员会,并推定沈钧儒为主任委员,筹备李公朴公葬及追悼事宜。"李公朴治丧委员会委员为先生与张澜、张君劢、沈钧儒、黄炎培、张东荪、张申府、章伯钧、梁漱溟、罗隆基、潘光旦、潘大逵、楚图南、费孝通、刘王立明、史良、范朴斋、马哲民、周新民、吴晗、李章达、邱哲、沈志远、周鲸文、杜斌承、陶行知、邓初民,办公地点设在上海愚园路愚园新村对面的沪江女子中学三十一号。(《民盟昨开会决定追悼李公朴,推定张澜等三十人为治丧委员》,《文汇报》,1946.7.15)

七月十五日 一大早,又有朋友来报信,说黑名单的事绝对可靠,请先生千万小心。先生说:"事已至此,我不出去,什么事都不能进行,怎么对得起死者。假如因为反动派的一枪,就都畏缩不前,放下民主工作,以后谁还愿意参加民主运动,谁还信赖为民主工作的人?"(高真《一多牺牲前后纪实》,《闻一多纪念文集》,第383页)

当时,中共地下党也派人通知先生注意隐蔽。闻立雕说:"就在这个当口,昆明市学联主席吴显钺受中共地下省工委书记郑伯克的特别指派,前来转达党的意见,要父亲立即转移、隐蔽。父亲与吴显钺常有接触,但不知道他是地下党员,误以为他此刻前来仅仅是出于学生对老师的关心,吴显钺则受组织纪律的约束也不便亮出自己真实身份,结果父亲仅仅对吴的好意表示了深深的感谢,但是,拒绝隐蔽、转移。他说:'我们很多人都溃退了,我不能像他们一样,我要坚持战斗。'郑伯克听了吴的汇报,一时也无可奈何,只好叮嘱云南大学的党支部和在民盟工作的党员多多关注父亲的安全,防止发生意外。"(闻立雕《红烛:我的父亲闻一多》,第282页)

是日 昆明《学生报》出版纪念李公朴遇难特刊,刊头"学生报纪念李公朴先生遇难特刊"为先生题写。

同日 昆明学生联合会在云南大学至公堂举行李公朴殉难经过报告会。这时社会上风声鹤唳,谣言四起,大家请求先生不要外出,注意安全。先生认为这个会不能不参加,以只出席不讲话为条件,得到同仁们的同意。为了安全起见,杨明派弟弟杨昭(杨希孟)去西仓坡宿舍接先生到会场。杨昭在《真的猛士》中回忆道："我看清联大宿舍周围没有什么可疑的人,才走进闻先生家。先生早就准备好了,穿一身洗得灰白的长衫,见到我,便从书桌前站了起来,提起拐杖说:'咱们走吧。'我先出了门,只见刚刚还是空无一人的对面墙角下,站着一个穿西装、戴礼帽的大汉。西仓坡口上,也出现了一个瘦猴脸、穿美式夹克的家伙,这些阴险狡猾的狗特务!我气愤地转过身来,想劝先生不要去了。可先生早已看见了特务,也早就抱定了跨出了门就不准备再跨回来的决心。……先生鄙夷地扫了特务一眼,拐杖在地上用力一顿:'走!'说着,便昂着头,大步跨出了家门。我紧紧走在先生身旁,只见那个瘦猴脸的家伙迎面走来,穿西装的大汉向他呶呶嘴,他便转身在我们前面向云大走去。穿西装的大汉在我们后面二十多米跟着。先生坦然地和我谈着话,告诉我下午他还要主持记者招待会,明天还要参加李先生的火葬仪式。在特务的枪口下,先生竟是如此从容、镇定,深深地感染了我。西仓坡是一条狭窄僻静的小巷。走到这里,先生突然轻声地、但却是不容置疑地对我说:'你离我远一点,不要和我并排。'这是敌人最可能开枪的一段路,先生这是不愿让我一个青年和他同遭毒手啊!我怎么能离开先生呢?可我一想,前面那个特务快出西仓坡了,下面就是行人较多的翠湖北路,况且要开枪他还得转身。所以他开枪的可能不大,最有可能的是后边这个特务,我往后一截,既能把他往后压远一些,又能挡住他开枪的视线,倘若他敢超越我扑向先生,我就可以把他抱住,让先生跑进两边的人家。先生见我不再固执,转过身看了我一眼,目光是那么慈祥,我的鼻子陡然一阵发酸,为了革命,为了青年,先生您是多么勇敢无畏啊!果然,穿西服的特务被我压在后面,我们很快走到了翠湖北路,行人时来时往,特务无法下手。走到云大门口,前面的特务便先进去了,可见敌人早有部署,知道了闻先生的动向。"(《云南盟讯》,1981年第7、8期合刊)

走进会场,先生坐在台下前面的凳子上。特务混在人群中。开会了,李夫人张曼筠声泪俱下地报告了李公朴被刺的感受。《张曼筠女士讲李公朴同志死的观感》记录张曼筠发言:"想不到李先生头一次还站在此地与诸位讲话,现在却永别了。李先生被暗杀的经过,大家已经知道了。不知道的请问问知道的。现在我要讲的,是李先生对于死的观感。死,他死前就准备好了。他生前常说:'我们要参加民主斗争,就必须准备有死的精神,否则就不能坚持下去。'这次他从重庆回来,他说较场口被打,不算一回事,像马寅初这样的老先生,都在重庆准备好了一口棺材,随时准备死,我们壮年人,还怕什么死!他在死前,就知道随时可以死。他出街时和我说:'我今天跨出了这道门,不知道能否跨进来。'所以他早就有这种预感了。他问过我:'假若我死了,你怎么打算?'我虽没有说,但在我心里早已打算好了。我决定踏着他的血迹继续奋斗。他的精神不死,有这么多青年追随着他,……他常常鼓励我,帮助我,尤其是对妇女工作。他是我的好丈夫,我的好朋友。他虽死,但他的精神没有死,他虽没有了生命,但刽子手却没有了人性!我不能讲了,谢谢各位。"

(《张曼筠女士讲李公朴同志对死的观感》,《民主周刊》第 3 卷第 19 期,1946.8.2)

这次会本来是请张曼筠报告李公朴殉难经过,但她悲痛欲绝讲不下去,会场一时静默无声,报告会主持者有些措手不及。这时,先生走上台,把张曼筠搀了下来,随之即席作了著名的最后一次讲演。《闻一多同志不朽的遗言》:

这几天,大家晓得,在昆明出现了历史上最卑劣、最无耻的事情!李先生究竟犯了什么罪?竟遭此毒手,他只不过用笔写写文章,用嘴说说话,而他所写的,所说的,都无非是一个没有失掉良心的中国人的话!大家都有一只笔有一张嘴,有什么理由拿出来讲啊!有事实拿出来说啊!为什么要打要杀,而且又不敢光明正大的来打来杀,而偷偷摸摸的来暗杀!(鼓掌)这成什么话?(鼓掌)

今天,这里有没有特务!你站出来,是好汉的站出来!你出来讲!凭什么要杀死李先生?(厉声,热烈的鼓掌)杀死了人,又不敢承认,还要污蔑人,说什么"桃色案件",说什么"共产党杀共产党",无耻啊!无耻啊!(热烈的鼓掌)这是某集团的无耻,恰是李先生的光荣!李先生在昆明被暗杀,是李先生留给昆明的光荣!也是昆明人的光荣!

去年"一二·一"昆明青年学生为了反对内战,遭受屠杀,那算是年青的一代,献出了他们的血,献出了他们最宝贵的生命!现在李先生为了争取民主和平,而遭受了反动派的暗杀,我们骄傲一点说,这算是像我这样大年纪的一代,我们的老战友,献出了最宝贵的生命。这两桩事发生在昆明,这算是昆明无限的光荣!(热烈的鼓掌)

反动派暗杀李先生的消息传出后,大家听了都摇头,我心里想,这些无耻的东西,不知他们是怎么想法?他们的心理是什么状态?他们的心是怎么长的?其实很简单,他们这样疯狂的来制造恐怖,正是他们自己在慌啊!在害怕啊!所以他们制造恐怖,其实是他们自己在恐怖啊!特务们,你们想想,你们还有几天,你们完了,快完了!你们以为打伤几个,杀死几个,就可以了事,就可以把人民吓倒了吗?其实广大的人民是打不尽的,杀不完的,要是这样可以的话,世界上早没有人了。你们杀死了一个李公朴,会有千百万个李公朴站起来!你们将失去千百万的人民!你们看着我们人少,没有力量。告诉你们,我们的力量大得很!多得很!看今天来的这些人,都是我们的人,都是我们的力量!此外还有广大的市民!我们有这个信心:人民的力量是要胜利的,真理是永远存在的。历史上没有一个反人民的势力不被人民毁灭的！希特勒，莫索里尼不都在人民之前倒下去了吗？翻开历史看看，你还站的住几天！你完了，快完了！我们的光明就要出现了。我们看，光明就在我们的眼前，而现在正是黎明之前那个最黑暗的时候。我们有力量打破这个黑暗，争到光明！我们的光明，就是反动派的末日！（热烈的鼓掌）

反动派故意挑拨美苏的矛盾，想利用这矛盾来打内战，任你们怎么样挑拨，怎么样离间，美苏不一定打呀！现在四外长会议已经圆满闭幕了。这不是说美苏间已没有矛盾，但是可以让步，可以妥协，事情是曲折的，不是直线的。我们的新闻被封锁着，不知道美苏的开明舆论如何抬头，我们也看不见广大的美国人民的那种新的力量，在日渐增涨。但是，事实的反映，我们可以看出。

第一，现在司徒雷登出任美驻华大使，司徒雷登是中国人民的朋友，是教育家，他生长在中国，受的美国教育。他住在中国的时间比住在美国的时间长，他就如一个中国的留美生一样，从前在北平时，也常见面。他是一位和蔼可亲的学者，是真正知道中国人民的要求的，这不是说司徒雷登有三头六臂，能替中国人民解决一切，而是说美国人民的舆论抬头，美国才有这转变。

其次，反动派干得太不像样了，在四外长会议上，才不要中国做二十一国和平会议的召集人，这就是做点脸色给你看看，这也就说明美国的支持是有限度的。人民的忍耐和国际的忍耐也是有限度的。

李先生的血，不会白流的。李先生赔上了这条性命，我们要换来一个代价。"一二·一"四烈士倒下了，年青的战士们的血，换来了政治协商会议的召开；现在李先生倒下了，他的血要换取政协会议的重开！（热烈的鼓掌）我们有这个信心！（鼓掌）

"一二·一"是昆明的光荣，是云南人民的光荣，云南有光荣的历史，远的如护国，这不用说了。近的如"一二·一"，都是属于云南人民的，我们要发扬云南光荣的历史！

反动派挑拨离间，卑鄙无耻，你们看见联大走了，学生放暑假了，便以为我们没有力量了吗？特务们！你们错了！你们看看今天到会的一千多青年，又握起手来了，我们昆明的青年决不会让你们这样横干下去的！

历史赋予昆明的任务是争取民主和平，我们昆明的青年必须完成这任务！

我们不怕死，我们有牺牲的精神，我们随时像李先生一样，前脚跨出大门，后

脚就不准备再跨进大门！（长时间热烈的鼓掌）①（《闻一多同志不朽的遗言》,《民主周刊》第3卷第19期,1946.8.2)

先生的演讲赢得热烈掌声。不久前加入中央通讯社昆明分社的记者丁燕石参加了这次报告会,他回忆说:当时到会者有千人以上,先生讲演毕,过了片刻,"台下群众这才回过神来,起立报以热烈的掌声,久久不息"。他还说:"这是我记者经历中一次难忘的经验,时隔半个多世纪,迄今回想,犹现眼前。"（丁燕石《闻一多遇刺前后》,台湾《传记文学》2003年11月号)

报告会结束后,陪伴先生到云南大学大门的赵沨目睹了这样一幕:"一群特务在云大大门外向他怒目而视,护送他的高先生向他望了望,他若无其事的提着手杖向前去着。他看看高,便问:'怕么?'高摇头,他却仰着头哈哈大声笑起来了。"（赵沨《闻一多先生底回忆》,香港《光明报》新4号,1946.10.18)

先生是在一些学生护送下离开云南大学的。回到家里,休息了一会,又与楚图南一起到府甬道十四号民主周刊社,主持记者招待会。在招待会上,先生对记者说:"我们对国民党决不是毫无原则的一贯地反对的,当孙中山先生在世时,我们都对国民党怀抱着极大的希望,孙中山先生逝世后的遗像,就是我学习试画的。"（赵铭《闻一多先生死难详记》,《人民英烈》,第24页) 又有人问到街头有标语说李公朴是被艾思奇派人杀害的,民盟对此有何观感。先生回答:"杀了人还污蔑人,加罪给人甚至说是'桃色事件',实在是令人啼笑皆非。"（《闻一多先生被刺经过》传单,中国革命博物馆藏)

记者招待会结束之前,闻立鹤来接先生。会后,先生又与楚图南、尚钺等人谈了一会话。为了防止特务行凶将几位民盟云南省支部负责人一起暗杀,大家分头走出民主周刊社。先生等到楚图南走出去五六分钟,才与闻立鹤一同出来向西仓坡宿舍走去。

快到家门了,突然暗伏的特务从角落中露出来,开枪向先生射击。先生头部中弹,倒地身亡。闻立鹤奋不顾身扑在父亲身上掩护,被射来的子弹打到一边。

闻立鹤在《爸爸遇刺纪详》中记述:

七月十一日晚,李公朴伯伯于偕李伯母观戏回家的途中,突被国民党特务暗杀,次晨因伤重不治,在痛骂特务无耻卑鄙之后,永远离开我们了。

---

① 这次讲演记录,最早以油印传单形式散发。一九四六年七月二十一日出版的昆明《学生报》,在《无耻啊! 无耻啊! 他们在慌啊,在恐慌啊!》标题下,第一次把这次讲演印成铅字。油印传单与铅字件出自同一记录,记录者是受昆明学联委派担任现场记录的云南大学余丹同学。《闻一多全集》中的《最后一次的讲演》,基本与其相同,仅略有改动。这里选录的是八月二日昆明《民主周刊》第三卷第十九期刊登的演讲记录,文字较前两者略有补充,是由《民主周刊》主编唐登岷编辑的。

消息是当夜一点钟以后才传到我家,那时父亲正在病中,得知这消息,大为震怒,一骨碌从床上跳起来,不顾三十八度的高热,拿了手杖就要往云大医院去,妈妈和两个报信的同学急忙拉住他说:"太晚了,街上没甚么人,您又病着,出去也许有什么意外,等黎明再去好了。"几个人死死的拉了半天,才作罢,只是再也不能睡着了;这一整夜都有同学来报告消息,楚(图南)先生、潘(光旦)先生、尚(钺)先生也知道这事了,一座昆明城顿时为恐怖笼罩。

次晨五时左右,父亲就赶到医院去,这时,楚先生、尚先生他们都已赶到,迟了,公朴伯伯已在四点钟左右死了。李伯母抚尸痛哭,李伯伯生前好友围在床前,默默的祷告。父亲流着泪,凝视远方,一字一字的说:"公朴没有死,公朴没有死!"几位同学看见他太激动,把他扶在一个椅子上坐下。父亲哽咽着吩咐几位女同学安慰李伯母,自己和楚先生他们匆匆赶到周刊社召开紧急会议,决定即刻拍电报,拟抗议书,派人到印刷厂,将民盟滇支部正式抗议书送达警备总司令部,并筹组李公朴治丧委员会。同时学联快报和号外在七点钟左右便出来,全市为之震撼。

接着街上谣言纷纷,风传第二号是闻一多,人心惶惶,不可终日。朋友们都劝父亲少出来,以免意外,都说政府已决心蛮干了,可是父亲说:"李先生为民主可以殉身,我们不出来何以慰死者?"还是亲自奔走,终日往返于周刊社和西仓坡之间,商讨公朴先生火葬的事宜。可是外面风声太紧了,谣言遍街,特务已集中西门一带,他才答应晚上不出来。

为防范未然,西仓坡教员宿舍开始门禁,晚六时以后,父亲便不见生客了。

大批特务装成各式各样的人,想混进去,于是门房一次次的通话,一会来说"有个老太婆要见闻先生",一会又来说"一个戴呢帽的青年要见闻先生",整个院子弄得风声鹤唳,幸好门禁很严,求见的特务虽然很多,总算给挡住了。

深夜,一个盟员跑来说是一个青年团某人传出消息,南京密令昆明警备部、宪兵十三团等机关,说:"中共蓄意叛乱,民盟甘心从乱,际此紧急时期,对于该等奸党分子于必要时得便宜处置。"霍揆彰奉令后,召集有关机关开会讨论,有人提议开始捕杀,经该会通过首批暗杀名单四人,又逮捕名单十数人,均为民盟负责人及民主刊物负责人。这位朋友告诉父亲少出来,说完匆匆走了。

母亲的心脏病又发了,我们也很紧张,可是爸爸还是工作。

经过几天的奔走筹备,民盟滇支部决定有两件事要赶快做。

第一,马上招待记者,向各界报告事实真象,揭穿反动派的阴谋;第二,决定十六日午举行李公朴先生火葬,并积极展开募款工作。

十五日一大早,那位前晚来报信的朋友又慌忙跑来,说是他得到的消息绝对正确,要父亲千万小心,父亲微笑道:"事已至此,我不出,则诸事停顿,何以慰死者。"九点左右父亲差我去楚先生那里送个信,之后又传个信给冯(素陶)先生,所以那天早上到十一点左右我才回来,发现父亲已不在了。十二点,父亲疲倦地回来,见着我,悄悄地说:"我去云大演讲了。"我一怔,马上问道:"怎么不告诉我?"父亲笑了:"怕你嘴不稳告诉妈。"我也笑了:"爸真好!"随即问道:"会上情形怎样?""很好,人到的很多,特务被我痛骂了一顿。""没发生什么事吗?""没有,但是特务真多,是同学把我送回来的。今天下午要招待记者,我稍睡一下,到一点半叫我。"爸睡后,我不知为什么有一种极不安的预感,独自个往周刊社去了好几次,又到文林街钱局街四处看看才回来。

一点半爸爸自己醒了,楚伯伯也赶到,他们喝了一点茶就准备出发。我很不放心,便护送他们一直到周刊社门口。我问爸爸什么时候散,他叫我四五点时候来接他,我便匆匆的回西仓坡。

回到家里,母亲面无人色的问我爸上那儿去了,当我告诉他就在周刊社时她才稍为放心。她这几天就像失掉了魂的人一样,我一面安慰她,一面注意时间。

三点半,我在家实在等不住了,就向府甬道走去,到周刊门口,知道还没有散,焦急的在街上踱来踱去,看见很多歪戴呢帽的人三三两两散在街上,知道是些特务,但我只疑心他们是来监视所谓"民盟暴动"的,同时不住的想"爸名气这么大,他们一时不敢下手,杀死李先生已使他们下不得台了,那还敢再惹祸呢",也就不去在意,只是自己多加警惕好了。可是随即猛然想起那个特务化身的女疯子给我的恐吓信,又不禁有点发毛。这信我还不曾给爸看,因为他不会在意这个的,这只使他多分心而已。一时各种奇怪的念头都涌进了我的脑子,就越不可能安静下来。五点了,爸和楚先生先后走出来,楚先生匆匆先回去了,我心里松了一半,以为这一天可以平安的度过去,随手买了一份《复兴晚报》,爸便慢慢的伴着我向西仓坡走去。这时府甬道至西仓坡的途中是死一般的静寂,行至离家十多步的样子,忽然枪声大作,爸爸已经倒在地上了,我下意识的急忙扑上去,伏在爸爸身上,想用我的身体遮住爸爸,可是枪弹连珠似的向我们打来,我连忙大喊:"凶手杀人了,救命!"我想喊喊凶手就会逃走,可是四周比死还要静寂,我忽然感到全身无力,由爸爸身上滚下来,一直滚到离他五六尺以外的地方。爸爸满身统是枪眼,血像泉水一样喷出来,面色苍白,嘴唇微动一下,手杖、鞋子和眼镜统都打掉了,这时我才发现自己也受伤了,并且知道右腿已经断了。我不顾一切的大喊,希望宿舍里有人出来,接着又匍在地下装死,同时注意凶手的样子,几个彪形大汉一排的站在离我们二三十尺远的地方,正在继续向我们射击。两分钟后,他们扬长的去了。我又挣扎着坐起来,胸口上三个枪眼涌出大股的血来,我努力想爬起来上坡去救护爸爸,可是毫无办法,因为右腿已经断了,左腿也中了一弹,血湿透了我的上衣。再看爸,正愤怒地倒在血泊里,面色已变黑了,爸是好汉,哼都不哼一声。

再过三分钟,大门开了,妈、赵妈、大小妹齐奔出来,看见这个样子都嚎啕痛哭,妈跑过去抱住爸的头,一股鲜血染红了她全身,她昏过去了。两个妹妹呜咽的啜泣,但都不知所措了。阿庄①跑出来连忙叫洋车,俞[余]师②弄了担架来,于是妈、大小妹、赵妈拉了几个担夫把爸抬上担架,阿庄把我弄上洋车,我们便往云大医院去了。一路上围观的人非常多,可是谁也不敢帮忙,云大同学此时也尚未得到消息,所以感到人手奇乏。

爸爸终竟死了,为了民主,为了正义,却遭反动派害死了,我要向社会控诉,这不公平呀!(清华周刊社编《闻一多先生死难周年纪念特刊》,第10至12页)

先生被刺后,听到枪声跑出来的是妻子高孝贞和闻名、闻翱及赵妈、庄任秋,他们见到先生和闻立鹤躺在地上,立刻设法送往医院,当时的情形十分凄惨。高真《一多牺牲前后纪实》:

五点多,突然响起了一阵枪声,枪声就在近处,我的心顿时像碎了一样,意识到最担心的事情发生了,拼命往大门口奔去,老赵妈、大妹、小妹也都跑出来了。这时,门房面无人色地迎面跑来,说:"好像是我们院子里的人……"我心里全明白了。两条腿忽然像棉花一样,支撑不住,我使尽全身的力量,跌跌撞撞冲出了大门。果真,一多父子横一个、竖一个倒在血泊中,西仓坡上空无一人。我抢上去抱住一多,鲜血立刻染红了我的全身。他面色苍白,大股大股的鲜血还在不断涌流,鲜血中还合着白色的脑浆。他双目紧闭,嘴唇微微张了一下,我抱着他的头,拼命呼唤他,但他的面色已经逐渐发黑,嘴唇也渐渐变乌了。我又强挣扎着往立鹤那边看去,他满身鲜血,瞪着两只充满仇恨的大眼睛。我只觉得眼前一片眩晕,什么也看不见了。隐约听见大妹、小妹在哭嚎:"爸呀!爸呀!大哥!大哥呀!"还有老赵妈的哀哭声:"先生啊!大弟啊!"……我失去了知觉。……孩子们的哭声又把我惊醒了,我看见四周已围上了一群人,有宿舍里的人,有路过的人。孩子们和老赵妈,还有暑期里住在我们家的立雕的同学小庄,正在拼命往起抬一多和立鹤。刚抬起一点,忽然人群中有谁叫了一声:"又来了!又来了!"人群哗地一下跑散了。一时间,空旷的西仓坡上又只剩下了我们这几个老弱妇幼。我知道,特务还夹杂在人群中,企图拖延

---

① 庄任秋。时住在先生家,准备与先生一家一起北上。
② 余瑞璜,清华大学金属研究所副教授。这个担架实际是个行军床,据说是住在先生隔壁的陈达教授家里递出来的。

时间,置一多父子于死命。我不能让他们得逞!于是挣扎着爬起来,跑回宿舍,借了张行军床。回到一多身旁时,人群又渐渐围拢了。其中有挑夫,我请他帮助把一多抬上了行军床,由大妹和老赵妈跟着,赶忙送往云大医院。随后,小庄也找了辆洋车,把立鹤送去。

一多父子被抬走后,我几乎完全麻木了。年仅九岁的小妹搀着我,从血泊中把爸爸的眼镜、鞋和手杖捡起来,放到了宿舍的大门后边。我们俩互相搀扶,踉踉跄跄走进院子里,锁上屋门,往医院去。出来时,忽然来了两个国民党警察,说什么要调查真相。我当时没有眼泪,也没有恐惧,有的只是仇恨,我不知从哪里来的一股劲,大声说:"你们不要问,是国民党杀的,还调查什么?"他们还想缠住我,我没有理他们,拉着小妹走了。

云大医院离西仓坡约有十多分钟的路程,抬着一多的挑夫走得很快,大妹时时得小跑几步才能跟上,老赵妈经受了这么大的刺激,已经双腿发软,拖不动了。过丁字坡时,她简直是爬上去的,她抓住行军床的床沿,连爬带拖,努力想跟上挑夫。就是这样,她们俩还是觉得挑夫走得太慢,恨不得一步能跨进医院。大妹虽然在西仓坡就已经看到爸爸的脸色和嘴唇变乌,呼吸停止了,但心里还是怀着一线希望,她含着泪水,一路不断央求挑夫:"快点走吧,快点走吧!"心里默默叫着爸:"爸啊!你不能死,你不能死啊!"老赵妈边爬边哭,老是重复一句话:"先生啊!您可不能走啊!"一多的鲜血浸透了行军床,从帆布里一滴一滴地渗出来,流到地上,留下了一行斑斑点点的血迹。一路上,不少人惊奇而又恐惧地看着这几个浑身是血的人。到了云大医院门口,刚好从里面迈出来几个青年学生,他们一看这情景,赶忙问道:"这是谁?""我爸爸。""你爸爸是谁?""闻一多,被枪打了。"几个学生像突然遭到了沉重的一击,都叫起来:"啊,闻先生!"他们急急忙忙把一多送进了急诊室。大妹和老赵妈把全部希望寄托在走过来的医生身上,她们紧张地盯着医生的每个动作。但医生翻了一下一多的眼皮,摇了摇头说:"不行了。"顿时,像一盆冰水浇透了全身,她们全都木了。大妹呆若木鸡似地站在那里,过了半晌,才发现行军床已被放到了急诊室门外、花圃旁的过道上,鲜血还在一滴一滴地渗透帆布,流到地上,积成了一摊,又流进花圃里。

立鹤躺在洋车上。血,将白色的车垫染红了。他昏昏沉沉,但始终瞪着那对仇恨的大眼睛,这里面燃烧着的怒火,能把那群豺狼烧成灰烬!只有当时见到过这双眼睛的人,才能真正感觉到什么叫仇恨!当爸爸中枪倒下去的时候,他立刻扑到了爸爸身上,想用自己的身体保护他,但是,特务们的枪弹把他打翻,滚落在一旁,他眼看着亲爱的爸爸中了那么多枪……血,不断地淌着,他已经没有一点力气了,但他咬着牙,瞪着眼,断断续续地向跟在车后面的小庄说:"要报仇! 爸牺牲了,要报仇! ……我如果死了,请你好好照顾妈,她有病……我两个妹妹都还小……两个弟弟不在这里……赵妈年纪大了……。"

一多和立鹤被送进医院时,我拉着小妹还在丁字坡上爬。两腿发软,浑身无力,我挣扎着,爬也要爬上去! 丁字坡啊,丁字坡! 丁字坡上的血迹是那么鲜红,点点滴滴似万箭穿透了我的心! ……

我赶到医院时,一多仍停放在花圃旁的过道上,立鹤已被送进一间危重病人的单间。尚钺先生也赶到了,还来了一些同学。大家见我已经不成人样了,没有告诉我一多的噩耗,也不让我在一多跟前停留,急忙把我送进了病房。但我心里十分清楚,一多已经牺牲了。

从一多的身上发现了十多处弹洞,还有几颗子弹和一些弹片钻进肉里,没有穿出来。第一枪打中了头部,一多的左手本能地抱住了后脑,脑浆几乎流光了。他来不及说一句话就牺牲了。立鹤身中五弹,肺部被打穿,有一颗子弹离心脏只有半寸,右腿被打断了,伤势十分严重。

面临着这样巨大的血的刺激,我悲愤交加,心脏病严重发作,完全起不来床了。身边只有十三岁的大妹,九岁的小妹和六十岁的老赵妈。朋友们有的早已离开昆明,民盟的其他负责人都已隐蔽起来,许多人还没有得到消息,只有云大等校暑期留校的一些同学在帮助料理一切。到了夜间,更是冷冷清清。病房中,天花板上的日光灯映在雪白的墙壁上显得那么惨淡,我躺在床上,感到自己是这样孤苦伶仃,一瞬间,我简直不想活下去了。可是又想,孩子们都还小,最大的立鹤才十八岁,他受了那么重的伤,还在死亡线上挣扎,离开我,他们将怎么生活啊! 不,我要活下去,孩子们还需要我,一多的仇一定要报! 一整夜,安眠药的药力使我昏昏沉沉,可是我所遇到的强烈刺激,又使我不时惊醒,每次醒来,总像掉进了深渊一样,感到这世界是如此窒息、黑暗。(《闻一多纪念文集》,第386至389页)

当时准备与先生全家一起北上的庄任秋①,也亲历了这一事件。他日记中写到:

记得我是一点钟午睡的,醒来已经四点,立鹤告诉我民盟的记者招待会已经开了,也许快开完了,他方才保送伯父开会去了(那时我正睡着),现在因为会正在进

---

① 庄任秋解放后任中共云南省新平县新区区委干部。1950年4月27日,土匪陈希凯暴动,他为保护征集到的公粮不肯撤退。28日,土匪包围区委,庄任秋惨遭杀害。庄任秋的日记一度保存在他和闻立雕的同学陈听枢处,1949年10月6日陈听枢将日记中的闻一多殉难部分抄录下来,取名《一个星期的日记》,于1982年交给闻立雕。

行,他的责任暂时没有,回头我想跟他一齐接伯父回来(这是我们约好的),因此我们就很快活地歌唱着,有时谈天。

大概五点半(因为我方才看是五点十分),我正在注神地抄着歌谱,没发现立鹤不在了。他告诉我,记者招待会结束后,接着是他们的执委会,我想大概会议不会立刻停止,老大(即闻立鹤也不会就接伯父去。他的不在,我以为是大便去,我仍一面抄歌一面高唱,那时周围的环境都很安宁,天气爽人。我直唱的高兴,突然"碰!"的一声清脆手枪声,"碰!拍!"于是有如连珠炮和爆竹一般响了十几下,我不觉心里一沉,西仓坡的枪响可能是对付他们的,立刻门房跑来说:"这里的人着打倒了两个大人!"完了!教职员宿舍可能被打的只有两家,一是潘家(即潘光旦)一是闻,潘家没两大人,只有闻家了。天!我丢下笔往外一冲,有一个女的先比我到门口,她往外一望,立刻缩回来。我一看到伯父和老大躺在地下,我不假思索地第一个冲出大门外十几步接他们去。那时的情景有些可怜,一老一少孤独地饮弹躺于恬静的街心,我第一眼看见伯父脑袋已经穿了一大洞,脑髓迸散一地,眼镜摔碎在一边,面色死黄,唯有嘴唇还在颤动啊!伯父没希望了,我只好看老大。唉!老大在地上挣扎着起来,我看了心酸极了。他忙喊:"庄任秋!快来啊,我受伤了,爸恐怕没希望了!"我抢到他身边了,见胸口一大注血,左腿上也有。我急问:"老大,你伤在什么地方?伤重罢?"老大呻吟,可是气壮地说:"我胸口中了枪,腿上也有。"旁边已经在啁着伯母和大、小妹的哭声,我心想这是上帝赋予我的神圣责任了,不禁定下心望培文中学[①]门口的同学求救:"同学!请帮个忙,同学!"他们都不敢动,我无法,只好扶着老大。那时老大的眼睛已经露出痛苦的眨重[肿],眼皮有些重[肿]似的,天!这是怎么回事啊!

职员观众群中冲出洪川诚先生[②],来帮我扶老大,我建议说:"洪老师,你守住老大,我喊车去!"可是车夫不肯拉,尤其是西仓坡的观众突然乱窜逃避,如似特务又来了。西仓坡顿然一空,车夫硬不肯拉,我死死求他,答应他最大的代价,他不拉,我没法,又跑回老大那里。我想死也要把老大抬到云大医院,或者请挑夫帮忙,或者等过往的同学相助,可是老听小妹"妈呀!妈呀!"哭得直叫人心惊胆战,我于是不愿再等,要求洪老师去叫车去,把方才我雇不来的车子死拖来了。我和洪老师把老大抬上车,抬不上,正在无法,有二位先生帮忙着抬上了,大概是联大生。

老大事情弄完了,我回顾伯父,大妹正急得扶伯父不是,走开也不是,只在恸

① 培文中学,在西仓坡宿舍正对面。
② 洪川诚,西南联大附属中学教师。

哭。伯母则张惶失措,我看见邻居陈旭都在旁边,我急叫:"陈旭都!你帮着老妹照料一下伯父!"可是陈旭都惶然缩后了,我再看老大身上血流很多,无法,只好舍此而护送老大上云大医院。洪老师陪我扶着车走,车夫死不肯卖力,路上只是我和洪老师相当费力,上下坡很讨厌。

上云大医院路上,老大很清醒,虽然脸色有些微微发白(脸色还微红),可是没有痛苦的样子,他的神情好像是在回忆方才的事情,安娴沉着,这使我放心不少。街上的人看了多半惊讶地问出了什么事,除了婉言回答以外,我时时注意老大的气色。

他开始讲:"这是逼着我,……"

"我也够勇敢的,救我父亲被打的。……"

"我也可以说是为民主死的罢。……"

我赶紧阻止他说,为了伯伤势严重,一则怕给人听了不好。

他又继续讲:"我可以做我爸的儿子的!……"

"老黑(庄任秋的绰号),你要帮我母东的忙。……"

到云大医院,伯父已经先由挑夫挑到,因为已经不可救,放在外科诊疗室外。我们把老大抬进外科诊疗室,上药、打麻醉针还是强心针不知道。老大有时叫疼,有时忍耐得发汗,当他发现手上的手表时,他要我为他脱下,说:"老黑,送你做永久纪念,为我报仇!"我心里又感动,更理智,虽然心酸,绝不落泪。

我要求把老大放到头等病房,大概没有房子,故抬到二等病房三十八号,伯父则被安放在停尸房。三分局的警察局长带上几位警士来探察病状,那时正是老大上药的时候,我代老大把情形详细报告,态度也很谦虚。他们马虎问问走了。大妹只在诊疗室外悲泣,我只好劝她:"大妹,这不是我们哭的时候,事情要由我们俩负责办,我俩要不理智些,事情就容易办糟了,你少悲哀些,别哭了!"

伯母和大妹、小妹、赵妈住在头等房16号,伯母心脏衰弱,因此打了强心针。

来看的学生越来越多(我断定他们多半是学生,也许有特别的人),大夫不准老大见客,因此我没让他们进去,有问病情的,我都谦虚地详答了。

病房里有位很面熟的女学生,劝告我很多服侍常识,我很感激她。后来才晓得是学联的事务,称杨小姐(即杨秀兰)住师院,曾经服侍过缪祥烈(一二一惨案中被特务打伤锯掉一条腿)同学的。

接着胡旭东、沈康侨和另一位同学来了,我请他们去报告民主同盟负责人,他们很爽快答应而去了。

傅启泌及附中同学也来了。傅启泌帮了很大的忙,打给几个大学[学生]自治会及学联请救,虽然没有什么结果,都尽了他最大力量。

黄昏将尽,伯母担忧伯父尸体没人照顾,我也很急,因为我不能分身,也不易找到愿守尸体的人。好在傅启泌和杨光宇、马荣翔、杨履康、徐德徵答应帮着忙,这种事才解决了。

看的人络绎不绝,胡旭东他们也报告回来,我因为感到有些冷,向他借了一件皮夹克,我怕用得着水笔,也向他借了。老大今晚的情形不太可靠的。

华顺也来了,高谦也来了,使我放心不少,因为今晚我一人恐怕照料不了。

也许九点,莲花池警察长来看了一转,只说明来意就去了。我很客气地说:"一切仰仗你家了,请多多帮忙。"

守伯父尸体的还有以前看李公朴先生尸体的三位工人,他们都去了。

时间过得很沉重,很慢。到了半夜,老大的情形相当坏,可是他死不肯睡,一秒也不愿闭住眼,服犀利怕人,和他的眼光接触,实在有些可怕,眼光里含有多量的恨和报仇的决心,这使他不肯睡。他不时说出句把话:"我要睡干什么? 我要糊涂干什么?""我可以做我爸的儿子!""我也配做中国人!"我在天才黑的时候问一个护士,她人很机灵可亲,我问是否有夜班医师,她说有的,我问知她十一点下班,另有护士代她,我问好夜班何医师的住房。问一位工友得知厕所及烧开水的厨房所在,而且知道夜班倒开水是老唐,白天是老张(不过我称他们二位为大哥,也许要开水不麻烦,煮东西也可以帮忙)。

半夜十一点左右,联大派来三位校警帮着看尸首。接着老大就由才到的外科主任(也许姓范)诊疗。大概八点的时候给老大灌了 700CC 食盐水,所以现在情况很好。外科主任叫人把氧筒搬来给名大嗅,需要的时候每次十分到一刻钟,停十分左右,如果需要再嗅。老大是伤在肺部,好在他肺扩量大,身体很好,因此可以支持得住。何医师虽然负责夜班,可是这里有个习惯是夜班医师都睡觉的,有事再喊起来。护士只有一位,要[到]处送药打针,因此要很久的时间才来看一次。那位何医师把开闭氧的办法教给我就去睡了。护士则相当时候来打盘尼西林针(防炎针水)、强心针、麻醉针。

到十二点,守伯父尸体的同学扬履康因是膳委,才收到一百多万款,放心不下,因此和马荣翔、徐德徵回去了。傅启泌和杨光宇也来帮着看护老大,因此老大病房里一共有我、华顺、高谦、傅启泌、杨光宇。①(庄任秋《一个星期的日记——闻一多教授被

① 文中的胡旭东、沈康俙、傅启泌、杨光宇、马荣翔、杨履康、徐德徵、华顺、高谦,都是闻家兄妹在联大附中的同学。来医院探望和护理的联大附中同学还有邱凤达、林存谟、张文英、杨儒章、郑修文、俞在善等。其中华顺是华罗庚的长女,与闻立鹤同年跳班考入西南联大外文系。张文英为张奚若之女,联大附中 1944 级学生,当时已考入西南联大。

暗杀后的记叙》,中国社会科学院近代史研究所近代史资料编辑组编《近代史资料》总 60 号,第
137 至 143 页,中国社会科学出版社 1986 年 1 月出版)

　　这是一次预谋已久的政治谋杀。早在五月间,云南警备司令部总司令霍揆彰
即命令稽查处上校处长王子明、中校情报科长单学修等人布置四个特务组收集先
生与李公朴、朱家璧、楚图南、艾思奇等五十余人黑材料。时任云南省警备总司令
部政治部主任秘书的魏尚武看到过这个黑名单,说:"一九四六年的六月,有一天下
午本部宣传大队大队长刘义(湖北孝感人)到我的办公室,交给我两张纸,打开一
看,是用红十行格字纸复写的黑名单。据我回忆到的黑名单有李公朴、闻一多、费
孝通、楚图南、艾思奇、吴晗等三十余人。我问他黑名单从那里拿来的。刘义说:
黑名单是总部(云南警备总司令部简称)稽查处处长王子民交给我的,要我们帮助
调查署名上面的人的职务和住址。"(魏尚武《李(公朴)闻(一多)案点滴》,全国政协文史资
料委员会编《文史资料存稿选编》第 14 辑,第 746 页,中国文史出版社 2002 年 8 月出版) 六月
二十八日,霍揆彰、王子明赴南京向陈诚汇报,并呈上黑名单请蒋介石圈定,旋返昆
待命。七月五日,南京国防部给霍发来密电,同意霍于必要时得便宜处置。

　　七月六日,霍揆彰在设在翠湖的警备司令部内召开秘密会议,参加者有警务处
长李毓祯、稽查处长王子明、交通部运输局稽查组长李家杰、宪兵十三团团长彭景
仁、中统云南站站长王巍、昆明市警察局长龚少侠、警备司令部参谋长刘寿琬等人。
会上,霍揆彰命令王子明负责布置行动科暗杀先生与李公朴、朱家璧、龙纯曾四人,
宪兵十三团暗杀二人,市警察局暗杀四人。定三日内暗杀完毕,每杀一人发奖金五
十万元,并给参与者加官晋级。八日,王子明布置行动科第三科科长徐绍阶指挥行
动组特务二十余人监视先生等人行动。十一日,特务汤世良(即汤时亮)、吴传云、
赵凤翔等暗杀李公朴。十二日,另一行动组组长崔镇山召开组员会议,下令三日内
刺杀先生,不准留活口。遂即决定秦永和、崔宝山等守候学校门口,跟踪先生;李明
山(即李文山)、仲刚潜伏西仓坡;崔镇山、欧阳天化、刘锡林在翠湖边随时准备
策应。

　　十五日,先生出席李公朴死难经过报告会,一出家门,便被特务跟踪。先生在
云大至公堂演讲时,蔡云祈、尚福海便混在人群中,他们本想动手,但慑于环境,便
打电话向王子明请示,王指示说等先生回家再动手。下午五时十五分左右,先生与
闻立鹤从民主周刊社出来,走到离家门十余步处,被早已潜伏及跟踪的警备司令部
稽查处特务李明山、崔宝山、刘锡林、何毅等前后夹击,左轮手枪、快慢机(德国造的
二十响)一齐射向先生和闻立鹤。李明山还在闻立鹤腿上补了一枪。(据云南省公安
厅所藏解放初期审讯特务王子明、单学修、吴传云、崔宝山等人记录及本人交待材料,云南省公

安厅喻芳同志提供）

对于先生遇害前后的情况,李何林曾向给他写传记的田本相做过详细介绍。田本相在《李何林亲历闻一多遇害始末》写道:"七月初,振华先生因急性阑尾炎住院,在越南的民盟同志听说后回国探望振华先生,他们就带回这样的消息说:国民党特务准备在昆明进行暗杀了。当李公朴和闻一多先生来医院探看振华先生时,振华先生把这些消息转告给他们,何林先生还批评振华先生说:'你总喜欢信这些谣言!'振华先生说:'国民党什么坏事都干得出来,宁可信其有,不可信其无!'谁知道,很快李公朴就被暗杀了,而这次见面,竟然是振华先生和李公朴先生、闻一多先生的最后诀别!"七月十一日夜,李公朴被国民党特务暗杀。十五日,李何林陪同闻一多出席李公朴治丧委员会在云南大学至公堂举行的李公朴先生追悼会,亲眼看到闻一多拍案而起,昂然走上讲台,发表了《最后一次演讲》。次日清晨,突然传来闻一多遇害的噩耗,李何林和王振华都惊呆了。"何林先生一再对振华先生说:'不会的,不会的,是谣言! 昨天下午我还和他一起开会。'何林先生赶快跑出去打听,他不愿意落实这消息,但愿它是谣言。事实是无情的,他不能不相信了。他顾不得回家再告知振华先生,立即赶到云南大学附属医院。当他面对着闻李两位先生血淋淋的遗体和病重住院的闻夫人和重伤的闻立鹤时,心痛如焚! 心中涌起仇恨的狂涛! 后来,他和振华先生回忆当时心中的誓言:'我们要为闻李二烈士报仇! 一生要战斗下去,否则对不起他们!'"(《中华读书报》,2003.7.2)

从抗战初期起就任职于中苏文协昆明分会的金若年,和先生一起度过了紧张的那些天。他回忆说:李公朴被刺后,七月十三日中苏文协亦遭搜查,并传说要查封中苏文协和俄语专科学校。在同志们劝说下,自己避居云南大学。"天黑以后,我去西仓坡找闻先生,向他报告这个新的情况。闻先生听了认为这完全可能的,并预感到昆明的局势愈来愈紧,会有一场大的风暴将要到来。他为了我的安全,不同意我当晚赶回云大去,他说要走也得等到明天清晨,没人注意时再回去。他安排我和立鹤睡在一起。"第二天,金若年回到云大,见到时任民盟云南省支部秘书长的赵沨,方知中苏文协和俄专于十三日晚已被查封,赵沨与另外几人也被特务扣押,直到深夜躲进下水沟后才乘机逃脱。"十四日夜晚,赵沨去闻先生家反映昨晚的遭遇,商量明天举行李先生殉难经过报告会和记者招待会的工作,当晚也就留在闻先生家里住了一个晚上。"十五日,"下午三时,民盟云南支部在府甬道十四号民主周刊社举行新闻记者招待会,招待会由楚图南、闻一多两位先生主持。会前,我和赵沨、林彦群为招待会做些准备工作,赵沨要我上街买些糖果点心作招待之用,我从青云街返回时,感到府甬道一带气氛不对,街上除了停着一辆吉普车和几个不三不四歪戴着帽子的人之外,空无一人,所有的房屋门窗紧闭。我将这些情况告诉了赵沨,他也感到这个招待会会出麻烦,他要我去云大通知学生自治会派些纠察队的同学来这里保护一下,看到楚、闻两位先生和一些记者陆续来了之后,我就急忙赶去云大学生自治会找负责人说明情况,他们分头去找同学。可是同学们还没有来得及出发,就听说闻先生和闻立鹤遇害的消息。"(金若年《难忘的 1946 年 7 月——李公朴闻一多事件亲历记》,《人民政协报》,1996.7.25)

先生殉难后,李曦沐同学复员途经南京,在民盟总部见到抗战时期长期在昆明的民盟中央委员李文宜。李文宜问他:"你们为什么不劝阻闻先生,李公朴死后还让他出来?"李曦沐说:"我那时已离开昆明,据我对闻先生的了解,劝怕也劝不住。"后来,北京大学召开纪念闻一多座谈会,李文宜说她在上海见到张奚若,张奚若气愤地说要到纽伦堡法庭控告凶手,而凶手就在牯岭(当时蒋介石正在牯岭)。(李曦沐《伟大的人格,永恒的纪念——闻一多先生殉难 50 周年祭》,《中国测绘报》,1996.7.12)

谱后

一九四六年七月十五日　先生和闻立鹤抬到云南大学医院后,医院因他们不属云南大学而未立即接受。医院有座小亭子,先生遗体放在小亭子外边的院子里,闻立鹤放在小亭子中。这时,尚钺闻讯赶到,立刻质问医院办公室人员,回答说"没人负责"。尚钺说:"怎么没人负责,是要钱吧? 我是云大教授,我负完全责任。"这样,办公室人员才拿出钥匙打开停尸房,尚钺与学生一齐把先生遗体抬了进去。

(尚钺《一块鸡血石,两个热胸脯》,北京市政治协商会议编《文史资料选辑》第4辑,1979年11月)

先生遇刺的当天,昆明各界人士震惊不已。梅贻琦在日记中写道:"夕五点余,潘太太忽跑入告一多被枪杀,其子重伤消息。惊愕不知所谓,盖日来情形极不佳,此类事可能继李后再出现。而一多近来之行动又最有招致之可能,但一旦果竟实现,而察其当时之情形,以多人围击,必欲置之于死,此何等仇恨,何等阴谋,殊使人痛惜而更为来日惧尔。"(梅贻琦日记手稿,清华大学档案室藏)

梅贻琦即派人到先生家照料,并请查良钊赴警备司令部,要其注意其他同人安全。同时,梅又急电教育部,电云:"加急。南京教育部朱部长钧鉴:今日下午五时,在西仓坡宿舍门外,本校教授闻一多为暴徒枪击立毙,其子重伤。同人极度恐惶,谨先电闻。"(梅贻琦致教育部电,清华大学档案室藏)

旋,为防止昆明民主人士继续被害,美驻昆明领事馆将潘光旦、费孝通、楚图南、冯素陶、尚钺等十一人接往领事馆内暂避。

晚,云南省警备总司令部发出赏缉凶启事。文云:"查近有反动分子,居心叵测,企图扰乱社会治安,先后谋杀李公朴、闻一多案两起,制造事件,图谋不轨。本部责在保持地方治安,为求迅予在案起见,特登报悬赏缉凶。凡能捕获凶犯解部法办者,各奖法币一百万元,凡能闻风报讯因而缉获者,各奖法币五十万元。破案之日,即行发给。此启。"(《警备总部悬赏缉凶》,《云南日报》,1946.7.16) 南京《中央日报》刊登此消息时,增加"此外,滇省府亦悬赏五十万元缉凶"等字。(《闻一多被刺殒命,政府重视被刺案,滇警备部已悬赏缉凶》,南京《中央日报》,1946.7.17)

七月十六日　昆明《中央日报》刊登中央社昆明分社消息:"(中央社讯)昆市警

察局息：昨日下午五时三十分，联大教授闻一多偕其子义和，由府甬道十四号民主周刊社外出，北向行进之际，突被一穿青色衣服，一穿灰色衣之暴徒两人，开枪狙击。闻氏父子当即应声倒地，暴徒向钱局街方向逃逸。岗警闻声追捕不获，在肇事地点检获大拉子弹壳一只，盒子枪弹壳三只，当经将受伤之闻氏父子送云大医院救治。闻一多腹部中弹，于送医院途中毙命。其子闻义和共中弹五发，计胸部左右各一，大腿中弹三发，一腿已断，不能言语。市警局龚局长闻讯，即赶到出事地点查勘，暨分别中派干员，出动追缉凶犯，分报省市府及警备总部严缉归案。"又云："闻义和[立鹤]左胸上部中两弹，右胸上部中一弹，两大腿各中一弹，已不能言语，住一十八号病房。记者于昨夜十二时往视时，正由医院外科主任刘崇智施以氧气，伤势能否好转，极难逆料。义和[立鹤]两妹守护一旁，情况凄惨。又闻一多夫人闻恶耗后，心脏病复发，移住云大医院十六号病房，昨夜神志为清，言语困难。"（《闻一多遇刺殒命，长子闻义和受重伤》，昆明《中央日报》，1946.7.16）

　　该报还刊登该社记者采写消息："（本报讯）中国民主同盟负责人之一闻一多氏，昨日下午五时许，偕其长公子义和[立鹤]，由府甬道十四号返西仓坡联大教职员宿舍时，甫抵宿舍门口，突被凶徒用手枪狙击，倒卧于地。闻氏身中数弹，因流血过多，经学生数人抬赴云大医院，于途中逝世，遗体现置云大医院停尸房。其公子义和[立鹤]同时亦中弹重伤。记者闻讯后，急赶往出事地点及云大医院探视，据赵□长明□称：闻义和[立鹤]胸部中三枪，大腿骨已折断，现正输血及打止痛针，伤势颇为危险。闻夫人因闻恶耗，心脏病复发亦入该院治疗。出事后据警局称：附近岗警闻枪声后，立即赶往出事地点，时凶手已逃逸无踪。侦队长周伯先，及警察三分局长杨森荣均前往勘查，并检获大拉八子弹壳一枚，十响子弹壳三枚。现治安当局对此连续发生之不幸事件，极为重视，刻正上紧缉拿凶手。按闻氏为联大文学教授，其公子义和为联大一年级学生，年二十岁。"（《闻一多遇刺殒命，长子闻义和受重伤》，昆明《中央日报》，1946.7.16）

　　昆明各报均刊登先生被刺消息，其中《正义报》云："西南联合大学文学系教授闻一多，于昨日下午三时，民盟在府甬道街招待记者，报告李公朴被枪杀经过，会后偕其子闻立鹤步行回寓，至西仓坡联大教职员宿舍门口，突遇暴徒两人，喝令闻氏'站住'，随即开枪射击数响，闻一多头部中一枪，胸部中两枪，登时毙命。闻立鹤胸部中两枪，性命危殆。暴徒行凶后即逃逸。其家人闻枪声赶来，闻氏及其子，横肉卧血泊中，乃急送云大医院救治。其子性命亦极危殆。"（《闻一多昨被狙击殒命，警备总部悬赏缉凶，警局发表闻氏父子被狙击经过》，《正义报》，1946.7.16）

　　民盟云南省支部发言人发表《为闻一多同志复遭暗杀的紧急申明》，文中严正指出杀害先生"实乃法西斯反动派决心放弃以和平民主方式解决当前国是问题"，"以配合正在展开的全面内战，公开向全国人民进行全面进攻的具体表现"。

上午，清华大学校长、西南联大常委梅贻琦往云大医院，探望身负重伤的闻立鹤与因心脏病复发入院的高孝贞。

下午，西南联大聘黄钰生、贺麟、雷海宗、沈履、查良钊五人组成"闻一多教授丧葬抚恤委员会"。该委员会随即召开首次会议，并邀梅贻琦、何善周、范宁列席，并讨论高孝贞所提之举行火葬及在联大新校舍一二·一烈士墓前修建先生衣冠冢与石碑等意见。(据何善周记录该委员会第一次会议记录，云南师范大学一二·一纪念馆藏)

在重庆的闻立雕、闻立鹏得知先生被刺身亡，极为震惊悲痛。闻立雕回忆："李公朴先生七月十一日被刺逝世的消息，十三日重庆方面才见报，在招待所的先生们中，好像没有引起太大的议论和震动，我和弟弟也没有太在意。十六日清晨，匆匆洗漱完毕，兴致勃勃地下楼去吃早饭，准备饭后去跳伞。可是，我们一来到饭厅就感到与往日大不相同，一双双眼睛都紧盯着我们两人，大家的表情严肃而沉重。我们坐下，刚拿起筷子要吃饭，一位先生声调异样地问：'你们还不知道吗?'我不知发生了什么事，一时间张口结舌回答不上来。那位先生把一张报纸送到我面前说：'你们看看吧!'我和弟弟仔细一看，头版头条赫然一串黑字：'闻一多遭暴徒狙击毙命，公子闻立鹤身负重伤，生死不明'。这消息像颗炸弹命中我们的心，把我们的心炸得粉碎。弟弟顿时抽泣起来，我气愤得欲哭无泪，不知怎么竟从牙缝里迸出几个字：'还不如把我哥哥也打死!'"(闻立雕《红烛：我的父亲闻一多》，第295页)

是日，云南大学学生自治会致函闻一多家属表示慰问。信云："敬爱的闻一多夫人暨男女公子：当天昏地暗，万物愁惨的此刻，我们抑压着迸烈的热泪，以极悲奋的心绪，向您们慰问，并致最崇高的敬礼! 半年前昆明青年为争取人民的自由，反对内战，高举了民主运动的旗帜，向法西斯的势力反抗。闻先生不辞苦辛，更不惧□箩的恐怖，毅然地站立起来，参加了为争取民主的工作! '一二·一'以后闻先生给出了多少的力量，并给予多少青年学子的同情和鼓舞! 我们铭之于心，直到永远! 我们永远也忘不了在李公朴先生追悼会上，闻先生激昂的音调，喊出每个青年人的愤怒! 闻先生以和李先生为友而光荣，而今日我们除了十二万分的仇恨外，我们也会感到了分外的光荣! 闻先生的死是中国的不幸，更是中国人民的不幸。他的肉体停止了斗争，然而他的精神将会活在每个爱好和平的人的心上，与日月共存! 最后，我们请您们忍一忍辛酸的泪，并献出了我们诚挚的心，相信闻先生没有离开我们，他永远活在人民的历史上。即此谨向您们作最崇高的敬礼。云南大学学生会敬启。卅五年七月十六日。"(家藏信函)

七月十七日　毛泽东、朱德给高孝贞发来唁电。电文为：

昆明国立西南联大请转闻一多先生家属：

惊悉一多先生遇害，至深哀悼，先生为民主而奋斗，不屈不挠，可敬可佩。今遭奸人毒手，全国志士，必将继先生遗志，再接再厉，务使民主事业克底于成，特此电唁。

毛泽东　朱德。午筱。

在南京参加国共和谈的中共代表团亦发来唁电。电文为：

闻一多夫人礼鉴：

惊闻闻一多先生紧随李公朴先生之后，惨遭特务暴徒暗杀，令郎立鹤君亦受重伤，暗无天日，中外震惊，令人捶心泣血，悲愤莫名，真不知人间何世！此种空前残酷、惨痛、丑恶、卑鄙之暗杀行为，实打破了中外政治黑暗历史之纪录，中国法西斯统治的狰狞面目，至此已暴露无余。一切政治欺骗，已为昆明有计划的大规模的政治暗杀枪声所洞穿，中华民国已被法西斯暴徒写下了一个永远不能洗刷之污点。中国法西斯暴徒如此横行无忌，猖獗疯狂，实法西斯统治的最后挣扎，自掘坟墓。中国人民将踏着李公朴、闻一多诸烈士的血迹前进，为李、闻诸烈士复仇，消灭中国法西斯统治，实现中国之独立、和平与民主，以慰李、闻诸烈士在天之灵。敝代表团誓为后援，兹先电唁，尚祈节哀，并祝令郎早日康复。

周恩来　董必武　邓颖超　李维汉　廖承志叩。午筱。

中共代表团又为李、闻惨案发表抗议书：

哲生、铁城、布雷、力子、雪艇、厉生、立夫、岳军并转蒋主席赐鉴：敬启者，李公朴、闻一多两先生因热心奔走和平民主运动，竟先后在昆明被暗杀致死，闻先生之公子亦伤重垂危，远道闻之，悲愤交集！政府既一面大举进攻鄂豫边、山东、山西及苏皖、苏北各解放区，准备造成全国内战；另一面，纵容、指使特务机关，在大后方暗杀和平民主领袖。如此野蛮、卑鄙手段，虽德意日法西斯国家政府犹不敢肆意为之。中国号称反法西斯胜利国家，四项诺言，言犹在耳，而特务暴行，接踵而至，遍及全国；殴打未已，暗杀继之，一城之内，五日之间，竟至续演杀人惨案两起，不知政府当局，何以自解耳！据昆明来信所云：李先生被难之日，即有再杀闻先生之风传，今其言果验，岂属偶然！且李、闻两先生之外，还说重庆有邓初民先生等，上海有沈钧儒、罗隆基先生等，皆为暗杀对象。人心惶惶，举国震怒，政府当局如果从此悔悟，犹惧春秋笔伐，应急起制止，以谋善后。恩来等闻此凶耗，夜不成寐，除对李公朴、闻一多先生事件表示严重抗议外，特要求政府立即采取下列措施，并以明令公布全国：

（一）立即撤换昆明警备司令,限拿凶手,交法院问罪,并由政协派员陪审。

（二）先葬死者,通令全国追悼,并给死者家属以抚恤。

（三）严格责成各地政府及军警机关,负责保护各党派及一切民主人士之安全。

（四）重申四项诺言,彻底予以实施。

（五）彻查政协会议以后各地所发生之惨案,并应惩办祸首。

（六）取消一切特务机关。

（七）释放一切政治犯。

恩来等认为政府必须实行上列各项最低要求,方足表示政府有重返和平、民主之意,特此奉达,并希于三日内赐复,无任企盼。

重庆《新华日报》发表社论《抗议闻一多教授的被刺杀》,社论指出:

反动派以卑鄙无耻的手段,在昆明刺杀了和平民主运动的先驱李公朴先生,还未隔几天,在同一地方,全国闻名的教授、诗人,同时也是和平民主运动的先驱者闻一多先生,竟又被反动派所暗杀了!同时遇难者是闻先生父子,而闻先生当时即毙命了!这是怎样穷凶极恶的罪行啊!李公朴先生的被刺,已激起了全国人民的愤怒,到处发出抗议的呼声,反动派竟悍然不顾,公然展开了他们对民主人士大屠杀的阴谋计划,这不啻公然宣布他们与一切民主人士为敌,与人民为敌,必欲把全中国造成血腥的法西斯恐怖而后快!

闻先生父子的被刺,又一次更清楚的证明了反动派决心要破坏全国和平,决心要扩大全国内战的阴谋。闻先生是手无寸铁的书生,有的是民族的自尊心、正义感、见不得反动派出卖国家主权、见不得反动派破坏和平民主、屠杀中国人民,为了国家民族的独立、和平、民主,曾不断的发出正义的呼声,但反动派却用暗杀来对付这样手无寸铁的书生,企图这样来堵尽天下人的口,以便遂行其扩大全国内战的阴谋!但是反动派的这种打算完全错了,今天要求独立、和平、民主,是全中国人民的呼声,要想用暗杀来堵尽天下人的口,是堵不了的!死去了一个闻一多,继起者将有千千万万的闻一多。它只是证明了一点,就是反动派已经在人民的面前完全孤立,完全自绝于国人,因此他们只有用极卑鄙无耻的政治暗杀手段来维持他们的血腥统治了!

全国人民和全国民主人士,必须警惕反动派的这一血腥恐怖的行动。反动派显然在这一连串的政治暗杀中,包藏极大的祸心和狠毒的阴谋。它们不仅妄想用这种恐怖手段来恐吓民主人士,阻止人民的前进,而且可以预料,它们还会为了嫁祸诬赖,制造出类似去年昆明"一二·一"血案中的"姜凯"事件,作为它们的借口,来在全国继续扩大他们的这种杀人事业。

闻先生被刺杀了！我们对闻先生的死表示沉痛的哀悼。我们号召全中国人民和全世界民主人士一致起来抗议反动派的无耻罪行,起来反对反动派卖国、内战、独裁的政策！中华民族已经处在极端严重的危机之中,中国人民已经处在血腥的法西斯恐怖之中,只有用全国人民团结的力量才能挽救,而且也一定能够挽救！

延安《解放日报》发表社论《杀人犯的统治》,社论指出：

李公朴先生的血迹未干,另一位和平民主战士青年运动的导师和第一流诗人、名教授闻一多先生又惨遭蒋记特务的乱枪射击,惨死在昆明的街头！闻先生的被害,是极端严重的罪恶行为！这一点,连国民党昆明警备司令部和宣传部的发言人,都无法加以否认。国民党当局深恐这一罪案必然更加激起全国正义人士的愤怒,因而不得不假惺惺地声明"严缉凶手",企图掩盖主凶,推卸责任。但是,谁不知道在军警林立的通衢大道,肆无忌惮的行凶,除了以蒋介石为首的法西斯特务组织以外,还有什样人呢？不管国民党当局怎样狡辩抵赖,决然掩盖不了这一个人人皆知的真理,这个真理就是：谋害李公朴、闻一多两先生的杀人犯,正是蒋记法西斯统治集团。这个集团曾经谋害了廖仲恺、邓演达、杨杏、史量才、李兆麟、王任、孙平天等成千成万的民主志士。十九年来的历史,日益证明蒋介石的统治是法西斯杀人犯统治,蒋介石的所谓"军令政令",就是法西斯杀人犯的军令政令,蒋介石的所谓"国家统一",就是法西斯杀人犯的国家统一。正因为如此,蒋介石坚决反对人民的政治,坚决反对人民的军令政令——停战协定与政协决议,坚决反对人民的民主统一。试问今天如果没有解放区为中国留下一片光明净土,如果让蒋介石用武力统一中国(李、闻两先生被害地方——云南,就是不久前被蒋介石所"统一"去的),那末全中国将成为杀人犯的世界,各界人民及一切有思想有文化的人士,还能有安全生存的地方吗？李公朴、闻一多先生的被害,相隔不过三天,表示蒋介石统治集团的恐怖行动的步骤,是如何迫促！蒋介石的一只血手,对其所统治区内的和平民主人民,肆行杀害；另一只血手,则向解放区进行疯狂的内战。全国人民应当清楚认识：李、闻两先生的被害,是内战的信号,应当以千百倍的加强全国爱国主义的大团结,来粉碎这个计划！正如中共七七宣言所说,"解放区人民的斗争,和国民党统治区域人民的斗争,正在联为一片燎原的怒火！"一小群法西斯分子,在这燎原的怒火前,是极其渺小的！他们不自量力,想以血腥恐怖,来镇压全国人民的和平民主运动,适足以表现他们日暮途穷的窘态！不管他们怎样挣扎,中国的封建买办法西斯主义,是注定了要被人民的燎原怒火所焚毁干净！中国人民的独立和平民主事业,必然胜利！

最后我们还想对美国友人说几句话：闻一多先生是在美国受教育的著名的自由主义教授,对于中美文化的交流有光辉的贡献。蒋介石统治集团杀害闻先生,不仅是少数独裁者对中国人民的挑战,而且还是德意式的野蛮法西斯主义,对中美人民的民主主义和中美人民友谊的挑战。对于这个挑战,美国友人亦要一致起来,予以坚决的回答!那就是:要求美国当局立即停止对蒋介石杀人犯政府的任何援助,撤回军事援蒋法案,撤回驻华美海陆空军。

云南人民争取和平民主协会发出通电,指出李闻惨案是反动派剿杀全国民主人士的开端,希望美国停止军事援华,以制止法西斯凶焰。

中华全国文艺协会总会为李闻惨案发表宣言,并发表《告世界学者和文艺作家书》。文协总会、三民主义同志联合会重庆分会,文协重庆分会、中共四川省委、新华日报社全体同人、重庆妇女界五十余人,均发来唁电。

是日,中国民主同盟主席张澜致函慰问闻一多夫人。信云:"闻一多夫人青鉴:报载一多先生被害,且波及长公子情形,忿慨万端,莫可名言。卑劣残酷,至于此极,尚复为人世耶?澜除飞函总部切实向政府抗议外,并已专函蒋主席切致责问。同仁等对此事之发生,已万难再事容忍矣。所望夫人勉抑哀思,尽其未死之责,俾世兄辈能承先人遗志,国家有光明之日,一多先生当含笑地下矣。余托潘大逵先生代为致达。尚祈保重。敬候礼祺。张澜拜启。七月十七日。"(家藏信函)

张澜信中所云"已专函蒋主席切致责问",即次日发出之致蒋介石函,其文为:

南京民盟总部速转国民政府蒋介石勋鉴:

同盟中委李公朴、闻一多两君相继被害,全国惝惝,舆论哗然,莫不是曰此顽固分子反民主、反和平,有计划之阴谋,而此阴谋之待发动者实遍国中。民主同盟自抗战胜利之后,提出民主、统一、和平建国之主张,始终只为此而努力。政协决议原符斯旨,全国之人,方引之以为庆幸,不料较场口事件以后,情势日非,人心转趋忧虑,主席保障人权之四项诺言,不独未见实现,今且变本加厉,相反而行。即单以民主同盟言,西安李敷仁、王任之被诬杀不及百日,昆明李、闻两君又被暗害,倡导民主、主张和平有何罪戾?乃必欲置之死地而后快于心,不将使天下之人,以为政府之志,必在不民主不和平,此岂为国人所望于政府者耶?近来一切镇压威胁之措施,已使天下之人,不敢言而敢怒。人心愈丧,隐患潜滋,逼至一夫夜呼,乱者四应之时,国家之事,尚可问耶?此不特为民主同盟所寒心,全国同胞所危惧,亦岂为政府及主席之所利?见报知主席对昆明之事,亦表关怀,且以令缉凶。惟凶手特务,敢于横行无忌,如此发纵指使,必有背景。主席于事先,似不应该完全不知。知之而不早为纠正防范,而奉令缉凶者,又仅于事后巧事推卸敷衍,必不得已,则执一二不相干之人以塞责,则天下人对主席保障人权之诺言,讵敢相信! 如谓此类暴行,并无背后指使,则特务行动,自由如斯,所谓纪律者又安在? 是则星星之火,不特可以燎原,势亦可以焚身,则天下人对政府及主席之统制能力,讵敢相赖? 夫谋国在诚,驭众在信,使天下人对政府信赖之念,已启动摇,即在专制之时,人心动摇,且难施其统制,民主国家之政府,能如是耶? 是以澜甚为政府及主席虑矣,窃思所以致此之由,澜以为不在人而在制度,特务机关之于民主政府,实如水火之不相容,既为全国人民所深恶,亦且为不利于政府及主席,其应废除,不待筮龟,保障人权,是为民主同盟唯一之使命,亦主席亲口之诺言,用是敢以三事相请:

一、请断然决定对全国特务机关及制度,立予彻底废除,民主前途,庶几有望。

二、请对昆明李闻两君之事,及西安李王两君之事,务严令负责机关必获主凶依法惩治,人权保障,庶非空言。

三、请明令全国各地方治安机关,务保证今后不再有类此之事发生,否则无论何人,认真从严彻惩,已丧人心,庶可挽回。

凡此三事,务盼立予施行,以慰群情,以正观听。戆直陈言,惟祈谅察。(龙显昭编《张澜文集》,第 264 至 265 页,四川教育出版社 1991 年 12 月出版)

在成都的朱自清亦于是日致函慰问闻一多夫人。信云:"闻太太大鉴:今天见报,一多兄竟遭暴徒暗杀,立鹤也受重伤! 深为悲愤! 这种卑鄙凶狠的手段,这世界还成什么世界! 一多兄的丧事想来已经办了,立鹤的伤势如何? 极念。盼望他能够渐渐好起来! 您一定极伤心。但还有五个弟妹要靠您教养,盼望您在无可奈何中竭力镇静。您身体也不好,更盼望您注意自己! 学校方面我已有信去,请厚加抚恤。朋友方面,也总该尽力帮忙,对于您的生活和诸侄的教育费,我们都愿尽力帮忙。一多兄的稿子书籍,已经装箱。将来由我负责,设法整理。家中若还存有遗稿,请交何善周先生。如何先生已走,请交叶兢耕先生。我已有信给叶先生了。立雕立鹏想还在重庆,他们一定也极伤心。他俩的行止如何? 也极系念。专此,敬请节哀! 朱自清,七,十七。"(家藏信函)

朱自清在当天日记中亦记录了听到先生遇刺后的震惊:"闻此,异常震惊。自西李公朴街头被刺后,余即时时为一多的安全担心。但未料到对他下手如此之突然,真是什么世道!"(朱乔森编《朱自清全集》第 10 卷,第 413 页)

昆明市参议会举行第六次临时会议,决议之一云:自李公朴、闻一多遭暗杀后,"人心惶惶莫不终日","经议决电请军警宪当局上紧缉凶法办,并设法防止此不幸事件之发生,以维持社会而安定人民心绪。"(《市参议会电请当局严缉刺李闻凶犯》,《云南日报》,1946.7.18)

闻立雕、闻立鹏在民盟中央机关报《民主报》记者李康和《新华日报》记者谢韬帮助下,痛书《谁杀死了我的爸爸?!》,次日重庆《时事新报》、《世界日报》、《商务日报》、《新民报》、《新华日报》、《民主报》、《国民公报》、《西南日报》、《大公报》同时刊登。后,各地报纸亦多有转载。

闻立雕、闻立鹏在文中说:

今天(十七)早上,我预料可以看到爸爸妈妈了,想不到一翻开报纸,就像一个晴天霹雳似的:爸爸在昆明被暴徒枪杀了!哥哥立鹤也身中五弹重伤了!看到这里,弟弟哭倒在我的身上,我的热泪也涌眶而出……青天白日之下,慈爱的爸爸竟被暴徒杀死了!

爸爸、妈妈、妹妹们原定十三号那天来重庆,和我们一同飞北平的。后来因李公朴伯伯被刺的事情,他忙着在昆明料理丧事,另一方面也因为那天没有班机,所以才没有走成。上月二十号,当我们兄弟二人先由昆明来重庆的时候,他亲自写了一封介绍信,替我们在重庆找食宿的地方,我们走的时候,他还亲自送我们到门口,一再叮嘱我们小心身体。我们以为爸爸很快会来重庆和我们一道去北平,想不到从此以后竟成永诀,再也看不到慈爱的爸爸了!

爸爸今年只有四十八岁,如果不是被暴徒杀死,他是还能坚强活下去的。

爸爸是一个学艺术的和文学的人,是一个纯粹的读书人,一向不大过问政治的;留美回国后,历任武汉大学、山东青岛大学教授、院长等职,在清华任教十多年,近年来在西南联大教书。在抗战后期,因为目睹国内政治的腐败贪污、物价高涨,民不聊生,他才偶然应联大学生自治会的邀请,走出书斋,仗义直言,他的演讲很受学生的欢迎,但也遭到某些人的痛恨,在昆明"一二·一"惨案发生后,就有人扬言要以四十万收买爸爸的头颅,但爸爸听了不以为然,可是今天,他们硬是这样做了!?

我们是三兄弟两个妹妹,连妈妈娘姨一共七个人,都靠父亲一点薄薄的薪水维持生活,为了补助家庭收入,爸爸在课余替人刻图章,夜以继日的刻,我们晚上睡了觉,他还弓着背在刻,有时候他刻得眼睛发痛了,躺在床上连眼睛也睁不开,他是经常这样给生活重担压得喘不过气来。

我们家里生活过得相当苦,大哥立鹤在联大念书,我四弟妹在联大附中念书,都靠爸爸一个人供给。妈妈身体很弱,害心脏病,爸爸很疼爱我们,他常常节衣缩食的让我们有进学校的机会。

现在爸爸死了——慈爱的爸爸被暴徒杀死了!哥哥也受重伤了!身体衰弱又害了心脏病的妈妈,她是多么的痛苦和难过,今天中午听马大猷伯伯从昆明来说,妈妈曾几次晕迷过去,不省人事。

前两天我听到李伯伯被杀害的消息,心里很难过,想不到暴徒的魔手又夺去了我慈爱的爸爸,从此我们兄妹五人变成无父的孤儿了。谁杀害了我慈爱的爸爸?谁毁灭了我温暖的家庭?爸爸生平没有和人结下私仇,为什么有人杀死他?不共戴天的杀父之仇,是永远记在我们的心灵上!写到这里,我的手在颤动,我的泪在汹涌,我写不下去了……

我们含着眼泪,忍着悲痛,要向社会人士和全世界人士控诉,请主持正义,要政府立即缉拿凶手和幕后主持人,替我爸爸报仇……

时,立雕、立鹏已搬至民主中央总部。闻立雕说:"得悉父亲殉难,我的第一反应就是回去,在母亲和家里最悲痛,最需要人照顾的时刻,我必须立即回到母亲身边去。但是,所里的先生们都劝我们不要回去,说昆明那边会有人照顾和处理的,我们是小孩子,回去也没有什么大用,弄不好我们自己的安全都难保。那我和弟弟怎么办呢?我那时还很年轻,没有经历过这样的事,一时有点不知所措,后来想到父亲是民盟的成员,是为民主而牺牲的,应该去找民盟、找共产党、找自己人,他们一定会给我们关心和帮助的。那时民盟中央已经迁到南京去了,但是民盟中央办公地点还在,我们找到他们之后,果然,他们见到我们就像见到自己家亲人的孩子一样,史良等几位还没有走的民盟领导人接见了我们,对我们非常关心,让我们马上搬到他们那里去住,指定专人在生活上对我们百般照顾。同时他们感到我们俩在重庆太好了,可以充分利用这个机会,帮我们用闻一多儿子的身份多方面展开活动,声讨和抗议反动派杀害父亲的罪行。"(闻立雕《红烛:我的父亲闻一多》,第295至297页)

下午五时,先生遗体入殓。

国民政府内部也有人反对用暗杀手段对待不同政见者,行政院副院长翁文灏是日急电蒋介石,主张严惩凶手。电文云:"昆明李公朴被刺,闻一多又当街为人击毙,人心备极警[惊]恐,闻潘光旦等避入美领事馆。查当此时局困难之时,一[部]分人士发表政治言论,见解虽各有不同,事实自在所难免,但如对李闻二人暗杀行为,不问动机出自何方,皆须彻底严惩,政府有保持治安之责。钧座公忠体国,正在昭示大公,苦心领导,必须迅即公告,对非理暗杀行为严加斥责,并电令昆明军警治安长官限期查获凶手,违则彻惩。所获凶手不问出自何方,必须经公布供词,迅速从严惩办,庶是昭示政府之威信,而慰全国之人心。敬贡愚见,务乞采纳。"(翁文灏致蒋介石电,"国民政府档案",台湾"国史馆"藏,001-090341-0005) 国民党中央党部秘书长吴铁城亦认为刺杀李公朴、闻一多,可能适得其反,故主张彻查。其是日密电蒋介石,内云:"昆明李公朴被害尚未破案,继以闻一多教授父子被刺,父死子重伤,各方均极注意。职连日召集各方关系机关人员会报,查究凶害真像,迄现在止,尚未得有力线索。反动[派]可能利用此题材大为煽动,除已饬新任云南省党部主任委员邓飞黄同志由渝赴任,并指示各地会报及党部团部密切注意防范外,内政部即派高级人员飞昆,代表政府负责督促当局处理,并请陈总长及两调查局密派得力干员飞昆,调查真像。除案情发展电陈,并与立夫同志切取联系外,谨电陈鉴察。"(吴铁城致蒋介石电,"国民政府档案",台湾"国史馆"藏,001-090341-0005)

七月十八日 周恩来为李闻被暗杀事件,在上海举行记者招待会,并发表谈话:"李公朴闻一多两先生被暗杀,我们非常愤慨。这不是偶然的,而是和平民主运动中一种反动的逆流,想以这种最卑鄙的手段来吓退民主人士。这两位先生都是民盟的负责人,而这类事件并非是从他们两人身上开始。远的不说,在政协以后,捣乱挑拨的事件不一而足。政协开会时,沧白堂扔石子,开会后,较场口打伤人,李公朴先生就是当时被打伤的一个,捣毁新华日报,在北平、广州和别的地方也有捣毁报馆的事件。暗杀的事件从南通、西安起,现在发展到昆明。这一串事件都是有计划的。为什么敢于这样做?因为政府没有明令制止惩办过,而且政府的宣传机关还为之掩饰袒护。尤其是连下关事件,依然没有追究出一个水落石出。这些问题的严重性不亚于内战。因为这是打击大后方手无寸铁的民主人士、工业家、新闻记者及文学家。在内战的前方,还可说两方都有武器,而在国民党政府管辖的后方,有的是宪兵、警察、军队、法庭、监狱等的镇压,还要用暗杀的手段来镇压政府党所不满意的人士。这真是无耻卑鄙之至!对于这类暴行如再不停止,再不惩办,再不追究,找出根源,则可以扩大到全国,重庆、成都、广州以至上海、南京都会发生的。陈立夫先生又来上海了,他是来布置统一党政军的行动,镇压民主运动的。黑名单上列有许多民主人士,准备逮捕、凶打、绑票和暗杀他们。民主人士的名字都在陈立夫先生的手上,更不论我们共产党人了。我们来谈判就是准备着的。过去在重庆准备了八年,今后再准备八年吧。但这个代价对于他们还是不够的。他们还要向手无寸铁的文学家、新闻记者、工业家、学生、平民索取代价,来维持统治者的独裁。我们不能忍受,我们要控诉。现在已经不是抗战以前的时候了,杨杏佛、史量才的案子不能伸雪。现在不行了,我们要伸雪,我们要控诉。如果以陈立夫为首的特务机关说我是冤枉了他,希望他有所声明,并拿出事实来看。我们欢迎他的声明,我们共产党人愿意和真心悔过的人握手。我们和多少人握过手,我很难过的说,甚至和手上染有血的人握过手。为了人民,为了民主,为了国家,我们不惜忍气吞声地这样做。我们日夜祈求停止此种暴行。我为什么在诸位面前控诉?因为诸位受到的压迫、威胁、恐惧比我们多。诸位是手无寸铁者。希望以诸位的笔、口来控诉，以制止这种卑鄙无耻的暴行。"

时，在中共南方局青年组工作先生的侄子黎智，随中共和谈代表团住在上海周公馆。先生被刺的消息，"是周总理让邓大姐把我找去并告诉我的"。(《在中国电视剧制作中心〈闻一多〉电视连续剧创作座谈会上的谈话》，《黎智纪念集》，第515页，武汉出版社2004年9月出版)

昆明李闻惨案后援会向全国同胞发出紧急呼吁，指出"国民党法西斯反动派敢于此时断然杀害李、闻两先生，完全是内战造成的结果"。文中并提出九项紧急呼吁。

张君劢、罗隆基自上海赶赴南京，代表民盟向当局抗议李闻血案暴行，并向马歇尔与司徒雷登大使陈述对此案意见。

民盟秘书长梁漱溟为李闻惨案在南京发表书面谈话，抗议特务暴行，声明特务制度如不取消，民盟绝不参加政府。书面谈话云："当李公朴暗杀案发生时，社会上或者还有些人不完全相信他是牺牲在当前政治斗争上的，他是被国民党特务杀了的，现在闻一多暗杀案继之，再发生恐怖，任何人也都可以明白了。前一个李公朴先生是民主同盟中执委，兼民主教育运动委员会副主席，后一个闻一多先生也是民主同盟中执委，兼云南省支部常务委员暨宣传部主任。两个都是站在民主阵线最前面的战士，这不是政治上的暗杀是什么呢？即使问之国民党方面，怕亦无辞自解，如若硬要抵赖、推诿，亦造成笑话而已。当李公朴先生被暗杀发生后，我个人曾说过，只向社会申诉，不向政府抗议的话，现在闻一多先生被暗杀继之再发生，我却认为非向政府抗议不可了。我们抗议：政府允许不允许人民在其政治轨道内有其政治活动之自由，李闻两先生都是文人、学者，手无寸铁，除以言论号召外无其他行动，假如这样的人都要赶净、杀绝，请早收起宪政民主的话，不要再说，不要再以此欺骗国人；如其还有意实施宪政，那么，对于合法的政治活动，为何不予保障，假如保障不了，何必高唱政府威信；如承认还要行宪政，并承认还要负保障之责，那么，就请从眼前的事来负责起，我们要从眼前的事情上考验政府的诚意。一面要看眼前事情上政府负责不负责，一面还要督促快取消这种特务机关，这种对内的特务机关是与宪政不相容的。政府口口声声要各党派参加到政府里来，但同时却拿这一机关监视我们，威胁我们，试问我们怎么能参加呢？我们正告政府当局：这种机关不取消，民主同盟断不参加政府。我个人极想退出现实政治，致力文化工作，这是各方朋友所知道的。但是，像今天这样，我却无法退出了，我不能躲避这颗枪弹，我要连喊一百声'取消特务'，我倒要看看国民党特务能不能把要求民主的人都杀光,我在这里等待着他。"

民盟政协代表在上海招待各界,呼吁全国人民在李闻血案前擦亮眼睛,奋起挽救危局。

成都大学教授联谊会、文协成都分会、陕甘宁边区政府与参议会、延安清华同学纷纷电唁先生家属。

联大复员过渝教授以快邮代电,致教育部长,要求政府从速追查。函云:"朱部长勋鉴:同人等复员过渝,留滞陪都,方怅行路之艰难,而昆明噩耗频传,联大教授闻一多先生父子又被狙击。闻先生治中国文学成绩卓著,一代通才,竟遭毒手,正义何在,纪纲何存!同人等不胜悲愤惊愕,祈主管当局务缉凶归案,严究主使。政府在道德上法律上之责任决不能有所规避,对于其所属人员亦不能有所曲护,并祈从速处理,以平公愤,无任企涛。王遵明、王宪钧、江泽涵、吴素萱、邵循恪、李鲸石、周炳琳、周作仁、金岳霖、苟清泉、姚从吾、姚圻、徐仁、陈康、高华年、马大猷、许维遹、张清常、张怀祖、郭沂曾、阴法鲁、冯友兰、冯式权、冯至、汤用彤、费青、傅乐淑、黄子卿、汤佩松、叶企孙、叶楷、刘俊潮、刘钧、蔡枢衡。"①*(西南联大过渝教授致朱家骅信,清华大学档案室藏)*

是日,周炳琳致梅贻琦函,内云:"黑暗势力滋长,一多继李后殒命,此案应追个明白,谁实指使,必令负杀人之责任,决不可开个追悼会,拿死人做文章,做了文章便不了了结。先生似可告知霍揆彰责任所归,不许马虎。"*(清华大学档案室藏)* 时,曾任《大公报》记者多年的曾敏之访问周炳琳时,问到对闻一多的看法。周炳琳说:先生"之所以走出书房,接触政治,一句话,是因为国家社会的现状太不成话了。西南联大保有自由的传统,同事们有许多是抱有自由主义思想的,一样的不满于现实,一样的希望能改变现实。但对闻先生那种赤裸裸无保留的从事民主运动的热诚,对他那种无所私、无所求的爱国真诚,同事们都怀着敬重。不过教育工作者却需要具有宗教的情操,不一定用偏激态度发抒自己的意见。闻先生的做人及思想有一特点:他坦率,他专一。当他研究学问时,他不旁骛。当他投身改革政治运动时,他献出了自己的一切。在今天,像这样一个纯真而又不怀私念的人,是少见的。"周炳琳还感慨地说:"本来一个人从事某种运动,必然会与监狱放逐、死亡结缘,但想不到闻先生竟这样快遭受了不幸!"*(曾敏之《闻一多画像》,《曾敏之文选》,香港作家出版社1995年出版,此文写于1946年7月)*

是日,胡适、萨本栋、李济、梁思成、傅斯年致函闻一多夫人表示慰问。信云:

---

① 这份函件,原稿未署日期,但《新华日报》19日有报道,所以不会晚于18日。

"文林街清华大学办事处梅校长转闻一多夫人：惊闻闻一多兄遇刺，无任痛悼，谨致吊唁。斯年已向政府当局请求严缉凶手，查明案情，尽法惩治。胡适、萨本栋、李济、梁思成、傅斯年。"（家藏信函）①

下午五时，西南联大"闻一多教授丧葬抚恤委员会"发出举行追悼会告示，鉴于国共关系紧张，学校当局担心引起治葬外因素，故特表示丧葬抚恤等费由学校自行解决，不向外界捐募。告示全文云：

敬启者。本校教授闻一多先生于本月十五日不幸被狙逝世，本会奉本校常务委员会命，负责办理先生丧葬抚恤事宜。兹定于本月二十四日下午三时在大西门内青云街昆中北院大教室举行追悼会，并自十九日起在上述地点设置挽礼收件处。凡先生生前友好及本校在昆师生，如有挽章祭礼，请于每日上午九时至十一时，下午二时至四时，赐交该处。至于丧葬抚恤等费，已由本校负责筹办，本会不另向外界捐募。谨此奉闻。国立西南联合大学闻一多教授丧葬抚恤委员会谨启

上午九时，先生遗体在云大医院前广场火化。到梅贻琦、沈履、查良钊、黄钰生、雷海宗、贺麟等二百余人。高孝贞因病，被劝阻未能参加祭奠，闻名、闻翻代表家属在场叩祭。报载：先生"遗体由医院后门抬出，其夫人于遗体抬出前带病伏灵痛哭，长子伤重，辗转于床榻，二女在场叩祭，和尚诵经后即由二女公子上前焚香磕头，伏地痛哭。举火后，和沿及二女绕龛三周，且行且哭，至为哀痛。观者咸掩面垂泣，情况颇为凄凉。"又，报纸报道："闻立鹤脚部中三弹，呼吸困难，现尚有一弹未能取出。因体力不支不能动手术，腿部伤势亦重，据陆医生云如日内不化浓，即可无虞。"（《闻一多遗体昨火化，联大成立丧葬委会，定期在昆北举行追悼会》，《正义报》，1946.7.19）葬启上本来写明正午十二时举行火化，因提前了两个多小时，许多人来到云大医院时，仪式已近结束。

南京《中央日报》亦发表社论《彻究李闻被刺案》。

国防部秘书长颜宵鹏一行，奉令抵昆明，督缉破案。

先生殉难后，西南联大特成立了由教务长黄钰生（子坚）、总务长沈履（莳斋）、训导长查良钊（仲勉）、历史系主任雷海宗（伯伦）、哲学系贺麟（自昭）五人组成的"闻一多教授丧葬抚恤委员会"。该委员会共召开了四次会议。会议由先生的助教何善周记录，兹录各次会议记录原文如下：

第一次会议记录

---

① 据台湾中央研究院历史语言研究所傅斯年档案馆所藏该信起草原件，知该信为由时任中央研究院历史语言研究所所长傅斯年亲笔定稿。

开会时间：七月十六日下午六时

地点：梅校长客厅

出席委员：黄子坚先生、雷伯伦先生、沈茀斋先生、查仲勉先生、贺自昭先生

列席者：梅常委、丁主任、胡先生、范宁、何善周

主席：黄子坚先生

记录：何善周

壹：梅常委报告

要点：① 希望各位先生以联大同事立场，商讨丧葬抚恤事宜。② 一方面妥善安葬死者，一方面学校当尽力从优抚恤生者。

贰：根据闻夫人所得之举行火葬与在联大新校舍四烈士墓前建立衣冠冢石碑等意见，首先讨论火化事宜，议决要案如下：

(1) 决定火化骨灰装坛，以便运回故里安葬。购买坛子事，由总务处胡先生与丁主任负责花色，务求雅素。

(2) 十七日下午五时装殓，十八日午十时火化。

(3) 请佛教会办理火化事宜。

(4) 诵经及火化诸仪式，任佛教会僧众办理，唯得预先征询闻夫人意见允否诵经及举行佛教仪式。

(5) 火化地点在云大医院前广场。

(6) 关于火化地点及时间，须通知云南大学及医院，并备文通知警备总部与警察总局。

(7) 火化时间及地点，须分别通知联大在昆教职员，校内各处贴通告并本市各报发布消息。

叁：决定第二次会议时间及地点：明日下午四时在清华会议室讨论衣冠冢事宜。

肆：散会。

第二次会记录

开会时间：七月十七日下午四时

地点：清华办事处会议厅

出席委员：雷伯伦先生、黄子坚先生、贺自昭先生、沈茀斋先生、查仲勉先生

列席者：范宁、赵世昌先生、何善周

主席：黄子坚先生

记录：何善周

议决案件

（1）以联大师生名义举行追悼会。追悼会地点、时间，及仪式程序均预先公布之。

（2）追悼会日期定于七月二十四日下午三时，地址定昆北北教室。

（3）追悼会筹备事项：

A. 寻找闻先生像后送照像馆放大，此事由联大事务组办理。

B. 撰写祭文，请罗庸先生主稿，并请罗先生于是日报告闻先生从事学术著作之事略。

C. 聘请奏哀乐人员，此事由赵世昌先生负责聘，并准备钢琴、提琴等乐器。

D. 布置礼堂，此事由赵先生、丁先生共同负责。

E. 追悼会由梅常委主祭。读祭文人员由罗庸先生荐举。

F. 由黄子坚先生致哀辞。

散会。

第三次会议记录

开会时间：七月十八日下午一时

地址：清华大学会议厅

出席委员：黄子坚先生、雷伯伦先生、贺自昭先生、沈茀斋先生、查仲勉先生

列席者：何善周

主席：黄子坚先生

记录：何善周

议决事项：

（1）推选中文系学生在追悼会上致哀辞：议决于朱德熙、马忠二人中由何善周洽商聘请一人担任之。

（2）自十九日起，在昆北教室设置办事处。办事处分以下四股：

A. 文书股：由何善周总其责，另聘中文系同事或同学四人组织之，负会议记录、来往书札、草拟新闻消息、撰写公告等责任。

B. 挽礼收件股：由范宁总其责，并由范先生聘请八人组织之，负接收挽章祭品、登记礼品名目、书写领帖及保管礼品等责任。

C. 庶务股：由联大事务主任丁先生总其责，另聘六人组织之，负布置礼堂、摆设礼品，及购买、出纳、照料等责任。

D. 招待股：招待事宜由五位委员共同负责，另聘本校教授五人、学生五人担任之。校内同人及眷属与校外来宾由各同人任招待之责，学生来宾则由同学招待。

(3) 追悼会请赞礼一人。议决聘请颜锡嘏先生担任,由何善周接洽聘请。

(4) 定制纸花,凡签名参加追悼会者,均赠纸花一朵,以志哀思。

散会。

第四次会议记录

开会时间:七月二十三日上午九时

地点:昆北大教室

出席者:黄子坚先生、沈茀斋先生、查仲勉先生、雷伯伦先生、贺自昭先生

列席者:丁兆兴先生、何善周、范宁

主席:黄子坚先生

记录:何善周

议决事项:

(1) 衣冠下葬时请闻名参加,衣服由家庭备办。

(2) 牌坊上面用白纸写字,于二十四日晨贴出,字由马忠写。

(3) 签到处不落雨在院内,落雨在北教室内。凡参加追悼会者均请签名。

(4) 会场摆条凳,由事务股负责办理。

(5) 在北教室预备茶水,由事务股办理。

(6) 租桂花两盆,如租不到时,即行购买,由事务股办理。

(7) 借酒爵一个,檀香由事务股购办。

(8) 追悼会行礼之后,举行衣冠冢葬礼。

(9) 举行葬礼时预备香烛。

(10) 请马文竹先生襄礼。

(11) 仪式:国立西南联合大学闻一多教授追悼会仪节:

奏哀乐。

全体肃立。

主祭者就位(梅常委)。

上香。

献爵。

献花。

向遗像致敬(三鞠躬)。

默哀。

恭读祭文。

奠爵。

报告生平事略(罗膺中先生)。

致哀辞(黄子坚先生、马忠先生)。

闻先生家属致谢。

奏哀乐。

礼成。

(12) 书写一份贴出,油印多份备用。

(13) 准备黄布条十五个,书写执事字样。

(14) 招待由训导处请两位,事务组一位,总务处一位。

(15) 执事人员两点钟到场。

(16) 闻先生十八日火化后,骨灰中捡出金属品四块,可能为闻先生遇狙之枪弹熔化的残余,议决由委员会转送清华大学保存。

(17) 通知中央社、云南社及各报馆追悼会时日。

(18) 委员会表示希于追悼会后由闻先生生前友好与中文系师生于最近出特刊,但只限表彰学术方面。

(19) 散会。(《西南联大闻一多丧葬抚恤委员会记录》,清华大学档案室藏)

先生骨灰中的四块金属,是子弹弹片,后一直保存在雷海宗处。雷曾准备交出,但畏于形势演变,犹豫再三,始终未能如愿。

七月十九日　民盟中央为李公朴闻一多被刺事件向盟内发出通告。通告云:"查本同盟中央执委兼民主教育运动委员会副主委李公朴同志,于本月十一日晚,在昆遇害,噩耗传来,正悲愤间,中央执委兼云南省支部常委闻一多同志,又于本月十五日下午在昆被狙殒命,其子义和[立鹤]亦受重伤,于十七日不治逝世(详情见附件一)。此等暗杀案件,显系国民党特务有组织有计划之暴行,不仅表现顽固派手段之卑劣与无耻,并欲利用谈判停顿、内战扩大之时机,造成后方各地之反民主运动,藉以打击民主人士,推翻政协决议,以保持其党治与法统之独裁局面。凡我同志,处此艰危阶段,尤宜坚决奋斗,沉着应战,加强本身组织,发展民众力量,使和平民主得早实现,以慰先烈在天之灵。总部方面,除由政协代表发表谈话提出严重抗议,谒见马歇尔特使暨司徒大使外,并拟定善后办法如下:(一)在上海成立各界治丧委员会,在各地成立各界追悼会筹备会,积极分途进行,其日期由上海决定通知各地同时举行。(二)由各地组织尽力发动各方人士,纷致函电唁慰死者家属,并多作挽词哀章。(三)各地同时募集大量抚慰金,以为李闻二同志丧葬费及家属生活费、子女教育费之用。(四)举行公葬,其地点日期由上海治丧委员会决定。(五)要求政府准派代表二人,参加李闻案之调查,以明真相。上列(一)(二)(三)

项急待各地组织切实执行,俾能一面安慰死者之家属,一面使大众对顽固统治者之罪恶得更清楚之认识。关于进行经过务盼随时函告,其有关悼念死者之文字并希抄示以便汇刊。民总秘书处。七、十九。"

昆明李闻惨案后援会致函美国总统与国会议员,要求美国政府从惨案中认清国民党反动派破坏民主的罪行,要求实践杜鲁门对华政策的声明,立即撤退在华美军,停止一切助长反动派暴行的措施。

郭沫若、茅盾、洪深、叶圣陶、周建人、许广平、郑振铎、田汉、胡愈之、曹靖华、巴金自上海致电联合国人权委员会,斥责国民党特务杀害李闻的暴行,请其立即派遣调查团来华。

国民参政会驻会委员开会,议决请政府令饬云南省政府严办暗杀李闻凶手。

是日,吴文藻、谢冰心夫妇致函慰问闻一多夫人。信云:"西南联大梅校长转闻一多夫人:闻耗极恸,请节哀。吴文藻谢冰心。皓。"(家藏信函)

闻立雕、闻立鹏在重庆举行记者招待会,先后发言控诉反动派迫害先生罪行,指出凶手是国民党特务,决心与先生一样,为民主和平不断奋斗。

上海英文《大陆报》发表社论《政治暗杀》,称:"民盟领袖李公朴与闻一多的惨遭暗杀,使我们想起,只有在日本、德国与意大利,只有在他们的集权主义的统治之下才能容许这类的行为。"

七月二十日　民盟政协代表张君劢等,向国民党政府提出民盟参加调查惨案真象及审判主凶之要求,再次提出立即取消特务制度之主张。

先生在清华学校的同班好友吴泽霖致函慰问闻一多夫人。信云:"一多嫂礼鉴:阅报悉一多兄遭难,悲愤无已。在暴政横行下,一多兄为真理为民主而牺牲其精神将永生矣。务希节哀顺变,抚育诸弟妹为国努力。尊府善后忝在知已秋后返校时,当与各同人妥为筹划也。专此敬候礼祺! 弟吴泽霖敬上。七月二十日。"(家藏信函)

在全国舆论压力下,内政部警察总署署长唐纵,奉蒋介石手令抵昆明调查李闻案。

前昆明行营中将副官长杨立德在昆明被捕,国民党企图嫁祸于云南地方在野人士。

美国国务院证实先生被暗杀后,昆明美领事馆确对十一位民主同盟人士加以保护。《大公报》刊登旧金山二十日广播消息说:"美联社华盛顿电:美国国务院顷证实李公朴闻一多暗杀案发生后,昆明美领事馆领事确对十一位民主同盟分子加以保护。国务院声称,昆明美领事此种措施因该十一人显然有亦被暗杀之可能。

南京美大使馆已与中国外交部商谈此问题。据称中国当局已派员往昆调查此案，并命该地警备司令部维持法律。一俟安全确有充分保障，该十一位民盟人士即行脱离美领事馆之保护云。"（《昆民盟十一人，美领馆保护中，美国务院证实此事，谓安全有充分保障时即脱离》，《大公报》，1946.7.21）

七月二十一日　昆明《学生报》第二十五期第三版刊登先生在李公朴殉难经过报告会上的即席演讲，题为《无耻啊！无耻啊！他们在慌啊，在恐慌啊！》。这个演讲稿即《最后一次的演讲》，记录者为三个月前加入中国共产党的云南大学外语系一年级同学余丹（时名何丽芳）。余丹说，这次报告会是昆明学联组织的，会前安排她做记录，记录完成后，马上交给昆明学联负责人之一文庄（时名舒守训）。文庄看了，觉得应加一句更带劲的话，于是根据张曼筠讲的李公朴那句"我今天跨出了这道门，不知道能否跨进来"，加了"我们随时像李先生一样，前脚跨出大门，后脚就不准备再跨进大门"这句话，并从先生演讲中抽出"无耻啊！无耻啊！他们在慌啊，在恐慌啊！"作为标题，立刻交《学生报》编辑段家陵（时名段必贵）发排。（访问余丹记录，2010.4.25）因白色恐怖，《学生报》这一期出版后就停刊了。先生的这次演讲，还被学联将印成了传单。

中国民主同盟机关报《民主报》发表社论《正告国民政府》。

中国民主同盟为李闻惨案，在南京举行记者招待会。罗隆基报告惨案经过。

文协总会为李闻惨案在上海召开临时大会，出席五十余人，叶圣陶主席，郭沫若、洪深、欧阳予倩、田汉、茅盾、冯雪峰、白薇、马彦祥、郑振铎、胡风、熊佛西、许广平相继发言，高度赞扬先生为民主和平而献身的精神。

西南联大过蓉教授与校友在成都祠堂街祥福餐厅举行先生追悼会，朱自清、吴宓等三十余人参加。联大武汉校友会召开大会，追悼先生，并发来电唁。

邯郸文化教育界假邯中大礼堂举行李公朴闻一多追悼座谈会，到边区各机关首长、邯市文化教育界人士及青年学生等三百余人。报载消息云："会场布置简单肃穆，清素的花圈，衬着黑框的追悼标语，'为李、闻二先烈复仇！''追悼李、闻二先烈要积极援助国民党统治区的民主运动！''追悼李、闻二先烈，要加紧完成中国的独立和平民主事业！'全场充满悲愤空气，当人们起立垂头向李、闻二先烈致哀时，内心都燃烧着仇恨法西斯的怒火，充满着胜利的信念。主席报告两烈士遇害的经过后，前北平名教授现任边府主席杨秀峰氏开始讲话，他首先说明与李闻二氏被害同时本边区及其它解放区已遭到蒋军进攻，他号召大家行动起来，进行自卫！并以全力援助大后方的民主运动，并说：'如果民主人士在国民党统治区不能再住下去的话，我们欢迎他们到解放区来！'李氏外甥张则孙同志，在追述李氏生平后，悲愤地表示首先响应杨主席的号召,给国民党统治区的亲友去信,激励他们继承李氏的遗志奋斗到底。继军区宣传部长任白戈、邯中张校长讲话之后,邯中小同学激动地说:'蒋介石拿美国人的武器,来屠杀解放区的人民和他统治区的民主人士,还派美国造的飞机来吓唬我们,可是我们吓唬不倒的,我们一定能胜利,去年平汉战役,就是证明。'最后大会发出致民主同盟、李、闻二氏家属唁电,并通电号召全国文化教育界人士,为完成二氏遗志而奋斗到底。"(《人民日报》,1946.7.26)

七月二十二日　中国民主同盟政协代表为李闻案向国民党政府提出严重抗议,并提出善后要求六项。抗议书云:"哲生、雪艇、铁城、亮畴、力子、立夫、厉生、岳军诸先生并请转陈蒋主席钧鉴:本同盟中央执行委员兼民主教育运动委员会副主席李公朴同志,于本月十一日在昆遭暴徒狙击身死,正惊痛间,而本同盟中执委兼云南省支部常委闻一多同志,又于十五日与其子立鹤在昆遭遇同样狙击,闻君当场身死,其子重伤后亦复不治。查此两案其为政治性暗杀,毫无疑问,与上次本同盟所抗议西安秦风日报李敷仁、王任之惨死案事同一律,前案尚未解决,而此两案又连续发生,则是直以恐怖手段对付在野党派,实可骇异!且本同盟始终坚持以和平方式争取民主,自身从未利用武力,并坚持各党均应放弃其武力,今乃以暴力残杀无武力之在野党派如同盟者,则尤可异讶。用是不能不向政府当局提出严重质问与抗议:(一)李公朴、闻一多、李敷仁、王任诸君,始终站在本同盟立场从事民主运动,其主张无外乎要求民主和平,其行动不出乎作言论号召,在不犯法之范围内,而遭摧残至此,则政府究竟是否准许人民有其合法的政治活动之自由?假如不犯法的政治活动是政府所准许,则政府为何又容许此种非法摧残之事在南北各地继续不断演出?假如政府对于此类非法摧残是不容许的,则本同盟上次抗汉之西安惨案为何至今不查明严办?(二)政府既以实施宪政号召国人,一再公开承认各党派之合法地位,而数月来如秦风报事件,如西安、昆明各惨案,皆显然一致地为向本同盟施以摧残压迫,则政府是否准许各政党之合法存在?对于和平公开之政治结社竟如此摧残,是否不惜驱迫其转为地下活动暴力革命?如或不然,则何以不见对于本同盟予以有效之保障?政府今后是否能负责保障一切和平而公开之政党活动?以上各节请予明白答复,以释群疑。此外关于昆明惨案之善后,本同盟复有下列各项要求:(一)政府立即选派公正人员与本同盟所派之人员同赴昆明,进行调查惨案真相。早日公诸社会。(二)政府对本案正凶及主使者应依法究办,其审判时并应准本同盟推派法律专家列席参加。(三)政府于惨案发生时应负责任之地方治安长官应即予以撤惩。(四)政府应对于李闻二君之遗属特力口抚恤并负担其子女教育费用。(五)政府对于目前因惨案威胁而避入昆明美领事馆之本盟领导人潘光旦等十一教授以及一般民主人士均应切实负责保护其身体安全及自由。
(六)政府立即撤消国民党部及军事机关之调查统计局,以后设置情报机关并应保证不作对内政治斗争之用。再则昆明惨案发生以前,早经传说,有所谓黑名单,李闻二君均居首列,事后果一一如其所说不虚。据说此外列名其间者,尚有本同盟政协代表及各地负责数人,并此提请政府注意为幸。专此函陈,伫候复教,顺颂政祺。中国民主同盟政协代表梁漱溟、沈钧儒、黄炎培、张申府、张君劢、章伯钧、罗隆基同启。"

上海学生和平联合会发表《告各界书》,坚决要求追查李闻惨案主使者,以保障人权。

先生的旧日朋友,时为教育部参事刘英士,代表教育部长朱家骅抵昆慰问高孝贞。

七月二十三日　西南联大、中法大学学生自治会留汉理事暨诸同学致闻一多夫人信。信云:"闻夫人:从报纸上知道一多师的恶耗,联大和中法大学的同学虽正在迁徙离散之中,但听到这消息的都哭了。许多人想到闻先生的声音笑貌就哭,想到闻先生循循善诱的风度就哭,想到闻先生为人民为正义为国事而呼号的精神就更哭。闻先生太爱人人,因此我们也深爱闻先生。哭过了,恨却更强!这次暗杀,无疑的是那些一向以摧残人权、虐杀人民的职业的特务干的。这次暗杀无疑的只是那些反动分子□首以恐怖手段来迫害民主势力的无耻阴谋的一部分。我们恨,恨这些丧尽天良的禽兽。对于他们我们自然只有报复!我们相信全中国的人民也一定要报复的!我们已经坚决宣誓,为闻先生的凶案,为闻先生的爱和恨而奋斗!我们虽然离昆明愈来愈远了,可是我们的心依然紧紧记着昆明。闻先生不幸死了,这是中国人民的重大损失,可是闻先生活在中国人民心里也更深了。我们希望并要求您不要太伤心,立鹤要您照料,立雕、立鹏和无数在闻先生感召之下成长起来的孩子也要您照料,保重吧,为了爱和恨,都要坚强的活下去。我们祈求您的健康。西南联大、中法大学学生自治会留汉理事暨二百七十同学合启。七,廿三。汉。"(家藏信函)

七月二十四日　下午三时,西南联大在昆中北院大教室举行先生追悼会,梅贻琦主祭,罗庸报告生平事略,黄钰生、马忠(中文系学生)致哀辞,均只限于表彰学术。家属中仅闻名参加。

与先生同乡、同学、同事,并一起参加湘黔滇旅行团从长沙步行到昆明的黄钰生教授,敬献挽联云:"茫茫人海,同乡同学同事同步行三千里,回首当时伤永诀。莽莽神州,论学论品论文论豪气十万丈,横视古今有几人。一多学兄千古。弟黄钰

生敬輓。"（家藏挽联）

七月二十五日　《新教杂志》代表美国加拿大两国六千余新教牧师,致电上海《文汇报》,慰问先生家属,云:"每一个正直的美国人,都为贵国民主领袖的被杀害,深深感到震骇","这一巨大的阴谋,不仅是反对中国人民,并且反对全世界人民"。《基督教人》杂志亦以全美圣公会僧俗大众代言人身份,向先生家属表示"深沉的同情",并对"中国政府排斥民主的这类事实,深感惊骇厌恶"。

七月二十六日　延安各界举行追悼李闻、反内战反特务大会。朱德、林伯渠讲话,号召全国人民团结起来,坚决反对法西斯的内战、特务政策。李敷仁、柳湜、刘善本也相继发言。万余到会者共同谴责特务暴行。

大会历时三小时,一致通过《延安各界反内战反特务大会宣言》。宣言全文云:

我们延安市的人民,今天集会来反对蒋介石军队对于解放区的进攻,和蒋介石特务对于人民的屠杀!蒋介石的军队从停战令以来,就没有停止过对于解放区的进攻,最近这种进攻是更加扩大了。蒋介石的军队从六月底开始,大举进攻鄂豫解放区和山东解放区的胶济沿线,七月初大举进攻晋西南解放区,七月中旬又开始大举进攻苏皖解放区的西线、南线和北线。在热河、察哈尔和其它解放区,蒋介石的进攻正在积极准备,战争正在发展为全国的规模。

蒋介石的特务机关从政治协商会议闭幕以来,就没有停止过对于人民的屠杀。蒋介石在制造了二月的重庆较场口惨案和新华日报惨案,三月的哈尔滨李兆麟惨案和南通惨案,四月的北平中山公园惨案和西安王任惨案,五月的咸阳李敷仁惨案,六月的南京下关惨案和徐州惨案等无数恐怖事件以后,七月中旬又在昆明连续暗杀了民主同盟的领导人物李公朴先生和闻一多教授。在解放区,从二月以来,已有几千人被特务暗杀。

我们决心不许蒋介石这样在全国乱打乱杀,无法无天;我们要求全国人民联合起来,有效地制止内战,制止特务机关的恐怖行为;我们一定要声援鄂豫解放区、山东解放区、晋南解放区和苏皖解放区,一定要粉碎反动派的军事进攻;我们一定要声援全国人民争和平争民主争生存的运动,一定要粉碎反动派的恐怖政策,为死难的烈士复仇!我们的奋斗是正义的,我们的奋斗必然要得到胜利!我们要求美国人民和美国政府中的民主分子,起来纠正美国政府援助蒋介石的错误政策,因为援助蒋介石就是扩大中国的内战和恐怖,就是参与屠杀中国人民,就是违反去年十二月莫斯科三国会议的决定。我们中国人民十分重视中美两大民族的友谊平等合作,愿意为此作一切的努力,但是蒋介石以出卖中国领土、领空、领海、海关、内河和其它主权,来换取美国反动分子的军事干涉,换取美国陷入中国内战的漩涡,这决不是拥护而是破坏这种友谊平等合作。全解放区的人民行动起来！粉碎蒋介石的进攻！全国的人民行动起来！制止内战制止恐怖！拥护停战令！拥护政协决议！清洗好战分子！清洗法西斯分子！解散特务机关！中美人民联合起来！反对美国军事干涉！建立中美两大民族的友谊平等合作！独立和平民主的新中国万岁！延安各界反内战反特务大会，中华民国三十五年七月二十六日。(《人民日报》，1946.7.30)

七月二十七日　西南联大上海校友会在花旗银行举行先生追悼会。主祭李继侗，吴晗、王赣愚、周永德发言。最后宣读闻立雕、闻立鹏向全世界公正人士之控诉信，并宣读上海联大校友会通电。到会者三百余人。联大过沪去平学生挽幛上书："野火烧不尽，春风吹又生。请安眠吧，先生。"

陆军总司令顾祝同、宪兵总司令张镇奉令抵昆明，全权处理李闻案。

七月二十八日　重庆各界六千余人隆重追悼李公朴、闻一多。青年馆门前街口两边耸起两座柏枝素坊，门外沿壁沿街挂满挽联。各界送来函电、挽联、花圈共一千二百余件。大会主席张群，主祭周炳琳、吴玉章、张笃伦、胡子昂、鲜特生、许德珩、邓初民、史良、黄次咸、沈起予任主席团及陪祭。祭台横写"民主之魂"，两侧柏枝柱上挽联云："以身以命争取民主，用力用血奠定和平。"鲜特生诵祭文，中有："人民世纪，安容虎狼，誓承遗志，群起反抗，力争民主，戡彼猖狂，前仆后继，何畏死伤。"会上，北京大学法学院院长周炳琳报告先生生平，最后说："近三年来，为了政治的使人无可缄默，他于是为国家为人民而尽力呼吁。自己毫无私图，议论不怕激烈，因此闻先生竟遭人之恨而牺牲了。闻先生的学识与为人，使我佩服到极点。现在我们就国家的元气上说，就人道上说，从是非上说，我们纪念闻先生不是闻先生一人死的问题，而是如何承担闻先生未完成的事业，继续下去。"

闻立鹏在会上也做了发言，《新华日报》报道他的发言和会场情绪："最后由死者家属致答词，全场又紧张起来了。闻一多先生第四[三]位公子闻立鹏，一个面色苍白，十四岁的孩子，带着最深的悲痛与愤怒走上祭台了。他是那样镇定，他好像仔细的凝视着每一个人的面孔。好多人一见他出来，又禁不住伤心的痛哭了。他提高着声音，劈头就说：'记得在昆明一二·一惨案时，也有如这样多的挽联，这样多的花圈，这样多的人。爸爸那天对我说：他们死得好惨呵！现在，想不到爸爸也死得好惨呵！'他伤心得不能讲下去，台下无数人大声的哭了！'我今天在这里，我感到我并不孤独，因为我还有这样多朋友，我希望你们还要帮助我。'此时台下各角落发出'我一定帮助你'的鼓励声。'现在，我好像听到爸爸在我耳边说，好像他要我向大家致最大的。'台下的哭声更大了。'我爸爸被杀死了，有人造谣说是共产党杀死的,是什么地方人士杀死的,还有人说是爸爸的朋友杀死的,我奇怪他们为什么不痛快地说,是我哥哥把我爸爸杀死的!'群众的愤怒已到了极点。'我爸爸死了半个月了,现在还没有捉住凶手,现在我要求大家援助我,我们要求取消特务组织。''我们要求取消特务组织!''我们要求取消特务组织!'一个巨大的人民的声音,在这黑暗血腥的世界摇撼着、震荡着、奔腾着,发出火花,发出激流,这声音,这力量,将会冲破一切残酷的法西斯血腥的统治,给新中国带来曙光,给中国人民最后胜利以最大保证。"(《重庆市民六千余人,昨举行李闻追悼大会》,《新华日报》1946 年 7 月 29 日,第 2 版)

《新华日报》发表社论《才不过是一个开始——追悼李公朴闻一多二先生》,并出版《追悼李公朴闻一多先生特刊》。追悼特刊第二版刊登先生在李公朴殉难经过报告会上的演讲,题为《闻一多先生最后的一次讲演》,即七月二十一日昆明《学生报》第二十五期刊登之《无耻啊! 无耻啊! 他们在慌啊,在恐慌啊!》。

七月二十九日 张家口各界代表千余人,举行追悼李闻陶(行知)、反内战反特务大会。

七月三十日 邢台地区各学校机关团体在北方大学操场召开追悼李闻二烈士大会,会前举行了隆重的公祭典礼。北方大学校长范文澜为公祭撰写了哀辞,其文云:

李公朴闻一多两烈士被汉奸卖国贼蒋介石惨杀了。两烈士的鲜血,灌注到中国人民反美帝反奸贼的猛火堆里,光焰更是万丈高了。两烈士瞑目吧! 你们正义的鲜血,决不会白流的。近百年来,地主买办阶级里产生大汉奸卖国贼,最著名的如曾国藩、李鸿章、袁世凯、段祺瑞之流,把中国卖得差不多,但比之蒋介石那样干脆而彻底的出卖,却是小巫见大巫,反而算不得大奸大贼了。可以相比的只有汪精卫,好一对奸贼群中的难兄难弟! 蒋介石企图掠夺抗日战争的全部果实,永远保持其法西斯独裁,悍然出卖中国的一切,向美帝求援。他把天空也卖了,把海面也卖了,把内河也卖了,把海关也卖了,凡可以卖的都卖了。他还觉得不够,还出卖所谓"最后决定权"。换句话说,就是出卖中国的全部政权,使中国变成美帝的菲律演,使中国人民变成美帝的黑奴,他自己因此"荣任"美帝的儿皇帝。这个集罪恶之大成的大奸大贼,自以为得计,妄图迫促中共代表团同意他的"荣任",碰了大钉子以后,拿出一张所谓马帅的王牌来吓人。这真是"不知人间有羞耻事"的标本,如果想在他的头脑里找出一个耻字,那比水底捞月还难,因为耻的影子他也没有,不管他经常大叫特叫"礼义廉耻"。美蒋进行买卖,双方都不掏本钱。美帝出卖的是准备投海的剩余军火,蒋介石出卖的是人民的中国和中国的人民。买卖成交以后,美帝买得忠孝双全的儿皇帝一个,蒋介石买得大批杀人凶器,用来镇压蒋家统治区的人民,特别是进攻和平民主的解放区,企图捆缚一万万四千万人民做奴隶。谁也知道,不掏本钱的买卖,一定要继续下去,不会自动停止的。那就是说,今天的中国,又一次面临"七七"危机,全国人民不拿出反抗日帝的民族精神来反抗美帝,不拿出膺惩汪精卫的坚强力量来膺惩蒋精卫,那么,八年抗日的鲜血将成空流,千百万殉国英魂将成不血食之鬼。在这样严重的关头,每一个人民是不是应该救国呢? 中国共产党、中国民主同盟代表全国各阶层人民,担当起挽救危亡的大任。蒋介石至今还不能售其奸计,为所欲为,就是依靠中共、民盟的合力阻止。李公朴闻一多两烈士是民盟重要负责人,也是人民的重要代表人,他们有完全权利替人民讲话。蒋介石为虎作伥,彻底卖国,他们走出书房,号呼救国,这是该杀的事么? 蒋介石发动内战,屠杀军民,他们主张正义,力争和平,这是该杀的事么? 蒋介石独夫专政,奴役人民,他们坚持民主,反对独裁,这是该杀的事么? 蒋介石断送全国经济命脉,让美帝抓住中国人民的生命,他们拒绝奴化,要求经济建设,发展资本主义,这是该杀的事么? 蒋介石迫诱无辜青年,走入邪路,执行特务贱业,充当法西斯走狗,他们不忍坐视,大声疾呼,指示光明大道,在思想上拯救了无数青年,这是该杀的事么? 两烈士所做所为,千不该杀万不该杀,是毫无疑问的,那么,杀两烈士的蒋介石,千该杀万该杀,也是毫无疑问的了。两烈士呵! 你们安心吧! 中国人民会替你们报仇雪恨的! 蒋介石自毙的时期不远了。他煽毒焰,我们以正义克之,他施鬼蜮,我们以真理破之;他投美帝,我们以广大人民胜之;他最后发动卖国战,寻求万一的活路,我们以救国战制止之。我们民主力量声势蓬勃,沛然有余,蒋介石计穷智竭,挺而走险,只能作绝望的挣扎,谁是最后胜利者,难道还要说明么? 两烈士安睡吧!你们是民主战士,你们的名誉将永垂不朽,你们的墓前,人民要树立殉国烈士之碑,永远纪念你们。看吧! 你们的遥远处,有一大堆粪土,里面埋着一副臭骨头,粪土堆前一块顽石,上面写着"上海青皮、暗杀队队长、交易所投机商人、特等军阀、头号汉奸卖国贼、特务总头子、民贼独夫、美帝儿皇帝蒋介石埋尸处"。相距不远,另一粪土堆埋着日帝儿皇帝汪精卫。这两堆粪土,永远表示地主买办阶级的罪恶。两烈士安睡吧! 你们是永远值得骄傲的! (范文澜《李公朴闻一多两烈士哀辞》,《人民日报》,1946.8.7)

同日　顾祝同在云南省政府招待社会各界,出席者有省政府主席卢汉、警备总司令霍揆彰、省党部主任委员邓飞黄、省参议会议长龚自知、省商联会理事长严燮成等。梅贻琦以西南联大常委身份出席了招待会,并在会上发言,略谓:"李闻案是一件很荒唐毒辣的事,本人想不出他们为什么而死,现此案已非李闻两先生的问题,而是一个重大的案件。我们从这方面着想,希望此案早日解决,在座的许多位先生,当闻案发生后,纷纷慰问,本人负责学校行政,特在此向各位致谢。"(《顾总司令昨午招待各界,李闻案务于短期间破案缉凶》,《正义报》,1946.7.31)

七月三十一日 美国哈佛大学教授三十人,联名致电艾奇逊,主张美国政府停止援助国民党政府。

八月一日 罗隆基致函慰问闻一多夫人。信云:"孝贞嫂:三十余年老友一多兄遇难,噩耗到京,悲愤万状。当时即拟亲自来昆,即奠多兄之丧,且为多兄料理家事。但京沪民盟同人均认昆明环境恶劣,阻努之行,政府方面亦不愿担保努在昆之安全,因之努至今未能如愿来昆,长愧,长憾。今民盟已推梁漱溟、周新民二兄前来代表民盟调查多、朴二兄案情,并与嫂及公朴夫人商量两家善后等等。多、朴二兄为中国民主而牺牲,亦为领导民盟工作而牺牲,故多、朴二兄之丧非家庭之私乃民盟之公丧,而二兄之一切善后乃民盟共同之责任也。对多兄今后应举行如何追悼建立如何纪念,对嫂今后家庭应如何妥置,对侄辈今后应如何教养等等,兄嫂有何意见请坦白告知梁、周二君,我辈当依命以行。多兄之死成仁取义,实可无憾,至于如何继续其余志,实现中国之民主,后死之责我辈当有以慰地下之灵也。惟愿吾嫂节哀珍摄为祷,痛悼之情言难达意。敬候礼安。弟努生。八月一日。"(家藏信函)

八月二日 先生的最后一次讲演以《闻一多同志不朽的遗言》为题,刊登于《民主周刊》第三卷第十九期。这一期周刊是唐登岷、杨明冒着生命危险编辑出来,又得到云南日报印刷厂工人吴桐等人帮助,秘密赶印出来的。

八月三日 在重庆的闻立雕、闻立鹏致美国驻华大使司徒雷登函,诉说父亲转变过程,要求司徒帮助中国人民促进和平民主。全信云:

司徒雷登大使先生:

听说你是我父亲生前的朋友,因此我们兄弟二人压抑着悲痛的胸怀,写这封信给你,向你报告先父被刺前的一些事实。

关于先父在本月十五日被刺逝世,家兄同时中弹五发,身受重伤的情形,相信你已在报纸上看到了。先父是一个专门研究中国文学的学者,他向来是抱着"为艺术而艺术"的观点,而从来不过问政治的人。一九四三年秋天,他因为目睹中国战争接连失败,政治日趋黑暗,物价不断高涨,同时他从军的侄儿(在教导团)在经过昆明时向他哭诉军队里的黑暗和腐败,使他深受刺激,他闭深思了一个星期,终于站起来为争取中国成为一个民主国家而努力,他加入了民主同盟。

他虽然加入了民主同盟,但由于他的性格和生活的忙碌,他的政治活动,仅限于常常应邀出席学生自治会所举办的时势讲演会和偶然发表一些不满中国政治腐败的文章。

在去年十二月一日,昆明发生了屠杀学生惨案以后,他与广大的学生站在一齐,坚决要求严惩主凶,曾使国民党政府对他大表不满:当时某方扬言说,如果他再发表文章或演说,就要悬赏四十万买他的头,他听了就笑了一下,不把这些话放在心上。他要坚持中国人民要求和平,要求民主,要求过安定而幸福生活的希望,他终于在七月十五日下午四时半在昆明被暗杀了,我们的大哥闻立鹤因为要救护他,也同时身中五弹,受了重伤,现在还在医院,我们的母亲因悲伤过度,心脏病复发,也进了医院疗养。

我们兄弟两人事先来到重庆,准备与先父等一同返回北平的,但在目前这已成为永远不可能的事情了,我们兄妹五人,已成无父的孤儿了。我们悲痛和愤恨的情绪,简直不能用文字和言语表示出来。

司徒雷登先生,中国目前还是一个专权而黑暗的国家,在今年一月十日,蒋主席虽然宣布了四项诺言,但至今一项也没实现,中国人民目前仍然是没有言论自由的,先父被暗杀就是一个最有力的例证。

目前我们和全中国的广大人民,已经向国民政府提出了严惩暗杀先父的凶手,和幕后主使人,立即解散不法组织,保证人民基本人权等要求,现在我们兄弟二人仅将先父被刺前的事实向先生报告,并恳切希望先生促进中国从和平走向民主的努力,能在全中国人权的共同奋斗下获得成功。

祝你

健康

闻一多次子闻立雕(十七岁,联大附中四年级学生)

三子闻立鹏(十四岁,联大附中二年级学生)

（《闻一多先生遗雏致司徒雷登大使函》,《文汇报》,1946.8.5）

该信为《新华日报》记者谢韬起草。八月十四日,闻立雕、闻立鹏飞北平前夕,与谢韬、李康摄一合影。后,谢韬为此照片撰写说明云:"一九四六年七月十五日,闻一多先生被国民党特务暗杀。其后,先生的儿子闻立雕、闻立鹏经重庆返北京。这张照片是在途经重庆时所照。闻氏二人到重庆后,颇受社会各界和报纸的关注。当时,重庆情况复杂,军警宪特十分猖獗。二人年幼,怕有闪失。我受《新华日报》组织委托,李康受《民主报》委托,于二人在渝期间,时时相伴、给予关照,以保证他们安全返京。这期间,与闻家兄弟相处密切,留此存照。这张照片历经劫难走过了六十二年,能幸存下来作为历史见证,当是十分珍贵。谢韬谨记。二〇〇八年四月二十六日。"闻立雕说:当时谢韬始终陪伴在他们身旁照料一切,八月初在全国各主要报刊上刊登的他与弟弟闻立鹏联名致美国大使司徒雷登函,也是谢韬起草,以他们的名义发表的。

同日 叶公超致梅贻琦函,内中说:"顷闻滇中友人云,一多家属维持费暂由清华负责,且有为其子女筹募教育基金之议。弟与一多交笃,愿在此及沪上帮忙,负责何人,尚乞示□,以便就近接洽。弟意一多为人治学有其超政治超政党之处,主其事者似亦应力求无党派之人,未悉吾公以为然否。(上海银行界如陈光甫、李叔明等予皆熟人,且与一多重名识,对其人颇敬仰)。昆明诸友如佩弦、奚若等有何意见,便中能否一得见示。"(叶公超致梅贻琦信,清华大学档案室藏)

八月六日 民盟秘书长梁漱溟、副秘书长周新民抵达昆明,调查李闻被刺真相。国民党中央党部派秘书张寿贤同行。

八月九日 重庆各界人士暨五十余团体成立"陪都李闻惨案后援会",并发表宣言,吁请当局彻查血案,切实保障人身自由。同时,筹募李闻遗族生活教育费。

八月十日 美国总统杜鲁门经中华民国驻美大使顾维钧转给蒋介石一封私人密函,内中涉及美国政府对李公朴、闻一多被刺事件的反应与态度。信中特别指出:如果国民党政府不能在和平解决内部问题,如果在中国不能在短期内有真实的进步表现,则将重新审定美国对华政策。

八月十一日 西南联大留渝校友在重庆青年会举行追悼会,通过为先生家属募捐等三项决议。何善周在会上报告高孝贞、闻立鹤住院情况。立雕、立鹏均出席。

八月十二日 美国哥伦比亚大学师范学院全体教授,为李、闻被刺致电杜鲁门总统,称"这种出于若干反动分子的残酷行为,刺痛了中美两国思想自由的公民良心,这刻画出中国局势在迅速的恶化,美国也深深的被卷入了"。

香港《华商报》刊登《三个天良发现的特务,揭露暗杀李闻经过》。

八月十四日 闻立雕、闻立鹏离渝赴平前一天,致函感谢重庆各界人士。信中说:"在重庆住了将近两个月,很感激你们给我们精神上的鼓励和物质上的援助,更感谢你们给先父闻一多同李公朴伯伯举行了沉痛而隆重的追悼大会,你们是多么的富有正义感!"文末又说:"在我们临行的时候,先父的惨案真相还没有大白,真正的凶手、主谋人,能在那里去拿获?! 这使我们多么的苦痛、失望。"

八月十五日 陆军总司令部军法处、云南省保安总司令部、驻昆明宪兵十三团组织之军事合议审判法庭,举行闻一多被刺案第一次审判,对云南省警备总司令部特务营第三连连长汤时亮(本名汤世良,实负责暗杀李公朴)、排长李文山(本名李明山,杀害闻一多凶手)进行"公审"。应邀观审者仅二十余人,记者只允许中央社两人。梁漱溟要求闻立鹤出庭辨认凶手，被陆军副参谋长冷欣以其"伤势未好"为由拒绝。嗣后，民众要求公开复审，国民党不得不于二十五日举行第二次公审。

西南联大参加这次公审的是梅贻琦、贺麟、冯文潜、查良钊四人。对于当日的情况，梅贻琦在日记中写道："上午十时偕自昭(贺麟)、柳漪(冯文潜)、勉仲(查良钊)往地方观审闻案凶犯汤时亮、李文山二人。汤为警备司令部特务营连长(湖南衡阳人)，李(湖北人)为该连排长，二人似为正凶可无疑，惟皆为特务营官佐，而于出事之日，又皆便衣带枪(借一军需上士在逃未获者)出营，未久即至云大会场，听到闻之演词遂'激于义愤下毒手'，此实巧极，不无可更研究者。法官三人为陆军总司令部、省保安司令部及宪兵十三团之代表，讯时系择其预审供词要点特为重讯，并以为观审了然者，于是否有人主使特分别追问，犯人皆称无有，可以见之。十一点半散庭，下午两点再开庭，余则未往，盖已无关紧要矣。"(梅贻琦日记手稿,清华大学档案室藏)

对于这次公审，许多人都认为是敷衍。八月二十一日，张奚若接受《联合晚报》记者采访时，就认为政府对此案的处理手段很卑劣。他说："起初在街头曾发见反共大同盟的标语，说是共产党暗杀的，接着又说是地方势力杀了他们。终于又是落到现役军人头上。这案子的调查破获经过极令人不解。再论及那个凶手说是因为闻一多在李公朴追悼会上攻击政府，侮辱军人，激于义愤而杀了他，这完全是瞎说。因为楚图南先生当天并未说话，为什么也被人追得越墙逃脱呢？ 其为有计划布置的大规模暗杀，是无疑义的。昆明人士一致主张这次暗杀案不能由政府片面的调查破获便算了事，大家拥护民主同盟的主张，要组织特别法庭来审理这案件。"张氏还说："说是因为凶犯本身是现役军人，所以要由军事机关审讯，不如说是因为要秘密处理这案子，所以这凶手就成了现役军人。"(《张奚若教授称,蒋方处理闻案手段卑劣》,《解放日报》,1946.9.8)

汤为暗杀李公朴之特务之一，李为暗杀先生之特务之一。血案发生后，全国舆论大哗，霍揆彰为了逃避责任，先是以云南省警备总司令部名义在各报刊登悬赏缉凶启事，继之采取嫁祸于人伎俩，散布说两案是龙云三儿子干的，并逮捕了龙云的副官长杨立德中将，施以严刑，以便借机搞垮龙云在云南的遗留势力，达到一箭双雕的目的。唐纵抵昆前，已获知李、闻二案均系云南省警备总司令部之人，但他抵昆后，霍揆彰一口否认，极力狡辩。七月二十五日，蒋介石在庐山召见霍揆彰，霍揆彰才承认两案是部下所为。霍揆彰回到昆明后，令王子明、刘寿琬召集行动科特务开会。会上，刘诡称怕公审时露出马脚，请弟兄中出来两人自首，公审后用他人替换出来，事后连升三级，送国防部任职。王子明亦说：好歹一定要保住霍揆彰，否则一切都不好办。这时,汤世良、李明山在无法推脱情况下,愿意"自首"。于是,两人编造了一套假口供,并改名为汤时亮、李文山。王子明还抓了两个四川流落到昆明的人,用麻醉药麻醉后,关在西站营房,准备在刑场上替换汤、李。

八月十八日 成都各界在蓉光电影院举行李闻追悼大会。到张澜、邵从恩、李璜、朱自清、罗念生、张志和、马哲民、杨伯恺等两千余人。省政府秘书长李伯申主席、民盟中央执行委员范朴斋主祭,民盟主席张澜含泪致词。会后,暴徒袭击张澜,张澜头部被玻璃碎片打伤三处,血流如注。

八月二十二日 民盟中央派往昆明调查李闻惨案真相的梁漱溟、周新民离昆返南京。月底,他们向民盟中央提交了《李闻案调查报告书》,其全文如下:

一、赴昆明调查之经过

七月十一日和十五日,李公朴先生和闻一多先生,两件惨案既接连发生,民盟就考虑到派人去昆明调查的事情。但迟至八月三日乃得成行。其所以迟延的主要原因,是在和政府争持调查方式的问题。我们的意思,是要与政府一同去调查,或者说参加它的调查工作。在最初和政府诸位代表谈到此意,他们几位都没有不同意的表示。但认真交涉时,则又不肯同意了。我们坚持我们的要求,期望政府代表向牯岭请示的结果,就耽误许多时间。末后只有接受政府所说的办法:(一)民盟自己派人去调查;(二)政府予我们以去昆明往返交通的便利;(三)政府予我们到昆明后从事调查的各种便利;(四)为了实行上两项,政府可以派人陪同我们前去。八月三日的起行,大体就是本着这一方式。

在人选上,民盟委派漱溟、新民两人同去,政府方面则派了中央党部张秘书寿贤陪我们。八月三日,从南京乘飞机到重庆,原意可赶上四日重庆去昆明的飞机,但四日的机位竟未能从航空公司取得,迟到六日才飞昆明。从八月六日到廿二日早晨,我们三人同住在昆明的商务酒店。廿二日我们搭机东返,张秘书因病稍迟一步再行,于是就分手了。在同行和同住期间,我们承他帮忙甚多,值得感谢。但可惜在起身前,中央党部吴秘书长铁城给昆明顾总司令、卢主席、霍总司令、唐署长电报上只说予我们以便利,而不说予我们以调查的便利。

从八月六日到二十二日,首尾十六天。在这十六天中,我们要代表民盟慰问李闻两家,并帮助两家解决其今后一切问题。还有云南当地民盟盟务亦待调理。所有这些,在这里都不叙,只叙有关本案调查的事。我们调查工作,自一面说很困难,自另一面说亦很容易。困难的是我们到达昆明之初,当局者便采取了冷淡我们孤立我们的方策。琐细事实甚多，不必缕。譬如六日到昆，七日各报纸只登出张寿贤来昆字样，而故意不提到我们。顾、卢、霍、唐等屡约时间，屡次改期，直到九日才得见面。同时使地方人士不敢与我们接近。许多朋友都不敢来看我们，我们间接托人约会见面，亦均遭婉辞。我们自亦不好访问人家，致使人家感觉讨嫌了。

这里只举几个小例以见一般：我们所住的商务酒店就布满了特工人员。我们出门访人必然作随从，我们在家会客必然作记录。有一天我就在商务酒店吃早点，恰巧遇着孙福熙君。他原曾为中国旅行社编辑旅行杂志，而商务酒店原是中国旅行社开办的，所以他长期住在里面。餐厅中偶然相值，欢然道故，说几句话，原是极寻常的事。事后孙君告诉我说，特务马上就盘诘他：你与梁某什么关系？你和他谈什么话？孙君赶紧表明彼此无多关系，"不过从前在北京大学读书时候，梁先生是先生，我是学生而已。"——试问在这种情形之下，还有何人敢来亲近我们呢？

在进行调查时，军政机关既不予以便利，却反而有意陷我们于困难之中。是如此了，何以又说调查起来亦很容易呢？这有两层：第一层，就是俗常说"一手难以掩尽天下耳目"的话了。广大的社会究竟不乏有心人。所以自动来供给我们材料，作种种帮助者还是不少。第一是地方人士，第二是许多青年学生。还有更重要的第三与第四，那便是我们盟内同志和美国领事馆的朋友。两大暗杀案，民盟原是"尸主"，我们自己人哪有不留心的呢？尤其像被当作目标而幸未遭难的楚图南先生，被搜查而未及捕进牢中的赵沨先生，和其他诸同人，自身遭遇就是很好的材料。美国朋友虽是局外人，但他们极同情我们的；同时在职务上他们对他国家要作情报。除了现在昆明的罗领事、麦领事而外，美大使馆还特别电调前驻昆明很久的斯领事，从北平专来调查本案。我们到昆明时，斯氏虽离去，罗、麦两位却请我们两度到他馆中便饭长谈，彼此交换调查材料。——试问在这种情形之下，岂是任何一方所能遮掩得了的吗？还有第二层理由留待后面"调查本案后的论断"中去说。以下只将我们招待新闻记者，访问当局，旁听审判，以及我们与当局函件往复等事，叙一叙。

我们原意先访问当局，后招待记者，以示慎重；但结果还是先招待了记者。那天到场的记者相当多（多过我们所发请帖二倍），谈话相当长，秩序亦很好。记者们笔录甚勤，据说其中作了一份三千多字的笔录，当晚交呈顾总司令阅看。我们大致就本案发生后政府如何表示，友邦如何关切，我们向政府如何交涉，及此来所取方式，今后的要求与期待等项分别说明。其中重要处是从我们的立场态度,说到我们要求移南京组织特别法庭审判之一层。访问当局(顾、卢、霍等)时,我们对他们谈的亦着重此层。其大意约略是这样的:

李闻案,无待申论是政治性暗杀案,国内国际都这样承认的。今被害者是在野的民主同盟方面,则在朝的国民党方面便头一个犯嫌疑。虽如此,我们民主同盟却依然还承认它法律上的地位。即承认政府是政府,接受它的警察及司法机关所行使的职权。但我们希望国民党亦承认我们在政治上的地位,即承认我们在政治上是它的反对派。反对派遭遇这事情,它自己脱不掉嫌疑。此时它如果是光明正大的,应自动地邀我们一同来调查这案情,一同来审判,乃至将来一同宣布其结果。这样,自然国内国外都会相信它,佩服它。纵然结果发见是它中下级之所为,而于当局者的光明固丝毫无损。因此我们提议一同调查,移京审判,实为爱惜政府之意。最要还在组织特别法庭,给各方以参加机会。要知具有政治关系的案件,普通法庭是办不了的。记得重庆较场口事件在法院公审时,法官就当众说这种案子是以政治为背景的,普通法庭没法审判。而抗战前救国会七君子的案子,人虽出来,案并未清,更未曾宣告无罪。说起来至今还是不合法的。所以为了允洽舆情,作有效之处理,组织特别法庭实有必要。否则,以处嫌疑地位的国民党,还要运用它手中的大权,一手包办,则更加重嫌疑,威信尽失。那将不单是国民党的损失,而实在是国家的损失了。

我们这一要求,或说是一期待,自然由民盟中央在南京直接向政府提出。所以对顾、卢各位,不过告知他,不要轻于处理。在第一次访问时,他们亦不作何表示,只说案情在侦查中,还不完全。到十三日顾、卢请我们吃晚饭,陪座有冷欣、张镇等。饭罢,顾邀我至别室小谈,说李案凶犯未获,闻案后日可开审,请参加观审。我问:是后来从曲靖获之人吗?顾答:不是。是两个外省人。我又问:凶犯供他为何行凶呢?顾笑云:且待问他们自己罢。我立刻就明白必是八月五日重庆看见的晚报上那个说辞了。所谓观审,只是远坐旁听而已。然而我们亦决定参加,以观究竟。十三日夜间收到他们请观审的公函,十四即作复,告以我们不同意这种审理,但承邀观审,我们同冯素陶先生三人应邀前往,藉资调查。同时提出闻立鹤为当时在场受伤未死之人,对于行凶者必有印象,请设法担架到庭辨认。晚上十点钟,张秘书接到顾总司令电话约他去见。次早,张告我说,顾公嘱他转告两点:梁、周二位观审已足,冯先生不必参加了;闻立鹤出庭亦可无须,假如法官认为必要时再说好了。

观审时张秘书亦陪同前往,遇参谋长冷欣出出入入,张罗一切,观审毕,步出法庭,张秘书告我冷参谋长对他说,军法处曾派人去医院看闻立鹤能否出庭。但医院出具证明书,说他伤未好,不能出庭。这可见假如我们不提,则这手续亦许都不做。

观审的人,初时还有二十三四人,午后更少。这都是应邀而来。邀而不来是可以的,没有邀而自来则不行。即如新闻记者,除被指定的中央社两人外,亦一概不准入内。《大公报》派来昆明的高学逵君向我们述说他碰钉情形甚详。所有这些,以及审讯中的一些漏洞,我们另有批评见后。

十五日观审既毕,当下作函送达顾总司令,说我们认为疑窦颇多,难为信谳,请他不要定案。次日又向他函索当时审讯记录,请抄一份给我们。数日无复。十九日他又请我吃饭,饭罢又偕入别室谈话。我问他:十五日上下午的审问,看去似已审完;但当时既不宣判,而且几天来还不见下文,是不是还要再审呢?顾迟迟对答不出,末后低声说:我作不得主。审讯记录虽当庭宣读,而仍不能马上给我们一份,似即在此。

在这以后,二十二日,我们就携带全部调查材料东返了。

二、李闻案发生的背景

李闻案发生后,一般人总要问凶手是谁的问题。即我们这些人,亦难免有此问。可是你一到了昆明,就不这样了。还有,外间亦尝怀疑:如说政治暗杀,为什么要单在昆明,并单杀李、闻呢?可是你一到了昆明,亦就不如此了。这就是因为你远在外方,只听到这孤立的一件事;而你到昆明后,便直接接触那发生本案的背景。这背景,在空间上至少以昆明或云南为范围,在时间上至少要从抗战中的几年说起。

但我们不可能叙说的太多。我们要以本案为中心,而紧紧环绕这一中心来说。那我们来说"民主运动在云南"或"民主同盟在云南"。

民主运动不等于民主同盟,但他们是有联带关系的。过去国内的民主运动,在云南最热闹,这是大家都知道的。民主同盟的组织,发起于抗战中;在抗战的几个省份内,云南省支部是比较最强大最活泼。为什么如此?大约有两层可说:一层是有好几个大学聚在昆明(其中特别是西南联大),而这几个大学恰又为代表国民党掌握教育大权的二陈派势力所不及。放眼一看,各大学校长,各教育厅长,能出乎他们势力圈的有几?然而轮到西南联大和云南教育厅,他却不行了。于是自由民主的空气,就在这大群先生们学生们中间培养发扬起来。

再一层,那就是中央与地方的矛盾,云南较各省为强。抗战前,全国一直没有统一,而抗战则给予中央申张其力量到各地方的机会。然而在以龙志舟执政的云南这地方,比较根基强固,却势不可侮。于是形成了深刻有力的矛盾。就在这矛盾中间,民主运动和民主同盟得其机会。

民主同盟既在有利条件中长大起来;而民盟政治影响的扩大,亦自必促进这些矛盾的发展。就是从地方与中央的矛盾发展到民主与独裁的矛盾。

明白后一层道理,民主同盟与地方势力彼此间自有些不期而然地配合,乃至不期而然地互相联带的地方,而同遭中央反动派之忌。在这一连串斗争中,我们既曾予反动派以打击,当然反动派决心要打击民盟,亦为伺机已久之事。以下简述其事实之经过,则李闻案的何以发生,不难明白了。

在抗战后半期,越、缅失守后,中央政府在国防名义下将军队大量向云南开入,以军事的控制,推进政治、经济各方面的控制。云南本是一个贫乏的省份,突然增加了几十万大军的驻防,仅是给养的供给已经使人民喘不过气来。再加所谓中央军或中央人员那种比法国人统治越南更为恶劣的殖民作风,更是使云南的各阶层人等都对国民党或中央由失望到厌恶。农民因此而遭受中央军整村烧杀,或不堪驻军扰害而群起反抗者,屡见不鲜,远之如屏边,近之如凤仪,都是例子。

前年(一九四四)双十节,民盟滇支部在昆明假昆华女中礼堂举行纪念会,赴会群众万余人,远超预计之外,会场不能容纳,临时改在该校操场开会。由罗隆基、闻一多、吴晗、楚图南、李公朴诸位讲演,阐发联合政府,争取人民基本自由等主张,会场情绪异常热烈。国民党特务多人在场扰乱,并施放炸弹,捣毁桌椅,经地方治安机关派人维持秩序,乃得继续开会,会议在激昂之歌声中列队散会。民盟在这次纪念会中发生很大的政治影响。在遭受如此强暴的破坏中,而群众情绪益加激昂,可看出群众对反民主势力之憎恶与民众要求之高涨。其后累曾举行大规模之群众集会与游行,亦累次得国民党特务要捣乱破坏的消息,均没有生出什么事变。这半为群众势不可侮,亦正为地方当局负责维持治安,不予中央反动派机会之故。(去年龙志舟任内,昆明行营且有严令,禁止各种特务任意逮捕搜查人民。)

对日战事停止后,中央以赴越受降为名,将滇省境内最后余留之龙志舟部属第一集团军全数调赴北。滇军于九月离滇入越,十月三日中央的杜聿明部即在昆明围攻省政府。于是酝酿数年的"解决地方政权问题"卒以完成。

龙氏被迫离滇后,中央以李宗黄代省主席,关麟征任全省警备总司令,云南的整个统治都掌握在这两个无法无天的国民党最顽固分子的手里。

　　李宗黄是云南青年的老冤家，十八年前他就以国民党中央大员的身份，在整顿学风思想的理由下，在昆明枪杀了青年学生梁元彬，激动社会的公愤，全昆明学生的大罢课，和各界人士的抗议，把他哄走了。他这次就任省主席后，曾在公开的集会里演说："十多年前我回云南来，有人贴标语要枪毙我（李杀梁元彬后，昆明学生有枪毙李宗黄之标语），今天我又回到云南来了，看看究竟谁枪毙谁？"这时昆明就有一种恶意的风说："龙志舟在的时候，这批民主分子可以任意活动，鼓动风潮，现在龙被枪决，转眼就要轮到他们了。"

　　然而反动派得意的时期并不长久，终于自己制造出"一二·一"事件，而遇着有力的反击。关于"一二·一"事件，已有专书出版，此不详述。事情大略是这样的：去年十一月二十五日，昆明学联在大西门外西南联大新校舍举行反内战晚会，由钱端升、费孝通、潘大逵、吴晗诸先生出席演讲。开始不久，校外四周即被当局兵包围，以机关枪、小钢炮向会场放射威胁，情形异常严重。但晚会仍按预订程序在枪炮声中讲毕散会。翌晨《中央日报》登出"昨晚军警在大西门外剿匪"的新闻。学联遂宣布总罢课，要求政府取消非法干涉集会游行的命令，保障人民言论集会的自由，惩办派军围击联大的负责人员，停止内战等。当晚李、关在省府召集各校长责令限期迫使学生复课，并指派学生代表参加警备司令部特务组织暨三青团所领导之"昆明各校学生反罢课委员会"。而学联则坚持非得圆满的答复不复课，昆明罢课的大学、中学共计四十一个学校，外县的尚不在内。反动派乃于十二月一日以数百暴徒袭击市区各重要学校，击毙教员学生于再、李鲁连、潘琰、荀极中等四人，炸伤杀伤廖祥烈等十余人，捣毁各校建筑校具无数。于是连许多学校的教师也宣布罢教抗议，国内国外，舆论沸腾。虽经制造一个所谓"共产党姜凯指使放手榴弹"的嫁祸政策，也还是脱不了万目之所视，万夫之所指，而李、关不得不去职，云南省政府不得不改组。费了无数机谋，好容易取得这个多年所想彻底解决的政权，不意又一旦毁于这"异党嚣张"（李宗黄之语）之中。

　　然而李等于此，决不甘心；而且李、关去职，并不等于地方势力的恢复，或民主势力的抬头。今年三月间，昆明有所谓"××××大同盟"者出现。成立之日，有云南省警备司令霍揆彰及其他国民党重要官员致贺，各报大登广告，征求盟员。四城粘贴壁报，尽量攻击我们民主同盟。他们在壁报上经常造谣说：民盟的闻一多、楚图南是共产党员，说闻一多组织暗杀团，说李公朴携款几万万元到滇谋暴动。这样的宣传，从五月间就开始，并且和三青团的刊物全是一样的说法。这是反动派在云南正面进攻民盟的开始。这个"××××大同盟"所包含的主要成份本来是些志趣不能全同的帮会组织。论中国帮会在以往反异族暴君的运动上,是曾有其历史光荣的;但是现在一部分帮会分子,竟受国民党特务的操纵迫胁,使其成为进攻民主力量的别动队。后来暗杀李先生被捕获的凶手李成业,就是这个"××××大同盟"的盟员,而担任特务机关工作的。

反动派宣传了几个月,说民主党派要暴动,要勾结地方势力夺取政权。先前说五月间要暴动;五月间没有人暴动;又说七月间要夺取政权。同时也不断传说省政府要改组的话。配合着这些宣传而来的行动,是六月初的突然大搜查。前六十军军长安恩甫[溥],前宪兵司令禄国藩,现任一八二师参谋长(驻东北)甘艺等家宅及云贵监察使署,皆被云南警备总部派兵搜查,断绝交通,势极严重。这大搜查,与一八四师(前云南军队)师长潘朔端等在东北宣布脱离中央,反对内战似有关联;但当时昆明人则莫测其所由来。同时数家书店亦搜查历数小时之久,皆未查出违法证据。然从此风声鹤唳,人人总感觉惊慌。

此时还夹杂着出了一件事。那就是陆军第二十四师(师长龙绳祖)奉命远征,调出云南;未及开拔,士兵就已逃散了。该师重要军官数人曾被捕。这自不能算一件小事,颇以增加各方的不安。

接着传来了潘朔端部改称"民主同盟军",并电民盟中央致敬,愿作后盾的消息。其实彼此素无往来,事前毫不接头。自经民盟发言人正式声明潘部与民盟无任何关系后,在大局上亦就不发生什么影响。但此消息一到昆明,若干民主人与若干青年名列黑名单之说因此却愈炽。后面我们列举许多李闻案发生前的情形,就是在此期间的事,请参看。

民盟滇支部同人,鉴于谣言猛炽,局势险恶,乃不得不向各界公开表明民盟的立场主张及态度。于是有三次招待会之举行,地点在商务酒店,出面者为滇支部负责人潘光旦、闻一多、楚图南、李公朴、冯素陶、费孝通、潘大逵七人。第一次在六月二十六日,招待党政军各机关首长。第二次在二十八日,招待地方社会贤达及文化界、教育界人士。第三次在二十九日,招待新闻界。主要在阐明民盟所持"和平建国,民主团结"的主旨。民盟只从和平方式争取民主,并非暴力革命的团体。暗杀暴动不是我们所作的事,而是我们所反对的事。经反复说明,颇得各方所了解及好感。然仍遭受特务的搅扰威胁,第一次散会时,来宾签名簿突被警备部之特务抢去,经多人追赶,该特务跳入河中,泅水逃走,被挡获后犹坚不肯将抢去之名册交还。第二次招待会后,商务酒店接有特务化名恐吓信,说如该酒店敢再租会场给乱党李公朴等开会,即将该酒店经理暗杀云云。因此第三次招待会,只好临时改在冠生园举行。还有在省政府任要职之某CC分子,且亲自劝阻工商界人士勿赴民盟之招待会,说民盟又要发动运动,大家不要去上当。

这里所说的发动运动,大约指当时昆明同志们与滇中各界人士发起呼吁和平的万人签名运动。因为这时(六月二十七八日)正是东北休战即将期满,人人都怕大局破裂。所以草有一通电,致蒋主席及毛泽东先生,征求大家签名。这个通电签名的人,空前之多,方面亦广。从护国元勋、绅耆名流、企业巨子、禅林长老,到青年、学生、妇女、店员、老板都来签名,原非民盟包办。当时国民党的民主派朋友,对这呼吁同具热忱的。可见厌恶内战,祈求和平,人同此心。乃那些别有使命的人,则连这种和平的呼吁都不肯让它从人民口里透出来,甚恐怕同盟在集会中间扩大它。实则招待会除了介绍同盟的历史、主张、立场外,并不涉及其他活动。当时曾有人提出反对国民身份证及援助昆市教师改善待遇保障职业等问题,主席潘光旦先生说:这些意见我们完全同意,最近在我们的刊物上曾发表明确的主张,予以坚决的支持,希望大家都来赞助它;但今天的招待会不拟讨论这些问题。

此后我们滇支部各负责人,皆被特务监视其行动,以迄暗杀发生后犹不已。这些事只有局中人感觉亲切,心内明白,远在外方的人,哪里知道呢?

全国政治空气,原是整个的,任何一角落莫不息息相关。我们讲说昆明,不要忘记东北的战争,尤其不要忽略首都的两党谈判。东北无端地来一个电报(潘朔端改称民主同盟军),就促使昆明特务加紧了他的动作。而六月卅日休战期满,谈判无成,尤为大局关键,各方视线莫不系属于此。一篇可战可和的模棱文告,发表后,又期待着五人会谈(蒋主席指定陈诚、邵力子、王世杰与中共周、董会谈)。会谈几次,毫无结果,局面全僵。于是蒋主席就上庐山,苏北战事就大作,而昆明的李闻案亦就恰恰发生在其前后了——李案在蒋主席上庐山前,闻案在蒋主席上庐山后。

三、李闻两先生被刺前后的情形

(一)李先生被刺前的情形

1. 自五月起,昆明近日楼(市中心城楼,仿北平前门形式之建筑)常贴各种大张壁报,其中反动者如"时代"、"老百姓"、"真民主"等(有的用"民主自由大同盟"名义,有的不具名)和一些铅印的反动派的刊物,如《光明》《新中国》《正论》等,均不断造谣说李公朴的特务总队长及驻昆参谋主任,携带现款七万万元,美女四名,将与地方势力联合暴动等等。甚至近日楼的卫生标语中亦杂有"要扑灭李公朴的传染病"之类的标语。这些话无非是特务预先造成杀李的藉口。

2. 昆明在不久之前,成立一新的党政军团合组的特种会报组织,许多特种问题的机密决定多出于此。该组织的重要负责人大都为中统军统分子及李宗黄的心腹(姓名职业姑不宣布)。

3. 六月间盛传特务机关拟定黑名单七十余名,内有数人系注明立即严厉处分者,李先生为第一名,闻先生为第二名。另一黑名单则有三百余名,分三部分:(一)民盟分子,(二)学生及文化人,(三)地方有力者。单上注有各种符号,并有加案语者,如"上列分子可于必要时在当地予以便宜处置"等语句。同时传说南京某机关首长有密令到昆,武官在团长以上,文官在县长以上,对于中共及民盟分子可以密报、密捕、密决。又谓特务已在海口设集中营,一俟国共谈判破裂,即开始逮捕之。

4. 暗杀前数日,警备总部一特务人员告人:彼曾跟踪李公朴到巡津街等处,并四处打听闻一多相貌服色。

5. 前云大教授李××与潘大逵有同学同事之谊,某日往北门书屋访潘(潘与李公朴先生同住该楼上)后,在公共汽车上即被特务追随盘问,不得已引至教育厅长王政办公室始得解围。特务去后,王告李:"你如是民盟盟员,我即无从为力,否则当可替你解释的。"

6. 六月底,民盟云南省支部既鉴于谣言险恶,而举行三次招待会,向昆明各界公开表明立场及态度,很得各方面了解与同情。而特务竟还不断给与扰乱与压迫,如招待会第一次签到簿被特务抢去;租借给招待会作会场的商务酒店被特务警告,以致第三次招待会不得不迁移地点。还有出席招待会的来宾发言者,有的被警告,有的甚至被迫离境。所有这些,已详述于前,此不再赘。

7. 李先生被刺前两星期,有自称"民主自由大同盟"盟员两人,两次访李先生未遇,第三次问其来意,他自称赋闲军人,特来报效。(意谓李先生正在招兵买马)李先生劝其勿受人利用,并谓"我是文人,根本不懂军事,也不愿用武力争取民主"。此两人名片尚存。

8. 嗣后又来一旧日相识之军人,对李先生说:伊在警备部特务组,见有密令三条,第三条说李公朴将于六月二十九日赴黄土坡及马街子演讲,问李确否?李先生答以绝无其事。至李先生被刺后,该军人复来,谓李先生之死是警备部主使,伊可设法调查等语。李家未予理会。

9. 警备部曾一次藉清查户口名义,详看李先生住宅的后门。某日,复有一身着蓝布长衫之青年站在门侧,约半小时,注视书店(李先生即住楼上)出入之人,并用铅笔有所记载。李先生被刺前三四日,曾发现夜间有携带手枪者两人,等候于书店之对面墙角,迄李先生被刺后,即不再见。

10. 李先生曾接上海不甚熟悉之友人来信一封,劝其勿赴上海,谓"谨防有人暗算"。今日观之,其意乃在使李先生勿遽赴沪,而使昆明暗杀计划得售也。

11. 昆明友人多劝李先生勿于夜间外出,因此被刺前三晚均未外出。七月十一日当晚李先生偕夫人刚出去十余分钟,即有一友人特来相告:从三青团方面得来的消息,昆明特务机关奉到密令,对某某等严加监视,必要时得便宜处置,其第一名即为李先生,切嘱不可外出。不幸竟未相遇。三小时后李先生即遇难。

(二)李先生被刺时的情形

1. 七月十一日晚餐后,李先生偕夫人外出访友,代友人洽借音乐会场所,便中赴大光明电影院观戏,散场时约九时四十分,至南屏街公共汽车站等车,即见有三人均着黄色军便服,站在李先生与其夫人的周围,上车时一人坐在李先生身旁,一人坐在李夫人身旁,另一人坐在李先生对面。车到近日楼上车人极多,此三人仍在车上。行至青云街口李氏夫妇下车,此三人随同下车。李急行至学院坡叉路,其夫人在右边,上坡刚行四五步,即听见后面一声不大的响声。李夫人以为是青云街上的小孩子放爆竹。李夫人本有心脏病,平常听爆竹声即惊慌心跳,这次并未如此,足证其为装有灭音器之特用手枪。声响后,李先生即倒在路旁的泥泞中大呼:"我中枪了!"其夫人走近,方知李先生已遇刺,大呼:"捉人呀! 枪杀人了!"其时适有青年学生路过该处,亲见凶手将其手枪递交另一特务,向青云街云南大学方向逃跑,他们即率同市民追捕阻挡,追获后送入警察三分局,其余特务则向大兴街逃去,据讯,此凶手名李成业。

李公朴先生被刺处简图(略)。

2. 李先生被刺后,适有云大同学数人路过,约集市民将李抬至北门外云大医院,其时已将近十一点,经检查及开刀,子弹是从左后腰射入,经右前腹穿出,创口周围发青色,腹穿数孔,口径在一方时以上,仅连少许未断,血并未流出创口,完全流入腹腔和胃里,从嘴中大口吐出,其伤势与"一二·一"死难者潘琰女士一样,嗣经医生连续注射盐水针、葡萄糖、盘尼西林、止痛针、止吐针,血已止,偶吐一二口瘀血。至三时许,神志仍清楚,自言自语的说:"我早有准备了。"四时以后,犹沉痛的说:"全为民主,全为民主。"并痛骂统治者"卑鄙、无耻"。时至五时廿分,情况突然恶化,经打强心针一瓶无效,旋即气绝逝世。

3. 李先生被刺地点,西距警察第三分局五十公尺,东距大兴街口警察派出所四十公尺,南距水晶宫街口派出所五十公尺。其距翠湖西路各军事机关,及军官宅第则各数十公尺不等。即距警备总部亦远不过二百公尺。试问敢于在军警林立之地行凶者是谁?

4. 据各方密报:(1)刺李的特务分为两组,一组为李成业及温某、杨某等,前三天已钉李先生的梢,并在拓东路某处接头,出事的当晚,他们系从大光明跟到青云街,李成业即坐在李先生身旁。另一组亦有数人,住在民生街及拓东路,均乘吉普车尾随公共汽车,开到青云街口,即有二人下车至出事地点附近的廿四号楼房,从窗内看风,并就近指挥。(2)李成业被捕后,有一小脚老太婆跑到警察三分局对警士说:"他买我的东西,差五十块钞付不清就跑了。"这是特务的布置,希望警察轻轻释放了他,其共犯温某跑脱后,即往航委会汽车修理厂(李在该厂服务)面告李之友人说:"李跟别人打架被捕了,但是不要紧,会放出来的。"

(三)李先生被刺后的情形

1. 抬李先生到云大医院,途中突有警官跑上来说:"凶手在三分局门口捉住了。"问伤者是谁,李夫人答以"李公朴",那位警官突然迟疑了半晌,变口说:"也许是枪走了火罢?"当时捕获凶手李成业既为杀人犯,警察应立送法院侦查。乃警备部于当晚二时即以吉普车将该犯接去,并未移送法院侦查。翌晨李夫人往警备部认看凶手竟遭拒绝,经数日后警备部模糊其辞的宣称:李成业身无凶器,证据不足云云。据知内容者传出:李成业于出事之次日已乘飞机离昆矣。但又闻李成业仍在押,却不知是否原来的李成业?

2. 李先生被刺后,当晚即在青云街一带地方发现预先制就之标语及漫画、彩色壁报,纷纷张贴出来,诬李为"桃色事件"而死。次日复以"云南反共大同盟"名义,张贴标语,说李是共产党杀死的,是艾思奇杀死的。至李先生火葬时,又以"中共滇支部"名义用大红纸到处张贴恐吓性的通告,谓"李公朴背叛本党(指中央),特奉主席毛密命,着即枪毙"。并劝市民勿往云大参观,免遭意外。试问在中央势力控制下的昆明敢于如此明目张胆活动的是谁?总不难想像得之。

3. 李案发生后,民盟云南省支部曾分函警备部及省政府警务处,请予立即缉凶。不但迄今未复,而警备部反以学联所出壁报有攻击警备部之语句,认为是民盟支部指使,来函质问威吓。

4. 李案发生后两日，警备部派人查封昆明市中苏文化协会，搜去公物及工作人员全部私人物件、书籍、衣物、现款等。并欲捕该会办事人金若年君及寄宿该会之民盟盟员赵沨等，幸金、赵警觉走脱。

5. 李夫人于李先生被害后，连接两函，似皆出于参与特务工作者之手。一函谓主谋者为霍揆彰，执行者为吴耀辉、李荣森、李成业、王慧生等。一函则谓杨本礼及孙区队长所为。此两函尚保存，并经美领事馆索去查阅。函内又有"五十万元之酬劳尚未领到"的话，但据闻刺李酬金实共为三百万元，凶手各约可得五十万元。

6. 李夫人于李先生被刺之次日（七月十二日）曾延律师诉请昆明地方法院检查处派员勘验，并依法严缉凶犯。但该院于当日勘验尸体一次外，其后竟无任何表示，似是不敢过问。

7. 李案发生次日，昆明《复兴晚报》广告部曾有警备部派来之人恫吓，嘱勿登载李案之新闻与广告，并至机器房检查字版。又李先生治丧委员会到《朝报》、《观察报》及《云南日报》去登广告，前两家当下收费，应允翌日刊出。《云南日报》先不敢接受，嗣以前两家之广告费收据示之，亦允照登。但次日三报均未登出，经追问时答称："警备部不许刊登。"

8. 李案发生三日后，有警备部上尉监察谢诚被人枪杀之事。此事曾经有人投函重庆《民主报》，在八月六日该报刊出，叙述其内幕及经过颇详，此不转述。谢诚当十四日夜被警备部自己人在黄工坡枪杀未死，经附近保甲送入惠滇医院后死去，该部以霍乱病通知其母，复被其母发觉真相大闹，恰好此时闻案发生，警备部即不复隐讳，而把他与李、闻的被杀配合起来，混淆民众视听，想将自己的罪恶转嫁于他人。

（四）闻先生被刺前的情形

1. 去年昆明"一二·一"惨案发生后，该案主使人（前一个警备总司令）扬言，要以四十万元购买闻一多的头颅。今年六月初，某总司令在一个会议上亦曾讲过："闻一多这样的人，下手也不好，不下手也不好。"可见杀闻早经过不少考虑。

2. 昆明反动刊物常常诬闻先生已加入苏联国籍，取名"闻一多夫"。五月四日，昆市的反动壁报，并说到闻一多在昆组织暗杀公司的话。是欲杀闻已预先制造罪状了。

3. 李先生被刺死后，闻先生是第一个往云大医院痛哭者。当时即有人明白告他："特务已决定要杀你了。"此可视刺闻非出于偶然。

4. 闻先生被刺前数日,曾有一装疯的怪女人名张柴静(原系传教者,闻经警备部收买,担任眼线通风报信等工作),常至其家探访窥伺,每次均有特务尾随其后。闻先生不胜其繁,闭门不理,怪女人乃留函辱骂,并声言三天以内让你们父子都死。第三天果如其言。

5. 闻先生被刺的当天早晨,曾有友人来告:南京近密令昆明警备部、宪兵十三团等机关,说中共蓄意叛乱,民盟甘心从乱,际此紧急时期,对于该等奸党分子,于必要时得便宜处置。霍揆彰奉令后,召集各有关机关讨论,有人提议开始捕杀,经该会通过首批暗杀名单四人(后删去一人),又逮捕名单十数人,均为民盟负责人及民主刊物负责人。此友劝闻特别戒备,闻夫人亦力劝勿外出,闻先生以坚决的语气说:"事已至此,我不出则诸事停顿,何以慰死者(指李先生)?"于是卒亦被杀。

(五) 闻先生被刺时的情形

1. 七月十五日下午一时,李先生治丧委员会假云南大学开会,请李夫人张曼筠女士报告李先生遇难经过,到会一千余人。闻先生出席讲演,痛斥反动派特务暴徒的无耻和没有人性,并坚决的说:"今天跨出大门,就不准备再跨进大门。"至二时半散会,同学护送闻先生回西仓坡西南联大教职员宿舍,休息了片刻,又出席民盟的记者招待会(在府甬道十四号)。记者招待会约于五时散会,闻先生休息十余分钟,由公子立鹤伴随回寓。父子二人均边走边看报,距联大教职员宿舍仅十步左右,枪声忽密集如鞭炮。闻先生首先中弹倒地,头中三枪,胸部及其他部分亦中多枪,于送医院途中逝世。其公子立鹤亦胸中三枪,腿中二枪,虽可保全性命,腿部将难复元。

2. 据闻立鹤报告:他于出事前,曾出去巡查数次。第一次在午后一时以前,即云大尚未开会的时候,他在文林街公共汽车站已发现戴泥帽,而样子奇怪的人了。嗣后得密报:刺闻先生共有特务多人,追随五时之久,足见刺闻之布置颇为周密。

3. 又据闻立鹤报告:行刺时凶手距彼仅十步至二十步,有两个身着短装的特务迎面而立,而枪弹则从前后四方射击。同时,据附近居民说:凶手不下五人,早在联大教职员宿舍的附近的米仓等处潜伏着,如此,刺闻先生凶手,至少在四人以上,决不只三人也。

4. 当刺闻时,早有人发现民主周刊社的外面已被特务包围,并于出事前十分钟,暗示附近居民暂闭门勿出,故闻被刺倒地后,四周不见一人,不似李公朴被刺后有若干市民追赶凶手。

5. 刺闻凶手既在光天化日之下,连放十数枪,事毕后复从容乘预先停在钱局街西仓坡口的吉普车一辆,经钱局街驶去。按闻之被刺地点东距警备司令部二百公尺,距翠湖北路、翠湖东路各军事机关五十至一百公尺,西北距文林街警察派出所一百公尺,西南距钱局街警察派出所一百公尺,其南造币厂,亦驻大量卫兵。咫尺之间,竟一概置若罔闻。

6. 闻先生被刺后二十几分钟,即有特务前来照像,照完,匆匆而去。

7. 闻先生被刺之日特务在西仓坡附近的部置,如府甬道、文林街口、府甬道西仓坡口、翠湖北路西仓坡口,均停有他们的吉普车。如此,则闻先生万一逃跑,亦难出此天罗地网。

(六)闻先生被刺后的情形

1. 云大教授楚图南先于闻先生数分钟出府甬道十四号,发现有特务跟踪,乃迅即折回昆华师范宿舍。入夜幸经美领事馆来车迎接,掩护出门。楚去后,尚有特务多次来校搅扰,意在寻楚。

2. 云大教授费孝通住宅后面,曾发现城墙掘有通道,而距该处不远之城楼上则驻有中央宪兵队。云大总务长拟饬工人堵塞其通道,竟有人阻止,声言:"公家有用。"(似欲夜欲入通道,有所作为。)

3. 民盟负责诸同人暨张奚若先生等,既早感受威胁,迫闻案继李案而来后,形势愈逼愈险,西北门一带(两个大学及民盟负责人住家皆在此区域)特务密布,到处散布"共产党要暴动"的谣言,实为扩大暴行,尽意捕杀之征兆。当晚潘光旦、费孝通、楚图南、潘大逵、尚钺、赵沨、冯素陶诸同志暨张奚若先生,因有入居美领事馆暂避之事。潘等入领事馆不久,中央宪兵队随亦开来两大卡车,声言保护。领事馆拒绝其入内,则在墙外围守不去。馆内美官兵十余名,亦架置机枪,通夜轮班守卫,其情景足之动人,而又使人有莫明所为之感。其后警备总司令部会同昆明外交特派员公署,派员持函到领馆,请将潘等移交警备部,以便保护,领事馆方面未予同意,仅允将其意转达同人。

4. 出事次晨十六日,张奚若先生住宅门前,仍有特务持枪,徘徊不去。

5. 十八日,潘等以两三日无事,而且警备部表示保障安全,即移出领事馆回家。不料次日警备部又滥捕杨立德等(捕杨之日整天枪炮声不绝,市民惊恐不安,据谓炮兵演习),并连续捕前昆明行营、前滇黔绥靖公署之官佐数十人。乃至地方公正人士亦受到种种威吓。特务在街上捕人事情,时有所闻。昆明某医院院长亲见一市民仰视街壁标语写着"李公朴是共产党杀的",低声笑语其身旁友人说:"谁不知是国民党特务干的!"立时即被两特务拔出枪来捕去。

潘光旦此时住梅贻琦校长家,而梅校长之车夫亦于是日被特务绑架拷问:清华大学办事处埋伏多人,藏有多少军火?且有同人眷属外出者,亦遭遇盘诘。种种情形,仍使人恐怖莫测,潘等不得已,廿日晚复入居美领事馆。

6. 装疯的女人,于闻先生死后,在街上大呼:"身佩民主自由大同盟证章可以免死。"并曾赴云大医院亲向闻氏家属说:"我是特务,我要谁死,谁即要死!"其行动纵肆殊不可解。

7. 民盟代表刊物之《民主周刊》(出版将近两年)及其他民主刊物十余种,继李、闻两氏之被杀后,即遭全部查禁。

8. 杨立德等多人被捕时,即传出消息云杨等与两暗杀案有关。廿五日警备总司令霍揆彰到庐山后,京沪一带报纸更宣传闻案的主使人为龙绳曾),助其策划布置等为杨立德。且云杨已供认不讳,案情业已大白。此时搜捕龙氏旧属,显有继续扩大之势,各方舆情益为不平。大家都指责,这是最拙劣的嫁祸政策。旋唐纵(奉命调查此案的警备总署长)接着由昆亦抵牯岭,此说忽又沉寂。

9. 据一密报,(1)刺闻的主犯为郭某,其所佩带的符号为"一四六"。汤时亮、李文山均为假凶手,这次"公审"完全是骗局。警备部早与他们暗中说好条件,即可得一大笔奖金,并不处他们死刑。至不得已时,拿两个散兵游勇或囚犯,代替他们,换换服装,用毒药弄哑,拿出去枪毙。(2)刺闻赏格为五百万元,每名凶手可给奖五十万元。

四、政府对本案之处理

李闻两案接连发生后,政府对它的处理颇见紧张与认真。第一,是最高当局要亲自处理。例如顾祝同、卢汉、霍揆彰、唐纵等,两次被召上庐山,蒋主席亲加吩咐或询问;而顾、卢等到昆后,亦还要派冷欣、唐纵送上庐山,请示机宜。第二,是特派大员,而且派许多大员前往昆明查办此案。例如最初由行政院先派了警察总署署长唐纵负责,而蒋主席又特派陆军总司令顾祝同全权办理;还有宪兵司令张镇,也奉令协同前去。顾总司令除带了参谋长冷欣之外,又拉去庐山夏令营办公厅主任张振国帮忙,所以在云南省主席卢汉、警备总司令霍揆彰理应负责之外,重重叠叠,加上这许多大员,去办这一件事,其重视真可概见。

本案从七月十七日两次限期破获后,总算在八月初间捉到现在所宣布的两个凶手——八月三日警备部扣住李文山,五日追获汤时亮。但颇可注意的,参谋总长陈诚八月四日在庐山对新闻记者谈话,就说出"绝非高级知识分子之所为"，似即隐示出于中下级军人。同时重庆八月五日的晚报上，也透露出来凶手是出于义愤的话。颇使我们疑心，是决定了破案方式，才破案的。不然的话，何以此地刚捉到凶手，而远在庐山重庆那里，便已经那样清楚呢？

以下我们还可以指出若干显然有情弊的地方：

（一）八月十五日举行公审，其实并不算公开。那天虽曾分函各机关团体派员观审，但我们收到来函后，即刻复函说：由梁漱溟、周新民、冯素陶三人应邀前往，而结果冯竟被拒。（由张寿贤秘书传达顾总司令之意，婉言拒绝。）还有《大公报》派来昆明的记者高学逵十四日向冷参谋长请求予以旁听机会，冷答：须待请示决定。十五日早，高再见冷交涉，其时当地中央日报社长钱沧硕亦来同作此请，冷一概不准。因此，那天在场的只有被指定的中央社记者邵、张二人而已。

（二）十五那天开审时，只见审判官与凶犯一问一答，完全不用其他人在旁质证。例如闻先生之子闻立鹤，为行凶时当场受伤未死之人，对于凶手面貌必有印象，我们十四日曾函请设法担架闻立鹤辨认李文山等是否当日行凶之人，而当局竟然不肯。这亦是由张寿贤秘书婉言转达我的。不过，当局又怕我们指摘，所以才由法官到医院向闻立鹤问话录供，并由医院出具证明书，说闻立鹤腿伤未愈，不能出庭，以塞责。又如两凶犯以闻先生演说辱骂政府及军人为激出暴行之藉口，那么就应该把当时在场一同听到演说的人，传来质证，或者把演说后的记录拿来对证。（按：此演说记录在事出后，各处曾有传载，其中只骂特务未骂军人。）但那天都没有做，只听取犯人片面之辞。是不是两方面一问一答，容易排演？而在代演时最怕其他人参加质证，露出破绽呢？

（三）据李文山供词，明明有向连长请假出去的话，却又未说出因何事请假。而汤时亮则供称：十五那天是出去值外勤。不知为何请假的李某，与因公出差的汤某却又一律换着便服，一路同行，总没有分离；此处是不是一个漏洞？在本案判决书上所叙事实部分，则称：被告等一同出去，都是为了负责巡查并维持治安的，因此各怀手枪，协同动作。以维持治安的人，忽然发此破坏治安行为；以前后历时甚久的三个人协同动作，说为一时气愤冲动；类此等处，是不是说得圆？

（四）政府肯于承认杀人是警备司令部中下级军官做的，总算不十分隐讳了。但只将责任归到一二人身上，并假称临时萌动杀机，这是说不通的。因为出事之前，早已满城风雨，人人知道要出事情，已成公开的秘密。而事出之后，全市报纸相率不敢多所刊载（昆明的新闻记者对我们说，对于李闻案登载最少的,就是昆明本地报纸),这就充分证明,绝非偶然爆发之事。假如是偶然爆发之事,事前安得有此传说?事后报纸一定是琐琐细细,竞相报导,接连刊载几天以飨读者;而不会是内心有所震慑,相喻无言。这一点说不通,就是显有情弊之最大者。

(五)十五日下午观审完毕,我们马上致函顾总司令,认为疑窦甚多,请不要定案。十六日又去一函,请将当众宣读过,经两犯画过押的审讯记录,抄给我们一份;而官方竟不肯抄给。十九日我会到顾总司令,我问他:十五那天,颇以审讯完毕,但当时不见宣判,这几天来还不见宣判,是不是还要再审呢?顾面有难色,对答不出,只低声说:"我做不得主。"后来迟到二十五日乃行宣判。像这种地方(当下不敢以记录抄给人,延迟多日而后宣判),他们若无情弊,便亦不会这样。

(六)汤、李两犯供认行凶不讳之后,便有人对我们讲:这两个人尽管将来判处死刑,亦不会死的,到行刑时,自然另有替死鬼,如同上次"一二·一"案办法一样。我们在上海招待新闻记者,亦曾预言且必然如此。果然,二十九日上海《大公报》昆明专电有"二十六日枪决闻案凶犯时,沿途所经,戒备严密,三小时不许行人通过"等语,其不敢与人以共见,是明白的了。

(七)从政府不肯同意我们参加调查工作,不肯给各方面参加审判的机会,乃至行刑时不肯与人以共见,而必要一手包办到底,其心虚胆怯,处处可见,还待多说什么话呢?

五、调查本案后的论断

当我们奉命调查,从南京出发时,我们深感到此行没把握。所以对盟友而谈,对本同盟主席张表方先生写信,都先声明了此意。乃至经过重庆,会见一些朋友后,此感还益深。所以对新闻记者谈话,都表示我们去是不得不去,难望有何成就(见渝、沪各报)。可是我们一到昆明,和盟内朋友初一度的长谈,我心里便有了把握,不再发愁,几日后,我便觉得可以交卷。所以原计划十二三日就走,已托请张秘书订飞机票。后来,因十三日顾总司令邀宴,十五日观审,才延期的。

前后为何这般不同?我们当初自觉没把握,是对下列三问题怕调查不出来:

(一)凶犯到底是谁?

(二)主使人到底是谁?

(三)他们内幕经过怎样的谋划布置?

原是呵,我们一个外来人有什么法子得到这些底细呢?何况政府已显然不予调查的便利,而某些可能有助于我们调查的云南本地朋友,或则离昆,或则不愿回昆。没办法的情形已成,自不免悲观了。后来,忽然心里有了把握,就是恍然大悟,这三个问题原是不必要的。我们有充分材料证明是国民党特务机关干的,已尽够了。用不着追究其为某人行凶,某人主使——这是无关重要的。将责任归到个人身上,反而放轻了国民党的责任,或其特务机关的责任。那恰是错误了的观念呀!

以下我们就既得材料,试作论断,并阐明此意。

第一,凶手是谁的问题。我们可以肯定地说,这就是"云南警备总司令部"这个机关。从去年十月三日滇局剧变后,一切散兵游勇早经多次缉捕,殆已绝迹。而私人的武器短枪等,亦早施行过检查登记等手续,当时被收者不少;其未经没收者,都登记过,为官厅所许可合法保有的了。再就是吉普车辆,亦全在官方统制之中。试问歹徒活动,凶器来源,既这样不易,而两案发生时,出动的人员枪枝车辆却那样多,还向谁身上推呢?读者再看"李闻案发生的背景","李闻两先生被刺前后的情形","政府对于本案的处理"三大段所罗列的那些材料,还不够充分证明"凶手是警备总部"这句话么?至于当日动手,是不是汤时亮、李文山一干人,那是无关宏旨的。闻案可能就是汤时亮、李文山;李案可能就是李成业。但据另一秘密报告给我们,说刺闻先生是佩"一四六"符号的郭某,我们亦不否认其可能,不论是哪一个,我们总认定是出于云南警备总司令部的。这在警备部,今天不是已自供认不讳了吗?

第二,是谁主使的问题。我们肯定地说,这还是"云南警备总司令部"这个机关,分别来说,动手的自是他们的中下级人员;主使的总是他们上级人物。可能是某一个人;但亦可能是那个"特种会报"席上共同决定的。全部事实材料,充分告诉我们是动员了好多人干的(包括事先侦察,事后掩饰等工作),安得无主使?而主使的中心则在警备部;尽管他自己还没有供认,但客观事实不已证明了吗?

第三,他们怎样谋划布置的内幕经过问题。我们答复说,现在调查到的各种事实,不就是他们的谋划布置吗?这亦许还不完全,尤其缺乏"内幕经过"。但我们本来不是幕内人,怎能得知呢?只有待他幕内人献出来(有人曾来接洽,惜无力购得),并肯出面作证才行。然这并非必须的;从现得的外面可见的事实,在法庭上判罪已无不足。

再从前边"政府对本案的处理"种种来说,以及其对于李案的拖赖不破案来看,国民党何止百口无以自解,他们直悍然不求自解了。国民党依然担当起来,何必再问其他?

我们今天所要作的,绝不在枪毙几个大小特务,为李、闻二先生抵命;乃在证实国民党特务机关在政治上的罪恶,而取消特务机关。我们要求移京组织特别法庭审判,亦无非要在"云南警备司令部特务营第三连连排长"之上,进一步揭穿是国民党特务机关干的,要他们明白承认而已。现在罪证既有这许多,而国民党却还于避嫌的事(共同调查公开审判之类)不肯作;于嫌疑所在,竟蹈之不惜,赴之不辞。那就是他们已自暗地承认了。明白承认固好,暗地承认还不是一样?

假如国民党说他没有暗地承认,我们便追问他为什么过去有那些不避嫌疑的事?同时请他赶快作几件洗脱嫌疑的事。第一,便是限期破李案并缉获闻案逃犯徐占坤;第二,便是组织特别法庭,为公开之审判。我敢说,当他要洗脱嫌疑时,就是他明白承认时。明承认、暗承认,两面总难逃一面。

我们既认定课国民党及其特务机关的责任,所以便不在个人身上琐细地认真。调查报告内,人名间或隐而不露,一事亦可备两说,就是基于上述理由而写的。希望读者注意。

在我们开头一章"赴昆明调查之经过"内,提及我们调查工作一面很困难,一面亦很容易。所以容易的最大理由,现在可以明白。即在这案情,原非一二私人的事,而是大局政治的事。对方,大而言之,是一个党;小而言之,是一个机关。其动作尽管掩掩藏藏,无奈事情既非一日,规模尤不会小;前后积累,左右汇合,则形迹自显,其势无可逃责。比较要调查一件个人私事,容易的多。只要你认清题目,不复在个人身上呆笨追求,而能眼光四射,照看全局,就行了。(云南省历史研究所编《云南现代史料丛刊》第2辑,1984年5月印行,第270至248页)

《李闻案调查报告书》附有附录两件,一为"李案发生时在场所见",一为"两案内幕知情人说",后者为"闻案部分"与"李案部分"。报告书提交民盟中央时,梁漱溟加有按语,云:"此附录两件,是我们报告书所根据的材料之举例。前者,为李案发生时在场之某君自述其所见。原文在昆明发表过。后者,为知道内幕之某君暗中写示给我们的。我们收到的秘密投函甚多,其人多不露面,其材料亦不尽可信。唯此件经考察比较后,有许多点印证下来不错。并且此君和前一位先生均愿于必要时出面作证,所以选录于此,以见我们根据之一般。"

后来,梁漱溟在接受采访时也谈到这次赴昆调查的一些情况。其文为:

一九四六年七月十一日李公朴先生在昆明被国民党特务暗杀,七月十五日闻一多教授在参加李公朴先生追悼会后又被特务杀害身死。

李是民盟中央行执委员会委员兼民主教育运动副主席。闻也是民盟中央执行委员会委员兼云南省支部常委暨宣传部主任。民盟中央这两位重要成员连接死于政治谋杀事件,在当时引起了国内外很大震动,对民盟自然也是很大的打击。

李闻案发生的背景

李闻两位被国民党特务暗杀,发生在一九四六年七月间不是偶然的。这一年一月底重庆政治协商会议协议签字墨迹未干,国民党先要修改已共同通过的宪法草案,随后又在东北停战问题、美方最后决定权等问题上,要求中共方面作出让步。六月三十日东北停战期限已满,谈判濒临破裂边沿七月初国民党要求接管苏北政权,遭中共拒绝,于是蒋介石对在此之前所达成的三个协议也拒不签字,并于七月一日发布可战可和的文告,七月十二日更下令开火大打。国内政治局势的急剧恶化,国民党特务系统不会不清楚,也不会不有所动作,于是他们就对要求民主、要求团结、反对内战的民盟下毒手了。而他们下毒手的地点选在昆明,又与当时云南的特殊情况有关。本来蒋介石借抗战之机,对与他分庭抗礼的许多地方势力,先后一一剪除,唯独云南有些特殊,八年抗战期间省政一直掌握在龙云手中,因此在云南蒋介石的势力的渗透始终受到一定抵制,国民党特务系统的活动也受到一些约束。再加在反蒋这达一点上,龙云与民主力量是一致的,因而西南联大等校师生的民主活动最为活跃,民盟的组织发展也较快,可是在抗战胜利后两个月,一九四五年十月落介石借留在云南最后一部滇军开赴越南受降的时机,攫取了云南省政大权,将龙云"请"到南京去担任军事参议院议长,改由李宗黄为省主席,从此云南完全置于国民党蒋介石的控制之下。早已被围民党视为眼中钉的民明民主力量,在这种情况下就难逃他们魔掌了。

要求共同调查

暗杀事件发生时,我驻南京民盟总部,担任民盟秘书长,主持民盟中央工作,正是奔走国共和谈最紧张的时候。

李公朴被杀害的消息于十二日传到南京,民盟中央有许多负责人正在上海,我只得先以个人身份对新闻界发表谈话说:"公朴先生被害,无疑是为了当前政治斗争,尽管真凶没捕到,好象无法证实国民党特务之所为,但此事无待申说,大家心里都明白是怎么一回事。""现在政治是这样黑暗,统治者已经超过法律,用恐怖手段行其统治。"不料四天之后,闻一多又被杀害。

十八日,我又以民盟秘书长的名义发表书面谈话:"李闻两先生都是文人、学者,手无寸铁,除以言论号召外无其他行动。假如这样的人都要斩尽杀绝,请早收起宪政民主的话,不要再说,不要再以此欺骗国人。"我又说:"我个人极想退出现实政治,致力文化工作……但是,像今天这样,我却无法退出了,我不能躲避这颗枪弹,我要连喊一百声:取消特务。我倒要看看国民党特务能不能把要求民主的人都杀光……"在宣读完这个书面谈话之后,出于对国民党特务的卑鄙凶狠的行径的愤恨,我在记者招待会上说:特务们! 你们有第三颗子弹吗? 我在这里等着它!

七月二十日,民盟参加重庆政协的代表七人(沈钧儒、黄炎培、张申府、张君劢、章伯钧、罗隆基和我)联名向国民党政府提出严重抗议,交国民党参加政协的代表转蒋介石。抗议书揭露和抗议国民党政府"不准许人民有其合法的政治自由","不负责保障一切政党公开合法存在"等,并提出处理昆明惨案的六项要求。除了要撤惩昆明当地"治安长官",抚恤死者家属,保护进入美国驻昆明领事馆的潘光旦、费孝通、楚图南等民盟成员和民主人士的安全,还要求国民党派人与民盟所委派的人赴昆明共同调查李闻被谋杀案的真相。

赴昆明调查

国民党做贼心虚,自始至终不肯同意派人与民盟共同进行调查。拖到 8 月初,只同意由民盟自己派人去调查,政府给予交通的便利和调查时的便利,并由国民党中央党部派一名秘书"协调工作"。

民盟本打算派罗隆基去,后来传言说罗不能去,去将死在昆明。后来决定由我与民盟副秘书长周新民一同去调查此案。

八月三日我们二人会同国民党中央党部派出的秘书张寿贤由南京先飞重庆,因换乘飞机延误,六日才到昆明,开始工作。

国民党为了做出"重视"此案的姿态,也为对我们的调查进行阻挠,此时也派了一批军警宪大员飞去昆明"查办"。记得他们当中有陆军总司令顾祝同、顾的参谋长冷欣、宪兵司令张镇、警察总署署长唐纵等。此外参加"查办"此案的还有已在昆明的云南主席卢汉、昆明警备司令霍揆彰。

我们到昆明后立即约见他们,但他们故意拖延,屡次推拖,改动会见日期,使我们无法及时开展工作,至八月九日才见到他们。我们见他们主要是说明我们的立场和态度,要求将此案移南京组织特别法庭审理,因为李闻案是一政治性谋杀案,普通法案是审理不了的。这个要求我们在南京时即向国民党提过,现在重提自然也是无结果的,但这是一原则问题,我们不能不表明。在不能同意移南京审理的情况下,我们又要求不要急于定案。

八月十三日顾祝同和卢汉出面宴请我们,有冷欣和张镇等作陪。此时顾祝同告我暗杀李的凶犯未捉获,闻案的凶犯已捕到,后日即可开庭审判。当晚收到省法院通知,说十五日"公审",邀我们去"观审"。我们当即回信说不同意这种"公审",但既经邀请,我为借此机会作调查,准备参加,并提出增加民盟云南支部负责人之一的冯素陶一人参加"观审"。

如　此　"公　审"

增加冯素陶"观审"得不到同意,只有我与周新民二人去参加十五日的"公审"。"公审"时到的只有被邀的不过二十余人,下午人更少;其中记者只二人,且均为国民党中央社的。《大公报》派来昆明的记者申请参加,也无理地被拒绝。"公审"时出庭的被告只有暗杀闻一多的两名凶犯,名汤时亮和李文山,据说是昆明警备司令部的两名中下级军官。真正的凶手是不是他们?谁也不清楚。我曾要求将闻一多被杀时受伤的他的儿子闻立鹤用担架送来法庭,以便辨认凶手和作证。但直到"公审"收场后,参谋长冷欣才要张寿贤秘书转告我们说,军法处去医院,院方出具证明,认为闻立鹤"伤势未好",不宜出庭。所以审理中只有法官与被告之间的一问一答,问答完了即算审理完了。在被告回答法官的提问时,他们在公堂上做了一番演说,说"闻一多是卖国贼",说他在李公朴追悼会"骂了军人",他们二人出于一时"气愤",故刺杀他,此事与他人无关,云云。闻案就这样审理了一番,草草了事。结束时也未说明是否审理完毕。李公朴一案,则因为凶手根本不曾"捉拿归案",更是不了了之。

"观审"毕,我即致函顾祝同,说明我们旁听后认为疑窦颇多,请他们不要急于定案,并索取一份审讯记录的抄件,但始终不曾给我们。

十九日顾祝同再次宴请。饭罢入另室谈话,我问:十五日"公审"一天,好像是已经审完,可是为何又不宣判?如果不算审完,是不是将再审?顾迟迟答不上来,末后低声对我说:我也还做不得主。

阻　挠　与　封　锁

同时,国民党在下面又采取种种办法,阻挠我们调查,对我们进行封锁。

本来早在李闻案发生之前国民党特务即散布谣言,制造打击民主力量的借口,空气已十分紧张。张贴在街头的反动刊物和壁报说,民主党派要与地方势力"联合起来暴动",夺取被国民党由龙云手中收去的政权,说"李闻加入了共产党","闻一多组织了暗杀团",种种胡言乱语。在这种情况下,六月底民盟组织不得不多次举行招待会,说明我们的主旨是"和平建国,民主团结",说明民盟为非暴力革命团体,从来反对暗杀暴动。

待七月十一日和十五日李闻两位被暗杀后,昆明的空气更加紧张。潘光旦、楚图南、费孝通等各位不得不住进美国驻昆明领事馆。像这样人人自危的状况,当然使我们不便或无法与许多调查对象接触。我们到昆明后,即住在商务酒店,店里此时早已先住进了许多"客人",我们的出访,或有人来访,一举一动,当然都逃不过他们的眼睛。有一天我在酒店中餐厅吃早点,偶然遇见孙福熙君。孙是著名作家孙伏园(福元)的兄弟。孙福熙曾为中国旅行社编辑过旅行杂志,而这家商务酒店正是由中国旅行社经营的,因此他也住在酒店内。彼此早相识,见面怎能不打招呼?两人互致问候,寒暄几句,也就分手了。谁知竟被特务注意。据孙事后对我说,在我们谈话后,特务立刻将孙找去盘问,问他:你与梁某人是什么关系?你向他说了些什么?孙万没有料到在大庭广众之中,这样一般的交往,也要受到如此盘查,赶忙解释说:梁某人以前在北京大学教书,他是先生,我是学生,只是师生关系,彼此多年不见,这是偶然相遇云云。我还记得,当时缪云台先生正在昆明,他是重庆政协会议的社会贤达代表,我本想借此机会彼此见见面。这本是与调查无关的活动,但也未能实现,后来缪云台先生派了某纱厂经理来见我,说"有事"不能来。像这样的处境,我们的调查工作是很困难的。

但是我们通过种种途径,通过美国领事馆,搜集到许多与案件有关的情况,足以说明这是国民党特务谋杀了李闻两位。

报告调查结果

李闻案的调查在国民党的阻挠下再也不能进去下去,而"公审"是否继续进行又无期,二十二日我们即由昆明飞返南京了。

八月二十五日我在上海举行了记者招待会,报告调查经过和结果。我说:可以用吞吞吐吐四字来说明此案。一是李案"未捉获凶手",只拿出闻案来"公审",是李案"吞"而闻案"吐"。二是承认是昆明警备司令部两个中下级军官干的,这是"吐"。但是出于凶犯"个人气愤",这样就"吞"去了暗杀的主谋者。三是"公审"只许中央社记者参加,这是"吐"。但拒绝《大公报》记者及其它报社记者参加,这是"吞"。四是"公审"好象审判完结,这是"吐";但问是否再审,他们答不出来是"吞"。在这报告中,我还作了三个预言:一、李案政府一定不了了之,因为闻案推不脱,才说是警备司令部军官干的,但是出于"一时气愤",李案不好再说是特务出于同样原因干的。二、闻案不会再审了,也不会正式宣判。三、两个凶手在执行死刑时,定有两个替死鬼。

后来此案的了结与这些估计大体不差。

末后我们将调查经过与所得写成《李闻案调查报告书》,印发各界,揭露国民党特务的罪恶,要求取消特务机关。(梁漱溟《回忆参加调查国民党暗杀李闻案》,《忆往谈旧录》,中国文史出版社1987年12月出版,第222至227页)

八月二十四日　《新华日报》刊登朱自清对新华日报社记者谈话。朱自清认为先生一生可以分为三个阶段:"我把闻先生的一生分为三个阶段。第一,是他在山东大学的时代,这时他的著作如《死水》,在表面上面是阴暗的,但是里面却孕育着希望。闻先生这一时期是中国优秀的新诗人,他爱国,他肯帮助青年;闻先生第二阶段是从民国二十一年到死前两年,这一阶段里,他伏首研究《楚辞》《诗经》《易经》等古书,他好像是脱离了现实,实际上他还是在现实中。他依然肯帮助青年,与青年常在一起生恬。第三个阶段是最近两年,闻先生积极参加了民主运动,为中国的民主而奋斗,他没有政治野心,不想升官发财,仅仅为了民主,而遭惨死。暴徒们这种卑鄙无耻的手段,没有一个人不愤慨! 闻先生的思想转变是因为政治上的黑暗与实际生活的逼迫。他教育青年,又为青年所鼓舞! 闻先生一生中,有一个一贯的精神,这就是他的爱国精神。"(朱自清对《新华日报》记者的谈话,转引自朱乔森编《朱自清全集》第4卷,第462页,江苏教育出版社1990年12月出版)

八月二十五日　中国民主同盟在上海举行记者招待会,由二十二日离昆返宁的梁漱溟、周新民报告李闻惨案调查经过与结果,用"吞吞吐吐"四字说明当局态度。民盟认为闻案未了,坚主凶手移至南京审判。但国民党政府对此无动于衷。

香港九龙各界在孔圣堂举行李闻陶追悼大会,出席九百余人。蔡廷锴主席,彭泽民宣诵祭文,萨空了、陈其瑷、丘哲、沈志远等十余人演说。会上通过通电全国,组织纪念三先生基金筹募委员会、发动签名控诉等项临时动议。会场挽联有:"执政党暗杀民主领袖可谓卑劣无耻;名学者反抗法西斯真是人民导师。""犯众怒而害贤良,将见独裁授首;今群力以伸正义,务使民主成功。"

顾祝同在昆明金碧别墅招待记者,称霍揆彰之云南警备司令职已被革除,以何绍周继任。

同日,军事合议审判法庭举行闻一多被刺案第二次公审。次日,顾祝同签署陆军总司令部法审布字第元号布告,宣布汤时亮、李文山两人在昆明枪决。该布告云:"案据云南省警备总司令部呈送汤时亮、李文山枪杀闻一多一案,经本部组织军事合议法庭审讯,均供认枪杀闻一多及其子立鹤未遂不讳。查被告等均系现役军人,竟敢于服行任务时,在本市持枪杀人,实属目无法纪。经依刑法第二七一条第一项、第三十七条第一项,各判处死刑,褫夺公权终身,渠经呈奉核准在案。兹将该被告汤时亮、李文山二名验明正身,绑赴刑场,除呈报外,合行布告周知。计开:汤时亮二十八岁,男,湖南衡阳人。李文山,三十二岁,男,湖北黄陂人。中华民国三十五年八月二十六日,陆军总司令部顾祝同。"(《枪杀闻一多两凶犯,汤时亮李文山伏法》,南京《中央日报》,1946.8.27)

第二天早晨,监斩官宪兵十三团警务团附张拯东用酒把汤、李灌醉,拉至东站外执行枪决。汤、李知道受了骗,但为时已晚。当天,南京《中央日报》刊登《闻案被告判决书》,各大报纸均有转载。

法网恢恢,疏而不漏。刺杀先生和李公朴的特务,遭到了应有下场。其中熊福广于一九五〇年被镇压,袁炳南、崔宝山、吴传云、兰亚民在一九五一年四月十五日被昆明市军事管制委员会宣判死刑,王子民一九五一年一月十日在成都伏法,蔡云祈一九五八年四月被江苏省高级人民法院判处死刑,二十六日执行枪决。赵凤祥亦于一九五九年三月二十四日在长沙执行枪决。兹录判决资料如下:

(一)《昆明市军事管制委员会布告》:查暗杀民主人士李公朴、闻一多凶犯袁炳南、崔宝山、兰亚民、吴传云于一九四六年勾结匪首霍揆彰,迫害民主运动,匪首督查长袁炳南受霍匪指使,令匪部行动组情报组收集李、闻两先生言论,并暗中予以监视。七月上旬,霍匪令其在三日内将李公朴,闻一多两先生逮捕或暗杀。七月十一日,崔镇山率兰亚民、崔宝山等二人驾驶吉甫车二辆,带有麻醉药哥罗芳等侯于青云街口、大兴街口、圆通街、北门街一带。是日下午六时,李先生偕夫人到大光明看戏,由汤时亮、赵凤翔、吴传云跟踪,戏散后,李先生夫妇至南屏街口乘公共汽车时,汤时亮即发枪杀害,因枪机失灵未果,又尾随至青云街。李先生至大兴街时,汤时亮连发二枪,赵凤翔、吴传云各发一枪,李先生应声倒地殒命。事发后,引起全市及全国人民之愤恨,七月十五日学联在云大开追悼会时,闻先生指出反动派之无耻阴谋。会前特务即混入会场及布置埋伏。散会后,闻先生父子行至西仓坡时,特务李明山等开枪,闻先生中弹倒地殒命,其子闻立鹤亦受重伤,造成全国人民均表愤恨之大血案。四九年兰亚民、吴传云到卡佤山进行特务活动,其它均因屠杀人民有功升官他调。云南解放后遂将该四犯逮捕归案,经审讯后,供认上述罪行不讳。查该犯等杀害民主人士,罪大恶极,全国人民无不愤恨,一致要求严惩凶手。根据中华人民共和国惩治反革命条例第七条将该袁炳南、崔宝山、吴传云、兰亚民四犯判处极刑,于十四日下午三时将上列四犯验明正身,押赴刑场执行枪决。袁炳南,化名袁荣焜,四十七岁,湖北黄岗人。崔宝山,三十四岁,河南郎城人。吴传云,化名吴笑采、吴汉民,二十九岁,湖北黄陂人。兰亚民,化名兰鹏,三十三岁,湖北黄陂

人。主任陈赓、副主任周保中。公元一九五一年四月十五日。(云南省公安厅档案馆藏)

(二)《暗杀李公朴闻一多的凶首,匪帮特务熊福广就擒,供认暗杀系奉霍揆彰命令执行》:新华社重庆十四日电:一九四六年七月在昆明暗杀李公朴、闻一多的国民党特务凶首熊福广,已被重庆市公安局逮捕归案。该犯供认暗杀李、闻系直接奉昆明警备司令霍揆彰之命令执行。熊匪当时任伪警备司令部特务营长,行凶后曾受到蒋介石匪首奖励,一九四七年被提升为重庆伪警备司令部机动部队指挥官,其后调伪"徐州绥靖公署"任团长,淮海战役中被人民解放军击伤逃脱。去年到四川国民党七十二军任团长。七十二军起义后,熊匪潜来重庆,企图进行反革命活动未遂被捕。(《人民日报》,1950.3.15)

(三)《暗杀李公朴闻一多的主犯王匪子民在成都伏法》:新华社十九日讯:成都消息:五年前在昆明暗杀李公朴和闻一多的主犯、国民党特务分子王子民已在成都市伏法。一九四六年,国民党匪帮以刽子手霍揆彰任匪"云南省警备司令部总司令",王匪子民任该匪部"昆明稽查处少将处长",企图进一步镇压昆明的民主运动。是年四、五月间,王匪提出了包括昆明各大学教授、学生及各界民主人士在内的四十余人的黑名单,经由霍匪揆彰交蒋匪介石圈定暗杀或逮捕。同年七月,王匪即亲自部署其下属组成行动小组,于十一、十五两日连续以美制无声手枪暗杀了李公朴和闻一多。一九四七年后,王匪调任匪"湖北省第四区保安副司令",继续进行反革命活动。湖北省解放后,王匪逃至四川新都,化名潜伏,但终被我川西区人民政府公安机关捕获归案。成都市人民法庭于本年一月十日召开了三万八千余人参加的群众公审大会。会上,中国民主同盟成都市临时工作委员会代表张松涛控诉了王匪的万恶罪行。在与会群众的一致要求下,人民法庭当即判处王匪死刑,经上级人民政府批准,已执行枪决。(《人民日报》,1951.3.21)

(四)《杀害李公朴闻一多的凶手蔡云祈在盐城伏法》:据新华社盐城二十六日电,杀害李公朴、闻一多两烈士的反革命分子蔡云祈案,已经江苏省盐城地区中级人民法院重行审判,今天下午在盐城县将蔡犯执行枪决。蔡云祈曾任国民党军队的排、连、营长,少校团附、联络参谋等伪职,是一个万恶的特务分子。一九四六年他在云南昆明任蒋帮预备第二师谍报组长时,坚决破坏民主运动,和蒋帮谍报队长特务头子陈国华等积极共谋杀害爱国民主人士李公朴、闻一多。同年七月,蔡云祈担任国民党特务机关所组织的以杀害李公朴、闻一多等为目的的行动小组组长。七月十一日下午,蔡云祈指挥特务开枪打死李公朴烈士。同月十五日,蔡云祈又率领特务侦察主持追悼李公朴烈士大会的闻一多的行动,随即布置特务在会场外埋

伏。会后,闻一多行至昆明西苍坡时,被蔡云祈指挥埋伏的特务乱枪打死。(《人民日报》,1958.4.28)

(五)《杀害李公朴的主凶赵凤祥伏法》:新华社长沙二十五日电:杀害李公朴先生的主凶赵凤祥二十四日在长沙市伏法。一九四六年六、七月间,特务头子、国民党云南省警备司令霍揆彰积极执行蒋介石对李公朴、闻一多等进行所谓"秘密制裁"的阴谋,指使稽查处处长王子明召集特务骨干分子赵凤祥(特务组长)、崔镇三(组长)、蔡云祈(国民党昆明市城防司令部谍报组组长)等开会,秘密布置刺杀李公朴、闻一多。以后,赵凤祥即派特务分子专门监视李公朴和闻一多的行踪。同年七月十一日下午,赵凤祥带领特务分子汤世良、吴博[传]云等,趁李公朴先生外出返家的时候,开枪袭击,第二天李公朴先生因伤重在医院逝世。事后,特务机关发给了这些凶犯大批"奖金",赵凤祥并由上尉被提升为少校。赵犯凤祥是湖南省湘潭县人。一九四三年至一九四九年间曾先后担任国民党陆军总部"调查室"和云南警备司令部稽查处的谍报组组员、组长,国民党湖北省第四区专员公署情报室副主任等职务。一九四九年五月赵犯由湖北沙市潜回湘潭后,伪造历史,长期隐瞒自己的罪恶。一九五八年上半年,在群众检举和公安机关侦察下终被清查出来。赵犯经湘潭县公安局逮捕后,在确凿的证据面前,不得不供认了自己的罪行。湖南省高级人民法院依法判处赵犯死刑,并经最高人民法院批准,二十四日在长沙市执行枪决。(《人民日报》,1959.3.26)

对于此次判决,《大公报》评论云:"闻一多案前天在昆明判决,这一桩耸动一时的暗杀事件,在法律上已经结束了。今天我们不拟触到法律问题,只想说它在政治上的影响。当李公朴闻一多相继被刺时,许多人以为是政治暗杀。因为这两个人都是民主同盟的人,在着政治活动,直觉的便以为是政治暗杀。这次判决,案情虽意外简单,但总算水落石出了。李公朴案子怎样,尚不知道;闻一多之被刺,据政府宣判,凶手行凶动机,仅为'出于气愤'。也许有人以为此种动机,可减少今天政治局势的纠纷。但我们认为如此杀人,对中国民主前途,威胁至大。在政治教育上,这是一件不幸的事,也是一件可悲的事。闻一多教授,在李公朴追悼会上,'拍桌踩脚',发牢骚,骂政府,这并不是什么不得了的事,莫说李公朴是他的朋友,闻一多见其被刺身死,悲恸激愤,出于自然;就是平时对政治批评几句,说政府'太腐败',这在民主国家,也是很普通的,彼此应该有雅量听敌党的话。子路闻过则喜,禹闻善言则拜。中国固有道德,也不是不准别人批评的。况闻一多一个文士,手无寸铁,让他发发牢骚有什么关系呢?乃李文山汤时亮竟'气愤'至于杀人。李汤都是现役军人,手持武器,一'气愤'就可以杀人,多么危险!中国人这样没有听话的雅量,中国社会也就根本无言论的自由了。无言论自由,也就无民主了。在中国社会,像李文山汤时亮这种人,恐怕很多。这是中国政治真正危险及可悲之处,我们实在不能原谅这个杀人的动机。政府重视闻案,并已予以允当的处置,军法会审,宣判李汤二人死刑,这是无可訾议的,为国家法律,应该如此。但看顾祝同将军的谈话,执法虽严,在精神上似有所不足。顾将军说:'对凶犯汤时亮李文山之触犯刑章,致受极刑,于执行国家律令之余,不无感慨。'顾将军也是个军人,对军人的'触犯刑章,致受极刑',有所悯恻,出于自然。但接下去又说:'深盼全国人士,对于艰难缔造之国家,勿轻加毁蔑,对于浴血抗战之军人,给予应有之爱护',好像是对批评政府的人提出警告,对汤李二凶手则寄与同情,我们实在不同意这种态度。本月十五日昆明公审时汤李二凶手那种态度,也是叫人可怕的。这两个凶手,杀了人,然而好像理直气壮的,拍着胸膛说:'枪毙我,我情愿死。''闻一多是该杀的,我决不后悔。''凡有血性的人,都可以这样做。'汤李二凶手不承认杀人有错,这杀人的政治意义不太可怕了吗?闻案刚判决,昆明又闹打报馆,'揍死记者'的怪剧。报馆记者何罪?中国社会没有新闻自由,没有言论自由,一至于此。这种风气,这种意识,怎样可以走上民主国家的道路?我们以为不幸的闻案,其判决应该作为言论自由的教育,应该在政治上扩大有听敌对言论的雅量;如产生相反的效果,对汤李两个人处以极刑,不过执行杀人偿命的法律而已,那就无甚意义了。"(《闻一多案的判决》,天津《大公报》社评,1946.8.27)

八月二十九日 上海《文汇报》发表社论《闻案感言》,认为此案并未了结。

八月三十日 民盟政协代表为李闻案宣判事致函政府代表,云闻案宣判,民盟有所保留,不能完全接受。因民盟派梁漱溟、周新民、冯素陶三人观审,竟未获当局完全同意;新闻记者除中央社二人外,其他皆不许参加;审判时只有法官与凶犯一问一答,全无任何人参与证明一切,应有之人证物证全不肯用;死刑执行时必另有掉换。函中对政府一手包办公审提出抗议,要求对李案非移京公审不可。

九月五日 香港《华商报》摘引英国《新政治家》(费边社进步派杂志)、《经济学人周报》评论,世界舆论对李闻惨案反响强烈。

九月十五日 新加坡华侨陈嘉庚等六十余人与四十三团体开会追悼李闻,出席者千人。会场门前悬"民族永生"大匾。祭台挽联为:"烈士之血,民主之花。"陈嘉庚挽联云:"君等入地登天,争取民主,争取自由,但凭赤手空拳,洒尽人间血泪;我亦痛心疾首,反对独裁,反对贪佞,悉本侨胞公意,只求国跻三强。"

九月二十八日 民盟政协代表为国民党政府拖延解决李闻血案,再次致函政府代表及蒋介石,要求对闻案逃犯限期缉获移京公审。

十月四日　上午九时,上海各界五千余人在天蟾大舞台隆重追悼李公朴闻一多。这次追悼会由中国民主同盟最先发起,八月二十八日筹备工作已分为总务、财务、文书、交际四组进行,分由田汉、洪深、熊佛西、黎澍、卢声广、王绍鏊、徐伯昕、潘梓年、韩明、罗淑章负责,九月十三日上海市市长吴国桢允为发起人之一。二十九日,第六次筹备会产生追悼会主席团成员四十五人,为:吴国桢、宣铁吾、吴先开、潘公展、徐寄庼、周恩来、华岗、李济琛、陈铭枢、谭平山、司徒美堂、黄炎培、郭沫若、胡政之、叶圣陶、田汉、左舜生等。十月二日,又开筹备会,确立追悼会由吴国桢任主席,沈钧儒为主祭,史良、楚图南分别报告李、闻生平。追悼会发起人以宋庆龄、孙科领衔,包括国民党、共产党、民盟和各界人士共一百六十七人。

这是继重庆追悼会之后又一次十分隆重的追悼大会,由洪深担任司仪。会上吴国桢致词,承认李闻被刺是违反法律。史良、楚图南分别报告李公朴、闻一多生平后,潘公展、郭沫若、邓颖超、罗隆基先后发表演说,末由李公朴夫人张曼筠致答辞。郭沫若演说中称李闻之死是近代悲剧诞生的信号,这是光明和黑暗、公正和自私、人民要做主人和做奴隶的斗争,但光明和正义最后必将胜利。邓颖超代表周恩来出席,并宣读了周恩来的亲笔悼词:"今天在此追悼李公朴、闻一多两先生,时局极端险恶,人心异常悲愤。但此时此地,有何话可说?我谨以最虔诚的信念向殉道者默誓:心不死,志不绝,和平可期,民主有望,杀人者终必覆亡!"①

会场挂满挽联挽幛。朱德、毛泽东挽幛:"为保卫政协争取和平民主而牺牲的斗士精神不死!"宋庆龄挽联:"血溅金沙,冗有大名光宇宙。魂招歇浦,愧无巨笔志厖勋。"又,吴国桢挽联:"宿望重儒林,何期殒命滇中,颍川李御成虚话。高雯垂艺苑,今日招魂海上,山海闻笛有余哀。"潘公展挽联:"求民主竟尔捐躯,可同声一哭。为国事终日相忍,尝默告二公。"

这天,上海《文汇报》还发表了社评《实现四大自由——敬悼闻李二先生》。又刊登了景宋、史良、章乃器、黄炎培等人的悼文悼诗,并刊登了闻名的《我的爸爸》。

这次追悼会,曾电催高孝贞来沪参加。但国民党处处刁难,不给先生遗属飞机票,以致他们无法赶到。

十月六日　上海各界在静安寺举行公祭。九时半起,胡厥文、章伯钧、黄炎培、周恩来分别代表建国会、第三党、民盟、中国共产党主祭。中国共产党致祭者还有邓颖超、李维汉、齐燕铭、潘梓年、章汉夫、熊瑾玎等。民主促进会、中国妇女联谊

---

①　这次追悼会前,国民党与民盟、共产党曾订有"互不攻击"的君子协定,故周恩来在悼词中云"有何话可说"。

会、中华全国文艺协会、中国民主社会党、上海人民团体联合会、中国人权保障会、工商协会、民主青年联合会、人民救国会等团体,亦纷纷致祭。

中共代表团祭文中有"一多先生,著名教授,志行清高,学者研究,青年导师,人民领袖"与"为了和平,出而奔走,为了民主,出而奋斗,如此善人,世所罕有"之句。

中国民主同盟代表在上海招待记者,指出:"民盟不满意闻案的结果,尤其不满意李案至今尚未了结,民盟至今仍在督请政府负起责任,火速惩凶。"

十月十日　清华大学在北平举行开学典礼。熊祖同代表辛酉级捐赠一百五十万元,作为钟亭修建费。(梅贻琦日记手稿,清华大学档案室藏)后在工字厅后荷花池东畔小山顶上,建起一亭,命名"闻亭",以纪念先生。该亭为先生挚友梁思成设计,为民族传统的六角攒尖式。横匾上"闻亭"二字是潘光旦手书。亭内悬挂一大铜钟。

一九四七年七月十五日　先生殉难一周年纪念日。下午七时,北京大学新诗社、风雨社、文艺社等二十五团体,及清华大学与燕京大学同学、先生生前友好,在北大民主广场举行纪念先生晚会。《闻一多教授周年祭》引新华社晋察冀电云:"北平讯。上月十五日为著名民主主义者前西南联大教授闻一多先生被蒋介石特务刺杀周年忌辰,北大新诗社、风雨社及文艺社等二十五个团体暨闻氏生前友好,于是日下午七时在北大民主广场举行悲壮纪念晚会,到北大、清华、燕大学生及校外人士外籍记者等一千五百余人。会场高悬闻氏遗像,双目炯炯,正气凛然,表现出其生前与反革命搏斗之无畏精神。开会时由'沙滩合唱团'低唱'安眠吧!勇士'一曲,即全场默哀三分钟。继由去年与闻氏被刺曾受重伤之闻氏长公子立鹤,以自身经历报告蒋特行凶时之残暴及闻氏牺牲之壮烈经过,全场为之泣下。报告毕,由新诗社朗诵挽诗,并请许德珩、冯至等教授讲演闻氏生平,肃穆的会场中,到会者均充满清算杀人犯罪行、为闻氏复仇的悲壮情绪,是日日间并展览闻氏生平著作、言论及照片,并陈列去年闻氏被刺时之血衣,瞻仰者七千余人,并当场为闻氏遗族募捐,捐输者甚为踊跃。"(《人民日报》,1947.8.21)

七月十六日　中国民主同盟第二届中央执行委员会在上海举行,出席者有张澜、沈钧儒、张东荪、罗隆基、邓初民、章伯钧、黄炎培、史良等及各地支部代表数十人。会上做出十项决议,其中第四项为:"为纪念李公朴、闻一多及民盟其它殉难人员,决定以七月十五日为民盟殉难同志纪念日,并重申要求国民党政府严惩有关案凶犯,负责赔偿损失。"此后,这一天被正式定名为"中国民主同盟殉难先烈纪念日"。

一九四八年八月七日　华北临时人民代表大会召开,十九日闭幕。出席大会的有来自工人、农民、革命军人、妇女、工商业家、自由职业者、新式富农、社会贤达、开明绅士以及民主同盟盟员、少数民族和国民党统治区人民团体代表五百四十一人。高真与董必武、聂荣臻、薄一波、彭真、滕代远、杨秀峰、宋劭文、成仿吾、邢肇棠、丁易(民盟盟员)、于力、何其宽(回民)、陈瑾昆、田秀涓(妇女)、蓝公武、石振明(劳动英雄)、徐维廉(国民党统治区代表)、李何林(民盟盟员)、凌必应(工人)、安宅仁、尚钺(民盟盟员)等三十三人,在大会预备会议上被推选组成大会主席团。会上通过许多重要决议案,并选举了华北人民政府委员,组成了华北统一的民主政府——华北人民政府。(《华北召开临时人民代表大会,民主选举委员组成华北人民政府,经详尽讨论通过许多重要决议,董必武等廿七人当选政府委员》,《人民日报》,1948.9.4)

是月 由清华大学"整理闻一多先生遗著委员会"主持,经朱自清、吴晗等人编辑的《闻一多全集》(四册)由开明书店出版。

一九四九年七月十五日 先生殉难三周年纪念日。上午九时,民盟总部临时工作委员会暨北平市支部在北京饭店六楼礼堂联合举行纪念会,隆重纪念李公朴、闻一多、陶行知、杜斌丞、黄竞武、曾伟诸先烈,参加者除民盟盟员外,还有林伯渠、李维汉、李济深、郭沫若、彭泽民、史良、谭平山、蔡廷锴、陈其尤、朱学范、沈雁冰、张奚若、谢邦定、齐燕铭、阎宝航、陈劭先、陈此生、李锡九、欧阳予倩、许德珩、薛愚、钱端升、翦伯赞、叶圣陶、容肇祖、宦乡、臧克家、孙起孟、柯灵、白杨等,共二百余人。闻一多夫人高贞、李公朴夫人张曼筠也出席了纪念会。大会主席沈钧儒报告六位先烈的生平及殉难经过后,宣布民盟已组织一委员会,负责办理纪念公墓,纪念馆以及筹募家属生活费及子女教养费等事情,以慰先烈,而尽后死者的责任。

一九五一年七月十五日 先生殉难五周年纪念日。是日上午八时半,中国民主同盟总部在中国人民政协全国委员会文化俱乐部举行民盟烈士纪念会和祭灵仪式。参加追悼的有人民政协全国委员会代表、中国共产党及其他各民主党派代表、人民政协无党派民主人士代表、首都文教界代表、各大学负责人和教授以及烈士生前亲友等二百余人。民盟中央主席张澜亲临祭奠。会上,民盟中央副主席沈钧儒首先致词,相继讲话的有人民政协全国委员会副主席、中国国民党革命委员会主席李济深,中共中央统战部副部长徐冰,民主建国会召集人黄炎培,人民政协无党派民主人士代表郭沫若,中国民主促进会主席马叙伦,九三学社主席许德珩等人。在讲话中,他们对李、闻等烈士为反对蒋介石独裁卖国而表现的英勇斗争精神,表示崇高的敬佩和深切的悼念。对于死难烈士家属表示真挚的慰问。纪念会和祭灵仪式在沈钧儒献祭后结束,接着为闻一多烈士举殡,启灵至北京西郊八宝山革命烈士公墓,执绋者达百余人,至十二时许方结束。

在骨灰安葬仪式上,潘光旦发表《一多安葬祭告词》,内中写道:"一多:你离开我们五足年了,今天是你安葬的日子。入土为安。朋友们把你'奉安',你也真是可以安息了"。"五年前的今日,你遭到了毒手,离开了我们","你的实际上是从容的,从容的死,表示你知道死得有个道理。还有比革命而死更有道理的死么?我知道你死得心安理得,唯其理得,所以心安"。"如今五年以后,你更可以安心,革命终于成功。成功的花朵如何灿烂,成功的果实如何丰硕,你是已经知道了的"。"在这花朵果实里,正有你那一分灌溉的工夫"。《祭告词》还说:"你'一'于政治,'一'于革命,一往直前,死而后已","你的朋友们都应该努力向你这一点学习。你的革命精神永远不朽"。(转引自孙敦恒《潘光旦与闻一多》,《中国优生与遗传杂志》1999年第7卷第4期)

潘先生的女儿潘乃穆,在《回忆父亲潘光旦先生》中,披露了潘光旦悼念先生的两首诗。一首为抒发心情悲愤,鞭挞国民党黑暗统治,怀念先生。诗云:"就中薪水激昂最,十年游艺风尘外。交得陇西亦美髯,气夺三军并充沛。正气豪强不两存,历朝忠鲠几孤魂。碧鸡月落凄凉黯,白马涛惊呜咽吞。卅载论交浑似梦,几番饮泣涕无痕。悬知浠水椿萱泪,挟得江湖潋滟奔。"另一首为《四月闻亭》,云:"诗人热血已灰寒,化作闻亭一额丹。此日吟魂欣有托,满山花放紫罗兰。"(《中国优生与遗传杂志》1999年第7卷第4期)

一九八三年十月十日　"全国首届闻一多研究学术讨论会"在黄石师范学院召开。这次会议由黄石师范学院与北京大学倡议,由中国社会科学院文学研究所、山东大学、辽宁大学、云南大学、东北师范大学、华中师范学院、武汉大学、武汉师范学院、南开大学、昆明师范学院、清华大学、湖北省社会科学院等单位共同发起。

一九八五年五月十三日　"全国第二届闻一多学术研讨会"在武汉大学召开。

五月十五日　中国闻一多研究学会(后改名闻一多研究会)在武汉成立,挂靠在武汉大学。此后,该学会举办了一系列全国和国际性的闻一多学术研讨会。

一九九一年八月二十日　经中国人民银行湖北分行和湖北省民政厅批准,闻一多基金会在武汉成立。

一九九三年十二月　由武汉大学闻一多研究室编辑的《闻一多全集》(十二册),由湖北人民出版社出版。

一九九五年五月　中国现代文化学会闻一多研究专业委员会(后改名闻一多研究工作委员会)成立,并开始发行《闻一多研究动态》(双月刊)。

一九九六年十一月十七日　先生与夫人骨灰合葬。先生夫人逝世后,骨灰一直保存在北京八宝山革命公墓骨灰堂,与先生骨灰合葬是闻夫人生前的愿望。经家属申请,在民盟中央协助和八宝山革命公墓管理处配合下,先生夫人与先生骨灰全葬。合葬墓由原先生墓改建,高一点七米,青灰石墓碑,正面下方嵌有一九五一年安葬先生骨灰时民盟中央敬撰的生平简介,上方嵌有口衔烟斗的闻一多铜质浮雕,中间刻着先生和高真的姓名,碑的背面镌刻着先生夫人生平简介。参加合葬仪式的除直系亲属外还有先生夫人的干女儿华顺(华罗庚长女)、民盟中央代表金若年等。合葬仪式由闻立雕主持,民盟中央敬献了花篮,闻铭代表全家朗诵了长篇祭诗。

一九九九年十月二十三日　是日至二十四日,"第二届中国古典文学国际研讨会——纪念闻一多先生百周年诞辰"在台湾新竹清华大学举行。这是海峡两岸清华大学为纪念先生百年诞辰而联合召开的一次高层次学术会议。出席会议的除了海峡两岸学者外,还有澳大利亚、俄罗斯、日本、韩国等学者。会议论文集《新古典新义》二○○一年十一月由台湾学生书局出版。该书主编、台湾清华大学中文系朱晓海教授撰写的序言,代表了台湾学术界对先生的评价,内中写到:

先生乃民国学术史上之佼佼者,具有多方面影响。既是诗人,艺术家,又是学者。身为诗人,篇什表率一方,《红烛》《死水》乃三十年代诗坛之异数,文学评论者推其意象之凸显,声调之铿锵,同俦恐瞠乎其后。设言其艺术成就,擅长篆刻、绘画,虽不以此为名,然抗战期间学子(包括其哲嗣)为其灵光热情兴发,而献身艺术国度者,所在皆是。若夫先生之学术成就,更无庸赘言。独辟蹊径,会通人类学、神话学及传统训诂考据之法门,新、旧映发,理、事交融,既不出主入奴,亦扫理障字碍,析义之深,见识之弘,迥出时流之上。其《古典新义》、《神话与诗》早已被学界奉为古典研究之圭臬,启活我后学良多。

不仅创作、研究度迈群伦,先生对于正义之承诺、教育之投入,立身清介,情性炽烈,感人尤深,至终以生命为祭。抗战期间,清大所以得于艰厄中,犹克朗现学术光芒,发挥学术尊严、研究自立之精神,致四大导师去席后,清大人文光华岿然依旧,先生及其同事,如朱佩弦、冯芝生、张东荪等,关涉实大。

虽因政治因素,半世纪已降清大分于两岸,然两校拥有共同之学术传统,学子分享相同之学术记忆及寰宇声誉。一九九九年十月二十三日适值先生百周年庆,本诸报本崇德之彝则,两岸清大决定继一九九七年王静安先生百二十周年国际学术研讨会后,再度携手召开纪念先生百周年诞辰国际研讨会。

一九九九年十二月二十日　澳门回归。李海鹰谱曲、澳门七岁女学生容韵琳演唱的先生的《七子之歌·澳门》,成为中央电视台迎接澳门回归四十八小时不间断直播中播放的旋律之一。

二○○○年二月二十六日　日本闻一多学会在早稻田大学成立,领衔发起人为早稻田大学资深教授芦田孝昭及铃木义昭、竹下悦子、门田康宏、山本明等。该学会以"研究闻一多及其生活的那个时代"为中心,以"与国内外学者进行交流"为目的,主要活动为举办学术会、研究会、讲演会,同时发行会报《诗与神话》。学会事务局设在早稻田大学日本语教育研究中心铃木研究室,会员包括二松学舍大学、樱美林大学、神户市外国语大学、京都产业大学、同志社大学、广岛大学、青森大学、立正大学、清和大学、创价大学、文化女子大学、东京大学、明海大学、庆应大学、东京学艺大学、宫城女子学院大学、东北大学、东京家政学院大学、梅光妇女学院大学、日本大学等高校学者。

二〇〇〇年五月十九日　是日至二十一日,德国图宾根大学汉学系召开"诗人·学者·爱国者——闻一多诞辰一百周年国际学术讨论会",来自北京、香港、美国、荷兰和德国汉堡、波鸿、莱比锡、海德堡、波恩、慕尼黑、图宾根等大学的二十余位学者出席了会议。德国《施瓦本日报》《法兰克福特日报》等媒体,为这一首次在欧洲举行的研讨会发表了长篇盛情报道,德国最主要的报纸还对会议期间举行的"闻一多诗歌朗诵会"给予极高评价。

二〇〇九年十一月二十四日　先生诞辰一百一十周年纪念日。台湾政治大学历史系、《文讯》杂志社联合主办的"纪念闻一多先生诞辰一百一十周年座谈会"在台湾大学校友会馆举行。这次会议,是一九九九年新竹清华大学中文系召开纪念闻一多百年诞辰学术研讨会后在台湾举行的第二次会议,也是台湾六十年来首次举行的以闻一多为中心的研讨活动。出席这次座谈会者三十余人,既有台湾高等院校、科研单位、文化团体的学者,也有正在台北访问的大陆专家。闻一多侄女之子李文健先生,也参加了座谈会。会上,《文讯》杂志社社长兼总编辑封德屏女士介绍了会议筹备情况,闻一多长孙闻黎明宣读了父亲闻立雕的贺词:"获悉闻一多纪念座谈会在台北召开,备感欣慰,特代表闻一多家属表示热烈祝贺,并向全体与会专家学者致以最真诚的问候和最良好的祝愿。闻一多家属代表闻立雕。"座谈会由佛光人文社会学院陈信元主持,著名作家向明、中研院院士陈永发、政治大学历史系刘维开、秀威资讯科技公司丛书主编蔡登山,分别就闻一多的文学创作、文化贡献、历史地位等问题做了主题发言。著名文史学家秦贤次、成功大学侯美珍、政治大学台湾史研究所所长薛化元、《湖北文献》社社长汪大华、国防大学徐瑜等也在会上相继发言。台湾中央社于当天发布座谈会消息,题为《闻一多一百一十冥诞,两岸学者追思》,台湾与大陆多家媒体做了转载。

附录

一、"蒋介石日记"手稿选录

案：二〇〇五年二月，美国斯坦福大学胡佛研究所陆续公开蒋介石日记手稿，并邀请中国社会科学院近代史研究所多位专家前往阅读。以下为黄道炫研究员抄录的蒋介石日记原稿中有关闻一多被刺事件之材料，兹录整理如下。

一九四六年三月二十三日　对西南联大团员训以不法教师污辱党国甘为共匪奴属之张奚若、闻一多等应加以还击之意。言之操急，自知失态。

一九四六年七月十七日　昆明连出暗杀案二起，先李公朴次及闻一多，皆为共党外围之民主同盟中党酋，应特别注意，彻究其凶手，以免共匪作污陷之宣传。最可耻者，以此案出后在昆之民主同盟酋首八人皆逃至美国领事馆求其保护，此等知识分子而且皆为大学有名之教授，其求生辱国寡廉鲜耻，平时其自夸所谓不怕死者，而其怕死至此，书生学者，毫无骨格，乃如此也，可痛。

一九四六年七月十八日　约宴司徒雷登与马歇尔，今日来山也。餐后谈共党问题，马对共周自称其已失信心，而张君劢等于其在京起飞时特属马司为昆明暗杀案向余警告，以为彼等生命已无保障，政府谈判自难继续云。此等投机小肖寡廉鲜耻不足道，惟可证明无识者必无胆，是对人之心理又一发明也。

一九四六年七月二十日　十时半约司徒来见，与谈三事。（一）对昆明暗杀案拟重申无武力之人民与党派，政府应负责保护其生命与自由。（二）凡无武装之人民只要其合法登记，保障其言论出版之自由，主管机关应予以登记之便利，不得无故延宕。（三）政治协商会议议决案仍属有效，其未议法各案，当继续觅取协议，但必须取法于多数，并应待共党停止攻势后方得实施。

上星期反省录：……昆明李闻被刺案殊所不料，干部之无智无识徒增政府情势之险恶，领袖地位之不利，可痛之至。

本星期预定工作课目：……昆明暗杀案之处理。……

注意：昆明李闻被刺案应即令霍来报告再定处置。

一九四六年七月二十三日　研究昆明追究凶手案情,写霍揆章[彰]等各函。晚课后约卢永衡主席聚餐,听取其报告。

一九四六年七月二十四日　与卢永衡谈滇事约一小时四十分钟乃别。决召霍揆章[彰]来见,幼稚如此,可叹。

一九四六年七月二十五日　昆明刺案内容既明,彻底究罪时应注意之点:甲,反动派必以此加强其对政府暗杀反对党人之罪恶,更将诬陷为"法息(西)斯"党矣。乙,对霍处置之方针。丙,公布与审判之准备。丁,宣传技术之注意。戊,政府应主动彻究此案。己,凶手之口供及其行刺之动机。庚,被刺者咎由自取乎。辛,使投机与附共者有所警惕。壬,问霍能否自动彻究此案。

晚课后召见霍揆章[彰],彼犹呈其假造人证与口供,幼稚荒谬极矣,乃面加斥责并明告其所部之所为,且出其行刺之人名,即令彼自想此案之办法而退。再令张镇宪兵司令来谈,指示其与霍研究手续与要点,临睡时已十二时矣。

一九四六年七月二十六日　朝课后约见张镇与霍揆章[彰],研究昆明刺案后,批阅公文,研究刺案之处理方针。下午为刺案及宋庆龄侮辱本党以及剿匪无甚进步等关系,顿起忧闷。……晚课后约顾卢张霍等晚餐,属其同飞昆明彻底追究刺案也。

一九四六年七月二十七日　朝课后召见墨三指示昆明案处理方针。

上星期反省录:一,天下事之难堪者,莫甚邪正不分、善恶混淆,尤其是世人不究真相反以伪为真,以恶为善,卒致邪正倒置,是非莫辨,因之人心反常,廉耻道丧。……

一,为昆明李闻被刺暗[案],又予反动派以法西斯恶名之诬蔑。干部无知幼稚,殊令人啼笑皆非,本周几乎全为此事增加烦恼之苦痛也。

本星期预定工作课目:……三,云南保安大队等之处置。……四,云南警备司令部之改组与性质之研究。

一九四六年七月三十日　马歇尔来谈,彼以昆明暗杀案比内战之消息使美国影响更恶为虑,其意中欲余允民主同盟之请求,准彼党共同侦查也,余婉却之。此事自当由政府负责调查,如调查结果公布后认有怀疑之点,自可组织有关团体参加研究。彼以为然。总之昆明之案无论对内对外皆增加政府与余个人之地位艰难百倍,更使共匪在时局上转败为胜,霍之罪孽无穷。

一九四六年七月三十一日　上月反省录　……九,昆明李闻暗杀案在政治上实予政府以重大之打击,所部无智,徒增苦痛,难矣哉。

一九四六年八月三日　朝课后与冷欣谈昆明案件及所录口供毕。……下午审阅口供,破绽甚多。

上星期反省录:昆明李闻暗杀案处理方针与办法虽定而尚未宣布,此案因平津道上美军被共匪袭击之重要性已渐减轻。

本星期预定工作课目：……六,李公朴案之公布。……

一九四六年八月四日 朝课后指示冷欣对昆明案件处理程序。

一九四六年八月六日 下午考虑昆明案件处理方针甚切,幸得上帝指示,改变前定办法。

一九四六年八月七日 雪耻:昨晚课后指示至柔飞昆面授处理方针毕,独在楼台上赋"白云明月两悠悠"句,心神幽闲,思虑渐消,与夫人并肩散步,采花移树,甚觉自得也。

朝课后派至柔飞昆明指示处理暗杀之方针,必须彻究严惩霍揆章[彰],方得其平也。

一九四六年八月九日 研究昆明暗杀案之口供与经过实情,甚费心力。

一九四六年八月十日 朝课后指示至柔再飞昆明传达意旨。……。

上星期反省录……八,闻一多案处理方针已最后决定,极费心力也。

一九四六年八月十一日 预定:……三,昆明案件之处理。

一九四六年八月十八日 晚冷欣由滇携顾墨三对处置闻一多被刺案审判供辞及报告来庐。批阅至深夜,研究至再,未能决定办法。十一时晚睡。

一九四六年八月十九日 雪耻:……昆明暗杀案件万目睽睽,中外注视,敌党匪部皆以此为集中攻讦诬蔑之目标,而对霍揆章[彰]之愚拙粗暴可痛可愤,但又不能不为之恕谅,殊令人受意外之打击,可说近年以来无论外交内政如何困苦,未有如本案处置之拮据也。今晨六时前起床,朝课后拟定处置办法,决将二凶犯枪决,而将霍革职交顾总司令看管,待李公朴案破获后再定霍之处治。如此先将闻案解决,告一段落,再观舆论之变化也。

朝课后指示冷欣对昆明案决定要旨及公布方式毕。

一九四六年八月二十日 丑刻醒后默念昆明案件,六时后起床。朝课,再召冷欣来见,谆嘱其转告顾总司令注意之事。

一九四六年八月二十二日 美国舆论以论坛报对我文告社评为最坏,尤以昆明暗杀案件指明为余部下所为一点,更加尖刻,心神顿受刺激。美国受共匪宣传之深,几乎牢不可破矣。

一九四六年八月二十三日 朝课后见冷欣,谈昆明案件未完,……下午校阅学案摘记后重审阅昆明闻一多被刺案之全卷,加以指示要点毕。……阅申报所载昆明闻案公审情形颇详,多与我所要指正者有碍也。

一九四六年八月二十四日 朝课后面示冷欣补充数点后令即赴滇。

　　一九四六年八月二十六日　昆明闻一多被刺案,凶手已判决,处死,昨日正式宣布。同时将霍揆章[彰]革职看管,以平公愤,对其特务营以及所有关系人员一律监禁与解散。如此处置或可告一段落。然而困难痛苦与受辱,未有如此案之甚者也。而李公朴案则犹未解决,只可作为悬案乎。……朝课后阅刺闻案判决公报等文件。

　　一九四六年八月二十八日　闻一多被刺案已审判公布,告一段落。此为本月内政治上最烦恼之一事,竟有一解决,亦得自慰。

　　民国卅五年反省录……十一、本年复员工作最无秩序与不守纪律者厥惟各大学之迁还原校之情形。扰乱运输,阻碍交通,不一而足。学生幼稚无知,固无论矣,而其一般教授既不能领导学生管理业务,又不能自治自理,只知争先还乡,索款需用。士品之颓落,学风之败坏,几乎为此少数自由分子中所谓民主同盟之流将礼义廉耻之民族德性扫地殆尽。尤以西南联大中之清华教授闻一多等五六人为最劣。及至八月间昆明闻一多与李公朴被刺以后,于是共匪与民盟又藉此掀起学潮。美国舆论亦皆为之吠声附和,集矢于余一人,且以此为中国法西斯复活之明证。于是马歇尔亦间接提出警告,可耻盍极。最后决将此事公开审判,杀人者抵罪,负责者严惩,乃得告一段落,亦云苦矣。中国之学风与士品之坏可说大半是由美国之政策及其学者怂恿而出。彼等实昧于中国教育与学界之实情,而强以美国所用之民主与自由思想强加于中国,于是共匪与政客乃皆假此民主与自由之名而行其卖国害民,谄外欺上,败坏风气之生涯,无所不至。于是政府对教育与学术陷于轻重两难无法挽救之窘境,其惟在求己与立己而已。

二、台北"国史馆"藏蒋介石档案选录

　　案:台北"国史馆"中的"蒋介石档案",存有与闻一多相关的电文、函稿、手令、报告多件。兹选择整理如下:

　　杜聿明致蒋介石电(一九四四年十月十三日)

　　急。渝。委员长蒋,总长何。陔密。查双十节昆明有异党份子闻一多、朱[楚]图南、吴行[晗]、李公朴、罗某等以云南宪政研究会名义拟往云大开会不果,后至绥靖路昆华女附小开会,以参加民众(以学生为多)共万余人,公开演讲反对国民党一党专政,请改组政府,并要求美方装备云南军队,另以各界庆祝大会并发传单,其内容略与上义相同。除饬注意侦察其尔后活动情形外,谨请鉴核。昆□杜聿明,西元戊。印。

　　何应钦致蒋介石电(一九四五年五月四日)

　　急。渝。委员长蒋。密。西南联大自印发国是意见传单壁报,近更联合私立中法大学暨云南省立英文专科学校学生举行五四周,第三日为五四以来青年运动总检讨晚会,是晚七时在联大新校舍礼堂召开,参加者约千余人,校内外学生各居半数,校内以一、二年级学生较多,校外学生系各中学学生。会场秩序紧张,先后由闻一多、雷海宗、吴晗、曾昭抡等教授作煽动讲演,间有新闻记者、工人代表、少数学生等捏词报告各地青年被压迫情形,极尽煽动能事。建设中学校长周大奎竟将云南省教育厅密令各中等学校防止学生参加五四内容,当场宣传,致激众愤,学生发言者先后计三十余人,均系纱布案、慰劳总会案、黄金案等攻讦政府,直至夜深十一时半始星散会。会末宣传翌日午后一时于云大新操场集会,开五四运动纪念大会,并游行。除已饬令军警严密防范外,谨闻。职何应钦。辰支义颐。叩。

杜聿明致蒋介石电(一九四五年五月四日)

渝侍从室主任钱转呈委座蒋。〇六四九。密。连日昆明大中学生受异党煽动组织五四运动周,自四月三十日起至五月六日,每日均有集会,以联大学生主持,云大、中法、英专及天祥、培文、昆□各中学学生亦有多人参加。计星期一、二、三各晚为科学、诗歌、音乐会,未发生事件。星期四晚讲演会,以学生李晓主持,闻一多、吴晗、曾昭抡、潘光旦等讲演,大义[意]为反对独裁,争取民主政府,改青年节而不顾青年有民主自由观念,五四要以大规模行动表示热烈,并宣告五四午后游行,晚火炬竞走,目的在与军警冲突。昨晚在南屏大戏院拟以火药炮竹捣乱,因我预嘱防范严密未成。准备防止游行肇事办法:1. 由官方明令校方劝导;2. 宪警严密警戒;3. 同志中以集会娱乐方式分散学生;4. 青年军一律带往郊外旅行;5. 万一不能禁止游行,亦以避免冲突为主,用宪警以维持保护名义监视之,凡属游行经过街市,劝导市民远离,预料不至于发生突变意外事端。谨先电呈鉴核。职杜聿明。辰支已。叩。印。

邱清泉致唐纵等电(一九四五年九月十一日)

重庆军委会侍从室第六组唐组长乃健①兄并译转政治部袁副部长及调查徐戴二局长钧鉴。密。情报。(一)暂十九师已于支日起开越,师长龙绳武尚在昆,其防务由独立第二旅接替。(二)共党在昆活动机关,有华山南路观察报社,白马庙天野社,正义路天成冰金店,及新华日报办事处等多处,进出人员大部分为学生教授,并有少数空军人员。(三)昆华女师赵世德系共党重要分子,大肆反动活动,青年团曾请教育厅撤换,未得结果,闻罗隆基为向龙主席力保。(四)昆明《扫荡报》总编辑高紫瑜有共党嫌疑,经该报社长李诚毅迫其发表反共论文后,即为共党绑去无下落,现共党大肆攻击并有破坏该报之威胁宣传。(五)民主同

---

① 唐纵,字乃健。

盟在昆负责人罗农[隆基](龙主席政治顾问)及李公朴、潘光旦等极为反动,分配各大学演讲,诋毁元首及本党,并极力拉拢学生及教授,其党内有闻一多、曾昭抡、吴伦[晗]、潘大奎[逵]、黄廷仁、雷海宗、费孝通、宋云遴等。(六)龙绳曾即三公子所办之《观察报》,全为反动派把握,其华山南路之发行社及白马庙之印刷所,住有共党重要分子,由龙供应食宿,并为之庇护。以上严密防范为祷。邱清泉叩。秘二真。印。

关麟征致蒋介石电(一九四五年十一月二十六日)

即刻到渝。委员长蒋。四九八九(表)。密。昨下午七时昆明联大云大中法□等四大学校少数奸党分子,利用学生生活会名义,开时事讨论晚会,以钱端升、伍启元、费孝通、潘大逵为讲员,又以钱端升、伍启元、费孝通、潘大逵、尚钺、周新民、吴晗、闻一多为导师,在联大操场举行欢迎各界参加。钱端升等讲题为内战问题,对政府及钧座訾妄毁谤。又查钱端升、伍启元均为本党同志,职事前除通知各校当局阻止开会外,并密报派党团工作人员参加操纵会场,于钱等四人讲毕时,要求发言,一上讲台即被呼打,后经工作人员争论,参加者遂即散离,最后约二三百人于归还途中高呼打倒国民政府及第五军等口号。今日联大已煽动罢课,声言响应四川各大学反对内战运动,要求组织联合政府,停止内战,在华美军撤退,言论自由等项,并勾引裕滇纱厂工人,有掀动罢工□大全昆罢课,并大举联合游行示威举动。除竭尽各种方法严密防范外,如反动情势扩大,实行游行示威,加厉诋毁政府与钧座,应取体积态度对应,恳示遵为祷。职关麟征叩。戍宥亥。印。

朱家骅致蒋介石电(一九四五年十二月十五日)

密呈主席蒋钧座。删电奉悉,朱次长经农今返渝,据称联大云大等校务会议决定十七日复课,卢主席与地方人士亦均作最后坚定恳切之表示,但各校情形复杂,能否如期复课殊当无绝对把握,如果届时学生仍不就范,各校当局希望在执行最后处置办法之前,能有数日缓冲期间,俾各校负责人及多数教授获有表示最后严正态度之机会,并使学生失其立场与同情,以减少政府责任。至学潮主谋及领导分子,闻各校教授中态度最激烈者为联大教授闻一多、潘光旦、吴晗,及云大教授潘大逵、尚健庵、楚图南等。整个首要分子名单,已电令各校当局密查具报,除候查明立即呈报外,谨先电陈。朱家骅呈。亥咸。印。

霍揆彰致蒋介石电(一九四六年二月十八日)

限即刻到渝。委员长蒋。四九八九(表)。密。机密。筱未联大四校学生共约四千人于联大图书馆操场开会,由闻一多、褚辅成、钱端升三教授主持,并先后发言。(一)反对李宗黄发表新职。(二)拥护政府被刺政协五项决议。(三)立即释放政治犯。(四)严惩重庆校场口血案凶手刘野樵。(五)取消特务组织。(六)立即严惩关李。(七)应合法解决昆明一二一事件。会毕,于十七时在市区游行,并张贴以上各种标语,散发传单及新华日报。游行后,复于云大开会,决议巧日继续扩大游行宣传,如受干涉即行罢课。此事今晨得息后,即严饬警备部队及治安机关取监视态度,幸无其它事件发生,除详情续呈外,谨电奉闻。职霍揆彰。丑筱西。印。

霍揆彰致蒋介石电(一九四六年七月十三日)

限即到京。国民政府军务局转呈主席蒋。九一二六(表)。密。午文电计呈。(一)本日街头闹市即有由学联会及云大学生自治会所贴之狂妄荒谬标语及壁报,多为攻击本部,诋毁中央。窥其居心,意在制造事件扩大事态,蓄意作乱。职拟如该等继续不休,继续扩大至破坏治安、妨害公共秩序,决依法戒严,大举肃清奸党,一网打尽,斩草除根,以绝后患。(二)民主同盟云南支部于七月十二日正午召集潘光旦、闻一多、尚钺、费孝通、楚图南、冯素陶、费青、向达等负责人员及学生团《大众报》及其它所谓民主刊物编辑代表共十余人讨论,结果摘要如左。1.今后以李公朴之死亡努力揭发国民党反动派之阴谋。2.致函(学联)指示发动全滇各学校学生作声援,并以宣传品散发各地。3.昆明(民主)期刊等联合行动,责问政府及地方军警当局。4.依法起诉,为李公朴复仇。5.全体一致行动游行示威,日期临时决定。似有重演去冬学潮之故技,以损失中央威信,清除中央在滇力量,以达其赤化西南之目的。职惟本钧座意旨,有利国家者,任何牺牲在所不计,对此案责任问题,除已本日发表声明以资大白,若再滋扰甚而暴动时,职拟断然处置。谨闻。职霍揆彰。午元叩。印。

陶镕①致蒋介石电(一九四六年七月十五日)

南京国民政府主席蒋钧鉴。密。民盟负责人李公朴被人刺死,后捕获嫌疑犯一人,警备总部正在严缉中,惟奸党阴谋藉此攻击国民党和青年团支团,并煽动学生等情。谨电奉闻。陶镕叩。午。印。

卢汉致蒋介石电(一九四六年七月十六日)

主席蒋。密。据昆明市长转,据警察局长报称,联大教授闻一多及其子立鹤,于本月删日下午五时余,在后仓坡府甬道地方被暴徒阻击,闻教授伤重立即身故,其子亦受伤甚重,现在云大医院治疗中,凶犯在逃等情到府,除督属加紧缉获凶犯法办外,谨电奉闻。卢汉叩。午铣秘。印。

---

① 陶镕,时为国民党云南省党部负责人。

蒋介石致霍揆彰手令（一九四六年七月十七日）

急。昆明。霍总司令。李公朴闻一多案关系重大，希于三日内负责缉获正凶，勿稍贻误，以后应严防此种暗杀之续出，警备总司令部应负全责也。中正手启。

蒋介石给霍揆彰唐纵手令（一九四六年七月二十二日）

昆明。霍总司令并转唐署长①。对李闻案侦查后，望两弟即日同飞九江，密来庐山面报，务希敬日到浔为要。中正手启。午养午。府机牯。

蒋介石给霍揆彰手令（一九四六年七月二十三日）

廿一日电悉，请弟即与唐署长飞浔详报一切为要，至于龙绳武龙绳曾应暂予监视，其非法组织可勒令解散再候处理，惟李闻案凶犯应限期缉获，不得以此违误，至要。中正手启。午漾。机牯。印。

蒋介石给顾祝同手令（一九四六年七月三十日）

昆明顾总司令。此案有否眉目，希即派唐纵或冷欣二同志之一人明日乘专机来报告。中正。午卅亥。机牯。

蒋介石给顾祝同手令（一九四六年八月二日）

昆明顾总司令。前属冷、唐二同志中先派一人来报，告电谅达，此案公布以前必须先派专人来庐面呈全案，审核后再定，不可草率发表。如何盼复。中正。

俞济时②代蒋介石给顾祝同手令（一九四六年八月六日）

急。昆明顾总司令。冷副参谋长谅已到昆，属代电，此案须特别慎重，最好须缓暂缓发表，余容续报，如何盼复。济时叩。未鱼机牯。

蒋介石给顾祝同手令（一九四六年八月十九日）

昆明暗杀案件四日内连出二次，霍总司令揆章［璋］身为云南警备总司令，自应负地方治安之责，而且刺杀闻一多之凶犯即为该总司令部之特务连官兵，是该总司令应负更重大之责任。此案经军法审判，凶犯汤时亮与李文山皆供认刺闻不讳，已准照律判处死刑，至霍揆章拟即革职，暂由陆军总司令部看管，务将李公朴案破获彻究以后，再定去处，是否有当，请妥核夺。中正。

顾祝同呈蒋介石报告公文登录（一九四六年九月二日）

（摘要）汤时亮、李文山等杀害闻一多案，前经依法判决，奉钧批照，遵于八月二十六日午前七时，将凶犯汤时亮、李文山等两名验明正身，于本市东站附近执行枪

---

① 唐纵，时已改任国防部警察总署署长。
② 俞济时，黄埔军校第一期毕业，浙江奉化人，时为国民政府参政处军务局局长。

决,理合检呈该犯尸首照片两份,备文报请鉴核备案。附呈汤时亮、李文山生前照片二张,死后照片三张,拟准备案。①

顾祝同呈蒋介石报告(一九四六年九月二日)

报告:三十五年九月二日陆军总司令部二十一号。查汤时亮李文山等杀害闻一多案,前经依法判决,报奉钧批"照准"等因在卷。遵于八月二十六日签提被告等到庭宣示判决,并由职手令驻昆明宪兵第十三团团长彭景仁为监刑官,饬依法执行具报。去后,旋据彭团长景仁报告称:案奉钧座本(八)月二十六日手令开,枪杀闻一多凶犯汤时亮李文山两名业奉主席蒋核准执行枪决,兹派该团长为监刑官,仰即遵照执行具报等因,奉此,遵于本(二十六)日午前七时将凶犯汤时亮李文山等两名验明正身,于本市东站附近执行枪决,理合检呈。该犯尸首照片两份,一并备文报请钧座鉴核备案,等情:附汤时亮李文山生前照片二张,死后照片二张,本部布告照片一张,据此,经核无讹,除饬将尸首掩埋外,理合检同原附各件报请鉴核示遵!谨呈国民政府主席蒋。陆军总司令顾祝同。

蒋介石致彭学沛代电(一九四六年九月十六日)

中央宣传部彭部长勋鉴:据陆军顾总司令九月二日报称,查汤时亮、李文山等杀害闻一多案,前经依法判决,奉批照准等因,遵于八月二十六日午前七时将凶犯汤时亮李文山两名验明正身,于昆市东站附近执行枪决。该犯生前与死后照片各两份,请核备等情形,除复准备案外,希迅将该汤时亮李文山两犯执行死刑经过及其生前死时之照片转送京沪昆各报同时刊发为要。

蒋介石致宋子文电(一九四六年九月二十二日)

宋院长勋鉴。申号电悉,卢主席为李闻案所称各节,市长与处长局长准免职,其它着毋庸议。申养。机昌。

蒋介石致宋子文电(一九四六年九月二十三日)

急。南京宋院长。关于昆明李闻案地方处分一节,兹决定警察局长警务处长以各记大过或革职留任示警。已呈至处分卢主席与昆明市长各节,可毋庸议。中正。申梗。机赣。

龙云致蒋介石函(一九四七年三月二十日)

总裁钧鉴:敬禀者。窃查前云南全省总司令霍揆彰,在任内主使部下先后谋杀李闻两教授,系属白昼杀人,发生于警备部所在之昆明市,事出之后,凶手安全免

---

① 此件下有附言:"梁漱溟等公开宣言,汤李执行死刑时,将以他人代替,故汤李有恃而不恐,本件拟于梁氏所撰李闻报告书(据报载该报告书全文四、五万字,正印刷中)正式发表之,前摘要中宣部转送京沪昆各报,连同汤李生时及死时之照片,同时刊发,藉以打击奸盟之居心造谣。"

去,多误为政府所为,中外震惊,谣言纷乘。该霍揆彰既失错于前,复不明呈钧座一味捏词蒙蔽,并一面嫁祸地方,将中将杨立德等无辜逮捕,非刑迫供,几造成空前冤狱。所幸钧座明察秋毫,洞烛其奸,先后派大员前往明密详察,卒获真相,将该霍揆彰革职看管,听候核办,其参谋长亦予以徒刑处分,自全案公布后,是非大白,远近悦服,咸颂钧座,明鉴万里,执法无私,殊该霍揆彰仍逍遥法外,此次竟公然来京赴会,众目睽睽,咸表惊异。该霍揆彰如此糊涂性成,藐视国家法令,影响政府尊严,用特密呈钧座敢祈有以处之,以维法纪,而正视听。专肃敬请钧安。中央监察委员龙云谨呈。卅六年三月二十日。

蒋介石致顾祝同电(一九四七年四月十七日)

陆军总部顾总司令勋鉴。据龙委员云三月二十日报称经革职看管听候查办之前云南警备总司令霍揆彰公然来京出席三中全会,众目睽睽,咸表惊异,请予处置以维法纪百正视听等情,希查明核办具报。中正。(卅六)卯筱。侍宇。

顾祝同致蒋介石电公文登录(一九四七年四月十八日)

(案由)前据龙委员云三月二十日函呈,略称,前云南省警备总司令霍揆彰,经钧座革职看管、听候查办,此次三中全会,公然来京赴会,众目睽睽,咸表惊异,请予处置以维法纪而正视听等情,经电顾祝同总司令查明核办,兹据电复如上。

(处理意见)查监委霍揆彰,现已奉命革职查办,交由陆军总部看管,顾总司令应通知中央党部,霍亦不应出席三中全会,似应对顾总司令予以申斥,并饬对霍揆彰再严加管束,另酌复龙委员云。

顾祝同致蒋介石电(一九四七年四月二十九日)

南京国民政府主席蒋钧鉴:……查前云南警备总司令霍揆彰奉令革职查办,尚未定案,该员因病准在长沙原籍疗养,嗣三中全会开会,该员接奉中央党部秘书处通知,竟于疗养期间,离开指定处所,来京出席。自有未合,除饬嗣后不得擅离指定疗养处所,并应将病况及治疗情形,每月汇报备核外,谨复。职顾祝同叩。秘。印。

顾祝同呈蒋介石报告公文登录(一九四七年七月十七日)

(内容摘要)奉钧电饬核议前云南省警备总部稽查处处长王子民等,可否从宽发落一案,遵查该王子民等十五名,因昆明西南联大教授闻一多被杀案,处置失当,奉钧座手令拘禁,嗣以负责看管之整编第九师奉令开拔离滇,又经签奉钧批解京,交宪兵司令部继续看管,旋据该王子民等,一再报称,以自奉令拘禁以来,历时十一月,深感学验缺乏,致肇前造愆,故于守法期中,悉心研究学术,以求长进。惟值兹大局明朗之际,伏恳恩施格外,准予恢复自由,俾再效命等语。查该王子民等十五名,对于闻案处置失当,固属处有应得,惟守法已届十一月,既能悉心思过,深知悛悔,且前据云南省警备总司令何绍周电请原情开释前来,可否准如所请,将该王子民等十五名上并责保暂释以观后效,抑仍继续拘禁之处理,合开列名册,签乞,核示。

(拟办)前据宪兵司令部张司令报告,以羁押该部之前云南省总部稽查处处长王子民等,请予从宽发落等情,当要本案前系陆军总部顾总司令奉令主办,军务局无案可稽,经转电顾总司令核议去后,兹据请示如上。同时另据陈总长转据顾总司令请示如上文。谨注。呈。核。

(批示)缓。已办,七、廿五。

附呈《云南省警总部稽查处暨预二旅奉命调京人员简历册》(编者案:以下按区别、级职、姓名、年龄、籍贯、出身、略历等项记录)

稽查处,少将处长,王子民,三十八,湖北沔阳,军校第七期毕业、高教班第四期毕业、中训团党政班第七期毕业,排连营长、附团长、侦察班队长导员、混成总队长、稽查处处长等职。

稽查处,少校组长,崔镇三,三十,江苏盐城,工教教导队一期毕业、军委会驻滇干训团三期毕业,排连队长、组长等职。

预二旅,上尉组员,蔡云祈,二十八,安徽庐县,军校十五期专科毕业,排连队长、副营长、参谋等职。

稽查处,上尉组员,秦永龢,三十二,陕西华县,宪校体育班二期毕业、防校干训班一期毕业,排连队组长、课员、参谋等职。

稽查处,中尉组员,包玉田,二十五,江苏武进,军校十八期工科毕业,排长、连队附、参谋、组员、等职。

稽查处,中尉组员,刘锡麟,三十,安徽怀远,军校教导队军士营三期毕业,排长、连附、队长、组员等职

稽查处,中尉组员,何毅,三十,山东巨野,军校学员队三期同十四期毕业,排连队长、参谋、组员等职

稽查处,中尉组员,张文尧,二十,云南昆明,五分校重训班一期毕业,助教、副官、组员等职

预二旅,中尉组员,尚福海,三十,河南夏邑,航特旅军官训练班二期毕业,排长、连坿、队长、组员等职

稽查处,少尉组员,王开基,二十五,四川安岳,四川保干班一期,排长、连坿、组员等职

稽查处,少尉组员,赵树林,二十八,河南洛阳,步校射击班三期、驻滇干训团外语班三期,排长、组长、队员组员。

稽查处,少尉组员,崔宝山,二十九,河南鄢城,七一军军官队二期毕业,排长、组长、队员、组员。

稽查处,少尉组员,张德明,二十五,江苏南京,机校驻印战车训练班一期毕业,排长、队坿、组员等职。

稽查处,少尉组员,欧阳元化,三十,云南武定,云南宪校一期、军委会驻滇干训团外语班一期,排长、副官、组员等职。

稽查处,少尉组员,仲刚,二十四,河北石家庄,辎校学员队十二期,排长、组员等职。

顾祝同呈蒋介石公文登录(一九四七年十一月二十二日)

(内容摘要)查云南省警备总部稽查处前处长王子民等十五人,因昆明闻一多被杀案,处置失当,奉钧座手令拘禁,嗣据云南省警备总司令何绍周电请原情开释,兹又叠据王子民等报告,以拘禁已十四阅月,近政府已明令宣传"民盟"为非法组织,大局明朗,各员等自拘禁以来,痛不可支,伏恳准予恢复自由,俾再将使等情。查该王子民等十五名,对于闻案处置失当,固属咎有应得,惟守法已届十四阅月,既能悉心思过,深知悛悔,可否原情准予一并责保暂释,以观后效之处,乞核示。

(拟办)查本案前系陆军总部顾总司令主办,军务局无案可稽,本年七月十七日,据顾总司令签请准将王子民等十五名,赐予原情保释,经呈奉批"缓",兹复据请示如上。谨注。呈核。

(批示)缓。已办。十二、十一。

(摘要)查云南省警备总部稽查处前处长王子民等十五人,因昆明闻一多被杀案,处置失当,奉钧座手令拘禁,嗣据云南省警备总司令何绍周电请原情开释,兹又叠据王子民等报告,以拘禁已十四阅月,近政府已明令宣传"民盟"为非法组织,大局明朗,各员等自拘禁以来,痛不可支,伏恳准予恢复自由,俾再将使等情。查该王子民等十五名,对于闻案处置失当,固属咎有应得,惟守法已届十四阅月,既能悉心思过,深知悛悔,可否原情准予一并责保暂释,以观后次之处,乞核示。(附呈名册一份)。

(拟办)查本案前系陆军总部顾总司令主办,军务局无案可稽,本年七月十七日,据顾总司令签请准将王子民等十五名,赐予原情保释,经呈奉批"缓",兹复据请示如上。谨注。呈核。

(批示)缓。已办。十二、十一。

三、台北"国史馆"藏《事略稿本》选录

案：台北"国史馆"中的"蒋介石档案"，内有蒋介石近身秘书根据蒋介石日记、蒋介石收发公文等第一手资料编辑而成的《事略稿本》，其中有关闻一多被刺事件的材料，可与美国斯坦福大学胡佛研究所保留的"蒋介石日记"手稿，互为补充。故录如下。

一九四六年七月十七日 公闻昆明于本月十一日及十五日午后发生李公朴闻一多被刺殒命案，认为此应特加注意，以免"共党"藉此作诬陷政府之宣传。盖以李闻二人皆为"共党"外围民主同盟中之主要分子也。又此案发生后，在昆之民盟首领潘光旦等八人皆逃至美国驻昆明领事馆，请求保护，公以彼等皆为知识分子，且为大学教授，竟至如此认识不清，为之慨叹不置。

电昆明霍揆彰总司令，令负责查缉李闻案正凶，并严防此种案件之继续发生。原电曰："李公朴与闻一多案关系重大，希于三日内负责缉获正凶，勿稍贻误，以后应严防此种暗杀之续出，警备总司令部应负全责也。"

一九四六年七月十八日 晚，宴马歇尔特使与美国新任驻华大使司徒雷登博士。席撤，谈共党问题。马歇尔谓："彼对周恩来已不能置信矣。"又张君劢等为昆明李闻被刺案，心怀疑惧，竟托马、司向公转陈，以彼等生命已无保障，则谈判自难继续云。公对张君劢等之无识无胆，不胜其慨叹也。

一九四六年七月二十日 朝课后记事，十时半，约见司徒雷登大使，告以政府对于下列三事之方针：（一）对昆明李闻案，政府必切实查究，并重申负责保护人民之生命与自由。（二）合法保障人民言论出版之自由。（三）政治协商会议议决案仍属有效，其未议决各案，当继续觅取协议，但必须取决于多数，并应待共党停止攻势后方得实施。……公自记本星期反省录曰：（一）美国新任驻华大使司徒雷登来庐山呈递国书，马歇尔特使亦联袂抵此，推测彼等心里，对于调解共党事，尚不肯作罢，竟受共党侮辱至此，而毫不为动，其精神固若可佩，惟惜其认识不清，徒劳无益。奈何，奈何！（二）昆明李闻被刺事出意外。……

一九四六年七月二十三日 晚，与云南省政府主席卢汉共进晚餐，听取卢汉报告，并面嘱其对昆明李公朴闻一多案务设法早日侦破。

一九四六年七月二十五日 下午手拟整饬军纪令稿，继召见昆明警备司令霍揆彰，并询李闻被刺案侦查详情，并严令其查缉破案。又召见张镇宪兵司令，指示其与霍揆彰共同研究处理李闻案之要点，以免为反动派所利用也。

一九四六年七月二十六日　朝课后召见张镇司令与霍揆彰总司令,研究李闻被刺案及处理方针。九时,约顾祝同总司令卢汉主席张镇司令霍揆彰总司令等共进晚餐,并嘱彼等明日同飞昆明,以彻查李闻案究竟也。

一九四六年七月二十七日　朝课后,召见顾祝同总司令,指示李闻案件之处理方针,顾氏辞出后,即偕卢汉主席、张镇司令、霍揆彰总司令于今日上午离牯赴浔转飞昆明。……

公自记本星期反省录曰:……(四)昆明李闻被刺案又引起反动派之诬蔑,本周几全为此事而感受烦闷与忧郁,天下之事难堪者,莫过于邪正不分,善恶混淆,尤以世人不究真相,反以伪为真,以恶为善,卒致邪正倒置,是非莫辨,因之人心反常,廉耻道丧,其为患非至社会兽化,民族沉沦,国亡种灭不止矣。

一九四六年七月三十日　华盛顿顾维钧大使陷电陈与美众议院外交委员会主席谈对华军援情形,原电称:"今日访美众议院外委会主席,谈及彼上月所拟对华军事援助华。据云,前经交委员会审查,原拟将该案报告众议院,可望记过。惟参议院方面,因我国目前情形,难望通过。彼意与其提而不获通过,不如作罢等语。谨电察核。"

午,马歇尔特使谒谈,彼以昆明李闻被刺案,影响美舆论为虑,请公允许民主同盟之要求,组织三人调查委员会,由政府、民盟及美方各派一人,前往昆明共同调查。公告以此事之处置,为政府应尽之责,自应由政府负责调查,如调查结果公布后,彼等认为尚有怀疑之点,自可允许有关团体参加研究也。马歇尔亦以为然。马氏辞出后,公叹曰,"昆明李闻案发生,兀鹰对内对外,皆增加政府与余个人之困难,而反使共方在宣传上转败为胜,霍揆彰疏于防范,应负其责也。

电昆明顾祝同总司令,询李闻案侦察情形"。原电曰:"此案有否眉目,希即派唐纵或冷欣明日乘专机来牯报告。"

附录,顾祝同午世复电称:"此案已有眉目,详情由冷欣于冬日飞浔面呈。"

一九四六年七月三十一日　公自记本月反省录曰:"……(十二)昆明李闻被刺案在政治上增加政府甚大之困难。……"

一九四六年八月六日　晚课后周至柔,指示其迳飞昆明处理李闻被刺案。

一九四六年八月八日　研究共党在美国进行之阴谋活动,公谓:"美国哈佛大学教授三十余人,竟致函杜鲁门总统,主张断绝对我国民政府之接济,可知第三国际对美宣传之阴谋为何如矣。"

一九四六年八月十五日　华盛顿顾维钧大使十二日来电,转陈杜鲁门总统十日致公密函一件,说明美国政府对中国国内现状之态度,谓如中国内部问题之和平解决办法不即于短期表现真实进步,则其本人必须将美国立场重行审定。公阅后以美国外交政策谬误至此,甚感痛心也。

附杜鲁门总统八月十日来函译文如下:"本人自派马歇尔特使驻阁下左右后,对中国局面始终深切关注,现本人不能不作一结论,即马歇尔特使之努力,似未奏效,实深遗憾。本人深信马歇尔特使与阁下商谈中,曾对美国政府之整个态度与政策及有见解之美国舆论,正确奉告。近数月来之中国政情,迅趋恶化,实使美国人民深感忧虑,美国故继续希望中国在阁下领导之下,仍能成为民主强盛之国家,然最近局势之发展,使人不能不认为国共两党中均有极端分子,各顾私利,阻碍中国人民之愿望。本人不敢不竭诚奉告者,一月三十一日政治会议所拟订协定,曾为美国方面所欢迎,而认为远见之举,可使达成统一与民主之中国,但美国对该协定之未采取切实步骤,使其实行,殊感失望。现此点渐为美国对中国前途展望之重要因素,兹以中国内争日炽,尤以新闻刊布自由及智识界发表开明言论等举,日见加强压迫之趋势,故美国舆论之认为美国对华政策,应予重加检讨者渐见增多。最近昆明发现有声望之教育阶层人士惨被暗杀案件,美国人民未尝无闻,此案责任属谁,姑且勿论,其结果适使美国人民对中国局势益加注视,且信中国对社会问题,不采民主方法,仍欲凭藉武力,利用军队或特务警察,以求解决。吾人对于中国国民期望和平民主之信心,虽已屡近来发生事端所动摇,然尚未泯灭,美国政府仍坚持协助中国,俾能于真正民主政府之下,建立和平与稳定经济。然照此间观感,中国国民之期望,为黩武军人及少数政治反动分子所遏阻,此辈不明现时代之开明趋向,对国家福利之推进,不惜予以阻挠。此种情势,实为美国国民所深厌恶,倘若中国内部之和平解决,不能于短期内表现真实进步,则美国舆论对中国之宽宏慷慨态度,势难继续,且本人必须将美国立场重行审定,本人深望阁下能于最近期内惠予好音,使贵我两国间所相互宣布之目的,易致完成。"

顾维钧电文陈,美总统密函之用意,在望我方此时有所表示,采一切实步骤,原电称:"顷电呈美总统密函,计邀钧鉴,经向美方征询此举用意,似重在我方此时有所表示,采一切实步骤,而反应共党方面缺乏庆彰。此在我策略上亦属不可少也。此间美外部发言人告新闻记者,谓美陆战队拟继续驻华,撤退之议未曾考虑,固若此时撤退,华北交通路线仍须保护,徒于国共间增多争执云云,可为佐证。惟如昆明惨案等,应预为防禁,以免授此间左倾分子以口实,而刺激美国舆论,更使美政府感觉应付困难。"

巴黎王世杰部长未寒电陈,对杜鲁门总统来函之意见,公批交陈布雷副秘书长研究。原电称:"……惟在目前马歇尔既经发表声明,倘我不采取若干步骤,致使马歇尔陷于完全失败状况,美国政府必采取若干不利于我之措施与声明,此则可使美国舆论再度逆转,因马歇尔为全美的信任之人望也。苏联尤必利用此形势,采取不利于我之措施,基于此种考虑,认为钧座对于中共问题,至少尚须更作六个月之忍耐。"

一九四六年八月十八日　晚课毕,冷欣副参谋长由滇来牯晋谒,携呈顾祝同总司令所呈关于审判闻一多被刺案疑犯之供词及处理报告。公核阅至深夜,并再三研究,尚未作最后之决定也。

是日,美总统杜鲁门以行政命令扩大禁运,制止我国购买美国剩余军火。

一九四六年八月十九日　晨间,核定对昆明闻一多案之处置办法,决将汤时亮、李文山二人处决,并将昆明警备司令霍揆彰革职,交顾祝同总司令看管,俟李公朴案侦破后,再决定对霍揆彰之处分。公谓,"如此则闻案先告一段落矣。"朝课后,召见冷欣副参谋长,面示对昆明闻案之决定要旨及公布方式,嘱其赴昆明对顾总司令转达。

公为最近国事之艰难志感曰:"共党猖獗异甚,美国压力续增,今日之处境,艰难极矣,又加以昆明发生李闻被刺案件,为中外所注目,共党及反动派　均以此为集中攻讦之目标。但此案之处置,对霍揆彰之愚拙颟顸,固属可痛可愤,然又不能不加以宥恕,殊令人受意外之打击。近年以来,外交上无论如何困难,未有如此案处置之使人拮据者也。"

谨按:汤时亮原为云南警备总部特务营第三连连长,李文山则为同连排长,杀闻一多始意则以闻公演说,肆意丑诋政府,而对于八年艰苦抗战之军人,侮辱尤甚,汤李一时以血气之勇,遂举枪向面,不意其一击而毙也。原于汤李始意,至可矜念,惟当以偏于共匪之诬构与国际之交谪,乃不得不以极刑处汤李二员,所以示政府之至公,亦所以示政府之委曲求全,有非得已也。夫汤李杀人,死固当罪,惟汤李激于义愤,而非徇其私仇,则其死有不足以咸服其辜者也。公之所以迟迟其欲决而不忍决者,正以此耳。

……函复杜鲁门总统,说明与马歇尔特使共同致力谋取和平之经过。

一九四六年八月二十日　丑刻醒后,对昆明闻案之处理,仍不能忘怀也。六时起床,朝课后,再召见冷欣副参谋长,嘱其转告顾祝同总司令对闻案处理应注意各点。

一九四六年八月二十三日　朝课后,召见冷欣副参谋长。

一九四六年八月二十四日　朝课后,召见冷欣副参谋长。

一九四六年八月二十五日　是日,顾祝同总司令在昆明发表闻一多被刺案审判结果。

一九四六年八月二十六日　朝课毕,审阅昆明闻案判决书及处理经过之报告。公谓,"如此处置,可告一段落矣。然而,经过之艰难困苦,未有如此之甚者也,而李公朴案则犹未能解决也。"

一九四六年八月三十一日　自记本日反省录曰:……(二)美国断绝接济我国之武器,并不允我国备价购买其军火,此为马歇尔对我更进一步之压迫,欲使我对其屈服,而杜鲁门总统十二日来函,又加我以耻辱,美国在国际道义上重添其不可磨灭之污点矣。……(八)闻一多被刺判决结果,业已公布,当告一段落,此为本月内在政治上最感困扰之一事。……

四、台北"中研院"近代史研究所藏"朱家骅档案"选录

案:闻一多被刺时,国民政府教育部长为朱家骅,其档案现存台北"中研院"近代史研究所档案馆。兹选录有关闻一多资料,公布如下。

朱家骅致傅斯年电(一九四五年十二月十五日)

密电原文:昆明才盛巷二号傅常委孟真兄亲译。密。并转梅常委月涵与熊校长迪之兄鉴。顷奉主席删电,谕此次昆明学潮情形复杂,其中主谋及领导分子希速查明具报为要等因,希即日详查报部,转呈为要。朱。亥删。

朱家骅致蒋介石电(一九四五年十二月十五日)

密电原文:速抄,立即送待从室速译拍。朱。卅四,十二,十五夜。

特急。北平军事委员会行营蒋主席钧鉴。密。删电奉悉,朱次长经农今日返渝后,据称联大云大等校委会议定于17日复课,卢主席与地方人士亦均作最后坚定恳切之表示。但各校情形复杂,能否如期复课殊尚无绝对把握。如果届时学生仍不就范,各校当局希望在执行最后处置办法之前,能有数日缓冲期间,俾各校负责人及多数教授获在表示最后严正态度之机会,并使学生失其立场与同情,以减少政府责任。至学潮主谋及领导分子,闻各校教授中态度激烈者为联大教授闻一多、潘光旦、吴晗及云大教授潘大逵、尚健庵、楚图南等,整个首要分子名单,已电令各校当局密查具报,除俟查明立即呈报外,谨先电陈。职朱家骅叩。亥咸。

朱家骅致蒋介石电(一九四六年七月十八日)

限即刻到。

牯岭主席蒋钧鉴。密。昆明联大教授闻一多被害,教育界人士殊感焦灼,司徒雷登亦有此种暗示,职极密切注意,并已派钟道赞督学、冯友兰教授赴昆研查,谨先

电陈。职朱家骅叩。午巧里。午袈□。

另以代题寄发。三十五、七、十八。

朱家骅致郑华炽、何衍璇函(一九四六年七月十八日)

华炽①、衍璿②兄大鉴：昨得昆明闻一多教授被刺之讯，深为惊悼，政院特派唐次长乃建兄前往督办。本部亦派钟芷修③兄会同冯友兰兄由渝飞昆调查真相，以期水落石出。特奉达，敬希就近鼎力协助处理，曷胜感祷。专此顺颂台祺。弟朱家骅亲签。

朱家骅致钟道赞电(一九四六年七月十八日)

急。昆明教育厅王厅长子兄留转钟督学芷修兄。密。此次昆明事件中央已派唐乃建兄飞昆处理，请兄与之密取联系为盼。朱家骅。午巧里。十八。

朱家骅致唐纵函(一九四六年七月十八日)

乃建吾兄勋鉴。兹奉上空密电码一册，乞备用。另函五封请察收，分别转致。至钟芷修兄处，业已另电告知矣，知注并及，敬颂勋祺。弟朱家骅。

朱家骅致教育部总务司人事处函(一九四六年七月十九日)

函请李润章④先生赴昆调查闻案真相，此致人事处、总务司。朱骝先。七，十九。

发表新闻并预备飞机票与发给旅费。

朱家骅致卢汉、唐纵快函(一九四六年七月二十日)

极速件。

永衡先生、乃建吾兄勋鉴：此次昆明闻一多教授被刺事件。本部曾派钟督学芷修会同冯友兰教授芝生前往调查并慰问闻氏家属。兹又加派刘参事英士⑤兄飞昆。特为介诣。台前敬希惠予延谭并加指导。曷胜公感。专此顺颂勋祺。弟朱家骅。七，二十。

蒋介石复朱家骅电(一九四六年七月二十二日)

教育部朱部长，午巧里代电悉。中正。午养。府交牯印。

蒋介石复朱家骅电(一九四六年七月二十二日)

教育部朱部长，午巧午袈重发电悉。中正。午马。府交牯。

---

① 华炽，郑华炽，西南联大教授、国民党中央直属西南联合大学区党部组织股长。
② 衍璿，何衍璿，云南大学教授、云南大学国民党组织负责人。
③ 钟道赞，字芷修，教育部督学。
④ 李润章，不详，应也是教育部官员。又，原件旁有注文，云："李表示不去，此件未办。"
⑤ 即刘英士，时为教育部参事。

朱家骅致梅贻琦转刘英士电(一九四六年七月二十二日)

昆明西南联大梅校长转刘英士兄。密。关于对潘光旦先生等安全之保护。便衣或武装均无不可,希与有关当局妥洽。闻潘等再度要求美领馆保护,自无必要,务盼婉劝阻止为要。朱家骅。午。敬礼。

刘英士致朱家骅函(一九四六年七月二十二日发,二十九日到)

骝公勋鉴:今晨发函后,即分访省府朱秘书长、霍警备司令及梅校长。所闻如下:

一、闻夫人系于一多被刺后入医院,并非原在医院。闻大公子生命颇有保全希望。

二、潘光旦等上星期五出美领事馆,但于昨日(星期日)下午经与梅月涵等再四研究之处,重进美领事馆。原因如下:

昨为留学生考试第一日,梅校长坐自备包车赴试场。十时左右,梅因将有汽车送其回寓(西仓坡五号清华办事处),故命包车夫先回。包车夫于归途中遇暴徒数人,持枪逼询清华办事处共住几人,有枪多少等语。潘光旦夫妇均与梅校长同住,故包车夫未敢率直回答。结果包车夫被殴!此事发生后,潘等认为治安当局控制力量不够,故又逃至美领事馆。

三、在此恐怖局面之下,人人感觉自危,莫不深居简出,于是各方情报颇不灵通。截至今日下午一时,梅月涵、沈茀斋二人亦说不出究有几人逃在美领事馆。据推测,人数应较上次为少,因为治安当局不赞成他们造成恶例,而美代领事亦竭力避免干涉中国内政之嫌疑。美方自承领事馆此举并无法律功条约根据,只是尊重人道而已。

四、缪云台等公馆甚大,潘等本与有交情,可往暂住。但昆明局面复杂,潘等认为如往投宿,或置主人于为难境地。昨晚十时,我和子政①谈话,忽闻枪声数十。子政认为常事!据说民间枪枝极多,小偷亦带枪行窃,冲锋枪多极,可能还有火箭炮。美军驻滇时,部队中亦有共产党与犯罪出身者,私售火器于匪徒,虚报作战损失。故从枪械与子弹上面,不能指出凶手属于那个集团。

五、治安当局已竭全力缉凶,霍司令说已有"头绪"。据闻已捕数十人,中有过去曾任副官长者,昨日已两人赴京报告!如得最高当局许可,三两日内可将案情公布。可虑的是,真相揭穿以后,引起全面骚动。

六、在如此局面之下,自由主义者竟敢与民盟共产党及土豪勾结,数年来破坏恶

---

① 王子政,时为云南省政府委员、教育厅厅长。

果,良可浩叹。可怜的是几位太太吓得昏天黑地,有两位随其丈夫投奔美领事馆。

七、投住美领事馆者共有三种人。一、联大教授;二、云大教授;三、中苏文化协会职员。闻案已由治安当局负起全责,梅校长可以不管。现时学校所最关心者为潘等之安全。今晨梅、沈约定下午分工办法。沈陪我到医院去慰问,梅到美领事馆去研究再度出馆办法。霍称潘等如以保护责任托他,他可完全负责。今晨西仓坡已有卫兵数名。最好的办法是以飞机送走联大教授——张奚若、潘光旦、费孝通。张、费尚未有正式表示,潘则早愿返沪。

英士。七,二十二,下午二时半。

唐纵致朱家骅电(一九四六年七月二十六日)

限即到。教育部朱部长骝先先生。密。已遵与贵部刘参事洽商。即派员往晤潘光旦等,如离领事馆后仍留昆明,则请滇警务处派员保护,如愿离滇,则代设法交涉机票,以安其心。谨复。晚唐纵叩。寝(二十六)午。

唐纵致朱家骅电(一九四六年七月二十六日)

限即刻到。教育部朱部长骝先先生。密。(一)纵于皓(十九)日飞渝,候机于梗(二十三)日抵昆。敬(二十四)日约请党政军警宪与教育界人士约二三十人,除转达中央意旨外,并会商联系协力缉凶破案办法,警备总司令部表示负责破案,现已有相当线索,正侦讯中。(二)自李闻案发生后,民盟方面甚形匿迹,联大追悼闻一多时,民盟竟无一人出席,惟共产党分子仍暗中在联大活动。(三)纵奉召本日飞沪转浔赴庐,不日返京,谨闻。晚唐纵叩。寝(二十六)辰。

朱家骅致蒋介石电(一九四六年八月二日)

限即刻到。

牯岭主席蒋钧鉴。密。昆明闻李案发表后,本部除妥嘱梅贻琦校长等协同办理善后事宜外,并加派督学钟道赞、参事刘英士前往与有关方面洽办一切。现刘英士经商承顾总司令,已偕同民盟主要分子潘光旦、费孝通两教授返京,职并与潘、费接谈,态度尚缓和,言下并有改变生活环境,多从事研究工作之意。谨先陈。职朱家骅叩。未冬里。晚。印。

极机密。立即译拍。朱。八,二。

初版后记

《闻一多年谱长编》经过五度春暑秋寒,终于完成了。面对着八十余万字的书稿,真说不出是喜悦呢,还是感慨。

还是七十年代末,我就设想在季镇淮先生的《闻一多全集·年谱》基础上,作一部新的年谱,却迟迟未能动手。直到一九八五年在武汉举行全国第二届闻一多研究学术讨论会后,我才选定了年谱长编这一体例,并拟了一份论证。很快,我所在的中国社会科学院近代史研究所同意了这个计划,使它列入我的科研项目。于是,我有了充裕的时间,从一九八六年年初以来,我的大部分精力,都在进行这项工作。

鲁迅曾经说:"编年有利于明白时势,倘要知人论世,是非看编年的文集不可的。"(《且介亭杂文·序言》)胡适也曾说:"编年谱时,凡有年代可考的材料,细大都不可捐弃,皆须分年编排。"(《黄谷仙论文审查报告》) 这些话对我启发极大,这部书之所以在"年谱"后面加"长编"二字,为的就是按照编年体裁,容纳进重要的第一手史料。这样做,既可以从人生历史的演进方面,来表现闻一多曲折而又丰富多彩的旅途,又可以为人们了解闻一多的思想递进提供出较为清晰的线索。当然,也为研究者省免去查阅翻检所需资料的劳顿。

最初的两年是收集材料,其中甘苦参半,识者皆知。我曾三下昆明,耗时半载,武汉、重庆、贵阳、蒙自、浠水,都是必到之地,北京虽有地利之便,但为了节省时间,也曾在母校北大度过了两个冬天。令人欣慰的是无论到何处,都受到真诚相待,这使我能够查阅了相当数量的报纸杂志和档案文献。我走访信访过许多前辈,凡是他们知道的,都不厌其烦详细介绍。这本书中的新材料和新线索,就是在各方大力协助下发掘出来的。而我,仅仅是做了一些归纳整理的工作。

实事求是是史学工作者的责任,我的工作就是尽力使闻一多的生平记录更加完整。支配闻一多一生执著追求的是崇高的爱国主义精神,正是这种精神,导演了他可歌可泣的人生诗篇,无论是早期的社会改良,还是文艺创作、理论探讨、学术研究、政治活动,处处体现出一个真诚的爱国情怀。闻一多不只是作为个人,而且作为一代有志报国的知识分子缩影,活动在历史的舞台上。一个有血有肉,爱憎分明的闻一多,仿佛时时站在我的面前,给我教育,给我启迪,给我激励。

闻一多的探索与实践是多方面的,其中有成功的鼓舞,也有失败的徬徨。这除了个人因素外,自然也有环境影响。对于成功人们记得很多,对于挫折则涉及得较少。我对两者都客观记录,不敢回避。他是怎么做的?为什么这样做?当时的背景是什么?后来又是如何认识的?唯有回答这些问题,才可能完整了解闻一多的平凡而又不平凡的一生,才能揭示出什么是历史发展的必由之路。

闻一多是中国现代知识分子群体中的一员,他经历的时代是祖国外遭帝国主义侵略,内受封建主义压迫的时代。他所参与的不少文化、学术、政治活动,都与这个时代息息相关,是中国现代文化史、政治史的组成部分。把闻一多置于这个群体,通过那个时代去透视,显然是必须的。因此,以闻一多为经线,适当地记录他所参与的团体、事件、活动等概况,不仅有助于对闻一多的深入研究,而且有助于相关专题的研究。本书篇幅较长,这也是一个原因,以至有人看过初稿,印象是它介于年谱与传记之间。

历来做年谱都讲求精密、精审,胡适曾称这是"绣花针儿的本领"。我虽倾尽全力,也难达到这个标准。囿于个人有限的水平,失误和疏漏的地方一定不少,敬祈时贤赐教斧正。

我衷心感谢中国社会科学院近代史研究所、中国民主同盟中央委员会及云南省委员会、中国革命博物馆、云南省图书馆与档案馆、湖北省及武汉市图书馆、重庆市图书馆、贵州省图书馆、北京图书馆、首都图书馆、北京大学、清华大学、云南师范大学、武汉大学等单位。感谢许许多多为我提供各类资料和帮助的先生。梁实秋夫人韩菁清女士托人转交给我三十余封二十年代的信函原件,卞之琳先生借给我几部很关键的英文书籍,袁可嘉先生还专为本书翻译了一首诗,并在外文方面多次指导。美国美中学术交流委员会的玛丽(Mary G. Mazur)女士、弗吉尼亚大学历史系易社强(John Lsrael)教授,也从大西洋彼岸寄来珍贵材料。范宁、萧荻、耿云志三先生通阅了全部书稿,张光年、杨明、张源潜、康倪、王康、王子光、王健、金若年等先生审阅过部分书稿。我的长辈闻家驷、闻立鹏、闻名、闻翻对这部书的关心和认真,更是不用说了。而全书的审定,是由我父亲闻立雕(韦英)完成的。张光年、耿云志还在百忙中为本书作了序文。德高望重的赵朴初先生,亲自握管题写书名。长者对我的厚爱,实在也是鞭策,我永远牢记在心。

湖北人民出版社的魄力令人感动,当我读到卢福咸总编辑的回函,酸甜苦辣之情难以言表。一度重创,几经失望的心,才重新振作起来。还是故乡的人亲,故乡的水甜,故乡的月儿明啊!

闻黎明

北京建国门外寓所

一九九○年十月二十四日

初版后记补

本书校样，我们是十月六日收到的。由于初稿完成已逾五载，经过这段"冷处理"，所以有必要对原稿做以少许加工。不过，基本面貌还是保留下来，未做变动。

感谢湖北人民出版社的王建辉、邹桂芬二先生，他们为本书付出了艰辛的劳动，也促成了它的付梓。也感谢我的朋友、美国哥伦比亚大学历史系的白纪蓉（Heather White）女士，她在百忙中将清样中的部分英文校订了一遍。

闻黎明　侯菊坤

北京安贞桥外寓庐

一九九三年十一月二十六日

增订版后记

　　《闻一多年谱长编》一九九四年七月由湖北人民出版社付梓,至今已经过去了十六年。当年,我编这部书,只是尽量想系统收集和整理一下闻一多的基本资料,目的不过是希望能对闻一多研究起些助力作用,起码可以节省些研究者们查找资料与线索的时间。

　　应该说,我编纂这部书确实下了相当功夫,它出版后也得到了闻一多研究界的认可。武汉大学闻一多研究室是新版十二卷本《闻一多全集》的整理者,参与主持这项工作的陆耀东教授称它是《闻一多全集》第十三卷,让他的研究生手一册。这事让我感到有些过誉,但让我没想的是,一九九八年北京大学百年校庆之际,由校内外四十余专家学者评选向研究生推荐的阅读书目,在无记名投票选出的古今中外必读和选读书目各三十部中,它竟忝列选读书目之一。这部书问世前,我的另一部《闻一多传》已出版了两年,并由早稻田大学铃木义昭教授译成日文,二〇〇〇年北京大学出版社把它作为该社第一部译成外文的学术著作出版。日本闻一多研究者告诉我,这两部书对日本闻一多学会的成立,起了某些促进作用。后来,我在著名历史学家何柄棣的《读史阅世六十年》中,还看到了这样一段话:"目前这部一一〇〇页、八十五万字的《闻一多年谱长编》,规模之大,内容之富恐怕是自有年谱专类以来所未有。"这些赞誉,和它所获得的中国社会科学院近代史研究所首届科研成果优秀奖、全国第二届闻一多研究优秀成果一等奖,说明它在闻一多研究及其相关领域研究上,还是有一些价值的。

　　任何工作都会留下遗憾,这部书出版时就存在着若干缺陷,而十六年来陆续发现的新材料,也需要补充进去,何况时间流逝,需要这部书的学者早就望洋兴叹,无处购买。为此,我曾两次向湖北人民出版社提出再版建议,可惜均无下闻。二〇〇九年秋冬之交,我赴台湾做了两个月的访问。在台北,秀威资讯科技股份有限公司表示了由他们再版的愿望,甚至提出分为三册,于二〇一一年闻一多殉难六十五周年时推出。说这件事的时候,十二月九日接到上海交通大学出版社编辑冯勤先生来信,说他们正在策划一套现代人物年谱长编系列图书,问我这部书最近有无增订再版计划。我马上回了信,说台湾有出版繁体增订版的意思,但如能列入上海交通大学出版社的系列丛书,当然很高兴。第二天,冯勤就寄来了"民国人物年谱长编系列"编纂说明,详细介绍了它的定位、范围、规模、要求等。接着,我们就修订时的一些具体问题和完成时间交换了意见。于是,这部书的再版夙愿,在上海交通大学出版社和冯勤先生的热情关照下实现了。

我很清楚,在眼下追求经济效益的年代,出版如此大部头的学术著作势必有着相当的困难。因此,尽管感谢之类的话未能免俗,但我还是要说的。我要感谢上海交通大学出版社对弘扬中华文化的远识与魄力,感谢冯勤先生为这部百万余字的长编付出的辛勤努力,没有他们对先贤的敬仰和对学术的尊重,这部只是为专业学者利用的书不可能再版。我要感谢闻立树、李思乐、古为民、秦贤次、蔡登山、商金林、黄道炫、梁文蔷、张素贞、李明宗、潘邦正等先生和女士,或鼓励过我继续深化这一工作,或为我提出过修改意见,或为我提供过新发现的材料,这部书的增订,和他们的无私帮助分不开。我还要感谢台北"中央研究院"近代史研究所、历史语言研究所,和台湾"国史馆"、中国国民党党史馆,因为在他们的协助下,我才得以查阅了保存在宝岛的诸多珍贵档案。

这部书初版时,我在《后记》中曾简单介绍过它的成书经过,但更多的话未便讲出。这里,我想利用这个机会,再说一点儿有关这部书起因和经过的话。

一九七七年,我从北京大学毕业后进入了中国科学院近代史研究所(即现中国社会科学院近代史研究所)。近代史研究所有不少革命家后代,其中不少研究他们的前辈,正在主持开创中华民国史学科的李新副所长,建议我就做闻一多研究。但是,我一直有种意识,就是作为后人不要轻易做自己前辈的研究,因为往往会被人认为难免参杂情感因素,难以做到客观公正。我申请的第一个国家社科基金项目,就是因这个原因未能通过,这更加深了自己不做闻一多研究的想法。

一九八五年,我参加了在武汉大学召开的第二次闻一多学术研讨会,从会上看到的论文,感觉与第一次会议区别不大,无论是材料,还是观点,都存在着重复者多,创新者少的现象,其中一个重要原因,就是可供利用的材料比较陈旧,大致仍局限在一九四八年开明书店出版的朱自清、郭沫若、吴晗、叶圣陶主编的四册《闻一多全集》,和几本传记与回忆录范围里。当时,我已经有了几年的史料学训练,于是想可以把现有材料按史料学方法做一番较为系统的整理,这样,既可免去研究者的检索之苦,又不违背自己不从事闻一多研究的初衷。武汉会议后,我第一次回到祖籍湖北省浠水县巴河镇老家。县境公路入口处耸立的"欢迎来到闻一多的故乡"牌坊,碧波荡漾的望天湖和湖对岸的起伏山峦,让我激动不已。这次寻根,坚定了我按照年谱体例编辑一本闻一多资料集的念头。于是,回到北京后,我就马上付诸了行动。

我的第一步工作,是把已经出版、发表的著述和史料,全部查阅一遍,然后将选择的资料依年月日顺序,进行分类编排,建立起年谱框架。第二步工作,是查阅流散在各种报纸、杂志、档案、文献中的未经收集的资料。这是件普查性的工作,我的目标,是只要能找得到的报刊,不管有没有资料,都要翻阅一遍,为的是尽量减少遗漏。这种笨人的笨办法,占用时间最久,也最需要毅力。

一九八六年开春到一九八八年冬天,三年里我先后到武汉、重庆、昆明、贵阳等地查阅资料,其中仅昆明就连续去了三次,每次两个月。在昆明,除了星期天,我都泡在云南省图书馆。那时图书馆的读者不多,对远道而来的读者,尤其是我这样身份的读者,自然受到不少特殊关怀。至今我仍总是不能忘却,管理报刊的李硕先生热情给我提供线索,他看到我吃不惯云南的辣味,把我请到他家,给我煮面条。这件事已过了二十四年,我们也做了二十四年的朋友。

我在昆明查阅的是西南联大在抗战期间的资料,它们大多保存在旧报刊中。昆明人对抗战时期的报纸,曾戏称为"云南正义,扫荡中央",指的是《云南日报》、《正义报》、《扫荡报》、《中央日报》(昆明版)。其实,还有一份《民国日报》也很重要。对于这些报纸,凡是重要时期的内容,我都翻阅了一遍。至于杂志,我主要看的是西南联大教授主办的几个刊物,它们有《今日评论》、《当代评论》、《自由论坛》、《民主周刊》、《时代评论》等。现在,有些报纸已做成缩微胶卷,有的刊物在网上也能找到,但是当年非如此不能获得。

在北京,我也有两年的冬天是在北京大学度过的,因为我要查阅的对象很多存在北京和清华,住在那里可以节省很多跑路时间。西南联大北京校友会和清华大学校史编辑室给了我极大支持,闻一多的学生、从广州请到北京主持编辑西南联大校史的萧获伯伯,给我提供了一间房子,还把他收集到的图书、报纸,以及采访记录,统统拿了出来。清华大学校史编辑室和孙敦恒教授,给我敞开了他们的资料室,甚至把资料室的钥匙也交给了我,让我任意查找那里保存的任何资料。清华大学档案室也是这样,凡是馆藏档案,任我随意调阅、复印。民盟中央文史资料室、民盟云南省委资料室、中国革命博物馆,也同样给了我许多帮助。

功夫不负有心人,整整三年,我不仅查阅了凡是能找到与闻一多有关的旧报刊、旧杂志和历史档案,还走访、信访了近百位与闻一多有过往来的同学、同事、朋友、学生。吴泽霖、程绍迥、许复七、陈念宗、顾毓琇、谢冰心、陈岱孙、汤佩松、潘大逵、贺麟、孙大雨、方重、张闻骏、陈衡粹、冯友兰、蹇先艾、沈从文、张光年、冯至、卞之琳、臧克家、吴祖缃、尚钺、李何林、王振华、常任侠、冯素陶、吴征镒、杨绍廷、金若年、何善周、王瑶、季镇淮、范宁、彭兰、张世英、王达津、姚殿芳、王康、萧荻、李堧、袁永熙、洪德铭、杨明、唐登岷、陈盛年、王云、吴富恒、戴今生、王明、李济五、范启新等几十位前辈，都热情地接受了我的采访。顾毓琇、谢冰心、吴泽霖、胡毅、王力、张清常等还给我写了亲笔信，回答了我提出的一些具体问题。

有些事是永远留在记忆里抹不掉的。闻一多在美国科罗拉多大学留学时，写过一首英文诗《另一个支那人的回答》，需要翻译成中文。那时，我住在建国门外的中国社会科学院永安里宿舍，楼下住着外国文学研究所的袁可嘉先生。袁先生是西南联大老校友，"九叶派"诗人之一，我请他帮助翻译这首诗，他不仅非常认真地把它译了出来，还热情向我介绍了热爱新月派诗歌的美籍台湾学者廖玉华女士。与廖女士第一次见面是在袁先生家里，谈话时，我冒昧地提起自己很难得到台湾资料，如果可能的话，想与梁实秋夫人韩菁清取得联系，因为梁实秋《谈闻一多》的插页有封闻一多信的书影，我推想也许还有其他信函，所以很想得到这些信函的复印件。我说这话只是表达一种愿望，没想到竟然成真了。廖女士返台探亲时，真的找到了韩菁清。当时，韩菁清因私自赴大陆而受到台湾当局的处置，关在房间不许外出，心情很是压抑。她看到我托廖玉华转赠给她的《闻一多书信选集》上有我的签名字，相信我是闻一多的后人，竟把梁实秋保存了六十余年的闻一多十余封信函原件，托廖女士带给了我。这件事埋藏在心底多年了，就利用这个机会公布出来，并向廖玉华女士表示衷心的感谢。

至于我的第三步工作资料编辑，就不在这里赘述了。做学问的人，自会了解该书材料的鉴别与取舍是否尊重历史、尊重事实，对编辑体例上的长处和短处，也有更多的发言权。

这里，有一点需要说明。当初编这部书的时候，因为武汉大学闻一多研究室编纂的《闻一多全集》还未问世，因此本书在内容上带有对开明版《闻一多全集》进行补遗的目的，故开明版未收者介绍较多，已收者则多简略处理。这种做法虽然突出了新的史料，也压缩了篇幅，但不免一定程度上也影响到全书的完整性。

最后，不妨讲一下这部书曾经遇到过的难产。一九八九年，《闻一多年谱长编》完成后的第二年，我把这部兼有传记性质的史料编年送到中国社会科学出版社。我之所以这样做，是因为心里总记着胡乔木讲过的一句话。好像是在一九七八年春，中国社会科学院刚刚从中国科学院独立出来不久，一次全院大会上，胡乔木院长说到新近成立的中国社会科学出版社，说要把它办成第一流的社会科学出版社，以后凡是别的出版社不愿意接受的学术著作，都可以送到那里。可是，我把书稿送去后，半年多没有回音。后来，他们告诉我，社长讲了，说这部书很有分量，有出版价值,但社长也说了,出版社正向自负盈亏转型,出版这部书需要赞助费。我问赞助费需要多少,对方马上算了一下——四万元。天哪,一九八八年的四万元是个什么数字,是天文数字!

一九八九年初冬,叔叔闻立鹏要去武汉,我想,闻一多是湖北人,一九二八年他就是因为一句为桑梓服务的话才离开稳定的中央大学,到新成立的武汉大学任教,现在是不是故乡也可以为他做点贡献。当年的排版技术还是老式的,书稿摞起来有半公尺之高,叔叔是用小推车拉去的。书送去后的第二年,总编辑卢福咸给我回了信,肯定了它的价值。一九九三年,湖北人民出版社副总编辑王建辉先生到北京,表示经过努力,这部书将与新版《闻一多全集》一起出版。这样,《闻一多年谱长编》与新版《闻一多全集》同时于一九九四年诞生了,同样的封面、同样的装潢、同样的纸张,连印数三千册都没有区别。

我在本书初版《后记》里说:"还是故乡的人亲,故乡的水甜,故乡的月明啊!"增订版的出版,则让我感叹:"中华文化之所以绵延千年,就是由于更多的人意识到这一点。"

闻黎明

北京学院路寓所

二〇一一年二月十一日